Albrecht / Roggenkamp

Vereinsgesetz

Vereinsgesetz (VereinsG)

Kommentar

Herausgegeben von

Florian Claus Albrecht, M.A.
Akademischer Rat a.Z. an der Universität Passau

und

Dr. Jan Dirk Roggenkamp
Professor an der Polizeiakademie Niedersachsen

2014

www.beck.de

ISBN 978 3 406 64622 5

© 2014 Verlag C. H. Beck oHG
Wilhelmstraße 9, 80801 München
Druck u. Bindung: Beltz Bad Langensalza GmbH
Neustädter Straße 1–4, 99947 Bad Langensalza

Satz: Jung Crossmedia Publishing GmbH

Gedruckt auf säurefreiem, alterungsbeständigem Papier
(hergestellt aus chlorfrei gebleichtem Zellstoff)

Vorwort

Die Vereinigungsfreiheit ist – parallel zur Versammlungsfreiheit – eine elementare Bedingung des demokratischen Meinungsbildungsprozesses und der menschlichen Entfaltungsfreiheit. Eine Einzelperson kann häufig nur nach Assoziation mit anderen und im Rahmen eines gemeinsamen Vorgehens, welches über die zeitliche und räumliche Flüchtigkeit einer Versammlung hinausgeht, die eigenen Auffassungen und Ansichten in der Gesellschaft nachhaltig zu Gehör bringen. Das gilt insbesondere im politischen Diskurs. Just hier entsteht, ganz besonders in Zeiten, in denen mitunter die Staatssicherheit zu Lasten der Freiheitsrechte zum „Supergrundrecht" erhoben wird, Reibung zwischen grundgesetzlich intendierter Meinungsvielfalt und der staatlichen Pflicht zur Abwehr von Bedrohungen für die Integrität der Rechts- und freiheitlich demokratischen Grundordnung.

Seit jeher entzündet sich dieser Konflikt zwischen Sicherheits- und Freiheitsgewährleistung anhand von Vereinsverboten und Parteiverboten; Eingriffshandlungen, die die Geschichte des öffentlichen Rechts seit Bestehen der Bundesrepublik Deutschland mit geprägt haben. Ihre Relevanz ist ungebrochen. Allein in der Zeit zwischen Januar 2012 und Juli 2013 wurden von Bund und Ländern 14 Vereine verboten. Die Aktualität des Parteiverbotsverfahrens ist angesichts der laufenden Diskussionen hinsichtlich eines neuerlichen Anlaufs für ein NPD-Verbotsverfahren unverändert gegeben.

Der vorliegende Kommentar versucht, eine Lücke zu schließen und möchte Rechtsfragen vor allem auch unter Berücksichtigung des verfassungsrechtlichen Kontexts erläutern. Die europarechtlichen Bezüge werden dabei nicht unberücksichtigt bleiben. Auch die praktische Anwendung des Rechts wird in der Reflektion der aktuellen Rechtsprechung dargestellt. Dabei spielt die Frage, in welchen Fällen Vereins- und Parteiverbote ein hinreichend geeignetes Mittel des Staates zur Bekämpfung von Kriminalität und verfassungswidrigen Bestrebungen sein können, eine nicht unerhebliche Rolle. Gleiches gilt für die Erörterung des Problems, ob die zum Großteil noch mit der Erstfassung des Vereinsgesetzes vom 5. August 1964 in Kraft getretenen Bestimmungen des öffentlichen Vereinsgesetzes noch zeitgemäß zur Anwendung gebracht werden können. Hierzu sollen auch Alternativen aufgezeigt werden.

Neben der Kommentierung des Vereinsgesetzes wurde eine Auswahl einschlägiger Bestimmungen des Grundgesetzes, des Bundesverfassungsgerichtsgesetzes, des Parteiengesetzes und des Strafgesetzbuches aufgenommen und kommentiert. Aufgrund der in viele Rechtsmaterien und Vorschriften hineinreichenden Materie des öffentlichen Vereinsrechts wird in künftigen Auflagen über die Aufnahme weiterer Vorschriften nachzudenken sein.

Die Kommentierungen sind auf dem Rechtsstand von Herbst 2013, teilweise auch darüber hinaus. Aktuellere Entscheidungen des Bundesverwaltungsgerichts wurden bislang dann noch nicht berücksichtigt, wenn sie sich hinsichtlich ihrer Kommentierungsrelevanz im Wesentlichen auf die Wiedergabe bereits ausjudizierter Inhalte beschränken.

Vorwort

Wir Herausgeber hoffen, dass der Kommentar der behördlichen und anwaltlichen Praxis insbesondere im Rahmen der Begleitung vereinsrechlicher Verbotsverfahren ein wertvolles Hilfsmittel sein wird. Für Anregungen zur Ergänzung und Verbesserung sind wir den Lesern dankbar.

Passau/Nienburg im April 2014   Florian Claus Albrecht
                                                             Jan Dirk Roggenkamp

Autorenverzeichnis

Florian Claus Albrecht, M.A.
Akademischer Rat a. Z. an der Universität Passau

Dr. Frank Braun
Regierungsdirektor an der Fachhochschule für öffentliche Verwaltung NRW

Axel Knabe
Rechtsanwalt, München

Dr. Martin Otto
Wissenschaftlicher Mitarbeiter an der FernUniversität in Hagen

Dr. Jan Dirk Roggenkamp
Professor an der Polizeiakademie Niedersachsen

Alexander Seidl
Akademischer Rat a.Z. an der Universität Passau

Dr. Norbert Ullrich
Professor an der Norddeutschen Fachhochschule für Rechtspflege,
z. Z. abgeordnet an die Polizeiakademie Niedersachsen

Im Einzelnen haben bearbeitet:

Florian Claus Albrecht	Einleitung, §§ 3–9, § 18, §§ 30–33 VereinsG, § 129 StGB, §§ 43–47 BVerfGG, Anhang: Entscheidungen
Dr. Frank Braun	Art. 9 GG, § 85 StGB
Axel Knabe	Art. 21 GG, §§ 32, 33 PartG
Dr. Martin Otto	Art. 4 GG, §§ 16, 17 VereinsG
Dr. Jan Dirk Roggenkamp	§§ 1–2 VereinsG
Alexander Seidl	§§ 10–13, §§ 19–21 VereinsG
Dr. Norbert Ullrich	§§ 14–15 VereinsG

Inhaltsverzeichnis

	Seite
Vorwort	V
Autorenverzeichnis	VII
Inhaltsverzeichnis	IX
Abkürzungsverzeichnis	XI
Literaturverzeichnis	XIII

Einleitung   1

A. Grundgesetz für die Bundesrepublik Deutschland (Auszug)

Art. 4	[Glaubens-, Gewissens- und Bekenntnisfreiheit, Kriegsdienstverweigerung]	13
Art. 9	[Vereinigungs- und Koalitionsfreiheit]	23
Art. 21	[Parteien]	35

B. Gesetz zur Regelung des öffentlichen Vereinsrechts (Vereinsgesetz)

Erster Abschnitt. Allgemeine Vorschriften

| § 1 | Vereinsfreiheit | 55 |
| § 2 | Begriff des Vereins | 61 |

Zweiter Abschnitt. Verbot von Vereinen

§ 3	Verbot	70
§ 4	Ermittlungen	101
§ 5	Vollzug des Verbots	122
§ 6	Anfechtung des Verbotsvollzugs	126
§ 7	Unanfechtbarkeit des Verbots, Eintragung in öffentliche Register	129
§ 8	Verbot der Bildung von Ersatzorganisationen	132
§ 9	Kennzeichenverbot	138

Dritter Abschnitt. Beschlagnahme und Einziehung des Vermögens verbotener Vereine

§ 10	Vermögensbeschlagnahme	145
§ 11	Vermögenseinziehung	157
§ 12	Einziehung von Gegenständen Dritter	163
§ 13	Abwicklung	173

Inhaltsverzeichnis

Seite

Vierter Abschnitt. Sondervorschriften
§ 14	Ausländervereine	180
§ 15	Ausländische Vereine	196
§ 16	Arbeitnehmer- und Arbeitgebervereinigungen	199
§ 17	Wirtschaftsvereinigungen	211
§ 18	Räumlicher Geltungsbereich von Vereinsverboten	221

Fünfter Abschnitt. Schlußbestimmungen
§ 19	Rechtsverordnungen	224
§ 20	Zuwiderhandlungen gegen Verbote	234
§ 21	Zuwiderhandlungen gegen Rechtsverordnungen	245
§ 22 bis 29	[nicht wiedergegebene Änderungsvorschriften]	247
§ 30	Aufhebung und Fortgeltung von Rechtsvorschriften	247
§ 31	Übergangsregelungen	248
§ 32	Einschränkung von Grundrechten	249
§ 33	Inkrafttreten	250

C. Gesetz über die politischen Parteien (Parteiengesetz) (Auszug)

Siebenter Abschnitt. Vollzug des Verbots verfassungswidriger Parteien
§ 32	Vollstreckung	251
§ 33	Verbot von Ersatzorganisationen	255

D. Strafgesetzbuch (StGB) (Auszug)
§ 85	Verstoß gegen ein Vereinigungsverbot	257
§ 129	Bildung krimineller Vereinigungen	264

E. Gesetz über das Bundesverfassungsgericht (Bundesverfassungsgerichtsgesetz – BVerfGG) (Auszug)

Zweiter Abschnitt. Verfahren in den Fällen des § 13 Nr. 2 (Parteiverbot)
§ 43	Antragsberechtigte	279
§ 44	Vertretung der Partei	281
§ 45	Vorverfahren	282
§ 46	Entscheidung über Verfassungswidrigkeit einer Partei	283
§ 47	Beschlagnahme, Durchsuchung	288

Anhang: Entscheidungen 289

Sachverzeichnis 305

Abkürzungsverzeichnis

a. A.	anderer Ansicht
Abs.	Absatz
a. E.	am Ende
a. F.	alte Fassung
AG	Amtsgericht
AufenthG	Aufenthaltsgesetz
BAnz.	Bundesanzeiger
BeckOK	Beck'scher Online-Kommentar
BDSG	Bundesdatenschutzgesetz
BeckRS	Beck Rechtssachen
Beschl.	Beschluss
BGB	Bürgerliches Gesetzbuch
BGBl.	Bundesgesetzblatt
BGH	Bundesgerichtshof
BR-Drs.	Bundesrats-Drucksache(n)
bspw.	beispielsweise
BT-Drs.	Bundestags-Drucksache(n)
BVerfG	Bundesverfassungsgericht
BVerfGG	Bundesverfassungsgerichtsgesetz
BVerfGE	Entscheidungen des Bundesverfassungsgerichts
BVerwG	Bundesverwaltungsgericht
BVerwGE	Entscheidungen des Bundesverwaltungsgerichts
bzw.	beziehungsweise
ders.	derselbe
Dok.	Dokument
DÖV	Die Öffentliche Verwaltung (Zeitschrift)
DVBl	Deutsches Verwaltungsblatt (Zeitschrift)
EMRK	Europäische Menschenrechtskonvention
f.	folgend(e)
ff.	fortfolgende
FS	Festschrift
gem.	gemäß
GG	Grundgesetz
GOBT	Geschäftsordnung des Deutschen Bundestages
h. M.	herrschende Meinung
Hs.	Halbsatz
insbes.	insbesondere
InsO	Insolvenzordnung
i. S. d.	im Sinne des
i. S. v.	im Sinne von
i. V. m.	in Verbindung mit
JR	Juristische Rundschau (Zeitschrift)
Jura	Juristische Ausbildung (Zeitschrift)
JuS	Juristische Schulung (Zeitschrift)

Abkürzungsverzeichnis

JZ	Juristen Zeitung (Zeitschrift)
Kap.	Kapitel
KritV	Kritische Vierteljahresschrift für Gesetzgebung und Rechtswissenschaft (Zeitschrift)
MMR	MultiMedia und Recht (Zeitschrift)
MSchrKrim	Monatsschrift für Kriminologie (Zeitschrift)
m.w.N.	mit weiteren Nachweisen
NJW	Neue Juristische Wochenschrift (Zeitschrift)
NomosOK	Nomos Online-Kommentar
Nr.	Nummer
NStZ	Neue Zeitschrift für Strafrecht (Zeitschrift)
NVwZ	Neue Zeitschrift für Verwaltungsrecht (Zeitschrift)
NVwZ-RR	NVwZ-Rechtsprechungsreport (Zeitschrift)
NWVBl.	Nordrhein-Westfälische Verwaltungsblätter (Zeitschrift)
OLG	Oberlandesgericht
OVG	Oberverwaltungsgericht
OWiG	Gesetz über Ordnungswidrigkeiten
PartG	Parteiengesetz
Rn.	Randnummer(n)
Rspr.	Rechtsprechung
S.	Seite
s. o.	siehe oben
st.	ständige
StGB	Strafgesetzbuch
StPO	Strafprozessordnung
StV	Strafverteidiger (Zeitschrift)
TVG	Tarifvertragsgesetz
u. a.	unter anderem
Urt.	Urteil
u. U.	unter Umständen
v.	vom
vgl.	vergleiche
VereinsG	Vereinsgesetz
VereinsG-DVO	Verordnung zur Durchführung des Gesetzes zur Regelung des öffentlichen Vereinsrechts
VG	Verwaltungsgericht
VGH	Verwaltungsgerichtshof
VR	Verwaltungsrundschau (Zeitschrift)
VRZustVO	Vereinsrecht-Zuständigkeitsverordnung
VwGO	Verwaltungsgerichtsordnung
VwVfG	Verwaltungsverfahrensgesetz
WiVerw	Wirtschaft und Verwaltung (Zeitschrift)
WRV	Weimarer Reichsverfassung
z. B.	zum Beispiel
ZevKR	Zeitschrift für evangelisches Kirchenrecht (Zeitschrift)
ZPO	Zivilprozessordnung
ZRP	Zeitschrift für Rechtspolitik (Zeitschrift)
ZStV	Zeitschrift für Stiftungs- und Vereinswesen (Zeitschrift)

Literaturverzeichnis

Badura	Staatsrecht, 5. Auflage 2012 (zit.: *Badura*).
Bauer/Heckmann/ Ruge/Schallbruch	Verwaltungsverfahrensgesetz, Kommentar 2012 (zit.: *Verfasser* in BHRS).
Boujong	Karlsruher Kommentar zum Gesetz über Ordnungswidrigkeiten, 3. Auflage 2006 (zit.: *Verfasser* in KK-OWiG).
Benda/Maihofer/ Vogel	Handbuch des Verfassungsrechts, 2. Auflage 1995 (zit.: *Verfasser* in BMV).
Bergmann/Dienelt/ Röseler	Ausländerrecht, 9. Auflage 2011 (zit.: *Verfasser* in BDR).
Bohnert	OWiG Kommentar, 3. Auflage 2010 (zit.: Bohnert).
Denninger/Hofmann- Riem/Schneider/Stein	Kommentar zum Grundgesetz für die Bundesrepublik Deutschland, 3. Auflage, Loseblattsammlung, Stand: August 2002 (zit.: *Verfasser* in DHSS).
Dolzer/Kahl/ Waldhoff/Graßhof	Bonner Kommentar zum Grundgesetz, Loseblattsammlung, Stand: Juni 2012 (zit.: *Verfasser* in DKWG).
Dölling/Duttge/ Rössner	Gesamtes Strafrecht, Handkommentar, 2. Auflage 2011 (zit.: *Verfasser* in Dölling/Duttge/Rössner).
Dreier	Grundgesetz, 2. Auflage 2004 (zit.: *Verfasser* in Dreier).
Drews/Wacke/Vogel/ Martens	Gefahrenabwehr, 9. Auflage 1986 (zit. *DWVM*).
Erbs/Kohlhaas	Strafrechtliche Nebengesetze, Loseblattsammlung, Stand: 189. Ergänzungslieferung 2012 (zit.: *Verfasser* in Erbs/Kohlhaas).
Epping/Hillgruber	Beck'scher Online-Kommentar GG, Stand: 01.10.2012 (zit.: *Verfasser* in BeckOK GG).
Eyermann	Verwaltungsgerichtsordnung, Kommentar, 13. Aufl. 2010 (zit.: *Verfasser* in Eyermann).
Fischer	Strafgesetzbuch, 59. Auflage 2012 (zit.: *Fischer*).
Gerlach	Die Vereinsverbotspraxis der streitbaren Demokratie, 2012 (zit.: *Gerlach*, Die Vereinsverbotspraxis der streitbaren Demokratie, 2012).
Groh	Nomos Onlinekommentar zum VereinsG, 2012 (zit.: *Groh* in NomosOK VereinsG).
Grote/Marauhn	Konkordanzkommentar zum europäischen und deutschen Grundrechtsschutz, 2006 (zit. *Verfasser* in Grote/Marauhn).
Grundmann	Das fast vergessene öffentliche Vereinsrecht, 1996 (zit.: *Grundmann,* Das fast vergessene öffentliche Vereinsrecht, 1999).
Hamann/Lenz	Grundgesetz für die Bundesrepublik Deutschland, 3. Auflage 1970 (zit.: *Hamann/Lenz*).

Literaturverzeichnis

Heun / Honecker / Morlok / Wieland	Evangelisches Staatslexikon, 2006 (zit.: *Verfasser* in Evangelisches Staatslexikon).
Hofmann / Hoffmann	Ausländerrecht, 2008 (zit.: *Verfasser* in Hofmann/Hoffmann).
Heinrich	Vereinigungsfreiheit und Vereinigungsverbot – Dogmatik und Praxis des Art. 9 Abs. 2 GG, 2005 (zit.: *Heinrich,* Vereinigungsfreiheit und Vereinigungsverbot, 2005).
Heintschel-Heinegg	Beck'scher Online-Kommentar StGB (zit.: *Verfasser* in BeckOK-StGB).
Hromadka / Maschmann	Arbeitsrecht Band 2, 2013 (zit.: *Hromadka / Maschmann*).
Hueck / Nipperdey	Grundriß des Arbeitsrechts, 5. Auflage 1970 (zit.: *Hueck / Nipperdey*).
Ipsen	Parteiengesetz, Kommentar, 2008 (zit.: *Verfasser* in Ipsen, ParteiG).
Isensee / Kirchhof	Handbuch des Staatsrechts, 3. Auflage 2003 bis 2012 (zit.: *Verfasser* in Isensee/Kirchhof).
Jacobi	Grundlehren des Arbeitsrechts, 1927 (zit.: *Jacobi,* Grundlehren des Arbeitsrechts).
Jarass / Pieroth	Grundgesetz, Kommentar, 12. Auflage 2012 (zit.: Bearbeiter in *Jarass/Pieroth*).
Joecks / Miebach	Münchner Kommentar zum Strafgesetzbuch, 2003 bis 2012 (zit.: *Verfasser* in Joecks/Miebach).
Kawerau	Ein Beitrag zur Auslegung der Art. 83 und 87 Abs. 3 GG, dargestellt an § 3 Abs. 2 Nr. 2 VereinsG, 1969 (zit.: *Kawerau,* Ein Beitrag zur Auslegung der Art. 83 und 87 Abs. 3 GG, 1969).
Kindhäuser / Neumann / Paeffgen	StGB, Band 1, 2. Auflage 2005 (zit.: *Verfasser* in KNP).
Kindler / Nachmann	Handbuch Insolvenzrecht in Europa, 2010 (zit.: *Verfasser* in Kindler/Nachmann).
Kloesel / Christ / Häußer	Deutsches Aufenthalts- und Ausländerrecht, Stand: Februar 2012 (zit.: *Verfasser* in KCH).
Kopp / Ramsauer	VwVfG, Kommentar, 12. Aufl. 2011 (zit.: *Kopp / Ramsauer*).
Kothe / Redeker	Beweisantrag und Amtsermittlung im Verwaltungsprozess, 2012 (zit.: *Kothe / Redeker*).
Küper / Puppe / Tenckhoff	Festschrift für Karl Lackner zum 70. Geburtstag am 18. Februar 1987 (zit.: *Verfasser* in FS-Lackner).
Laufhütte / Rissing-van Saan / Tiedemann	Leipziger Kommentar zum Strafgesetzbuch, 12. Auflage 2006 (zit.: *Verfasser* in LRT).
Lechner / Zuck	Bundesverfassungsgerichtsgesetz, Kommentar, 6. Auflage 2011 (zit.: *Lechner / Zuck*).
Leibholz / Rupprecht	Bundesverfassungsgerichtsgesetz, Kommentar, 1985 (zit.: *Verfasser* in Leibholz/Rupprecht).
Leipold / Tsambalikis / Zöller	Anwaltkommentar StGB, 2011 (zit.: *Verfasser* in LTZ).
Lenski	Parteiengesetz, Kommentar, 2011 (zit.: *Lenski*).

Literaturverzeichnis

Lenz/Hansel	Bundesverfassungsgerichtsgesetz, Kommentar, 2013 (zit.: *Lenz/Hansel*).
Lisken/Denninger	Handbuch des Polizeirechts, 5. Auflage 2012 (zit.: *Verfasser* in Lisken/Denninger).
Maunz/Dürig	Grundgesetz, Loseblattsammlung, Stand: April 2012 (zit.: *Verfasser* in Maunz/Dürig).
Maunz/Schmidt-Bleibtreu/Klein/Bethge	Bundesverfassungsgerichtsgesetz, 37. Auflage 2011 (*Verfasser* in MSKB).
Merten/Papier	Handbuch der Grundrechte, 2009 (zit.: *Verfasser* in Merten/Papier).
Morlok	Parteiengesetz, Kommentar, 2007 (zit.: *Morlok*).
Müller	Korporation und Assoziation. Eine Problemgeschichte der Vereinigungsfreiheit im deutschen Vormärz, 1965 (zit.: *Müller,* Kooperation und Assoziation).
Perels	Grundrechte als Fundament der Demokratie, 1979 (zit.: *Verfasser* in Perels).
Pfeiffer/Burgemesiter/Roth	Der verfaßte Staat: Festgabe für Karin Graßhof, 1998 (zit.: *Verfasser* in FS-Graßhof).
Pieroth/Schlink	Grundrechte, 26. Auflage 2010 (zit.: *Pieroth/Schlink*).
Planker	Das Vereinsverbot gem. Art. 9 Abs. 2 GG/§§ 3 ff. VereinsG – Eine systematische Darstellung von Tatbestand und Rechtsfolge, 1994 (zit.: *Planker,* Das Vereinsverbot, 1994).
Posser/Wolff	Beck'scher Online-Kommentar VwGO, Stand: 01.10.2012 (zit.: *Verfasser* in BeckOK VwGO).
Reichert	Vereins- und Verbandsrecht, 12. Auflage 2010 (zit.: *Reichert*).
Reuter/Kippenberg	Religionskonflikte im Verfassungsstaat, 2010 (zit.: *Verfasser* in Reuter/Kippenberg).
Rudroff	Das Vereinigungsverbot nach Art. 9 Abs. 2 GG und dessen verwaltungsrechtliche Auswirkungen, 1995 (zit.: *Rudroff,* Das Vereinigungsverbot nach Art. 9 Abs. 2 GG, 1995).
Rütters	Das strafrechtliche Absicherung des Verbots eines ausländischen Vereins, 2009 (zit.: *Rütters,* Das strafrechtliche Absicherung des Verbots eines ausländischen Vereins, 2009).
Sachs	Grundgesetz, Kommentar, 6. Auflage 2011. (zit.: *Verfasser* in Sachs).
Schmidt	Das Verbot von Religions- und Weltanschauungsgemeinschaften nach Grundgesetz und Vereinsgesetz nach Fall des Religionsprivilegs, 2012 (zit.: *Schmidt,* Das Verbot von Religions- und Weltanschauungsgemeinschaften, 2012).
Schönke/Schröder	Strafgesetzbuch, Kommentar, 28. Auflage 2010 (zit.: *Verfasser* in Schönke/Schröder).
Schnorr	Öffentliches Vereinsrecht, 1965 (zit.: *Schnorr*).

Literaturverzeichnis

Simon	Raufhändel und Randale, 1996 (zit.: *Simon,* Raufhändel und Randale, 1996).
Soergel	Bürgerliches Gesetzbuch Allgemeiner Teil 2, 13. Auflage 1999 (zit.: *Verfasser* in Soergel).
Spiller	Das Vereinsverbot nach geltendem Verfassungsrecht, 1967 (zit.: *Spiller,* Das Vereinsverbot nach geltendem Verfassungsrecht, 1967).
Stelkens/Bonk/Sachs	Verwaltungsverfahrensgesetz, 7. Auflage 2008 (zit.: *Verfasser* in SBS).
Stern	Das Staatsrecht der Bundesrepublik Deutschland, 1980 bis 2011 (zit.: *Verfasser* in Stern).
Stern/Becker	Grundrechte-Kommentar, 2009 (zit. *Verfasser* in Stern/Becker).
Umbach/Clemens	Grundgesetz, 2002 (zit.: *Verfasser* in Umbach/Clemens).
Umbach/Clemens/ Dollinger	Bundesverfassungsgerichtsgesetz, 2. Auflage 2005 (zit.: *Verfasser* in VCD).
von Feldmann	Vereinigungsfreiheit und Vereinigungsverbot, 1972 (zit.: *von Feldmann,* Vereinigungsfreiheit und Vereinigungsverbot, 1972).
von Mangoldt/Klein/ Starck	Grundgesetz, 6. Auflage 2010 (zit.: *Verfasser* in MKS).
von Münch/Kunig	Grundgesetz, 6. Auflage 2012 (zit.: *Verfasser* in von Münch/Kunig).
Weber/Scheuner/ Dietz	Der Inhalt der Koalitionsfreiheit. Drei Rechtsgutachten, 1961 (zit.: *Weber/Scheuner/Dietz*).

Einleitung

Übersicht
Rn.
- I. Allgemeines 1
- II. Streitbare Demokratie 3
- III. Vereinsverbote 7
  1. Verbot rechtsextremistischer Vereine 9
  2. Verbot linksextremistischer Vereine 14
  3. Verbot islamistischer Vereine 17
  4. Verbot von Motorradclubs 18
- IV. Parteiverbote 20
- V. Bezüge zur Rechtsprechung des EMGR 23
  1. Vereinsverbotsverfahren 23
  2. Parteiverbotsverfahren 31
- VI. Wirkungsweise von Vereins- und Parteiverboten .. 33
  1. Argumente für Vereins- und Parteiverbote 33
  2. Argumente gegen Vereins- und Parteiverbote 35
  3. NPD-Verbotsverfahren 39
- VII. Vereinsverbote und Strafrecht 40
- VIII. Privates Vereinsrecht 44

I. Allgemeines

In der verfassungsrechtlich gewährleisteten Vereinigungsfreiheit und mithin 1
in dem Recht, Vereine gründen und an diesen mitwirken zu dürfen, kommt ein wesentliches Prinzip freiheitlicher Staatsgestaltung zum Ausdruck (*Ridder* in DHSS GG Art. 9 Abs. 2 Rn. 25). Die Frage nach der Zulässigkeit eines Eingriffs in die Vereinigungsfreiheit ist daher stets unter Berücksichtigung der Feststellungen des Bundesverfassungsgerichts zur Bedeutung des Grundrechts zu beantworten. Dieses betont: „Daß man sich – zu beliebigen Zwecken – mit anderen in Vereinen, Verbänden und Assoziationen aller Art zusammenschließen darf, gehört zu den elementaren Äußerungsformen der menschlichen Handlungsfreiheit [...]. Das **Prinzip freier sozialer Gruppenbildung** grenzt die freiheitliche Ordnung von einem System ab, in dem das Volk von oben her in ständisch-korporative Gruppen gegliedert und nur noch in dieser von vornherein durch obrigkeitliche Lenkung ‚kanalisierten' Form an der öffentlichen Meinungs- und Entscheidungsbildung beteiligt wird." (BVerfG NJW 1975, 1265 (1266)). Die Ausprägung der Vereinigungsfreiheit ist mithin ein wesentlicher **Gradmesser für die reale Verwirklichung der Demokratie** in einem Gemeinwesen (*Seifert* in Perels S. 176).

Seifert fordert aus diesem Grunde die „**Unantastbarkeit der Vereini-** 2 **gungsfreiheit**", die nur in Ausnahmefällen durch ein Vereinsverbot tangiert werden dürfe und als Schutzwall gegen „hoheitliche Verrufserklärungen" verstanden werden müsse (*Seifert* in Perels S. 176). Eine Zunahme von Vereinsverboten wäre unter diesen Voraussetzungen entweder durch zunehmende so-

Einleitung

ziale Konfliktlagen oder durch eine Entwicklung hin zu einem totalitären Staatswesen zu erklären.

II. Streitbare Demokratie

3   Gemäß Art. 9 Abs. 2 Alt. 1 und Alt. 2 GG sind Vereinigungen, deren Zwecke oder deren Tätigkeit den Strafgesetzen zuwiderlaufen, verboten. Die Vorschrift ist Ausdruck der Entscheidung unserer Verfassungsgeber für den **Rechtsstaat** und stellt die unwiderlegliche Vermutung auf, dass die Existenz der in ihr bezeichneten Vereinigungen eine Gefahr für die Öffentliche Sicherheit und Ordnung darstellt (*Albrecht* ZVR-Online Dok. Nr. 1/2012 Rn. 1).

4   Zudem werden mit Art. 9 Abs. 2 Alt. 3 und Alt. 4 GG Vereine verboten, die sich gegen die verfassungsmäßige Ordnung oder gegen den Gedanken der Völkerverständigung richten. In diesen Bestimmungen kommen die sich zur wertneutralen Demokratie der Weimarer Reichsverfassung gegensätzlich verhaltenen Prinzipien einer **„streitbaren" oder „wehrhaften" Demokratie** zum Ausdruck (*Baudewin* NVwZ 2013, 1049). Diese unsere Demokratie ist streitbar, weil sie in Art. 79 Abs. 3 GG Prinzipien und Werte gegen den **staatlichen Eingriff** („Angriffe von oben") sichert und bspw. in Art. 9 Abs. 2 GG (hierzu Braun Art. 9 Rn. 27 ff.) und Art. 21 Abs. 2 GG (hierzu Art. 21 Rn. 31 ff.) Möglichkeiten zur **Abwehr von Verfassungsfeinden** („Angriffe von unten") verankert hat (vgl. *Baudewin* NVwZ 2013, 1049).

5   Dabei ist das äußerste Mittel, das den Verbotsbehörden im Kampf gegen strafrechtswidrige und verfassungsfeindliche bzw. völkerrechtswidrige Vereine zur Verfügung gestellt wird, deren Verbot und deren Beseitigung mittels Auflösung.

6   Das Prinzip der streitbaren Demokratie ist hinsichtlich seiner Ausprägung und Rechtfertigung umstritten. So wird bspw. für widersprüchlich gehalten, dass die Freiheit gerade durch Eingriffe in Freiheitsrechte gesichert werden soll. *Gerlach* weist zudem darauf hin, dass sich die Qualität der in einer Demokratie gehegten **Werte und Ideale** insbesondere auch an dem Umgang mit den in der Demokratie existierenden Gegenspielern zeigt (*Gerlach*, Die Vereinsverbotspraxis in der streitbaren Demokratie, 2012, S. 19). Hierbei wird leider allzu oft außer Acht gelassen, dass politischer Extremismus und Kriminalität in einem demokratischen Rechtsstaat normal sind (*Gerlach*, Die Vereinsverbotspraxis in der streitbaren Demokratie, 2012, S. 20) und daher auch bis zu einem gewissen Grad einfach hingenommen werden müssen.

III. Vereinsverbote

7   Eine Auflistung aller bisherigen Vereinsverbote findet sich bei *Baudewin* (NVwZ 2013, 1049 [1052]). Die Quantität der Vereinsverbote lässt befürchten, dass die Exekutive die Lösung zahlreicher gesellschaftlicher Konflikte längst aufgegeben hat und auf den **Herausforderungen von Kriminalität und Extremismus** mittels einer extensiven Verbotspraxis Herr zu werden versucht. Diese Versuche sind angesichts der geringen Wirkung von Verboten (siehe hierzu Rn. 35 ff.) zum Scheitern verurteilt.

Einleitung

Die Wahrscheinlichkeit eines Vereinsverbots hängt nach Auffassung von *Gerlach* maßgeblich von der Intensität der in den **Medien** kolportierten Verbotsforderungen ab „Die Medienberichterstattung wird von den meisten Politikern als identisch mit der Meinung der Außenwelt wahrgenommen." (*Gerlach*, Die Vereinsverbotspraxis der streitbaren Demokratie, 2012, S. 473) Vereinsverbote sind demnach immer auch Zugeständnisse der Politik. Dies hat mitunter zur Folge, dass die tatsächliche Effektivität der Verbote (bspw. deren Eignung im Kampf gegen den Extremismus) von untergeordneter Relevanz ist. Vereinsverbote sind dann oftmals nur **Placebos,** die dem Bürger über die Medien gereicht werden (vgl. *Gerlach*, Die Vereinsverbotspraxis der streitbaren Demokratie, 2012, S. 474).

1. Verbot rechtsextremistischer Vereine

Freiheitsrechte kommen auch im Bereich extremistischer Betätigungen zur Anwendung. Dies gilt selbstverständlich auch im Bereich des Rechtsextremismus (siehe in diesem Zusammenhang zur Meinungsfreiheit etwa BVerfG ZUM-RD 2011, 205 [206]). Das Grundgesetz und das VereinsG sehen auch nicht das Verbot extremistischer bzw. rechtsextremistischer Vereine vor, sondern verknüpfen das Verbot vielmehr mit einer verfassungswidrigen oder völkerrechtswidrigen Ausrichtung eines Vereins.

Eine Anknüpfung des Verbotstatbestands an das Merkmal einer rechtsextremistischen Ausrichtung eines Vereins ist nicht möglich. Dies wäre zumindest mit dem Bestimmtheitsgrundsatz unvereinbar. „Ob eine Position als rechtsextremistisch – möglicherweise in Abgrenzung zu ‚rechtsradikal' oder ‚rechtsreaktionär' – einzustufen ist, ist eine Frage des politischen Meinungskampfes und der gesellschaftswissenschaftlichen Auseinandersetzung." (BVerfG ZUM-RD 2011, 205 [207]). Die Einordnung steht damit zwingend in einer Wechselwirkung mit sich wandelnden politischen und gesellschaftlichen Kontexten und subjektiven Einschätzungen (BVerfG ZUM-RD 2011, 205 [206]). So ist bspw auch eine Abgrenzung mit strafrechtlicher Bedeutung, welche in rechtsstaatlicher Distanz aus sich heraus bestimmbar sein müsste, nicht möglich (BVerfG ZUM-RD 2011, 205 [207]).

Nach gegenwärtiger Auffassung des Gesetzgebers ist Rechtsextremismus ein „Oberbegriff für bestimmte verfassungsfeindliche Bestrebungen, die sich gegen die im Grundgesetz konkretisierte fundamentale Gleichheit der Menschen richten und die universelle Geltung der Menschenrechte ablehnen. Rechtsextremisten sind Feinde des demokratischen Verfassungsstaates, sie haben ein autoritäres Staatsverständnis, das bis hin zur Forderung nach einem nach dem Führerprinzip aufgebauten Staatswesen ausgeprägt sein kann. Das rechtsextremistische Weltbild ist geprägt von einer Überbewertung ethnischer Zugehörigkeit, aus der u. a. Fremdenfeindlichkeit resultiert. Dabei herrscht die Auffassung vor, die Zugehörigkeit zu einer Ethnie, Nation oder ‚Rasse' bestimme den Wert eines Menschen. Offener oder immanenter Bestandteil der überwiegenden Mehrzahl aller rechtsextremistischen Bestrebungen ist zudem der Antisemitismus. Individuelle Rechte und gesellschaftliche Interessenvertretungen treten zugunsten kollektivistischer ‚volksgemeinschaftlicher'

Einleitung

Konstrukte zurück." (BT-Drs. 17/8672, 18; zum Begriff „extremistisch" *Wüstenberg* NVwZ 2008, 1078 [1079]).

12 Obwohl der Rechtsextremismus klar von „rechten", „patriotischen" oder „nationalen" Gesinnungen abgegrenzt werden muss, findet eine solche Unterscheidung in der Praxis häufig nicht mehr statt (*Albrecht/Knabe* jurPC Web-Dok. 43/2012, Abs. 6). Dies ist auch vor dem Hintergrund der verfassungsrechtlich abgesicherten Meinungsfreiheit nicht unproblematisch. Als Unterscheidungsmerkmal kann insoweit dienen, dass rechtsextremistische Bestrebungen sich zur Zielerreichung eines Mittels bedienen, das sich **abseits der bestehenden Rechtsordnung** bewegt (vgl. *Wüstenberg* NVwZ 2008, 1078 [1080]). Politische Forderungen, die unbequem sind, sich aber im Einklang mit der gegenwärtigen Rechtslage befinden, können nicht rechtsextremistisch sein (*Wüstenberg,* NVwZ 2008, 1078 [1080]; *Albrecht/Knabe* jurPC Web-Dok. 43/2012, Abs. 6)

13 Die beschriebene Unbestimmtheit ist auch für das Merkmal einer „nationalsozialistischen Ausrichtung" eines Vereins bezeichnend. Insoweit stellt sich nämlich die Frage, „ob damit jedes Gedankengut, das unter dem nationalsozialistischen Gewalt- und Willkürregime propagiert wurde, erfasst sein soll oder nur bestimmte Ausschnitte der nationalsozialistischen Ideologie, und falls Letzteres der Fall sein sollte, nach welchen Kriterien diese Inhalte bestimmt werden können." (BVerfG ZUM-RD 2011, 205 [207])

2. Verbot linksextremistischer Vereine

14 Das Verbot linksextremistischer Vereine konzentriert sich vor allem auf extremistische **kurdische Gruppierungen** (hierzu *Gerlach,* Die Vereinsverbotspraxis in der streitbaren Demokratie, 2012, S. 195 ff.) und extremistische **türkische Gruppierungen** (hierzu *Gerlach,* Die Vereinsverbotspraxis in der streitbaren Demokratie, 2012, S. 216 ff.)

15 Auch insoweit gilt, vergleichbar der im Bereich des Rechtsextremismus (siehe hierzu Rn. 9 ff.) und Islamismus (siehe hierzu Rn. 17) bestehenden Problemlage, dass die für die Herausbildung extremistischer Positionen maßgeblichen **Radikalisierungsprozesse** bislang nur unzureichend erforscht sind (vgl. *Matt* MschrKrim 2010, 461 [463 f.]). Als vielversprechender Präventionsansatz wird insoweit ein frühzeitiges Eingreifen empfohlen, das Verunsicherungen, Desintegration und Identitätskrisen verhindert (*Matt* MschrKrim 2010, 461 (471)). Vereinsverbote stehen hingen im Verdacht, das exakte Gegenteil zu bewirken (siehe hierzu Rn. 35 ff.)

16 Insgesamt fällt zudem auf, dass sich die Verbotspraxis bislang kaum mit den deutschen linksextremistischen Gruppierungen befasst hat. *Gerlach* verweist in diesem Zusammenhang völlig zutreffend auf das hinsichtlich der Verbotspraxis zu beachtende **Gebot der Äquidistanz**: „Es besagt […], dass das Streitbarkeitsprinzip grundsätzlich losgelöst vom politischen Standort von Extremisten besteht. Für die streitbare Demokratie ist es lediglich relevant, dass sie herausgefordert wird und nicht, von welchen politischen Standort aus." (*Gerlach,* Die Vereinsverbotspraxis in der streitbaren Demokratie, 2012, S. 103) Es steht zu befürchten, dass sich die inkonsistente Auseinandersetzung mit dem Linksextremismus und dessen Unterstützung durch politische Parteien bereits negativ zu Lasten der streitbaren Demokratie ausgewirkt hat (*Gerlach*, Die Vereinsverbotspraxis der streitbaren Demokratie, 2012, S. 476 f.; vgl. *Albrecht/Knabe* jurPC Web-Dok. 43/2012, Abs. 45).

3. Verbot islamistischer Vereine

Mit dem nach der Streichung des sog. Religionsprivilegs (siehe hierzu § 3 VereinsG Rn. 58 ff.) möglichen Verbot islamistischer Vereine versucht die Exekutive vor allem, Finanz- und Informationsströme zu unterbinden (*Gerlach*, Die Vereinsverbotspraxis der streitbaren Demokratie, 2012, S. 243). Von Verboten betroffen sind daher insbesondere **Spendensammelorganisationen** und **Medienanstalten,** die islamistische und insbesondere auch antisemitische Ideen verbreiten (*Gerlach*, Die Vereinsverbotspraxis der streitbaren Demokratie, 2012, S. 243). 17

4. Verbot von Motorradclubs

Zunehmend ist eine Konzentration der Verbotsaktivitäten auf sog. Rockergruppierungen und Motorradclubs (M.C.) festzustellen (hierzu *Albrecht* MschrKrim 2012, 115; *Albrecht* VR 2013, 8). *Steuten* stellt diesbezüglich kritisch fest, dass Rockervereinigungen regelmäßig erst dann wahrgenommen werden, wenn einige ihrer Mitglieder sozial auffällig oder delinquent geworden sind (*Steuten* Soziale Welt 51 (2000), 25 [31]). Diese perspektivische Verengung führe dazu, dass mittels der Übertragung von Verhaltensweisen einzelner Mitglieder einer Rockervereinigung auf deren Gesamtheit, die Ausbildung von Klischees und Vorurteilen begünstigt werde (*Steuten* Soziale Welt 51 (2000), 25 [31]). Die eindimensionale Perspektive von Wissenschaft und Forschung, welche primär von kriminologischen Interessen geleitet werde, trage zur Verfestigung eines „negativen Bikerbildes" bei, dass die Realität nur unzureichend abbilde (vgl. *Steuten* Soziale Welt 51 (2000), 25 [31]). Zudem bewirke die nahezu durchgängig selektive und negative Berichterstattung in den Massenmedien, „dass sich das **Negativimage** der Motorradszene in der öffentlichen wie wissenschaftlichen Meinung hält. Presse und Fernsehen schalten sich gewöhnlich nur dann mit Berichten aus der Rockerszene ein, wenn spektakuläre Ereignisse vorfallen. Die meist leichtfertige und undifferenziert konstruierten **Klischees** verstärken das ohnehin schon geringe Interesse der Biker an einer authentischen Außendarstellung" (*Steuten* Soziale Welt 51 (2000), 25 [31]). 18

Zusammenfassend lassen sich die kriminologischen Erkenntnisse hinsichtlich der vermeintlich per se strafrechtlich relevanten Aktivitäten der Mitglieder eines Motorradclubs auf die Feststellungen von *Opitz* reduzieren: „Sie [die Delinquenz] ergibt sich aus der Situation [...]; mit ihr wird auf Zuschreibung reagiert; sie dient der **Stabilisierung der Gruppennormen,** mit ihr wird schließlich auf ein Normensystem reagiert, das als beschränkend, die Persönlichkeitsentfaltung hemmend, betrachtet wird. Rocker sind delinquenter als vergleichbare Bevölkerungs- und Altersgruppen. Rocker-Gruppen verfolgen aber keine kriminellen Ziele per se." (*Opitz,* Rocker im Spannungsfeld zwischen Clubinteressen und Gesellschaftsnormen, 1990, S. 139) Bestätigt wird dieser Befund durch *Jäger,* der darauf hinweist, dass Rockerkriminalität zumin- 19

Einleitung

dest statistisch gesehen unterrepräsentiert ist und die gegenwärtig festzustellende polizeiliche Schwerpunktsetzung damit nicht verdient (*Jäger* Kriminalistik 2012, 495 [498]).

IV. Parteiverbote

20   Politische Parteien fallen nicht unter den Anwendungsbereich des Vereinsgesetzes. Die als lex specialis (*Baudewin* NVwZ 2013, 1049 [1051]) gegenüber Art. 9 Abs. 2 GG fungierende Regelung des Art. 21 Abs. 2 GG sieht gegenüber den für Vereine geltenden Bestimmungen weitaus strengere Verbotsvoraussetzungen für das Verbot politischer Parteien vor (hierzu *Knabe* Art. 21 Rn. 31 ff.). Politische Parteien können hiernach nur verboten werden, wenn sie nach ihren Zielen oder nach dem Verhalten ihrer Anhänger darauf ausgehen, die freiheitliche demokratische Grundordnung zu beeinträchtigen oder zu beseitigen oder den Bestand der Bundesrepublik Deutschland zu gefährden. Über ihre Verfassungswidrigkeit entscheidet nicht eine Verbotsbehörde (zu diesen § 3 VereinsG Rn. 63 ff.), sondern allein das Bundesverfassungsgericht.

21   Dies hat zur Folge, dass sich die Exekutive gegenüber nicht verbotenen politischen Parteien lediglich mit großer Zurückhaltung betätigen darf. Der Einsatz nachrichtendienstlicher Mittel und das Einschleusen von **V-Leuten** in politische Parteien ist jedenfalls geeignet, Befürchtungen grundsätzlicher Art zu streuen und sich in negativer Weise auf den Meinungsbildungsprozess und die Betätigungsfreiheit einer politischen Partei auszuwirken (vertiefende zur verfassungsschutzbehördlichen Beobachtung und Beeinflussung politischer Parteien *Junggeburth,* Die Beobachtung politischer Parteien durch das Bundesamt für Verfassungsschutz im Lichte der V-Mann-Affäre des NPD-Verbotsverfahrens, 2012 sowie *Redmann,* Möglichkeiten und Grenzen der Beschränkung der Parteifähigkeit und –gleichheit diesseits eines verfassungsgerichtlichen Verbotsverfahrens, 2012, S. 129 ff.).

22   In der Praxis ist Art. 9 Abs. 2 GG angesichts der hohen Eingriffshürden des Art. 21 Abs. 2 GG eine weitaus größere Bedeutung beizumessen (*Baudewin* NVwZ 2013, 1049 [1051]). Bislang konnten lediglich die gegen die Sozialistische Rechtspartei (SRP) und die Kommunistische Partei Deutschlands (KPD) gerichteten Parteiverbotsverfahren erfolgreich durchgeführt werden. Das derzeit in der Diskussion stehende NPD-Verbotsverfahren wäre das insgesamt sechste Verfahren, das bisher eingeleitet wurde (*Baudewin* NVwZ 2013, 1049 [1051]). Angesichts der hohen Anforderungen, die für die Zusprechung des Parteienstatus gelten (vgl. BVerfG BeckRS 1994, 10948), unterfallen zahlreiche politische Vereinigungen gleichwohl den Regelungsbereich des VereinsG (vgl. *Baudewin* NVwZ 2013, 1049 [1051]).

V. Bezüge zur Rechtsprechung des EMGR
1. Vereinsverbotsverfahren

23   Hinsichtlich der Vereinbarkeit von Vereinsverboten mit den Vorgaben des Europarechts stellt sich insbesondere die Frage, wie die Rechtsprechung des

Einleitung

EGMR zu der aus Art. 11 Abs. 2 Satz 1 EMRK folgenden **Beweislast der Verbotsbehörden** bezüglich der konkreten Geeignetheit eines Vereinsverbotes bzw. des Nichtvorliegens milderer, gleich effektiver Maßnahmen in der Praxis angewandt werden kann. Aus der obergerichtlichen und verfassungsgerichtlichen Rechtsprechung ist bislang nicht ersichtlich, ob und inwieweit diese Rechtsprechung des EGMR ein für die tatbestandliche Beurteilung der Strafgesetzwidrigkeit eines Vereins i. S. d. Art. 9 Abs. 2 Alt. 1 GG notwendig zu berücksichtigendes Auslegungsmerkmal beinhaltet bzw. ob dieses Merkmal alternativ Ermessenserwägungen auf der Rechtsfolgenseite bedingen könnte.

Nach der ständigen Rechtsprechung des Bundesverfassungsgerichts „[…] besitzen die Gewährleistungen der Europäischen Menschenrechtskonvention verfassungsrechtliche Bedeutung, indem sie die Auslegung der Grundrechte und rechtsstaatlichen Grundsätze des Grundgesetzes beeinflussen. Der Konventionstext und die Rechtsprechung des Europäischen Gerichtshofs für Menschenrechte dienen […] auf der Ebene des Verfassungsrechts als Auslegungshilfen für die Bestimmung von Inhalt und Reichweite von Grundrechten und rechtsstaatlichen Grundsätzen des Grundgesetzes, sofern dies nicht zu einer – von der Konvention selbst nicht gewollten (vgl. Art. 53 EMRK) – Einschränkung oder Minderung des Grundrechtsschutzes nach dem Grundgesetz führt." (BVerfG NJW 2011 1931 [1935]). Aus dieser Rechtsprechung folgt die Möglichkeit, dass die Feststellung der Strafgesetzwidrigkeit eines Vereins gemäß Art. 9 Abs. 2 Alt. 1 GG bei fehlender bzw. nicht ausreichender Rezeption der vom EGMR für Art. 11 EMRK aufgestellten Grundsätze zu einem mit dem Grundsatz der völkerrechtsfreundlichen Auslegung (BVerfG NJW 2011 1931 [1935]) nicht mehr zu vereinbarendem Ergebnis führt. **24**

Entscheidend ist dabei nach bundesdeutscher Rechtsprechung für die Feststellung der Strafgesetzwidrigkeit eines Vereins i. S. d. Art. 9 Abs. 2 Alt. 1 GG, dass sich aus der vom einzelnen Mitglied losgelösten Bildung eines Gruppenwillen und der damit zusammenhängenden eigenen Zweckrichtung oder dem selbstständigen Handeln einer Vereinigung ein Verstoß gegen Strafgesetze ergibt. Davon kann ausgegangen werden, wenn strafbares Verhalten einzelner oder mehrere Mitglieder dem Verein zugerechnet werden kann und die durch die Mitglieder verwirklichte Strafgesetzwidrigkeit den Charakter der Vereinigung prägt. Die Zurechnung strafbaren Mitgliederverhaltens zum Verein und eine Prägung desselben ob dieser strafbaren Handlungen lässt sich nach gefestigter unter- und obergerichtlicher Rechtsprechung aus einer Reihe umstandsbedingter Merkmale herleiten. Zurechenbarkeit kann u. a. daraus folgen, dass begangene Straftaten sich nach außen als der Vereinigung bekannte, von ihr gebilligte oder widerspruchslos hingenommene Vereinsaktivitäten darstellen oder strafbare Verhaltensweisen durch Mitglieder von der Vereinigung gedeckt werden, z. B. im Rahmen von unmittelbarer oder durch den Verein veranlasster Hilfestellung (vertiefend hierzu § 3 VereinsG Rn. 109). **25**

Gem. der Rechtsprechung des EGMR zu den Bedingungen eines erlaubten Vereinsverbotes gemäß Art. 11 Abs. 2 EMRK ist zu beachten, dass die Ausübung der Vereinigungsfreiheit nach Satz 1 der Vorschrift nur Einschränkungen – gerade auch im Wege eines Verbots als **„schärfster denkbarer Eingriff"** (vgl. *Böhmer* in Grote/Marauhn Kap. 19 Rn. 78) – unterworfen werden darf, die gesetzlich vorgesehen und in einer demo- **26**

Einleitung

kratischen Gesellschaft notwendig sind für die nationale oder öffentliche Sicherheit, zur Aufrechterhaltung der Ordnung oder zur Verhütung von Straftaten, zum Schutz der Gesundheit oder der Moral oder zum Schutz der Rechte und Freiheiten anderer. Insoweit vermittelt Art. 11 Abs. 2 Satz 1 EMRK einen breiten Katalog potentieller Verbotsgründe, dem der Verbotsgrund der Strafgesetzwidrigkeit eines Vereins i. S. d. Art. 9 Abs. 2 Alt. 1 GG unproblematisch zu entnehmen ist. Zugleich stellt der EGMR in ständiger Rechtsprechung den unmittelbaren Zusammenhang zwischen Demokratie, Pluralismus und Vereinigungsfreiheit heraus, woraus der Gerichtshof eine rechtfertigungsfähige Beschränkung dieser Freiheit nur aufgrund **überzeugender und zwingender Gründe** anerkennt (EGMR NJW 2004, 669).

27   Die Notwendigkeit einer Beschränkung der Vereinigungsfreiheit bzw. eines Vereinsverbotes i. S. d. Art. 11 Abs. 2 Satz 1 EMRK ist nach Auffassung des EGMR nur dann gegeben, wenn sie aus einem **„zwingenden sozialen Bedürfnis"** folgt, nicht etwa schon dann, wenn sie als „nützlich" oder „zweckmäßig" zur Verfolgung eines solchen Bedürfnisses beitragen kann (EGMR NJW 1982, 2717; EGMR NJW 1999, 3695). Aufbauend auf diesen Rechtsprechungsgrundsätzen hat der EGMR erst kürzlich daran erinnert, „[…] dass das Vorhandensein einer Maßnahme, die mit weniger schwerwiegender Beeinträchtigung des betroffenen Grundrechts [der Vereinigungsfreiheit] einhergeht und welche dasselbe Ziel zu erreichen ermöglicht, ausgeschlossen sein muss, damit eine Maßnahme als verhältnismäßig und notwendig in einer demokratischen Gesellschaft angesehen werden kann." (EGMR ZVR-Online Dok. Nr. 25/2013 Rn. 92, nicht-amtliche Übersetzung von *Paschke,* abrufbar über http://www.zvr-online.com/index.php?id=208).

28   Dass derlei Maßnahmen nicht vorhanden sind, muss nach Auffassung des Gerichtshofes zur Wahrung des **Verhältnismäßigkeitsgrundsatzes** bewiesen werden (EGMR ZVR-Online Dok. Nr. 25/2013 Rn. 92). Die Verbotsbehörde trifft daher eine positive Beweislast für das Nichtvorhandensein milderer Mittel als dem des Vereinsverbots.

29   Aus diesem Vergleich zwischen der bundesdeutschen Rechtsprechung zur Annahme der Strafgesetzwidrigkeit eines Vereins i. S. d. Art. 9 Abs. 2 Alt. 1 GG und der Rechtsprechung des EGMR zu gerechtfertigten Verboten von Vereinigungen nach Art. 11 Abs. 2 Satz 1 EMRK ergibt sich eine nicht unerhebliche Differenz bei den für ein Vereinsverbot zwingend notwendigen Voraussetzungen. Diese Differenz wurde von der bundesdeutschen Rechtsprechung bislang nicht berücksichtigt und lässt eine lückenhafte Rezeption des Art. 11 Abs. 2 Satz 1 EMRK im Rahmen von Art. 9 Abs. 2 Alt. 1 GG besorgen, die mit den Grundsätzen des Bundesverfassungsgerichts zur völkerrechtsfreundlichen Rezeption des Konventionstextes im deutschen Recht unvereinbar sein könnte.

30   In der deutschen Rechtsprechung wurde bislang nicht geklärt, inwiefern der verbotsbehördliche Beweis, dass es an anderen, gegenüber einem Vereinsverbot gleich effektiven Maßnahmen mangelt, im Rahmen des Art. 9 Abs. 2 Alt. 1 GG Berücksichtigung finden muss. Insoweit könnte man die Auffassung vertreten, dass die als Verhältnismäßigkeitskriterium vom EGMR verstandene behördliche **Beweislast** auch bei Art. 9 Abs. 2 Alt. 1 GG gleichsam als **zusätz-**

Einleitung

liches Verhältnismäßigkeitsmerkmal neben den Nachweis der strafrechtswidrigen Prägung des Vereins treten muss. Ebenso könnte man annehmen, dass es sich hierbei um ein Merkmal handelt, das über die bisherige Rechtsprechung des Bundesverwaltungsgerichts zur einzelfallbedingten Eröffnung eines behördlichen Rechtsfolgenermessens (vgl. BVerwG NVwZ 2010, 446 [455]) hinaus ein solches Rechtsfolgenermessen vielmehr in gewissem Umfang grundsätzlich bedingt.

2. Parteiverbotsverfahren

Parteiverbote stellen einen Eingriff in die durch Art. 11 EMRK geschützte Vereinigungsfreiheit dar. Die in Art. 11 EMRK vorgesehenen **Ausnahmen** sind bei Parteien **eng auszulegen** (EGMR NVwZ 2003, 1489). Zur Auflösung einer Partei darf es nur in besonders schwerwiegenden Fällen kommen (EGMR NVwZ 2003, 1489). Insofern ist ebenfalls (vgl. Rn. 28) Voraussetzung, dass ein **„zwingendes soziales Bedürfnis"** für das Parteiverbot spricht (EGMR NVwZ 2003, 1489 [1493]). Ein solches Bedürfnis wird aber nur in den **„allerernstesten Fällen"** festzustellen sein (vgl. *Morlok* ZRP 2013, 69 [79]). 31

Im Gegensatz zu der das Parteiverbot als Präventivmaßnahme verstehenden deutschen Rechtsprechung nimmt der EGMR auch die **politischen Erfolgsaussichten** einer zu verbietenden Partei in den Fokus seiner Betrachtungen. Ein Parteiverbot kommt demnach nur in Frage, wenn die **Gefahr eines tatsächlich unmittelbar bevorstehenden Angriffs auf die Demokratie nachgewiesen** werden kann (EGMR NVwZ 2003, 1489 [1493]). Wenn man unsere verfassungsrechtlichen Vorgaben unter Berücksichtigung dieser Rechtsprechung zur Anwendung bringen möchte, bedeutet dies, dass ein Parteiverbotsverfahren nur dann mit Erfolg durchgeführt werden kann, wenn eine **nachweisliche konkrete Gefahr** für die in Art. 21 Abs. 2 GG genannten Schutzgüter besteht (vgl. *Morlok* ZRP 2013, 69 [70]). 32

VI. Wirkungsweise von Vereins- und Parteiverboten

1. Argumente für Vereins- und Parteiverbote

Vereins- und Parteiverbote sind zunächst einmal darauf angelegt, den organisatorischen Zusammenhalt zu zerstören und betroffen Vereinen oder Parteien die personellen und finanziellen Ressourcen für eine mit den Vorgaben des Grundgesetzes nicht zu vereinbarende Betätigung zu nehmen. Ohne Einnahmemöglichkeiten (bspw. Mitgliedsbeiträge und Spenden) sowie Werbe- und Propagandamöglichkeiten kann ein verbotener Verein oder eine verbotene Partei kaum noch expandieren oder zielführend betrieben werden (vgl. *Baudewin* NVwZ 2013, 1049 [1054]). 33

Baudewin stellt angesichts der bereits in großer Anzahl erfolgten Vereinsverbote fest, dass diese als Maßnahme zur Bekämpfung von Straftaten und extremistischen Betätigungen in der behördlichen Praxis für unverzichtbar gehalten werden (vgl. *Baudewin* NVwZ 2013, 1049 [1054]). 34

Einleitung

2. Argumente gegen Vereins- und Parteiverbote

35 Gleichwohl sprechen gewichtige Gründe gegen die Verbote von Parteien und Vereinen. Zum einen verhält es sich so, dass Verbote **Solidarisierungseffekte** innerhalb einer „Szene" nach sich ziehen können (*Baudewin* NVwZ 2013, 1049 [1054]). Es ist nicht auszuschließen, dass in bestimmten Subkulturen gerade das Verbot anziehend wirkt (*Baudewin* NVwZ 2013, 1049 [1054]) und die verbotenen Vereinigungen nachträglich stärkt. „Dies [...] könnte diametral der bisherigen Bedeutung des Vereins entgegenstehen; die Untersagung hätte dann die Aufmerksamkeit für Ziele und Aktivitäten erst geschaffen" (*Baudewin* NVwZ 2013, 1049 [1054]).

36 Hinsichtlich des Verbots von Vereinen, die eine subkulturelle Prägung aufweisen, ist zudem zu beachten, dass es oftmals deren Eigenart entspricht, gesellschaftlich anerkannte Normen, Gebote und Verbote als grundsätzlich hinterfragbar einzustufen und diese anhand der eigenen subkulturellen Werte und Regeln einer kritischen Prüfung zu unterziehen. Dies kann sowohl zu einer Anerkennung als auch zu einer kompromisslosen Ablehnungshaltung führen. Dass die Ablehnungshaltung in kriminelle Aktivitäten mündet, ist allerdings nicht zwangsläufig, sondern bedarf einer eigenständigen Untersuchung. *Simon* vertritt diesbezüglich die Auffassung, dass mittels der Zugehörigkeit zu einer Subkultur eine **integrativ wirkende Umgebung** geschaffen werden kann, welche kriminelle Handlungen Einzelner verhindert und Sicherheit gewährleistet (*Simon,* Raufhändel und Randale, 1996, S. 112f.). Er stellt fest, dass viele Mitglieder innerhalb der Gruppe soziale Anerkennung und einen Zusammenhalt in der Gemeinschaft erfahren, der das Begehen individuell vollzogener strafbarer Handlungen reduzieren hilft. Innerhalb der Gruppe löst sich ein Teil der Irritationen, die aus den Widersprüchlichkeiten der gesellschaftlichen Gegebenheiten stammen, aufgrund der innerhalb der Subkultur herrschenden Handlungsgewissheit auf. Dies kann helfen, die die Zahl der Situationen zu reduzieren, in denen die Angehörigen der Subkultur zum Vollzug von strafbaren Handlungen herausgefordert werden (*Simon,* Raufhändel und Randale, 1996, S. 113).

37 Zudem werden mittels eines Vereinsverbots nicht die Ursachen krimineller oder verfassungsfeindlicher Aktivitäten beseitigt. **Soziale Konfliktlagen** und **politische Unzufriedenheit** lassen sich durch Verbote nicht beseitigen (vgl. *Baudewin* NVwZ 2013, 1049 [1054]). Vielmehr sind Verbote geeignet, Meinungen und Einstellung aus dem politischen Diskurs auszuschließen (*Baudewin* NVwZ 2013, 1049 [1054]). Dies ist mit unserem Demokratieverständnis, das auf Diskurse und eine fairen Meinungswettbewerb ausgerichtet ist, nur schwer verträglich.

38 Schließlich stehen Verbote im Verdacht, zur weiteren **Stigmatisierung** „gefährdeter" Bevölkerungsgruppen beizutragen und deren negative Entwicklungstendenzen weiter beschleunigt werden. Die als Folge eines Verbots vollzogene **Kriminalisierung** einer bestimmten Gruppierung könnte also genau das Gegenteil dessen bewirken, was eigentlich gewünscht ist. Sozialer Friede wird nicht durch das Verbot von Randgruppen, sondern erst durch deren Integration in die Gesellschaft erwirkt. Durch Vereinsverbote werden die betroffenen Mitglieder erst einmal nur weiter in das gesellschaftliche Abseits gedrängt.

Einleitung

3. NPD-Verbotsverfahren

Eine aktuelle Studie von *Gerlach* zeigt auf, dass die Konzentration national- **39** sozialistisch orientierter Kreise in der NPD eine natürliche Folge der betriebenen Verbotspolitik ist. Die NPD fungiert demnach als Auffangbecken für Personen, die sich ursprünglich in bereits verbotenen Vereinen zusammengeschlossen hatten. Abgesehen von einem Parteiverbotsverfahren sind diesbezügliche Einwirkungsmöglichkeiten kaum gegeben (*Gerlach,* Die Vereinsverbotspraxis der streitbaren Demokratie, 2012, S. 360).

VII. Vereinsverbote und Strafrecht

Die Vereinsfreiheit zielt ihrer Natur nach auf die Gewährleistung eines ad- **40** äquaten zwischenmenschlichen Miteinanders ab (*Willms* in FS-Lackner, 1987, S. 471). So sollen u. a. mitmenschliche Beziehungen, musische und sportliche Betätigungen, gegenseitige Hilfeleistungen mannigfaltiger Art sowie religiöse und politische Aktivitäten gefördert werden (*Willms* in FS-Lackner, 1987, S. 471). Die dem Grundrecht immanenten Begrenzungen ergeben sich aus diesen **sozialen Bindung** (*Willms* in FS-Lackner, 1987, S. 471). Sie sind in Grundzügen in Art. 9 Abs. 2 GG (hierzu Art. 9 Rn. 23 ff.) niedergelegt (*Willms* in FS-Lackner, 1987, S. 471).

Grundsätzlich gilt, dass die Einhaltung der in Art. 9 Abs. 2 GG niedergeleg- **41** ten Grenzen der Vereinsfreiheit durch die Verwaltungsbehörden gewährleistet wird, wobei die Betätigung ihrerseits durch die Verwaltungsgerichte überprüft werden kann (*Willms* in FS-Lackner, 1987, S. 471). Zugleich findet eine **strafrechtliche Kontrolle** statt (*Willms* in FS-Lackner, 1987, S. 471).

In der Praxis verhält es sich so, dass strafrechtliche Kontrollen und adminis- **42** trative Maßnahmen (bspw. die Aussprache und Durchsetzung eines Vereinsverbots, hierzu insbesondere § 3 VereinsG Rn. 12 ff.) **parallel verlaufen** und miteinander verbunden werden können (*Willms* in FS-Lackner, 1987, S. 471). *Willms* stellt in diesem Zusammenhang fest, dass vor allem auch die „schneidige Formulierung" des Art. 9 Abs. 2 GG nahelegt, das in der Verfassung angelegte Verbot eines Vereins durch **unmittelbare strafrechtliche Sanktionen** zu begleiten (*Willms* in FS-Lackner, 1987, S. 472). § 129 StGB (siehe hierzu die Kommentierung von *Albrecht*) stellt daher die Gründung einer Vereinigung, deren Zwecke oder deren Tätigkeit darauf gerichtet sind, Straftaten zu begehen, unter Strafe. Gleiches gilt für diejenigen, die sich an einer solchen Vereinigung als Mitglied beteiligen, für sie um Mitglieder oder Unterstützer werben oder sie unterstützen.

Die Strafvorschrift führt dazu, dass seitens der Strafverfolgungsbehörden **43** und Strafgerichte in **eigener Kompetenz** gegen strafrechtswidrige Vereine vorgegangen werden kann. Einen Vorrang des vereinsrechtlichen Verbotsverfahrens gibt es nicht. Vielmehr kann die vereinsgerichtliche Betätigung nach § 129 StGB dem verwaltungsbehördlichen Einschreiten vorausgehen und von der Exekutive zum Anlass genommen werden, eigene Handlungsoptionen zu prüfen (*Willms* in FS-Lackner, 1987, S. 474).

Einleitung

VIII. Privates Vereinsrecht

44 Neben dem im Vereinsgesetz geregelten öffentlichen Vereinsrecht existiert das durch entsprechende Literatur weitaus besser erschlossene private Vereinsrecht. Dieses ist in den §§ 21 ff. BGB geregelt und befasst sich vor allem mit den bürgerlich-rechtlichen Rechtsverhältnissen des Vereins. Hierbei ist zu beachten, dass der **bürgerlich-rechtliche Vereinsbegriff** nicht immer mit dem wesentlich weiteren Vereinsbegriff des öffentlichen Rechts übereinstimmt (*Reichert* Rn. 1 f. sowie Rn. 6513). Im Steuerrecht ist der bürgerlich-rechtliche Vereinsbegriff heranzuziehen (*Reichert* Rn. 6512.).

45 Zudem sollte Beachtung finden, dass die **Rechtsform** mit dem Vereinsbegriff in keinem unmittelbaren Zusammenhang steht (vgl. *Reichert* Rn. 10). Ein Verein ist nach seiner Gründung immer auch dann ein nicht rechtfähiger Verein, wenn er später die Rechtsfähigkeit erlangt (*Reichert* Rn. 32). In diesem zwischen Gründung und Erlangung der Rechtsfähigkeit angesiedelten Stadium wird der Verein im bürgerlich-rechtlichen Sinne als **„Vorverein"** bezeichnet (*Reichert* Rn. 32). Gleichwohl kann der nichtrechtfähige Verein auf Dauer angelegt sein (*Reichert* Rn. 32).

46 § 54 Satz 1 BGB bestimmt, dass auf Vereine, die nicht rechtsfähig sind, die Vorschriften über die Gesellschaft bürgerlichen Rechts (§§ 705 ff. BGB) Anwendung finden. Mittels dieser für den Verein und seine Mitglieder oftmals nachteiligen Regelungen sollte Druck auf Vereine ausgeübt werden, sich zu registrieren und dadurch einer besseren staatlichen Kontrolle zugänglich zu machen (*Reichert* Rn. 32). Aufgrund der zwischenzeitig gegenüber der Gesellschaft bürgerlichen Rechts erfolgten Zuerkennung der aktiven und passiven Parteifähigkeit (BGH NJW 2001, 1056) kann dem nichtrechtfähigen Verein in Abkehr vom früheren Verständnis die **aktive Parteifähigkeit** nicht weiter vorenthalten werden (BGH NJW 2008, 69 [74]). *Reichert* folgert hieraus u. a., dass ein nichtrechtfähiger Verein wie ein rechtsfähiger behandelt werden muss, soweit es nicht im Einzelfall gerade auf die Eintragung des Vereins in das Vereinsregister ankommt (vgl. *Reichert* Rn. 32).

A. Grundgesetz für die Bundesrepublik Deutschland

Vom 23. Mai 1949 (BGBl. S. 1)
zuletzt geändert durch Art. 1 ÄndG (Art. 93) vom 11.7.2012 (BGBl. I S. 1478)

– Auszug –

Art. 4 [Glaubens-, Gewissens- und Bekenntnisfreiheit, Kriegsdienstverweigerung]

(1) **Die Freiheit des Glaubens, des Gewissens und die Freiheit des religiösen und weltanschaulichen Bekenntnisses sind unverletzlich.**
(2) **Die ungestörte Religionsausübung wird gewährleistet.**
(3) **¹Niemand darf gegen sein Gewissen zum Kriegsdienst mit der Waffe gezwungen werden. ²Das Nähere regelt ein Bundesgesetz.**

Übersicht

	Rn.
I. Allgemeines	1
1. Inhalt	1
2. Entstehungsgeschichte	2
3. Das vereinsrechtliche Religionsprivileg bis zu seiner Abschaffung 2001	3
II. Grundsätzliche Probleme der Religionsgesellschaften im Vereinsrecht	4
III. Schutzbereich	5
1. Religiöse Vereinigungsfreiheit (Artikel 140 GG i. V. mit Artikel 137 Absatz 4 WRV)	5
a) Verhältnis Artikel 140 GG i. V. mit Art. 137 Absatz 4 WRV zu Artikel 4 Absatz 2 und Artikel 9 Absatz 2 GG	5
b) Religionsgesellschaften	6
c) Körperschaften des öffentlichen Rechts	7
d) Weltanschauungsgemeinschaften	8
e) Religionsparodien	9
f) Religionsgemeinschaften als Ausländervereine	10
g) Islamische Vereine	11
IV. Schranken	12
1. Grundsatz: unbeschränkte religiöse Vereinigungsfreiheit	13
2. Schranke des für alle geltenden Gesetzes (Art. 140 GG i. V. mit Art. 137 Absatz 3 Satz 1 WRV)	14
3. Positives Grundverhältnis zum Staat	15
4. Unmittelbare Anwendbarkeit von Artikel 9 Absatz 2 GG auf Religionsgesellschaften	16
a) Unmittelbare Anwendbarkeit	16
b) Mittelbare Anwendbarkeit	17
c) Schrankenspezialität	18

	Rn.
5. Kollidierendes Verfassungsrecht	19
a) Grundrechte Dritter	20
b) Abwehr von Gefahren für verfassungsmäßige Ordnung	21
V. Verfahren	23
1. Gesetzliche Grundlage	24
a) Fehlen einer gesetzlichen Grundlage	25
b) VereinsG	26
c) Verfassungskonforme Auslegung des Vereinsrechts	27
2. Rechtsschutz	28
3. Bisherige Praxis	29
VI. Würdigung und Kritik	30

I. Allgemeines

1. Inhalt

1 Die Religionsfreiheit des Grundgesetzes ist die als Grundrecht gewährleistete Freiheit, sich zu einem bestimmten religiösen Glauben zu bekennen ohne durch die öffentliche Gewalt daran gehindert zu werden (*Badura* S. 199). Stärker als anderen Grundrechten wohnt der Religionsfreiheit auch ein körperschaftliches Element inne; sie umfasst auch die Freiheit, in Gemeinschaft mit anderen diesen bestimmten Glauben zu bekennen (kollektive Religionsfreiheit). Die Gewährleistung der Religionsfreiheit des Grundgesetzes ist umfassend und geht über ältere Gewährleistungen der deutschen Verfassungstradition hinaus. Bereits die Gewährleistung des Art. 4 Absatz 1 GG geht über die ungestörte Ausübung religiöser Handlungen („Kultusfreiheit" oder Freiheit der Religionsübung) hinaus (BVerfGE 24, 236 – Aktion Rumpelkammer); im Falle der christlichen Religionsgemeinschaften umfasst sie so auch die Ausübung der christlichen Liebestätigkeit durch vielfältige karitative Handlungen. Ausdrücklich umfasst Artikel 4 Absatz 1 GG auch die **religiöse Vereinigungsfreiheit;** die Freiheit, sich aus gemeinsamen Glauben zu einer Religionsgesellschaft zusammenzuschließen und zu organisieren, sich auf dem Boden der staatlichen Rechtsordnung eine rechtliche Gestalt zu geben und am allgemeinen Rechtsverkehr teilzunehmen (BVerfGE 83, 341 – Bahai). Die Judikatur des BVerfG ist gerade auf die religionsrechtliche Verknüpfung gestützt und durch diese begrenzt; was hinsichtlich des religiösen Vereins anzuerkennen ist, gilt nicht für das allgemeine Vereinsrecht (*Flume* JZ 1992, 240). Zusätzlich wird die religiöse Vereinigungsfreiheit in Artikel 140 GG in Verbindung mit Artikel 137 Absatz 2 WRV gewährleistet. Zwar ist diese Gewährleistung gegenüber Artikel 4 die speziellere, doch ergibt sich die religiöse Vereinigungsfreiheit bereits aus Artikel 4 (*Badura* S. 199). Die religiöse Vereinigungsfreiheit ist also **Jedermannsrecht** und damit Deutschen wie Ausländern gleichermaßen gewährleistet. Sie kann auch nicht nach Artikel 18 GG verwirkt werden (*Korioth* in Maunz/Dürig GG 6c Art. 140 Rn. 15). Das Verbot von Religionsgesellschaften stellt den stärksten Eingriff in die religiöse Vereinigungsfreiheit dar (*Campenhausem/Unruh* in MKS Art. 137 WRV Rn. 195).

Glaubens- und Gewissensfreiheit **Art. 4 GG**

2. Entstehungsgeschichte

Die staatskirchenrechtlichen Bestimmungen der Weimarer Reichsverfassung sind ein Kompromiss, der mit „hinkende Trennung" zwischen Staat und Kirche zutreffend wiedergegeben wird. Einerseits belässt er den Großkirchen ihren öffentlich-rechtlichen Status als Körperschaft des öffentlichen Rechts, andererseits ermöglicht er auch Weltanschauungsgemeinschaften, diesen Status zu erlangen. Konsens bei allen diesen Kompromiss tragenden Parteien (SPD, Zentrum, DDP) war, dass die Kirchen gerade nicht auf das Vereinsrecht reduziert werden (statt vieler nur *Morlok* in Dreier WRV Art. 137 Rn. 6). Das heißt auch, dass die Parteien die Kirchen und Religionsgemeinschaften gerade nicht dem Vereinsrecht mit allen Konsequenzen unterstellen wollten. Die Frage eines möglichen Verbotes von Religionsgemeinschaften lag wohl außerhalb der Vorstellungskraft der Abgeordneten der Nationalversammlung wie des Parlamentarischen Rates, die für das Grundgesetz die religiöse Vereinigungsfreiheit übernahmen. Auf Religionen sollte das Vereinsrecht gerade keine Anwendung finden.

3. Das vereinsrechtliche Religionsprivileg bis zu seiner Abschaffung 2001

Das VereinsG in seiner Fassung von 1964 bestimmte in seinem § 2 Absatz 2 ausdrücklich, dass „Religionsgemeinschaften und Vereinigungen, die sich die gemeinschaftliche Pflege einer Weltanschauung zur Aufgabe machen, im Rahmen des Artikels 140 des Grundgesetzes in Verbindung mit Artikel 137 der deutschen Verfassung vom 11. August 1919" keine Vereine im Sinne des Gesetzes seien. Das betraf nach der damals herrschenden Meinung ohnehin nicht die christlichen Großkirchen, die jüdischen Gemeinden und anderer religiöse Vereinigungen, sofern diese Körperschaften des öffentlichen Rechts waren und das VereinsG ohnehin keine Anwendung fand. Grundsätzliche Anwendung hätte es bei kleineren Religions- und Weltanschauungsgemeinschaften gefunden. Die Gemeinschaften fielen nicht unter das VereinsG, sofern sie sich auf den rein geistig-religiösen Bereich beschränkten und nicht bestrebt waren, durch eigene Aktionen oder solche ihrer Mitglieder auf die Gestaltung der Staats- oder Gesellschaftsordnung einzuwirken (*Petzold* NJW 1964, 2282). Unbestritten war aber auch, dass die Herausnahme der Religionen aus dem VereinsG sich nicht auf die christlichen Religionen und Konfessionen, sondern auf alle Religionen im religionsphilosophischen Sinne bezog (so zutreffend *Schnorr* § 2 Rn. 37, mit ausdrücklicher exemplarischer Nennung von Islam und Buddhismus). Insgesamt entsprach diese Regelung auch der ausgesprochen religionsfreundlichen Auslegung des Grundgesetzes seit den fünfziger Jahren. Zwar wurde immer wieder die Möglichkeit eines Verbots von Religionsgemeinschaften trotz des „Religionsprivilegs" diskutiert (*Listl* DÖV 1973, 181; *Planker* DÖV 1997, 101). Praktische Fälle fehlten jedoch; das einzige Verbot einer Weltanschauungsgemeinschaft, nämlich des „Bundes für deutsche Gotterkenntnis" (Ludendorff-Bewegung) datiert vor dem Inkrafttreten des VereinsG. Weder im Zusammenhang mit den „Jugendsekten" der siebziger und achtziger Jahre noch in Zusammenhang mit umstrittenen

Bekenntnisgemeinschaften wie „Scientology" kam es zu einem Vereinsverbot (allerdings hierzu: *Diringer,* Scientology. Verbotsmöglichkeit einer verfassungsfeindlichen Bekenntnisgemeinschaft, 2003). Erst im Zusammenhang mit den Terroranschlägen des 11. September 2001 in den USA zog der deutsche Gesetzgeber Konsequenzen. Durch Gesetz vom 8. Dezember 2001 (BGBl. I, 3319) wurde das **„Religionsprivileg"** des VereinsG **ersatzlos gestrichen.** Eine vereinsrechtliche Sonderregelung für Religionsgemeinschaften fehlt seitdem.

II. Grundsätzliche Probleme der Religionsgesellschaften im Vereinsrecht

4   Das deutsche Religionsverfassungsrecht geht von körperschaftlich verfassten Religionsgemeinschaften aus. Dies hat sich im Wesentlichen erst im Laufe des 19. Jahrhunderts herausgebildet. Vorbild war auch die evangelische Vorstellung einer Einheit von politischer und religiöser Gemeinde. Die staatliche Anerkennung als „Körperschaft des öffentlichen Rechts" setzte eine körperschaftliche Struktur voraus. Dies führte dazu, dass sowohl die katholische Kirche als auch das Judentum diesen Schritt vollzogen haben, obwohl diese Religionen sich ihrem Selbstverständnis nach keineswegs als Verein betrachten, vielmehr etwa auch anstaltliche Elemente aufweisen. Heutige Staatskirchenrechtler sprechen von einer „Bringschuld" der Religionen, sich eine körperschaftliche Struktur (Verein) zu geben. Auf der anderen Seite ist es in der deutschen Rechtswissenschaft spätestens seit 1871 unbestritten, dass die Religionsfreiheit jeder Religion zusteht, also auch Sekten und dem Islam. Insbesondere letztgenannte Religion war im deutschen Religionsrecht zunächst ein theoretisches Problem (*Heinig,* Körperschaftsstatus). Unbestritten war jedoch, dass Religionen wie Islam, Buddhismus oder Hinduismus Religionen sind und damit dem Schutz der Religionsfreiheit wie auch der religiösen Vereinigungsfreiheit genießen. Auf der anderen Seite sind diesen Religionsgemeinschaften in der Regel die hergebrachten Organisationsformen des deutschen Religionsverfassungsrechts fremd. Insofern passt, unabhängig vom Bestehen eines „Religionsprivilegs", das Vereinsrecht nicht auf alle Erscheinungsformen des religiösen Lebens in Deutschland.

III. Schutzbereich

1. Religiöse Vereinigungsfreiheit (Artikel 140 GG i. V. mit Artikel 137 Absatz 4 WRV)

5   **a) Verhältnis Artikel 140 GG i.V. mit Art. 137 Absatz 4 WRV zu Artikel 4 Absatz 2 und Artikel 9 Absatz 2 GG.** Gegenüber Artikel 4 Absatz 2 GG ist Artikel 140 GG in Verbindung mit Artikel 137 Absatz 4 WRV die speziellere Vorschrift, geht dieser also voran (*Campenhausen* in MKS WRV Art. 137 Rn. 18). Eine religiöse Vereinigungsfreiheit, in die ein Vereinsverbot unbestritten den schärfsten Eingriff darstellt, ergibt sich aber bereits aus Art. 4

GG (etwa ständige Rechtsprechung des Bundesverfassungsgerichts), die insoweit zunächst schrankenlos und als Jedermannsrecht gewährleistet ist.

b) Religionsgesellschaften. Der Sprachgebrauch der Weimarer Reichsverfassung ist aus heutiger Sicht ungewohnt, aber begrifflich eindeutig; gemeint sind die in Ausübung der Religionsfreiheit gebildeten Vereinigungen. Der überlieferte Begriff „Kirche" wurde; anders als in mehreren nach 1945 entstandenen Landesverfassungen oder auch „Religionsgemeinschaft" in Artikel 7 Absatz 3 Satz 2 GG, ausdrücklich nicht gewählt. Dies ist keineswegs ein „Ignorieren" (*Badura* S. 1015) dieses geschichtlichen Begriffs, sondern auch eine Klarstellung, dass die Religionsgesellschaften weit über die **christlichen Kirchen** hinausgehen. Abzugrenzen sind die Religionsgesellschaften jedoch von den religiösen Vereinen (Art. 140 GG in Verbindung mit Art. 138 Absatz 2 WRV), die sich nur die partielle Pflege des religiösen Lebens ihrer Mitglieder zum Ziel gesetzt haben. Insofern unterfallen die religiösen Vereine nicht vollständig dem Schutzbereich, sondern nur dann, wenn ihr Bestand für die gemeinschaftliche Ausübung der Religion ihrer Mitglieder essentiell ist. Religiöse Vereine wären dann nur solche Zusatzorganisationen, deren Mitglieder zugleich einer Religionsgesellschaft angehören oder deren Glaube einer gemeinschaftlichen Organisation nicht bedarf (*Michael* JZ 2002, 148). 6

c) Körperschaften des öffentlichen Rechts. Dem Grundsatz nach sind 7
öffentlich-rechtliche Körperschaften keine Vereine im Sinne des VereinsG. Ein Verbotsverfahren ist also nach altem wie neuen Recht nicht durchführbar. Grundsätzlich möglich ist, dass eine Religionsgemeinschaft ihren Status als Körperschaft des öffentlichen Rechts verliert. Das zum Verlust dieses Status führende Verfahren (praktische Beispiele fehlen) ist aber von dem Verbotsverfahren zu trennen.

d) Weltanschauungsgemeinschaften. Die Unterscheidung zwischen 8
Religions- und Weltanschauungsgemeinschaften ist grundsätzlich theoretischer Natur. Für das deutsche Religionsverfassungsrecht gilt seit 1919 eine „Begriffsnivellierung" (*Heinig* Evangelisches Staatslexikon S. 2084). Dabei ist grundsätzlich auf das Selbstverständnis der Weltanschauungsgemeinschaft abzustellen. In der älteren Literatur finden sich Beispielskataloge, was eine Weltanschauung sei und was nicht (Beispiele bei *Schnorr* § 2 Rn. 40; für u. a. Marxismus-Leninismus und Ku-Klux-Klan verneint). Dem Stand der aktuellen religionssoziologischen Forschung entspricht dies nicht mehr (*Krech* in FS Stolleis S. 25–48). Aus vereinsrechtlicher Sicht kann eine nähere Beschäftigung mit der Frage hier unterbleiben, da sie eher theoretischer Natur ist. Auch unter Geltung des „Religionsprivilegs" waren keine Fälle aktenkundig, in denen sich ein Verein auf den Status einer Weltanschauung berufen hat und dies von den Behörden bestritten wurde. Grundsätzlich gilt aber: eine Vereinigung, die im Verbotsverfahren darlegt, Weltanschauungsgemeinschaft zu sein, trüge hierfür die Beweislast.

e) Religionsparodien. Ein neueres Phänomen sind **Religionsparodien**, 9
also Parodien auf metaphysisch begründete Religionen. Ein Schwerpunkt dieser Parodien ist auch das Internet, die bekannteste dieser ist die seit 2005 bestehende „Kirche des fliegenden Spaghettimonsters", die nach eigenen Angaben

weltweit 10 Millionen Anhänger besitzt. Zwar fehlen verlässliche Angaben, doch haben Anhänger der Parodie wiederholt versucht, Anerkennung als Religionsgesellschaft zu erhalten (Polen, Österreich). Innerhalb des Religionsverfassungsrechts fehlt es an Literatur zu diesem Thema. Grundsätzlich ist aus vereinsrechtlicher Sicht relevant: sofern die Parodie eine tatsächlich vereinsähnliche (verfestigte) Struktur besitzt und ihre Zielrichtung über die bloße Parodie (etwa: allgemein Religionskritik) hinausgeht, kann sie sich als Weltanschauungsgemeinschaft auf den Schutz der religiösen Vereinigungsfreiheit berufen.

10 **f) Religionsgemeinschaften als Ausländervereine.** Wie oben ausgeführt, ist die Religionsfreiheit als Menschenrecht schrankenlos gewährleistet. Auch ein reiner Ausländerverein kann somit Träger der kollektiven Glaubensfreiheit sein. Praktische Anwendungsfälle sind im christlichen Bereich zahlreiche **Ausländergemeinden,** sofern diese nicht Körperschaft des öffentlichen Rechts sind (Dänische Seemannsgemeinde Hamburg, American Church in Berlin usw.). Dies gilt entsprechend auch für andere Religionsgemeinschaften. (*Campenhausen* in MKS WRV Art. 137 Rn. 20)

11 **g) Islamische Vereine.** Zweifelsohne ist der Islam die größte nichtchristliche Religionsgesellschaft im Geltungsbereich des Grundgesetzes. Die Schwierigkeiten der Anwendbarkeit des deutschen Religionsverfassungsrechts kommen hier jedoch besonders zur Geltung. Eine Körperschaft, der sich alle in Deutschland lebenden Muslime zugehörig fühlen, fehlt. Umgekehrt sind nicht alle Islamgläubigen (deutscher und ausländischer Staatsangehörigkeit) in Deutschland im zivilrechtlichen Sinne Mitglieder irgendeiner religiösen Vereinigung; andererseits bestehen Doppelmitgliedschaften. Sofern Vergleiche überhaupt möglich sind, überwiegen bei einer Moscheegemeinde die anstaltlichen Elemente. Groß ist die Bedeutung von Rechtsformen, die nicht körperschaftlich ausgestattet sind, darunter Stiftungen und Behörden wie die staatliche türkische Religionsbehörde. Wirklich belastbare Zahlen der Mitglieder fehlen. Erste Versuche, zumindest einen Teil der islamischen Gemeinschaften in die Strukturen des deutschen Religionsverfassungsrechts einzugliedern (Aleviten als KdöR in Nordrhein-Westfalen) haben als gescheitert zu gelten (*Oebbecke* ZfP 2008, 49). Auf der anderen Seite trifft keine Religionsgesellschaft die Verpflichtung, sich körperschaftlich zu organisieren (Freiheit der Rechtsformwahl, BVerfGE 70, 138). Eine gesonderte Behandlung der islamischen Vereine entbehrt daher jeder juristischen Grundlage.

IV. Schranken

12 Grundsätzlich können Religionsgesellschaften in der Rechtsform des bürgerlich-rechtlichen Vereins nach Maßgabe des Artikels 9 Absatz 2 GG verboten werden (BVerwGE 37, 344 – Bund für Gotterkenntnis [Ludendorff-Bewegung] e.V.; BVerwGE 105, 117 – Zeugen Jehovas). Religions- und Weltanschauungsgemeinschaften sind an die verfassungsmäßige Ordnung gebunden und unterliegen erforderlichenfalls dem Verbot und der Auflösung nach Art. 9 Absatz 2 GG. Die Behörde muss bei der Auslegung und Anwen-

Glaubens- und Gewissensfreiheit **Art. 4 GG**

dung der vereinsrechtlichen Verbotsbefugnis der in der religiösen oder weltanschaulichen Vereinigungsfreiheit konkretisierten Religionsfreiheit Rechnung tragen (*Badura* S. 1016).

1. Grundsatz: unbeschränkte religiöse Vereinigungsfreiheit

Grundsätzlich ist die religiöse Vereinigungsfreiheit bereits durch Artikel 4 GG schrankenlos gewährleistet; gegenüber Artikel 9 Absätze 1 und 2 GG sind Artikel 137 Absatz 2 WRV und Artikel 4 Absatz 1 und 2 GG die spezielleren Vorschriften (*Korioth* in Maunz/Dürig GG Art. 140 Rn. 15). Dem Verbot eines religiösen Vereins stehen diese Vorschriften jedoch nicht entgegen (*Ehlers* in Sachs GG Art. 140 Rn. 20; a. A. *Groh* KritV 2002, 62, die eine den **Menschenwürdegehalt** der Religionsfreiheit achtende Änderung des Grundgesetzes für erforderlich hält). Dies wurde bereits vor Abschaffung des „Religionsprivilegs" vertreten (*Listl* DÖV 1973, 181; *Planker* DÖV 1997, 101). 13

2. Schranke des für alle geltenden Gesetzes (Art. 140 GG i. V. mit Art. 137 Absatz 3 Satz 1 WRV)

Teilweise wird das „für alle geltende Gesetz" als Schranke der religiösen Vereinigungsfreiheit angesehen; mit ihrer Entscheidung für die Rechtsfähigkeit begäben sich die Religionsgesellschaften in den Bereich des für alle geltenden Gesetzes (so noch *Campenhausen* in MKS WRV Art. 137 WRV Rn. 214). Auch das Bundesverwaltungsgericht ist in einer Entscheidung dieser Auffassung gefolgt (BVerwGE 37, 344 – „Bund Deutsche Gotterkenntnis"), jedoch noch vor Inkrafttreten des VereinsG. Nach richtiger Auffassung stehen die Schranken des Artikel 137 jedoch in einem gänzlich anderen Kontext und können nicht übertragen werden (*Korioth* in Maunz/Dürig GG Art. 140 Rn. 15). Ebenso verbietet sich bereits aus systematischen Gründen eine Übertragung der Schranken des Art. 9 Absatz 2 GG auf die speziellere Vorschrift des Art. 140 GG. 14

3. Positives Grundverhältnis zum Staat

Für die Eintragung einer Religionsgesellschaft als **„Körperschaft des öffentlichen Rechts"** gilt als ungeschriebene Voraussetzung die Erfordernis der **„Rechtstreue";** sie muss die Gewähr dafür bieten, das geltende Recht zu beachten und die Gewähr dafür bieten, dass ihr Verhalten die Prinzipien des Art. 79 Absatz 3 GG nicht gefährdet (*Badura* S. 998). Eine darüber hinausgehende Loyalität zum Staat verlangt das Grundgesetz dagegen nicht (BVerfGE 102, 370 – Zeugen Jehovas). Gelegentlich geäußerte juristische Bedenken, dass insbesondere islamische Vereinigungen oder Religionsgemeinschaften keine Gewähr der Verfassungstreue bieten können (so etwa *Hillgruber* JZ 1999, 538), sind somit ohne rechtliche Grundlage. Für einen Generalverdacht gegen islamische Vereinigungen besteht kein Anlass (*Campenhausen/Unruh* in MKS WRV Art. 137 Rn. 214). 15

4. Unmittelbare Anwendbarkeit von Artikel 9 Absatz 2 GG auf Religionsgesellschaften

16   a) **Unmittelbare Anwendbarkeit.** Teilweise wird seit dem Fortfall des vereinsrechtlichen „Religionsprivilegs" eine unmittelbare Anwendbarkeit des Artikels 9 Absatz 2 GG auf religiöse Vereinigungen angenommen. Demnach kann ein Verbotsverfahren wie bei allen sonstigen Vereinen durchgeführt werden, die sich gegen die verfassungsmäßige Ordnung oder den Gedanken der Völkerverständigung richten (*Campenhausen* in MKS WRV Art. 137 Rn. 213; *Stuhlfauth* DVBl. 2009, 421; *Kästner* in DKWG GG Art. 140 Rn. 286f.) Auch Bundesverfassungsgericht und Bundesverwaltungsgericht scheinen dieser überwiegenden Ansicht zu folgen (BVerfGE 102, 370, insb. 389ff. – Zeugen Jehovas; BVerwGE 105, 117, insb. 121 – Zeugen Jehovas); insbesondere auch BVerwG JZ 2007, 144, insb. 145; kritisch dazu *Michael* JZ 2007, 146f.

17   b) **Mittelbare Anwendbarkeit.** Eine mittelbare Anwendbarkeit des Artikel 9 Absatz 2 GG, und zwar vermittelt über die für alle geltenden Gesetze des Art. 137 Absatz 3 WRV, wird vereinzelt vertreten (etwa: *Magen* in Umbach/Clemens GG Art. 140 Rn. 90).

18   c) **Schrankenspezialität.** Eine bedeutende Mindermeinung, die eine unmittelbare Anwendbarkeit von Art. 9 GG auf die Religionsgemeinschaft ablehnt, verweist nicht nur auf ein „Konglomerat von systematischen, historischen, teleologischen und weiteren Gründen" (*Campenhausen/Unruh* in MKS WRV Art. 137 Rn. 195), sondern auch auf den Grundsatz der Schrankenspezialität; die Übertragung einer Schranke von der allgemeinen Regelung zur lex specialis-Regelung ist nicht möglich (*Korioth* in Maunz/Dürig GG Art. 140 Rn. 15). Auch diese Auffassungen bejahen doch die grundsätzliche Möglichkeit des Verbots einer Religionsvereinigung, sodass die praktische Relevanz dieses Meinungsstreits für die Durchführung eines Verbotsverfahrens begrenzt ist.

5. Kollidierendes Verfassungsrecht

19   Wird entgegen der herrschenden Meinung die unmittelbare Anwendbarkeit des Artikels 9 Absatz 2 GG auf Religionsgemeinschaften abgelehnt, kommen die Begrenzungen grundrechtlicher Gewährleistungen durch das **kollidierende Verfassungsrecht** als Schranke der religiösen Vereinigungsfreiheit in Frage (*Ehlers* in Sachs GG Art. 140 Rn. 20).

20   a) **Grundrechte Dritter.** Grundsätzlich in Frage kommt die Kollision mit den Grundrechten Dritter. Für den Bereich der Religionsfreiheit wurde dies vom Bundesverfassungsgericht in Einzelfällen bejaht, die jedoch nicht die religiöse Vereinigungsfreiheit betrafen (BVerfGE 41, 29 – Simultanschule Baden-Württemberg; BVerfGE 52, 223 – Schulgebet Hessen). Eine Fallgestaltung, die ein Verbot einer Religionsgemeinschaft zum Zweck des Schutzes durch diese Religionsgemeinschaft ihrerseits beeinträchtigter Rechtsgüter Dritter erforderlich machen und gestatten würde, ließe sich nur schwer vorstellen (*Radtke* ZevKR 2005, 109). Aufgrund der besonderen Härte eines vereinsrechtlichen Verbots kämen vorrangig Maßnahmen unterhalb der Schwelle eines Verbots in Betracht, etwa das Verbot einzelner Aktivitäten auf polizeilicher Grundlage (*Radtke* ZevKR 2005, 110).

b) Abwehr von Gefahren für verfassungsmäßige Ordnung. aa) Ar- 21
tikel 79 Absatz 3 Grundgesetz. Nach der übereinstimmenden Rechtsprechung von Bundesverwaltungsgericht (BVerwG NVwZ 2003, 986 – Kalifatsstaat) und Bundesverfassungsgericht (BVerfG NJW 2004, 47) findet die Religionsfreiheit ihre grundsätzliche Schranke in der Abwehr von Gefahren für die verfassungsmäßige Ordnung. Das Verbot einer Religionsgemeinschaft sei dann gerechtfertigt, wenn es nach einer Abwägung der kollidierenden Verfassungsgüter „unerlässlich" ist. Dies sei in der Regel dann der Fall, wenn sich die Vereinigung gegen die in Artikel 79 Absatz 3 GG genannten Verfassungsgrundsätze richtet (BVerwG NVwZ 2003, 986). Dabei bezog sich das Gericht ausdrücklich auf BVerfGE 102, 370 (Zeugen Jehovas). Teilweise wird im Schrifttum auch Artikel 9 Absatz 2 GG zu dem kollidierenden Verfassungsrecht gerechnet (*Ehlers* in Sachs GG Art. 140 Rn. 20; wegen der „Ausstrahlungswirkung" der religiösen Grundrechte aber für eine enge Auslegung).

c) Grundprinzipien der freiheitlichen Religionsausübung. In einer 22
Fortführung des Zeugen-Jehovas-Entscheidung des Bundesverfassungsgerichts wird die wohl zutreffende Ansicht vertreten, das Verbot einer Religionsgesellschaft könne nicht nur darauf gestützt werden, dass ihr künftiges Verhalten voraussichtlich nicht nur die in Artikel 79 Absatz 3 GG umschriebenen Verfassungsprinzipien einschließlich der Grundrechte Dritter, sondern alternativ auch die Grundprinzipien des freiheitlichen Religionsverfassungsrechts (BVerfGE 102, 392 f.) gefährdet (*Campenhausen/Unruh* in MKS GG Art. 137 WRV Rn. 195).

V. Verfahren

Grundsätzlich ergeben sich im Verbotsverfahren gegen eine Religionsge- 23
meinschaft, sofern diese privatrechtlich verfasst ist, keine praktischen Besonderheiten. Einzelheiten ergeben sich allerdings aus dem besonderen Stellenwert der Glaubensfreiheit.

1. Gesetzliche Grundlage

Für das Verbot einer Religionsgemeinschaft gilt zweifelsfrei der Gesetzes- 24
vorbehalt (*Ehlers* in Sachs GG Art. 140 Rn. 20).

a) Fehlen einer gesetzlichen Grundlage. Teilweise wird das Fehlen 25
einer gesetzlichen Grundlage vertreten. Teilweise wird dies aus dem Verfassungsrecht unmittelbar abgeleitet (*Groh* KritV 2002, 62), teilweise wird das Fehlen eines den Grundrechtsschranken angepassten und dem Gesetzesvorbehalt entsprechenden einfachgesetzlichen Verbotstatbestandes im Vereinsgesetz betont (*Radtke* ZevKR 2005, 111). Tatsächlich geht das VereinsG auf die Besonderheiten der Religionsgemeinschaften nicht näher ein (*Michael* JZ 2002, 488). Tatsächlich war es aber auch die Intention des Gesetzgebers, durch Abschaffung des „Religionsprivilegs" die Religionsgemeinschaften der ausdrücklichen Möglichkeit eines Vereinsverbotes zu unterwerfen (*Campenhausen/Unruh* in MKS WRV Art. 137 Rn. 196).

26 **b) VereinsG.** Die (wenig umfangeiche) Verwaltungspraxis stützte ihre Verbotsverfügung auf die §§ 3 Absatz 1 Satz 1 und 14 Absatz 1 Satz 1 sowie 15 Absatz 1 VereinsG (NVwZ 2003, 986). Wird die unmittelbare Anwendbarkeit des VereinsG bejaht, kommen als Anspruchsgrundlagen in Frage die §§ 3 Absatz 1 Satz 1 („Deutschenverein"), 14 Absatz 1 Satz 1 (Ausländerverein) und 15 Absatz 1 Satz 1 (Ausländischer Verein). Für Fälle, in denen § 3 Absatz 1 Satz 1 VereinsG keine hinreichende Grundlage bietet, kommt die analoge Anwendbarkeit der §§ 3 Absatz 1 Satz 1 und 14 Absatz 1 Satz 1 in Betracht (*Ehlers* in Sachs GG Art. 140 Rn. 20; BVerwG DVBl. 2003, 873).

27 **c) Verfassungskonforme Auslegung des Vereinsrechts.** Lehnt man mit einer Mindermeinung die unmittelbare Anwendbarkeit des VereinsG auf das Verbot von Religionsgemeinschaften ab, bedeutet dies nicht den Ausschluss eines Verbotes von Religionsgemeinschaften, zumal dies den Motiven des Gesetzgebers bei Streichung des „Religionsprivilegs" widerspräche. Als praktikable Lösung bietet sich die verfassungskonforme Auslegung des Vereinsrechts an (*Campenhausen/Unruh* in MKS GG Art. 137 WRV Rn. 196; *Classen,* Religionsrecht, 2006, Rn. 296). Demnach ist ein auf das VereinsG gestütztes Verbot nur gerechtfertigt, wenn sich das Verhalten der betreffenden Religionsgemeinschaft gegen die in Artikel 79 Absatz 3 GG genannten Verfassungsprinzipien, die Grundrechte Dritter oder die Grundprinzipien des freiheitlichen Religionsverfassungsrechts richtet. Daneben besteht noch die Möglichkeit des Verlustes der Rechtsfähigkeit als „kleine Verbotsmaßnahme" als actus contrarius aus Art. 137 Absatz 4 GG und in analoger Anwendung von § 43 Absatz 2 BGB (so *Morlok* in Dreier GG Art. 137 WRV Rn. 36).

2. Rechtsschutz

28 Bezüglich des (auch: einstweiligen) Rechtsschutzes ergeben sich keine Besonderheiten. Die Klagen gegen Verbotsverfügungen einer Landesbehörde werden vor dem zuständigen Oberverwaltungsgericht (VGH), des Bundesministers des Innern vor dem Bundesverwaltungsgericht verhandelt.

3. Bisherige Praxis

29 Der Bundesminister des Innern verbot die unter dem Namen „Kalifatsstaat" („Hilafet Devleti", eigentlich „Islami Cemmaterli ve Cemiyeteleri Birligi" – ICCB; wörtlich: Verband der islamischen Vereine und Gemeinden) bezeichneten Vereinigungen in der Rechtsform eines deutschen „e. V." unter Führung des „Emirs" Meti Kaplan durch Verfügung vom 8. Dezember 2001; dabei handelte es sich zudem um einen Ausländerverein, dessen Mitglieder überwiegend die Staatsangehörigkeit der Türkei besaßen. Gestützt wurde diese Verbotsverfügung auf die §§ 3 Absatz 1 Satz 1, 14 Absatz 1 Satz 1, 15 Absatz 1 VereinsG. Das Verbot erstreckte sich auch auf Teilorganisationen, darunter die „Stichting Dienaar aan Islam". Für die Beurteilung, ob eine religiöse Gemeinschaft Teilorganisation einer verbotenen Religionsgemeinschaft handelt, gelten grundsätzlich keine anderen Maßstäbe als bei anderen Organisationen (BVerwG NVwZ 2003, 990).

VI. Würdigung und Kritik

Die Streichung des „Religionsprivilegs" aus dem VereinsG war eine tages- 30
politisch motivierte Maßnahme. Grundsätzlich sind damit sämtliche vereinsrechtlichen Privilegierungen einer Religionsgemeinschaft im Verbotsverfahren fortgefallen. Aufgrund des hohen Stellenwertes der Religion in der Verfassungsordnung des Grundgesetzes wurde damit jedoch eine unbefriedigende Situation geschaffen. Zwar kann von der Erfordernis einer gesetzlichen Regelung des Verbotes religiöser Vereinigungen nicht gesprochen werden; sie ist durch das Grundgesetz keineswegs geboten, es handelt sich allein um eine Frage der gesetzgeberischen Dezision. Aus Gründen der Eindeutigkeit wäre es andererseits aber auch nicht schädlich, wenn der Gesetzgeber das Verfahren zum Verbot einer religiösen Vereinigung spezialgesetzlich konkretisierte. Zudem ist die Glaubensfreiheit, anders etwa als die Koalitionsfreiheit, ein schrankenloses Grundrecht. Die bisherige religiöse Praxis in der Bundesrepublik rechtfertigte ein Verbot von Religionsgemeinschaften jedenfalls nur in seltensten Fällen. Fragwürdig ist weniger die grundsätzliche Möglichkeit eines Verbotes von Religionsgemeinschaften als die rechtspolitische Motivation des Gesetzgebers; im Wesentlichen zielte die Abschaffung der Religionsprivilegs weder auf die Heilsarmee noch pfingstlerische Sekten oder buddhistische Meditationsvereine, sondern letztlich auf einige wenige islamische Vereine an der Nahtstelle zum organisierten Terrorismus. In den Gesetzesmaterialien war explizit von Vereinigungen, „deren Zweck oder deren Tätigkeit unter dem Deckmantel der Religionsausübung" den Strafgesetzen zuwiderläuft oder sich gegen den Gedanken der Völkerverständigung richtet die Rede (Bundestags-Drucksache 14/7026, 6), von Vereinigungen „mit politischen Zielen, die den Status einer Religionsgemeinschaft reklamieren" (ebd.). Grundsätzlich ist auch bei dem bisher bekanntesten Anwendungsfall, dem „Kalifatsstaat", kritisch zu hinterfragen, inwieweit überhaupt eine Religionsgemeinschaft vorlag. Vieles spricht dafür, dass religiöse Vereinigungen, bei denen nicht die allseitige Pflege der Religion, sondern der politische Kampf, mag dieser auch religiös motiviert sein, gegen die freiheitlich-demokratische Grundordnung im Zentrum steht, keine Religionsgemeinschaften im Sinne des Grundgesetzes sind, sondern allenfalls religiöse Vereine, die der allgemeinen Vereinigungsfreiheit und deren Schranken unterfallen (so etwa *Poscher* KritV 2002, 298 [304]).

Art. 9 [Vereinigungs- und Koalitionsfreiheit]

(1) **Alle Deutschen haben das Recht, Vereine und Gesellschaften zu bilden.**

(2) **Vereinigungen, deren Zwecke oder deren Tätigkeit den Strafgesetzen zuwiderlaufen oder die sich gegen die verfassungsmäßige Ordnung oder gegen den Gedanken der Völkerverständigung richten, sind verboten.**

(3) **[1]Das Recht, zur Wahrung und Förderung der Arbeits- und Wirtschaftsbedingungen Vereinigungen zu bilden, ist für jedermann und für alle Berufe gewährleistet. [2]Abreden, die dieses Recht ein-**

schränken oder zu behindern suchen, sind nichtig, hierauf gerichtete Maßnahmen sind rechtswidrig. ³Maßnahmen nach den Artikeln 12a, 35 Abs. 2 und 3, Artikel 87a Abs. 4 und Artikel 91 dürfen sich nicht gegen Arbeitskämpfe richten, die zur Wahrung und Förderung der Arbeits- und Wirtschaftsbedingungen von Vereinigungen im Sinne des Satzes 1 geführt werden.

Übersicht

	Rn.
I. Allgemeines	1
1. Bedeutung der Vereinigungsfreiheit	1
2. Verhältnis zu anderen Grundrechten	4
II. Schutzbereich der Vereinigungsfreiheit	7
1. Begriff der „Vereinigung"	7
2. Grundrechtsträger	9
a) Individuelle Vereinigungsfreiheit	10
b) Kollektive Vereinigungsfreiheit	12
3. Inhalt der Vereinigungsfreiheit	14
a) Vereinigungsbildungsfreiheit und Bestandsschutz	14
b) Betätigungsfreiheit	18
c) Negative Vereinigungsfreiheit	22
III. Schranken der Vereinigungsfreiheit	23
1. Allgemeines	23
2. Die Schranken des Art. 9 Abs. 2 GG	27
a) Vereinigungen, deren Zwecke oder Tätigkeiten den Strafgesetzen zuwider laufen	27
b) Vereinigungen, die sich gegen die verfassungsmäßige Ordnung oder den Gedanken der Völkerverständigung richten	31
3. Verfassungsimmanente Schranken	35
IV. Der Grundsatz der Verhältnismäßigkeit	38

I. Allgemeines

1. Bedeutung der Vereinigungsfreiheit

1 Die Vereinigungsfreiheit gewährleistet das Recht, sich zu beliebigen Zwecken mit anderen in Vereinen, Verbänden und Assoziationen aller Art zusammenzuschließen (BVerfG NJW 1975, 1265 [1266]). Dieses **Prinzip freier sozialer Gruppenbildung** grenzt die freiheitliche Ordnung von einem System ab, in dem das Volk von oben her in ständisch-korporative Gruppen gegliedert ist und nur in dieser durch obrigkeitliche Lenkung kanalisierten Form an der öffentlichen Meinungsbildung teilnimmt (BVerfG NJW 1975, 1265 [1266]). Die Teilnahme an der öffentlichen Meinungsbildung ist, im Gegensatz zur Versammlungsfreiheit, aber kein wesensprägendes Merkmal von Vereinigungen i. S. d. Art. 9 GG. Zwar ist das Grundrecht aus Art. 9 GG im öffentlichen Gebrauch (wie Art. 5, 8, 17, 21 GG) „schlichtweg konstituierend" für die freiheitlich demokratische Grundordnung (*Rinken* in DHSS GG Art. 9 Rn. 44). Allerdings besteht, was mögliche Vereinigungszwecke betrifft, „Freiheit zur Beliebigkeit" (*Löwer* in von Münch/Kunig GG Art. 9 Rn. 8) – mit Ausnahme der in der Schranke des Art. 9 Abs. 2 GG genannten.

Vereinigungs- und Koalitionsfreiheit **Art. 9 GG**

Art. 9 GG bildet das Spannungsverhältnis von Freiheit und Sicherheit ab: **2** Art. 9 Abs. 1 GG als elementare Äußerungsform menschlicher Entfaltungsfreiheit (*Löwer* in von Münch/Kunig GG Art. 9 Rn. 8) und Garantie für die assoziative Verwirklichung von Grundrechten (insb. als Komplementärgarantie zur Meinungsfreiheit, vgl. *Heinrich,* Vereinigungsfreiheit und Vereinigungsverbot, 2005 S. 341) kann nur aus dem Motiv einer **„streitbaren Demokratie"** („Verfassungsmäßige Ordnung", „Gedanken der Völkerverständigung") und zum **Schutz vor organisierter Kriminalität** („Strafgesetzen zuwiderlaufen") eingeschränkt werden, vgl. Art. 9 Abs. 2 GG. Dabei nimmt es nicht Wunder, dass Vereinsverbote in der Praxis meist „wellenförmig" gehäuft (*Heinrich*, Vereinigungsfreiheit und Vereinigungsverbot, 2005, S. 17) zu beobachten sind (etwa gegen rechts- und linksextremistische Vereinigungen in den 70er und 80er Jahren oder solche, die dem internationalen Terrorismus zuzurechnen sind, nach den Anschlägen des „11. September") und insoweit die jeweilige gesellschaftliche und sicherheitspolitische Lage nachzeichnen. Derzeit ist der Fokus weniger auf den Schutz der freiheitlichen demokratischen Grundordnung gerichtet, sondern verstärkt auf die Bekämpfung der organisierten Rocker-Kriminalität (hierzu *Albrecht* VR 2013, 8).

Eine besondere, im Vergleich zur allgemeinen Vereinigungsfreiheit in Art. 9 **3** Abs. 1 GG tatbestandlich verselbstständigte Grundrechtsgewährleistung (*Rixen* in Stern/Becker GG Art. 9 Rn. 12) enthält Art. 9 Abs. 3 GG mit der sog. **Koalitionsfreiheit** als „Magna Charta des kollektiven Arbeitsrechts" (*Zöllner* AöR 69 (1973), 71 [72]). Der spezielle Sinn der Koalitionsfreiheit besteht darin, die Schwäche des einzelnen Arbeitnehmers gegenüber dem Arbeitgeber durch Zusammenschluss in organisierten Interessenvertretungen auszugleichen, um insb. in Tarifverhandlungen zu möglichst sinnvoller **Ordnung der Arbeits- und Wirtschaftsbedingungen** zu gelangen (BVerfG NJW 1979, 699 [709]). Von einer Kommentierung der in Art. 9 Abs. 3 GG geregelten Koalitionsfreiheit wird abgesehen.

2. Verhältnis zu anderen Grundrechten

Die Koalitionsfreiheit, Art. 9 Abs. 3 GG, ist gegenüber der allgemeinen Ge- **4** währleistung in Art. 9 Abs. 1 lex specialis. Für den Bereich der Parteien ist Art. 21 Abs. 1 Satz 2 GG die maßgebliche Verfassungsbestimmung (BVerfG NJW 1969, 735 [736]); für die Parteigründungsfreiheit wird Art. 9 Abs. 1 aber teils für nebeneinander anwendbar gehalten (*Kemper* in MKS GG Art. 9 Rn. 35 m.w.N.). Die religiöse Vereinigungsfreiheit wird ausschließlich durch Art. 4 Abs. 1, 2 i. V. m. Art. 140, 137 Abs. 2 WRV garantiert, jedenfalls soweit es sich um Religions- oder Weltanschauungsgemeinschaften handelt (BVerfG NJW 1991, 2623 [2624]). Bei religiösen Vereinen, die nur einzelne religiöse oder weltanschauliche Zwecke verfolgen, ist das Verhältnis von Art. 4 und Art. 9 Abs. 1 GG nicht eindeutig geklärt (unentschieden BVerfG NJW 1969, 31 [32]; für eine Anwendung von Art. 9 Abs. 1 GG überzeugend *Rixen* in Stern/Becker GG Art. 9 Rn. 99; *Kemper* in MKS GG Art. 9 Rn. 39).

Geht es um die Meinungsäußerung oder -verbreitung durch eine Vereini- **5** gung, ist die Vereinigungsfreiheit lex specialis zu Art. 5 Abs. 1 GG (*Rixen* in Stern/Becker GG Art. 9 Rn. 100). Ebenso ist Art. 9 Abs. 1 GG im Verhältnis zu Art. 2 Abs. 1 GG spezieller; zur Anwendbarkeit der allgemeinen Handlungsfreiheit auf Ausländer Rn. 10,11).

6 Art. 9 Abs. 1 ist nur auf **spezifische koalitionsmäßige Betätigungen** anwendbar; für die übrigen Betätigungsfelder von Vereinigungen gelten die allgemeinen Grundrechtsgewährleistungen und nicht die Vereinigungsfreiheit. Wird also eine Vereinigung wie jedermann im Rechtsverkehr tätig, so ist für den Grundrechtsschutz dieser Betätigung Art. 2 Abs. 1 GG bzw. Art. 12 Abs. 1 GG einschlägig (vgl. BVerfG NJW 1986, 772; BVerfG NJW 1980, 2123 [2124]). Grundsätzlich kann Art. 9 Abs. 1 GG einem gemeinsam verfolgten Zweck keinen weitergehenden Schutz vermitteln als einem individuell verfolgten.

II. Schutzbereich der Vereinigungsfreiheit

1. Begriff der „Vereinigung"

7 Geschützt sind gem. Art. 9 Abs. 1 GG „Vereine" und „Gesellschaften" (die Begriffe sind weit auszulegen, also nicht im Sinne des Zivilrechts), die mit dem Oberbegriff Vereinigungen (arg. Art. 9 Abs. 2 GG) zusammengefasst werden können. Geschützt sind ausschließlich Vereinigungen des privaten Rechts, nicht auch juristische Personen des öffentlichen Rechts (BVerfGE 10, 354 [361 f.]); Schutz vor Zwangsmitgliedschaften in öffentlich-rechtlichen Körperschaften gewährleistet insoweit allein Art. 2 Abs. 1 GG (hierzu *Löwer* in von Münch/Kunig GG Art. 9 Rn. 20). Die Rechtsform der Vereinigung spielt keine Rolle (BVerwG DVBl. 1954, 778).

8 Vereinigung i. S. d. Art. 9 Abs. 1 GG ist ein auf Dauer angelegter (wenn auch im Einzelfall ganz lockerer), freiwilliger Zusammenschluss mehrerer (natürlicher oder juristischer) Personen zur Verfolgung eines gemeinsamen Zwecks unter gemeinsamer Leitung und Organisation („organisierte Willensbildung"; vgl. BVerfG NJW 1979, 699 [706]). Dieser „traditionellen" verfassungsrechtlichen Begriffsdefinition (vgl. *Löwer* in von Münch/Kunig GG Art. 9 Rn. 36) ist der einfache Gesetzgeber in § 2 Abs. 1 VereinsG gefolgt. Zu Einzelfragen siehe *VereinsG* § 2 Rn. 9 ff.)

2. Grundrechtsträger

9 Art. 9 Abs. 1 GG verbürgt nicht nur dem einzelnen Staatsbürger das Recht zum Zusammenschluss in Vereinigungen („individuelle Vereinigungsfreiheit"), sondern gewährt als sog. **„Doppelgrundrecht"** (BVerfG NJW 1971, 1123; NJW 1979, 699 [706]); zuletzt BVerfG Beschl. v. 10.06.2009 – 1 BvR 706 – BeckRS 34595 Rn. 142) auch den Vereinen selbst Schutz („kollektive Vereinigungsfreiheit").

10 **a) Individuelle Vereinigungsfreiheit.** Gem. Art. 9 Abs. 1 GG haben nur Deutsche (i. S. d. Art. 116 Abs. 1 GG) das Recht, Vereine und Gesellschaften zu bilden. Allerdings ist EU-Bürgern aus dem Gesichtspunkt des gemeinschaftsrechtlichen Diskriminierungsschutzes ein entsprechendes Schutzniveau zu gewährleisten (BVerfG NVwZ 2000, 1281). Ob dies durch eine erweiterte

Vereinigungs- und Koalitionsfreiheit **Art. 9 GG**

Auslegung des Art. 9 Abs. 1 GG geschieht oder aber wegen dessen an sich eindeutigen Wortlauts über eine Zuweisung der Vereinigungsfreiheit für EU-Ausländer an Art. 2 Abs. 1 GG (dazu *Löwer* in von Münch/Kunig GG Art. 9 Rn. 14 f.), kann im Ergebnis dahingestellt bleiben.

Ausländer aus sog. **Drittstaaten** können sich indes in keinem Fall auf die 11 Vereinigungsfreiheit des Art. 9 GG berufen, sondern lediglich auf das Auffanggrundrecht aus Art. 2 Abs. 1 GG, das im Vergleich zu Art. 9 GG ein geringeres Schutzniveau gewährleistet (*Albrecht* VR 2013, 8 [9] m.w.N.). Zwar werden ausländische Vereinsmitglieder einfachgesetzlich in § 1 Abs. 1 VereinsG den deutschen gleichgestellt. Ein einheitliches Schutzniveau besteht dadurch aber nicht. Denn Vereine, deren Mitglieder oder Leiter sämtlich oder überwiegend keine Deutschen oder EU-Bürger sind (sog. Ausländervereine), unterliegen gem. § 14 VereinsG über Art. 9 Abs. 2 GG hinausgehenden Einschränkungsmöglichkeiten und können unter erleichterten Bedingungen verboten werden. In kollektiver Hinsicht gilt entsprechendes für ausländische Vereine i. S. d. § 15 VereinsG.

b) Kollektive Vereinigungsfreiheit. Die Vereinigungsfreiheit gewähr- 12 leistet neben der individuellen Vereinigungsfreiheit auch das Recht der Vereinigungen auf „Entstehen und Bestehen", unbeschadet ihrer Rechtsfähigkeit (BVerfGE 124, 25 [34] – BeckRS 23506). Insoweit wird Art. 9 Abs. 1 GG (noch) weitgehend als „Doppelgrundrecht" angesehen, dem ein individueller und kollektiver Gehalt zukommt (z. B. *Löwer* in v. Münch/Kunig GG Art. 9 Rn. 23 m.w.N.; *Hesse* Rn. 410). Dagegen sieht ein nicht unerheblicher Teil der Literatur (z. B. *v. Mutius* in DKWG GG Art. 19 Rn. 35; *Pieroth/Schlink*, Rn. 793; *Heinrich*, Vereinigungsfreiheit, und Vereinsverbot, 2005, S. 43 ff. m.w.N.) die Regelung in Art. 19 Abs. 3 GG als abschließend an: Nur unter den Voraussetzungen dieser Norm könnten Individualgrundrechte in Kollektivgrundrechte transformiert werden. Praktische Bedeutung hat dieser in erster Linie dogmatische Streit kaum.

Bei der Frage, ob von Ausländern beherrschte Vereinigungen mit Sitz im 13 Inland sich auf die Vereinigungsfreiheit berufen können (was v. a. im Hinblick auf § 14 Abs. 2 VereinsG von Bedeutung ist), kann man bei einem Rückgriff auf Art. 19 Abs. 3 GG aber zu unterschiedlichen Ergebnissen gelangen. Unter Anwendung der herrschenden **„Sitztheorie"** würden über Art. 19 Abs. 3 GG auch solche Vereinigungen mit tatsächlichem (nicht nur satzungsgemäßem) Sitz in Deutschland geschützt, deren Mitglieder Ausländer sind (und insoweit nicht selbst durch Art. 9 Abs. 1 GG geschützt werden), so konsequent *v. Mutius* Jura 1984, 193 [198]. Folge wäre die Verfassungswidrigkeit von § 14 Abs. 2 VereinsG. Dagegen will das überwiegende Schrifttum Art. 19 Abs. 3 GG bei Anwendung auf die Vereinigungsfreiheit – zutreffend – eingeschränkt sehen und stellt anders als bei anderen Grundrechten auf Sitz *und* Mitglieder ab (so etwa *Scholz* in Maunz/Dürig GG Art. 9 Rn. 55) oder versucht sich in einer teleologischen Reduktion (*Heinrich*, Vereinigungsfreiheit und Vereinsverbot, 2005, S. 47 f.), wonach im Ergebnis nach Art. 19 Abs. 3 GG eine Erstreckung von Deutschengrundrechten auf inländische juristische Personen ausscheidet, die von Ausländern beherrscht werden (*P. M. Huber* in MKS GG Art. 19 Rn. 317).

3. Inhalt der Vereinigungsfreiheit

14 **a) Vereinigungsbildungsfreiheit und Bestandsschutz.** Der Schutzbereich der Vereinigungsfreiheit kann verkürzt mit dem „Recht auf Entstehen und Bestehen" zusammengefasst werden.

15 aa) „**Entstehen**". Explizit als geschütztes Verhalten nennt Art. 9 Abs. 1 GG nur das Recht, Vereinigungen „zu bilden". Hiervon ist die Entscheidung über den Zeitpunkt der Gründung, den Namen, den Sitz, die Rechts- und Organisationsform sowie den Vereinszweck umfasst (*v. Mutius* Jura 1984, 193 (195)). Zudem sind die Freiheit des Beitritts und Verbleibens in einer Vereinigung geschützt sowie die grundsätzliche Organisationsautonomie der Vereinigung, wie etwa das Verfahren ihrer Willensbildung und die Führung ihrer Geschäfte. Denn Fremdbestimmung würde dem Schutzzweck des Art. 9 Abs. 1 GG zu wider laufen (BVerfG NJW 1979, 699 [706]).

16 Das Recht, Vereinigungen zu bilden, trägt die **Notwendigkeit der gesetzlichen Ausgestaltung** dieser Freiheit in sich (BVerfG NJW 1979, 699 [706]; BVerfG NJW 1992, 549): Der Gesetzgeber hat dabei eine hinreichende Vielfalt von Rechtsformen zur Verfügung zu stellen, die den verschiedenen Vereinigungstypen angemessen sind; er hat zudem die Grundlagen für das Leben in diesen Rechtsformen so zu gestalten, dass seine Regelungen die Funktionsfähigkeit der Vereinigungen gewährleisten und in jedem Fall das Prinzip freier Assoziation und Selbstbestimmung grundsätzlich wahrt (BVerfG NJW 1979, 699 [706]). Die traditionellen Regelungen des Gesellschaftsrechts, insbes. die zivilrechtlichen Vorschriften des Vereinsrechts, zu den einzelnen zivilrechtlichen Organisationsformen entsprechen diesen verfassungsrechtlichen Verpflichtungen und erreichen als „notwendige Grundrechtsausgestaltung" bzw. „wesensmäßiger Bestandteil einer notwendigen Konkretisierung der Vereinigungsfreiheit" (*Heinrich*, Vereinigungsfreiheit und Vereinsverbot, 2005, S. 65) noch keine Eingriffsqualität (*Höfling* in Sachs GG Art. 9 Rn. 36f.). Darüber hinaus vermittelt Art. 9 Abs. 1 GG keinen Schutz für eine bestimmte Organisationsform (*Heinrich*, Vereinigungsfreiheit und Vereinsverbot, 2005, S. 64); auch ist eine grundrechtsrelevante, dem Schutzzweck der Vereinigungsfreiheit zuwider laufende Fremdbestimmung (BVerfG NJW 1979, 699 [706]) aufgrund der weiterhin innerhalb der gesetzlichen Vorgaben bestehenden relativ freien organisatorischen Ausgestaltungsmöglichkeiten ausgeschlossen. Erst wenn durch eine gesetzliche Regelung die Bildung einer Vereinigung faktisch ausgeschlossen, wesentlich erschwert oder eine bestimmte Rechts- oder Organisationsform vorgeschrieben würde, läge jedenfalls ein Eingriff vor (*Heinrich*, Vereinigungsfreiheit und Vereinsverbot, 2005, S. 64). Freilich vermag diese Differenzierung zwischen „Eingriff" und „Ausgestaltung" nur wenig zu überzeugen und kann im Einzelfall zu schwierigen, kaum lösbaren Abgrenzungsproblemen führen (hierzu *Bauer* in Dreier GG Art. 9 Rn. 51).

17 bb) „**Bestehen**". Mit Blick auf die Schranken in Art. 9 Abs. 2 GG schützt das Grundrecht auf Vereinigungsfreiheit in erster Linie den Bestand von Vereinigungen i. S. d. Art. 9 Abs. 1 GG. Im Vordergrund steht der Schutz vor einem

Verbot oder verbotsgleichen Maßnahmen sowie vor weniger weitgehenden Beeinträchtigungen des Bestandes und der vereinsmäßigen Betätigung (BVerfGE 30, 227 [243]).

b) Betätigungsfreiheit. aa) Nicht vereinsspezifische Tätigkeiten. 18
Unbestritten sind „nicht vereinsspezifische" Tätigkeiten nicht von Art. 9 Abs. 1 GG erfasst; Grundrechtsschutz gewährleisten dann die jeweils sachlich einschlägigen Grundrechte. Eine „nicht vereinsspezifische" Tätigkeit liegt etwa vor, wenn die Vereinigung „wie jedermann im Rechtsverkehr tätig" wird (BVerfG NJW 2000, 1251). Zudem gilt der allgemein anerkannte Grundsatz, dass Art. 9 GG einem gemeinsam verfolgten Zweck keinen weitergehenden Schutz vermitteln kann, als einem individuell verfolgten (BVerfG 1979, 699 [705]; NJW 1996, 1203; NJW 2000, 1251; BVerwG DÖV 1960, 592 [593]).

bb) Vereinsspezifische Betätigungen. Ob und in welchem Umfang 19 „vereinsspezifische" Betätigungen (BVerfG, NVwZ 2003, 855; *Rixen* in Stern/Becker GG Art. 9 Rn. 23) von Art. 9 Abs. 1 GG geschützt sind, ist weitgehend streitig (hierzu *Heinrich*, Vereinigungsfreiheit und Vereinsverbot, 2005, S. 52 ff.) und wirft im Ergebnis schwierige Abgrenzungsfragen auf.

Unproblematisch ist nur die **interne Vereinsbetätigung** geschützt, wo- 20 runter z. B. das Verfahren der Willensbildung der Vereinigung (*Rixen* in Stern/Becker GG Art. 9 Rn. 23), der Geschäftsführung (BVerfG NJW 1990, 37 [38]; BVerfG NJW 2009, 2033 [2036]), Aufnahme oder Ausschluss von Mitgliedern (*Löwer* in v. Münch/Kunig GG Art. 9 Rn. 24), das Namensrecht (BVerfG NJW 1971, 1123 [1124]) oder die Entscheidung über die Selbstauflösung (*Cornils* in BeckOK GG, Art. 9 Rn. 12, ebenso *Rixen* in Stern/Becker GG Art. 9 Rn. 23) fallen. Freilich könnten diese Formen der Betätigung, wie *Löwer* in v. Münch/Kunig GG Art. 9 Rn. 24 bemerkt, auch ohne weiteres und im Ergebnis zutreffender unter den Schutzkomplex „Bildung und Bestand" der Vereinigung (siehe Rn. 15 ff.) gefasst werden.

Zutreffend wird von einem Teil des Schrifttums der **vereinsexternen** 21 **Zweckverfolgung** kein Schutz nach Art. 9 Abs. 1 GG zugebilligt (*Löwer* in v. Münch/Kunig GG Art. 9 Rn. 24; *Merten* in Isensee/Kirchhof VI § 144 Rn. 50; *Murswiek* JuS 1992, 116 [117]; ähnlich, aber noch weitergehender *Heinrich*, Vereinigungsfreiheit und Vereinsverbot, 2005, S. 52 ff.). Dagegen soll nach einigen nicht ganz klaren Äußerungen des BVerfG (BVerfG NJW 1971, 1123 [1124]; NJW 1990, 37 [38]; NJW 1992, 549) stets (also auch bei vereinsexterner Zweckverwirklichung) der **„Kernbereich der Vereinsbetätigung"** von Art. 9 Abs. 1 GG geschützt sein (ebenso *Stern* in Stern IV/1 § 107 III 2b (S. 1307 f.); *Höfling* in Sachs GG Art. 9 Rn. 18). *Cornils* in BeckOK GG Art. 9 Rn. 12 („Kernbereichsmetaphorik") schärft die Tautologie des Gerichts, wenn er feststellt, dass ein Kernbereichsbezug dann zu bejahen ist, wenn die zu beurteilende externe Tätigkeit in engem Zusammenhang mit dem Bestand und der Organisation der Vereinigung steht, insb. der Sicherung ihrer Existenz und Funktionsfähigkeit dient; strenger *Heinrich*, Vereinigungsfreiheit und Vereinsverbot, 2005, S. 54, der fordert, dass die konkrete Tätigkeit sich für den Bestandsschutz der Vereinigung als existenznotwendig erweist oder dass sie im untrennbaren Zusammenhang zur Bildung und zum Bestand der Vereinigung

GG Art. 9 Vereinigungs- und Koalitionsfreiheit

steht. Als Beispiel für eine vom Kernbereich des Art. 9 Abs. 1 GG geschützte Tätigkeit führt *Cornils* das Recht auf, sich zu beruflichen Sozietäten zusammenzuschließen (offengelassen von BVerfG NJW 1998, 2269); das *BVerfG* (Kammerentscheidung) nennt als geschützte vereinigungsexterne Tätigkeit die Mitgliederwerbung (BVerfG NJW 1993, 1253). Dieser Beschluss des *BVerfG* gibt Anlass zu grundlegender Kritik. Denn die (zu) weite Ausdehnung des Schutzes der Vereinigungsfreiheit auf externe Betätigungen, wie die Mitgliederwerbung, versucht das Gericht durch eine großzügige Auslegung der Grundrechtsschranken gleichzeitig einzuschränken: Art. 9 Abs. 1 GG fehle zwar ein entsprechender ausdrücklicher Gesetzesvorbehalt, ihm wohnten aber **„immanente Schranken"** inne, die zum Schutz anderer Rechtsgüter „von der Sache her" geboten seien, sodass es dem Gesetzgeber nicht verwehrt sei, jeder Betätigung einer Vereinigung entsprechend angemessene Schranken zu setzen (BVerfG NJW 1993, 1253). Dadurch würden weite Teile der „externen Betätigungsfreiheit im Ergebnis unter den Gemeinschaftsvorbehalt des Art. 2 Abs. 1 GG gesetzt" (*Gornig* WiVerw 1998, 157 (167); *Heinrich,* Vereinigungsfreiheit und Vereinsverbot, 2005, S. 56), sodass die – gekünstelte – Einbeziehung der externen Betätigungsfreiheit in den Schutzbereich der Vereinigungsfreiheit letztlich keine praktische Folgen zeitigt und insoweit nicht mehr als ein (überflüssiges) „Glasperlenspiel" darstellt.

22 c) **Negative Vereinigungsfreiheit.** Art. 9 Abs. 1 GG gewährleistet auch das Recht, einer Vereinigung fernzubleiben oder eine solche nicht zu gründen sowie aus einer (zivilrechtlichen) Vereinigung wieder auszutreten (negative Vereinigungsfreiheit, BVerfG NJW 1959, 1675 [1676]; NJW 1975, 1265; NJW 1979, 699 [704]; NJW 2001, 2617). Die Vereinigungsfreiheit bietet indes nach der Rechtsprechung des *BVerfG* keinen Schutz vor Zwangsverbänden des öffentlichen Rechts (BVerfG NJW 1959, 1675; NJW 1960, 619; NJW 1975, 1265; NVwZ 2002, 335 [336]; ebenso BVerwG NJW 1998, 3510 [3511]); schließlich garantiert Art. 9 Abs. 1 GG nur die Freiheit, privatrechtliche Vereinigungen zu gründen, ihnen beizutreten oder in ihrer negativen Komponente eben fernzubleiben. Öffentlich-rechtliche Zwangsmitgliedschaften sind insoweit an Art. 2 Abs. 1 GG zu messen. Ein nicht unerheblicher Teil der Literatur will indes auch in diesen Fällen die Vereinigungsfreiheit berührt sehen (so etwa *Höfling* in Sachs GG Art. 9 Rn. 22; *Rinken* in DHSS GG Art. 9 Rn. 58; *Scholz* in Maunz/Dürig GG Art. 9 Rn. 90 m. w. N.).

III. Schranken der Vereinigungsfreiheit

1. Allgemeines

23 Art. 9 Abs. 2 GG beschränkt die Vereinigungsfreiheit, indem dort angeordnet wird, dass Vereinigungen „verboten" sind, deren Zwecke oder deren Tätigkeiten den Strafgesetzen zuwider laufen oder sich gegen die verfassungsmäßige Ordnung oder gegen den Gedanken der Völkerverständigung richten. Diese Verbotstatbestände sind abschließend. Der Gesetzgeber ist darauf beschränkt, das in Art. 9 Abs. 2 GG enthaltene Verbot näher auszufüllen (BVerfG NJW 1990, 37); s. § 3 VereinsG.

Art. 9 Abs. 2 GG erfasst seinem Wortlaut nach nur das Vereinsverbot, das die 24
kollektive Freiheit einer Vereinigung und auch die individuelle Freiheit ihrer
Mitglieder am stärksten belastet. Weniger grundrechtsbeschränkende Maßnahmen sieht das GG nicht vor, sind aber als „Minus"-Maßnahmen von der
Rechtfertigung der Verbotsgründe gedeckt (*Cornils* in BeckOK GG, Art. 9
Rn. 22) und nach dem Grundsatz der Verhältnismäßigkeit (siehe Rn. 38) vorrangig zu treffen (hierzu *Albrecht* VR 2013 8, 11 m. w. N.).

Nach zutreffender Ansicht stellt Art. 9 Abs. 2 GG eine **Grundrechts-** 25
schranke dar und keine Schutzbereichsbegrenzung (zum Streitstand *Heinrich*,
Vereinigungsfreiheit und Vereinsverbot, 2005, S. 61); das BVerfG hat sich dazu
nicht eindeutig geäußert (vgl. einerseits BVerfG NJW 2001, 2617; BVerfG
NJW 1990, 37 [38], andererseits BVerfG NJW 1975, 1265). Praktische Auswirkung hat die Differenzierung indes nicht. Ebenfalls von rein dogmatischem Interesse ist die Frage nach den **Wirkungen eines Vereinsverbotes**. Nach hier
vertretener Ansicht besteht – entgegen des Wortlautes von Art. 9 Abs. 2 GG –
ein Vereinsverbot bei Vorliegen der Voraussetzungen der Schranke nicht bereits
ipso iure; vielmehr bedarf es aus Gründen der Rechtssicherheit einer Verfügung
nach § 3 VereinsG, die die Auflösung des verbotenen Vereins unter Bezeichnung der Verbotsgründe anordnet und der dann konstitutive Kraft zukommt
(so etwa VGH Mannheim NVwZ-RR 1993, 25 [26]; *Putzke/Morber* NWVBl.
2007, 211 [212]; *Löwer* in v. Münch/Kunig GG Art. 9 Rn. 58 m. w. N.). Nach
a. A. (hierzu *Albrecht* ZVR-Online Dok. Nr. 1/2012 Rn. 2 f.; *ders.* VR 2013, 9
[11 m. w. N.]) soll die Verbotswirkung nach dem Wortlaut des Art. 9 Abs. 2 GG
unmittelbar aus dessen Schrankenregelung folgen; allerdings bedürfe es mangels
Vollstreckbarkeit des aus Art. 9 Abs. 2 GG folgenden Verbots gleichwohl einer
Auflösungsverfügung, die die Verbotsvoraussetzungen feststellte (*Albrecht* VR
2013, 9 [11]; *Ridder* in DHSS GG Art. 9 Abs. 2 Rn. 23); ähnlich das BVerwG,
das annimmt, dass eine Verfügung nach § 3 VereinsG „selbst keinen Verbotsausspruch" enthalte (BVerwG NVwZ 2003, 986 [987]), sondern vielmehr das Verbot des Art. 9 Abs. 2 GG „aktualisiere" (BVerwG NVwZ-RR 2000, 70 [74]).

Gegen den Missbrauch der Vereinigungsfreiheit kann grds. nur auf Grund- 26
lage des VereinsG eingegriffen werden, dass die Schranken des Art. 9 Abs. 2
GG konkretisiert. Nach § 1 Abs. 2 VereinsG ist die Vereinigungsfreiheit **„polizeifest"**. Danach kann gegen Vereinigungen z. B. nicht auf Grundlage des allgemeinen Polizei- und Sicherheitsrechts eingeschritten werden. Freilich bleibt
ein weiter Anwendungsbereich für sicherheitspolizeiliche Maßnahmen, wenn
man nach hier vertretener Ansicht die vereinsexterne Betätigungsfreiheit als
nicht von Art. 9 Abs. 1 GG geschützt ansieht (hierzu Rn. 21). Danach unterliegen nicht spezifisch vereinspolizeilich motivierte Eingriffe (vgl. DWVM,
S. 174) gegen externe Betätigungsformen nicht der „Polizeifestigkeit" der Vereinigungsfreiheit. Will man dagegen unter bestimmten Voraussetzungen auch
vereinsexterne Betätigungsformen von Art. 9 Abs. 1 GG als geschützt ansehen
(Rn. 21), ist ein Rückgriff auf das allgemeine Polizei- und Ordnungsrecht nur
schwer zu begründen. Im Ergebnis werden für derartige Eingriffe dann häufig
die „immanenten Schranken aus Art. 2 Abs. 1 GG" herangezogen (so etwa
v. Münch in DKWG GG Art. 9 Rn. 90; ähnlich BVerfG, NJW 1993, 1253 „immanente Schranken", die zum Schutz anderer Rechtsgüter „von der Sache
her" geboten sind.).

2. Die Schranken des Art. 9 Abs. 2 GG

27 **a) Vereinigungen, deren Zwecke oder Tätigkeiten den Strafgesetzen zuwiderlaufen. aa) Strafgesetze.** Mit Strafgesetzen i. S. d. Art. 9 Abs. 2 GG ist das sog. Kriminalstrafrecht gemeint, also Verbrechen und Vergehen (vgl. § 12 StGB). Bloße Ordnungswidrigkeiten sind nicht erfasst.

28 Die betreffenden Strafnormen dürfen nicht spezifisch gegen vereinsmäßige Tätigkeiten gerichtet sein, sondern müssen „allgemeiner" Natur sein (hierzu *Heinrich,* Vereinigungsfreiheit und Vereinigungsverbot, 2005, S. 144 ff. m. w. N.). Art. 9 Abs. 2 GG beschränkt insoweit den Strafrechtsgesetzgeber. Es sind ähnliche Überlegungen anzustellen wie bei der Auslegung der „allgemeinen Gesetze" in Art. 5 Abs. 2 GG: Würde es dem Gesetzgeber freistehen, mittels Strafgesetzen bestimmte Vereinigungsformen zu pönalisieren, würde dadurch entgegen Art. 9 Abs. 2 GG die Vereinigungsfreiheit unter einfachen Gesetzesvorbehalt gestellt (*Löwer* in v. Münch/Kunig GG Art. 9 Rn. 48; *Heinrich,* Vereinigungsfreiheit und Vereinigungsverbot, 2005, S. 144). Lackmustest dafür, ob ein bestimmte Vereinigungsformen pönalisierendes Strafgesetz den verfassungsrechtlichen Rahmen einhält, ist die Frage, ob das inkriminierte Verhalten nicht nur als Organisationsdelikt, sondern auch für den einzelnen strafbar ist. Sollte dies nicht der Fall sein, liegt es nahe, dass es sich um **unzulässiges Sonderstrafrecht** handelt (z. B.: Pönalisierung der Gründung von Sterbehilfevereinigungen, solange es Einzelpersonen gestattet ist, sich für Sterbehilfe einzusetzen, vgl. *Sachs* Verfassungsrecht II, B 9 Rn. 20). Die §§ 129 ff. StGB sind aus diesem Gesichtspunkt unbedenklich gefasst, auch wenn durch sie kollektive Vorbereitungshandlungen unter Strafe gestellt werden, die individuell noch nicht als Täterschaft oder Teilnahme bestraft werden können. Denn die besagten Vorschriften knüpfen an Art. 9 Abs. 2 GG unmittelbar tatbestandlich an, wenn gefordert wird, dass die Vereinigung strafrechtswidrige Zwecke verfolgt (*Löwer* in v. Münch/Kunig GG Art. 9 Rn. 48). Dagegen können gegen die §§ 129 ff. StGB als überschießendes **Gesinnungs- bzw. Tendenzstrafrecht** andere verfassungsrechtliche und rechtspolitische Bedenken vorgebracht werden (dazu *VereinsG* § 129 StGB Rn. 1 f.).

29 **bb) Zwecke, die Strafgesetzen zuwiderlaufen.** Es reicht jeder anfängliche, nachträgliche, offenkundige oder verborgene strafgesetzwidrige Zweck aus, wie auch eine zeitliche begrenzte Strafgesetzwidrigkeit, vgl. BVerwG NJW 1989, 993 (995 ff.). Nach h. M. können auch **strafgesetzwidrige Nebenzwecke** für ein Verbot ausreichen, wenn diese für die Vereinigung prägend sind (BVerwG NJW 1989, 993 [995]; VGH München NJW 1990, 62 [63]; kritisch hierzu *VereinsG* § 3 Rn. 28 f.). Regelmäßig werden aber nach dem Grundsatz der Verhältnismäßigkeit in diesen Fällen **mildere Maßnahmen** als ein Vollverbot in Betracht kommen.

30 **cc) Tätigkeiten, die Strafgesetzen zuwiderlaufen.** Vereinigungen sind nicht straffähig. Deshalb müssen für ein Verbot Straftaten der Mitglieder der Vereinigung zugerechnet werden können. Nach dem BVerwG NJW 1989, 993 (995), muss hierfür die Straftatbestandsverwirklichung sich als **Realisierung des „Gruppenwillens"**, als Erfüllung des Vereinszwecks darstellen und sich damit als prägend für den Charakter des Vereins erweisen. Strafgesetzliches Verhalten einzelner Mitglieder, das nicht repräsentativ für die Vereinigung ist, genügt also nicht. Zu einzelnen Differenzierungskriterien und deren problematischer Anwendung auf den Einzelfall in der Praxis umfassend *VereinsG* § 3 Rn. 102ff.

b) Vereinigungen, die sich gegen die verfassungsmäßige Ordnung oder den Gedanken der Völkerverständigung richten. aa) Verfassungsmäßige Ordnung. Das Schutzgut der „verfassungsmäßigen Ordnung" in Art. 9 Abs. 2 GG ist, wie die Bestimmungen in Art. 21 Abs. 2 GG und Art. 18 GG, Ausdruck einer „streitbaren Demokratie" (dazu *Heinrich,* Vereinigungsfreiheit und Vereinigungsverbot, 2005, S. 75ff.). „Verfassungsmäßige Ordnung" ist deshalb nicht wie derselbe Begriff in Art. 2 Abs. 1 GG auszulegen, sondern vielmehr inhaltlich entsprechend wie der in Art. 21, 18 GG gebrauchte Begriff der „freiheitlich-demokratischen Grundordnung" (*Kunig* Jura 1995, 384 [386]). Zu den von der „freiheitlich-demokratischen Grundordnung" umfassten elementaren Verfassungsgrundsätzen gehören etwa die Achtung der im Grundgesetz abgebildeten Menschenrechte, die Volkssouveränität, die Gewaltenteilung, das Mehrparteiensystem oder die Unabhängigkeit der Gerichte (vgl. BVerwG NJW 1981, 1796). Des Weiteren kann man sich an den Auflistungen der Schutzgüter in § 92 Abs. 2 StGB und an der Definition in § 4 Abs. 2 BVerfSchG orientieren. 31

Gegen die verfassungsmäßige Ordnung sind Vereinigungen erst dann gerichtet, wenn sie auch den erkennbaren Willen haben, ihre Ziele in die Tat umzusetzen. Eine verfassungsfeindliche Vereinigung muss **in kämpferisch-aggressiver Form** das Ziel verfolgen, die verfassungsmäßige Ordnung zu untergraben (BVerwG NVwZ 2003, 989). Im Übrigen besteht das Recht auf „geistige Unordnung" (*Löwer* in v. Münch/Kunig GG Art. 9 Rn. 52). 32

„Sich-richten" in Art. 9 Abs. 2 GG ist gleichzusetzen mit „beeinträchtigen" oder „beseitigen-wollen" in Art. 21 GG (*Löwer* in v. Münch/Kunig GG Art. 9 Rn. 52). Dies ist etwa der Fall, wenn die Aktivitäten der Vereinigung darauf abzielen, die Geltung und Verbindlichkeit der verfassungsmäßigen Ordnung in Frage zu stellen, die Bereitschaft zu ihrer Verteidigung zu zersetzen oder Zustände im politischen Leben herbeizuführen, die die Geltung der Verfassungsgrundsätze in Frage stellen und zur Folge haben, dass sie nicht mehr im politischen Leben wirken können (VGH Mannheim DVBl. 1970, 745). Für Einzelfragen vgl. *VereinsG* § 3 Rn. 38ff. 33

bb) Gedanken der Völkerverständigung. Eine Vereinigung richtet sich gegen den Gedanken der Völkerverständigung, wenn sie auf eine **Störung des Friedens unter den Völkern und Staaten** i. S. d. Art. 26 Abs. 1 GG zielt (VGH Kassel DÖV 1961, 830) oder auf vergleichbar schwerwiegende völkerrechtliche Aktivitäten, wie z. B. eine Unterstützung einer terroristischen Gruppe im Ausland (BVerwG NVwZ 2005, 1435 – finanzielle Unterstützung der HAMAS). Siehe im Einzelnen *VereinsG* § 3 Rn. 50ff. 34

3. Verfassungsimmanente Schranken

Außer auf Grundlage des qualifizierten Gesetzesvorbehalts in Art. 9 Abs. 2 GG, soll eine Beschränkung der Vereinigungsfreiheit nach Maßgabe verfas- 35 sungsimmanenter Schranken, also zum Schutz von Rechtsgütern mit Verfassungsrang, möglich sein (vgl. BVerfGE 39, 334 [367]; BVerfG NStZ 1983, 331). Allerdings wird das **organisatorische Gebilde** der Vereinigung – über die in Art. 9 Abs. 2 GG abschließend genannten Rechtsgüter hinaus – kaum in Konflikt mit anderen Rechtsgütern geraten können. Denkbar wäre das Rechtsgut der Wettbewerbsfreiheit, etwa im Falle von Fusionsverboten (so *Bauer* in Dreier GG Art. 9 Rn. 94; *Rixen* in Stern/Becker GG Art. 9 Rn. 97). Aber auch wenn man Wirtschaftsunternehmen in diesem Fall dem Schutzbereich des Art. 9 Abs. 1 GG unterwerfen wollte, wären hier deren Grundrechte aus Art. 12 Abs. 1 und Art. 14 Abs. 2 Satz 2 (Unternehmerfreiheit) spezieller (so *Löwer* in von Münch/Kunig GG Art. 9 Rn. 63, 43; ähnlich das BVerfG NJW 1998, 2269, das Soziierungsverbote nicht an Art. 9 GG, sondern ausschließlich an Art. 12 Abs. 1 GG und Art. 3 Abs. 1 GG misst.).

36 Ein Konflikt mit anderen Rechtsgütern von Verfassungsrang (etwa der öffentlichen Sicherheit) wird regelmäßig nur bei (externen) Betätigungsformen in Betracht kommen. Denn nicht die Vereinigung selbst, sondern ihre Tätigkeit wird ggf. mit Grundrechten Dritter oder sonstigen Rechtsgütern von Verfassungsrang konfligieren (*Heinrich,* Vereinigungsfreiheit und Vereinigungsverbot, 2005, S. 66). Zieht man den Schutzbereich der Vereinigungsfreiheit, wie hier bevorzugt, eng (zu den einzelnen Ansichten → Rn. 21), ist in diesen Fällen auf die jeweils einschlägigen anderen Grundrechte abzustellen; Art. 9 Abs. 1 GG ist dann nicht einschlägig. Will man dies anders sehen, ist auf „verfassungsimmanente Schranken" des Art. 9 Abs. 1 GG zurückzugreifen.

37 Allerdings ist zu beachten, dass der Schutzzweck des Art. 9 Abs. 2 GG, also der Gedanke einer wehrhaften bzw. streitbaren Demokratie (dazu *Heinrich,* Vereinigungsfreiheit und Vereinigungsverbot, 2005, S. 75 ff.), **Sperrwirkung** entfaltet. Die Sperrwirkung dieser Vorschrift steht einer Berufung auf ungeschriebene verfassungsimmanente Schranken als Rechtfertigung für etwaige sonstige Maßnahmen zum Schutz der freiheitlichen demokratischen Grundordnung entgegen (BVerfG 2004, 2814 [2816]; *Rixen* in Stern/Becker GG Art. 9 Rn. 87).

IV. Der Grundsatz der Verhältnismäßigkeit

38 Ein Vereinsverbot muss stets „**ultima ratio**" sein. Vor einem vereinsvernichtenden Verbot sind aus Gründen der Verhältnismäßigkeit mildere Verwaltungsmittel in Betracht zu ziehen (*Albrecht* VR 2013, 9 [11] m. w. N.). Vorrangig wären etwa ein **Betätigungsverbot gegen einzelne Mitglieder,** oder **partielle Betätigungsverbote** gegen die Vereinigung selbst (das Betätigungsverbot darf dann aber faktisch nicht einem Vereinsverbot gleichkommen, vgl. BVerwG NJW 1981, 1796). In weniger schweren Fällen könnte dem betroffenen Verein auch aufgegeben werden, sich durch Änderung seiner Statuten, Satzungen, Programme, Handlungsformen usw. aus der Verbotszone zu entfernen (*Ridder* in DHSS GG Art. 9 Abs. 2 Rn. 24, 27; *Albrecht* VR 2013, 9 [11]). Nur wenn mildere Alternativen scheitern oder sich von vornherein als ungeeignet erweisen, kann der Erlass einer **Auflösungsverfügung** gerechtfertigt werden (BVerwG Urt. v. 23.03.1971 – I C 54.66 – BeckRS 1971 30432787). Zum Grundsatz der Verhältnismäßigkeit vgl. im Übrigen *VereinsG* § 3 Rn. 55 ff.

Politische Parteien **Art. 21 GG**

Art. 21 [Parteien]

(1) ¹Die Parteien wirken bei der politischen Willensbildung des Volkes mit. ²Ihre Gründung ist frei. ³Ihre innere Ordnung muß demokratischen Grundsätzen entsprechen. ⁴Sie müssen über die Herkunft und Verwendung ihrer Mittel sowie über ihr Vermögen öffentlich Rechenschaft geben.

(2) ¹Parteien, die nach ihren Zielen oder nach dem Verhalten ihrer Anhänger darauf ausgehen, die freiheitliche demokratische Grundordnung zu beeinträchtigen oder zu beseitigen oder den Bestand der Bundesrepublik Deutschland zu gefährden, sind verfassungswidrig. ²Über die Frage der Verfassungswidrigkeit entscheidet das Bundesverfassungsgericht.

(3) **Das Nähere regeln Bundesgesetze.**

Übersicht

	Rn.
I. Einführung	1
1. Parteien im demokratischen Verfassungsstaat	1
2. Rechtsnatur des Art. 21 Abs. 1 GG	3
3. Parteibegriff	4
II. Rechte und Pflichten der Parteien (Abs. 1)	8
1. Freiheit der Parteien	8
2. Gleichheit der Parteien	15
3. Öffentlichkeit und Transparenz	18
4. Innerparteiliche Demokratie	22
III. Parteienfinanzierung	28
IV. Parteiverbot (Abs. 2)	31
1. Vorüberlegung	31
2. Voraussetzungen für ein Parteiverbot (Satz 1)	33
3. Wirkungen des Verbots	39
V. Bundesgesetzliche Regelungen (Abs. 3)	41

I. Einführung

1. Parteien im demokratischen Verfassungsstaat

Parteien erweisen sich im demokratischen Verfassungsstaat als wesentliches **1** Bindeglied zwischen der vom Volk ausgehenden gesellschaftlichen und politischen **Willensbekundung** einerseits und der sich im Staat, seinen Organen und Ämtern fortsetzenden **Willensbildung** und Entscheidung für das demokratisch verfasste Gemeinwesen andererseits. Dabei ist die hier verwendete Differenzierung zwischen Willensbekundung und Willensbildung nicht zufällig gewählt. Vielmehr erweist sie sich als hilfreicher Unterscheidungsmaßstab, um sich der besonderen Bedeutung der Parteien im demokratisch legitimierten Prozess der Entscheidungsfindung jedenfalls anzunähern. Denn das Staatsvolk ist in der repräsentativ ausgestalteten Demokratie zunächst darauf verwiesen, politisch relevante Inhalte im Rahmen grundgesetzlich garantierter individueller (Art. 5 Abs. 1 GG) oder kollektiver (Art. 8 GG) Meinungsäußerungsformen nach außen zu bekunden und damit in den gesellschaftlichen Willensbildungsprozess einfließen zu lassen. Die dergestalt geäußerte **individuelle oder kollektive Meinung** über ein bestimmtes (gesellschaftlich relevantes) Thema mag zugleich den Anstoß für eine darüber hinaus gerichtete Willensbildung innerhalb der Gesellschaft sein. Erst durch die Parteien erfährt sie allerdings eine tatsächliche, auf den Wahlakt hin strukturierte (vgl. *Klein* in Maunz/Dürig GG Art. 21 Rn. 59) und hiernach im parlamentarischen Entscheidungsprozess durch die Möglichkeit der tatsächlichen Umsetzbarkeit effektuierte Willensbekundung. Parteien stehen damit stets inmitten des in der Gesellschaft seinen Ausgang nehmenden politischen Willensbildungsprozesses und der sich im staatlichen Ämtersystem fortsetzenden Entscheidungsfindung für das Staatsganze, sie fungieren als „Bindeglied zwischen Volk und Staatsorganen" (*Klein* in Maunz/Dürig GG Art. 21 Rn. 59).

2 Aus dieser **Doppelfunktion** der Parteien als Teilhaber und „Steuerrad" im gesellschaftlich-politischen Willensbildungsprozess sowie als Beteiligte an der parlamentarischen Entscheidungsfindung erklärt sich zugleich ein in der Parteiendemokratie strukturell angelegtes und in Art. 21 an verschiedenen Stellen hervorbrechendes **Spannungsverhältnis.** Die individuelle oder kollektive Meinungsäußerung mag einen mehr oder minder zu verzeichnenden Einfluss auf die Ausbildung politischer Meinungsinhalte besitzen. Doch findet sie ihre natürlich Grenze dort, wo aus der bloßen Artikulation eines Willens dessen programmatische Umsetzung in Form gesetzgeberischen oder exekutivischen Handelns folgen soll. Diese Funktion bleibt den Parteien vorbehalten und ist in ihrer Effektivität von der Akkumulation mehrheitsbedingter „legislativer Vormachtstellungen" abhängig. Daraus folgt zugleich eine besondere Verantwortung. Ist es den Parteien im demokratischen Staat als einziger Organisationsform möglich, von der Teilhabe am gesellschaftlichen Willensbildungsprozess zur Gestaltung in Form des legitimierten Staatshandelns überzutreten, so ist damit stets auch die Gefahr verbunden, dass der legitimierte Übertritt in die „Staatsgewalt" missbraucht wird, um den demokratischen Boden auf dem sich die Etablierung des jeweiligen Mehrheitsverhältnisses vollzogen hat, den Gegnern im politischen Meinungskampf für die Zukunft gerade zu entziehen. Nicht zuletzt deshalb nimmt die Ausgestaltung der repräsentativen Demokratie als Mehrparteiensystem an der **Ewigkeitsgarantie** des Art. 79 Abs. 3 GG teil (*Klein* in Maunz/Dürig GG Art. 21 Rn. 178) und findet sich in Art. 21 Abs. 2 GG die Möglichkeit des Parteienverbots. Aus der grundsätzlichen Erkenntnis, dass dem demokratischen Rechtsstaat als ultima ratio das Verbot einer Partei vorbehalten bleiben muss, folgt aber andererseits eine erhebliche **Eingriffsmöglichkeit in den demokratischen Prozess,** die gerade das durch die Partei aufgespannte Band zwischen politischer Willensbekundung und staatlich-parlamentarischer Einflussnahme zerschneidet und damit in seinen Auswirkungen nicht unterschätzt werden darf. Die grundsätzliche Möglichkeit der Parteien, im demokratischen Prozess durch Akkumulation mehrheitsbedingter Vormachtstellungen die Grundlage des Mehrparteiensystems an sich in Frage zu stellen, als auch die Möglichkeit, durch das Verbot einer Partei den demokratischen Willensbildungsprozess entsprechend zu „beschneiden", bilden zusammen die äußersten Grenzziehungen zwischen denen der übliche und ungestörte politische Meinungskampf seinen Lauf nimmt.

2. Rechtsnatur des Art. 21 Abs. 1 GG

Art. 21 Abs. 1 enthält einen ausdifferenzierten **Gewährleistungs- und** 3
Pflichtenkatalog für Parteien, wobei die Rechtsnatur der in der Norm erfassten Gewährleistungsgehalte (Satz 1 und 2) in der Literatur bis heute umstritten geblieben ist. Zum Teil wird angenommen, dass es sich bei Art. 21 Abs. 1 GG um ein für die Parteien eigens in der Verfassung verankertes Grundrecht handelt. Dem wird entgegengehalten, dass sich bereits aus der Stellung der Vorschrift im System des Grundgesetzes, mithin außerhalb des Katalogs von Grundrechten und grundrechtsgleichen Rechten, und des objektivrechtlichen Gewährleistungsgehaltes der Parteienfreiheit eine Einordnung derselben als eigenständiges Grundrecht verbiete. Zwar seien die Gewährleistungen des Art. 21 Abs. 1 auch um subjektiv-rechtlich wirkende Elemente ergänzt, die Norm trete damit aber nicht den übrigen Grundrechten der Verfassung bei, sondern müsse als Einrichtungsgarantie verstanden werden. Aus dem subjektiv-rechtlichen Gehalt könnten insoweit teils abwehrrechtliche Positionen für die Parteien abgeleitet werden und zugleich die den Parteimitgliedern aus sonstigen Grundrechten erwachsenen Rechtspositionen zusätzliche Verstärkung erfahren (vgl. *Morlok* in Dreier GG Art. 21 Rn. 48f.). Eine vermittelnde Auffassung geht demgegenüber davon aus, dass es sich bei Art. 21 Abs. 1 um eine „indirekte Grundrechtsgewährleistung" handelt, der zugleich auch eine institutionelle Gewährleistung zu entnehmen ist (*Kluth* in BeckOK GG Art. 21 Rn. 88f. m. w. N.). Nach dieser – vorzugswürdigen – Ansicht sind Parteien Vereinigungen i. S. d. Art. 9 Abs. 1 GG und schon durch diesen und nicht erst durch Art. 21 Abs. 1 entsprechend grundrechtlich geschützt. Dagegen schaffen die in Art. 21 Abs. 1 Satz 1 und 2 genannten Voraussetzungen die für eine funktionsfähige Demokratie notwendige institutionelle Absicherung eines Mehrparteiensystems (vgl. *Klein* in Maunz/Dürig GG Art. 21 Rn. 256 ff., 259) und können zugleich als „verstärkende" oder „verpflichtend-beschränkende" Modifikationen bei denjenigen Grundrechten wirken, die im Einzelfall auf die Parteien (über Art. 19 Abs. 3 GG) oder ihre Mitglieder Anwendung finden mögen, mithin also unter anderem die politischen Freiheitsgrundrechte der Meinungs-, Kommunikations-, Presse-, Versammlungs- und Vereinigungsfreiheit (vgl. dazu auch *Kluth* BeckOK GG Art 21. Rn. 90 ff., 93). Hierdurch entfalten sich die in Art. 21 Abs. 1 GG angelegten gewährleistenden und verpflichtenden Elemente der grundgesetzlich vorgezeichneten Stellung von Parteien im sonstigen grundrechtlichen Gewährleistungssystem der Verfassung.

3. Parteibegriff

Der Begriff der politischen Partei erfährt in § 2 PartG eine Legaldefinition. 4
Hiernach sind Parteien „[…] Vereinigungen von Bürgern, die dauernd oder für längere Zeit für den Bereich des Bundes oder eines Landes auf die politische Willensbildung Einfluß nehmen und an der Vertretung des Volkes im Deutschen Bundestages oder einem Landtag mitwirken wollen, wenn sie nach dem Gesamtbild der tatsächlichen Verhältnisse, insbesondere nach Umfang und Festigkeit ihrer Organisation, nach der Zahl ihrer Mitglieder und

nach ihrem Hervortreten in der Öffentlichkeit eine ausreichende Gewähr für die Ernsthaftigkeit dieser Zielsetzung bieten." Auch wenn dem Bundesgesetzgeber über Art. 21 Abs. 3 GG grundsätzlich eine **Ausgestaltungskompetenz** in den Grenzen des verfassungsrechtlich in Art. 21 GG vorgezeichneten Rechtsstatus der Parteien überantwortet ist, so beinhaltet dies nicht eine Deutungskompetenz bezüglich der Frage, welche gesellschaftlichen Gebilde als Parteien zu gelten haben. Vielmehr muss sich der einfachgesetzliche Parteienbegriff an dem verfassungsrechtlich bereits vorgezeichneten Begriff der Partei messen lassen.

5   Art. 21 GG verzichtet auf eine verfassungsunmittelbare Definition des Parteienbegriffes, weshalb er aus den in der Norm angelegten Funktions- und Aufgabenbestimmungen der Parteien abzuleiten ist. Mit Blick auf die „systematische Stellung des Art. 21 GG im System der politischen Freiheitsrechte" (vgl. *Gusy* in DHSS GG Art. 21 Rn. 52) erweisen sich sowohl die Bedeutung der Parteien als sine qua non für die Zuspitzung politischer Willensbildung im Wahlakt als auch deren dauerhafte und wesentliche Beteiligung am gesamtgesellschaftlich-politischen Prozess der Meinungs- und Willensbildung als wesentliche funktionsbestimmende Merkmale. Letzteres verdeutlicht, dass sich die Funktion der Parteien im demokratischen Staat gerade nicht allein auf ihre Bedeutung für Wahlen beschränkt, sondern ihnen darüber hinaus eine weitreichende **„Mittlerfunktion"** zwischen Volk und Staat im Sinne einer Effektuierung individueller und demokratischer Teilhabe zu Teil wird (vgl. ausführlich *Gusy* in DHSS GG Art. 21 Rn. 29). Auch das BVerfG weist den Parteien weit mehr als die Bedeutung von „Wahlvorbereitungsorganisationen" zu, da die [...] für den Prozess der politischen Willensbildung im demokratischen Staat entscheidende Rückkoppelung zwischen Staatsorganen und dem Volk [...] auch Sache der Parteien [ist]" und sich „[...] nicht nur in dem nur in Abständen wiederkehrenden Akt der Wahl des Parlaments [erschöpft]." Vielmehr vollziehen sich „[...] Willensbildung des Volkes und Willensbildung in den Staatsorganen [...] in vielfältiger und tagtäglicher, von den Parteien mitgeformter Wechselwirkung." (BVerfG NJW 1992, 2545) Schon der Wortlaut des Art. 21 Abs. 1 GG, wonach von „Parteien" die Rede ist, verdeutlicht zudem die auch im Funktionszusammenhang der Bestimmung mit dem allgemeinen grundgesetzlichen Legitimationskonzept zum Ausdruck kommende Bezugnahme auf ein Mehrparteiensystem (so auch *Gusy* in DHSS GG Art. 21 Rn. 52).

6   Aus diesen Konturen des verfassungsrechtlich vorgezeichneten Parteibegriffes ergibt sich die Notwendigkeit einer Anknüpfung an formale Kriterien zur Bestimmung, welchen Vereinigungen bzw. Zusammenschlüssen Parteienstatus zukommen kann. Dagegen ist die Bezugnahme auf inhaltliche Abgrenzungsmerkmale nicht zulässig, da hiermit die im verfassungsrechtlichen Parteibegriff angelegte **inhaltliche Neutralität** verfehlt wäre. Aus der Perspektive des Art. 21 Abs. 1 GG definiert sich eine Partei nach den im Gewährleistungs- und Verpflichtungsgehalt der Norm angelegten Funktionsmerkmalen. Die einfachgesetzliche Definition des § 2 PartG orientiert sich gerade an derlei formalen Abgrenzungs- bzw. Ausschlusskriterien und ist daher – gegebenenfalls im Wege der Auslegung – eine grundsätzlich verfassungskonforme Richtschnur für die Einordnung einer Vereinigung als Partei. In organisatorischer

Politische Parteien **Art. 21 GG**

Hinsicht geht die Vorschrift von einer „Vereinigung von Bürgern" aus, wobei Art. 21 Abs. 1 Satz 2 die Gründungsfreiheit der Parteien festschreibt. Insoweit steht der verfassungsrechtliche Gewährleistungsgehalt einem der Parteigründung vorgelagerten Zulassungsverfahren entgegen. Zugleich muss die Vereinigung entweder dauerhaft oder für längere Zeit auf die bundes- oder landespolitische Willensbildung Einfluss nehmen und den Willen zur Volksvertretung im Bundestag bzw. in den Landtagen besitzen. Dies umfasst über den inhaltlichen Gehalt des § 2 PartG hinaus auch die Vertretung im Europäischen Parlament (*v. Münch* in v. Münch/Kunig GG Art. 21 Rn. 25). Dabei sind die Einflussnahme auf die politische Willensbildung sowie jedenfalls der Wille zur parlamentarischen Vertretung aus den Funktionsbestimmungen des verfassungsrechtlichen Parteienbegriffes zulässigerweise abgeleitete Abgrenzungsmerkmale. Bezüglich des „Vertretungswillens" ist zudem die elementare Bedeutung von Wahlen für die nach dem Grundgesetz konstituierte parlamentarische Demokratie (vgl. BVerfG NJW 1983, 1415) zu berücksichtigen. Zuletzt verlangt § 2 PartG die „Ernsthaftigkeit" bezüglich der zuvor genannten Ziele der Vereinigung, welche anhand verschiedener, jedoch nicht notwendig abschließender („insbesondere") tatbestandlicher Eingrenzungskriterien ermittelt werden kann. Bei der so vorzunehmenden Betrachtung des „Gesamtbilds der tatsächlichen Verhältnisse" muss die faktische Möglichkeit der in Rede stehenden Vereinigung zur Wahrnehmung der mit dem Parteienstatus verbundenen Rechte und Pflichten untersucht werden, ohne jedoch allzu schematische, die realen Verhältnisse (z. B. Alter der Organisation, regionale oder bundesweite Ausrichtung) unberücksichtigt lassende Bewertungsmaßstäbe anzulegen (vgl. BVerfG 91, 262, 271 ff.).

Parteien sind grundsätzlich als nichtrechtsfähige Vereine mit von der Rspr. **7** zuerkannter **begrenzter Rechtsfähigkeit** (vgl. dazu *Kluth* in BeckOK GG Art. 21 Rn. 57) oder als eingetragene Vereine organisiert (vgl. zur Rechtsstellung der Parteien im Prozess *Klein* in Maunz/Dürig GG Art. 21 Rn. 392 ff.).

II. Rechte und Pflichten der Parteien (Abs. 1)

1. Freiheit der Parteien

Die Parteienfreiheit umfasst grundsätzlich verschiedene Gewährleistungse- **8** lemente. Je nachdem welcher Auffassung man bezüglich der Rechtsnatur des Art. 21 Abs. 1 GG den Vorzug geben möchte, folgen diese entweder unmittelbar hieraus, aus anderen „die parteispezifische Tätigkeit" in ihrem Gewährleistungsgehalt erfassenden (vgl. auch *Gusy* in DHSS GG Art. 21 Rn. 82) Grundrechten oder teils aus einer Kombination zwischen letzterem und Art. 21 Abs. 1.

Geht man wie hier davon aus, dass Parteien Vereinigungen im Sinne des **9** Art. 9 Abs. 1 GG sind, so folgt deren **Gründungsfreiheit** aus einer Zusammenschau desselben mit Art. 21 Abs. 1 Satz 2. Die Freiheit eine Partei zu gründen betrifft alle an der Volkssouveränität teilhabenden Menschen und ist somit nicht ein Recht der Parteien selbst sondern Recht des Einzelnen (vgl. *Gusy* in DHSS GG Art. 21 Rn. 62). Dies ist nur sinnlogisch, ist doch die Gründung gerade der konstituierende und damit überhaupt erst die den Parteien zugewiesenen Gewährleistungen auslösende Organisationsakt. Während Minderjährige grundsätzlich als Träger der Parteigründungsfreiheit in Betracht kommen, da deren Ausschluss vom aktiven und passiven Wahlrecht keine Aussage über die Möglichkeit einer den Wahlakt im Sinne der verfassungsrechtlichen Funktionsbestimmungen „vorbereitenden" bzw. ihn „mittragenden" Tätigkeit zulässt (vgl. weitergehend *Kluth* in BeckOK GG Art. 21 Rn. 39), ist die Zuweisung des Gewährleistungsgehalts an **Ausländer** umstritten.

10 Die Tatsache, dass § 2 Abs. 3 Nr. 1 PartG jedenfalls eine Zulassung von Ausländern zu Parteien voraussetzt, sagt noch nichts über die tatsächliche Reichweite des verfassungsrechtlichen Gewährleistungsgehaltes. Auch der Umstand, dass es sich bei der Vereinigungsfreiheit des Art. 9 Abs. 1 GG um eine **Deutschen-Grundrecht** handelt, rechtfertigt nicht den Schluss, Gleiches treffe auch auf die Parteigründungsfreiheit zu (so aber z. B. *Dolde* DÖV 1973, 370, 374). Denn Art. 21 Abs. 1 Satz 2 kennt diese Einschränkung gerade nicht und kann damit nach hier vertretener Auffassung jedenfalls eine Modifizierung des Gewährleistungsgehaltes aus Art. 9 Abs. 1 i. V. m. Art. 21 Abs. 1 Satz 2 bewirken. Insoweit erscheint eine **differenzierende Betrachtungsweise** naheliegend, wonach sich die Parteigründungsfreiheit am Mitwirkungsrecht an Wahlen orientiert und somit jedenfalls reine „Ausländerparteien" ausschließen dürfte, nicht aber das Recht von Ausländern einer überwiegend nicht mit Ausländern besetzten Partei beizutreten (vgl. ausführlicher *Gusy* in DHSS GG Art. 21 Rn. 63).

11 Neben der Gründungsfreiheit gibt es die **Betätigungsfreiheit** der Parteien, die entweder ebenfalls aus Art. 21 Abs. 1 abgeleitet wird oder im Sinne der hier vertretenen Auffassung aus den jeweils einschlägigen Grundrechten, im Besonderen Art. 9 Abs. 1 GG, folgt, wobei Art. 21 GG wiederum als spezielle Schranke zu Art. 9 Abs. 2 anzusehen ist (vgl. *Kluth* in BeckOK GG Art. 21 Rn. 115). Die Betätigungsfreiheit umfasst unter anderem die **Organisationsfreiheit,** die allerdings durch das in Art. 21 Abs. 1 Satz 3 niedergelegte Gebot innerparteilicher Demokratie relativ weitreichenden Beschränkungen unterfallen kann. Während dieser Grundsatz als Verfassungsprinzip selbst nur unmittelbar anwendbare Mindestanforderungen enthält (ausführlich dazu *Gusy* in DHSS GG Art. 21 Rn. 65 ff., 67 ff.), hat der Bundesgesetzgeber auf Grundlage des Art. 21 Abs. 3 weitreichende Konkretisierungen in §§ 6 ff. PartG vorgenommen. Wesentlich zur Organisationsfreiheit gehört die Wahl der Organisationsrechtsform. Des Weiteren umfasst die Betätigungsfreiheit auch die **Programmfreiheit** bzw. die Freiheit der Zielwahl, wobei hiervon allerdings nicht die Freiheit umfasst ist, sich überhaupt kein Programm zu geben (vgl. auch §§ 1 Abs. 3, 6 Abs. 1 Satz 1 PartG). Dies lässt sich schon mit der Funktion der Parteien für die wahlbezogene sowie gesamtgesellschaftlich-politische Willensbildung begründen, ferner mit ihrem Öffentlichkeitsstatus (zu letzterem *Klein* in Maunz/Dürig GG Art. 21 Rn. 279). Zugleich steht den Parteien im Rechtsverkehr **Tendenzschutz** gegenüber dem Staat und Arbeitnehmern sowie den eigenen Mitgliedern zu, wobei sich letzterer im Sinne „funktionsgerecht abgestufter Loyalitätspflichten" konkretisieren lässt (dazu näher *Gusy* in DHSS GG Art. 21 Rn. 74).

12 Weitere Gewährleistungselemente der Betätigungsfreiheit sind die **Finanzierungsfreiheit**, also die grundsätzliche Beschaffungs- und Verwendungsfreiheit bezüglich eigener Mittel, sowie die Freiheit der Namenswahl. Aufgrund der oftmals bestehenden Nähe bzw. Wechselwirkung zwischen programmatischer Ausrichtung und der in der Namenswahl angelegten kernprogrammatischen „Signalwirkung" sind staatliche Eingriffe in die Freiheit der Namenswahl nur in engen Grenzen zulässig (vgl. auch *Klein* in Maunz/Dürig GG Art. 21 Rn. 276). Entsprechend beschränkt sich das PartG auf die grundsätzliche Pflicht zur Namensfestlegung in der Parteisatzung (§ 6 Abs. 2 Satz 1 Nr. 1 PartG) sowie den Ausschluss einer Verwechslungsgefahr mit dem Namen einer bereits existierenden Partei (§ 4 Abs. 1 PartG). Daneben kommt der **Wettbewerbsfreiheit** der Parteien eine wesentliche Bedeutung zu, die sich im Einklang mit der aus dem verfassungsrechtlichen Parteibegriff folgenden Funktionsbestimmungen nicht allein auf den Wahlkampf sondern die Gesamtheit der den Parteien zukommenden Beteiligungen am politischen Willensbildungsprozess bezieht.

Was insoweit die kommunikative Betätigung der Parteien betrifft, wird 13 diese recht einhellig und zutreffend in den Kommunikationsgrundrechten der Art. 5 und 8 GG verankert (vgl. z. B. *Henke* in DKWG GG Art. 21 Rn. 218), wobei dies mit Blick auf die Versammlungsfreiheit des Art. 8 Abs. 1 GG allerdings keinen gesteigerten Schutz für parteilich veranstaltete Versammlungen begründet. Dergleichen stieße sich schon mit der in Art. 21 Abs. 1 Satz 1 statuierten „*Mitwirkungs*funktion" der Parteien am politischen Willensbildungsprozess, welche einer privilegierten Behandlung im Gewährleistungsbereich der Versammlungsfreiheit widerspricht (dazu *Kluth* in BeckOK GG Art. 21 Rn. 130). Weiter in Streit steht die Frage, ob Parteien ein Anspruch auf angemessene Berücksichtigung in der nach innen pluralistisch ausgestalteten Ordnung des öffentlichen Rundfunks zusteht (kein Anspruch nach BVerfGE 83, 238, 333) bzw. inwieweit der Ausschluss der Parteien vom Betrieb privater Rundfunkanstalten in vielen Rundfunkgesetzen auch unter Berücksichtigung europarechtlicher Maßgaben zulässig ist (dazu *Klein* in Maunz/Dürig GG Art. 21 Rn. 288). Die (werbende) Öffentlichkeitsarbeit der Parteien stellt sich als eine im öffentlichen Interesse liegende Freiheitsausübung dar (vgl. BVerfGE 85, 264, 285 f.), weshalb beispielsweise die Briefkastenwerbung teils entgegen der allgemeinen aus dem Persönlichkeitsrecht der Empfänger abgeleiteten Grundsätze auch bei Aufschriften „Keine Werbung" erlaubt sein soll (vgl. BVerfG DVBl 1991, 481 f.; a. A. z. B. *Morlok* in Dreier GG Art. 21 Rn. 63). Bezüglich Presseanzeigen wird jenseits der aus sonstigem Recht u. U. folgenden Kontrahierungszwänge eine weitergehende Publikationspflicht über eine mittelbare Drittwirkung der Betätigungsfreiheit der Parteien abgelehnt (vgl. dazu näher *Klein* in Maunz/Dürig GG Art. 21 Rn. 290). Bezüglich einer den Gemeingebrauch überschreitenden Nutzung des öffentlichen Straßenraums benötigen die Parteien eine Sondernutzungserlaubnis, wobei allerding in Zeiten des Wahlkampfs das behördliche Ermessen für wahlkampfübliche und ansonsten ordnungsrechtlich unbedenkliche Inanspruchnahmen für Werbezwecke auf Null reduziert ist (vgl. z. B. BVerwG DÖV 1981, 226).

Während die kommunikative Betätigung unproblematisch als parteitypi- 14 sche, da auf den politischen Willensbildungsprozess und den Wahlakt ausgerichtete Tätigkeit verstanden werden kann, besteht im Einzelnen Streit, ob bzw. inwieweit **erwerbswirtschaftliche Tätigkeiten** von der Betätigungsfreiheit der Parteien umfasst sind. Richtig ist zunächst, dass genuin erwerbswirtschaftliches Handeln, das keine Hilfs- oder Unterstützungsfunktion für die Wahrnehmung klassischer Parteiaktivitäten aufweist (z. B. wirtschaftliche Hilfsunternehmen wie Druckereien) auch nicht als Mitwirkung an der politischen Willensbildung verstanden werden kann. Die Grenzen können freilich fließend sein (vgl. *Klein* in Maunz/Dürig GG Art. 21 Rn. 282). Allerdings ist nicht ersichtlich, weshalb für einzelnes erwerbswirtschaftliches Handeln der aus Art. 12 und 14 GG folgende Schutz im Vergleich zu anderen Vereinigungen schwächer ausfallen bzw. überhaupt nicht bestehen sollte. Während somit die grundrechtlichen Gewährleistungen über Art. 19 Abs. 3 GG grundsätzlich auch erwerbswirtschaftliche Tätigkeiten erfassen können, erfahren diese Gewährleistungen andererseits im Zweifel keine verstärkende Modifikation aus dem verfassungsrechtlichen Status der Parteien umso eher sie keinen Bezug zum politischen Wettbewerb besitzen. Ebenso wenig wie sich bei Parteien gegenüber anderen Vereinigungen im erwerbswirtschaftlichen Bereich ein Weniger an Grundrechtsgewährleistung rechtfertigen lässt, erscheint auch eine Privilegierung nicht angebracht, soweit sich das erwerbswirtschaftliche Handeln nicht in einem deutlichen Konnex zum Handeln im politischen Wettbewerb befindet. Andererseits darf die Mitwirkung an der politischen Willensbildung gegenüber erwerbswirtschaftlichen Tätigkeiten nicht derart in den Hintergrund treten, dass Letzteres als Hauptzweck der Vereinigung erkennbar wird. In solchen Fällen erfüllt sie schon nicht mehr die Voraussetzungen, um den verfassungsrechtlichen Parteienstatus zu erlangen bzw. zu behalten (vgl. *Klein* in Maunz/Dürig GG Art. 21 Rn. 283, m.w.N.).

2. Gleichheit der Parteien

15 Demokratie und Mehrparteiensystem bedingen den Wettbewerb in der politischen Auseinandersetzung und den darauf gerichteten Wahlakt. Schon in der demokratischen Grundordnung ist damit ein **Recht auf Chancengleichheit** der Parteien sowohl hinsichtlich des „Zugangs" als auch hinsichtlich der Beteiligung am politischen Wettbewerb angelegt (vgl. auch BVerfG NVwZ 2008, 407, 409). Im Einzelnen besteht jedoch Streit über die genaue rechtliche Verortung der Gleichberechtigung der Parteien. Der zuweilen erfolgenden Herleitung aus Art. 38 Abs. 1 GG (vgl. z. B. BVerfG NJW 1986, 2487) wird zu Recht entgegengehalten, hiermit gehe eine allzu grobe Verengung auf den Wahlakt einher, der freilich eine wesentliche aber keineswegs abschließende Funktion der Parteien im politischen Willensbildungsprozess beschreibt (vgl. *Gusy* in DHSS GG Art. 21 Rn. 88). Zum Teil wird der Grundsatz der Chancengleichheit in Art. 21 Abs. 1 i. V. m. dem Demokratieprinzip verortet (vgl. z. B. BVerfGE 91, 276, 286; 99, 69, 78), teilweise auch ausschließlich Art. 21 Abs. 1 als Grundlage herangezogen (hierfür z. B. *Pieroth* in Jarass/Pieroth Art. 21 Rn. 17). Vorzugswürdig erscheint indes, vergleichbar wie bei der Parteienfreiheit, den Gewährleistungsgehalt der Grundrechte (im Rahmen des Art. 19 Abs. 3 GG) heranzuziehen, hier also des Art. 3 Abs. 1, 3 GG, der mithin über Art. 21 Abs. 1 sowie das Demokratieprinzip des Art. 20 Abs. 2 GG für den Bereich der Chancengleichheit der Parteien entsprechende Modifizierungen erfahren kann (so überzeugend *Klein* in Maunz/Dürig GG Art. 21 Rn. 305).

Der Geltungsbereich der Chancengleichheit erstreckt sich grundsätzlich auf **16** das **gesamte Kontinuum der parteispezifischen Betätigungen,** erfasst also nicht nur auf den Wahlakt bezogene Tätigkeiten, sondern vielmehr die Gesamtheit der Mitwirkung am politischen Willensbildungsprozess (vgl. auch BVerfG NJW 1992, 2545, 2546). Als Funktionsbedingung der Demokratie muss der politische Wettbewerb grundsätzlich staatsfrei sein, der Staat ist also zu strikter Neutralität verpflichtet (vgl. BVerfG NJW 1990, 3001 [3002]). Dabei gilt sowohl für die Zulassung zur Teilnahme an Wahlen als auch bezüglich der staatlichen Finanzierung ein striktes **Verbot formaler Ungleichbehandlung.** Ebenso wenig kann die Programmatik einer Partei zum Ausgangspunkt für Ungleichbehandlungen gemacht werden (vgl. *Kluth* in BeckOK GG Art. 21 Rn. 139). Inhalt und Reichweite der Parteiengleichheit unterliegen im Übrigen vielen Einzelfragen. Grundsätzlich zulässig sind dabei sowohl Regelungen zu Unterschriftenquoren für Wahlvorschläge (vgl. BVerfG NJW 1953, 1341) als auch Sperrklauseln (vgl. BVerfG NJW 1979, 2463) zur Vorbeugung einer Zersplitterung parlamentarischer Gruppen und zur Aufrechterhaltung der Funktionsfähigkeit des Parlaments. Mit Blick auf die Wahlen zum Europäischen Parlament hält das BVerfG allerdings die bezüglich der Wahlen zum Deutschen Bundestag geltenden Gründe für Sperrklauselregelungen für nicht übertragbar (BVerfG NVwZ 2012, 33), da die Parlamente insoweit nicht unerhebliche Funktionsunterschiede aufweisen (vgl. dazu näher *Kluth* in BeckOK GG Art. 21 Rn. 140, m. w. N.). Die Parteiengleichheit wirkt zudem darauf ein, welche Art der Öffentlichkeitsarbeit der im Amt befindlichen Regierung zulässig ist. Die für den Grundkonsens im demokratischen Gemeinwesen zulässige und auch notwendige Öffentlichkeitsarbeit findet dort ihre Grenzen, „[…] wo die Wahlwerbung beginnt […]" denn „[d]ie Rücksicht auf einen freien und offenen Prozess der Meinungsbildung sowie auf die Chancengleichheit der Parteien und Wahlbewerber verbietet es staatlichen Organen, sich in amtlicher Funktion im Hinblick auf Wahlen mit politischen Parteien oder Wahlbewerbern zu identifizieren und sie unter Einsatz staatlicher Mittel zu unterstützen oder zu bekämpfen […]" (BVerfG NJW 1983, 1105). Wann die Grenze zu einer **unzulässigen Wahlwerbung** überschritten ist erlaubt keine allgemeingültige Festlegung. Anhaltspunkte können sich unter anderem aus Zahl und Umfang entsprechender Maßnahmen, der Nähe des Wahlzeitpunktes und der Intensität des Wahlkampfes ergeben, wobei unzulässige Auswirkungen auf das Wahlergebnis umso weniger ausgeschlossen werden können, umso näher sie an den Beginn der „heißen Wahlkampfphase" heranrücken (BVerfG NJW 1977, 751 [754]).

Streit besteht hinsichtlich der Verfassungsmäßigkeit bzw. Grenzen des **17** Grundsatzes abgestufter Chancengleichheit, der in § 5 PartG (vgl. Abs. 1 Satz 2 und 3) einfachgesetzlich verankert ist und bezüglich der Gewährung staatlicher Leistungen (Vergabe öffentlicher Einrichtungen, Wahlwerbung) gilt. Jedenfalls mit Blick auf den Wahlkampf wird dieser Grundsatz teilweise als Verstoß gegen die formale Wahlrechtsgleichheit betrachtet. Art. 38 GG verbiete insoweit Differenzierungen wie sie in § 5 PartG anhand der bisherigen Wahlergebnisse und Größe der Parteien vorgenommen würden (vgl. ausführlich *Gusy* in DHSS GG Art. 21 Rn. 92 f.). Dem ist allerdings mit der Rechtsprechung des BVerfG entgegenzuhalten, dass der aus Art. 21 Abs. 1 i. V. m.

Art. 3 Abs. 1 GG folgende und in engem Zusammenhang mit Art. 38 Abs. 1 Satz 1 GG stehende Grundsatz der Chancengleichheit gerade auch dort ohne zwingenden Grund durchbrochen würde, wo der Staat die durch den Zuspruch der Bürger zum Ausdruck gebrachte „reale Wettbewerbssituation" und die dadurch hervorgebrachten Unterschiede ignorieren bzw. konterkarieren würde (vgl. BVerfG NVwZ 2004, 1473, 1474). Zugleich steht unter Berücksichtigung dieser „relativen Gleichheit" allen Parteien ein Mindestzugangsrecht zu öffentlichen Einrichtungen und Wahlwerbung zu (vgl. BVerfG NJW 1962, 1493). Daneben richtet sich der Gleichbehandlungsanspruch nach der bestehenden Vergabepraxis und erfolgt im Rahmen des behördlichen Ermessens, wobei jedoch wiederum ein grundsätzlicher Mindestnutzungsanspruch besteht (vgl. *Kluth* in BeckOK GG Art. 21 Rn. 141).

3. Öffentlichkeit und Transparenz

18 Die Rückkoppelung der ausgeübten Staatsgewalt an den Volkswillen (Art. 20 Abs. 2 Satz 1 GG) setzt zugleich eine grundsätzliche **Öffentlichkeit des Staatshandelns** voraus. Das „allgemeine Öffentlichkeitsprinzip der Demokratie" (BVerfG NJW 1986, 907 [909]) erklärt auch den „öffentlichen Status" der Parteien, die aufgrund ihrer besonderen „Verschränkung" in den staatlichen Entscheidungsfindungsprozess ebenfalls nach weitergehender Öffentlichkeit verlangen (vgl. *Klein* in Maunz/Dürig GG Art. 21 Rn. 316). Dementsprechend findet der Öffentlichkeitsstatus der Parteien seine Grundlage zum einen in Art. 21 Abs. 1 Satz 1 GG. Die Mitwirkung an der politischen Willensbildung und die den Parteien in diesem Zusammenhang zugewiesenen Freiheitsrechte aktivieren zugleich auch eine **Pflicht zur grundsätzlichen Öffentlichkeit** (vgl. auch *Gusy* in DHSS GG Art. 21 Rn. 102). Zugleich folgt der Öffentlichkeitsstatus auch aus der in Art. 21 Abs. 1 Satz 4 niedergelegten Rechenschaftspflicht. Der öffentliche Status der Parteien gehört im Gegensatz zu den ihnen zustehenden Freiheitsrechten zum Pflichtenstatus, der als Oberbegriff die den Parteien auferlegten Beschränkungen umfasst (vgl. dazu *Klein* in Maunz/Dürig GG Art. 21 Rn. 317; zum Streit um die Einordnung des Pflichtenstatus ebd., Fn. 740). Adressat dieser Pflichten sind vorderst die Bürger, teils aber auch die Parteien sowie staatliche Stellen und hier besonders das Parlament (bezüglich der finanziellen Rechenschaftspflicht, vgl. *Kluth* in BeckOK GG Art. 21 Rn. 146).

19 Die in Art. 21 Abs. 1 Satz 4 niedergelegte Pflicht der Parteien, ihre finanziellen Verhältnisse offenzulegen, dient der Feststellung von Art, Umfang, Herkunft und Verwendung der parteieigenen Finanzressourcen. Wie weit diese Pflicht im Einzelnen reicht, ergibt sich aus einer zweckgebundenen Auslegung der Rechenschaftspflicht. Sie dient im Grundsatz der Verhinderung sachwidriger Einflüsse auf die Parteien bzw. letztlich den politischen Willensbildungsprozess und wirkt damit wie der Öffentlichkeitsstatus insgesamt auch als „Demokratiebedingung" für die innerparteiliche und konsequenterweise auch staatliche Demokratie überhaupt (vgl. dazu *Klein* in Maunz/Dürig GG Art. 21 Rn. 319). Der demokratische Prozess an sich mit seinen Adressaten, den Bürgern, ist primäres Schutzgut auch der Rechenschaftspflicht (vgl. *Gusy* in DHSS GGArt. 21 Rn. 103). Der Zweck der Rechenschaftspflicht, unsachgemäße Einflussnahme auf den politischen (Willensbildungs)prozess zu verhindern, definiert zugleich die Grenzen der Rechenschaftspflicht der Parteien. Nicht erfasst sind jedenfalls *freiwillige* Mitgliederleistungen, die sich auch als geldwerter Vorteil darstellen können, da sie sich als eine typische, auf die Parteimitgliedschaft zurückführbare Form des Engagements darstellen und somit keinen Grund für eine gesteigerte Offenlegung bieten. Ansonsten umfasst der Begriff der Einnahme in § 26 PartG alle im Übrigen der Partei zufließenden Mittel im Sinne von Geldleistungen oder geldwerten Leistungen, also z. B. Spenden, Mitgliederbeiträge und öffentliche Zuwendungen (str. für Kredite, vgl. *Gusy* in DHSS GG Art. 21 Rn. 104). Den näheren Inhalt und Umfang der Publikationspflichten für Spenden regelt § 25 PartG. Inwieweit Parteien bezüglich der ihnen zufließenden Leistungen der Rechenschaftspflicht unterliegen wird in mehreren Punkten kontrovers diskutiert. Dazu zählt unter anderem die Frage, ob die Herausnahme der Parteistiftungen aus dem System der Parteienfinanzierung mit Blick auf deren tatsächliche und rechtliche Verflechtung mit den Parteien gerechtfertigt ist (vgl. *Gusy* in DHSS GG Art. 21 Rn. 107 m.w.N. aus Rspr. und Literatur), ebenso die Möglichkeit einer „Verschleierung" der eigentlichen Urheberschaft von Zuwendungen mit Blick auf Spendervereinigungen (*Gusy* in DHSS GG Art. 21 Rn. 108).

Neben der Rechenschaftspflicht in Art. 21 Abs. 1 Satz 4 folgen aus dem allgemeinen Öffentlichkeitsstatus der Parteien noch ein Bündel weiterer Pflichten, sowohl nach außen, also primär gegenüber dem Bürger als Adressat, als auch nach innen auf die Parteimitglieder gerichtet. Dabei sind die sonstigen **Publizitätspflichten** im PartG allerdings recht spärlich gehalten. So sind gemäß § 6 Abs. 3 PartG die Satzung und das Programm der Partei (Nr. 1), Namen und Funktionsangabe der Vorstandsmitglieder von Partei und Landesverbänden (Nr. 2) sowie die Auflösung der Partei oder eines Landesverbandes (Nr. 3) dem Bundeswahlleiter durch den Vorstand mitzuteilen. § 6 Abs. 3 Satz 3 bestimmt, dass diese Unterlagen beim Bundeswahlleiter von „jedermann" eingesehen werden können. Gemäß Satz 4 der Vorschrift sind auf Anforderung gebührenfreie Abschriften dieser Unterlagen zu erteilen. Insoweit wird für den Bürger ein Mindestmaß an Publizität sichergestellt. Gesetzlich nicht vorgesehen ist dagegen die grundsätzliche Öffentlichkeit der Verhandlungen von Parteiorganen, also z. B. Parteitage (vgl. §§ 8, 9 PartG). Die Reichweite der Öffentlichkeit ist in dieser Hinsicht also der satzungsmäßigen Festlegung der Parteien anheimgestellt, wobei allerdings als verfassungsrechtliches Mindestmaß jedenfalls eine grundsätzliche **Öffentlichkeit der Parteitage** und der hierbei gefassten Beschlüsse gewährleistet sein muss (vgl. *Klein* in Maunz/Dürig GG Art. 21 Rn. 326). Ebenso wenig schreiben das PartG oder der verfassungsrechtliche Mindestbestand des öffentlichen Status der Parteien die Öffentlichkeit der Verhandlungen der Parteischiedsgerichte (vgl. § 14 PartG) oder die Publikation der schiedsgerichtlichen Entscheidungen vor, die nach den Regeln des Vereinsrechts durch die Zivilgerichte überprüfbar sind (vgl. *Klein* in Maunz/Dürig GG Art. 21 Rn. 326). 20

Die auf die Mitglieder ausgerichteten **parteiinternen Publizitätserfordernisse** sind gleichsam sowohl gesetzlich als auch bezüglich des von Verfassung wegen erforderlichen Mindestmaßes recht überschaubar. Schon das Gebot innerparteilicher Demokratie verlangt einen Mindestumfang an Publizität, 21 der mit dem teils notwendigen Recht der Partei auf interne – jedenfalls zeitlich begrenzt auch gegenüber den Parteimitgliedern – Diskussion und Entscheidung in pateibezogenen Angelegenheiten abgewogen werden muss. Erreicht die parteiinterne Intransparenz in Art und Umfang ein Ausmaß, das in Konflikt mit den Grundsätzen innerparteilicher Demokratie gerät, so wäre im Zweifel der Gesetzgeber berufen, der innerparteilichen Transparenz Wirkung zu verleihen. Soweit die Parteien allerdings binnenorganisatorisch nicht hinter das verfassungsrechtlich erforderliche Publizitätsmaß zurückfallen, schreibt das PartG auch bezüglich der Mitglieder keine grundsätzliche Öffentlichkeit von Beschlüssen der Parteiorgane vor. § 9 Abs. 5 PartG bestimmt insoweit nur, dass durch den Parteitag alle zwei Jahre ein Bericht des Vorstandes entgegengenommen und hierüber Beschluss gefasst wird (Satz 1), der zugleich auch Bericht über die Parteifinanzen erstattet (Satz 2). Im Einzelnen streitig ist, ob Parteimitgliedern ein Anspruch auf **Offenlegung der Mitgliederlisten** zusteht (vgl. § 37 BGB, § 810 BGB) bzw. wie weit ein solcher Anspruch reicht. Dabei dürfte es vorzugswürdig sein, mit Blick auf die persönlichkeitsrechtlichen Implikationen einer solchen Offenlegung für die einzelnen Parteimitglieder, die ein schutzwürdiges Interesse gegen eine allgemeinen Publizität ihrer Mitgliedschaft haben können, eine Offenlegungspflicht nur in dem Umfang anzunehmen, in dem es für die Ausübung von Mitgliedschaftsrechten im jeweiligen Gebietsverband notwendig ist (vgl. *Klein* in Maunz/Dürig GG Art. 21 Rn. 330).

4. Innerparteiliche Demokratie

22 Gemäß Art. 21 Abs. 1 Satz 3 muss die innere Ordnung der Parteien demokratischen Grundsätzen entsprechen. Neben dem öffentlichen Status der Parteien zählt auch das Gebot innerparteilicher Demokratie zum Pflichtenstatus des Art. 21, aufgrund derer die Freiheit der Parteien gewissen Beschränkungen unterliegt. Das BVerfG hat in diesem Zusammenhang betont, dass der „[…] Verfassungsgeber […] vom Leitbild einer Partei ausgegangen ist, die sich im offenen Mehrparteiensystem frei bildet, aus eigener Kraft entwickelt und, gebunden an die Verpflichtungen aus Art. 21. Abs. 1 Satz 3 und 4 GG, nach Vermögen im Rahmen der freiheitlichen demokratischen Grundordnung […] an der politischen Willensbildung des Volkes mitwirkt […]", wobei Art. 21 die freiheitlich-demokratische Grundordnung auch dadurch sichern soll, „[…] daß sie einer undemokratischen Entwicklung im Parteiwesen entgegentritt." (BVerfG NJW 1966, 1499 [1506]). Dabei muss mithin beachtet werden, dass das Gebot innerparteilicher Demokratie nicht als Spiegelbild der für den Staat geltenden demokratischen Grundsätze zu verstehen ist. Sein Inhalt und Umfang richten sich vielmehr an der „verfassungsrechtlichen Funktion" der Parteien aus und erfahren „vereinstypische", auf das Wesen der Parteien Bezug nehmende Besonderheiten (vgl. *Klein* in Maunz/Dürig Art. 21 Rn. 334 ff.). Politische Willensbildung im Staat soll „im Grundsatz" und nicht in einer völlig unterschiedslosen, Wesen und Funktion der Parteien außer Acht lassenden Form auf parteiinterne Willensbildungsprozesse übertragen werden (vgl. auch *Henke* in DKWG Art. 21 Rn. 262 ff.; *Maurer*, § 11 Rn. 46). Zu den Anforderungen an die innerparteiliche Demokratie zählt damit jedenfalls ein grundsätzlicher Aufbau der Partei „von unten nach oben", mithin eine **Integration der Mitglieder in den Willensbildungsprozess** sowie die grundsätzliche **„Gleichwertigkeit der Mitglieder"** und deren **Freiheit von Eintritt und Ausscheiden** (vgl. BVerfGE 2, 1, 40). Auch das Versprechen unbedingten Gehorsams bzw. das Abverlangen eines solchen Versprechens von den Parteiführern durch die Parteimitgliedern wäre ein klarer Verstoß gegen das Gebot innerparteilicher Demokratie (BVerfGE 2, 1 [40]).

Insoweit lässt sich das Gebot innerparteilicher Demokratie als Verfassungsprinzip begreifen, aus dem zum einen ein unmittelbar anwendbarer Mindestbestand von Anforderungen bzw. Pflichten an die Parteien gerichtet ist und zum anderen ein Auftrag an den Gesetzgeber zur Ausgestaltung der inneren Ordnung der Parteien folgt (*Gusy* in DHSS GG Art. 21 Rn. 67). Dazu gehört zuvorderst die Besetzung von Parteifunktionen durch in regelmäßigen Abständen stattfindende Wahlen (vgl. § 8 Abs. 1 Satz 2, § 11 Abs. 1 Satz 1 PartG). Auch innerhalb der Parteien muss die Wahl insoweit eine „ununterbrochene Legitimationskette" (vgl. dazu allg. für den staatlichen Bereich BVerfGE 77, 1 [40]; 93, 37 [66]) zwischen Mitgliedern und gewählten Funktionären hervorbringen, wobei für das daraus folgende notwendige „Legitimationsniveau" (allg. BVerfGE 93, 37 [66]) nicht in jedem Fall die Teilnahmeberechtigung jedes Mitglieds zwingend vorauszusetzen ist. Wohl aber muss, jedenfalls auf den Gebietsverband bezogen, eine **„unmittelbare Legitimationskette"** zwischen allen Verbandsmitgliedern und den jeweiligen Funktionären bestehen (vgl. *Klein* in Maunz/Dürig GG Art. 21 Rn. 340 f.). Gemäß §§ 9 Abs. 2, 11 Abs. 2 PartG ist es daneben möglich, dass Abgeordnete und andere Persönlichkeiten aus der Partei dem Vorstand kraft Satzung angehören, soweit sie das jeweilige Amt oder Mandat aus einer Wahl erhalten haben. Der Anteil darf jedoch ein Fünftel der Gesamtzahl der Mitglieder des Vorstandes nicht übersteigen. 23

Innerparteiliche Demokratie bedingt zudem jedenfalls die Freiheit, Gleichheit und Allgemeinheit der Wahlen (vgl. auch § 10 Abs. 2 Satz 1 Part 6 zum gleichen Stimmrecht), gemäß § 15 Abs. 2 Satz 1 Part 6 z. T. auch die geheime Wahl, nicht aber unbedingt vergleichbar dem staatlichen Bereich (vgl. Art. 38 Abs. 1 Satz 2 GG) den Ausschluss eines imperativen Mandats. Zwar schreibt § 15 Abs. 3 Satz 3 Part 6 vor, dass bei Wahlen und Abstimmungen eine Bindung an Beschlüsse anderer Organe unzulässig ist. Für den innerparteilichen Willensbildungsprozess ist dies aber nicht zwingend verfassungsrechtlich geboten, da zu Recht auf die Tatsache hingewiesen wird, dass die oftmalige Ausgestaltung der Wahlen als mittelbare Wahlen im Rahmen von Vertreterversammlungen (§§ 8, 9 PartG) auch eine Bindung an die Vertreter nahelege. Voraussetzung ist allerdings aus Gründen des Minderheitenschutzes stets die Möglichkeit, das Wahlvorschlagsrecht aus der Versammlung heraus auszuüben, die Wahlorgane also nicht an die Vorschläge anderer Parteiorgane gebunden sind (vgl. dazu eingehend *Klein* in Maunz/Dürig GG Art. 21 Rn. 342 ff.). 24

Das Gebot innerparteilicher Demokratie legt die Parteien nicht auf ein bestimmtes Wahlsystem fest, ist also grundsätzlich offen für Mehrheits- oder Verhältniswahl bzw. die Befassung der Parteimitglieder mit gewissen Angelegenheiten im Rahmen von Mitgliederbefragungen oder Mitgliederentscheiden. Auch können **Quotenregelungen** als Ausfluss der Programmfreiheit 25

z. T. den Grundsatz der Stimmgleichheit zulässigerweise einschränken (str., vgl. *Morlok* in Dreier GG Art. 21 Rn. 131). Soweit die Parteien Kandidaten für die Volksvertretungen aufstellen gelten besonders strenge Anforderungen, die insbesondere in den Wahlgesetzen geregelt sind (vgl. ausführlich zu diesem Problemkreis *Klein* in Maunz/Dürig GG Art. 21 Rn. 349ff.). Dies erklärt sich schon daraus, dass „[...] die Aufstellung der Wahlkandidaten [...] die Nahtstelle zwischen den von den Parteien weitgehend autonom zu gestaltenden Angelegenheiten ihrer inneren Ordnung und dem auf die Staatsbürger bezogenen Wahlrecht [bildet]" (vgl. BVerfG NJW 1994, 922 [923]). Auch die Aufstellung von Kandidaten ist insoweit zwar eine parteiinterne Angelegenheit, sie besitzt jedoch besondere Bedeutung, da sie unmittelbar auf den Wahlakt und damit das hieraus folgende staatliche Ämtersystem gerichtet ist.

26 Daneben bedingt innerparteiliche Demokratie auch die Notwendigkeit, dass maßgebliche politische Entscheidungen wie die Entscheidung über Satzung und Parteiprogramm von **Kollegialorganen** gefällt werden (vgl. zu den Parteitagen § 9 PartG), wobei grundsätzlich innerhalb der Organe das Mehrheitsprinzip gilt (vgl. § 15 Abs. 1 PartG). Auch die räumliche Gliederung der Parteien ist notwendige Voraussetzung für eine demokratisch ausgestaltete Binnenorganisation, um die Möglichkeit der unmittelbaren Teilhabe der Mitglieder an der parteiinternen Willensbildung ausreichend gewährleisten zu können (vgl. *Klein* in Maunz/Dürig GG Art. 21 Rn. 349). Dementsprechend schreibt § 7 Abs. 1 PartG vor, dass sich die Parteien in **Gebietsverbände** gliedern (Satz1), wobei Umfang und Größe der Gebietsverbände in der Satzung festgelegt werden (Satz 2). § 7 Abs. 1 Satz 3 Part 6 schreibt einen dementsprechenden Aufbau der gebietlichen Gliederung vor, dass den einzelnen Mitgliedern eine „angemessene Mitwirkung" an der Willensbildung der Partei möglich ist.

27 Auch die Freiheit, in eine Partei einzutreten bzw. aus ihr auszuscheiden steht in Zusammenhang mit dem Gebot innerparteilicher Demokratie (vgl. BVerfGE 2, 1 [40]). Aus der wesentlichen Bedeutung der Parteien für die politische Willensbildung folgt oftmals ein enger Zusammenhang des individuellen politischen Engagements mit einer Identifikation über eine Partei als Träger einer gewissen programmatisch-politischen Überzeugung. Insbesondere deshalb steht die Möglichkeit der Parteien gemäß § 10 Abs. 1 Satz 1 PartG „frei" über die Aufnahme von Mitgliedern entscheiden zu können und die Ablehnung eines Aufnahmeantrages gemäß § 10 Abs. 1 Satz 2 PartG auch keinem Begründungsvorbehalt zu unterwerfen, verschiedentlich in der Kritik. Insofern mag es sicherlich sein, dass ein grundsätzlicher Anspruch auf Parteimitgliedschaft schwer mit der – den üblichen zivilrechtlichen Beschränkungen unterworfenen (vgl. § 826 BGB) – Privatautonomie der Parteien in Einklang zu bringen sein dürfte (vgl. BGHZ 101, 103 [200]). Mit Blick auf die wesentliche Funktion der Parteien im politischen Willensbildungsprozess scheint es andererseits nur bedingt vereinbar, jedwede **Begründungsnotwendigkeit für eine Nichtaufnahme** auszuschließen. Mithin fraglich erscheint, ob bei Annahme jedenfalls einer grundsätzlichen Begründungspflicht der Beitritt von Personen, welche die Partei anders politisch ausrichten möchten, als Grund für eine Ablehnung gelten kann. Der prinzipielle Ausschluss Einzelner aufgrund Tendenzfreiheit der Parteien sollte mindestens im Lichte der Tatsache überdacht werden, dass eine im Rahmen des demokratischen innerparteilichen Willensbildungsprozesses sich abspielende Verschiebung auch der politischen Grundkonstanten einer Partei nicht zuletzt eine notwendige Folge des Minderheitenschutzes ist, der insoweit schon präventiv in seiner Effektivität jedenfalls Einschränkungen erfahren würde (vgl. zu dem Problemkreis auch, m.w.N. *Kluth* in BeckOK GG Art. 21 Rn. 176ff.). In diesem Zusammenhang sollte auch bedacht werden, dass die – in § 10 Abs. 4 PartG grundsätzlich verfassungskonform festgelegten – Gründe für einen Parteiausschluss mit Blick auf das Gebot innerparteilicher Demokratie auch die notwendige Meinungsvielfalt für die notwendige Feststellung eines „schweren Schadens" berücksichtigen müssen (vgl. dazu und zum Parteiausschluss allg. *Kluth* in BeckOK GG Art. 21 Rn. 180ff.). Insoweit scheint es, als würden mit Blick auf demokratische Grundsätze an den Parteiausschluss unter Umständen strengere Anforderungen gestellt als an die Möglichkeit des Einzelnen in eine Partei einzutreten. Tragfähige Gründe erscheinen dafür jedoch nicht unmittelbar ersichtlich, betrifft doch beides letztlich die grundsätzliche Möglichkeit, an der politischen Willensbildung als Mitglied einer Partei mitwirken zu können (zu den Sanktionen im Falle eines Verstoßes gegen Art. 21 Abs. 1 Satz 3 vgl. *Klein* in Maunz/Dürig GG Art. 21 Rn. 356ff.).

III. Parteienfinanzierung

Die aus Art. 21 Abs. 1 folgenden Rechte und Pflichten der Parteien haben **28** in unterschiedlicher Form Einfluss auf Art und Inhalt der Finanzierung der Parteien zur Erfüllung der ihnen durch die Verfassung zugewiesenen Funktionen. Aus der Tatsache, dass den Parteien bei der Mitwirkung an der politischen Willensbildung des Volkes die Funktion eines Verfassungsorganes zugewiesen wird, folgt keine Verpflichtung des Staates, die Parteien finanziell zu unterstützen (vgl. BVerfG NJW 1966, 1499 [1503]). Andererseits folgt aus dem vom BVerfG postulierten Grundsatz der Staatsfreiheit der Parteien kein grundsätzliches Verbot staatlicher Mittelzuflüsse an die Parteien, wohl aber, dass Selbstfinanzierung der Parteien Vorrang vor der Staatsfinanzierung haben muss, da Vorkehrungen dagegen getroffen werden müssen, „[...] daß die Parteien in verfassungsrechtlich nicht mehr hinnehmbarer Weise vom Staat abhängig werden." (BVerfG NJW 1992, 2545 [2547]). Daher hat sich die Finanzierung der Parteien dem Grundsatz nach als **Mischfinanzierung aus staatlichen und privaten Zuwendungen** herausgebildet, die in beide Richtungen verfassungsrechtlich vorgezeichnete Grenzziehungen erfährt.

Für den **staatlichen Mittelzufluss** bedeutet dies, dass in Abkehr von der **29** älteren Rechtsprechung des BVerfG (vgl. BVerfG NJW 1966, 1499) eine über die Wahlkampfkostenerstattung hinausreichende Allgemeinfinanzierung der Parteien grundsätzlich zulässig ist, die jedoch als Teilfinanzierung eine relative Obergrenze erfährt, welche „[...] für jede Partei nach dem Verhältnis der von ihr selbst erwirtschafteten zu den ihr unmittelbar aus staatlichen Quellen zufließenden Einnahmen zu bestimmen ist." (BVerfG NJW 1992, 2545 [2547]) Da sich somit die Grenze staatlicher Zuwendungen der Höhe nach an der Summe der durch die Parteien selbst erwirtschafteten Einnahmen orientiert, mithin eine Erhöhung der eigenen Einnahmen auch eine grundsätzlich beliebige Erhöhung der staatlichen Zuwendungen ermöglichen könnte (vgl. auch *Kluth* in BeckOK GG Art. 21 Rn. 196), hat das BVerfG diese Koppelung durch eine absolute Obergrenze konkretisiert bzw. eingeschränkt. Hiernach muss sich der Umfang der Staatsfinanzierung auf dasjenige beschränken, „[…] was zur Aufrechterhaltung der Funktionsfähigkeit der Parteien unerlässlich ist und von den Parteien nicht selbst aufgebracht werden kann." (BVerfG NJW 1992, 2545 [2547]). Der Grundsatz der Parteiengleichheit erlaubt zudem, die Zuwendung an die Parteien an dem Maß der ihr durch die Bürger zukommenden Unterstützung, u. a. im Rahmen von Wahlen, abhängig zu machen (vgl. dazu differenzierend *Gusy* in DHSS GG Art. 21 Rn. 99). Die direkte staatliche Parteienfinanzierung hat in den §§ 18 bis 22 Part 6 eine nähere gesetzliche Ausgestaltung erfahren.

30 Zugleich sind auch für die **Eigenfinanzierung** der Parteien in Art. 21 gewisse Grenzen vorgezeichnet. Bei der Ausgestaltung der gesetzlichen Rahmenvorgaben muss insoweit ein ausreichender Anreiz für die Bürger geschaffen bzw. erhalten werden, die Parteien entsprechend zu unterstützen, andererseits auch eine allzu große wirtschaftliche Abhängigkeit von einzelnen privaten Mittelgebern vermieden werden (vgl. *Kluth* in BeckOK GG Art. 21 Rn. 200, m.N. aus der Rspr. des BVerfG). Einfachgesetzlich wird dieses grundsätzliche Spannungsverhältnis insbesondere durch **Spendenverbote** (vgl. § 25 Abs. 2 PartG) und **Publizitätspflichten** (vgl. § 25 Abs. 3 PartG) in Ausgleich gebracht. Bei Verstößen gegen die Vorgaben der Parteienfinanzierung sind in den §§ 31 a bis 31 d PartG eine Reihe von Sanktionen vorgesehen, die von Rückforderungsansprüchen über Strafzahlungen bis zu Strafbewehrungen reichen.

IV. Parteiverbot (Abs. 2)

1. Vorüberlegung

31 In der Möglichkeit des Parteiverbotes im Rahmen des Art. 21 Abs. 2 Satz 1, ebenso wie in Art. 9 Abs. 2 und anderen Bestimmungen des GG findet sich die aus verschiedenen Verfassungsnormen und allgemeinen Verfassungsrundsätzen abgeleitete Entscheidung der Verfassung für die **„streitbare Demokratie"** wieder. Das BVerfG hat insoweit festgestellt, „[…] daß die Verfassung der Bundesrepublik Deutschland sich für die`streitbare Demokratiè entschieden hat", denn „[s]ie nimmt einen Mißbrauch der Grundrechte zum Kampf gegen die freiheitlich demokratische Grundordnung nicht hin […]. Verfassungsfeinde sollen nicht unter Berufung auf Freiheiten, die das Grundgesetz gewährt und unter ihrem Schutz die Verfassungsordnung oder den Bestand des Staates gefährden, beeinträchtigen oder zerstören dürfen." (BVerfG NJW 1971, 275 [277]). Auch Art. 21 Abs. 2 GG ist in dieser Hinsicht „[…] Ausdruck des bewussten verfassungspolitischen Willens zur Lösung eines Grenzproblems der freiheitlichen demokratischen Staatsordnung, Niederschlag der Erfahrungen eines Verfassungsgebers, der in einer bestimmten historischen Situation das Prinzip der Neutralität des Staates gegenüber den politischen Parteien nicht mehr rein verwirklichen zu dürfen glaubte, Bekenntnis zu einer – in diesem

Sinne — streitbaren Demokratie." (BVerfG NJW 1956, 1393 [1397]). Freilich ist es andererseits gerade auch diese zutreffende Einordnung des Parteienverbotes als „Grenzproblem", was zugleich die im Einzelnen schwierige Frage nach der im Sinne der materiellen Vorgaben des Art. 21 Abs. 2 Satz 1 GG äußersten Grenze des Parteiverbots nach sich zieht. Sicherlich ist das Parteiverbot für sich „nicht Gedanken-, sondern Organisationsverbot" (vgl. *Klein* in Maunz/Dürig GG Art. 21 Rn. 489), es verhindert aber gerade die organisatorische Potenzierung der individuellen Meinungsäußerung im politischen Willensbildungsprozess. Dies legitimiert sich mithin aus der zutreffenden Feststellung, dass „[...] die Verwirklichung freiheitswidriger politischer Entwürfe nicht aus der Idee der Freiheit legitimiert werden kann [...]" (*Klein* in Maunz/Dürig GG Art. 21 Rn. 489).

Zugleich folgt aus der ausschließlichen und konstitutiv wirkenden Entscheidung des Bundesverfassungsgerichts über ein Parteiverbot gemäß Art. 21 Abs. 2 auch ein **Parteienprivileg** (vgl. *Kluth* in BeckOK GG Art. 21 Rn. 208). Anders als im Vereinsrecht (vgl. Art. 9 Rn. [...]) ist die Frage eines Verbots also keine der Exekutive zugewiesene Entscheidung. Allein das Bundesverfassungsgericht besitzt die ausschließliche Kompetenz, über die Verfassungswidrigkeit einer Partei zu entscheiden. Dieses Entscheidungsmonopol (Art. 21 Abs. 2 Satz 2 GG) für die Frage von Parteiverboten lässt sich einerseits aus der damit zusammenhängenden gesteigerten Legitimationswirkung der Entscheidung begründen sowie mit einem freiheitssichernden Aspekt durch eine unmittelbare Verlagerung des Verbots hin zur dritten Gewalt ohne auf die nachträgliche Inanspruchnahme von Rechtsschutz im Nachgang einer Verbotsentscheidung durch die Exekutive angewiesen zu sein (vgl. zu beiden Aspekten *Gusy* in DHSS GG Art. 21 Rn. 126). Für eine Abgrenzung zwischen den Verbotstatbeständen des Art. 9 Abs. 2 (vgl. Art. 9 Rn. 23 ff.) und Art. 21 Abs. 2 GG kommt es entscheidend darauf an, ob die entsprechende Vereinigung die Merkmales des Parteibegriffes (vgl. Art. 21 Rn. 4) erfüllt, wobei u. U. eine missbräuchliche Berufung auf die Parteieigenschaft den Anwendungsbereich des Art. 21 Abs. 2 nicht eröffnet (vgl. dazu krit. *Gusy* in DHSS GG Art. 21 Rn. 58, 116). 32

2. Voraussetzungen für ein Parteiverbot (Satz 1)

Gemäß Art. 21 Abs. 2 Satz 1 sind Parteien verfassungswidrig, die nach ihren Zielen oder nach dem Verhalten ihrer Anhänger darauf ausgehen, die freiheitliche demokratische Grundordnung zu beeinträchtigen oder zu beseitigen oder den Bestand der Bundesrepublik Deutschland zu gefährden. Die Vorschrift umfasst damit zwei Schutzgüter, die **freiheitliche demokratische Grundordnung** und den **Bestand der Bundesrepublik**, wobei letztere kein Auffangtatbestand ist, sondern zum ersten im Verhältnis der Alternativität steht (vgl. *Gusy* in DHSS GG Art. 21 Rn. 124). 33

Unter der freiheitlichen demokratischen Grundordnung versteht das BVerfG eine Ordnung „[...], die unter Ausschluss jeglicher Gewalt- und Willkürherrschaft eine rechtsstaatliche Herrschaftsordnung auf der Grundlage der Selbstbestimmung des Volkes nach dem jeweiligen Willen der Mehrheit und der Freiheit und Gleichheit darstellt." (BVerfG NJW 1952, 1407 [1408]) Sie 34 beschreibt damit die „Kernsubstanz" (vgl. *Kluth* in BeckOK GG Art. 21 Rn. 210), die „äußerste Grenze" (*Gusy* in DHSS GG Art. 21 Rn. 117), die sich der demokratische Verfassungsstaat im freien politischen Meinungskampf zieht. Dazu gehören nach Ansicht des BVerfG jedenfalls die Achtung der durch das GG konkretisierten Menschenrechte sowie die Grundsätze der Volkssouveränität, der Gewaltenteilung, der Verantwortlichkeit der Regierung, der Gesetzmäßigkeit der Verwaltung, der Unabhängigkeit der Gerichte sowie das Mehrparteienprinzip und die Chancengleichheit der Parteien mit dem Recht auf verfassungsmäßige Bildung und Ausübung einer Opposition (vgl. BVerfG NJW 1956, 1393 [1397]). Soweit diese oder andere der freiheitlichen demokratischen Grundordnung in diesem Sinne zuzurechnenden Prinzipien in ihrem Kern gemäß Art. 79 Abs. 3 GG einer Verfassungsänderung nicht zugänglich sind, bilden sie den freiheitlichen „Boden" auf dem sich jede Partei im demokratisch-pluralistisch ausgerichteten politischen Meinungskampf noch bewegen muss (ähnlich *Bröhmer* in Grote/Marauhn Kap. 19 Rn. 95).

35 Diesem Kerngehalt muss sich eine Partei mit dem Ziel der Beeinträchtigung oder Beseitigung entgegensetzen, sie muss „darauf ausgehen" ihn zu beeinträchtigen oder zu beseitigen, wobei beide Alternativen ineinander übergehen können und die Beeinträchtigung insoweit eine gewisse Intensität erreichen muss (so auch *Gusy* in DHSS GG Art. 21 Rn. 121). Als gefahrenabwehrrechtliches Instrumentarium bewegt sich das Parteiverbot insoweit in einem **schwierigen tatbestandlichen Abwägungsbereich** bei der Frage, ab wann das Verhalten einer Partei die Intensität der tatbestandlich vorausgesetzten Beeinträchtigung iSd Art. 21 Abs. 2 Satz 1 erreicht. Das BVerfG hat hervorgehoben, dass es nicht ausreichen kann, wenn eine Partei die „[...] obersten Prinzipien einer freiheitlichen demokratischen Grundordnung nicht anerkennt, sie ablehnt, ihnen andere entgegensetzt [...]" sondern vielmehr „[...] eine **aktiv kämpferische, aggressive Haltung** gegenüber der bestehenden Ordnung hinzukommen [muss]; sie muss planvoll das Funktionieren dieser Ordnung beeinträchtigen, im weiteren Verlauf diese Ordnung selbst beseitigen wollen." (BVerfG NJW 1956, 1393 [1397]). Indizien für eine solche aktiv kämpferische, aggressive Haltung gegenüber der freiheitlichen demokratischen Grundordnung können sich unter anderem aus dem Parteiprogramm und dem Verhalten der Funktionsträger, Mitglieder und Anhänger der Partei ergeben (vgl. näher *Gusy* in DHSS GG Art. 21 Rn. 122f.) Allerdings besteht insoweit teils auch Uneinigkeit, ob eine Verfassungswidrigkeit von Parteien angenommen werden kann, die grundsätzlich noch im Bereich der geistigen Auseinandersetzung verbleiben, ob mithin beispielsweise Methoden des psychischen oder physischen Terrors Voraussetzung für eine kämpferische, aggressive Haltung bilden (vgl. zu dieser Problematik *Maurer* AöR 203, 216f.).

36 Auch die zweite Tatbestandsalternative, also die Gefährdung des Bestands der Bundesrepublik Deutschlands, setzt die zuvor besprochene aktiv kämpferische, aggressive Haltung voraus, denn auch hier muss die Partei „darauf ausgehen", den Bestand der Bundesrepublik zu gefährden. Von ihrem Schutzgut her ist sie im Zweifel praktisch von geringerer Bedeutung als hiermit der territoriale Bestand und die außenpolitische Handlungsfähigkeit des Staates, letztlich also insbesondere seine Unversehrtheit gegenüber separatistischen Tendenzen geschützt werden sollen (vgl. *Gusy* in DHSS GG Art. 21 Rn. 124; *Bröhmer* in Grote/Marauhn Kap. 19 Rn. 96). Der Begriff der Gefährdung umfasst insoweit nicht schon jedwede entfernt liegende Vorbereitungshandlung sondern setzt eine gewisse Nähe der Bedrohungshandlung zum Schutzgut voraus (vgl. *Maurer* AöR 1971, 229).

Als grundsätzlich zulässig gilt die **Beobachtung politischer Parteien** 37 **durch den Verfassungsschutz** aufgrund des Prinzips der streitbaren Demokratie (BVerfG NJW 1976, 38), wobei dies allerdings als schwerwiegender Eingriff in die Parteienfreiheit einer besonderen Rechtfertigung auf der Ebene der Verhältnismäßigkeit bedarf (vgl. BVerfG NJW 2000, 824). Umstritten und vom BVerfG noch nicht abschließend geklärt ist die Frage, inwieweit die Einschleusung von V-Leuten und freien Mitarbeitern des Verfassungsschutzes in Gremien und Führungsorgane von Parteien verfassungsrechtlich gerechtfertigt werden kann (vgl. *Kluth* in BeckOK GG Art. 21 Rn. 212).

Im Rahmen des NPD-Verbotsverfahrens hat das BVerfG mit dem Gebot 38 strikter Staatsfreiheit „im Sinne unbeobachteter selbstbestimmter Willensbildung und Selbstdarstellung der Partei" (vgl. BVerfG NJW 2003, 1577 [1581]) der Sache nach jedenfalls eine zusätzliche Verbotsvoraussetzung aufgestellt (vgl. *Ipsen* DVBl 2009, 552 [560f.]). Insoweit kann die Tätigkeit leitender Funktionäre einer Partei als V-Männer für Verfassungsschutzbehörden zu einem nicht behebbaren Verfahrenshindernis führen. Die aus dem **Erfordernis der grundsätzlichen Staatsfreiheit** einer Partei im Zeitpunkt der Stellung eines Verbotsantrages folgende Notwendigkeit, dass sie frei von V-Leuten oder Agenten der Verfassungsschutzorgane sein müssen, führt für die Verbotspraxis allerdings zu nicht unerheblichen Hindernissen (vgl. *Ipsen* DVBl 2009, 552 [560f.]; vgl. eingehend zu den praktischen Folgen *Volkmann* DÖV 2007, 577ff.). Verschiedentlich wurden aufgrund der diesbezüglich bestehenden verfahrensrechtlichen Erschwernisse bei der Durchführung von Parteiverbotsverfahren schon andere Beschränkungen z. B. im Rahmen der Parteienfinanzierung angedacht, die allerdings jedenfalls nach geltender Verfassungslage mit dem Recht der Parteien auf Chancengleichheit nicht vereinbar sein dürften (vgl. näher *Kluth* in BeckOK GG Art. 21 Rn. 213).

3. Wirkungen des Verbots

Für den Fall, dass das BVerfG die Verfassungswidrigkeit einer Partei gemäß 39 Art. 21 Abs. 2 GG feststellt, folgt daraus der **Verlust des Parteienstatus** und der damit verbundenen Rechte und Pflichten. § 33 Abs. 1 PartG statuiert zudem das **Verbot von Ersatzorganisationen.** Zugleich führt ein Verbotsausspruch zu einem **Mandatsverlust,** was allerdings mit Blick auf den aus Art. 38 Abs. 1 Satz 2 GG folgenden Grundsatz des freien Mandats nicht unumstritten ist (vgl. *Kluth* in BeckOK GG Art. 21 Rn. 214).

Andererseits folgt aus der konstitutiven Wirkung des Verbotsausspruchs 40 durch das BVerfG bzw. dem damit zusammenhängenden Parteienprivileg, dass die bloße Annahme einer Verfassungsfeindlichkeit bzw. Verfassungswidrigkeit noch keine negativen Folgen für eine Partei haben soll. Solange eine Partei nicht verboten ist, darf daher in anderen Zusammenhängen nicht von einer Verfassungsfeindlichkeit als entscheidungsbegründendes- oder beeinflussendes Merkmal ausgegangen werden, so z. B. bei der Überlassung öffentlicher Einrichtungen. Soweit Parteien von Organen des Verfassungsschutzes als verfassungsfeindlich eingestuft werden, ist umstritten, inwieweit dies bei Parteimitgliedern im Rahmen der Ernennung zum Beamten, der Beleihung oder der Betrauung mit hoheitlichen Aufgaben im Angestelltenverhältnis berücksichtigt werden darf. Zum Teil wird angenommen, dass eine solche Berücksichtigung aufgrund von Art. 21 Abs. 2 als unzulässig angesehen werden muss, die Rspr. und ein Teil der Literatur gehen jedoch von einer grundsätzlichen Zulässigkeit aus, wobei teilweise schon die rein formale Anknüpfung, teils nur das konkrete verfassungsfeindliche Verhalten der Person als ausreichender Anknüpfungspunkt angesehen werden (vgl. *Kluth* in BeckOK GG Art. 21 Rn. 215, m. w. N.).

V. Bundesgesetzliche Regelungen (Abs. 3)

41 Art. 21 Abs. 3 ist kein Einschränkungs- sondern vielmehr ein Ausgestaltungsvorbehalt für den Bundesgesetzgeber, von dem er mit dem PartG in nicht abschließender Weise Gebrauch gemacht hat. In sachlicher Hinsicht kann sich der auf Art. 21 Abs. 1 und 2 beschränkte Ausgestaltungsvorbehalt grundsätzlich auch mit Regelungsmaterien der Ländergesetzgebungskompetenz überschneiden, soweit der in Rede stehende Regelungsgegenstand schwerpunktmäßig dem Parteiwesen zugeordnet werden kann (vgl. *Kluth* in BeckOK GG Art. 21 Rn. 185 f.). Aus der Natur des Art. 21 Abs. 3 als Ausgestaltungsvorbehalt folgt zugleich, dass Beschränkungen nur über verfassungsimmanente Schranken bzw. über die dem einschlägigen Grundrecht gesetzten Schranken gerechtfertigt werden können (vgl. näher *Kluth* in BeckOK GG Art. 21 Rn. 187 ff.).

B. Gesetz zur Regelung des öffentlichen Vereinsrechts (Vereinsgesetz)

Vom 5. August 1964 (BGBl. I S. 593)
zuletzt geändert durch Art. 6 G zur Neuregelung der Telekommunikationsüberwachung und anderer verdeckter Ermittlungsmaßnahmen sowie zur Umsetzung der RL 2006/24/EG vom 21.12.2007 (BGBl. I S. 3198)

Erster Abschnitt. Allgemeine Vorschriften

§ 1 Vereinsfreiheit

(1) **Die Bildung von Vereinen ist frei (Vereinsfreiheit).**

(2) **Gegen Vereine, die die Vereinsfreiheit mißbrauchen, kann zur Wahrung der öffentlichen Sicherheit oder Ordnung nur nach Maßgabe dieses Gesetzes eingeschritten werden.**

Übersicht
	Rn.
I. Allgemeines	1
1. Inhalt	1
2. Entstehungsgeschichte	5
3. Verfassungs- und gemeinschaftsrechtliche Bezüge	7
II. Vereinsfreiheit (Abs. 1)	9
1. Verein	9
2. Freiheit der Bildung von Vereinen	10
a) Allgemeines	10
b) Entstehen und Bestehen	14
c) Betätigung	17
d) Negative Vereinsfreiheit	19
III. Missbrauchsfolgen (Abs. 2)	20
1. Allgemeines	20
2. Missbrauchen der Vereinsfreiheit	21
3. Möglichkeit des Einschreitens	24
4. Exkurs: Verhältnis Art. 9 Abs. 2 GG zu Art. 18 GG	28

I. Allgemeines

1. Inhalt

Art. 9 Abs. 1 GG bestimmt: „Alle Deutschen haben das Recht, Vereine und 1
Gesellschaften zu bilden.". Diese grundgesetzlich garantierte **Vereinsfreiheit** bzw. Vereinigungsfreiheit (hierzu umfassend die Kommentierung zu Art. 9 GG) wurde in § 1 Abs. 1 bewusst an die Spitze des VereinsG gestellt (vgl. Rn. 5).

VereinsG § 1   Erster Abschnitt. Allgemeine Vorschriften

2   § 1 Abs. 2 stellt analog Art. 9 Abs. 2 GG (vgl. Art. 9 GG Rn. 27) klar, dass die Vereinsfreiheit nicht grenzenlos gilt. Ein **Missbrauch der Vereinsfreiheit** (zum Begriff sogleich unter Rn. 9ff.) kann dazu führen, dass gegen die Vereine, die einen Missbrauch begehen „eingeschritten" werden kann. Ist Ziel des Einschreitens die „Wahrung der öffentlichen Sicherheit oder Ordnung", also die Gefahrenabwehr, dann kann „nur nach Maßgabe dieses Gesetzes eingeschritten werden". Das VereinsG ist insoweit lex specialis. Ein Einschreiten auf Basis des allgemeinen Gefahrenabwehr- beziehungsweise Polizeirechts ist damit ausgeschlossen (vgl. BT-Drs. IV/430, Anlage 1, S. 11f.) soweit die Vereinigungsfreiheit betroffen ist. Unterfällt hingegen die Betätigung des Vereins (oder seiner Mitglieder) nicht dem Schutzbereich der Vereinigungsfreiheit (hierzu ausführlich Art. 9 GG Rn. 7) kommt allgemeines Gefahrenabwehrrecht zur Anwendung (*Groh* NomosOK VereinsG § 1 Rn. 6).

3   Nach dem Willen des Gesetzgebers soll das VereinsG nicht die Wahrung der Vereinsfreiheit im Bereich des Privatrechts, insbesondere des „sozial- und wirtschaftsordnenden Rechts" besorgen. Ebenfalls nicht betroffen sein soll die Sicherung der Vereinsfreiheit im Rahmen öffentlich-rechtlicher **Sonderverhältnisse** sowie die „Ausübung der elterlichen Gewalt gegenüber Kindern, die sich in Vereinen betätigen" (BT-Drs. IV/430, Anlage 1, S. 11). Das VereinsG regelt nicht die rechtlichen Verhältnisse der Mitglieder zum Verein oder untereinander oder des Vereins zu Dritten. Die hierfür maßgeblichen Regelungen finden sich u. a. in §§ 21 – 79 BGB.

4   Die in § 30 Abs. 2 genannten Vorschriften bleiben in ihrer Geltung vom VereinsG unberührt.

2. Entstehungsgeschichte

5   Nachdem der ursprüngliche Entwurf des VereinsG mit dem heutigen § 2 begann (BT-Drs. IV/430, Anlage 1, S. 1) wurde der Empfehlung des Ausschusses für Inneres das Prinzip der Vereinsfreiheit „ausdrücklich zum obersten Grundsatz des Gesetzentwurfs zu deklarieren", Folge geleistet (BT-Drs. IV/2145, S. 1f.).

6   Der Wortlaut des § 1 wurde seit Inkrafttreten nicht verändert.

3. Verfassungs- und gemeinschaftsrechtliche Bezüge

7   Art. 9 Abs. 1 GG ist kein „Jedermann-Recht", sondern ein Bürgerrecht beziehungsweise „Deutschen-Grundrecht" (näher *Merten* in Isensee/Kirchhof § 165 Rn. 23; sowie Art. 9 GG Rn. 10f.). Dementsprechend können **Ausländervereine** den Schutz des Art. 9 GG nicht in Anspruch nehmen, auch wenn die Vereinigungsfreiheit ebenfalls ein Menschenrecht (Art. 11 EMRK) darstellt (BVerfG NVwZ 2000, 1281). Das VereinsG ist diesbezüglich umfassender. Ist bereits in § 1 Abs. 1 die Beschränkung auf „alle Deutschen" nicht vorhanden, folgt aus den §§ 14, 15 eindeutig, dass das VereinsG über den Wortlaut des Art. 9 GG auch für so genannte Ausländervereine, also gemäß § 14 Abs. 1 Satz 2 Vereine, deren Mitglieder oder Leiter sämtlich oder überwiegend Ausländer sind und ausländische Vereine gilt (Hierzu sowie zu Art. 11 EMRK die

Erster Abschnitt. Allgemeine Vorschriften **§ 1 VereinsG**

Kommentierung zu § 14). Damit sind grundsätzlich alle Vereine in Deutschland „polizeifest" (*Seifert* DÖV 1964, 685 [686]).

Das materielle Vereinsrecht ist durch das Grundgesetz abschließend geregelt (*Seifert,* DÖV 1964, 685 [685]). Da der Art. 9 GG keinen Gesetzesvorbehalt enthält, ist es dem Gesetzgeber verwehrt, die Vereinsfreiheit über die grundgesetzlichen Vorgaben hinaus zu verengen (vgl. BVerfG NJW 1990, 37 [38]). Das VereinsG regelt daher „nur" die formellen Aspekte des Vereinsrechts, namentlich das Prozedere und die Folgen eines Vereinsverbotes. Es ist gewissermaßen **Ausführungsgesetz zum Art. 9 Abs. 2 GG** (vgl. BT-Drs. IV/430, Anlage 1, S. 8; *Seifert* DÖV 1964, 685 [685]). 8

II. Vereinsfreiheit (Abs. 1)

1. Verein

Verein im Sinne des VereinsG ist nach der **Legaldefinition** in § 2 Abs. 1 VereinsG „ohne Rücksicht auf die Rechtsform jede Vereinigung, zu der sich eine Mehrheit natürlicher oder juristischer Personen für längere Zeit zu einem gemeinsamen Zweck freiwillig zusammengeschlossen und einer organisierten Willensbildung unterworfen hat." Die Legaldefinition orientiert sich bewusst (BT-Drs. IV/430, Anlage 1, S. 11) am öffentlich-rechtlichen Vereinsbegriff (hierzu *Schiffer* DÖV 1962, 167 ff.). Zu den Merkmalen im Einzelnen wird in der Kommentierung zu § 2 VereinsG, dort Rn. 9 ff., ausgeführt. 9

2. Freiheit der Bildung von Vereinen

a) Allgemeines. Das in Art. 9 Abs. 1 GG verbürgte Recht, Vereine (und Gesellschaften) zu bilden, stellt nach dem BVerfG ein konstituierendes Prinzip der demokratischen und rechtsstaatlichen Ordnung des Grundgesetzes, nämlich das Prinzip freier sozialer Gruppenbildung dar (BVerfG, NJW 1975, 1265; BVerfG NJW 1979, 699 [705 f.]): „Das soziale System des durch das Grundgesetz verfaßten Gemeinwesens soll weder in ständisch-korporativen Ordnungen, wie sie namentlich das Kennzeichen älterer Sozialordnungen waren, Gestalt gewinnen, noch in der planmäßigen Formung und Organisation durch den Staat nach den Maßstäben eines von der herrschenden Gruppe diktierten Wertesystems, wie sie den totalitären Staat der Gegenwart kennzeichnet. In diesem Prinzip sind der menschenrechtliche Gehalt der Vereinigungsfreiheit und ihre Bedeutung für die Gestaltung der Gesellschaft und des Staates eng aufeinander bezogen. Der menschenrechtliche Gehalt wird deutlich im Blick auf das Bild des Menschen, von dem das Grundgesetz in Art. 1 ausgeht; es ist nicht das des isolierten und selbstherrlichen Individuums, sondern das der gemeinschaftsbezogenen und gemeinschaftsgebundenen Person, […]die, mit unverfügbarem Eigenwert, in ihrer Entfaltung auf vielfältige zwischenmenschliche Bezüge angewiesen ist. Diese stellen sich zu einem wesentlichen Teil durch Vereinigungen her. Auch Art. 9 Abs. 1 GG ist also durch einen personalen Grundzug gekennzeichnet." (BVerfG NJW 1979, 699 [706]). 10

Die Vereinsfreiheit ist ein Freiheitsrecht. Sie gewährt im positiven Sinne zweierlei: zunächst das individuelle Freiheitsrecht, mit anderen eine (bestän- 11

VereinsG § 1 Erster Abschnitt. Allgemeine Vorschriften

dige) Vereinigung zu bilden (also das Entstehen von Vereinigungen); außerdem als kollektives Freiheitsrecht das Bestehen und Betätigen von Vereinigungen (*Steinmeyer* in Umbach/Clemens GG Art. 9 I, II Rn. 7). Als negatives Freiheitsrecht gewährt sie das Recht, sich nicht einer Vereinigung anschließen zu müssen, aus ihr austreten zu dürfen und das Auflösungsrecht (vgl. bereits BVerfGE 10, 89 [102]).

12 Die Vereinigungsfreiheit ist zudem **Kommunikationsgrundrecht** und dient der „Persönlichkeitsverwirklichung in Gruppenform" (*Scholz* in Maunz/Dürig GG Art. 9 Rn. 33).

13 Der sachliche **Schutzbereich der Vereinsfreiheit** (ausführlich Art. 9 GG Rn. 14ff.) ist nach zutreffender Auffassung nicht auf alle beliebigen Tätigkeiten der Vereinigung erstreckt. Vielmehr fallen alle Tätigkeiten, die keinen Bezug zur vereinigungsmäßigen Struktur haben und auch von Einzelnen beziehungsweise Zusammenschlüssen ohne organisatorische Willensbildung in gleicher Art und Weise vorgenommen werden könnten aus dem Schutzbereich heraus (*Jarass/Pieroth* GG Art. 9 Rn. 9 unter Verweis auf BVerfGE 70, 1 [25]).

14 **b) Entstehen und Bestehen.** Geschützt ist zunächst und zuvörderst die Möglichkeit eine Vereinigung zu bilden, also das „**Entstehen**" eines Vereins (näher Art. 9 GG Rn. 15). Die hiervon umfasste Freiheit der Vereinsmitglieder, über den Zeitpunkt der Gründung, den Namen, den Sitz, die Geschäftsführung, die Rechts- und Organisationsform sowie den Vereinszweck grundsätzlich selbst zu entscheiden (vgl. BVerfGE 50, 290 [354]; Art. 9 GG Rn. 15 m.w.N.), reflektiert das VereinsG, indem es hierzu keinerlei Vorgaben trifft.

15 Diese Freiheit der Gründung von Vereinen geht Körperschaften des öffentlichen Rechts ab. Sie werden stets durch staatlichen Verleihungsakt gegründet und fallen dementsprechend mangels Freiheit der Gründung auf Seiten der Mitglieder aus dem Anwendungsbereich des Art. 9 GG als auch des VereinsG (*Schnorr* § 2 Rn. 4).

16 Auch das „**Bestehen**" des Vereins im Sinne eines Schutz vor Beeinträchtigungen des Bestandes und der vereinsmäßigen Betätigung ist von der Vereinsfreiheit umfasst (BVerfGE 50, 290 [354]; näher Art. 9 GG Rn. 17).

17 **c) Betätigung.** Vom Schutz der Vereinsfreiheit ist grundsätzlich auch die Betätigung des Vereins umfasst. Dies darf nicht dahingehend missverstanden werden, dass jedwede Betätigung der Mitglieder oder des Vereins den Schutz des Art. 9 GG genießt oder eine sonstige Privilegierung besteht. Vielmehr bietet nach hier geteilter Auffassung der gemeinsam verfolgte Vereinszweck keinen weiterreichenden Schutz als ein individuell verfolgter Zweck (BGH NJW 2000, 1028 [1030]; BVerfGE 54, 237 [251]). Dementsprechend fällt beispielsweise die Beurteilung privatrechtlicher Beziehungen eines Vereins zu anderen Privatrechtssubjekten nicht anders aus als entsprechende Beziehungen unter natürlichen Personen (BGH NJW 2000, 1028 [1030]; BVerfG, NJW 1996, 1203). Wenn eine Vereinigung wie „Jedermann" – also nicht „vereinsspezifisch" – am Rechtsverkehr teilnimmt, dann besteht kein besonderer Schutz durch Art. 9 (BGH NJW 2000, 1028 [1030]; BVerfGE 70, 1 [25]). Gleiches gilt für Mitglieder eines Vereins, auch wenn sie explizit als solche auftreten.

Ob und in welchem Umfang „vereinsspezifische" Betätigungen von der 18
Vereinsfreiheit geschützt sind, ist streitig (vgl. dazu die ausführliche Darstellung
von Art. 9 GG Rn. 19 ff.).

d) Negative Vereinsfreiheit. Das Recht sich gerade nicht, z. B. im Rah- 19
men von **Zwangsmitgliedschaften**, einer Vereinigung anzuschließen wird
als Teil der „negativen" Vereinsfreiheit angesehen. Umfasst ist insbesondere
das Recht, jederzeit aus einem Verein auszutreten. Auch das Recht, den Verein
wieder aufzulösen ist Teil der negativen Vereinsfreiheit (vgl. *Wache* in Erbs/
Kohlhaas § 1 Rn. 4). Auch die negative Vereinsfreiheit gilt – wie die Vereinigungsfreiheit insgesamt – nur für privatrechtliche Vereinigungen (*Groh*
NomosOK VereinsG § 1 Rn. 5).

III. Missbrauchsfolgen (Abs. 2)

1. Allgemeines

Entsprechend Art. 9 Abs. 2 GG, nach welchem Vereinigungen, deren Zwe- 20
cke oder deren Tätigkeit den Strafgesetzen zuwiderlaufen oder die sich gegen
die verfassungsmäßige Ordnung oder gegen den Gedanken der Völkerverständigung richten, als „verboten" einzustufen sind (hierzu zu Art. 9 Abs. 2 GG
Rn. 23), bestimmt § 1 Abs. 2 VereinsG, dass gegen Vereine, welche „die Vereinsfreiheit mißbrauchen", zur Wahrung der öffentlichen Sicherheit oder
Ordnung eingeschritten werden kann. Gleichzeitig wird klargestellt, dass ein
solches gefahrenabwehrorientiertes Einschreiten nur nach Maßgabe des Vereinsgesetzes erfolgt. Damit wird – soweit die Vereinsfreiheit betroffen ist – die
Anwendung des allgemeinen Polizeirechts ausgeschlossen (siehe bereits oben
Rn. 2).

2. Missbrauchen der Vereinsfreiheit

Seiner Konzeption nach ist das VereinsG im Wesentlichen eine Art Ausfüh- 21
rungsgesetz zum Art. 9 Abs. 2 GG (*Sailer* in Lisken/Denninger Teil X Rn. 28).
Dementsprechend liegt ein Missbrauch der Vereinsfreiheit vor, wenn Zweck
oder Tätigkeit des Vereins den Strafgesetzen zuwiderläuft, sich gegen die verfassungsmäßige Ordnung oder den Gedanken der Völkerverständigung richtet.

Der Zweck eines Vereins wird aus seinen programmatischen Grundsätzen 22
sowie aus dem tatsächlichen Verhalten der Vereinsmitglieder geschlossen (vgl.
BVerwGE 80, 299 [307f.]). Der Zeitpunkt der Zweckentstehung, die zeitliche
Dimension und Dauer seiner Verfolgung sowie sein Verhältnis zu anderen
Zwecken des Vereins soll grundsätzlich unbedeutend sein (vgl. BVerwGE 80,
299 [307f.]). Unter Berücksichtigung des **Verhältnismäßigkeitsgrundsatzes** wird jedoch zumindest für ein Verbot ein nicht ganz unerhebliches Gewicht des das Verbot rechtfertigenden Zweckes zu fordern sein (vgl. VGH
München NJW 1990, 62 [63]; a. A. *Kemper* in MKS GG Art. 9 Rn. 73 der für
eine Verhältnismäßigkeitsprüfung oder Ermessen keinen Raum sieht). Unter
dem Gesichtspunkt der Verhältnismäßigkeit ist vor einem Verbot zu prüfen,

ob durch andere, mildere Maßnahmen die Beseitigung des „vereinsrechtlichen Makels" möglich ist.

23 Die **Tätigkeit des Vereins** wird aus dem Verhalten seiner Organe und Mitgliedern abgeleitet (vgl. § 3 Abs. 5 sowie bereits VGH München NJW 1990, 62 [63]; ausführlich § 3 VereinsG Rn. 102). Es muss ein innerer Zusammenhang zwischen Verein und Handlung bestehen. Verbotsrelevante Handlungen von Mitgliedern müssen den Charakter des Vereins prägen (BVerwG NJW 1989, 993 [995]). So wäre beispielsweise die Steuerhinterziehung eines Vorstandsmitglieds eines Sportvereins nicht ausreichend, um eine den Strafgesetzen zuwiderlaufende Tätigkeit des Vereins anzunehmen. Wenn Mitglieder „spontan und aufgrund eines eigenen Entschlusses Straftaten begehen, dabei aber immer wieder geschlossen als Vereinigung auftreten, so dass sich die Straftaten nach außen als Vereinsaktivitäten darstellen und die Vereinigung diesen Umstand kennt und billigt oder jedenfalls widerspruchslos hinnimmt", kann eine Zurechnung erfolgen (OVG Schleswig BeckRS 2012, 52184).

3. Möglichkeit des Einschreitens

24 Vereinigungen sind grundsätzlich „polizeifest". Die polizeiliche Generalklausel findet soweit der (eng auszulegende) Schutzbereich der Vereinigungsfreiheit greift keine Anwendung (vgl. BT-Drs. IV/2145, S. 2).

25 Wie auch das Versammlungsrecht ist **Vereinsrecht Sonderrecht** (BT-Drs. IV/430, S. 12). Ausgeschlossen sind insbesondere „indirekte Vereinsverbote" wie z. B. allgemeine Tätigkeitsverbote, präventive Sicherstellung des Vereinsvermögens oder Schließung von Vereinseinrichtungen (*Seifert* DÖV 1964, 685 [686]). Ebenfalls ausgeschlossen sind beschränkte Restriktivmaßnahmen, beispielsweise die Unterstellung des Vereins unter besondere Staatsaufsicht, die behördliche Mitgliederkontrolle oder eine allgemeine Behinderung des Erwerbs der Mitgliedschaft (*Seifert,* DÖV 1964, 685, 686; *Wache* in Erbs/Kohlhaas VereinsG § 1 Rn. 9).

26 Die bisweilen vertretene Auffassung, dass als einzige Möglichkeit des Einschreitens das Vereinsverbot in Betracht komme (*Kemper* in MKS GG Art. 9 Rn. 70 m. w. N.), kann mit Blick auf den Verhältnismäßigkeitsgrundsatz nicht geteilt werden. *Sailer* (et al.) ist darin zuzustimmen, dass vor einem Vereinsverbot stets mildere Maßnahmen wie partielle Betätigungsverbote oder individuelle Maßnahmen gegen einzelne Vereinsmitglieder zu prüfen sind (*Sailer* in Lisken/Denninger, Teil X Rn. 21 m. w. N; näher auch § 3 VereinsG Rn. 7 ff.). Ein Vereinsverbot kommt dementsprechend nur in Betracht, wenn diese Maßnahme zum Schutz der gefährdeten Rechtsgüter geeignet, erforderlich und angemessen ist (*Jarass/Pieroth* GG Art. 9 Rn. 21).

27 Beschränkungen aus „anderen Gründen als der Wahrung der öffentlichen Sicherheit oder Ordnung" sollen nach *Fröhlich* (Fröhlich DVBl. 1964, 799 [799]) nicht ausgeschlossen sein (zustimmend *Wache* in Erbs/Kohlhaas § 1 Rn. 9). Die Nennung gesundheits- oder baurechtlicher Belange durch die oben Genannten passt mit dieser Begründung nicht, ist aber im Ergebnis mit Blick auf den engen Schutzbereich der Vereinigungsfreiheit zutreffend. Die Polizeifestigkeit endet dort, wo dieser nicht mehr betroffen ist. Unterfällt die Betätigung eines Vereins nicht diesem Schutzbereich, ist ein Einschreiten auf

Erster Abschnitt. Allgemeine Vorschriften **§ 2 VereinsG**

Basis des allgemeinen Gefahrenabwehrrechts möglich und zulässig (*Groh* in NomosOK VereinsG § 1 Rn. 6).

4. Exkurs: Verhältnis Art. 9 Abs. 2 GG zu Art. 18 GG

Art. 18 GG bestimmt: „Wer die [...] Vereinigungsfreiheit (Artikel 9), [...] **28** zum Kampfe gegen die freiheitliche demokratische Grundordnung mißbraucht, verwirkt diese Grundrechte. Die Verwirkung und ihr Ausmaß werden durch das Bundesverfassungsgericht ausgesprochen." Gedacht als scharfes Schwert, führt das Verwirkungsverfahren vor dem BVerfG (§§ 36 ff. BVerfGG) tatsächlich ein Schattendasein in der Irrelevanz (vgl. *Brenner* in MKS GG Art. 18 Rn. 10; ausführlich *Isensee*, Verfassungsnorm in Anwendbarkeitsnöten: Art. 18 GG in FS Graßhof, 1998, 289).

Sinn und Zweck sind offenbar: die durch das Grundgesetz gewährten Frei- **29** heiten sollen nicht dazu genutzt werden, um die diese Freiheiten gewährleistende freiheitlich demokratische Grundordnung zu bekämpfen oder gar zu zerstören. Die Grundrechte sollen ihrem Geiste gemäß, nicht aber ihrem Geiste zuwider gebraucht werden (*Hesse*, Grundzüge des Verfassungsrechts, 20. Aufl. Rn. 709).

Dieser Telos wohnt auch dem insofern spezielleren Art. 9 Abs. 2 GG inne. **30** Dementsprechend ist er nach hier geteilter Auffassung in Fällen, in denen Verbot und Auflösung der Vereinigung zur Disposition stehen, lex specialis. Hingegen geht Art. 18 GG vor, wenn nur einzelne grundrechtlich geschützte Betätigungsfelder entzogen werden sollen, z. B. Einsatz des Vereinseigentums zum Kampf gegen die freiheitlich demokratische Grundordnung (*Brenner* in MKS GG Art. 18 Rn. 75; *Wache* in Erbs/Kohlhaas VereinsG § 1 Rn. 12 m. w. N. auch zur a. A.). Die Verwirkung der Grundrechte durch einzelne Mitglieder der Vereinigung richtet sich ausschließlich nach Art. 18 GG (ebenso *Wache* in Erbs/Kohlhaas VereinsG § 1 Rn. 12).

§ 2 Begriff des Vereins

(1) **Verein im Sinne dieses Gesetzes ist ohne Rücksicht auf die Rechtsform jede Vereinigung, zu der sich eine Mehrheit natürlicher oder juristischer Personen für längere Zeit zu einem gemeinsamen Zweck freiwillig zusammengeschlossen und einer organisierten Willensbildung unterworfen hat.**

(2) **Vereine im Sinne dieses Gesetzes sind nicht**
1. **politische Parteien im Sinne des Artikels 21 des Grundgesetzes,**
2. **Fraktionen des Deutschen Bundestages und der Parlamente der Länder.**

Übersicht

	Rn.
I. Allgemeines	1
1. Inhalt	1
2. Entstehungsgeschichte	5
3. Verfassungs- und gemeinschaftsrechtliche Bezüge	8

VereinsG § 2 Erster Abschnitt. Allgemeine Vorschriften

	Rn.
II. Legaldefinition des Vereinsbegriffs	9
1. Verein im Sinne des VereinsG	9
2. Zusammenschluss	11
a) Personenvereinigung	11
b) Dauer	15
c) Zweck	19
d) Unterwerfung unter organisierte Willensbildung	20
3. Irrelevanz der Rechtsform	26
4. Prüfung im Verfahren	29
III. Negativabgrenzung	30
1. Politische Parteien	31
2. Fraktionen	34
3. Wegfall des Religionsprivilegs	38

I. Allgemeines

1. Inhalt

1 Mit der Festlegung bzw. Klärung, was unter einem Verein im Sinne des VereinsG zu verstehen ist (Abs. 1) und mit der Ausklammerung von Parteien und Fraktionen (Abs. 2) wird zugleich der sachliche Anwendungsbereich des VereinsG festgelegt.

2 § 2 des VereinsG enthält in Absatz 1 eine **Legaldefinition** des Vereins. Klargestellt wird, dass Verein im Sinne des VereinsG eine (1) Mehrheit natürlicher oder juristischer Personen, die sich (2) für längere Zeit, zu (3) einem gemeinsamen Zweck, (4) freiwillig (5) zusammengeschlossen und (6) einer organisierten Willensbildung unterworfen haben. Auf die Rechtsform kommt es, was ebenfalls klargestellt wird, nicht an.

3 Absatz 2 enthält (noch) zwei Ausnahmen vom VereinsG. Zunächst unterliegen politische Parteien im Sinne des Art. 21 GG nicht dem Regime des VereinsG (§ 2 Abs. 2 Nr. 1; zu Art. 21 GG siehe näher die Kommentierung von *Knabe* Art. 21 GG). Gleiches soll für Fraktionen des Deutschen Bundestages und der Parlamente der Länder gelten (§ 2 Abs. 2 Nr. 2).

4 Das so genannte Religionsprivileg des § 2 Abs. 2 Nr. 3 ist weggefallen. Dieses nahm „Religionsgemeinschaften und Vereinigungen, die sich die gemeinschaftliche Pflege einer Weltanschauung zur Aufgabe machen, im Rahmen des Artikels 140 des Grundgesetzes in Verbindung mit Artikel 137 der deutschen Verfassung vom 11. August 1919" vom Vereinsbegriff des VereinsG aus.

2. Entstehungsgeschichte

5 Im ursprünglichen Gesetzentwurf stand die Legaldefinition des Vereins im Sinne des VereinsG als § 1 an der Spitze des Gesetzes (BT-Drs. IV/430, Anlage 1, S. 1). Nachdem der Empfehlung des Ausschusses für Inneres, das Prinzip der Vereinsfreiheit *„ausdrücklich zum obersten Grundsatz des Gesetzentwurfs zu deklarieren",* Folge geleistet wurde (BT-Drs. IV/2145, S. 1 f.), fand eine geringfügige Verschiebung statt.

Ausgenommen vom VereinsG waren im ursprünglichen Entwurf ausdrücklich Parteien i. S. d. Art. 21 GG sowie Religionsgemeinschaften und Vereinigungen, „die sich die gemeinschaftliche Pflege einer Weltanschauung" zur Aufgabe gemacht haben. Ergänzt wurden durch den Rechts- und Innenausschuss die Fraktionen des Deutschen Bundestages und der Parlamente der Länder (BT-Drs. IV/2145, S. 2).

Mit dem „Ersten Gesetz zur Änderung des Vereinsgesetzes" vom 4.12.2001 (BGBl. I 3319; BT-Drs. 14/7026) wurde das so genannte Religionsprivileg (§ 2 Abs. 2 Nr. 3 a. F.) aus Gründen der inneren Sicherheit gestrichen (hierzu noch unten Rn. 38).

3. Verfassungs- und gemeinschaftsrechtliche Bezüge

Der Begriff des Vereins wie er durch § 2 Abs. 1 legaldefiniert wird, wird als kongruent mit dem verfassungsrechtlichen Vereinigungsbegriff (*Cornils* in BeckOK GG Art. 9 Rn. 5) beziehungsweise als dessen authentische Interpretation (*Groh* in NomosOK VereinsG § 2 Rn. 2) angesehen. Im Zweifel ist der Vereinsbegriff des Art. 9 GG der Legaldefinition des § 2 Abs. 1 VereinsG zu entnehmen (*Schnorr* § 2 Rn. 2).

II. Legaldefinition des Vereinsbegriffs

1. Verein im Sinne des VereinsG

Das VereinsG definiert den Verein als „jede Vereinigung, zu der sich eine Mehrheit natürlicher oder juristischer Personen für längere Zeit zu einem gemeinsamen Zweck freiwillig zusammengeschlossen und einer organisierten Willensbildung unterworfen hat". Klargestellt wird zudem, dass dies „**ohne Rücksicht auf die Rechtsform**" gilt. Die einzelnen Merkmale des Vereinsbegriffs sind weit auszulegen, um möglichst jede Form der Vereinigung zu erfassen (*Groh* in NomosOK VereinsG § 2 Rn. 1). Dementsprechend sind auch die nur im Art. 9 GG genannten „Gesellschaften" (hierzu Art. 9 GG Rn. 7) vom Vereinsbegriff mit umfasst (*Schnorr* § 2 Rn. 5).

Erfasst sind jedoch nur privatrechtliche Vereinigungen. Körperschaften des öffentlichen Rechts fallen weder in den personalen Schutzbereich des Art. 9 GG noch gilt für sie das VereinsG (*Wache* in Erbs/Kohlhaas VereinsG § 2 Rn. 2; BVerfGE 10, 354 [361 f.]). Nach Streichung des Religionsprivilegs (hierzu noch unten Rn. 38 f.) sollen jedoch zumindest Körperschaften des öffentlichen Rechts in Form von Religionsgemeinschaften beziehungsweise Kirchen nach Art. 140 GG und Art. 137 Abs. 5 WRV erfasst sein (*Groh* in NomosOK VereinsG § 2 Rn. 2).

2. Zusammenschluss

a) Personenvereinigung. Voraussetzung für die Einordnung als Verein ist zunächst die Vereinigung von natürlichen oder juristischen Personen. Eine Einzelperson kann sich nicht „vereinigen" beziehungsweise zusammenschließen und dementsprechend auch kein Verein sein. Das gilt auch für die zivilrechtlich mögliche Ein-Mann-Gesellschaft (*Kemper* in MKS GG Art 9 Abs. 1 Rn. 13 m. w. N.).

12 Zur Bildung eines Vereins sind daher bereits nach dem Wortsinn – wie auch im Kontext des Art. 9 GG – mindestens zwei Personen erforderlich (so auch *Sailer* in Lisken/Denninger Teil X Rn. 29; *Kemper* in MKS GG Art 9 Abs. 1 Rn. 13). Ebenfalls aus der Legaldefinition folgt, dass eine weitergehende Festlegung der Mitgliederzahl nicht erforderlich ist. Der § 56 BGB, nach welchem die Mindestmitgliederzahl eines (eintragungsfähigen) Vereins sieben beträgt, ist nicht, auch nicht entsprechend anwendbar (wohl h. M. *Wache* in Erbs/Kohlhaas § 2 Rn. 9; *Schnorr* § 2 Rn. 8 m. w. N.; *Groh* in NomosOK VereinsG § 2 Rn. 5). Auch der allgemeine Rechtsgrundsatz „tres faciunt colegium", der sich im § 73 BGB widerspiegelt kann mit Blick auf den Verfassungsrang des Vereinsbegriffes keine Rolle spielen. Dementsprechend ist die Auffassung von *Schnorr* (*Schnorr* § 2 Rn. 8) abzulehnen, der drei Personen als „Mindestzahl" ansieht und im Einzelfall auch eine höhere Mitgliederzahl fordern möchte. Suggeriert wird die Auffassung, dass *„Zwerggebilde"* nur dann unter dem Schutz des Art. 9 GG stünden, wenn *„der Zweck des Vereins, die Bedeutung seiner Mitglieder im öffentlichen Leben ebenso wie die Beachtung, die der Verein in der öffentlichen Meinung findet"* dem entsprächen. Das ist nicht der Fall. Ebenso wie für die Versammlung von Personen, gilt nach hier vertretener Auffassung für die Vereinigung der Ausspruch von *Herzog* in Maunz/Dürig GG Art. 8 Rn. 48 (Loseblatt, Stand 1997) *„Die systematische Isolierung mißliebiger Personen, die dem totalitären Staat heute durchaus möglich und übrigens, wie die Geschichte lehrt, auch zuzutrauen ist, macht vor der Isolierung vom letzten Freund nicht halt"* entsprechend. Für die Schutzfähigkeit – und dementsprechend auch für die Mindestzahl der Mitglieder – spielt der konkrete Zweck des Vereins keine Rolle (vgl. BVerfG NJW 1975, 1265 [1266]).

13 Ein Zusammenschluss ist nicht bereits bei einer bloßen faktischen Zusammenarbeit zweier oder mehrerer Personen gegeben. Voraussetzung ist vielmehr ein assoziativ-konstitutiver Akt (*Sailer* in Lisken/Denninger, Teil X Rn. 30). Die Anforderungen hieran sind nicht hoch. Ausreichend ist ein **stillschweigendes Übereinkommen,** sofern sich aus den Umständen des Einzelfalls der Wille zur Vereinsgründung ergibt (vgl. VGH Mannheim NVwZ-RR 1993, 25; *Schnorr* § 2 Rn. 7 mit Verweis auf Preuß. OVG, OVGE 39, 437).

14 Mangels Personenvereinigung fallen Stiftungen nicht unter den Vereinsbegriff. Eine Stiftung „ist eine auf Ausstattung mit einem Vermögen angelegte, nicht in einem Personenverband bestehende selbständige juristische Person zur Erreichung eines dauernden Zwecks, der nur durch den Willen des Errichters bestimmt wird." (BVerwG NJW 1998, 2545 [2546]). Sie unterfällt daher weder dem Schutzbereich des Art. 9 GG noch dem VereinsG.

15 b) Dauer. Die Personenvereinigung muss für „eine längere Zeit" bestehen. Anhand diesen Merkmals kann der Verein von der Versammlung oder konkreten Aktion abgegrenzt werden. Eine bestimmte Mindestzeit muss indes nicht erreicht werden. Es ist nicht erforderlich, dass der Verein mit dem Ziel der zeitlich unbegrenzten Tätigkeit und Existenz gegründet wird. Vielmehr ist die **Dauerhaftigkeit der Zweckverfolgung** im Verbund von Bedeutung. Diese muss über das reine „Raumverhältnis" einer Versammlung hinausgehen (*Groh* in NomosOK VereinsG § 2 Rn. 6; *Reichert* Rn. 6516; *Schnorr* § 2 Rn. 14 m.w.N.). Der Zweck selbst kann ein vorübergehender sein.

Die zivilrechtlichen Regelungen sind für Beginn und Ende des Bestehens 16 eines Vereins im Sinne des VereinsG irrelevant. Dieses hängt (nur) davon ab, ob sämtliche Merkmale der Legaldefinition erfüllt sind. Es gilt der Grundsatz der Faktizität (*Schnorr* § 2 Rn. 24).

Ob dies faktisch der Fall ist, kann bisweilen nur aus Indizien gefolgert wer- 17 den. Die mehrjährige Durchführung „öffentlichkeitswirksame[r] Aktionen mit anschließender Publizierung im Internet" soll auf einen dauerhaften Zusammenschluss schließen lassen können (OVG Berlin-Brandenburg NVwZ 2013, 410)

Hat sich ein Verein aufgelöst, existiert er nicht mehr und ist nicht mehr als 18 Verein i. S. d. VereinsG anzusehen. Es versteht sich nach Auffassung des BVerwG *„von selbst und bedarf keiner weiteren Begründung",* dass Maßnahmen nach dem VereinsG (z. B. eine Verbotsverfügung im Sinne von § 3 Abs. 1 VereinsG) nur gegen bestehende Vereine gerichtet werden können (BVerwG, BeckRS 2008, 37334). Auch hier gilt der Grundsatz der Faktizität. Erst wenn die Merkmale der Legaldefinition nicht mehr erfüllt werden hat sich der Verein de facto aufgelöst.

c) Zweck. Vom simplen Zusammenschluss unterscheidet sich der Verein 19 durch den gemeinsamen Zweck (vgl. bereits oben; Ausführlich zum Vereinszweck *Röcken* ZStV 2013, 66 [69]). Welcher Zweck verfolgt wird, ist irrelevant (BVerfG NJW 1975, 1265 [1266]). Er kann dementsprechend ideeller, wirtschaftlicher, politischer, religiöser oder geselliger Natur sein, gemeinnützigen oder eigensüchtigen Interessen dienen (*Schnorr* § 2 Rn. 23). Ein von der Rechtsordnung nicht gebilligter Zweck (z. B. Verbreitung rechtsextremen Gedankenguts) kann freilich Grund für ein Vereinsverbot sein, ändert jedoch an der Vereinseigenschaft nichts.

d) Unterwerfung unter organisierte Willensbildung. Neben der feh- 20 lenden Dauerhaftigkeit geht der Versammlung im Gegensatz zum Verein auch das Vorhandensein einer *organisierten* Willensbildung ab. Zwar wohnt auch, wie *Schnorr* (§ 2 Rn. 22) richtig feststellt, einer Versammlung eine gewisse Ordnung inne bzw. wird ihr eine solche durch die Versammlungsgesetze auferlegt. Diese folgt aber im Wesentlichen aus dem Raumverhältnis, in welchem die Versammlung abläuft. Eine **organisierte Willensbildung** meint daher mehr als nur eine solche situationsbedingte Organisation „on the spot", sondern vielmehr die vereinsinterne Gesamtwillensbildung, derer sich die einzelnen Mitglieder unterordnen („unterwerfen") und die die Handlungen der Mitglieder koordiniert (vgl. *Groh* in NomosOK VereinsG § 2 Rn. 9).

Eine solche **Gesamtwillensbildung** liegt dann nicht vor, wenn eine Per- 21 son sich mit anderen vereinigt, diese aber nur dem Willen der Leitperson folgen ohne jemals an der Willensbildung beteiligt sein zu können oder dürfen. Als treffendes Beispiel nennt *Reichert* (*Reichert* Rn. 6518) die Vereinigung zur Begehung von Straftaten, bei welcher eine Person auf Grund größerer Intelligenz die Tatplanung übernimmt und die anderen Mitglieder dieser Person lediglich folgen.

22 Die Notwendigkeit der Unterwerfung unter eine organisierte Willensbildung bedeutet aber nicht, dass bestimmte Formalia beachtet werden. So ist z. B. keine Satzung, Mitgliederversammlung, Erhebung von Beiträgen, Wahl des Vorstand oder gar die Wahl einer Vereinsbezeichnung etc. notwendig, um als Verein im Sinne des § 2 VereinsG zu gelten (vgl. *Reichert* Rn. 6518).

23 Es ist jedoch erforderlich, dass wenigstens faktisch auf eine organisierte Willensbildung geschlossen werden kann. Tatsachen müssen die Annahme rechtfertigen, dass bestimmte Tätigkeiten (z. B. die Erstellung und Verbreitung einer rechtsgerichteten Zeitung im Falle OVG Hamburg BeckRS 2001, 20107) effektiv und sinnvoll ohne Strukturen, die eine Vereinigung im Sinne von § 2 Abs. 1 VereinsG ausmachen, nicht möglich (gewesen) wären.

24 Als Indizien für das Vorliegen einer Vereinigung im Sinne des § 2 Abs. 1 VereinsG zählt die Rechtsprechung (OVG Magdeburg BeckRS 2010, 54949) auch gemeinsame Treffpunkte, einheitliche Bekleidung sowie die Unterordnung unter eine Führungsperson.

25 Der Umstand, dass die **Organisationsstruktur** eines Personenzusammenschlusses nicht offenkundig und auf Geheimhaltung angelegt ist, steht nach dem OVG Berlin-Brandenburg (NVwZ 2013, 410) der Annahme einer verbotsfähigen Vereinsstruktur nicht entgegen. Scheinbar fehlende organisatorische Strukturen können durch Nutzung der modernen Informationstechnologie (insbesondere Internet, soziale Medien und SMS) ausgeglichen werden, wenn diese fester Bestandteil bei der Verbreitung der „Vereinsideologie", der Vorbereitung von Kampagnen und Aktionen sowie bei der Werbung für andere der Vereinigung ideologisch nahestehende Veranstaltungen und der Kommunikation mit Mitgliedern und Sympathisanten sind.

3. Irrelevanz der Rechtsform

26 Die **Rechtsform** der Vereinigung ist für die Frage, ob ein Verein im Sinne des § 2 Abs. 1 VereinsG vorliegt **irrelevant.** Insbesondere muss der Verein nicht in eine der einfachgesetzlichen Kategorien (z. B. eingetragener Verein) einordbar sein. Erfasst sind alle privatrechtlichen Vereinigungen, einschließlich der Gesellschaft nach § 705 BGB sowie nach § 105 HGB (*Groh* NomosOK VereinsG § 2 Rn. 2).

27 Auch sog. Vorvereine und Gründergesellschaften sind vereinsrechtlich als Verein einzustufen. Ihr Verbot erfasst das Verbot des nachfolgend eingetragenen Vereins bzw. der AG automatisch (*Schnorr* § 2 Rn. 25). Die Ablehnung der Eintragung nach § 60 BGB stellt ebensowenig wie der Entzug der Rechtsfähigkeit nach §§ 43, 44 BGB ein Vereinsverbot dar (*Groh* in NomosOK VereinsG § 2 Rn. 2) und führt nicht zum Entfallen des Vereinsstatus im Sinne des § 2 VereinsG.

28 Für die Einordnung als Verein ist es unschädlich, wenn dieser wie ein auf Gewinnerzielung gerichteter Gewerbebetrieb arbeitet und die Vereinsform nur dazu dienen soll, gewerberechtliche und strafrechtliche Bestimmungen zu umgehen sowie Überprüfungen zu erschweren. Für die vereinsrechtliche Beurteilung des Klägers reicht es aus, daß er sich förmlich als Verein konstituiert hat und als solcher organisiert ist (VGH Baden-Württemberg, Urt. v. 27.11.1989 – 1 S 2340/88).

4. Prüfung im Verfahren

Ob ein Verein im Sinne des VereinsG vorliegt, ist in einem eventuellen Verbotsverfahren im Einzelfall (und nicht erst im Revisionsverfahren) zu klären (BVerwG BeckRS 2008, 37334). 29

III. Negativabgrenzung

Nach § 2 Abs. 2 sind politische Parteien im Sinne des Art. 21 GG sowie Fraktionen des Deutschen Bundestages und der Parlamente der Länder keine Vereine im Sinne des VereinsG. Die frühere Privilegierung von Religionsgemeinschaften und Vereinigungen, die sich die gemeinschaftliche Pflege einer Weltanschauung zur Aufgabe machen (§ 2 Abs. 2 Nr. 3 a. F.), ist gestrichen worden (hierzu sogleich Rn. 38). 30

1. Politische Parteien

Politische Parteien im Sinne des Art. 21 GG (siehe auch die Kommentierung von Art. 21 GG) sind vom Vereinsbegriff und damit vom Anwendungsbereich des VereinsG ausgenommen. Ausweislich des Art. 21 Abs. 2 GG sind Parteien, die nach ihren Zielen oder nach dem Verhalten ihrer Anhänger darauf ausgehen, die freiheitliche demokratische Grundordnung zu beeinträchtigen oder zu beseitigen oder den Bestand der Bundesrepublik Deutschland zu gefährden, als verfassungswidrig einzustufen. Hierüber entscheidet ausschließlich das Bundesverfassungsgericht im Rahmen eines eigenen Verbotsverfahrens (§§ 43 ff. BVerfGG). 31

Parteien sind in § 2 Abs. 1 PartG legaldefiniert als „Vereinigungen von Bürgern, die dauernd oder für längere Zeit für den Bereich des Bundes oder eines Landes auf die politische Willensbildung Einfluß nehmen und an der Vertretung des Volkes im Deutschen Bundestag oder einem Landtag mitwirken wollen, wenn sie nach dem Gesamtbild der tatsächlichen Verhältnisse, insbesondere nach Umfang und Festigkeit ihrer Organisation, nach der Zahl ihrer Mitglieder und nach ihrem Hervortreten in der Öffentlichkeit eine ausreichende Gewähr für die Ernsthaftigkeit dieser Zielsetzung bieten." Umfasst sind die einzelnen Gebietsverbände der Partei als auch eingegliederte Teilorganisationen. Ob Neben- und Hilfsorganisationen wegen ihrer Eigenständigkeit nicht als Partei sondern als Verein anzusehen sind, ist streitig (bejahend *Klein* in: Maunz/Dürig GG Art. 21 Rn. 235 f m.w. N zur wohl h. M.; dagegen *Morlok* in Dreier GG Art. 21 Rn. 42 ff.; ihm zustimmend (*Groh* NomosOK VereinsG § 2 Rn. 10). 32

So genannte **Rathausparteien** sind nicht als Parteien, sondern als Vereine im Sinne des VereinsG einzustufen. Hierbei handelt es sich um Zusammenschlüsse von Personen, die ausschließlich kommunalpolitische Ziele verfolgen und sich dementsprechend auch nur auf kommunaler Ebene (Gemeinden und Kreise) an Wahlen beteiligen (*Klein* in Maunz/Dürig GG Art. 21 Rn. 238). Rathausparteien fallen dementsprechend aus der Definition des § 2 Abs. 1 PartG, da sie nicht auf Bundes- oder Landesebene agieren (wollen). 33

2. Fraktionen

34 Fraktionen des Deutschen Bundestages und der Parlamente der Länder sind ebenfalls vom Anwendungsbereich des VereinsG ausgenommen. Ihr Schicksal ist akzessorisch zu dem ihrer Partei.

35 Im Bundestag werden als Fraktion gemäß § 10 Abs. 1 GOBT grundsätzlich nur „Vereinigungen von mindestens fünf vom Hundert der Mitglieder des Bundestages, die derselben Partei oder solchen Parteien angehören, die auf Grund gleichgerichteter politischer Ziele in keinem Land miteinander im Wettbewerb stehen" angesehen. Ein Zusammenschluss von Bundestagsmitgliedern der hiervon abweicht kann mit Zustimmung des Bundestags als Fraktion anerkannt werden, § 10 Abs. 1 Satz 2 GOBT.

36 Die Ausnahme für Fraktionen soll auch für „parlamentarische Gruppen", also Zusammenschlüssen von Bundestagsmitgliedern, die nicht die in § 10 Abs. 1 GOBT genannte Mindeststärke erreichen, gelten (*Groh* in NomosOK VereinsG § 2 Rn. 13; *Schnorr* § 2 Rn. 34).

37 Fraktionen politischer Parteien in Kommunalparlamenten sind nicht in § 2 Abs. 2 Nr. 2 VereinsG genannt. Sie unterfallen ebenfalls nicht dem VereinsG, wenn sie aus einer politischen Partei und nicht lediglich einer Rathauspartei (s. o. Rn. 31) hervorgehen (*Schnorr* § 2 Rn. 35).

3. Wegfall des Religionsprivilegs

38 Nach dem so genannten **Religionsprivileg** (hierzu ausführlich Art. 4 GG Rn. 3 sowie *Groh* KritV 2002, 39) des § 2 Abs. 2 Nr. 3 VereinsG a. F. fand das Vereinsgesetz auf Religionsgemeinschaften und Vereinigungen, die sich die gemeinschaftliche Pflege einer Weltanschauung zur Aufgabe machen, im Rahmen des Art. 140 GG i. V. m. Art. 137 der WRV, keine Anwendung. Nach Auffassung des Gesetzgebers besteht jedoch ein Bedürfnis, „gegen Vereinigungen, deren Zwecke oder Tätigkeit den Strafgesetzen zuwiderlaufen oder die sich gegen die verfassungsmäßige Ordnung oder den Gedanken der Völkerverständigung richten, auch dann ein Verbot aussprechen zu können, wenn es sich um Religionsgemeinschaften handelt" (BT-Drs. 14/7026, S. 6). Der Gesetzgeber hatte insbesondere die folgenden Konstellationen als problematisch angesehen: „Fundamentalistisch-islamistische Vereinigungen, die zur Durchsetzung ihrer Glaubensüberzeugungen Gewalt gegen Andersdenkende nicht ablehnen, Vereinigungen mit Gewinnerzielungsabsicht oder politischen Zielen, die für sich den Status einer religiösen bzw. weltanschaulichen Vereinigung reklamieren und im Rahmen von Vereinsverbotsverfahren Prozessrisiken hinsichtlich der Beurteilung ihres Vereinigungscharakters aufwerfen und bislang nur im Ausland mit Tötungsdelikten und Massenselbstmorden aufgetretene Weltuntergangssekten." (BT-Drs. 14/7026, S. 6) Aus „Gründen der inneren Sicherheit" erschien dem Gesetzgeber die Herausnahme von Religions- und Weltanschauungsgemeinschaften aus dem Anwendungsbereich des Vereinsgesetzes „nicht länger vertretbar".

39 Ob jedoch die in BT-Drs. 14/7026, S. 6 a. E. genannte Auffassung, dass auch Religions- und Weltanschauungsgemeinschaften die Verbotsvoraussetzungen des Artikels 9 Abs. 2 GG in Verbindung mit § 3 Abs. 1 VereinsG erfüllen könnten zutrifft, ist umstritten. Nach der Rechtsprechung des BVerwG und des BVerfG ist das Verbot einer Religions- oder Weltanschauungsgemeinschaft nach dem VereinsG möglich. Jedoch sei es mit Blick auf dessen „überaus schwerwiegenden Folgen für die Gemeinschaft und ihre Mitglieder nur dann hinreichend gerechtfertigt, wenn es sich auch nach Abwägung mit dem verfassungsrechtlichen Schutz dieser Vereinigungen zur Wahrung der angegriffenen Verfassungsgüter als unerlässlich erweist" (BVerwG NVwZ 2006, 694 [695], ebenso BVerfG NJW 2004, 47 [48]). Demgegenüber halten Stimmen in der Literatur (z. B. *Schmidt,* Das Verbot von Religions- und Weltanschauungsgemeinschaften. 2012, S. 282 ff; *Radtke* ZevKR 2005, 95 [110 f.]) ein Verbot zumindest nach den Regelungen des VereinsG für unzulässig (hierzu näher § 3 Abs. 1 VereinsG Rn. 58 ff.) und halten ungeachtet des Wegfalls des Religionsprivilegs den Bestand von Religionsgemeinschaften für *„lediglich durch verfassungsunmittelbare Schranken, insbesondere kollidierende Grundrechte Dritter und den Schutz der verfassungsmäßigen Ordnung, begrenzt"* (*Radtke* ZevKR 2005, 95 [110 f.]). Nach hier geteilter Auffassung handelt es sich bei der Streichung des Religionsprivilegs (im Rahmen des ersten „Anti-Terror-Pakets") um einen Akt symbolischer Gesetzgebung ohne wirklichen Regelungskern (*Poscher* KritV 2002, 298 [309]).

Zweiter Abschnitt. Verbot von Vereinen

§ 3 Verbot

(1) ¹Ein Verein darf erst dann als verboten (Artikel 9 Abs. 2 des Grundgesetzes) behandelt werden, wenn durch Verfügung der Verbotsbehörde festgestellt ist, daß seine Zwecke oder seine Tätigkeit den Strafgesetzen zuwiderlaufen oder daß er sich gegen die verfassungsmäßige Ordnung oder den Gedanken der Völkerverständigung richtet; in der Verfügung ist die Auflösung des Vereins anzuordnen (Verbot). ²Mit dem Verbot ist in der Regel die Beschlagnahme und die Einziehung
1. des Vereinsvermögens,
2. von Forderungen Dritter, soweit die Einziehung in § 12 Abs. 1 vorgesehen ist, und
3. von Sachen Dritter, soweit der Berechtigte durch die Überlassung der Sachen an den Verein dessen verfassungswidrige Bestrebungen vorsätzlich gefördert hat oder die Sachen zur Förderung dieser Bestrebungen bestimmt sind,

zu verbinden.

(2) ¹Verbotsbehörde ist
1. die oberste Landesbehörde oder die nach Landesrecht zuständige Behörde für Vereine und Teilvereine, deren erkennbare Organisation und Tätigkeit sich auf das Gebiet eines Landes beschränken;
2. der Bundesminister des Innern für Vereine und Teilvereine, deren Organisation oder Tätigkeit sich über das Gebiet eines Landes hinaus erstreckt.

²Die oberste Landesbehörde oder die nach Landesrecht zuständige Behörde entscheidet im Benehmen mit dem Bundesminister des Innern, wenn sich das Verbot gegen den Teilverein eines Vereins richtet, für dessen Verbot nach Satz 1 Nr. 2 der Bundesminister des Innern zuständig ist. ³Der Bundesminister des Innern entscheidet im Benehmen mit den Behörden, die nach Satz 1 Nr. 1 für das Verbot von Teilvereinen zuständig gewesen wären.

(3) ¹Das Verbot erstreckt sich, wenn es nicht ausdrücklich beschränkt wird, auf alle Organisationen, die dem Verein derart eingegliedert sind, daß sie nach dem Gesamtbild der tatsächlichen Verhältnisse als Gliederung dieses Vereins erscheinen (Teilorganisationen). ²Auf nichtgebietliche Teilorganisationen mit eigener Rechtspersönlichkeit erstreckt sich das Verbot nur, wenn sie in der Verbotsverfügung ausdrücklich benannt sind.

(4) ¹Das Verbot ist schriftlich oder elektronisch mit einer dauerhaft überprüfbaren Signatur nach § 37 Abs. 4 des Verwaltungsverfahrensgesetzes abzufassen, zu begründen und dem Verein, im Falle des Ab-

Zweiter Abschnitt. Verbot von Vereinen §3 VereinsG

satzes 3 Satz 2 auch den Teilorganisationen, zuzustellen. ²Der verfügende Teil des Verbots ist im Bundesanzeiger und danach im amtlichen Mitteilungsblatt des Landes bekanntzumachen, in dem der Verein oder, sofern sich das Verbot hierauf beschränkt, der Teilverein seinen Sitz hat; Verbote nach § 15 werden nur im Bundesanzeiger bekanntgemacht. ³Das Verbot wird mit der Zustellung, spätestens mit der Bekanntmachung im Bundesanzeiger, wirksam und vollziehbar; § 80 der Verwaltungsgerichtsordnung bleibt unberührt.

(5) **Die Verbotsbehörde kann das Verbot auch auf Handlungen von Mitgliedern des Vereins stützen, wenn**
1. **ein Zusammenhang zur Tätigkeit im Verein oder zu seiner Zielsetzung besteht,**
2. **die Handlungen auf einer organisierten Willensbildung beruhen und**
3. **nach den Umständen anzunehmen ist, daß sie vom Verein geduldet werden.**

Übersicht

	Rn.
I. Allgemeines	1
1. Inhalt	1
2. Entstehungsgeschichte	3
3. Verfassungs- und gemeinschaftsrechtliche Bezüge	4
a) Grundsatz der Verhältnismäßigkeit	5
b) Verbotszuständigkeit des Bundesministers des Innern	10
c) Gemeinschaftsrechtliche Überlegungen	11
II. Verbotsverfügung (Abs. 1)	12
1. Allgemeines	12
2. Bestandteile der Verbotsverfügung	15
3. Verbotsgründe (Abs. 1 Satz 1)	19
a) Verstoß gegen Strafgesetze	20
b) Verstoß gegen die verfassungsmäßige Ordnung	38
c) Verstoß gegen den Gedanken der Völkerverständigung	50
d) Verbot von Religions- und Weltanschauungsgemeinschaften	58
4. Beschlagnahme und Einziehung (Abs. 1 Satz 2)	61
III. Verbotsbehörde (Abs. 2)	63
1. Allgemeines	63
2. Oberste Landesbehörde (Abs. 2 Nr. 1)	67
3. Bundesminister des Innern (Abs. 2 Nr. 2)	69
4. Abstimmung der Vorgehensweise (Abs. 2 Satz 2 und Satz 3)	74
IV. Reichweite des Vereinsverbots (Abs. 3)	76
1. Allgemeines	76
2. Verbot von Teilorganisationen (Abs. 3 Satz 1)	77
3. Verbot von nichtgebietlichen Teilorganisationen (Abs. 3 Satz 2)	83
V. Formelle Voraussetzungen (Abs. 4)	84
1. Allgemeines	84
2. Anhörung	85
3. Schriftform	88
4. Elektronische Form	90
5. Begründung	93

	Rn.
6. Zustellung	95
7. Bekanntmachung	97
a) Wirksamkeitsvoraussetzung	99
b) Umfang der Bekanntmachung	100
VI. Zurechnung (Abs. 5)	102
1. Allgemeines	102
2. Zusammenhang zur Tätigkeit oder Zielsetzung des Vereins (Abs. 5 Nr. 1)	104
3. Beruhen auf einer organisierten Willensbildung (Abs. 5 Nr. 2)	106
4. Duldung durch den Verein (Abs. 5 Nr. 3)	108
VII. Hinweise für den Rechtsanwender	110
1. Allgemeines	110
2. Reaktionsmöglichkeiten des Vereins vor Ausspruch eines Verbots	113
3. Rechte und Pflichten der Mitglieder nach Ausspruch eines Verbots	116
4. Reaktionsmöglichkeiten der Teilorganisationen eines verbotenen Vereins	119
5. Angreifbare Verbotsverfügung	120
a) Aktivlegitimation des Vereins	121
b) Aktivlegitimation der Vereinsmitglieder	122
c) Aufschiebende Wirkung	125
d) Vollständige Akteneinsicht	129
e) Gerichtliche Überprüfung	131

I. Allgemeines

1. Inhalt

1 § 9 Abs. 2 GG (hierzu Art. 9 Rn. 23 ff.) bestimmt, dass Vereinigungen verboten sind, deren Zwecke oder deren Tätigkeit den Strafgesetzen zuwiderlaufen oder die sich gegen die verfassungsmäßige Ordnung oder gegen den Gedanken der Völkerverständigung richten. Die Kernvorschrift zur vereinsrechtlichen Realisierung dieses verfassungsrechtlich angeordneten Verbots ist § 3. Hierbei fungiert zunächst einmal § 3 Abs. 1 Satz 1 als streng akzessorische Ausführungsbestimmung zu Art. 9 Abs. 2 GG. Die Vorschrift enthält keine eigenständigen Verbotstatbestände, sondern wiederholt lediglich die verfassungsrechtlichen Vorgaben.

2 Im Vordergrund der Regelungen des § 3 stehen zudem die Regelungen des Ablaufs und der Durchführung des Verbotsverfahrens, welche von Art. 9 Abs. 2 GG ausgespart werden (vgl. *Schmidt*, Das Verbot von Religions- und Weltanschauungsgemeinschaften, 2012, S. 279). Die Vorschrift enthält Regelungen zur Ausgestaltung der Verbotsverfügung (Abs. 1), der Behördenzuständigkeit (Abs. 2), der Reichweite des Verbots (Abs. 3), den formellen Voraussetzungen eines Verbots (Abs. 4) und Zurechnungsbestimmungen (Abs. 5).

2. Entstehungsgeschichte

3 Die Vorschrift wurde in der Vergangenheit regelmäßig den Bedürfnissen der Praxis angepasst. So wurden beispielsweise die Möglichkeiten zur Beschlagnahme und Einziehung von Forderungen Dritter (§ 3 Abs. 1 Satz 2 Nr. 3; hierzu Rn. 61 f.) geschaffen, um das Verbotsverfahren effizienter auszugestalten. Zudem wurde die in § 3 Abs. 5 vorgesehene Möglichkeit, das Vereinsverbot nicht nur auf Handlungen des Vereins, sondern auch seiner Mitglieder zu stützen, aufgenommen, um insbesondere auch die konspirativ agierenden Vereine belangen zu können, deren geheim gehaltene Zielsetzung das Begehen von Straftaten ist (BT-Drs. 12/6853, S. 45; hierzu Rn. 20 ff.).

3. Verfassungs- und gemeinschaftsrechtliche Bezüge

Mit § 3 wird den Verbotsbehörden ein Mittel zur Durchsetzung der einzigen von der Verfassung vorgesehenen Begrenzung der Vereinsfreiheit in die Hand gegebeben. Andere Möglichkeiten zur Durchsetzung von Art. 9 Abs. 2 GG existieren nicht (*Wache* in Erbs/Kohlhaas VereinsG § 3 Rn. 1). Die Vorschrift hält einer verfassungsrechtlichen Überprüfung Stand (BVerfG NJW 1990, 37 [38]). Von Verfassungs wegen ist es insbesondere nicht geboten, die Auflösung einer verbotenen Vereinigung erst dann durchzusetzen, wenn die die Auflösung begründenden Feststellungen unanfechtbar geworden sind (BVerfG NJW 1990, 37 [38]). Dem Staat wird mit den Verbotsbestimmungen vielmehr ein Mittel an die Hand gegeben, das eine rechtzeitige und **wirksame Reaktion auf Gefahren** ermöglichen soll (BVerfG NJW 1990, 37 [38]). 4

a) Grundsatz der Verhältnismäßigkeit. Im Kontext der Aussprache eines Vereinsverbots ist zwingend der aus dem im Art. 20 Abs. 2 GG niedergelegten Rechtsstaatsprinzip folgende **Grundsatz der Verhältnismäßigkeit** zu beachten (*Wache* in Erbs/Kohlhaas VereinsG § 3 Rn. 7; *Albrecht* VR 2013, 8 [11 f.]; *Albrecht* MSchrKrim 2012, 115 [123 f.]). Dieser Grundsatz besagt im vereinsrechtlichen Zusammenhang, dass das Grundrecht der Vereinsfreiheit nur so weit beschränkt werden darf, wie dies zum Schutz öffentlicher Interessen unerlässlich ist (BVerwG BeckRS 1971, 30432787; zweifelnd OVG Schleswig BeckRS 2012, 52184). 5

Verdichtet sich der Verdacht, dass ein Verein gem. Art. 9 Abs. 2 GG verboten sein könnte, ist seitens der Verbotsbehörde demnach eine Prüfung der Verhältnismäßigkeitsgesichtspunkte vorzunehmen. Im Rahmen des Verbotsverfahrens ist zu überlegen, welche Maßnahme im konkreten Einzelfall ergriffen werden muss, um den von einem verbotenen Verein ausgehenden Gefahren wirksam zu begegnen (BVerwG BeckRS 1971, 30432787). Hierbei ist der Verbotsbehörde ein **Auswahlermessen** zuzubilligen, von dem sie Gebrauch zu machen hat (a. A. BVerwG NVwZ 2010, 446 [455]; von einem stark eingeschränkten Ermessen spricht *Seifert* DÖV 1954, 353). 6

Die vereinsrechtliche Praxis, die eine intensive Prüfung der Verbotsalternativen nicht vornimmt, verkennt, dass mittels des Verbots eines Vereines in grundrechtlich geschützte Positionen aller Vereinsmitglieder eingegriffen wird, eben auch der, die sich nicht in verbotswürdiger Weise betätigt haben. Angesichts der vereinsvernichtenden und sich zu Lasten aller Mitglieder entfaltenden Wirkung der Auflösung, kann die Aussprache eines Verbots immer nur **ultima ratio** sein (BVerwG NJW 1981, 1796; vgl. BVerwG BeckRS 1971, 30432787; vgl. *Löwer* in von Münch/Kunig GG Art. 9 Rn. 46; *Albrecht* VR 2013, 8 [11 f.]). Verhältnismäßigkeitsgesichtspunkte zwingen die Verbotsbe- 7 hörde, zunächst einmal auf andere Weise als durch eine Vereinsauflösung zu versuchen, die Strafgesetzwidrigkeit der Vereinigung zu beseitigen (BVerwG BeckRS 1971, 30432787; *Ridder* in DHSS GG Art. 9 Abs. 2 Rn. 26; *Albrecht* VR 2013, 8 [11 f.]). Hierbei müssen gleichwohl keine von vornherein aussichtslosen Bemühungen unternommen werden.

8 Im Einzelfall sollte vor der Aussprache eines Verbots folglich geprüft werden, ob dem betroffenen Verein nicht auch aufgegeben werden kann, Maßnahmen zu ergreifen, die auf die Vermeidung eines Vereinsverbotes abzielen (*Albrecht* VR 2012, 8 [11 f.]). Mittels einer Änderung der Vereinssatzung, der Vereinsziele, der Betätigung usw. könnte einem Verein dann die Möglichkeit gegeben werden, **„sich aus der Verbotszone zu entfernen"** (*Ridder* in DHSS GG Art. 9 Abs. 2 Rn. 24, 27). Als dem Vereinsverbot vorzuziehende mildere Mittel werden im Schrifttum zudem Maßnahmen angeführt, die von Verwarnungen (*Groh* in NomosOK VereinsG § 2 Rn. 7) bis hin zu Tätigkeitsbeschränkungen reichen (*Wache* in Erbs/Kohlhaas VereinsG § 3 Rn. 5). Zudem muss sich eine konsequente Anwendung strafrechtlicher Vorschriften im konkreten Fall als aussichtslos erwiesen haben (vgl. *Dreier* JZ 1994, 741 [752]).

9 Für den Nachweis diesbezüglicher Überlegungen ist die **Verbotsbehörde beweispflichtig**. Grundsätzlich liegt es an ihr zu belegen, dass zunächst mildere Alternativen als ein Vereinsverbot in Erwägung gezogen und ggf. auch angewandt wurden. Erst wenn diese scheitern oder sich von vornherein als nicht hinreichend wirksam erweisen, kommt ein Verbot in Betracht (BVerwG BeckRS 1971, 30432787).

10 **b) Verbotszuständigkeit des Bundesministers des Innern.** Verfassungsrechtliche Bedenken hinsichtlich der aus § 3 Abs. 3 Nr. 2 (hierzu Rn. 69 ff.) folgenden Verbotszuständigkeit des Bundesministers des Innern bestehen nicht (*Kawerau,* Ein Beitrag zur Auslegung der Art. 83 und 87 Abs. 3 GG, 1969, S. 87; so im Ergebnis auch *Spiller,* Das Vereinsverbot nach geltendem Verfassungsrecht, 1967, S. 84 ff.; a. A. *von Feldmann* DÖV 1965, 29 [32 f.]). Angesichts des Erfordernisses eines wirksamen Gesetzesvollzugs wird die Regelung für unerlässlich erachtet (*Petzold* NJW 1964 2281 [2282]).

11 **c) Gemeinschaftsrechtliche Überlegungen.** Die Frage, ob und ggf. unter welchen Voraussetzungen die Anwendung einer nationalen Rechtsvorschrift über ein Vereinsverbot wegen Verstoßes gegen den Gedanken der Völkerverständigung (hierzu Rn. 50 ff.) in den durch die Richtlinie 89/552/EWG (in der durch die Richtlinie 97/36/EG geänderten Fassung) koordinierten Bereich fällt und daher gem. Art. 2 a der Richtlinie ausgeschlossen ist, hat das Bundesverwaltungsgericht mit Entscheidung vom 24.02.2010 dem Europäischen Gerichtshof vorgelegt (BVerwG BeckRS 2010, 49197). Im konkreten Fall ging es u. a. darum, dass der Betreiber eines überwiegend kurdisch-sprachigen und via Satellit europaweit zu empfangenden Fernsehsenders mit Sitz in Dänemark mit einem vereinsrechtlichen Betätigungsverbot belegt worden war. Der Europäische Gerichtshof hat hieraufhin festgestellt, dass die europarechtlichen Vorgaben so zu verstehen sind, dass Umstände, die unter eine Vorschrift des nationalen Rechts fallen, nach der Verstöße gegen den Gedanken der Völkerverständigung verboten sind, als vom Begriff Aufstachelung zu Hass aufgrund von Rasse, Geschlecht, Religion oder Nationalität umfasst an-

zusehen sind. Die Vorschrift verwehrt es einem Mitgliedstaat nicht, in Anwendung allgemeiner Rechtsvorschriften (bspw. des VereinsG) gegen einen in einem anderen Mitgliedstaat ansässigen Fernsehveranstalter mit der Begründung vorzugehen, dass die Tätigkeiten und die Ziele dieses Veranstalters dem Verbot des Verstoßes gegen den Gedanken der Völkerverständigung zuwiderlaufen, sofern die genannten Maßnahmen nicht die Weiterverbreitung im eigentlichen Sinne von Fernsehsendungen, die dieser Veranstalter von dem anderen Mitgliedstaat aus ausstrahlt, im Hoheitsgebiet des Empfangsmitgliedstaats verhindern (EuGH DÖV 2011, 937).

II. Verbotsverfügung (Abs. 1)

1. Allgemeines

Art. 9 Abs. 2 GG besagt, dass Vereinigungen, deren Tätigkeit den Strafgesetzen zuwiderlaufen oder die sich gegen die verfassungsmäßige Ordnung oder gegen den Gedanken der Völkerverständigung richten, verboten sind. Betroffene Vereinigungen können unter Berücksichtigung der Erfordernisse der Rechtsstaatlichkeit und der Rechtssicherheit aber nicht schon von Verfassungs wegen ihre Rechtspositionen verlieren und vernichtet werden (BVerwG NJW 1957, 685; *Seifert* DÖV 1954, 353 (354 f.); vgl. Art. 9 GG Rn. 25). Das bedarf nach h. M. vielmehr einer Konkretisierung mittels eines Verwaltungsakts (BVerwG NJW 1957 1082 [1083]; *Willms* NJW 1957, 1617 [1618]; *Seifert* DÖV 1954, 353 [356]; a. A. *Albrecht* VR 2013, 8 [11]). Die Verbotsverfügung ist demnach ein das **Verbot konstituierender Verwaltungsakt** (BVerwG NJW 1975, 1135 [1141]; *Wache* in Erbs/Kohlhaas VereinsG § 3 Rn. 4; *Schnorr* § 3 Rn. 2; vgl. *Schmidt,* Das Verbot von Religions- und Weltanschauungsgemeinschaften, 2012, S. 279), der sich gegen einen einzelnen Verein oder als Sammelverfügung auch gegen mehrere Vereinigungen richten kann (*Seifert* DÖV 1954, 353 [357]). 12

Die Illegalität eines Vereins und der mitgliedschaftlichen Betätigung wird erst mit Erlass der Verbotsverfügung festgestellt (vgl. *Wache* in Erbs/Kohlhaas § 3 Rn. 4). Staatlichen Stellen ist es folglich verwehrt, einen Verein vor dem Zeitpunkt der Aussprache eines Verbots als verboten zu behandeln (*Wache* in Erbs/Kohlhaas VereinsG § 3 Rn. 2; *von Feldmann,* Vereinigungsfreiheit und Vereinigungsverbot, 1972, S. 48; *Kunig* Jura 1995, 384 [385]; BT-Drs. IV/430, 13). Diskriminierende Maßnahmen oder regelmäßige polizeiliche Kontrollen, die auf eine Beschränkung der Vereinsbetätigung abzielen, sind daher auch im Vorfeld eines Vereinsverbots zwingend zu unterlassen (vgl. BVerwG NJW 1957, 685; *Wache* in Erbs/Kohlhaas VereinsG § 3 Rn. 3 m. w. N.; *Albrecht* MSchrKrim 2012, 115 [124]). Die bloße Behauptung öffentlicher oder privater Stellen, ein Verein sei verfassungswidrig, soll hingegen zulässig sein (BT-Drs. IV/430, 13). 13

Der gebotene zurückhaltende Umgang mit einem nicht verbotenen Verein bedeutet indes nicht, dass der Verein bis zu seinem Verbot in keiner Weise behördlich belangt werden könnte. Vielmehr unterliegen die Vereinstätigkeit und die Aktivitäten seiner Mitglieder den allgemeinen gesetzlichen Beschrän- 14 kungen (*Wache* in Erbs/Kohlhaas VereinsG § 3 Rn. 3). Die Polizei- und Strafverfolgungsbehörden dürfen demnach ungehindert von den ihnen verliehenen Befugnissen Gebrauch machen und gegen Straften oder störendes Verhalten des Vereins bzw. seiner Mitglieder vorgehen (*Wache* in Erbs/Kohlhaas VereinsG § 3 Rn. 3; *von Feldmann*, Vereinigungsfreiheit und Vereinigungsverbot, 1972, S. 48f.). Hierbei ist die zu gewährleistende Vereinsfreiheit zu berücksichtigen.

2. Bestandteile der Verbotsverfügung

15 Die Verbotsverfügung besteht aus drei Abschnitten (BVerwG NVwZ 2003, 986 [987]; vgl. BT-Drs. IV/430, 12): Erstens der konstitutiven Feststellung (vgl. Rn. 12ff.), dass der betroffene Verein einen oder mehrere Verbotstatbestände des Art. 9 Abs. 2 GG erfüllt, zweitens der rechtsgestaltenden Anordnung dessen Auflösung (BVerwG NVwZ 2003, 986 [987]) und drittens der ebenfalls rechtsgestaltenden Anordnung der Beschlagnahme und Einziehung des Vereinsvermögens (*Schmidt*, Das Verbot von Religions- und Weltanschauungsgemeinschaften, 2012, S. 279). Die Verbotsverfügung entspricht damit hinsichtlich ihrer Konstruktion äußerlich einem Parteiverbotsurteil nach § 46 BVerfGG (BT-Drs. IV/430, 12; hierzu § 46 BVerfGG Rn. 3ff.).

16 Aus der Feststellung der Verfassungswidrigkeit des Vereines folgt erst im Zusammenspiel mit dessen Auflösung das Vereinsverbot (*Wache* in Erbs/Kohlhaas VereinsG § 3 Rn. 5). § 3 Abs. 1 Satz 1 ordnet an, dass die Auflösung zwingend mit der Verbotsfeststellung zu verbinden ist (*Schnorr* § 3 Rn. 2; zu den Rechtsfolgen der Nichtbeachtung Rn. 120). Wurde die Auflösung des Vereins nicht angeordnet, geht die Verbotsverfügung ins Leere. Sie kann dann nicht vollzogen werden und ist folglich fehlerhaft (*Groh* in NomosOK VereinsG § 3 Rn. 2; vgl. *Schnorr* § 3 Rn. 2). Ist die Auflösung eines Vereins hingegen angeordnet, so verbietet sich die Fortsetzung der Vereinsbetätigung. Die Vereinsmitglieder sind dann verpflichtet, ihre organisatorische **Vernetzung aufzulösen** (ausgenommen ist die Rechtsverfolgung, hierzu Rn. 117) und Nichtmitglieder sind gehalten, jegliche Unterstützung des Vereins einzustellen (*Wache* in Erbs/Kohlhaas VereinsG § 3 Rn. 5).

17 Die Beschlagnahme- und Einziehungsanordnung muss im Gegensatz zur Auflösung nicht zwingend Bestandteil der Verbotsverfügung sein, sondern kann auch im Rahmen einer eigenständigen Verfügung ausgesprochen werden (*Schmidt*, Das Verbot von Religions- und Weltanschauungsgemeinschaften, 2012, S. 279; *Schnorr* § 3 Rn. 2). Allerdings ist die Beschlagnahme und Einziehung des Vereinsvermögens nach Auffassung von *Wache* aus praktischen Gesichtspunkten meist unverzichtbar (*Wache* in Erbs/Kohlhaas VereinsG § 3 Rn. 6), da nur dann eine Unterbindung der Vereinsbetätigung weitgehend sichergestellt werden kann. *Schnorr* weist darauf hin, dass die Verbotsbehörde in begründeten Ausnahmefällen von der Beschlagnahme- und Einziehungsanordnung absehen oder diese der Verbotsverfügung nachschieben darf (*Schnorr* § 3 Rn. 2; so auch *Wache* in Erbs/Kohlhaas VereinsG § 3 Rn. 6). Ein Absehen von der Beschlagnahme und Einziehung des Vereinsvermögens ist bspw. dann in Erwägung zu ziehen, wenn der Verein über kein nennenswertes Vermögen verfügt (*Groh* in NomosOK VereinsG § 3 Rn. 2). Eine Nachholung der Beschlagnahme und Einziehung ist zudem jederzeit möglich (*Groh* in NomosOK VereinsG § 3 Rn. 2).

Ergänzend ist darauf hinzuweisen, dass weitere Verbotsvollzugsmaßnahmen **18** mittels eigenständiger Verwaltungsakte erlassen werden können (*Schmidt,* Das Verbot von Religions- und Weltanschauungsgemeinschaften, 2012, S. 279; *Schnorr* § 3 Rn. 2). Diese Vollzugsakte können bspw. die Schließung der Vereinsgeschäftsstelle oder Anordnungen zur Sicherstellung von Vereinsakten betreffen (*Schnorr* § 3 Rn. 2).

3. Verbotsgründe (Abs. 1 Satz 1)

Mit den in § 3 Abs. 1 Satz 1 bezeichneten Verbotsgründen wird lediglich **19** der Inhalt des Art. 9 Abs. 2 GG (hierzu Art. 9 GG Rn. 23 ff.) wiederholt. Die Vorschrift bestimmt, dass Vereinigungen, deren Zwecke oder deren Tätigkeit den Strafgesetzen zuwiderlaufen, die sich gegen die verfassungsmäßige Ordnung oder gegen den Gedanken der Völkerverständigung richten, verboten sind. Eine eigenständige materielle Bedeutung ist der Vorschrift insoweit nicht zuzusprechen. Angesichts der abschließenden Regelung des Art. 9 Abs. 2 GG ist es dem Gesetzgeber verwehrt, mittels einer Änderung des VereinsG neue Verbotsgründe zu schaffen (*Wache* in Erbs/Kohlhaas VereinsG § 3 Rn. 8; *Schnorr* § 4 Rn. 4; *Albrecht* MSchrKrim 2012, 115 [123]). Aufgrund der personellen Beschränkung der Vereinsfreiheit auf Deutsche gilt diese Einschränkung für das Verbot von ausländischen Vereinen oder Ausländervereinen nicht (*Wache* in Erbs/Kohlhaas VereinsG § 3 Rn. 8; *Schnorr* § 4 Rn. 4). Solche Vereine dürfen mittels besonderer, im VereinsG geregelter Verbotsgründe verboten werden. Entsprechende Regelungen finden sich in §§ 14, 15.

a) Verstoß gegen Strafgesetze. Der Hauptanwendungsfall der Vereins- **20** verbote ist der Verstoß des Vereins gegen Strafgesetze. Strafgesetzwidrige Vereine können dann verboten werden, wenn ihr Zweck oder ihre Tätigkeit den Strafgesetzen zuwiderlaufen. Insoweit handelt es sich um **alternative Tatbestandsmerkmale,** die jeweils für sich genommen ein Vereinsverbot rechtfertigen können (*Schnorr* § 3 Rn. 5; *Albrecht* MSchrKrim 2012, 115 [125]).

Die Einleitung eines Strafverfahrens oder gar eine strafgerichtliche Verurtei- **21** lung wegen Bildung einer kriminellen Vereinigung nach § 129 Abs. 1 StGB (hierzu § 129 StGB Rn. 24 ff.) sind nicht erforderlich (BVerwG NJW 1989, 993 [995]). Eine materielle oder formelle Bindung an die rechtliche Würdigung eines bereits ergangenen Strafurteils besteht nicht (BVerwG NVwZ 2010, 446 [447]; OVG Schleswig ZVR-Online Dok. Nr. 67/2012 Rn. 41, Rn. 54). Die mögliche Strafgesetzwidrigkeit ist seitens der Verbotsbehörde **vielmehr in eigener Kompetenz** zu prüfen (BVerwG NVwZ 2010, 446 [447]; siehe hierzu auch § 4 VereinsG Rn. 9 ff.).

Da eine Vereinigung selbst nicht strafrechtsfähig ist, sind Rückschlüsse auf **22** eine mögliche strafrechtswidrige Ausrichtung aus den Absichten und Verhaltensweisen der Vereinsmitglieder zu ziehen (BVerwG NJW 1989, 993 [995]; OVG Schleswig ZVR-Online Dok. Nr. 67/2012 Rn. 38). Entscheidend ist in diesem Zusammenhang, dass das **Verhalten der Mitglieder** der Vereinigung zugerechnet werden kann (zur Zurechnung siehe Rn. 102 ff.). Eine durch die Mitglieder verwirklichte Strafgesetzwidrigkeit muss den Charakter der Verei-

VereinsG § 3

nigung **prägen** (BVerwG NVwZ 2010, 446 [450]; OVG Schleswig ZVR-Online Dok. Nr. 67/2012 Rn. 39).

23 Die Verbotsalternative trägt dem Umstand Rechnung, dass Vereinen eine besondere Gefahr für die durch Strafgesetze geschützten Rechtsgüter anhaftet. Aufgrund der einem Verein innewohnenden Eigendynamik sowie dem für die Straftatenbegehung zur Verfügung stehenden Sach- und Personenpotential werden strafbare Verhaltensweisen erleichtert (OVG Schleswig ZVR-Online Dok. Nr. 67/2012 Rn. 39). Das Verantwortungsgefühl der einzelnen Mitglieder kann im Kollektiv zudem gemindert, die individuelle Hemmschwelle zur Begehung von Straftaten abgebaut und ein Anreiz zur Begehung neuer Straftaten gesetzt werden (BVerwG NVwZ 2010, 446 [447]; OVG Schleswig ZVR-Online Dok. Nr. 67/2012 Rn. 39).

24 **aa) Strafgesetze.** Ein Verstoß gegen ein Strafgesetz rechtfertigt ein Vereinsverbot nur dann, wenn er sich gegen ein allgemeines, für jedermann verbindliches Strafgesetz richtet (*Schnorr* § 3 Rn. 11). Das betreffende Strafgesetz muss eine Tat somit unabhängig von dem Umstand unter Strafe stellen, dass sie im Rahmen einer vereinsmäßigen Organisation oder von einer eigenständig handelnden Einzelperson begangen wird (*Groh* in NomosOK VereinsG § 3 Rn. 8). Solche Regeln finden sich im StGB sowie den strafrechtlichen Nebengesetzen (*Wache* in Erbs/Kohlhaas VereinsG § 3 Rn. 10). Von Relevanz sind insoweit auch die Straftatbestände des VereinsG selbst (VGH München Urt. v. 26.10.1995 – 4 A 95 1159, Rn. 29; *Groh* in NomosOK VereinsG § 3 Rn. 8).

25 Eine Vereinsgründung und -betätigung kann folglich nicht mittels speziell zugeschnittener Strafbestimmungen, die sich gegen eine Vereinigung an sich richten, untersagt werden (*Wache* in Erbs/Kohlhaas VereinsG § 3 Rn. 10; vgl. *Schnorr* § 3 Rn. 11). Vereinen soll nicht verboten werden, was dem Einzelnen gestattet ist (vgl. *Groh* in NomosOK VereinsG § 3 Rn. 8). Stützt sich das Verbot hingegen auf ein Strafgesetz, mittels dessen das Verhalten eines jeden Staatsbürgers sanktioniert werden kann, ist dessen politische oder unpolitische Ausrichtung für ein mögliches Vereinsverbot irrelevant (*Wache* in Erbs/Kohlhaas VereinsG § 3 Rn. 11).

26 Eine ordnungswidrige Betätigung vermag ein Vereinsverbot nicht auszulösen (*Wache* in Erbs/Kohlhaas VereinsG § 3 Rn. 11). Mittels dieser Einschränkung wird dem **Grundsatz der Verhältnismäßigkeit** Rechnung getragen (*Groh* in NomosOK VereinsG § 3 Rn. 8).

27 **bb) Strafrechtswidrige Zwecke.** Mittels des Begriffs der „strafrechtswidrigen Zwecke" wird auf die Zielsetzung verwiesen, die seitens des Vereins, seiner maßgeblichen Organe und seiner Mitglieder mit der Gründung und Aufrechterhaltung des Vereins verfolgt wird (vgl. *Groh* in NomosOK VereinsG § 3 Rn. 9). Maßgeblich sind diesbezüglich zunächst einmal die Satzung bzw. die ausdrücklich bekanntgemachten Ziele (*Albrecht* MSchrKrim 2012, 115 [124]; *Wache* in Erbs/Kohlhaas VereinsG § 3 Rn. 12). Diese sind allerdings einer kritischen Bewertung zu unterziehen. Entscheidend ist nicht, was seitens des Vereins als Zielsetzung vorgegeben wird, sondern vielmehr dessen tatsächliche Ausrichtung (*Albrecht* MSchrKrim 2012, 115 [124]). Hinsichtlich der strafrechtswidrigen Zwecke kann im Verein somit auch Stillschweigen vereinbart

sein (vgl. *Wache* in Erbs/Kohlhaas VereinsG § 3 Rn. 12). In der Praxis wird es sich überwiegend so verhalten, dass die strafrechtswidrige Zweckverfolgung seitens des Vereins bzw. seiner Mitglieder verdeckt und verschleiert wird (vgl. *Groh* in NomosOK VereinsG § 3 Rn. 9).

Nach Auffassung der Rechtsprechung (VGH München NVwZ-RR 2000, 496; VGH München NJW 1990, 62 [63]; VGH Mannheim NVwZ-RR 1993, 25 [26]) und Teilen des Schrifttums (*Planker* NVwZ 1998, 113 [114]; *Wache* in Erbs/Kohlhaas VereinsG § 3 Rn. 12) soll hierbei grundsätzlich unerheblich sein, ob es sich bei dem strafrechtswidrigen Zweck um den Haupt- oder Nebenzweck eines Vereins handelt. Trotz strafrechtswidriger Zweckverfolgung soll ein Vereinsverbot nur dann nicht möglich sein, wenn die verbotsrelevante Zweckverfolgung einen Nebenzweck betrifft, der von derart untergeordneter Bedeutung ist, dass ein Vereinsverbot unverhältnismäßig wäre (VGH München NJW 1990, 62 [63]; *Wache* in Erbs/Kohlhaas VereinsG § 3 Rn. 12). Diese Auffassung ist für eine Anwendung in der Praxis völlig ungeeignet. Sie verkennt, dass sich die Bedeutung eines von einem Verein verfolgten Nebenzwecks aus objektiver Sicht kaum bestimmen lassen wird. Die Abgrenzung zwischen einem gewichtigen **Nebenzweck** und einem gänzlich untergeordneten Nebenzweck scheint somit unmöglich (vgl. *Albrecht* VR 2013, 8 [11]). **28**

Das Verbot einer Vereinigung, die strafgesetzwidrige Nebenzwecke verfolgt, kann nach hier vertretener Auffassung nur dann zulässig sein, wenn vor einer Auflösung mildere Mittel, die auf eine Beseitigung der Strafgesetzwidrigkeit abzielen, erfolglos angewandt wurden (vgl. Rn. 8). Verfolgt eine ihrem Wesen und Hauptzweck nach unbedenkliche oder sogar förderungswürdige Vereinigung auch einen strafrechtswidrigen Nebenzweck, ist demnach intensiv zu prüfen, welche Mittel ergriffen werden können, damit es nicht zur Auflösung der betroffenen Vereins kommen muss (vgl. *Albrecht* VR 2012, 8 [11f.]). **29**

cc) Strafrechtswidrige Tätigkeit. Eine Differenzierung zwischen strafrechtswidrigem Zweck und Tätigkeit findet in der Praxis nur selten statt (vgl. BVerwG NJW 1989, 993 [995f.]). Für das Verbotsverfahren ist es ohnehin irrelevant, welche der beiden Tatbestandsalternativen erfüllt wurde (vgl. Rn. 20). Für die Feststellung einer strafrechtswidrigen Tätigkeit gelten sinngemäß die für die Feststellung des strafrechtswidrigen Zwecks maßgeblichen Modalitäten (VGH München NJW 1990, 62 [63]). **30**

Die strafrechtswidrige Tätigkeit ergibt sich in Ermangelung einer eigenständigen Handlungsfähigkeit des Vereins aus dem Verhalten seiner Organe und Mitglieder (VGH München NJW 1990, 62 [63]; zur Zurechnung Rn. 102 ff.). Von strafrechtswidrigen Tätigkeiten kann dann gesprochen werden, wenn ein innerer Zusammenhang zwischen dem Verein und der betroffenen Handlung besteht (*Schnorr* § 3 Rn. 9; *Wache* in Erbs/Kohlhaas VereinsG § 3 Rn. 13). Dies ist bspw. dann der Fall, wenn eine Straftat von den Organen des Vereins angeordnet oder mit deren Wissen und Einverständnis begangen wird (VGH München NJW 1990, 62 [63]; *Wache* in Erbs/Kohlhaas VereinsG § 3 Rn. 13). **31**

Eine Zurechnung und damit strafrechtswidrige Tätigkeit ist unter bestimmten Umständen selbst bei spontanen Handlungen der Mitglieder nicht ausge- **32** schlossen (vgl. Rn. 108). Allerdings müssen verbotsrelevante strafrechtswidrige Betätigungen von Mitgliedern stets den Charakter des betroffenen Vereins bestimmen und sich als „prägend" erweisen (BVerwG NJW 1989, 993 [995]; hierzu Rn. 36).

33 Ob bereits eine einzelne Straftat des Vereins als ihn prägende Betätigung angesehen werden kann ist umstritten. *Wache* nimmt entgegen der jüngeren Rechtsprechung (so OVG Schleswig ZVR-Online Dok. Nr. 67/2012 Rn. 44) an, dass einzelne Straftaten der Vereinsmitglieder den Gesamtcharakter der Vereinstätigkeit nicht in dem erforderlichen Maße beeinflussen können (vgl. *Wache* in Erbs/Kohlhaas VereinsG § 3 Rn. 13). Auch *Schnorr* kann angesichts der Ubiquität abweichenden Verhaltens eine Verbotsrelevanz einzelner Straftaten des Vereins nicht feststellen (*Schnorr* § 3 Rn. 10). Dem ist angesichts der Bedeutung der Vereinsfreiheit sowie unter Verhältnismäßigkeitserwägungen (hierzu Rn. 5 ff.) zu folgen. Eine andere Bewertung ist nur dann möglich, wenn der Verein vor allem zur Begehung der angeführten Einzeltat gegründet wurde und folglich die strafrechtswidrige Tätigkeit und der strafrechtswidrige Zweck zusammenfallen (*Wache* in Erbs/Kohlhaas VereinsG § 3 Rn. 13).

34 **dd) Dauer der Strafrechtswidrigkeit.** Fraglich ist der Umgang mit Vereinen, deren Strafrechtswidrigkeit nur temporären Charakter aufweist. Die Rechtsprechung ist allerdings insoweit recht großzügig und lässt eine Einbeziehung zurückliegender strafbarer Verhaltensweisen jedenfalls dann zu, wenn diese zum Zeitpunkt der behördlichen Entscheidung noch aussagekräftig sind (BVerwG NVwZ 2003, 986 [988]). Das BVerwG ist des Weiteren der Ansicht, dass es für die Feststellung des Verbots genügt, „wenn eine Vereinigung erst im Laufe der Zeit strafgesetzwidrig wird oder die Strafgesetzwidrigkeit zeitlich begrenzt" ist (BVerwG NJW 1989, 993 [995]; so auch *Groh* in NomosOK VereinsG § 3 Rn. 10). Unter Berücksichtigung von Verhältnismäßigkeitserwägungen wird dieser Auffassung nicht uneingeschränkt gefolgt werden können. Vielmehr wird sich im Falle einer nicht mehr gegebenen Strafrechtswidrigkeit ein Verbot nur schwer rechtfertigen lassen (vgl. *Bröhmer* in Grote/Marauhn Kap. 19 Rn. 85). Das Bundesverwaltungsgericht hat dem folgend in einer jüngeren Entscheidung festgestellt, dass Handlungen, die eine abgeschlossene zeitlichen Episode darstellen, einem Verein nicht mehr zugerechnet werden können (BVerwG BeckRS 2010, 49197, Rn. 39). In diesem Fall sind allerdings Vorkehrungen möglich, mittels derer ein Rückfall des Vereins in einen Zustand der Strafrechtswidrigkeit verhindert werden soll.

35 Maßgeblich für die Beurteilung der Strafgesetzwidrigkeit ist in jedem Fall der Zeitpunkt des Erlasses einer Verbotsverfügung (OVG Schleswig ZVR-Online Dok. Nr. 67/2012 Rn. 42).

36 **ee) Prägender Charakter der Strafrechtswidrigkeit.** Die einem Verein zurechenbaren strafgesetzwidrigen Zwecke und Tätigkeiten können vor dem Hintergrund des Grundsatzes der Verhältnismäßigkeit (vgl. hierzu Rn. 5 ff.) ein Vereinsverbot nur dann rechtfertigen, wenn sie den **Charakter des Vereins prägen** (BVerwG NVwZ 2010, 446 [450]; VGH München NJW 1990, 62 [63]). Dies ist bspw. bei dem Verein zurechenbaren Straftaten der Fall, die in großer Zahl von dem Vereinsvorsitzenden verübt werden (BVerwG NVwZ 2010, 446 [450 f.]; BVerwG NJW 1989, 993

[995]). Die Annahme der Strafrechtswidrigkeit eines Vereins muss sich allerdings nicht zwingend auf eine Vielzahl von Taten beziehen. Letztendlich ist nämlich nicht die Masse der Rechtsverstöße, sondern vielmehr deren **Qualität entscheidend** (*Groh* in NomosOK VereinsG § 3 Rn. 13). So soll sich der prägende Charakter im Einzelfall bereits aus nur einer Straftat der Mitglieder eines Vereins ergeben können (OVG Schleswig ZVR-Online Dok. Nr. 67/2012 Rn. 44).

Straftaten der Vereinsmitglieder ist auch dann ein prägender Charakter zuzusprechen, wenn die Taten der **Selbstbehauptung** des Vereins gegenüber einer **konkurrierenden Organisation** dienen (BVerwG BeckRS 2000, 30430573; OVG Schleswig ZVR-Online Dok. Nr. 67/2012 Rn. 40). Das Kriterium der Konkurrenz ist hierbei nur eines von vielen, die bezüglich der Beurteilung der Zurechnung und Prägung Relevanz aufweisen können (OVG Schleswig ZVR-Online Dok. Nr. 67/2012 Rn. 52). In diesem Zusammenhang ist unerheblich, ob die Rivalitäten einen wirtschaftlichen Hintergrund aufweisen oder lediglich der Vorherrschaft um „soziales Kapital" dienen (vgl. OVG Schleswig ZVR-Online Dok. Nr. 67/2012 Rn. 52). 37

b) Verstoß gegen die verfassungsmäßige Ordnung. Der Begriff der verfassungsmäßigen Ordnung ist enger auszulegen als in Art. 2 Abs. 1 GG (*Wache* in Erbs/Kohlhaas § 3 Rn. 14; *Groh* in NomosOK VereinsG § 14). Einzelne Verfassungsvorschriften oder die Rechtsordnung insgesamt werden nicht erfasst (*Wache* in Erbs/Kohlhaas VereinsG § 3 Rn. 14). Vielmehr wird der Bezug zu der in Art. 18 Satz 1, Art. 21 Abs. 2 GG angeführten freiheitlichen demokratischen Grundordnung hergestellt (vgl. *Wache* in Erbs/Kohlhaas, VereinsG § 3 Rn. 14; *Kunig* Jura 1995, 384 [386]). Unter das Tatbestandsmerkmal der verfassungsmäßigen Ordnung fallen sowohl die verfassungsrechtlichen Vorgaben des Grundgesetzes als auch der Verfassungen der Länder (*Schnorr* § 3 Rn. 17). 38

Zu der verfassungsmäßigen Ordnung gehört insbesondere die Achtung vor den im Grundgesetz konkretisierten Menschenrechten, das demokratische Prinzip mit der Verantwortlichkeit der Regierung, das Mehrparteienprinzip, das Recht auf verfassungsmäßige Bildung und Ausübung einer Opposition und das Gewaltmonopol des Staates (BVerfG NJW 1952, 1407; BVerwG NVwZ 2010, 446 [451]; OVG Schleswig ZVR-Online Dok. Nr. 67/2012 Rn. 64; *Wache* in Erbs/Kohlhaas VereinsG § 3 Rn. 14; vertiefend *Schnorr* § 3 Rn. 15ff). 39

aa) Objektives Element der Verfassungswidrigkeit. Ein Verbot einer Vereinigung ist allerdings noch nicht gerechtfertigt, wenn diese die verfassungsmäßige Ordnung lediglich ablehnt und ihr andere Grundsätze entgegenstellt (BVerwG NVwZ 2010, 446 [451]; OVG Schleswig ZVR-Online Dok. Nr. 67/2012 Rn. 64). Die Kritik an Staat, politischem System und verfassungsmäßiger Ordnung sind nämlich auch in polemischer und unsachlicher Form durch das in Art. 5 Abs. 1 GG verankerte Grundrecht auf Meinungsfreiheit gedeckt (*Groh* in NomosOK VereinsG § 3 Rn. 15). Ein Verein darf nicht deswegen verboten werden, weil er sich gegen die ideologischen Überzeugungen der Mehrheit richtet, wissenschaftlich fragwürdige Thesen vertritt oder politisch unklug agiert (*Schnorr* § 3 Rn. 14). 40

41 Vielmehr muss er sich in **kämpferisch-aggressiver Weise** für die Verwirklichung seiner verfassungswidrigen Bestrebungen einsetzen (BVerwG NVwZ-RR 2011, 14 [15]; OVG Schleswig ZVR-Online Dok. Nr. 67/2012 Rn. 64). Dies ist nur dann der Fall, wenn sich die Bekämpfungsaktivitäten unmittelbar gegen die für staatliche Strukturen grundlegenden Prinzipien richten (OVG Schleswig ZVR-Online Dok. Nr. 67/2012 Rn. 67). Es kommt darauf an, dass der betroffene Verein die verfassungsmäßige Ordnung „laufend untergraben" möchte (BVerwG NVwZ-RR 2011, 14 [15]; *Groh* NomosOK VereinsG § 3 Rn. 15). Die Begehung oder Befürwortung von Gewaltanwendungen und andere Rechtsverletzungen sind hingegen nicht erforderlich (OVG Frankfurt/Oder NVwZ-RR 2000, 499 [500]; *Groh* NomosOK VereinsG § 3 Rn. 15).

42 Für eine aggressiv-kämpferische Ausrichtung eines die verfassungsmäßige Ordnung ablehnenden Vereins sprechen die Wahl der Mittel bzw. die „Formen des Widerstands" (VGH München BeckRS 2009, 37031) und eine „martialische Rhetorik" (OVG Lüneburg Urt. v. 29.3.2000 – 11 K 854/98, Rn. 195 ff.; *Groh* in NomosOK VereinsG § 3 Rn. 15), die Bildung eines als Selbstschutzgruppe agierenden „Nationalen Einsatzkommandos" (BVerwG BeckRS 1997, 31305284), die Veranstaltung von Wehrsportübungen, das Training im Umgang mit Waffen (VGH Mannheim NVwZ-RR 1995, 198 [200]) sowie die Organisation eines paramilitärischen Verbandes (BVerwG NJW 1981, 1796 [1797]).

43 Nach der insoweit eindeutigen Rechtsprechung ist eine ein Verbot tragende Zielrichtung gegen die verfassungsmäßige Ordnung ohne Weiteres dann gegeben, wenn ein Verein in seinem Programm, seiner Vorstellungswelt und seinem Gesamtstil eine Wesensverwandtschaft mit dem Nationalsozialismus aufweist (BVerwG NVwZ-RR 2011, 14 [15]; BVerwG NVwZ-RR 2000, 70 [71]; BVerwG NVwZ 1997, 66 [67]; *Wache* in Erbs/Kohlhaas VereinsG § 3 Rn. 15; kritisch hierzu *Heinrich,* Vereinigungsfreiheit und Vereinigungsverbot, 2005, S. 279 ff.). Eine Wesensverwandtschaft mit dem Nationalsozialismus kann bspw. dann gegeben sein, wenn sich ein Verein offen zu den Repräsentanten des Nationalsozialismus bekennt, eine positive Grundeinstellung zum Nationalsozialismus zeigt (insoweit kann die Übernahme dessen Liedgut ein wichtiges Indiz sein) und eine rassistische, antijüdische sowie antiafrikanische Ausrichtung erkennen lässt (VGH München NVwZ-RR 2000, 496 [498]).

44 Gegen die verfassungsmäßige Ordnung gerichtet sind des Weiteren religiösfundamentalistische Vereine, die sich für die gewaltsame Schaffung eines weltumspannenden Gottesstaates einsetzen und das Gottesrecht als einzig verbindliches Recht anerkennen (VGH München BeckRS 2007, 29064; *Groh* NomosOK VereinsG § 3 Rn. 14).

45 **bb) Subjektives Element der Verfassungswidrigkeit.** Für ein Verbot wegen Verstoßes gegen die verfassungsmäßige Ordnung reicht es nicht, dass ein Verein gegen Rechts- oder Verfassungsnormen verstößt (Schnorr § 3 Rn. 18). Vielmehr muss er als subjektives Element den **Handlungswillen** aufweisen, die verfassungsmäßige Ordnung untergraben zu wollen (*Schnorr* § 3 Rn. 18 leitet dies aus dem Tatbestandsmerkmal des „sich richtens" ab). Fahrlässigkeit genügt nicht, allerdings bedingter Vorsatz (*Schnorr* § 3 Rn. 18).

Eine grundsätzliche Gewaltbereitschaft, die sich gegen konkurrierende Organisationen oder Privatpersonen richtet, genügt für die Annahme des Tatbestandsmerkmals nicht (OVG Schleswig ZVR-Online Dok. Nr. 67/2012 Rn. 67). Die hieraus folgenden Gefahren werden bereits durch die Verbotsalternative der Strafrechtswidrigkeit abgedeckt. 46

Auch „relativ harmlose" Angriffe auf die verfassungsmäßige Ordnung sollen den Verbotstatbestand nicht erfüllen, da ihnen die spezifische Gefährlichkeit für den Staat fehlt (*Schnorr* § 3 Rn. 18). In subjektiver Hinsicht ist vielmehr erforderlich, dass der Verein bzw. seine Mitglieder nachhaltig die Zielsetzung verfolgen, ihre verfassungsfeindlichen Ziele zu verwirklichen (*Wache* in Erbs/Kohlhaas VereinsG § 3 Rn. 14). Entscheidend sind das Bewusstsein (*Schnorr* § 3 Rn. 18) und die Entschlusskraft der Mitglieder. Konkrete Schritte müssen hingegen nicht schon unternommen sein (*Groh* in NomosOK VereinsG § 3 Rn. 15). 47

cc) Gesamteindruck entscheidet. Vereine werden erfahrungsgemäß versuchen, ihre verfassungsfeindlichen Bestrebungen zu verheimlichen. Der Verbotstatbestand muss sich daher in der Regel aus dem **Gesamtbild** ergeben, das sich aus einzelnen Äußerungen und Verhaltensweisen der Vereinsmitglieder und Funktionsträger zusammenfügt (vgl. *Groh* in NomosOK VereinsG § 3 Rn. 16). Der Umstand, dass diese Belege gegebenenfalls einer mehr oder weniger großen Zahl unverfänglicher Sachverhalte scheinbar untergeordnet sind, besagt allein nichts über ihre Aussagekraft (BVerwG NVwZ 2010, 446 [451]; BVerwG NVwZ-RR 2000, 70 [71]). 48

Hinsichtlich der den Gesamteindruck prägenden Äußerungen ist allerdings auf die Gewährleistung der in Art. 5 Abs. 1 GG verankerten **Meinungsfreiheit** zu achten. Wenn eine Äußerung mehrere Deutungen zulässt, ist regelmäßig von einer Auslegung auszugehen, die den Verein am wenigsten belastet (vgl. BVerfG NVwZ 2000, 1281 [1282]; *Groh* NomosOK VereinsG § 3 Rn. 16). 49

c) Verstoß gegen den Gedanken der Völkerverständigung. Die Verbotsverfügung kann sich zudem gegen einen Verein richten, der gegen den Gedanken der Völkerverständigung verstößt. Dieses Tatbestandsmerkmal erfüllt ein Verein bereits dann, wenn sein Zweck oder seine Tätigkeit (hierzu Rn. 20 ff.) geeignet ist, den Gedanken der Völkerverständigung zu beeinträchtigen (BVerwG NVwZ 2005, 1435 [1436]). 50

Auf die Zielsetzung, das friedliche Zusammenleben der Völker i. S. v. Art. 26 Abs. 1 Satz 1 GG zu stören, kommt es hierbei nicht an. Der vereinsrechtliche Verbotstatbestand beschränkt sich nicht auf eine Konkretisierung der aus Art. 26 Abs. 1 Satz 1 GG folgenden Vorgaben (BVerwG NVwZ 2005, 1435 [1436]; a. A. wohl *Wache* in Erbs/Kohlhaas VereinsG § 3 Rn. 16). Der „Gedanke der Völkerverständigung" reicht vielmehr weiter als „das friedliche Zusammenleben der Völker" (BVerwG NVwZ 2005, 1435 [1436]). Zum Gedanken der Völkerverständigung gehören die Anerkennung der Grundrechte der Staaten, das Verbot militärischer Gewaltanwendung und das Verbot des Völkermordes (*Schnorr* § 3 Rn. 21 ff.). 51

In Bezug genommen wird von der vereinsrechtlichen Verbotsalternative auch die Idee der friedlichen Verständigung der Völker bei der Lösung ihrer 52

Interessensgegensätze (BVerwG NVwZ 2005, 1435 [1436]). Ein Verein richtet sich demnach auch dann gegen den Gedanken der Völkerverständigung, wenn sein Zweck oder seine Tätigkeit der **friedlichen Überwindung der Interessensgegensätze der Völker** zuwiderläuft (BVerwG NVwZ 2005, 1435 [1436]). Die Rückforderung völkerrechtswidrig annektierter Gebiete wird von der Verbotsalternative allerdings nicht erfasst (*Schnorr* § 3 Rn. 21).

53 **aa) Objektives Element der Völkerrechtswidrigkeit.** Das objektive Element der Völkerrechtswidrigkeit ist nach der Rechtsprechung des Bundesverwaltungsgerichts (BVerwG NVwZ 2005, 1435 [1436]) vor allem dann gegeben, wenn Gewalt in das Verhältnis von Völkern hineingetragen wird. „In einem solchen Fall ist es für die Erfüllung des objektiven Verbotstatbestands nicht erforderlich, dass der Verein selbst Gewalt ausübt. Der objektive Tatbestand kann auch dann erfüllt sein, wenn ein Verein eine Gruppierung unterstützt, die ihrerseits durch Ausübung von Gewalt das friedliche Miteinander der Völker beeinträchtigt. Von dem Verbotsgrund sind nicht nur die friedlichen Beziehungen der Bundesrepublik Deutschland zu fremden Völkern, sondern auch der Frieden zwischen fremden Völkern erfasst […]. Der Verbotstatbestand ist nur erfüllt, wenn der Zweck oder die Tätigkeit des Vereins geeignet ist, den Gedanken der Völkerverständigung schwerwiegend, ernst und nachhaltig zu beeinträchtigen. Lässt der Zweck oder die Tätigkeit des Vereins solche gravierenden Beeinträchtigungen nicht erwarten, fehlt es schon an der objektiven Eignung, den Gedanken der Völkerverständigung zu beeinträchtigen."

54 Für die Annahme des Verbotsgrundes kommt es nicht darauf an, dass sich der betroffene Verein selbst und unmittelbar gegen den Gedanken der Völkerverständigung richtet. Vielmehr reicht aus, dass er eine andere, gegen den Gedanken der Völkerverständigung gerichtete Organisation durch finanzielle (bspw. Spendengelder) oder personelle Mittel unterstützt und sich so mittelbar der Völkerverständigung entgegenstellt (vgl. BVerwG NVwZ-RR 2012, 648 [649]).

55 Der Verbotsgrund des Sich-Richtens gegen den Gedanken der Völkerverständigung ist auch im Kontext des Verbots von Religions- und Weltanschauungsgemeinschaften sowie religiösen Vereinen anwendbar (BVerwG NVwZ 2006, 694 f.). Eine Beeinträchtigung des Gedankens der Völkerverständigung liegt zudem dann vor, wenn das Existenzrecht eines Staates vor dem Hintergrund eines Konfliktes zwischen zwei Völkern in der Weise verneint wird (vgl. *Schnorr* § 3 Rn. 21 ff.), dass zur gewaltsamen Beseitigung des Staates oder zur Tötung von Menschen aufgefordert wird. In einem solchen Fall erweist sich die Beeinträchtigung des Gedankens der Völkerverständigung als so gewichtig, dass auch mit Blick auf den besonderen Rang der religiösen und weltanschaulichen Vereinigungsfreiheit die jeweilige Religions- oder Weltanschauungsgemeinschaft verboten werden kann (BVerwG NVwZ 2006, 694 [695]).

56 **bb) Subjektives Element der Völkerrechtswidrigkeit.** Ein Vereinsverbot ist auch im Kontext der Völkerrechtswidrigkeit nur zugelassen, wenn das subjektive Element des „sich-richtens" gegeben ist. Im Rahmen der Betrachtungen dieses subjektiven Elements ist dem verfassungsrechtlichen Grundsatz der Verhältnismäßigkeit Rechnung zu tragen (BVerwG NVwZ-RR 2012, 648 [650]). Grundsätzlich kann ein Verein wegen einer Beeinträchtigung des Gedankens der Völkerverständigung nur verboten werden, wenn ihm ein **bewusstes und aggressives Handeln** vorgeworfen werden kann (*Wache* in Erbs/Kohlhaas VereinsG § 3 Rn. 17). Die erforderliche kämpferische Ausrichtung ist insbesondere „bei Vereinigungen mit militärisch-aggressiver, expansionistischer oder den Krieg verherrlichender Zielsetzung" zu prüfen (*Wache* in Erbs/Kohlhaas VereinsG § 3 Rn. 17). Solche Vereine sind jedoch von legalen Vereinen, die sich der Kameradschaftspflege verschrieben haben sowie Veteranenvereinigungen abzugrenzen (vgl. *Wache* in Erbs/Kohlhaas VereinsG § 3 Rn. 17)

Besonderheiten gelten gem. der Rechtsprechung des Bundesverwaltungsgerichts für Vereine, die selbst nicht unmittelbar am Kampf gegen die Völkerverständigung partizipieren, diesen aber durch finanzielle Zuwendungen unterstützen oder sogar erst ermöglichen. Die subjektive Tatbestandverwirklichung ist nur gegeben, wenn ein unterstützender Verein mit der völkerverständigungswidrigen Betätigung einer von ihm unterstützten Organisation bekannt ist (BVerwG NVwZ 2005, 1435 [1439]) und er sich mit dieser identifiziert (BVerwG NVwZ-RR 2012, 648 [650]). 57

d) Verbot von Religions- und Weltanschauungsgemeinschaften. 58
Nachdem die religiöse Vereinsfreiheit angesichts der Unverletzlichkeit der Glaubensfreiheit nur in einem geringeren Umfang beschränkt werden darf, als dies bei der allgemeinen Vereinsfreiheit der Fall ist (*Groh* in NomosOK VereinsG § 2 Rn. 14), stellt sich die Frage, ob § 3 Abs. 1 Satz 1 auch im Rahmen des Verbots von Religions- und Weltanschauungsgemeinschaften zur Anwendung kommen kann. Die h. M. geht nach dem Fall des ehemals in § 2 Abs. 2 Nr. 3 verankerten „Religionsprivilegs" (hierzu *Roggenkamp* § 2 VereinsG Rn. 38 f. sowie *Sachs* JuS 2004, 12) von der Anwendbarkeit des § 3 Abs. 1 Satz 1 aus (so jedenfalls soweit es um die Abwehr verfassungsfeindlicher Bestrebungen geht (BVerwG NVwZ 2006, 694; BVerwG NVwZ 2003, 986 [987]; *Germann* in BeckOK GG Art. 4 Rn. 59; *Sachs* JuS 2004, 12 [16]).

Schmidt hält dem entgegen, dass bereits Art. 9 Abs. 2 GG auf Religions- und 59
Weltanschauungsgemeinschaften angesichts des im Grundgesetz zum Ausdruck kommenden vorbehaltlos erfolgten Gewährung religiöser und weltschaulicher Freiheiten sowie des teilweise „unechten" Spezialitätsverhältnis zwischen Art. 4 Abs. 1, Abs. 2 GG, Art. 137 Abs. 2, Abs. 7 WRV und Art. 9 Abs. 1 GG nicht zur Anwendung kommen könne (*Schmidt,* Das Verbot von Religions- und Weltanschauungsgemeinschaften, 2012, S. 164). Dementsprechend verbiete sich auch eine Anwendbarkeit des die Verbotstatbestände des Art. 9 Abs. 2 GG wiederholenden § 3 Abs. 1 Satz 1 (*Schmidt,* Das Verbot von Religions- und Weltanschauungsgemeinschaften, 2012, S. 280 ff.). Er schlägt daher vor, allein § 14 Abs. 2 (hierzu § 14 VereinsG Rn. 28 ff.) als Ermächtigungsgrundlage für das Verbot von Religions- und Weltanschauungsgemeinschaften in Betracht zu ziehen (*Schmidt,* Das Verbot von Religions- und Weltanschauungsgemeinschaften, 2012, S. 297).

Das Bundesverfassungsgericht hat sich hinsichtlich der dogmatischen Verortung des Verbots von Religions- und Weltanschauungsgemeinschaften bislang 60 nicht klar positioniert. Es betont allerdings, dass ein Verbot von religiösen Vereinen nur gerechtfertigt sein kann, wenn es sich im Rahmen eines Abwägungsvorganges mit den Verfassungsgütern, die mit dem Verbots geschützt werden sollen, als unerlässlich erweist (BVerfG NJW 2004, 47 [48]).

4. Beschlagnahme und Einziehung (Abs. 1 Satz 2)

61 Mit dem Verbot ist in der Regel die Beschlagnahme und die Einziehung der dem Verein zur Verfügung stehenden Vermögenswerte zu verbinden (vgl. Rn. 61 f.). Hierbei handelt es sich um Maßnahmen des Vollzugs des Vereinsverbots (*Schnorr* § 3 Rn. 2).

62 Nach Eintritt der Vollziehbarkeit ist die Beschlagnahme gem. § 2 Abs. 1 VereinsG-DVO in das Grundbuch, das Schiffsregister und das Schiffsbauregister einzutragen, sofern von dem vom Verbot betroffenen Verein in den dort verzeichneten Vermögenswerten entsprechende Rechte geltend gemacht werden können. Die Eintragung erfolgt gem. § 2 Abs. 2 VereinsG-DVO auf Ersuchen der Verbotsbehörde, der Vollzugsbehörde oder der Einziehungsbehörde. Sie erfolgt ferner auf Antrag des Verwalters. Eine Bewilligung des von der Eintragung betroffenen Vereins ist nicht erforderlich.

III. Verbotsbehörde (Abs. 2)

1. Allgemeines

63 § 3 Abs. 2 Nr. 1 VereinsG ordnet für Verbotsverfahren, die sich gegen Vereine und Teilvereine richten, deren erkennbare Organisation und Tätigkeit auf das Gebiet eines Bundeslandes beschränkt ist, die Zuständigkeit der obersten Landesbehörde an. Der Bundesminister des Innern ist gem. § 3 Abs. 2 Nr. 2 VereinsG hingegen für das Verbot derjenigen Vereine und Teilvereine zuständig, deren Organisation oder Tätigkeit sich über das Gebiet eines Landes hinaus erstreckt. Die Behördenzuständigkeit wird mit § 3 Abs. 2 abschließend geregelt (*Wache* in Erbs/Kohlhaas VereinsG § 3 Rn. 18).

64 Die Bestimmung der zuständigen Verbotsbehörde hat sich am **Ziel einer effizienten Durchführung des Verbotsverfahrens** zu orientieren (*Groh* in NomosOK VereinsG § 3 Rn. 24; *Albrecht* VR 2013, 8 [9]). Hinsichtlich der Zuständigkeitsbestimmung sind die Erkenntnisse maßgeblich, auf die die Behörden zum Entscheidungszeitpunkt zurückgreifen können (OVG Schleswig ZVR-Online Dok. Nr. 67/2012 Rn. 31; vgl. BT-Drs. IV/2145 (neu), 2). Ein Erkenntnisgewinn, der auf Seiten der Verbotsbehörde nach Erlass der Verbotsverfügung zu verzeichnen ist, ist für die Rechtmäßigkeit der Verbotsverfügung unerheblich (vgl. *Wache* in Erbs/Kohlhaas VereinsG § 3 Rn. 19). Stellt eine oberste Landesbehörde nach Erlass einer Verbotsverfügung bspw. fest, dass sich der betroffene Verein auch in anderen Bundesländern betätigt, weswegen eigentlich der Bundesminister des Innern zuständig gewesen wäre, vermag dies die Wirksamkeit des Verbots nicht zu beseitigen (*Wache* in Erbs/Kohlhaas VereinsG § 3 Rn. 19; BT-Drs. IV/2145 (neu), 2).

65 Die Zuständigkeitsverteilung des § 3 Abs. 2 ist mit dem in Art. 3 Abs. 1 GG verankerten Gleichheitssatz (BVerwG BeckRS 1971, 30432787) und der in Art. 83 ff. GG geregelten Kompetenzordnung vereinbar (*Schnorr* § 3 Rn. 26).

Sonderregeln hinsichtlich der Vollzugszuständigkeit enthält § 5 Abs. 1 **66** (hierzu § 5 VereinsG Rn. 2 ff.).

2. Oberste Landesbehörde (Abs. 2 Nr. 1)

Mittels der Zuweisung der Zuständigkeit für Vereinsverbote zu den obers- **67** ten Landesbehörden wollte der Gesetzgeber zunächst einmal historischen Entwicklungen und bereits gefestigten Strukturen Rechnung tragen (BT-Drs. IV/430, 13 f.). Für das Verbot von Vereinen, deren Organisation und Tätigkeit sich erkennbar auf ein Land beschränkt, ist ausschließlich die oberste Landesbehörde zuständig.

Die Tatbestandsmerkmale der Organisation und Tätigkeit eines Vereins **68** müssen kumulativ vorliegen. Die Zuständigkeit der obersten Landesbehörden ist nicht schon dann gegeben, wenn sich Organisation oder Tätigkeit eines Vereins auf das Landesgebiet beschränken (*Schnorr* § 3 Rn. 28). In diesem Fall fällt die Verbotszuständigkeit bereits dem Bundesminister des Innern zu.

3. Bundesminister des Innern (Abs. 2 Nr. 2)

Der Bundesminister des Innern ist für das Verbot von Vereinen und Teilver- **69** einen zuständig, wenn sich deren Organisation oder Tätigkeit über das Gebiet eines Landes hinaus erstreckt. Diesbezüglich findet der Umstand Berücksichtigung, dass mittels regional begrenzter Verbotsmaßnahmen der Gesetzeszweck, verfassungswidrige Vereine auszuschalten, oftmals nicht erreicht werden kann (BT-Drs. IV/430, 14).

Nach Auffassung von *Schnorr* ist das in § 3 Abs. 2 Nr. 2 VereinsG verwendete **70** Tatbestandsmerkmal des „Erstreckens" weit zu verstehen. So soll es für die Begründung der Zuständigkeit des Bundesministers des Innern bereits genügen, dass seitens der Organisation oder Tätigkeit des Vereins in irgendeiner Weise die Landesgrenze überschritten wird. Allerding ist die diesbezügliche Herleitung bzw. Begründung (*Schnorr* § 33 Rn. 28) kaum verständlich. Zudem ist die Sichtweise kaum mit der grundsätzlichen Verbotszuständigkeit der Länder zu vereinbaren (*Albrecht* VR 2013, 8 [9]). Darüber hinaus wird die extensive Interpretation nur sehr beschränkt den Bedürfnissen der Praxis gerecht, weil seitens der Regelung weitgehend offen gelassen wird, was unter den Merkmalen der Organisation und Tätigkeit eines Vereins zu verstehen ist. Die Verbotsbehörden benötigen aber gerade hinsichtlich der Zuständigkeitsfrage klare Unterscheidungsmerkmale.

Das Merkmal der Organisation eines Vereines steht im unmittelbaren Zu- **71** sammenhang mit dessen Organisationsstruktur. Ein Verein weist demnach einen überregionalen Organisationsbereich auf, wenn sich Teile seiner Organisation auf mehrere Bundesländer verteilen. Hierzu gehören einerseits die des Verwaltungssitz bzw. der Sitz eines Vereinsheimes, anderseits aber auch die Wohnsitze des Vereinsvorstandes. Das Residieren einer Minderheit der einfachen Vereinsmitglieder in unterschiedlichen Bundesländern oder das Unterhalten eines Vereinskontos in einem vom Verwaltungssitz abweichenden Bundesland genügen zur Begründung der Bundeszuständigkeit nicht.

72 Nach der Rechtsprechung des BVerwG umfasst die Vereinstätigkeit jedes nicht ganz unbedeutende Verhalten, mittels dessen der Verein über das Gebiet eines Bundeslandes hinaus anhaltend in Erscheinung tritt (BVerwG NJW 1989, 993 [994]). Um ein rechtlich relevantes Verhalten müsse es sich dabei nicht halten (a. A. wohl *Groh* NomosOK VereinsG § 3 Rn. 25). Zudem sei es nicht erforderlich, dass mit der landesübergreifenden Tätigkeit ein Verbotstatbestand erfüllt werde (BVerwG NVwZ 2010, 446; BVerwG NJW 1999, 993 [994]; *Groh* NomosOK VereinsG § 3 Rn. 25).

73 Das für die Zuständigkeit des Bundesministers des Innern zu fordernde anhaltende in Erscheinung treten setze allerdings voraus, dass die Vereinstätigkeit mit einer gewissen Dauer und regelmäßig nicht nur vorübergehend in einem anderen Bundesland ausgeübt werde. Das BVerwG lässt insoweit bereits Vereinsreisen und gemeinsame Ausfahrten in andere Bundesländer (BVerwG NJW 1999, 993 [994]) sowie den länderübergreifenden Versand von Informationsbriefen bzw. Vereinszeitschriften (BVerwG NVwZ 2010, 446) für die Begründung der Bundeszuständigkeit genügen. Im Vordergrund dieser Rechtsprechung dürften die Erfordernisse der Praxis bzw. die politischen Bedarfslagen stehen (*Albrecht* VR 2013, 8 [9]). *Groh,* weist zutreffend darauf hin, dass sich hinsichtlich der Zuständigkeitsfestlegung eine nachvollziehbare Rechtsstruktur bislang nicht erkennen lässt (*Groh* NomosOK VereinsG § 3 Rn. 25).

4. Abstimmung der Vorgehensweise (Abs. 2 Satz 2 und Satz 3)

74 Mit § 3 Abs. 2 soll die Bundeszuständigkeit auf das unbedingt notwendige Maß beschränkt werden (BT-Drs. IV/430, 15). Zudem ist vorgesehen, dass die oberste Landesbehörde im Benehmen mit dem Bundesminister des Innern entscheidet, wenn sich das Verbot gegen den Teilverein eines Vereins richtet, für dessen Verbot der Bundesminister des Innern zuständig ist. Umgekehrt soll der Bundesminister des Innern den obersten Landesbehörden Gelegenheit geben, auf örtliche oder regionale Besonderheiten hinzuweisen, wenn er einen Verein verbieten möchte, für dessen Teilvereine eine Zuständigkeit der obersten Landesbehörde bestanden hätte (BT-Drs. IV/430, 15).

75 Das aus § 3 Abs. 2 Satz 2 und Satz 3 folgende Gebot behördlicher Zusammenarbeit ist ein reiner Programmsatz. Die Rechtswirksamkeit der Verbotsverfügung ist von seiner Beachtung völlig unabhängig (BT-Drs. IV/430, 15).

IV. Reichweite des Vereinsverbots (Abs. 3)

1. Allgemeines

76 Das Vereinsverbot kann sich immer nur gegen diejenigen Vereine oder Teilorganisationen eines Vereins richten, die ihren Sitz im Geltungsbereich des VereinsG haben (vgl. § 18 Satz 1).

2. Verbot von Teilorganisationen (Abs. 3 Satz 1)

Der Umfang des Vereinsverbots wird in § 3 Abs. 3 geregelt. Wie ein Parteiverbot nach Art. 21 Abs. 2 GG und § 46 BVerfGG (hierzu § 46 BVerfGG Rn. 6ff.) erstreckt sich auch ein Vereinsverbot grundsätzlich auf alle Teilorganisationen des Vereins, auch wenn sie selbständig die Merkmale des Vereinsbegriffs erfüllen oder eigene Rechtspersönlichkeit besitzen (BT-Drs. IV/430, 15; *Wache* in Erbs/Kohlhaas VereinsG § 3 Rn. 22). Die Voraussetzung der Teilorganisation ist nach der Rechtsprechung des Bundesverwaltungsgerichts (BVerwG NVwZ 2010, 455; BVerwG NVwZ 2003, 990; BVerwG NVwZ 1995, 595 [596]; BVerwG NVwZ 1998, 174 [175]; BVerwG NVwZ 1995, 590 [591]; BVerwG NJW 1989, 996 [997]) dann gegeben, wenn eine Identität zwischen dem Verein als Ganzem und seiner Gliederung besteht. Die Gliederung muss tatsächlich in die Gesamtorganisation eingebunden sein und im Wesentlichen von ihr **beherrscht werden,** auch wenn eine totale organisatorische Eingliederung nicht notwendig ist. Indizien für das Vorliegen einer Teilorganisation können sich bspw. aus der personellen Zusammensetzung, den Zielen, der Tätigkeit, der Finanzierung, aus Verflechtungen bei der Willensbildung und aus Weisungsgegebenheiten ergeben. Ist das erforderliche Maß an Einbindung der Teilorganisation in den Gesamtverein nicht gegeben, besteht die Möglichkeit eines „übergreifenden" Verbots nicht (*Planker,* Das Vereinsverbot, 1994, S. 17). 77

Nicht zu den Teilorganisationen gerechnet werden die Neben- und Hilfsorganisationen eines Vereins (*Wache* in Erbs/Kohlhaas VereinsG § 3 Rn. 25; *Deres* VR 1992, 421 [425]). Solche Organisationen weisen häufig eine satzungsmäße Selbständigkeit, eine eigenständige Führungsstruktur und eine selbständig organisierte Finanzierung auf (vgl. *Wache* in Erbs/Kohlhaas § 3 Rn. 25). Entscheidend ist, insoweit auf die organisatorische Einbindung und Integration in den Hauptverein abzustellen, die bei Neben- und Hilfsorganisationen nicht gegeben ist (vgl. *Deres* VR 1992, 421 [425]). Soll eine solche, mit eigener Rechtspersönlichkeit ausgestattete Neben- oder Hilfsorganisation verboten werden, muss gegen sie gesondert im Rahmen einer Sammel- oder mittels einer eigenständigen Verbotsverfügung vorgegangen werden (vgl. *Wache* in Erbs/Kohlhaas § 3 Rn. 25; BT-Drs. IV/430, 16). 78

Hierbei gilt, dass die Erstreckung des Vereinsverbotes nicht voraussetzt, dass die mit dem Gesamtverein verbotenen Teilorganisationen ihrerseits einen Verbotstatbestand erfüllen (BVerwG NJW 1989, 996 [997]). Die Erstreckung tritt nach der gesetzlichen Regelung auch unabhängig davon ein, ob die Gliederung in ihrer Organisation oder Tätigkeit über das Gebiet eines Landes hinausgeht oder nicht (BVerwG NJW 1989, 996 [997]). 79

Das bedeutet aber nicht, dass die Verbotsbehörde zwangsläufig immer den Gesamtverein ins Visier nehmen muss. Vielmehr steht ihr immer auch die Möglichkeit zur Verfügung, Teilvereine selbständig zu verbieten, solange noch kein Verbot gegen den Gesamtverein ausgesprochen wurde (BT-Drs. IV/430, 15; *Wache* in Erbs/Kohlhaas VereinsG § 3 Rn. 22). Aus dem Verbot eines Teilvereins lassen sich keine negativen Auswirkungen für den Gesamtverein ableiten (vgl. *Wache* in Erbs/Kohlhaas VereinsG § 3 Rn. 22). 80

81 Zudem wird mit § 3 Abs. 3 Satz 1 die Möglichkeit einer ausdrücklichen Beschränkung des Vereinsverbots geschaffen. Diese kann beispielsweise dann ausnahmsweise geboten sein, wenn ein Teilverein einen gänzlich anderen Kurs verfolgt als der verfassungswidrige Gesamtverein und sich von dessen verfassungswidrigen Aktivitäten distanziert (BT-Drs. IV/430, 15).

82 Auch Religionsgemeinschaften (hierzu Rn. 58 ff.) können Teilorganisationen aufweisen (BVerwG NVwZ 2003, 990).

3. Verbot von nichtgebietlichen Teilorganisationen (Abs. 3 Satz 2)

83 Das Vereinsverbot erstreckt sich auf nichtgebietliche Teilorganisationen mit eigener Rechtspersönlichkeit nur, wenn diese in der Verbotsverfügung ausdrücklich benannt sind. Die Regelung richtet sich bspw. an vereinseigene Wirtschaftsunternehmen (*Wache* in Erbs/Kohlhaas VereinsG § 3 Rn. 26). Hinsichtlich solcher Unternehmen, die bspw. in Form einer GmbH betrieben werden können, wird für Außenstehende und Geschäftspartner in vielen Fällen nicht ersichtlich, dass sie zu einem verbotenen Verein gehören (BT-Drs. IV/430, 15). Im Interesse der Rechtssicherheit müssen solche Organisationen ausdrücklich in der Verbotsverfügung benannt werden, wenn sie von ihr mit umfasst sein sollen (BT-Drs. IV/430, 16).

V. Formelle Voraussetzungen (Abs. 4)

1. Allgemeines

84 In formeller Hinsicht muss die Verbotsverfügung so verfasst werden, dass aus ihr klar und unzweifelhaft ersichtlich wird, welche Vereinigung mit welcher personeller Zusammensetzung verboten ist (*Wache* in Erbs/Kohlhaas VereinsG § 3 Rn. 27). In der Praxis werden daher neben dem Vereinsnamen sowohl die Vorstände als auch die Vereinsmitglieder einzeln angeführt. Hierdurch wird einerseits eine Vollziehung des Verbots ermöglicht und andererseits ausgeschlossen, dass Vereine und Personen von den Verbots- und Auflösungsfolgen betroffen werden, die überhaupt nicht belangt werden sollen (BVerwG DÖV 1971, 777; *Wache* in Erbs/Kohlhaas VereinsG § 3 Rn. 27).

2. Anhörung

85 Vereinsrechtliche Verbotsverfügungen sind belastende Verwaltungsakte (hierzu Rn. 12). Dies hat zur Folge, dass gem. § 28 Abs. 1 VwVfG bzw. den der Vorschrift entsprechenden landesrechtlichen Bestimmungen vor dem Erlass der Verbotsverfügung grundsätzlich eine Anhörung des betroffenen Vereins stattzufinden müsste. In der Praxis wird hierauf völlig zu Unrecht nur allzu oft verzichtet und extensiv von den Ausnahmebestimmungen Gebrauch gemacht. Diese Vorgehensweise verkennt, dass das Recht auf Anhörung eines der wichtigsten Rechte des Betroffenen im Verwaltungsverfahren ist. Es dient dem Verfahrensrechtsschutz und der Legitimation der Verwaltungsentscheidung (*Albrecht* VR 2013, 8 [11]). Mittels der Anhörung wird es dem betroffenen Verein ermöglicht, seine Rechte und die Rechte seiner Mitglieder geltend zu machen. Zudem wird die Verwaltung mittels der Anhörung vor einer übereilten und unsachgemäßen Entscheidung geschützt.

Die Rechtsprechung, die im Kontext der Vereinsverbote fast ausnahmslos ein Absehen von einer Anhörung des betroffenen Vereins zulässt, stützt sich auf § 28 Abs. 2 Nr. 1 VwVfG. Die Vorschrift und ihre landesrechtlichen Pendants bestimmen, dass eine Anhörung nach den Umständen des Einzelfalles entbehrlich ist, wenn eine sofortige Entscheidung wegen Gefahr im Verzug oder im öffentlichen Interesse notwendig erscheint. Eine sofortige Entscheidung der Verbotsbehörde wird hinsichtlich vereinsrechtlicher Verbotsverfahren grundsätzlich für erforderlich gehalten, weil im Falle einer Anhörung des betroffenen Vereins die Gefahr geschaffen werde, dass dieser die Gelegenheit nutzt, um seine Infrastruktur, Beweismittel und sein Vermögen dem behördlichen Zugriff zu entziehen (vgl. BVerwG NJW 1989, 993 [994]; vgl. VGH Mannheim BeckRS 2012, 45891; a. A. VGH München, Urt. v. 21.08.1989 – 4 A 88 1000). Dies gilt auch im Hinblick auf die Einbeziehung von Teilorganisationen in eine Verbotsverfügung (BVerwG NVwZ 2010, 445 [456]; BVerwG BeckRS 2003, 21229). Diese Gefahr soll selbst dann gegeben sein, wenn ein Verein durch Verbotsdiskussionen in der Öffentlichkeit und im Bundestag sowie bereits stattgefundene Durchsuchungen und Beschlagnahmen vorgewarnt wurde (BVerwG NVwZ-RR 2011, 14). **86**

Die Rechtsprechung verkennt hierbei die **verfassungsrechtliche Bedeutung der Anhörung** und der Vereinsfreiheit (*Albrecht* VR 2013, 8 [11]). Eine verfassungskonforme Vorgehensweise setzt als Mindestvoraussetzung voraus, dass seitens der Verbotsbehörde zunächst geprüft wird, ob eine Anhörung nicht doch, ggf. unter Setzung einer besonders kurzen Frist zur Stellungnahme, stattfinden kann. Häufig wird dies der Fall sein; bspw. dann, wenn begleitend zur Anhörung vorläufige Maßnahmen ergriffen werden können, mittels derer der im Falle der Anhörung drohenden Gefahr begegnet wird (*Luch* in BHRS VwVfG § 28 Rn. 2 m.w.N.). Solche Maßnahmen lassen sich im Rahmen des vereinsrechtlichen Verbotsverfahrens recht einfach aus § 4 VereinsG ableiten. Die Vorschrift stellt der Verbotsbehörde die erforderlichen Mittel zur Verfügung, damit frühzeitig Beweise gesichert werden können (vgl. *Groh* in NomosOK VereinsG § 4 Rn. 10). Für die Beschlagnahme von Beweismitteln gelten die §§ 94 bis 97, 98 Abs. 4 sowie die §§ 99 bis 101 StPO gem. § 4 Abs. 4 Satz 1 VereinsG entsprechend. **87**

3. Schriftform

Das Verbot ist gem. § 3 Abs. 4 Satz 1 Alt. 1 schriftlich abzufassen. Die Schriftform ist eingehalten, wenn die Verbotsverfügung mit Hilfe von Schriftzeichen maschinell oder handschriftlich auf einen Datenträger gebracht wurde und sich von diesem ohne den Einsatz technischer Hilfsmittel mittels Inaugenscheinnahme ablesen lässt (*Heckmann/Albrecht* in BHRS VwVfG § 37 Rn. 44). Das Schriftformerfordernis erfüllen neben Originaldokumenten bspw. auch mittels Telefax, Fernschreiben und Telegramm übermittelte Inhalte (*Heckmann/Albrecht* in BHRS VwVfG § 37 Rn. 44). **88**

Gem. § 37 Abs. 3 Satz 1 VwVfG müssen schriftliche Verwaltungsakte die erlassende Behörde erkennen lassen und die Unterschrift oder die Namens- **89** wiedergabe des Behördenleiters, seines Vertreters oder seines Beauftragten enthalten.

4. Elektronische Form

90 Neben der Schriftform wird für die Verbotsverfügung mit § 3 Abs. 4 Satz 1 Alt. 2 auch die elektronische Form zugelassen. Die elektronische Form ist gewahrt, wenn das elektronische Dokument mit einer dauerhaft überprüfbaren Signatur gem. § 37 Abs. 4 VwVfG versehen wurde. Die elektronische Verbotsverfügung unterscheidet sich von der unter Verwendung der Schriftform erlassenen Variante dadurch, dass sie mittels eines elektronischen Speichermediums (Dateiformate) erlassen wurde (vgl. *Heckmann/Albrecht* BHRS VwVfG § 37 Rn. 49). Das für den Rechtsverkehr maßgebliche Original ergeht in elektronischer Form und kann ohne technische Hilfsmittel nicht ausgelesen werden (*Heckmann/Albrecht* in BHRS VwVfG § 37 Rn. 49). Durch den Ausdruck der elektronischen Verfügung wird lediglich ihr Inhalt reproduziert. Eine rechtliche Wirkung ist diesem Vorgang nicht zuzusprechen (*Heckmann/Albrecht* in BHRS VwVfG § 37 Rn. 50).

91 Mittels der Anordnung der Verwendung einer dauerhaft überprüfbaren Signatur soll die anhaltende Beweiskraft der Verbotsverfügung und mithin die Integrität des Dokuments gewährleistet werden (vgl. *Heckmann/Albrecht* in BHRS VwVfG § 37 Rn. 93ff.).

92 Wird die Verbotsverfügung weder schriftlich noch in der zugelassenen elektronischen Form verfasst, ist sie nichtig (*Heckmann/Albrecht* in BHRS VwVfG § 37 Rn. 45).

5. Begründung

93 Die Verbotsverfügung muss zwingend in demselben Dokument enthalten sein, das auch den verfügenden Teil aufweist (*Wache* in Erbs/Kohlhaas VereinsG § 3 Rn. 29). Gem. § 39 Abs. 1 Satz 2 VwVfG sind in dem begründenden Teil die wesentlichen tatsächlichen und rechtlichen Gründe mitzuteilen, die die Behörde zu ihrer Entscheidung bewogen haben. Das Begründungserfordernis bezieht sich auch auf das Verbot von Teilorganisationen (*Grundmann,* Das fast vergessene öffentliche Vereinsrecht, 1999, S. 106; einschränkend insoweit BVerwG NVwZ 1995, 590 [591]).

94 Die Begründungspflicht verfolgt u. a. eine **Akzeptanz- und Rechtsschutzfunktion** (*Kopp/Ramsauer* VwVfG § 39 Rn. 4). Mittels der Begründung sollen dem betroffenen Verein und seinen Mitgliedern die Behördenentscheidung verständlich gemacht und zugleich die Möglichkeit einer sachgerechten Anfechtung gegeben werden (vgl. *Kopp/Ramsauer* VwVfG § 39 Rn. 4).

6. Zustellung

95 Die Verbotsverfügung ist dem betroffenen Verein und im Falle des § 3 Abs. 3 Satz 2 auch den Teilorganisationen zuzustellen. Die Zustellung erfolgt zumindest an den Verein zu Händen seines Vorstands (*Reichert* Rn. 6600). In der Praxis bietet sich allerdings eine Zustellung über die Wohnsitze des Vereinsvorstandes sowie der einzelnen Vereinsmitglieder an.

Zweiter Abschnitt. Verbot von Vereinen **§ 3 VereinsG**

Die Zustellung richtet sich hinsichtlich der Verbotsverfügungen des Bundesministers des Innern nach dem Verwaltungszustellungsgesetz des Bundes und bezüglich der Verbotsverfügungen der obersten Landesbehörden nach den entsprechenden landesgesetzlichen Vorschriften. Bei dem Verweis auf die Zustellungsgesetze handelt es sich um eine dynamische Verweisung auf die jeweils aktuellste Gesetzesfassung (a. A. wohl *Wache* in Erbs/Kohlhaas VereinsG § 3 Rn. 30). 96

7. Bekanntmachung

Der verfügende Teil des Verbots ist gem. § 3 Abs. 4 Satz 2 im Bundesanzeiger und danach im amtlichen Mitteilungsblatt des Landes bekanntzumachen, in dem der Verein oder, sofern sich das Verbot hierauf beschränkt, der Teilverein seinen Sitz hat. Verbote von ausländischen Vereinen werden nach § 15 nur im Bundesanzeiger bekanntgemacht. 97

Die Bekanntmachung geschieht im Interesse der Allgemeinheit (*Wache* in Erbs/Kohlhaas VereinsG § 3 Rn. 31) und soll den Einzelnen vor der Aufnahme von vertraglichen Beziehungen zu einem Verein, der angesichts des Verbots ggf. vermögenslos geworden ist, schützen. 98

a) Wirksamkeitsvoraussetzung. Die Bekanntmachung ist Wirksamkeitsvoraussetzung, sofern die Betroffenen nicht bereits im Wege der Zustellung informiert wurden (§ 3 Abs. 4 Satz 3). Mittels dieser Regelung soll verhindert werden, dass die Wirksamkeit einer Verbotsverfügung durch Probleme bei der Zustellung oder den Versuch des Betroffenen, diese zu verhindern, hinausgezögert wird (*Wache* in Erbs/Kohlhaas VereinsG § 3 Rn. 32; vgl. BT-Drs. IV/430, 16; BT-Drs. IV/2145 (neu), 2). 99

b) Umfang der Bekanntmachung. Die Bekanntmachungspflicht des § 3 Abs. 4 Satz 2 betrifft lediglich den verfügenden Teil des Verbots. Hierzu gehört die Feststellung, dass der Verein verboten ist, die Anordnung der Auflösung und die Anordnung der Vermögenseinziehung und –beschlagnahme. Von einer Bekanntmachung des begründenden Teils ist mit Hinblick auf die Persönlichkeitsrechte der in ihm häufig bezeichneten Mitglieder Abstand zu nehmen. 100

§ 1 Abs. 1 VereinsG-DVO besagt, dass die zuständigen Landesbehörden das Verbot zudem sämtlichen, im Bereich des Landes bestehenden, Teilorganisationen (hierzu Rn. 77 ff.) bekanntzugeben haben. Bei der Bekanntgabe ist gem. § 1 Abs. 2 Nr. 2 VereinsG-DVO darauf zu achten, dass auf die Strafandrohung des § 20 hingewiesen wird. 101

VI. Zurechnung (Abs. 5)

1. Allgemeines

Mit § 3 Abs. 5 wird der Verbotsbehörde ausweislich der Gesetzgebungsunterlagen die Möglichkeit eröffnet, das Verbot nicht nur auf Handlungen des Vereins zu stützen, sondern dem Verein auch das verbotsrelevante Handeln seiner Mitglieder zuzurechnen (BT-Drs. 12/6853, 45; missverständlich insoweit 102

OVG Schleswig ZVR-Online Dok. Nr. 67/2012 Rn. 43). Die Regelung basiert auf der Annahme, dass dem Verein selbst zunächst einmal lediglich das Handeln seiner Organe zuzurechnen ist (vgl. BT-Drs. 12/6853, 45). Darüberhinausgehend müsse dem Verein aber auch das einen Verbotstatbestand erfüllende Handeln seiner Vereinsmitglieder zugerechnet werden, wenn es **ohne einen organisatorischen Zusammenhang nicht möglich** wäre (BT-Drs. 12/6853, 45). Die Vorschrift verfolgt die Zielsetzung, den vor Beweisschwierigkeiten stehenden Verbotsbehörden eine Zurechnung des Mitgliederverhaltens zu erleichtern (BT-Drs. 12/6853, 45; *Groh* NomosOK VereinsG § 3 Rn. 12).

103 Entgegen der Gesetzesbegründung (BT-Drs. 12/6853, 45) und Teilen des Schrifttums (so wohl *Wache* in Erbs/Kohlhaas VereinsG § 3 Rn. 17a) wird mit der Vorschrift keine Regelungslücke geschlossen (vgl. *Groh* in NomosOK VereinsG § 3 Rn. 12). Vielmehr wird die bereits gefestigte Rechtsprechung (bspw. BVerwG NJW 1989, 993 [995]) zu Klarstellungszwecken in Gesetzesform überführt (vgl. *Groh* NomosOK VereinsG § 3 Rn. 12). Die in Abs. 5 Nr. 1 bis Nr. 3 bezeichneten Zurechnungsmodalitäten müssen stets kumulativ erfüllt sein. Wenn ein Zurechnungsmerkmal nicht erfüllt wird, ist eine Zurechnung regelmäßig nicht möglich.

2. Zusammenhang zur Tätigkeit oder Zielsetzung des Vereins (Abs. 5 Nr. 1)

104 Ein Zusammenhang zur Tätigkeit oder Zielsetzung eines zu verbietenden Vereins ist regelmäßig dann gegeben, wenn Mitglieder eines Vereins spontan und aufgrund eines eigenständigen Entschlusses handeln, dabei aber immer wieder geschlossen als Verein auftreten, so dass ihre Handlungen von Außenstehenden als Vereinsaktivitäten wahrgenommen werden (BVerwG NJW 1989, 993 [995]). Dies ist beispielsweise dann der Fall, wenn Straftaten in Vereinsbekleidung bzw. unter Verwendung spezieller Vereinsembleme begangen werden (vgl. BVerwG NJW 1989, 993 [995f.]). Gleiches gilt für Publikationen und Vereinszeitschriften, die im Auftrag der Vereinsleitung herausgegeben werden und die keinen „offenen Markt der Meinungen darstellen" BVerwG NVwZ 2010, 446 [450])

105 Dies allein berechtigt die Verbotsbehörde allerdings noch nicht zum Einschreiten. Vielmehr muss hinzukommen, dass die betroffene Vereinigung um die verbotsrelevanten Handlungsweisen ihrer Mitglieder weiß und diese zumindest widerspruchslos akzeptiert (BVerwG NJW 1989, 993 [995]).

3. Beruhen auf einer organisierten Willensbildung (Abs. 5 Nr. 2)

106 Der Zurechnungstatbestand des § 4 Abs. 5 Nr. 2 stützt sich auf die Annahme, dass Vereine einen vom einzelnen Mitglied losgelösten Gruppenwillen bilden und insofern eine eigene Zweckrichtung festlegen sowie eigenständig agieren können (BVerwG NJW 1989, 993 [995]). Die Möglichkeit einer organisierten Willensbildung zieht spezifische Gefahren für die öffentliche Sicherheit oder Ordnung nach sich, da die ihnen innewohnende Eigendynamik und ihr organisiertes Sach- und Personenpotential verbotsrelevantes Verhalten erleichtern können (BVerwG NJW 1989, 993 [995]).

Die Zurechnung eines bspw. strafgesetzwidrigen Verhaltens (hierzu Rn. 20 ff.) ist daher nicht schon dann möglich, wenn Vereinsmitglieder Straftaten im Privatbereich begehen, mittels derer allein private Interessen verfolgt und somit gerade nicht der Gruppenwillen des Vereins verwirklicht wird (*Groh* in NomosOK VereinsG § 3 Rn. 12). Ob eine Straftat auf einer organisierten Willensbildung beruht, lässt sich meist nur anhand der Analyse von Indizien feststellen (*Groh* in NomosOK VereinsG § 3 Rn. 12). Besonders eindeutig sind in diesem Zusammenhang Situationen, in denen die Begehung von Straftaten seitens der Vereinsvorstände veranlasst, gebilligt, gefördert und koordiniert wurde (*Groh* in NomosOK VereinsG § 3 Rn. 12). Von dem Beruhen einer verbotsrelevanten Handlung auf einer organisierten Willensbildung spricht man des Weiteren, wenn die Handlung von einfachen Vereinsmitgliedern im Kollektiv begangen oder von der Mehrheit der Mitglieder zumindest widerspruchslos geduldet wird (VGH München BeckRS 2009, 37031; *Groh* NomosOK VereinsG § 3 Rn. 12). 107

4. Duldung durch den Verein (Abs. 5 Nr. 3)

Die Verbotsbehörde kann das Verbot auf Handlungen von Mitgliedern eines Vereins stützen, wenn nach den Umständen anzunehmen ist, dass sie vom Verein geduldet werden. Diese Zurechnungsalternative betrifft insbesondere die Begehung spontaner Straftaten oder verbotsrelevante Handlungen, die nicht unmittelbar von den Organen eines Vereins angeordnet wurden. Auf solche Handlungen kann sich ein Vereinsverbot stützen, wenn sie sich nach außen als Vereinsaktivitäten darstellen und der Verein diesen Umstand kennt und billigt oder jedenfalls widerspruchslos hinnimmt (OVG Schleswig ZVR-Online Dok. Nr. 67/2012 Rn. 39; VGH München NJW 1990, 62 [63]). 108

Über die Duldung hinausgehend sind Handlungsweisen seiner Mitglieder einem Verein zurechenbar, wenn die Vereinigung verbotsrelevante Handlungen deckt, indem sie ihren Mitgliedern mittels eigener Hilfestellungen oder Hilfestellungen anderer Mitglieder Rückhalt bietet (BVerwG NJW 1989, 993 [995]; OVG Schleswig ZVR-Online Dok. Nr. 67/2012 Rn. 39). Insoweit kommt es nicht darauf an, dass der Verein seinen Mitgliedern tatsächlich im Moment der Begehung von Straftaten Unterstützung zukommen lässt. Es genügt vielmehr, dass er der Öffentlichkeit und insbesondere den Opfern der Straftaten gegenüber zum Ausdruck bringt, dass er seinen Straftaten begehenden Mitgliedern jederzeit den erwarteten Schutz gewährt (VGH Mannheim, BeckRS 2012, 45891; OVG Schleswig ZVR-Online Dok. Nr. 67/2012 Rn. 39). 109

VII. Hinweise für den Rechtsanwender

1. Allgemeines

Mittels § 3 wird den von einem Vereinsverbot betroffenen Vereinen und deren Mitgliedern die Möglichkeit eröffnet, sich in rechtsstaatlicher Weise gegen 110 das Verbot zur Wehr zu setzen (BT-Drs. IV/430, 13). Das Institut des Vereinsverbots dient nicht der Untergrabung der Vereinsfreiheit, sondern will vielmehr das Grundrecht schützen, indem es staatliche Stellen klaren Eingriffsschranken unterwirft (*Albrecht* MSchrKrim 2012, 115 [123f.]).

111 Dies bedeutet allerdings nicht, dass sich der Verein vor dem Hintergrund der Verbotsmöglichkeiten allein auf den Schutz der Verfassung verlassen sollte. Vielmehr ist es geboten, von vornherein Vorsorge zu treffen, dass Vereine nicht gezielt unterwandet und in eine verbotswürdige Betätigung gedrängt werden (vgl. *Röcken* ZStV 2012, 144 [145f.]).

112 Zudem sind dem Verein Rechtschutzmöglichkeiten zur Verfügung zu stellen, die eine unabhängige Überprüfung eines ausgesprochenen Verbots ermöglichen.

2. Reaktionsmöglichkeiten des Vereins vor Aussprache eines Verbots

113 Im Einzelfall hat ein Verein auf das verbotsrelevante Handeln seiner Mitglieder oftmals keinen Einfluss. Sofern dem Verein allerdings verbotsrelevante Handlungen bekannt werden, treffen ihn Pflichten, die er zu erfüllen hat, um eine Zurechnung des Mitgliederverhaltens abzuwenden (vgl. VGH München BeckRS 2009, 37031). Von der **Distanzierungspflicht** muss zeitnah Gebrauch gemacht werden (vgl. OVG Schleswig ZVR-Online Dok. Nr. 67/2012 Rn. 52). Andernfalls drängt sich der Eindruck auf, dass es der Sanktionierung eines ungewünschten Mitgliederverhaltens an der erforderlichen Entschlusskraft fehlt.

114 Das dem Verein zur Verfügung stehende Maßnahmenpaket reicht von einer möglichen Ermahnung über die Amtsenthebung von Funktionsträgern (VGH Mannheim NVwZ-RR 1996, 331 [332]; zur Möglichkeit der Abberufung eines Vorstandsmitglieds *Röcken* ZStV 2012, 144 [148]) bis hin zum Ausschluss eines Betroffenen (*Groh* NomosOK VereinsG § 3 Rn. 12; zu den Ausschlussmöglichkeiten *Röcken* ZStV 2012, 144 [146f.]).

115 Die Distanzierungspflicht hat bspw. zur Folge, dass ein Verein sich von individuellen Meinungsäußerungen seiner Mitglieder distanzieren und seine Missbilligung zum Ausdruck bringen sollte, sofern diese einen verbotsrelevanten Charakter aufweisen (vgl. BVerfG NJW 2004, 47 [49]; vgl. BVerwG NVwZ 2010, 446 [450]; BVerwG 1995, 2505; vgl. *Kunig* Jura 1995, 384 [386]). Ein schlichter Hinweis im Impressum einer Vereinszeitschrift, wonach jeder Autor für seinen Beitrag selbst verantwortlich ist, genügt diesem Erfordernis nicht (BVerwG NVwZ 2010, 446 [450]).

3. Rechte und Pflichten der Mitglieder nach Aussprache eines Verbots

116 Mit Zustellung der Verbotsverfügung enden sowohl die Rechte als auch die Pflichten der Vereinsmitglieder, da ihrem Wirken aus Gründen der Gefahrenabwehr auch bereits vor dem Eintritt der Bestandskraft der Verbotsverfügung ein Ende gesetzt werden soll (BVerfG NJW 1990, 37 [38]). Die insoweit von *Wache* vertretene Gegenmeinung (*Wache* in Erbs/Kohlhaas VereinsG § 3

Rn. 2; so auch *Schnorr* § 3 Rn. 39) steht nicht im Einklang mit den verfassungsgerichtlichen Vorgaben hinsichtlich einer effizienten Gefahrenabwehr.

Unbenommen bleibt dem Verein und seinen Mitgliedern eine Betätigung, **117** die allein auf die Wahrnehmung der Rechte hinsichtlich der gerichtlichen Überprüfung des Verbots abzielt. Gemeinsame Besprechungen und Maßnahmen, die auf eine Koordination des weiteren anwaltlichen bzw. gerichtlichen Vorgehens abzielen, sind möglich.

Seitens der Mitglieder eines verbotenen Vereins sind die einschlägigen **118** Strafvorschriften zu beachten. Hierbei handelt es sich um §§ 85, 86 StGB sowie § 20 VereinsG (hierzu § 20 Vereins G Rn. 10 ff.).

4. Reaktionsmöglichkeiten der Teilorganisationen eines verbotenen Vereins

Teilorganisationen von verbotenen Vereinen (hierzu Rn. 77 ff.) werden auf **119** Grund ihrer Identität mit dem Gesamtverein von dessen Verbot erfasst. Sie können die Verbotsverfügung nur mit der Begründung anfechten, keine Teilorganisation zu sein (BVerwG NVwZ 2010, 445 [457]; BVerwG NVwZ 2003, 990 [991]).

5. Angreifbare Verbotsverfügung

Eine Verbotsverfügung, die eine Auflösung des betroffenen Vereins nicht **120** vorsieht, ist rechtswidrig und kann im Wege der **Anfechtungsklage** angegriffen werden (*Schnorr* § 3 Rn. 2; *Groh* NomosOK VereinsG § 3 Rn. 2). Gegen die Anordnung der sofortigen Vollziehung des Vereinsverbots kann einstweiliger Rechtsschutz gem. § 80 Abs. 5 VwGO geltend gemacht werden. Diesbezüglich gilt es allerdings zu beachten, dass Verfahren im einstweiligen Rechtsschutz in der Vergangenheit nur selten mit Erfolg geführt wurden. Sie bergen die Gefahr, dass auf Seiten des Gerichts eine ablehnende und auf unzureichender Kenntnis beruhende Auffassung verfestigt wird.

a) Aktivlegitimation des Vereins. Der von einer Verbotsverfügung be- **121** troffene Verein ist ungeachtet seiner Rechtsform selbst gem. § 61 Nr. 2 VwGO beteiligungsfähig (OVG Schleswig BeckRS 2011, 53494). Vereine, die nicht rechtsfähig sind (hierbei handelt es sich überwiegend um diejenigen Vereine, die nicht in das Vereinsregister eingetragen wurden) und damit keine juristische Person sind, werden gem. § 62 Abs. 3 VwGO i. V. m. §§ 54, 709 BGB von ihren Mitgliedern gemeinschaftlich vertreten (OVG Schleswig BeckRS 2011, 53494). Das bedeutet, dass im verwaltungsgerichtlichen Verfahren sämtliche Mitglieder eine entsprechende Prozessvollmacht unterzeichnen und vorlegen lassen sollten (vgl. OVG Schleswig BeckRS 2011, 53494).

b) Aktivlegitimation der Vereinsmitglieder. Nach herrschender Auf- **122** fassung ist zur Anfechtung einer Verbotsverfügung lediglich der verbotene Verein und nicht auch jedes einzelne Mitglied befugt (BVerwG BeckRS 2010, 51624; BVerwG DÖV 1984, 940; OVG Schleswig ZVR-Online Dok. Nr. 67/2012 Rn. 28; *von Feldmann,* Vereinigungsfreiheit und Vereinigungsverbot, 1972, S. 74; a. A. VGH Mannheim NJW 1970, 2077; a. A. *Wache* in Erbs/Kohlhaas

VereinsG § 3 Rn. 34). Adressat eines möglichen Anspruchs auf Aufhebung der Verbotsverfügung ist demnach allein die verbotene Vereinigung. Maßgeblich ist insoweit, dass ein Vereinsverbot nicht die individuelle Rechtstellung des Klägers betrifft, sondern vielmehr die Rechtstellung des verbotenen Vereins als einer Gesamtheit von Personen regelt (BVerwG DÖV 1984, 940). Diese muss sich im Rechtsstreit durch den Vorstand vertreten lassen (BVerwG Beschl. v. 2.3.2001 – 6 VR 1/01, 6 A 1/01).

123 Anderes kann nach der Rechtsprechung zum einen dann gelten, wenn der Kläger bzw. Antragsteller eine Person ist, der eine Verbotsverfügung zugestellt wurde und geltend macht, dass es sich bei der betroffenen Vereinigung, der er angehört und für die er tätig ist, nicht um eine einem Verbot zugängliche Vereinigung i. S. d. §§ 2, 3 VereinsG handelt (OVG Hamburg Beschl. v. 6.10.2000 – 4 Bs 269/00). Zum anderen kommt eine ausnahmsweise und kumulativ zu dem Anfechtungsrecht des „Vereins" bestehende Aktivlegitimation einer natürlichen Person in Frage, wenn zu deren Händen eine Verbotsverfügung ergangen ist und der Betroffene geltend macht, die Existenz eines Vereins sei von vornherein ausgeschlossen und die Verbotsverfügung betreffe sie daher in ihrer persönlichen Rechtsstellung (BVerwG BeckRS 2010, 51624; BVerwG BeckRS 2008, 37334).

124 Der herrschenden Auffassung kann angesichts des Umstandes, dass ein Mitglied aufgrund eines Vereinsverbots durchaus in seinem Recht betroffen ist, einem Verein anzugehören und sich in diesem auch zu betätigen, nicht gefolgt werden. Vielmehr muss von der Klagebefugnis eines Vereinsmitglieds jedenfalls dann ausgegangen werden, wenn die Verbotsverfügung auch durch den betroffenen Verein angefochten wurde (VGH Mannheim NJW 1990, 61), weswegen einer einvernehmliche Fortsetzung der mitgliedschaftlichen Rechte- und Pflichtenverhältnisse im Innverhältnis zwischen Verein und Mitglied nichts entgegensteht.

125 **c) Aufschiebende Wirkung.** § 3 Abs. 4 Satz 3 letzter Hs. besagt, dass die Regelung der Vollziehbarkeit des Vereinsverbots die Anwendung von § 80 VwGO unverändert zulässt. Der Anfechtungsklage ist damit gem. § 80 Abs. 1 Satz 1 VwGO eine aufschiebende Wirkung zuzusprechen. Sie steht der Vollziehbarkeit der Verbotsverfügung entgegen und begründet ein Verwirklichungsverbot, das seitens der Verbotsbehörde zu beachten ist (*Groh* Nomos-OK VereinsG § 3 Rn. 44).

126 Die Verbotsbehörde wird diesem Umstand regelmäßig dadurch begegnen, dass sie gem. § 80 Abs. 2 Nr. 4 VwGO die sofortige Vollziehbarkeit des Verbots anordnet (*Groh* in NomosOK VereinsG § 3 Rn. 44). Voraussetzung ist, dass das öffentliche Interesse an der sofortigen Vollziehung das Interesse des Vereins an der aufschiebenden Wirkung des von ihm eingelegten Rechtsmittels überwiegt (*von Feldmann,* Vereinigungsfreiheit und Vereinigungsverbot, 1972, S. 73).

127 Die Gerichte sind hinsichtlich der Zulassung dieses gem. § 80 Abs. 3 Satz 1 VwGO besonders zu begründenden Instruments zur Schaffung sofortiger Fakten großzügig. So soll die sofortige Vollziehung aufgrund des Bestehens eines öffentlichen Interesses bereits dann angeordnet werden können, wenn der dringende Verdacht besteht, dass ein Verein nach Art. 9 Abs. 2 GG i. V. m.

§ 3 Abs. 1 verboten ist (VGH Mannheim NJW 1990, 61; VGH Mannheim NJW 1970, 2077). Eine Situation, in der eine Verbotsverfügung erlassen wird und diese Anforderungen nicht gegeben sind, ist freilich nur schwer vorstellbar. Zudem soll die sofortige Vollziehung dann angeordnet werden können, wenn die von der Vereinsbetätigung bedrohten Rechtsgüter ein besonderes Gewicht aufweisen (BVerwG BeckRS 2008, 39065; a. A. *von Feldmann,* Vereinigungsfreiheit und Vereinigungsverbot, 1972, S. 73, der darauf hinweist, dass der Gesetzgeber in diesem Fall bereits von sich aus die sofortige Vollziehbarkeit eines Vereinsverbots angeordnet hätte). *Groh* weist zu Recht darauf hin, dass sich bei einer derartig weitreichenden Zulassung des Sofortvollzugs das gesetzliche Begründungserfordernis wohl unterlaufen wird (*Groh* NomosOK VereinsG § 3 Rn. 44 spricht davon, dass die Rechtsprechung einen gewissen Zirkelschluss erkennen lässt). Vielmehr dürfte die Verbotsbehörde daher darzulegen haben, weswegen von dem verbotenen Verein derartige Gefahren ausgehen, dass im Einzelfall abweichend von der Regelung des § 80 Abs. 1 VwGO eine verwaltungsgerichtliche Entscheidung nicht abgewartet werden kann (*von Feldmann,* Vereinigungsfreiheit und Vereinigungsverbot, 1972, S. 73). Das öffentliche Interesse an der sofortigen Vollziehung überwiegt nur dann, wenn konkrete Anhaltspunkte angeführt werden können, die nachvollziehbar den Verdacht begründen, dass die verbotene Vereinigung im laufenden Verbotsverfahren weiterhin verfassungswidrige Aktionen durchführen und sich in der das Verbot begründenden Weise nachhaltig weiterbetätigen wird (vgl. *von Feldmann,* Vereinigungsfreiheit und Vereinigungsverbot, 1972, S. 73).

Die Anordnung der Vermögenseinziehung wird von dieser Rechtsprechung allerdings nicht betroffen. Eine Anordnung der sofortigen Vollziehung der Einziehung des Vereinsvermögens verstößt gegen § 11 Abs. 2 Satz 1 VereinsG, wonach die Wirkung der Einziehung erst mit der Unanfechtbarkeit des Vereinsverbots und der Einziehungsanordnung eintritt (VGH Mannheim NJW 1970, 2077). **128**

d) Vollständige Akteneinsicht. Eine effektive Verteidigung kann im vereinsrechtlichen Verbotsverfahren nur gelingen, wenn vollständige und umfassende Akteneinsicht gewährt wurde. Wird diese Akteneinsicht nicht gewährt, soll nach Auffassung des OVG Schleswig gleichwohl kein Grund vorliegen, die aufschiebende Wirkung eines gegen ein sofort vollziehbar erklärtes Vereinsverbot gerichteten Antrags nach § 80 Abs. 5 VwGO wiederherzustellen. Die Rechtmäßigkeit der Verbotsverfügung sei von dem vorgeschalteten Verfahren (hierzu *Albrecht* § 4 VereinsG Rn. 9 ff.) und der diesbezüglichen Aktenführung nicht abhängig (OVG Schleswig BeckRS 2012, 55475). **129**

Allerdings muss die Verbotsbehörde beachten, dass ihr auch ohne eine ausdrückliche Anordnung die Pflicht zur Führung vollständiger Akten obliegt (vgl. BVerfG NJW 1983, 2135; OVG Schleswig BeckRS 2012, 55475; OVG Greifswald NVwZ 2002, 104 [105 ff.]). Wird gegen diese Verpflichtung verstoßen, so ist im Einzelfall eine mögliche Beweislastumkehr zu prüfen (OVG Schleswig BeckRS 2012, 55475; OVG Greifswald NVwZ 2002, 104 [106]). **130**

e) Gerichtliche Überprüfung. Für die Überprüfung eines Vereinsverbots ist im Falle des Erlasses durch den Bundesminister des Innern gem. § 50 Abs. 1 Nr. 2 VwGO das Bundesverwaltungsgericht zuständig. Wurde die Verbotsver- **131**

fügung durch eine oberste Landesbehörde erlassen, findet die Überprüfung gem. § 48 Abs. 2 VwGO vor dem Oberverwaltungsgericht des Landes statt, dessen Behörde das Verbot erlassen hat. Die Zuständigkeit des jeweiligen Gerichts zur Entscheidung über ein Vereinsverbot erstreckt sich auch auf die mit dem Verbot verbundene Anordnung der Beschlagnahme und Einziehung des Vereinsvermögens (VGH Mannheim NJW 1970, 2077). Die Zuständigkeitsregelung ist eine ausschließliche und kann nicht mittels einer Parteivereinbarung oder einem rügelosen Einlassen abbedungen werden (*Scheidler* NVwZ 2011, 1497 [1498]).

132 Der Gewährleistung einer einheitlichen Entscheidung bezüglich des Verbots eines Gesamtvereins und seiner Teilvereine dient § 51 VwGO (hierzu ausführlich *Scheidler* NVwZ 2011, 1497 [1499f.]). Die Vorschrift besagt, dass die gegen sein Verbot gerichtete Klage eines Teilvereins bis zur Entscheidung über eine entsprechende Klage des Gesamtvereins auszusetzen ist (§ 51 Abs. 1 VwGO). Durch die Entscheidung des Bundesverwaltungsgerichts werden die Oberverwaltungsgerichte gebunden (§ 51 Abs. 2 VwGO).

133 Die sachliche Zuständigkeit ist als Sachurteilsvoraussetzung von Amts wegen zu prüfen (*Scheidler* NVwZ 2011, 1497 [1498]). Im Falle ihres Fehlens ist das Verbotsverfahren an das gem. § 83 Satz 1 VwGO i.V.m. § 17a Abs. 2 GVG zuständige Gericht zu verweisen (*Scheidler* NVwZ 2011, 1497 [1498]). Der diesbezügliche Beschluss ist unanfechtbar (*Scheidler* NVwZ 2011, 1497 [1498]).

134 Im Falle der Anfechtung einer Verbotsverfügung hat das mit der Überprüfung betraute Gericht den Sachverhalt von Amts wegen unter Heranziehung der Beteiligten zu erforschen (BVerwG NVwZ 2005, 1435f.). Die Überzeugungsbildung des Gerichts hat sich hierbei aufgrund der Eigenart des Prüfungsgegenstandes in erheblichem Umfang auf die zusammenschauende Verwertung von Indizien zu stützen (BVerwG NVwZ 2005, 1435f.). Kann der Verbotsgrund in diesem Rahmen nicht nachgewiesen werden, ist das Verbot aufzugeben (BVerwG NVwZ 2005, 1435 [1436]). Erkenntnisse, die den Verbotsbehörden vorliegen, dem Gericht aber nicht in nachprüfbarer Weise zur Verfügung gestellt werden, sind unverwertbar (vgl. BVerwG NVwZ 2005, 1435 [1436]). Substantiiert bestrittene Tatsachenbehauptungen der Verbotsbehörde, die auf nachrichtendienstlichen Erkenntnissen und Einschätzungen beruhen und gerichtlicher Beweiserhebung wegen der Verweigerung der Vorlage der entsprechenden Vorgänge nicht zugänglich sind, vermögen lediglich die durch andere Erkenntnisse gestützte Überzeugung des Gerichts im Sinne einer Abrundung des Gesamtbilds zu bestätigen. Für die gerichtliche Überzeugungsbildung über das Vorliegen eines Verbotsgrundes können sie aber selbst dann nicht ausschlaggebend sein, wenn sie plausibel sind. Dies gilt auch, wenn die Verbotsbehörde statt ihrer Akten so genannte Behördenzeugnisse überreicht, in denen nicht näher belegte Tatsachen behauptet werden (BVerwG NVwZ 2005, 1435 [1436]).

Zweiter Abschnitt. Verbot von Vereinen §4 VereinsG

§ 4 Ermittlungen

(1) ¹Die Verbotsbehörde kann für ihre Ermittlungen die Hilfe der für die Wahrung der öffentlichen Sicherheit oder Ordnung zuständigen Behörden und Dienststellen in Anspruch nehmen. ²Ermittlungsersuchen des Bundesministers des Innern sind an die zuständige oberste Landesbehörde zu richten.

(2) ¹Hält die Verbotsbehörde oder eine gemäß Absatz 1 Satz 1 ersuchte Stelle eine richterliche Vernehmung von Zeugen, eine Beschlagnahme von Beweismitteln oder eine Durchsuchung für erforderlich, so stellt sie ihre Anträge bei dem Verwaltungsgericht, in dessen Bezirk die Handlung vorzunehmen ist. ²Die richterlichen Anordnungen oder Maßnahmen trifft der Vorsitzende oder ein von ihm bestimmtes Mitglied des Gerichts.

(3) Für die richterliche Vernehmung von Zeugen gilt § 98 der Verwaltungsgerichtsordnung entsprechend.

(4) ¹Für die Beschlagnahme von Gegenständen, die als Beweismittel von Bedeutung sein können, gelten die §§ 94 bis 97, 98 Abs. 4 sowie die §§ 99 bis 101 der Strafprozeßordnung entsprechend. ²Bestehen hinreichende Anhaltspunkte dafür, daß eine Durchsuchung zur Auffindung solcher Beweismittel führen werde, so kann die Durchsuchung der Räume des Vereins sowie der Räume, der Sachen und der Person eines Mitglieds oder Hintermannes des Vereins angeordnet werden. ³Bei anderen Personen ist die Durchsuchung nur zur Beschlagnahme bestimmter Beweismittel und nur dann zulässig, wenn Tatsachen darauf schließen lassen, daß sich die gesuchte Sache in ihrem Gewahrsam befindet. ⁴Die §§ 104, 105 Abs. 2 bis 4, §§ 106 bis 110 der Strafprozeßordnung gelten entsprechend.

(5) ¹Bei Gefahr im Verzug kann auch die Verbotsbehörde oder eine gemäß Absatz 1 Satz 1 ersuchte Stelle eine Beschlagnahme, mit Ausnahme der Beschlagnahme nach § 99 der Strafprozeßordnung oder eine Durchsuchung anordnen. ²Die Vorschriften des Absatzes 4 sowie § 98 Abs. 2 Satz 1 und 2 der Strafprozeßordnung gelten entsprechend.

Übersicht

	Rn.
I. Allgemeines	1
1. Inhalt	1
2. Entstehungsgeschichte	3
3. Verfassungsrechtliche Bezüge	4
II. Ermittlungen der Verbotsbehörde (Abs. 1)	5
1. Ermittlungsbehörden	5
2. Hilfsbehörden	6
3. Eigenständige Ermittlungstätigkeit	9
a) Allgemeines	9
b) Zeitpunkt der Ermittlungstätigkeit	13
c) Zusammenarbeit mit den Hilfsbehörden	17

	Rn.
d) Verfassungsrechtliche Grenzen der Informationshilfe	21
e) Einstellung des Ermittlungsverfahrens	25
III. Ermittlungsbefugnisse der Verbotsbehörde (Abs. 2)	27
1. Richtervorbehalt (Abs. 2 Satz 1)	27
2. Entscheidung des Einzelrichters (Abs. 2 Satz 2)	30
3. Anspruch des Betroffenen auf rechtliches Gehör	33
IV. Richterliche Zeugenvernehmung (Abs. 3)	35
1. Allgemeines	35
2. Zeugen	37
3. Inhalt der Zeugenvernehmung	38
4. Zeugnisverweigerungsrecht	40
5. Beteiligte	42
V. Beschlagnahme und Durchsuchung (Abs. 4)	44
1. Vorbemerkung	44
2. Beschlagnahme (Abs. 4 Satz 1)	45
a) Allgemeines	45
b) Beschlagnahmefähige Gegenstände	46
c) Weitere Grenzen der Beschlagnahme	49
d) Anforderungen an den Beschlagnahmebeschluss	51
3. Durchsuchung (Abs. 4 Satz 2 bis Satz 4)	55
a) Allgemeines	55
b) Durchsuchung der Räume oder Mitglieder des Vereins	58
c) Durchsuchung bei Hintermännern des Vereins	59
d) Durchsuchung bei anderen Personen	62
e) Entsprechende Anwendung der §§ 104, 105 Abs. 2 bis 4, §§ 106 bis 110 StPO	63
f) Anforderungen an den Durchsuchungsbeschluss	64
VI. Beschlagnahme und Durchsuchung bei Gefahr in Verzug (Abs. 5)	68
1. Allgemeines	68
2. Beweisverwertungsverbot bei rechtswidriger Umgehung des Richters	72
3. Überprüfung der Eilentscheidung	73
VII. Hinweise für den Rechtsanwender	74
1. Keine Mitwirkungspflicht des betroffenen Vereins	74
2. Anwaltliche Beeinflussung der gerichtlichen Beweisaufnahme	76
3. Beweislastverteilung	77
4. Rechtsschutz	78
a) Allgemeines	78
b) Beschlagnahme und Durchsuchung mit richterlichem Beschluss	79
c) Beschlagnahme und Durchsuchung ohne richterlichen Beschluss	81
d) Isolierte Überprüfung des Ermittlungsverfahrens	84

I. Allgemeines

1. Inhalt

1 Mit der Vorschrift wird das **vereinsrechtliche Ermittlungsverfahren** geregelt, in dessen Rahmen die Verbotsbehörde zu prüfen hat, ob ein Verein einen Verbotstatbestand gem. Art. 9 Abs. 2 GG bzw. § 3 Abs. 1 Satz 1 erfüllt

(*Schnorr* § 4 Rn. 1). Das Verständnis der Vorschrift wird durch zahlreiche Verweise auf straf- und verwaltungsprozessuale Vorschriften wesentlich erschwert. Diesbezüglich gilt es zu beachten, dass das strafprozessuale Ermittlungsverfahren durch § 4 nicht beeinflusst wird. Vielmehr wird das vereinsrechtliche Ermittlungsverfahren weitgehend an strafprozessuale Vorschriften angelehnt. Besteht der Verdacht einer Straftat, sind die Staatsanwaltschaften gem. § 160 Abs. 1 StPO weiterhin eigenständig verpflichtet, den Sachverhalt zu erforschen. Eine Verbindung der vereinsrechtlichen Verbotsermittlungen mit dem staatsanwaltschaftlichen Ermittlungsverfahren ist nicht vorgesehen.

Mittels § 4 Abs. 1 wird die Verbotsbehörde ermächtigt, sich im vereinsrechtlichen Ermittlungsverfahren sog. Hilfsbehörden (hierzu Rn. 6) zu bedienen. Die Vorschrift ist eine Konkretisierung der bereits in Art. 35 Abs. 1 GG angelegten Pflicht zur Amtshilfe (VGH Mannheim DÖV 2002, 784 [785]; *Wache* in Erbs/Kohlhaas VereinsG § 4 Rn. 3). § 4 Abs. 2 bis 5 statten die Verbotsbehörde mit den Ermittlungsbefugnissen aus, die erforderlich sind, um den verbotsrelevanten Sachverhalt umfassend aufklären und die diesbezüglichen Beweise sichern zu können (*Grundmann,* Das fast vergessene öffentliche Vereinsrecht, 1999, S. 54). Die ehemals in § 3 Abs. 5 Satz 3 niedergelegte Berlinregelung wurde mit der Deutschen Wiedervereinigung gegenstandslos und daher aufgehoben (BT-Drs. 12/6853, 46). 2

2. Entstehungsgeschichte

Mittels § 4 beabsichtigt der Gesetzgeber, die Verbotsbehörden mit den **Ermittlungsbefugnissen** auszustatten, die erforderlich sind, um ein Verbotsverfahren zielführend zu betreiben (BT-Drs. IV/430, 16). Durch die seit ihrem Inkrafttreten im Wesentlichen (vgl. BT-Drs. 12/6853, 46) unverändert gebliebene Vorschrift soll dem Umstand begegnet werden, dass die üblichen Ermittlungsbefugnisse angesichts der „Tarnungstechnik verfassungsfeindlicher Organisationen" nicht ausreichen, um ein erfolgversprechendes Verbotsverfahren zu betreiben (BT-Drs. IV/430, 16). Die Ermittlungsbefugnisse der Verbotsbehörden werden daher durch erweiterte Ermittlungsbefugnisse der Verwaltung und mittels richterlicher Untersuchungshandlungen verstärkt (BT-Drs. IV/430, 16). Die Verbotsbehörden können damit auf Ermittlungsbefugnisse zurückgreifen, die mit denen der Staatsanwaltschaften vergleichbar sind (*Schnorr* § 4 Rn. 1). 3

3. Verfassungsrechtliche Bezüge

Die Regelung erweitert nicht nur das der Verbotsbehörde zur Verfügung stehende Spektrum der verwaltungsrechtlichen Ermittlungsbefugnisse, sondern setzt deren Ermittlungstätigkeit auch Grenzen, die nicht überschritten werden dürfen. Vor dem Hintergrund der durch Art. 9 Abs. 1 GG geschützten Vereinsfreiheit soll gewährleistet werden, dass die Ermittlungsbefugnisse in **rechtsstaatlicher Weise** ausgeübt und einer gerichtlichen Kontrolle zugänglich gemacht werden (*Schnorr* § 4 Rn. 1). § 4 ist damit auch eine der Vereinsfreiheit und damit den Interessen der Betroffenen dienende Schutzvorschrift (*Schnorr* § 4 Rn. 2). 4

II. Ermittlungen der Verbotsbehörde (Abs. 1)

1. Ermittlungsbehörden

5 Die Vorschrift bestimmt, dass die Einleitung und Durchführung des vereinsrechtlichen Verbotsverfahrens in den Händen der gem. § 3 Abs. 2 Nr. 1 und Nr. 2 bezeichneten **Verbotsbehörden** liegen. Andere Behörden – bspw. die Polizei und Staatsanwaltschaften – sind nicht befugt, ein vereinsrechtliches Verbotsverfahren zu betreiben (*Wache* in Erbs/Kohlhaas VereinsG § 4 Rn. 2). Dies bedeutet allerdings nicht, dass in den Aufgabenbereich der Polizei und Staatsanwaltschaften eingegriffen wird. Diese bleiben weiterhin im Rahmen ihres gesetzlichen Auftrags für die Strafverfolgung und Gefahrenabwehr zuständig (*Groh* NomosOK VereinsG § 4 Rn. 2).

2. Hilfsbehörden

6 Die Verbotsbehörden können sich gem. § 4 Abs. 1 Satz 1 der Hilfe der für die Wahrung der öffentlichen Sicherheit und Ordnung zuständigen Behörden und Dienststellen bedienen. Ein weites Verständnis des Begriffs „**Hilfsbehörde**" ist angesichts des Erfordernisses hinreichend bestimmter Regelungen nicht angezeigt (a. A. *Schnorr* § 4 Rn. 5; a. A. *Wache* in Erbs/Kohlhaas VereinsG § 4 Rn. 4; a. A. *Groh* NomosOK VereinsG § 4 Rn. 2). Die Gegenauffassung, die auf eine möglichst effektive Durchführung des Verbotsverfahrens abstellt und einen Bedarf für weitreichende Ermittlungsbefugnisse sieht (*Schnorr* § 4 Rn. 5), lässt außer Acht, dass mögliche Hemmnisse nur durch den parlamentarischen Gesetzgeber beseitigt werden können. Eine über die Wortlautgrenze hinausgehende Auslegung anhand der in der Praxis bestehenden Bedarfslagen gibt es nicht (a. A. wohl *Schnorr* § 4 Rn. 5).

7 Zu den Hilfsbehörden gehören nur diejenigen Dienststellen, denen Aufgaben im Bereich der Wahrung der öffentlichen Sicherheit und Ordnung übertragen wurden. Um welche Behörden es sich hierbei konkret handelt, lässt sich im Einzelfall meist nur unter Zuhilfenahme der einschlägigen Polizei- und Ordnungsbehördengesetze der Länder ermitteln (*Grundmann,* Das fast vergessene öffentliche Vereinsrecht, 1999, S. 62). In der Regel gehören hierzu die Dienststellen der Ordnungspolizei und der Ordnungsbehörden, die Vollzugs- und die Kriminalpolizei, das Bundeskriminalamt, das Bundesamt für Verfassungsschutz und die Landesämter für Verfassungsschutz (*Schnorr* § 4 Rn. 5). Teilweise werden die Hilfsbehörden gem. § 4 Abs. 1 Satz 1 in den Ausführungsgesetzen der Länder zum Vereinsgesetz ausdrücklich genannt. Art. 3 AG-VereinsG Bay zählt zu den Hilfsbehörden bspw. die Regierungen, die Landratsämter und die Gemeinden. Nicht zu den Hilfsbehörden gehören hingegen die Staatsanwaltschaften und die Gerichte.

8 Die für das vereinsrechtliche Verbotsverfahren zuständigen Ministerien sind gem. der jeweils anwendbaren Landespolizeigesetze regelmäßig zugleich oberste Polizeibehörden. Dies hat zur Folge, dass sie den ihnen unterstellten Dienststellen auch ohne ausdrückliche Ermächtigung Weisungen erteilen und diese so mit vereinsrechtlichen Ermittlungen betrauen können (*Wache* in Erbs/

Kohhaas VereinsG § 4 Rn. 3). Der Bundesinnenminister kann hingegen nicht auf einen vergleichbaren Verwaltungsunterbau zurückgreifen (*Groh* in Nomos-OK VereinsG § 4 Rn. 2). Eigene Verwaltungskompetenzen des Bundesinnenministers bestehen nur hinsichtlich der ihm zugeordneten und auf dem Gebiet der öffentlichen Sicherheit und Ordnung tätigen Bundesbehörden (*Grundmann, Das fast vergessene öffentliche Vereinsrecht*, 1999, S. 61). Hierzu gehören das Bundeskriminalamt und das Bundesamt für Verfassungsschutz. Aufgrund des föderalen Verwaltungsaufbaus und des in Art. 83 ff. GG verankerten Verbots der Mischverwaltung ist dem Bundesinnenminister die Möglichkeit zur unmittelbaren Beeinflussung der Landesbehörden genommen (*Groh* NomosOK VereinsG § 4 Rn. 2). Ein Hilfeersuchen des Bundesinnenministers ist daher stets an die jeweils zuständige Verbotsbehörde des Landes zu richten.

3. Eigenständige Ermittlungstätigkeit

a) **Allgemeines.** Der genaue Ablauf des vereinsrechtlichen Ermittlungsverfahrens ist in § 4 Abs. 1 nicht geregelt. Grundsätzlich handelt es sich hierbei um ein nicht-förmliches Verwaltungsverfahren, das sich nach den Vorschriften des VwVfG bzw. der landesrechtlichen Bestimmungen richtet (*Grundmann, Das fast vergessene öffentliche Vereinsrecht*, 1999, S. 54). Die Ermittlungen zur Vorbereitung eines Vereinsverbots sind demnach einfach, zweckmäßig und zügig durchzuführen (§ 10 Satz 2 VwVfG). Art und Umfang der Ermittlungen werden von der Verbotsbehörde bestimmt (§ 24 Abs. 1 Satz 2 VwVfG), die sich hierbei an den Erfordernissen des Amtsermittlungsgrundsatzes zu orientieren hat (§ 24 Abs. 1 Satz 1 VwVfG). Zudem dürfen die Ermittlungen **nicht einseitig auf die Zielsetzung eines Verbotes geführt werden** (*Albrecht* VR 2013, 8 [12]). Vielmehr sind auch die entlastenden und einem Vereinsverbot entgegenstehenden Umstände zu berücksichtigen (§ 24 Abs. 2 VwVfG; *Zaumseil* VR 2012, 325). 9

In sachlicher Hinsicht ist das Ermittlungsverfahren nach Auffassung des OVG Münster nicht auf Ermittlungen hinsichtlich des Vorliegens der Verbotsgründe beschränkt. Vielmehr dürfen auch Umstände ermittelt werden, die für das Verbotsverfahren in formeller Hinsicht, für die Beschlagnahme des Vereinsvermögens und den Vollzug des Verbots von Bedeutung sein können (OVG Münster NWVBl. 1995, 69). 10

Hinsichtlich der Durchführung des Ermittlungsverfahrens existieren darüber hinaus keine konkreten Vorgaben. Die Verbotsbehörde ist insbesondere nicht gehalten, den Verein über die Einleitung der Verbotsermittlungen zu informieren, solange diese behördenintern geführt werden (VGH Kassel NJW 1993, 2826 [2827]; *Reichert* Rn. 6569). Ein rein innerbehördliches Ermittlungsverfahren, das regelmäßig in der Sammlung und Auswertung behördenzugänglicher Informationen besteht, ist nicht als Eingriff in die Vereinsfreiheit einzustufen. Bestand und freie Betätigung des Vereins werden durch behördeninterne Ermittlungen nicht gefährdet (*Rudroff, Das Vereinigungsverbot nach Art. 9 Abs. 2 GG*, 1995, S. 84). Die behördeninternen Ermittlungen beginnen regelmäßig mit der Einholung einer Auskunft bei den örtlichen Polizeibehörden oder dem zuständigen Landesamt für Verfassungsschutz (*Reichert* Rn. 6569). 11

VereinsG § 4   Zweiter Abschnitt. Verbot von Vereinen

12   **Eingriffshandlungen**, die sich gegen den Verein, seine Organe, Mitglieder oder Hintermänner richten und damit das Außenverhältnis der Behörde betreffen, sind allerdings nur dann zulässig, wenn ein konkreter, auf bestimmten Tatsachen beruhender Verdacht vorliegt, der die Schlussfolgerung zulässt, dass seitens des Vereins ein Verbotstatbestand erfüllt wird (VGH Kassel NJW 1993, 2826 [2827]). Bloße Mutmaßungen, Gerüchte, Annahmen und politische Bedarfslagen genügen nicht, um Verbotsermittlungen zu legitimieren (OVG Münster NWVBl. 1995, 69f.; *Grundmann,* Das fast vergessene öffentliche Vereinsrecht, 1999, S. 57). *Grundmann* folgert hieraus, dass die Anforderungen an den konkreten Verdacht dem für strafrechtliche Ermittlungen maßgeblichen Anfangsverdacht gleichen müssen (*Grundmann,* Das fast vergessene öffentliche Vereinsrecht, 1999, S. 58). Die Verbotsbehörde muss demnach über Erkenntnisse verfügen, „die es bei verständiger Würdigung als möglich und nicht völlig fernliegend erscheinen lassen, dass Verbotstatbestände vorliegen" (OVG Münster NWVBl. 1995, 69 [70]; *Grundmann,* Das fast vergessene öffentliche Vereinsrecht, 1999, S. 58). Folglich ist es mit Blick auf Art. 9 Abs. 2 GG den Verbotsbehörden auch untersagt, einen Verein oder seine Mitglieder etwa aus politischen Beweggründen mit Ermittlungsmaßnahmen zu überziehen, mittels derer die Vereinstätigkeit eingeschränkt oder künstlich ein Verbotsgrund geschaffen werden soll (vgl. VGH Kassel NJW 1993, 2826 [2827]; vgl. *Rudroff,* Das Vereinigungsverbot nach Art. 9 Abs. 2 GG, 1995, S. 85).

13   **b) Zeitpunkt der Ermittlungstätigkeit.** Das Ermittlungsverfahren der Verbotsbehörde muss in zeitlicher Hinsicht immer **vor dem Erlass der Verbotsverfügung eingeleitet** werden. Ein der Verbotsverfügung folgendes Ermittlungsverfahren kann es schon aus rechtsstaatlichen Gründen nicht geben.

14   Umstritten ist, ob das vereinsrechtliche Ermittlungsverfahren nur bis zum Erlass der Verbotsverfügung betrieben werden darf oder auch darüber hinausgehend weiterlaufen kann. Die Rechtsprechung lässt Ermittlungen auch über den Zeitpunkt des Erlasses der Verbotsverfügung hinaus zu, damit weitere Beweismittel aufgefunden und in einem anschließenden Anfechtungsprozess eingebracht werden können (BVerwG NJW 2001, 1663; VGH Kassel NJW 1993, 2826 [2827]). Im Schrifttum wird hingegen die Ansicht vertreten, dass sich das Ermittlungsverfahren nicht auf die Zeit nach Erlass der Verbotsverfügung erstrecken darf, weil seitens der Verwaltungsgerichte allein die Rechtmäßigkeit der Verbotsverfügung zum Erlasszeitpunkt überprüft werden dürfe (*Schnorr* § 4 Rn. 1; vgl. *Feldmann* DÖV 1965, 29 [34]).

15   Beide Auffassungen sind nur teilweise richtig. Zutreffend ist nach dem Sinn und dem Zweck der vereinsrechtlichen Ermittlungen, dass diese auch nach dem Erlass der Verbotsverfügung zur Untermauerung der bereits benannten Verbotsgründe fortgeführt werden dürfen. Dies setzt voraus, dass die tragenden Verbotsgründe bereits zum Zeitpunkt des Verbotserlasses ausermittelt und benannt sind. Den der Verbotsverfügung nachfolgenden Ermittlungen ist dann lediglich noch eine ergänzende Wirkung bzw. eine „indizielle Aussagekraft" bezüglich der Richtigkeit der Verbotsentscheidung beizumessen. (vgl. VGH München NJW 1990, 62 [63f.]; vgl. *Grundmann,* Das fast vergessene öffentliche Vereinsrecht, 1999, S. 60).

Insgesamt ist aus diesen Grundsätzen zu schlussfolgern, dass einem Vereins- 16
verbot nachfolgende Ermittlungen grundsätzlich mit großer Zurückhaltung
betrieben werden müssen. Die Verlagerung des eigentlichen Ermittlungsverfahrens auf eine Zeit nach dem Verbot ist schlicht rechtswidrig und kann ein
Verwertungsverbot hinsichtlich der im Nachgang gewonnen Erkenntnisse
nach sich ziehen (dies offen gelassen BVerwG NJW 2001, 1663).

c) Zusammenarbeit mit den Hilfsbehörden. Die Verbotsbehörde darf 17
sich gem. § 4 Abs. 1 Satz 1 bei ihrer Ermittlungstätigkeit durch Hilfsbehörden
unterstützen lassen (siehe Rn. 6). Ungeachtet der von ihr veranlassten Hilfstätigkeit bleibt die ersuchende Verbotsbehörde die Herrin des vereinsrechtlichen
Ermittlungsverfahrens (VGH Mannheim NVwZ 2003, 368 [369]; OVG
Münster DVBl 1995, 378). Sie allein bestimmt Art und Umfang der Ermittlungen und hat zu entscheiden, gegen wen sich die Ermittlungen richten und
welche Maßnahmen im Einzelfall zu treffen sind (VGH Mannheim DÖV
2002, 784 [785]). Ein Spielraum bei der Durchführung der Ermittlungsmaßnahmen steht der Hilfsbehörde nur dann zu, wenn dies seitens der Verbotsbehörde im Rahmen des Ermittlungsersuchens hinreichend eindeutig zum Ausdruck gebracht wurde (VGH Mannheim NVwZ 2003, 368 [369]; VGH
Mannheim DÖV 2002, 784 [785]).

Der mögliche Umfang der Hilfstätigkeiten reicht von der Vornahme ein- 18
zelner Ermittlungshandlungen bis hin zur Unterstützung im gesamten Ermittlungsverfahren (*Groh* in NomosOK VereinsG, § 4 Rn. 2; *Schnorr* § 4 Rn. 6).
Hierbei ist allerdings zu berücksichtigen, dass das vereinsrechtliche Verbotsverfahren nicht von der Verbotsbehörde auf andere Stellen verlagert werden
darf (zum Verbot einer Auslagerung auf die Strafjustiz BT-Drs. IV/430, 16). Die
Verbotsbehörde muss als **Herrin des Verbotsverfahrens** die **Ermittlungen
initiieren, steuern und kontrollieren.**

Im Ergebnis bedeutet dies, dass sich die Verbotsbehörde hinsichtlich der Be- 19
gründung ihrer Verbotsverfügung nicht allein auf die Erkenntnisse ihrer Hilfsbehörden berufen darf. Vielmehr müssen aufgrund des eindeutigen Wortlauts
des § 4 Abs. 1 darüber hinausgehende Ermittlungen unter Berücksichtigung
der durch § 4 geschaffenen, die Vereinigungsfreiheit schützenden Ermittlungsbefugnisse und –grenzen, durchgeführt werden (*Albrecht* VR 2013,8 [10ff.]).
Das vereinsrechtliche Ermittlungsverfahren soll nämlich in die Hand einer
möglichst unabhängigen obersten Landes- oder Bundesbehörde gelegt werden, und damit nicht von Stellen betrieben werden, die ein hohes Interesse
am **Nachweis verbotstatbestandlicher Aktivitäten** hegen. Diese Vorgaben
tragen dem Umstand Rechnung, dass die alleinige Bewertung polizeilich gewonnener Informationen völlig unzureichend ist und ein reales Bild des Erhebungsgegenstands regelmäßig nicht abzubilden vermag (*Albrecht* VR 2013, 8
[12]). Polizeiliche Informationen werden nämlich nicht von einer unabhängigen Instanz zusammengetragen, sondern vielmehr von einer Stelle, die ein
hohes Interesse am Nachweis möglichst vielfältiger Erscheinungsformen kriminellen Verhaltens hat (*Albrecht* VR 2013, 8 [12]). Im Vordergrund polizeilichen Handels steht nämlich die Krisenintervention und nicht die Gewinnung
von Informationen, die eine der Bedeutung des Art. 9 Abs. 1 GG gerecht werdende Entscheidungsgrundlage sein können (*Albrecht* VR 2013, 8 [12]).

20 Die ausschließliche und unreflektierte Übernahme der im Rahmen der Strafverfolgung gewonnenen und in Strafurteilen festgeschriebenen Erkenntnisse hinsichtlich der maßgeblichen Vereinsaktivitäten in ein Verbotsverfahren ist demnach unzulässig und vermag ein Vereinsverbot regelmäßig nicht zu stützen (*Albrecht* VR 2013, 8 [12]). Dies ist auch bei der maßgeblichen Verwendung von **Musterverbotsverfügungen** der Fall, da deren Verwendung eine einzelfallgerechten Ausermittlung des Sachverhalts nicht erkennen lässt (*Albrecht* VR 2013, 8 [12]).

21 **d) Verfassungsrechtliche Grenzen der Informationshilfe.** Mit § 4 Abs. 1 Satz 1 wird ein Fall der Amtshilfe normiert. Diese besteht darin, dass Informationen, die von einer gem. § 4 Abs. 1 Satz 1 bezeichneten Behörde rechtmäßig erhoben wurden, an die Verbotsbehörde übermittelt werden (*Albrecht* VR 2013, 8 [12f.]). Es handelt sich mithin um einen Fall der Informationshilfe (*Albrecht* VR 2013, 8 [12f.]). Das BVerfG hat insoweit erst kürzlich entschieden (BVerfG MMR 2012, 410 [412] m. Anm. *Meinicke*), dass *„Vorschriften, die zum Umgang mit personenbezogenen Daten durch staatliche Behörden ermächtigen, [...] in der Regel verschiedene, aufeinander aufbauende Eingriffe [begründen]. Insb. ist zwischen der Erhebung, Speicherung und Verwendung von Daten zu unterscheiden [...]. Bei der Regelung eines Datenaustauschs zur staatlichen Aufgabenwahrnehmung ist darüber hinaus aber auch zwischen der Datenübermittlung seitens der auskunftserteilenden Stelle und dem* **Datenabruf** *seitens der auskunftssuchenden Stelle zu unterscheiden. Ein Datenaustausch vollzieht sich durch die einander korrespondierenden Eingriffe von Abfrage und Übermittlung, die jeweils einer eigenen Rechtsgrundlage bedürfen. Der Gesetzgeber muss, bildlich gesprochen, nicht nur die Tür zur Übermittlung von Daten öffnen, sondern auch die Tür zu deren Abfrage. Erst beide Rechtsgrundlagen gemeinsam, die wie eine Doppeltür zusammenwirken müssen, berechtigen zu einem Austausch personenbezogener Daten.“*

22 Diese verfassungsrechtlichen Anforderungen tragen dem Umstand Rechnung, dass aus der auf Seiten des Staates zu verortenden Informationskonzentration spezifische Gefahren für die informationelle Selbstbestimmung der Betroffenen erwachsen, denen im Rahmen der Informationshilfe Rechnung getragen werden muss (*Albrecht* VR 2013, 8 [12f.]). Die Übermittlung von personenbezogenen Daten zwischen Verbots- und Hilfsbehörden bedarf daher dem Bestimmtheitsgebot entsprechender bereichsspezifischer Ermächtigungsgrundlagen (vgl. BVerfG NJW 1984, 419 (422); *Albrecht* VR 2013, 8 [12f.]). Diese müssen sich insbesondere mit dem Verwendungszweck der betroffenen Daten auseinandersetzen (*Albrecht* VR 2013, 8 [12f.]).

23 Demnach bedarf die Informationshilfe im vereinsrechtlichen Verbotsverfahren einer bereichsspezifischen Regelung. Eine solche ist nicht ersichtlich (*Albrecht,* JurPC Web-Dok. 47/2012, Abs. 9ff.). In den jeweiligen Landespolizei- und Landesdatenschutzgesetzen existieren lediglich allgemein gehalten Datenschutzvorschriften, die einen Informationsaustausch u. a. zwischen Gefahrenabwehrbehörden gestatten. Solche allgemein gehaltene Bestimmungen sind nach den Vorgaben des BVerfG aber nicht in der Lage, eine zulässige Verwendung von personenbezogenen Daten im vereinsrechtlichen Ermittlungsverfahren zu legitimieren (*Albrecht* VR 2013, 8 [12f.]); a. A. OVG Schleswig

BeckRS 2012, 52184, Rn. 132). Gerade im Bereich der Gefahrenabwehr gilt nämlich, dass man bereichsspezifische Vorschriften nicht dadurch entbehrlich machen kann, „dass man die verschiedenen Zwecke der verschiedenen Instanzen der inneren Sicherheit in einer vagen Funktions- und Zweckeinheit aufhebt" (*Schlink* NVwZ 1986, 249 [255]; *Albrecht* VR 2013 8 [12f.]).

Im vereinsrechtlichen Verbotsverfahren ist mangels bereichsspezifischer 24 Übermittlungsbefugnisse daher sehr genau zu prüfen, welche Informationen seitens der Verbotsbehörde verwendet werden und von welcher Stelle diese Informationen übermittelt wurden. **Beweisverwertungsverbote** können jedenfalls nicht ausgeschlossen werden (*Albrecht* VR 2013, 8 [13]).

e) Einstellung des Ermittlungsverfahrens. Ergeben die auf einem kon- 25 kreten Verdacht fußenden Ermittlungen der Verbotsbehörde, dass kein Verbotsgrund besteht, stellt sich die Frage, ob der Verein über den Abschluss der Ermittlungen zu unterrichten ist, da ja gerade keine Verbotsverfügung ergeht, über die der Verein Kenntnis von dem Verwaltungsverfahren erlangen würde. *Grundmann* stellt insoweit fest, dass es jedenfalls nicht unzulässig sei, wenn die Behörde den betroffenen Verein und die von den vereinsrechtlichen Ermittlungen betroffenen Personen über die Einstellung des Verfahrens unterrichtet (*Grundmann,* Das fast vergessene öffentliche Vereinsrecht, 1999, S. 61). Eine Rechtspflicht bestünde insoweit allerdings nicht (*Grundmann,* Das fast vergessene öffentliche Vereinsrecht, 1999, S. 54; a. A. *Rudroff,* Das Vereinigungsverbot nach Art. 9 Abs. 2 GG, 1995, S. 92). *Groh* hält dem die Eingriffstiefe und die Parallelen des vereinsrechtlichen zu dem strafprozessualen Ermittlungsverfahren entgegen, weswegen der Grundsatz des § 170 StPO und mithin eine Benachrichtigungspflicht gelten müsse (*Groh* NomosOK VereinsG § 4 Rn. 5; *Reichert* Rn. 6586). Ungeachtet der „Nichtförmlichkeit" des Verwaltungsverfahrens könne auf diese nicht verzichtet werden (*Groh* NomosOK VereinsG § 4 Rn. 5).

Beiden Auffassung kann wegen ihrer Absolutheit nur eingeschränkt gefolgt 26 werden. Eine **Benachrichtigungspflicht** besteht jedenfalls dann nicht, wenn die vereinsrechtlichen Ermittlungen behördenintern vollzogen werden und bspw. Erkenntnisse ausgewertet werden, die offenkundig sind. Wird im Rahmen der Ermittlungen hingegen in Grundrechte eingegriffen, so sind die Betroffenen stets zu unterrichten, damit ggf. eine gerichtliche Überprüfung der Ermittlungshandlungen veranlasst werden kann.

III. Ermittlungsbefugnisse der Verbotsbehörde (Abs. 2)

1. Richtervorbehalt (Abs. 2 Satz 1)

Werden seitens der Verbotsbehörde oder einer seitens des Bundesinnenmi- 27 nisters ersuchten obersten Landesbehörde eine richterliche Vernehmung von Zeugen, eine Beschlagnahme von Beweismitteln oder eine Durchsuchung für erforderlich gehalten, so stellt sie ihre Anträge bei dem Verwaltungsgericht, in dessen Bezirk die Handlung vorzunehmen ist. Der Bezirk, in dem der Verein oder der Vereinsvorstand ansässig ist, ist insoweit unerheblich (*Schnorr* § 4 Rn. 9).

28 Die zuständigen Gerichte verfahren dann nach den Vorschriften der VwGO „ähnlich wie bei der **Gestattung von Wohnungsdurchsuchungen** z. B. zum Zwecke der Zwangsversteigerung auf Antrag einer Gemeinde nach Art. 13 GG" (VGH München NVwZ 1993, 1213). Zeugenvernehmungen sind ausschließlich bei den Verwaltungsgerichten durchzuführen. Dies gilt unabhängig von der sich stellenden Frage, ob der Zeuge zu vereidigen ist oder nicht (*Schnorr* § 4 Rn. 9).

29 Mittels des Richtervorbehalts wird dem Umstand Rechnung getragen, dass Ermittlungsmaßnahmen regelmäßig mit Eingriffen in die Grundrechte des Vereins und seiner Mitglieder verbunden sind. Relevant sind insoweit vor allem das aus Art. 10 GG folgende Brief- und Postgeheimnis sowie die Art. 13 GG niedergelegte Unverletzlichkeit der Wohnung (*Groh* NomosOK VereinsG § 4 Rn. 6). Der Richtervorbehalt verfolgt die Zielsetzung, das vereinsrechtliche Ermittlungsverfahren verfassungsrechtlich abzusichern (*Groh* NomosOK VereinsG § 4 Rn. 6). Der Richter ist aufgrund seiner Ausbildung und Unabhängigkeit regelmäßig besser in der Lage, die Interessen der Betroffenen zu wahren, als dies auf Seiten der Verbotsbehörde der Fall ist (vgl. *Groh* NomosOK VereinsG § 4 Rn. 6). Die bisherigen Anhaltspunkte und Ermittlungsergebnisse sind seitens des Richters einer eigenverantwortlichen Prüfung zu unterziehen (*Reichert* Rn. 6578). Die beantragte Maßnahme darf nur erlassen werden, wenn der Richter selbst von ihrer Verhältnismäßigkeit überzeugt ist (*Reichert* Rn. 6578).

2. Entscheidung des Einzelrichters (Abs. 2 Satz 2)

30 Unter dem Gesichtspunkt der Sachbezogenheit sind die richterlichen Befugnisse den Verwaltungsgerichten übertragen (BT-Drs. IV/430, 16). Die richterlichen Anordnungen oder Maßnahmen trifft nicht die Kammer, sondern der Einzelrichter. Hierbei handelt es sich um den Vorsitzenden (VG Stade BeckRS 2005, 22173) oder ein von ihm bestimmtes Mitglied des Gerichts.

31 Dem Einzelrichter obliegt gem. § 96 Abs. 2 VwGO regelmäßig auch die **Zeugenvernehmung**.

32 Die Entscheidung des Einzelrichters kann an Bedingungen geknüpft sein. So wird bspw. seitens des VG Stade die Durchsuchung von Räumen im Zusammenhang mit Ermittlungen gegen eine mögliche Nachfolge- oder Ersatzorganisation eines verbotenen Vereins für zulässig erachtet, sofern eine in Kürze zu entscheidende Klage des Vereins, der sich gegen das Vereinsverbot zur Wehr setzt, abgewiesen wird und somit feststeht, dass die Ermittlungen gegen eine gem. § 8 verbotene Ersatzorganisation geführt werden (VG Stade BeckRS 2005, 22173; *Groh* NomosOK VereinsG, § 4 Rn. 7).

3. Anspruch des Betroffenen auf rechtliches Gehör

33 Hinsichtlich der gem. § 4 Abs. 2 zu treffenden richterlichen Entscheidung kommt Art. 103 Abs. 1 GG zur Anwendung. Der Betroffene ist vor jeder gerichtlichen Entscheidung demnach grundsätzlich anzuhören (*Groh* in NomosOK VereinsG § 4 Rn. 6). Im verwaltungsgerichtlichen Verfahren wird dieser Grundsatz durch § 108 Abs. 2 VwGO konkretisiert. Die Vorschrift verpflichtet das Gericht, die Ausführungen des Betroffenen zur Kenntnis zu nehmen, und in seine Erwägungen einzubeziehen (*Schmidt* in Eyermann § 108 Rn. 10). Vor dieser Anhörung kann gem. § 28 Abs. 2 VwVfG bzw. § 33 Abs. 4 Satz 1 StPO abgesehen werden, wenn dies nach den Umständen des Einzelfalles nicht geboten ist oder wenn mittels einer Anhörung der Zweck der Anordnung gefährdet würde (BVerfG NJW 1979, 1539 [1540]; BVerfG NJW 1965, 1171; BVerfG NJW 1959, 427 [428]; BVerwG NJW 1989, 993 [994]; VG Stade BeckRS 2005, 22173).

Die Zielsetzung der vereinsrechtlichen Ermittlungen wird in der Praxis regelmäßig ein Absehen von der vorherigen Anhörung des Betroffen ermöglichen, da andernfalls die Beseitigung von Beweismitteln zu befürchten ist (VGH Kassel NJW 1993, 2826). In diesem Fall ist das rechtliche Gehör jedoch ohne schuldhaftes Zögern nachzuholen (vgl. BVerfGE 18, 399 [403]). Dies soll auch im nachträglichen Beschwerdeverfahren noch möglich sein (VGH Kassel NJW 1993, 2826; *Groh* in NomosOK VereinsG, § 4 Rn. 7). 34

IV. Richterliche Zeugenvernehmung (Abs. 3)

1. Allgemeines

Auf Antrag der Verbotsbehörde können durch das Verwaltungsgericht Zeugen vernommen werden. Abs. 3 bestimmt, dass im vereinsrechtlichen Ermittlungsverfahren hinsichtlich der richterlichen Zeugenvernehmung § 98 VwGO entsprechend anzuwenden ist. § 98 VwGO enthält allerdings auch keine konkreten Vorgaben hinsichtlich der Zeugenvernehmung, sondern verweist insoweit auf die entsprechend anzuwendenden §§ 358 bis 444 und 450 bis 494 ZPO. 35

In diesem Zusammenhang ist zu beachten, dass Vorgaben der VwGO vorrangig zur Anwendung kommen. Hierzu gehört bspw. § 96 Abs. 2 VwGO. Die Vorschrift lässt Zeugenvernehmungen bereits vor der mündlichen Verhandlung zu (hierzu auch Rn. 27f.). 36

2. Zeugen

Als **Zeuge** kann im vereinsrechtlichen Ermittlungsverfahren jede Person in Betracht gezogen werden, die auch in einem Zivilprozess oder verwaltungsgerichtlichen Verfahren Zeuge sein könnte (*Groh* in NomosOK VereinsG § 4 Rn. 8; *Wache* in Erbs/Kohlhaas VereinsG § 4 Rn. 8). Die Vorstände eines Vereins sind als dessen vertretungsberechtigten Organe Partei des Rechtsstreits und können daher – ebenso wie Beigeladene – nicht als Zeugen vernommen werden (*Groh* in NomosOK VereinsG § 4 Rn. 8; *Wache* in Erbs/Kohlhaas VereinsG § 4 Rn. 8; *von Feldmann,* Vereinigungsfreiheit und Vereinigungsverbot, 1972, S. 65). Vereinsmitglieder, die nicht vertretungsberechtigt sind, gleichwohl aber besondere Funktionen innehaben, können hingegen als Zeugen vernommen werden (vgl. *Wache* in Erbs/Kohlhaas VereinsG § 4 Rn. 8; a. A. *Schnorr* § 4 Rn. 10). *Schnorr,* der insoweit eine Einzelfallentscheidung befürwortet und auf die Unbefangenheit eines möglichen Zeugen abstellt (*Schnorr* § 4 Rn. 10) verkennt, dass solche Fragen in die Überprüfung der Erwägungen zur Glaubwürdig- und Glaubhaftigkeit eines Zeugen einzustellen 37 sind. Die Frage, wer als Zeuge vernommen werden kann, bedarf eines formellen Kriteriums. In vorliegenden Zusammenhang ist dies die Vertretungsbefugnis (a. A. *Schnorr* § 4 Rn. 10).

3. Inhalt der Zeugenvernehmung

38 Die richterliche Zeugenvernehmung kann sich inhaltlich nur auf Tatsachen beziehen, die der Zeuge aus eigener sinnlicher Wahrnehmung kennt (*Schnorr* § 4 Rn. 11). Zudem müssen sich diese Tatsachen auf den Zweck oder die Tätigkeit des Vereins beziehen und somit verbotsrelevant sein (*Schnorr* § 4 Rn. 11).

39 Der Zeugenbeweis vom Hörensagen ist grundsätzlich unzulässig (*Schnorr* § 4 Rn. 11; zu den Ausnahmen *Garloff* in BeckOK VwGO § 96 Rn. 5). Dem vernehmenden Richter und der Verbotsbehörde sind zudem jegliche Einflussnahmen untersagt, die darauf abzielen, einen Zeugen zu Werturteilen hinsichtlich der Verbotswürdigkeit eines Vereines zu veranlassen (*Schnorr* § 4 Rn. 11). Die Frage, ob ein Verein unter den gesetzlichen Voraussetzungen zu verbieten ist, obliegt allein der Verbotsbehörde (*Schnorr* § 4 Rn. 11) bzw. dem das Verbot überprüfenden Gericht. Werturteile von Zeugen sind folglich im Verbotsverfahren und dessen gerichtlicher Überprüfung unverwertbar (vgl. *Schnorr* § 4 Rn. 11).

4. Zeugnisverweigerungsrecht

40 Den Zeugen steht im vereinsrechtlichen Ermittlungsverfahren ein **Zeugnisverweigerungsrecht** nach Maßgabe der §§ 383 bis 385 ZPO zu. Die Weigerungsgründe kommen entsprechend zur Anwendung und sind daher auf die Bedürfnisse des Verbotsverfahrens abzustimmen (*Schnorr* § 4 Rn. 12).

41 Von besonderer Bedeutung ist in diesem Zusammenhang das Zeugnisverweigerungsrecht gem. § 384 Nr. 2 ZPO. Nach dieser Vorschrift kann ein Zeuge die Beantwortung von Fragen u. a. dann ablehnen, wenn er sich selbst oder einen nahen Angehörigen mit Beantwortung der Gefahr aussetzen würde, wegen einer Straftat oder einen Ordnungswidrigkeit verfolgt zu werden. Obgleich eine solche Gefahr im Rahmen der vereinsrechtlichen Ermittlungen häufig nicht besteht, weil die vereinsrechtliche Betätigung in der Zeit vor Ausspruch eines Verbots nicht strafbar ist, muss im Rahmen der entsprechenden Anwendung der Vorschrift die grundrechtliche Bedeutung eines Vereinsverbots berücksichtigt werden. Angesichts der Auswirkungen, die ein Vereinsverbot für den Verein und seine Mitglieder nach sich zieht, können vereinsrechtliche Ermittlungen einen ähnlich schweren Eingriff darstellen, wie dies bei einer strafrechtlichen Verfolgung der Fall wäre (*von Feldmann*, Vereinigungsfreiheit und Vereinigungsverbot, 1972, S. 66). Das Zeugnisverweigerungsrecht des § 384 Nr. 2 ZPO muss im Rahmen vereinsrechtlicher Ermittlungen daher auch für Vereinsmitglieder gelten (*Wache* in Erbs/Kohlhaas VereinsG § 4 Rn. 9; *von Feldmann*, Vereinigungsfreiheit und Vereinigungsverbot, 1972, S. 66; wohl a. A. *Schnorr* § 4 Rn. 12). Jedem Vereinsmitglied steht die Entscheidung hinsichtlich einer möglichen Aussageverweigerung in vereinsrechtlichen Ermittlungen somit frei (*von Feldmann*, Vereinigungsfreiheit und Vereinigungsverbot, 1972, S. 66; wohl a. A. *Schnorr* § 4 Rn. 12).

5. Beteiligte

Nachdem eine Vernehmung der Beteiligten als Zeugen ausgeschlossen ist (hierzu Rn. 37) stellt sich die Frage, wie dennoch auf das Wissen der Vorstandsmitglieder eines Vereines zugegriffen werden kann. Regelmäßig werden nämlich nur die Vorstände und nicht die einfachen Mitglieder eines Vereins zur Aufklärung eines verbotsrelevanten Sachverhalts beitragen können. 42

Zunächst einmal steht der Verbotsbehörde die Möglichkeit zur Verfügung, Befragungen durchzuführen. Diese sind strikt von der richterlichen Zeugenvernehmung zu unterscheiden und können sich auch an die Beteiligten des Ermittlungsverfahrens richten (*Schnorr* § 4 Rn. 10). Zusätzlich steht den Beteiligten die Möglichkeit der Eigeninitiative zur Verfügungen. Vorstandsmitglieder sind bspw. jederzeit befugt, formlose Erklärungen abzugeben (*Wache* in Erbs/Kohlhaas VereinsG § 4 Rn. 8). 43

V. Beschlagnahme und Durchsuchung (Abs. 4)

1. Vorbemerkung

Die Regelungen zur Beschlagnahme und Durchsuchung ermächtigt die Verbots- und deren Hilfsbehörden zu einem Eingriff in die Vereinsfreiheit, bevor hinsichtlich des betroffenen Vereins eine Verbotsverfügung ergangen ist (*von Feldmann* DÖV 1965, 29 [33]). Entgegen der Rechtsprechung, die diesbezügliche Bedenken nicht teilt, wird die Regelung von *von Feldmann* für verfassungswidrig gehalten. Die Vorschrift könne selbst unter den Bedingungen des Richtervorbehalts nicht zu einem Eingriff in die Vereinsfreiheit berechtigen, solange gegen den betroffenen Verein kein förmliches Verbot ausgesprochen wurde (*von Feldmann* DÖV 1965, 29 [33]). 44

2. Beschlagnahme (Abs. 4 Satz 1)

a) Allgemeines. Die Beschlagnahme gem. § 4 Abs. 4 Satz 1 ist die zwangsweise Wegnahme von körperlichen Gegenständen durch die Verbotsbehörde oder die von ihr beauftragte Hilfsbehörde zum Zweck der Beweissicherung (*Schnorr* § 4 Rn. 13). Während sich die Beschlagnahme des Vereinsvermögens (hierzu § 3 VereinsG Rn. 17) auf die Vermögensgesamtheit bezieht, betrifft die zu Beweiszwecken erfolgende Beschlagnahme immer nur **einzelne Gegenstände** (*Schnorr* § 4 Rn. 13). Die Zulässigkeit der Beschlagnahme richtet sich nach den §§ 94 bis 97, 98 Abs. 4, §§ 99 bis 101 StPO. Die strafprozessualen Vorschriften sind wiederum entsprechend anzuwenden und auf die Bedürfnisse des vereinsrechtlichen Ermittlungsverfahrens zuzuschneiden (*von Feldmann,* Vereinigungsfreiheit und Vereinigungsverbot, 1972, S. 66). 45

b) Beschlagnahmefähige Gegenstände. Nicht beschlagnahmefähig sind in entsprechender Anwendung des § 97 StPO diejenigen Gegenstände, auf die sich nach § 53 oder § 53 Abs. 1 Satz 1 Nr. 1 bis Nr. 3b StPO ein Zeugnisverweigerungsrecht erstreckt (*Groh* in NomosOK VereinsG, § 4 Rn. 10). Mittels der Vorschrift soll im strafprozessualen Verfahren die Umgehung des Zeugnisverweigerungsberechtigten verhindert werden (BVerwG NJW 2001, 1663). 46

Ist der Zeugnisverweigerungsberechtigte hingegen selbst Beschuldigter, steht § 97 StPO einer Beschlagnahme nicht entgegen (BVerwG NJW 2011, 1663). Im vereinsrechtlichen Ermittlungsverfahren tritt an Stelle des Beschuldigten der Verein. Dieser ist selbst nicht handlungsfähig und wird durch den Vereinsvorstand vertreten. Nachdem die vertretungsberechtigten Vereinsvorstände selbst nicht Zeugen sein können (hierzu Rn. 37), kann § 97 StPO auf Gegenstände, die sich in deren Gewahrsam befinden, nicht zur Anwendung kommen (BVerwG NJW 2011, 1663). Demnach kommt es auch dann, wenn ein Vereinsvorstand zugleich **Berufsgeheimnisträger** ist, nicht darauf an, ob diesem ein Zeugnisverweigerungsrecht aus beruflichen Gründen (§ 53 StPO) zusteht (BVerwG NJW 2011, 1663; *Groh* in NomosOK VereinsG, § 4 Rn. 10).

47 Zu den beschlagnahmefähigen Gegenständen gehören insbesondere **Kommunikationsmittel** wie bspw. Handys oder Computer (OVG Lüneburg NVwZ-RR 2009, 517). Allerdings gilt es insoweit zu beachten, dass die Beschlagnahme eines Computersystems, mit der den Ermittlungsbehörden Zugriff auf eine in den Rechner fest eingebaute Festplatte verschafft werden soll, in der Weise abgewandt werden kann, dass sich der Beschuldigte mit der Anfertigung einer Kopie der entsprechenden Dateien oder des gesamten Datenträgers („Image") vor Ort auf externe Datenträger einverstanden erklärt (AG Reutlingen Beschl. v. 06.07.2012 – 5 Gs 363/11 m. Anm. *Albrecht,* jurisPR-ITR 13/2012, Anm. 4; vgl. VG Gelsenkirchen BeckRS 2009, 34740; a. A. OVG Lüneburg NVwZ-RR 2009, 517 [518]).

48 Hinsichtlich möglicher Postbeschlagnahmen ist zu beachten, dass diese nur dann zulässig sind, wenn die ermittelnde Behörde belegen kann, dass die zu beschlagnahmenden Briefe und Sendungen zur Ermittlung des Vorliegens von Verbotsgründen von Bedeutung sein können (VGH München NVwZ 1993, 1213). Hat die Verbotsbehörde das Vorliegen eines Verbotsgrundes bereits positiv festgestellt, darf es weitere Ermittlungen regelmäßig nicht geben (VGH München NVwZ 1993, 1213). In Zweifelsfällen ist seitens der antragstellenden Behörde darzulegen, wieso es einer weiteren Sachverhaltsaufklärung bedarf (VGH München NVwZ 1993, 1213).

49 **c) Weitere Grenzen der Beschlagnahme.** Die Möglichkeit der Beschlagnahme findet zudem dort ihre Grenze, wo in **unverhältnismäßiger Weise** in die Vereinigungsfreiheit eingegriffen wird. Dies ist bspw. dann der Fall, wenn Mittel der Beschlagnahme nicht zur Beweissicherung, sondern vielmehr zur Einwirkung auf die Vereinstätigkeit eingesetzt werden (*von Feldmann,* Vereinigungsfreiheit und Vereinigungsverbot, 1972, S. 66). Die Beschlagnahme darf nicht zur Folge haben, dass dem betroffenen Verein die Mittel genommen werden, die zur Aufrechterhaltung des Vereinslebens und der Vereinsorganisation benötigt (vgl. *von Feldmann,* Vereinigungsfreiheit und Vereinigungsverbot, 1972, S. 66).

50 Der Beschlagnahme bedarf es nicht, wenn der Gewahrsamsinhaber den betroffenen Gegenstand freiwillig aushändigt (*Wache* in Erbs/Kohlhaas VereinsG § 4 Rn. 10; *Schnorr,* § 4 Rn. 16). In diesem Fall findet gem. § 94 Abs. 2 StPO eine formlose Sicherstellung statt (*Wache* in Erbs/Kohlhaas VereinsG § 4 Rn. 10). Ob der **Herausgabewillige Gewahrsamsinhaber** berechtigt ist, über den auszuhändigenden Gegenstand zu verfügen, ist insoweit irrelevant

(*Schnorr* § 4 Rn. 16). Entscheidend ist allein der tatsächliche Gewahrsam (*Schnorr* § 4 Rn. 16). Aufgrund der freiwilligen Mitwirkung wird der Betroffene allerdings nicht rechtlos gestellt. Es steht ihm jederzeit frei, in entsprechender Anwendung von § 98 Abs. 2 Satz 2 StPO eine gerichtliche Entscheidung hinsichtlich der Rechtmäßigkeit des Herausgabeverlangens einzuholen (*Schnorr* § 4 Rn. 16).

d) Anforderungen an den Beschlagnahmebeschluss. Im **Beschlag-** 51 **nahmebeschluss** müssen die beschlagnahmten Gegenstände zweifelsfrei bezeichnet werden (OVG Lüneburg NVwZ-RR 2009, 473 [474]). Der Verbotsbehörde bzw. deren Hilfsbehörden darf kein Ermessensspielraum hinsichtlich der Gegenstände, die zu beschlagnahmen sind, eingeräumt werden. Die Übertragung entsprechender Entscheidungskompetenzen auf die ermittelnden Behörden ist mit dem Rechtsstaatsprinzip unvereinbar (*Groh* NomosOK VereinsG, § 4 Rn. 11). Ein allgemein gehaltener und zu pauschaler Beschlagnahmebeschluss ist somit unwirksam (OVG Lüneburg NVwZ-RR 2009, 473 [474]). Dies gilt auch dann, wenn der Beschlagnahmebeschluss mit einer Durchsuchungsanordnung verbunden wird (VGH München NVwZ-RR 2003, 847 [848]).

Die hinsichtlich der **Bestimmtheit** des Beschlagnahmebeschlusses aufge- 52 stellten Anforderungen dürfen gleichwohl nicht überzogen werden. Eine unvermeidliche Unbestimmtheit, wie sie bspw. im Zusammenhang mit der Beschlagnahme von Schriftstücken auftreten kann, die im Zusammenhang mit einem Verein stehen, ist unschädlich (OVG Lüneburg NVwZ-RR 2009, 473 [474]). Eine ins Blaue hinein erfolgende allgemeine Sichtung des Postverkehrs eines Vereins mit seinen Mitgliedern oder Dritten sowie den Mitgliedern untereinander darf es gleichwohl auch unter diesen Voraussetzungen nicht geben (*von Feldmann,* Vereinigungsfreiheit und Vereinigungsverbot, 1972, S. 67).

Groh weist zu Recht darauf hin, dass die Anforderungen an den Beschlag- 53 nahmebeschluss in der Praxis häufig großzügig umgangen werden (*Groh* NomosOK VereinsG § 4 Rn. 11). Diese Entwicklung ist angesichts der beachtlichen Grundrechtsrelevanz der Beschlagnahme nicht akzeptabel. Wenn Gerichte der Verbotsbehörde freie Hand geben, indem sie Beschlagnahmen zulassen, sofern die beschlagnahmten Gegenstände „mit dem verbotenen Verein [...] in Beziehung stehen" (so VGH München Beschl. v. 26.07.2004 – 4 C 04 360), wird dies dem Erfordernis eines hinreichend bestimmten Beschlagnahmebeschlusses nicht gerecht (kritisch auch *Groh* NomosOK VereinsG § 4 Rn. 11).

3. Durchsuchung (Abs. 4 Satz 2 bis Satz 4)

a) Allgemeines. Die Durchsuchungsvorschriften ermächtigen zu Haus- 54 durchsuchungen und Leibesvisitationen. Untersuchungen, die in der Beobachtung des Körpers oder in Eingriffen in denselben bestehen, sind im vereinsrechtlichen Ermittlungsverfahren hingegen nicht zugelassen (*Schnorr* § 11 Rn. 21). Eine Durchsuchung bedarf, abgesehen von den Eilkompetenzen (hierzu Rn. 68 ff.) einer **richterlichen Anordnung.** Stützt sich die ermittelnde Stelle allein auf Erfahrungswerte, so müssen sich auch diese mittels Tatsachen untermauern lassen.

55 Einer Konkretisierung des Durchsuchungszweckes auf von vornherein spezifisch bezeichnete Beweismittel ist nicht erforderlich (*Schnorr* § 11 Rn. 23; *Groh* NomosOK VereinsG, § 4 Rn. 9). Ausreichend ist vielmehr die Absicht, Beweismittel schlechthin zu finden, ohne dass zuvor deren konkreter Umfang festgelegt werden müsste (*Schnorr* § 11 Rn. 23).

56 Die Regelungen zur Durchsuchung der Räume des Vereins, der Sachen und der Person eines Mitglieds sind aus verfassungsrechtlicher Sicht unbedenklich (*von Feldmann*, Vereinigungsfreiheit und Vereinigungsverbot, 1972, S. 67). Probleme verfassungsrechtlicher Art wird die Durchsuchung bei Hintermännern des Vereins auf (hierzu Rn. 59 ff.).

57 **b) Durchsuchung der Räume oder Mitglieder des Vereins.** Die Räume eines Vereins, sowie die Sachen und die Person eines Vereinsmitglieds dürfen durchsucht werden, wenn hinreichende Anhaltspunkte dafür sprechen, dass beweiserhebliche Gegenstände aufgefunden werden. Vermutungen oder Behauptungen genügen nicht (*Wache* in Erbs/Kohlhaas VereinsG § 4 Rn. 11). Vielmehr müssen **Tatsachen** aus objektiver Sicht dafür sprechen, dass der gesuchte Gegenstand im Rahmen einer Durchsuchung aufgefunden wird (*Wache* in Erbs/Kohlhaas VereinsG § 4 Rn. 11; vgl. *Schnorr* § 11 Rn. 23).

58 **c) Durchsuchung bei Hintermännern des Vereins.** Seitens der Gerichte wird § 4 Abs. 4 Satz 2, der eine Gleichstellung eines „Hintermanns" mit einem im vereinsrechtlichen Verbotsverfahren „Beschuldigten" ermöglicht, unreflektiert zur Anwendung gebracht (VGH Mannheim NVwZ-RR 2012, 198 [199]; OVG Bremen NVwZ-RR 2006, 692 [693]; VGH Kassel NJW 1993, 2826 [2827]). Der Begriff „Hintermann" wird dabei denkbar weit gefasst. Hintermann eines Vereins ist nach Auffassung der Gerichte, „wer, ohne Mitglied des Vereins zu sein, geistig oder wissenschaftlich Wesentliches für den Verein leistet, dabei jedoch im Hintergrund bleibt, sich in der offiziellen Vereinsarbeit also nicht exponiert" (OVG Bremen NVwZ-RR 2006, 692 [693]; VGH Kassel NJW 1993, 2826 [2827]). „Dabei sind an Ausmaß, Intensität und Bedeutung des Beitrags des Hintermannes für den Verein geringere Anforderungen zu stellen als beim Begriff des Hintermannes einer für verfassungswidrig erklärten Partei i. S. des § 84 StGB" (VGH Kassel NJW 1993, 2826 [2827]).

59 Im Schrifttum wird hinsichtlich der Bewertung einer Person als Hintermann darauf abgestellt, dass der Betroffene „als Außenstehender auf eine nicht ganz unwesentliche Anzahl von Angehörigen oder Freunden der Vereinigung einen bestimmten Einfluss ausübt oder sich sonst in maßgeblicher Weise für den Verein betätigt" (*von Feldmann*, Vereinigungsfreiheit und Vereinigungsverbot, 1972, S. 68). Angesichts der gleichwohl noch zu weit reichenden Einwirkungsmöglichkeit erachtet *von Feldmann* die Vorschrift als verfassungswidrig (*von Feldmann*, Vereinigungsfreiheit und Vereinigungsverbot, 1972, S. 68; a. A. wohl *Groh* NomosOK VereinsG, § 4 Rn. 9). Eine Durchsuchung bei Hintermännern müsse sich daher nach § 4 Abs. 4 Satz 3 richten (*von Feldmann*, Vereinigungsfreiheit und Vereinigungsverbot, 1972, S. 68).

60 Die kritische Haltung des Schrifttums ist nicht unberechtigt. Tatsächlich verhält es sich so, dass en Ermittlungsbehörden seitens der Rechtsprechung einer **behördlichen Definitionsmacht** zugebilligt wird, die nahezu jeden

Zweiter Abschnitt. Verbot von Vereinen § **4 VereinsG**

zum Hintermann eines verbotsgefährdeten Vereins werden lässt, der nur irgendwelche Kontakte zu dem betroffenen Verein unterhält. Geboten ist daher eine restriktive Anwendung der Durchsuchungsalternative. Diese setzt voraus, dass der Hintermann einen Beitrag zum Vereinsleben leistet, der dem eines Mitglieds weitgehend gleichgestellt ist. Dass er hierbei als Hintermann und nicht als Mitglied in Erscheinung tritt, muss rein zufällig sein.

d) Durchsuchung bei anderen Personen. Die Regelung zur Durchsuchung anderer Personen entspricht § 103 Abs. 1 StPO (*von Feldmann,* Vereinigungsfreiheit und Vereinigungsverbot, 1972, S. 67). Eine Durchsuchung Dritter ist demnach nur zulässig, wenn Tatsachen die Schlussfolgerung zulassen, dass sich im Gewahrsam dieser Personen beschlagnahmefähige Beweismittel befinden (zur diesbezüglichen Darlegungslast vgl. Rn. 62). Im Gegensatz zur Durchsuchung Beteiligter (hierzu Rn. 58) bedarf es also eine konkreten Festlegung auf einzelne Beweismittel (*Schnorr* § 11 Rn. 22). 61

e) Entsprechende Anwendung der §§ 104, 105 Abs. 2 bis 4, §§ 106 bis 110 StPO. § 4 Abs. 4 Satz 4 ordnet die entsprechende Anwendung der der §§ 104 (Durchsuchung zur Nachtzeit), 105 Abs. 2 (Durchsuchungszeugen), § 105 Abs. 3 (Durchsuchungen bei der Bundeswehr), § 106 (Zuziehung des Inhabers der zu durchsuchenden Räume), § 107 (Betroffenenmitteilung), § 108 (Zufallsfunde), § 109 (Verzeichnis beschlagnahmter Gegenstände) und 110 StPO (Durchsicht von Papieren). Der durch § 4 Abs. 4 Satz 4 in Bezug genommene § 105 Abs. 4 StPO wurde zwischenzeitig in Abs. 3 der Norm verschoben (*Wache* in Erbs/Kohlhaas VereinsG § 4 Rn. 12). 62

f) Anforderungen an den Durchsuchungsbeschluss. Der Dursuchungsbeschluss muss die aufzufindenden Beweismittel grundsätzlich nicht aufzählen (VG Trier BeckRS 2004, 24773). Es genügt, wenn er sich gattungsmäßig zu den möglichen Beweismitteln äußert, denen die Durchsuchung gilt. Anderes gilt nur, wenn die Durchsuchung bei Dritten erfolgt. In diesem Fall muss das gesuchte Beweismittel konkretisiert und so genau beschrieben sein, dass eine **Verwechslung ausgeschlossen** ist (*Schnorr* § 4 Rn. 22). Werden Gebäude durchsucht, bedarf es zudem der genauen Bezeichnung der zu durchsuchenden Räumlichkeiten (*Groh* NomosOK VereinsG, § 4 Rn. 9). 63

Für den Betroffenen muss die Durchsuchungsanordnung im Ergebnis so **transparent** sein, dass ihm eine freiwillige Herausgabe der beweiserheblichen Gegenstände und damit die Abwendung der Durchsuchung ermöglicht wird. Hierdurch kann sichergestellt werden, dass der mit der Durchsuchung verbundene Eingriff in die Grundrechte aus Art. 2 und 13 GG messbar und kontrollierbar bleibt (VG Trier BeckRS 2004, 24773). 64

Soll die Dursuchung bei Dritten erfolgen (hierzu Rn. 62), muss sich der Durchsuchungsbeschluss zu den Tatsachen äußern, die darauf schließen lassen, dass sich die gesuchte Sache im Gewahrsam des Betroffenen befindet (OVG Bremen NVwZ-RR 2006, 692 [693]). 65

Entspricht der Durchsuchungsbeschluss den formellen Anforderungen nicht, ist er unwirksam (*Schnorr* § 4 Rn. 22). In diesem Fall kann er von dem Betroffen zurückgewiesen werden (*Schnorr* § 4 Rn. 22). Eine Gegenwehr gegen eine dennoch vollzogene rechtswidrige Durchsuchung wäre nicht strafbar. 66

VI. Beschlagnahme und Durchsuchung bei Gefahr in Verzug (Abs. 5)

1. Allgemeines

67 § 4 Abs. 5 gestattet der Verbotsbehörde oder einer Hilfsbehörde eine Beschlagnahme, mit Ausnahme der Beschlagnahme nach § 99 StPO (Postbeschlagnahme, hierzu Rn. 48), oder eine Durchsuchung bei **Gefahr in Verzug selbst anzuordnen**. Die Vorschriften des § 4 Abs. 4 sowie § 98 Abs. 2 Satz 1 (Eilzuständigkeit) und Satz 2 (Beschlagnahme in den Räumen einer Redaktion, eines Verlages, einer Druckerei oder einer Rundfunkanstalt) StPO gelten entsprechend.

68 Eine Ausnahme vom **Richtervorbehalt** ist bei der **Postbeschlagnahme** nicht möglich. In diesem Fall ist grundsätzlich auch kein Eilbedarf ersichtlich.

69 Das Tatbestandsmerkmal „Gefahr in Verzug" ist **eng auszulegen** (BVerfG NJW 2001, 1121 [1122]). Es liegt nur dann vor, wenn nach Würdigung aller Umstände des Einzelfalles davon ausgegangen werden muss, dass bei Einholung der richterlichen Genehmigung der Ermittlungszweck wegen des hierdurch bedingten Zeitverzuges vereitelt würde (BVerfG NJW 2001, 1121 [1123]). „Im Konkreten sind reine Spekulationen, hypothetische Erwägungen oder lediglich auf kriminalistische Alltagserfahrung gestützte, fallunabhängige Vermutungen als Grundlage einer Annahme von Gefahr im Verzug nicht hinreichend. Gefahr im Verzug muss mit Tatsachen begründet werden, die auf den Einzelfall bezogen sind. Die bloße Möglichkeit eines Beweismittelverlusts genügt nicht." (BVerfG NJW 2001, 1121 [1123])

70 Ob diese Voraussetzungen gegeben sind, haben die betroffenen Behörden nach pflichtgemäßem Ermessen festzustellen (*Groh* NomosOK VereinsG, § 4 Rn. 13). Diese dürfen weder Bedarfslagen künstlich schaffen (etwa durch Abwarten einer „Unzeit") oder taktische Überlegungen in den Vordergrund stellen (vgl. BVerfG NJW 2001, 1121 [1123]). Vielmehr sind sie regelmäßig verpflichtet, sich mit allen Kräften um eine Anordnung des instanziell und funktionell zuständigen Richters zu bemühen, bevor sie eine Durchsuchung beginnen. „Nur in Ausnahmesituationen, wenn schon die zeitliche Verzögerung wegen eines solchen Versuchs den Erfolg der Durchsuchung gefährden würde, dürfen sie selbst die Anordnung wegen Gefahr im Verzug treffen, ohne sich zuvor um eine richterliche Entscheidung bemüht zu haben. Die Annahme von Gefahr im Verzug kann nicht allein mit dem abstrakten Hinweis begründet werden, eine richterliche Entscheidung sei gewöhnlicher weise zu einem bestimmten Zeitpunkt oder innerhalb einer bestimmten Zeitspanne nicht zu erlangen. Dem korrespondiert die verfassungsrechtliche Verpflichtung der Gerichte, die Erreichbarkeit eines Ermittlungsrichters, auch durch die Einrichtung eines Eil- oder Notdienstes, zu sichern." (BVerfG NJW 2001, 1121 [1123])

2. Beweisverwertungsverbot bei rechtswidriger Umgehung des Richters

In Fällen, in denen der Richtervorbehalt bewusst umgangen wird, folgt hieraus ein **Beweisverwertungsverbot** (*Groh* NomosOK VereinsG § 4 Rn. 13). Hinsichtlich der diesbezüglichen Wertung ist von der Kenntnis aller Beteiligter von der vorstehend erläuterten Rechtsprechung des Bundesverfassungsgerichts auszugehen. Um die Entscheidung der Ermittlungsbehörde nachvollziehbar und überprüfbar zu machen, ist die Annahme von Gefahr in Verzug schriftlich zu begründen (*Wache* in Erbs/Kohlhaas VereinsG § 4 Rn. 14). Die Wiedergabe von standardisierten Textbausteinen oder Musterformulierungen genügt dem Erfordernis der Beurteilung des konkreten Einzelfalles nicht. Ist die Annahme von Gefahr in Verzug nicht hinreichend begründet, so zieht dies die Rechtswidrigkeit der Maßnahme nach sich. 71

3. Überprüfung der Eilentscheidung

Gem. dem entsprechend anwendbaren § 98 Abs. 2 Satz 1 StPO ist im Falle einer aufgrund der Annahme von Gefahr in Verzug erfolgten Beschlagnahme binnen drei Tagen die gerichtliche Bestätigung zu beantragen, wenn bei der Beschlagnahme weder der davon Betroffene noch ein erwachsener Angehöriger anwesend war oder wenn der Betroffene und im Falle seiner Abwesenheit ein erwachsener Angehöriger des Betroffenen gegen die Beschlagnahme ausdrücklichen Widerspruch erhoben hat. Der Betroffene kann jederzeit die (verwaltungs-)gerichtliche Entscheidung beantragen (§ 98 Abs. 2 Satz 2 StPO). 72

VII. Hinweise für den Rechtsanwender

1. Keine Mitwirkungspflicht des betroffenen Vereins

Der von Verbotsermittlungen betroffene Verein und dessen Mitglieder sind grundsätzlich nicht verpflichtet, an den Ermittlungen der Verbots- und deren Hilfsbehörden mitzuwirken (*Grundmann,* Das fast vergessene öffentliche Vereinsrecht, 1999, S. 54). § 4 belastet den betroffenen Verein und seine Mitglieder zunächst einmal lediglich mit **Duldungspflichten**, die eine sachgerechte Durchführung des Ermittlungsverfahrens ermöglichen sollen (*Rudroff,* Das Vereinigungsverbot nach Art. 9 Abs. 2 GG, 1995, S. 85; *von Feldmann,* Vereinigungsfreiheit und Vereinigungsverbot, 1972, S. 63). Gleichwohl empfiehlt es sich von Verbotsermittlungen betroffenen Vereinen, frühzeitig anwaltliche Hilfe in Anspruch zu nehmen, damit entlastende Sachverhalte eigenständig ermittelt und der Verbotsbehörde zur Verfügung gestellt werden. Ein Abwarten auf ein mögliches Verbot ist wenig zweckdienlich. 73

Im verwaltungsgerichtlichen Verfahren besteht zudem eine Mitwirkungspflicht, wenn Tatsachen festgestellt werden sollen, die nur der Verein oder seine Mitglieder kennen können und die seitens des Gerichts weder aufklärbar noch überprüfbar sind (*Kothe/Redeker* S. 23). Verstößt der betroffene Verein gegen seine Mitwirkungspflicht, so enthebt er das Gericht von seiner Pflicht, den betroffenen, entscheidungserheblichen Umstand zu ermitteln (BVerwG 74

NJW 2006, 1828 [1829]). Er muss sich in diesem Fall also die nachteiligen Folgen seiner mangelnden Mitwirkung zurechnen lassen (BVerwG NJW 2006, 1828 [1829]).

2. Anwaltliche Beeinflussung der gerichtlichen Beweisaufnahme

75 In der Praxis beschränkt sich die Verbotsbehörde bei Ihren Ermittlung häufig auf eine Auswertung und Wiedergabe der im Rahmen polizeilicher und staatsanwaltschaftlicher Ermittlungen gewonnenen Informationen. Diese Informationen entfalten selbst dann, wenn sie in gerichtlichen Urteilen bestätigt wurden, für die Verbotsbehörden und die ein vereinsrechtliches Verbot überprüfenden Verwaltungsgerichte, keine Bindungswirkung. Obgleich der **Amtsermittlungsgrundsatz** (§ 86 Abs. 1 Satz 1 VwGO) zu einer umfassenden Sachverhaltsaufklärung verpflichtet, ist es immer ratsam, die in das Verbotsverfahren überführten Feststellungen und Wertungen anderer Behörden und der Gerichte kritisch zu hinterfragen. Ergeben sich hinsichtlich der Richtigkeit der Ermittlungsergebnisse Zweifel, ist es die Pflicht des anwaltlichen Beraters, auf diese substantiiert hinzuweisen (BVerwG NJW 2003, 913 [916]; *Kopp/Ramsauer* § 24 Rn. 17). Mittels entsprechender Beweisaufträge ist auf eine Beweisaufnahme hinzuwirken, mittels derer bspw. die Feststellungen in Strafurteilen erschüttert werden können (VGH Mannheim Urt. v. 16.01.1992 – 1 S 3626/88, Rn. 40).

3. Beweislastverteilung

76 Die **Beweislast** hinsichtlich des Vorliegens eines Verbotsgrundes liegt bei der Verbotsbehörde (*Grundmann,* Das fast vergessene öffentliche Vereinsrecht, 1999, S. 55; zu den Mitwirkungspflichten des betroffenen Vereins Rn. 74f.). Entstehen im Rahmen einer verwaltungsgerichtlichen Prüfung insoweit Zweifel, ist die Verbotsverfügung aufzuheben.

4. Rechtsschutz

77 **a) Allgemeines.** Im VereinsG ist nicht geregelt, mit welchen Rechtsmitteln sich ein Betroffener gegen Anordnungen und Maßnahmen im Ermittlungsverfahren zur Wehr setzen kann (*Schnorr* § 4 Rn. 25). Da noch keine Verbotsverfügung erlassen wurde, können insbesondere die besonderen Vorschriften des § 6 und der §§ 48, 50 VwGO nicht zur Anwendung kommen (*Schnorr* § 4 Rn. 25). In Schrifttum und Rechtsprechung hat sich daher ein Rückgriff auf die Beschwerde- und Rechtsschutzmöglichkeiten der VwGO durchgesetzt (VGH Mannheim NVwZ 2003, 368; *Schnorr* § 4 Rn. 25; *Groh* in NomosOK VereinsG § 4 Rn. 15). Maßgeblich ist hierfür u. a., dass mit dem VereinsG allein die materiellen Vorschriften der StPO, nicht aber die strafprozessualen Beschwerdevorschriften (§§ 304 ff. StPO) für anwendbar erklärt werden (*Schnorr* § 4 Rn. 25 mit weiteren guten Argumenten).

78 **b) Beschlagnahme und Durchsuchung mit richterlichem Beschluss.** Gegen richterliche Beschlagnahme- oder Durchsuchungsanordnungen kann sich der Betroffene mit den Mitteln der VwGO (und nicht mit den Mitteln der StPO) zur Wehr setzen (*Schnorr* § 4 Rn. 25). Insoweit ist bei dem

zuständigen OVG eine **Beschwerde nach den §§ 146 ff. VwGO** möglich (*Schnorr* § 4 Rn. 25; *Groh* in NomosOK VereinsG § 4 Rn. 15). Die Beschwerde ist gem. § 147 Abs. 1 VwGO bei dem Gericht, dessen Entscheidung angefochten wird, schriftlich oder zur Niederschrift des Urkundsbeamten der Geschäftsstelle innerhalb von zwei Wochen nach Bekanntgabe der Entscheidung einzulegen. Eine aufschiebende Wirkung ist der Beschwerde in diesem Fall nicht zuzusprechen (§ 149 Abs. 1 Satz 1 VwGO). Im Falle einer abweisenden Entscheidung steht dem Betroffenen die weitere Beschwerde an das BVerwG gem. § 152 Abs. 1 VwGO nicht zu.

In diesem Zusammenhang ist zu beachten, dass sich ein richterlicher **79** Durchsuchungsbeschluss in aller Regel bereits erledigt haben wird, wenn der Betroffene dazu kommt, Rechtsschutz vor den Gerichten zu suchen. In einem solchen Fall darf die Beschwerde gleichwohl nicht unter dem Gesichtspunkt prozessualer Überholung als unzulässig verworfen werden (BVerfG NJW 1997, 2163 [2164]; BVerfG NJW 1999, 273; VGH Mannheim NVwZ 2003, 368). Der mit der Durchsuchung erfolgte schwerwiegende Grundrechtseingriff zieht ein anhaltendes Rechtsschutzinteresse und einen gerichtlichen Klärungsbedarf nach sich (VGH Mannheim NVwZ 2003, 368; *Groh* in NomosOK VereinsG § 4 Rn. 15).

c) Beschlagnahme und Durchsuchung ohne richterlichen Be- 80 schluss. Durchsuchung, die ohne richterlichen Beschluss aufgrund der behördlichen Eilkompetenz durchgeführt werden, sind gem. § 98 Abs. 2 Satz 2 StPO analog der verwaltungsgerichtlichen Kontrolle unterworfen (*Groh* in NomosOK VereinsG § 4 Rn. 15; *Schnorr* § 4 Rn. 25).

Hinsichtlich der Beschlagnahmen, von deren Durchführungen gem. § 4 **81** Abs. 5 auf einen richterlichen Beschlagnahmebeschluss verzichtet wurde und die sich mangels Rückgabe der betroffenen Gegenstände noch nicht erledigt haben, kann seitens des Betroffenen richterliche Entscheidung gem. § 98 Abs. 2 Satz 2 StPO beantragt werden (*Groh* NomosOK VereinsG § 4 Rn. 15). In einem solchen Fall prüft das Gericht zunächst nur, ob die Beschlagnahme zum Zeitpunkt der gerichtlichen Entscheidung materiell rechtmäßig ist (*Groh* in NomosOK VereinsG, § 4 Rn. 15). Die **richterliche Bestätigung** der Beschlagnahme dient nämlich nicht der repressiven Kontrolle des Verwaltungshandelns, sondern ist vielmehr als eigenverantwortliche Entscheidung des Gerichts über die Rechtmäßigkeit der Beschlagnahme konzipiert (OVG Lüneburg, NVwZ-RR 2009, 517; OVG Münster NWVBl. 1995, 69 [70]). Ist eine gerichtliche Entscheidung ergangen, so wird durch diese die zuvor ergangene behördlichen Entscheidung hinsichtlich der Beschlagnahme ersetzt (*Groh* NomosOK VereinsG § 4 Rn. 15).

Gleichwohl kann sich der Betroffene im Falle einer ohne richterlichen Be- **82** schluss ergangenen Beschlagnahme oder Durchsuchung auch gegen die Art und Weise der Durchführung (*Schnorr* § 4 Rn. 25) und insbesondere gegen die Annahme der behördlichen Eilkompetenz zur Wehr setzen. Insoweit ist die Feststellungs- bzw. Fortsetzungsfeststellungsklage zu wählen (*Groh* in NomosOK VereinsG § 4 Rn. 15; nach a. A. ist im Falle einer Nichterledigung eine Teilanfechtungsklage zu wählen *Schnorr*, § 4 Rn. 25). Diese **„Doppelung des Rechtswegs"** (vgl. *Groh* NomosOK VereinsG § 4 Rn. 15) beruht auf dem

Umstand, dass verwaltungsgerichtliche Kompetenzen zur Überprüfung der Art und Weise einer behördlichen Maßnahme bereits in der VwGO normiert sind. Bedarf für eine analoge Anwendung des § 98 Abs. 2 Satz 2 StPO besteht somit nur hinsichtlich der Beurteilung der materiellen Rechtmäßigkeit einer Durchsuchung oder Beschlagnahme.

83 **d) Isolierte Überprüfung des Ermittlungsverfahrens.** Nach Auffassung des OVG Schleswig ist eine isolierte Überprüfung des vereinsrechtlichen Ermittlungsverfahrens grundsätzlich nicht möglich (OVG Schleswig BeckRS 2012, 55475). Dies soll insbesondere die Frage, ob die Verbotsbehörde in dem erforderlichen Maße eigenständige Ermittlungen durchgeführt hat (hierzu Rn. 19) betreffen (OVG Schleswig BeckRS 2012, 55475).

84 Dieser Ansicht kann nicht uneingeschränkt gefolgt werden. Richtigerweise muss auch das vereinsrechtliche Ermittlungsverfahren einer gerichtlichen Überprüfung unterzogen werden, soweit der Verstoß gegen gesetzliche Vorgaben einen besonders schwerwiegenden Fehler i. S. d. § 44 Abs. 1 VwVfG bedeuten könnte, der für einen verständigen Beobachter ohne weiteres ersichtlich ist (*Kopp/Ramsauer* VwVfG § 44 Rn. 12). Zudem kann auch die Aufhebung eines Verwaltungsaktes, der nicht nach § 44 VwVfG nichtig ist, beansprucht werden, wenn hinsichtlich seines Zustandekommens Verfahrensfehler begangen wurden, die die Entscheidung in der Sache beeinflusst haben (vgl. § 46 VwVfG). Die Zurechnung eines Verbotstatbestands setzt voraus, dass ein Sachverhalt vorliegt, der unter den Bedingungen des § 4 von der Verbotsbehörde, ggf. unter Zuhilfenahme von Hilfsbehörden, ermittelt wurde.

§ 5 Vollzug des Verbots

(1) **Soweit das Verbot nach diesem Gesetz nicht von der Verbotsbehörde selbst oder den von ihr gemäß § 10 Abs. 3 und § 11 Abs. 3 beauftragten Stellen zu vollziehen ist, wird es von den von der Landesregierung bestimmten Behörden vollzogen.**

(2) **Folgt dem Verbot eines Teilvereins, bevor es unanfechtbar geworden ist, ein den Teilverein einschließendes Verbot des Gesamtvereins, so ist von diesem Zeitpunkt an nur noch das Verbot des Gesamtvereins zu vollziehen.**

I. Vollzugszuständigkeit (Abs. 1)

1 Der feststellende Teil der Verbotsverfügung entfaltet seine Wirkung ohne dass es weiterer Vollzugsmaßnahmen bedarf (hierzu § 3 VereinsG Rn. 15 ff.; BT-Drs. IV/430, 16). Die im Rahmen einer Verbotsverfügung angeordnete Auflösung des Vereins sowie die ggf. auch gesondert angeordnete Beschlagnahme und die Einziehung des Vereinsvermögens (vgl. § 3 VereinsG Rn. 15) werden nicht von sich aus wirksam, sondern bedürfen eines **eigenständigen Vollzugs** (BT-Drs. IV/430, 16; *Wache* in Erbs/Kohlhaas VereinsG § 5 Rn. 1). Hierbei ist zu berücksichtigen, dass der Vollzug des Vereinsverbots regelmäßig zahlreiche Einzelmaßnahmen erfordert, die von der Verbotsbehörde selbst in

Zweiter Abschnitt. Verbot von Vereinen　　　　　　　　§ 5 VereinsG

ihrer Gesamtheit nicht getroffen werden können (BT-Drs. IV/430, 16). Dabei spielt es keine Rolle, ob es sich um eine Verbotsbehörde gem. § 3 Abs. 2 Nr. 1 oder Nr. 2 handelt (BT-Drs. IV/430, 16). Materielle Regelungen weist die Vorschrift diesbezüglich nicht auf (*Schnorr* § 5 Rn. 1). § 5 regelt vielmehr die sachliche Zuständigkeit der für das Vereinsverbot zuständigen Behörden. Die örtliche Zuständigkeit richtet sich nach dem Ort, an dem die jeweilige Vollzugsmaßnahme vorgenommen werden soll (*Wache* in Erbs/Kohlhaas VereinsG § 5 Rn. 2). Da dies nicht ausdrücklich geregelt wurde, ist auf die allgemeinen Grundsätze des Verwaltungsrechts zurückzugreifen (*Schnorr* § 5 Rn. 3). § 3 der Landes-VwVfG ist zu beachten.

1. Verbotsbehörden

Die Zuständigkeit der Verbotsbehörden gem. § 3 Abs. 2 besteht für den Vollzug des Vereinsverbots nur, wenn dies gesetzlich ausdrücklich angeordnet wurde (*Wache* in Erbs/Kohlhaas VereinsG § 5 Rn. 1). Diesbezügliche Anordnungen betreffen den „Vollzug in eigenen Angelegenheiten", der nach den Vorstellungen des Gesetzgebers zentral durchgeführt werden soll (BT-Drs. IV/430, 16; *Schnorr* § 5 Rn. 2). **2**

Eine solche Zuständigkeitszuweisung enthalten bspw. § 7 Abs. 2, § 10 Abs. 3 Satz 1, § 11 Abs. 3 Satz 1, Abs. 4. Die Landesbehörden (vgl. Rn. 6) sind hingegen ausschließlich für den Vollzug zuständig, wenn eine ausdrückliche Zuweisung der Zuständigkeit zur Verbotsbehörde nicht angeordnet wurde (*Schnorr* § 5 Rn. 2; *Wache* in Erbs/Kohlhaas VereinsG § 5 Rn. 2). Selbst der Bundesminister des Innern ist nicht befugt, sich eigenständige Vollzugszuständigkeiten zu schaffen und als Verbotsbehörde nach eigenem Ermessen tätig zu werden (*Wache* in Erbs/Kohlhaas VereinsG § 5 Rn. 2). **3**

2. Beauftragte Stellen

Gem. 10 Abs. 3 kann die Verbotsbehörde für das beschlagnahmte Vermögen **Verwalter bestellen und abberufen**. Diese Verwalter unterliegen den Weisungen der Verbotsbehörde. Zudem kann der Bundesminister des Innern gem. § 11 Abs. 3 mit der Durchführung der Einziehung und mit der Abwicklung das Bundesverwaltungsamt oder eine andere Bundesbehörde beauftragen (Einziehungsbehörde). § 10 Abs. 3 gilt entsprechend. Die Beauftragung ist im Bundesanzeiger und in dem in § 3 Abs. 4 Satz 2 genannten Mitteilungsblatt zu veröffentlichen. **4**

Die Vollzugsbehörden oder die von ihnen beauftragten Stellen dürfen nicht mit den Hilfsbehörden im Ermittlungsverfahren verwechselt werden (*Schnorr* § 5 Rn. 2). Während Vollzugsbehörden abschließend bestimmt sind, kann gem. § 4 Abs. 1 **jede Behörde** zur Hilfsbehörde der Verbotsbehörde gemacht werden, die für die Wahrung der öffentlichen Sicherheit und Ordnung zuständig ist (*Schnorr* § 5 Rn. 1). Die Vollzugsbehörden können auch kein vereinsrechtliches Ermittlungsverfahren (hierzu § 4 VereinsG Rn. 5) einleiten. Gleichwohl können sie als Hilfsbehörde im Rahmen eines vereinsrechtlichen Ermittlungsverfahrens gem. § 4 Abs. 1 mit Unterstützungsleistungen betraut werden (*Schnorr* § 5 Rn. 2). **5**

3. Von der Landesregierung bestimmte Behörden

6 In denjenigen Fällen, die eine ausdrückliche Zuständigkeitszuweisung zu den Verbotsbehörden aufweisen, findet ein Vollzug des Vereinsverbots durch die **zuständigen Landesbehörden** statt (Vgl. § 1 Abs. 1 VereinsG-DVO). Die zuständige Landesbehörde ist mittels Landesgesetzes, einer Zuständigkeitsverordnung oder durch eine verwaltungsinterne Anordnung (Verwaltungsverordnung) zu regeln (*Schnorr* § 5 Rn. 1; *Wache* in Erbs/Kohlhaas VereinsG § 5 Rn. 1). Verwaltungsinterne Anordnungen setzen angesichts des eindeutigen Wortlauts des § 5 Abs. 1 einen Kabinettsbeschluss voraus (*Schnorr* § 5 Rn. 1). Einzelne Minister oder diesen nachgeordnete Behörden können Zuständigkeitskompetenzen nicht übertragen (*Schnorr* § 5 Rn. 1).

7 In Nordrhein-Westfalen ist die Vollzugsbehörde gem. § 1 VRZustVO NRW das Landeskriminalamt. Das Hessische Landeskriminalamt ist entsprechend § 1 VerZustVO Hessen die zuständige Vollzugsbehörde. In diesen Fällen sind folglich die Landeskriminalämter befugt, Durchsuchungs- und Beschlagnahmeanträge gem. § 4 Abs. 2 Satz 1 i. V. m. Abs. 4 und gem. § 10 Abs. 2 zu stellen (VG Aachen BeckRS 2012, 56969).

8 Wenn seitens der Landesregierung Behörden mit dem Vollzug des Verbots betraut wurden, die der Verbotsbehörde nicht nachgeordnet sind, werden sie in **Amtshilfe** tätig (BT-Drs. IV/430, 16). Die Vorschrift konkretisiert insoweit eine bereits aus Art. 35 GG folgende Verpflichtung (BT-Drs. IV/430, 16). Das ist auch dann der Fall, wenn es sich um den Vollzug eines Bundesverbots handelt (BT-Drs. IV/430, 16; *Groh* NomosOK VereinsG § 5 Rn. 1).

9 Hinsichtlich der Aufgaben der Vollzugsbehörden sind die Bestimmungen der VereinsG-DVO zu beachten. Die Tätigkeit unterliegt auch dann, wenn ein Verbot des Bundesministers des Innern vollzogen wird, allein der Rechtsaufsicht, nicht aber der Fachaufsicht des Bundes (*Groh* NomosOK VereinsG § 5 Rn. 1).

4. Vollzugsmaßnahmen

10 Welche Maßnahmen zum Vollzug des Vereinsverbots erforderlich sind, ist unter Berücksichtigung der **Gegebenheiten des Einzelfalls** zu bestimmen (*Schnorr* § 5 Rn. 4). Pauschale Aussagen können insoweit nicht getroffen werden. In jedem Fall gehören zum Vollzug eines Vereinsverbots Erhaltungsmaßnahmen, die auf eine „Sicherstellung der Substanz des Vereinsvermögens" gerichtet sind (*Schnorr* § 5 Rn. 4). Die Vollzugsbehörde muss daher Vorkehrungen gegen einen möglichen Wertverlust treffen. Dies hat bspw. zur Folge, dass vereinseigene Betriebe fortgeführt werden müssen (*Schnorr* § 5 Rn. 4).

II. Vollzug des Verbots bei Teilvereinen (Abs. 2)

11 Gegen einen Teilverein (hierzu § 3 VereinsG Rn. 80) kann bis zum Verbot des Gesamtvereins vereinsrechtlich selbständig vorgegangen werden, wenn Verbotsgründe vorliegen (BT-Drs. IV/430, 17; *Wache* in Erbs/Kohlhaas VereinsG § 5 Rn. 3; *Groh* NomosOK VereinsG § 5 Rn. 2). Die Vorschrift trifft als Kollisionsnorm Vorkehrungen für den Fall, dass sich der Vollzug eines Teilvereins und der Vollzug des diesen einschließenden Gesamtvereins in zeitlicher Hinsicht überschneiden (*Groh* NomosOK VereinsG § 5 Rn. 2). Folgt dem Verbot eines Teilvereins, bevor es unanfechtbar geworden ist, ein den Teilverein einschließendes Verbot des Gesamtvereins, so ist von diesem Zeitpunkt an nur noch das Verbot des Gesamtvereins zu vollziehen. Das Verbot des Teilvereins bleibt in diesem Fall ohne Wirkung (*Wache* in Erbs/Kohlhaas VereinsG § 5 Rn. 3; *Groh* NomosOK VereinsG § 5 Rn. 2). Dies hat zur Folge, dass Vollzugsmaßnahmen nur noch auf Grundlage der gegen den Gesamtverein gerichteten Verfügung möglich sind (*Wache* in Erbs/Kohlhaas VereinsG § 5 Rn. 3).

In prozessualer Hinsicht kommt § 51 Abs. 1 VwGO zur Anwendung. Für 12 den Fall, dass gemäß § 5 Abs. 2 das Verbot des Gesamtvereins anstelle des Verbots eines Teilvereins zu vollziehen ist, ist ein Verfahren über eine Klage dieses Teilvereins gegen das ihm gegenüber erlassene Verbot bis zum Erlass der Entscheidung über eine Klage gegen das Verbot des Gesamtvereins auszusetzen. Hierdurch können divergierende Entscheidungen bzgl. eines einheitlichen Lebenssachverhaltes verhindert werden (*Groh* NomosOK VereinsG § 5 Rn. 3). Die Oberverwaltungsgerichte der Länder werden gem. § 51 Ab. 2 VwGO durch eine Entscheidung des Bundesverwaltungsgerichts gebunden. Das Bundesverwaltungsgericht hat die in Frage kommenden Oberverwaltungsgerichte daher gem. § 51 Abs. 2 VwGO über die Klageerhebung eines Vereins nach § 50 Abs. 1 Nr. 2 VwGO zu unterrichten.

III. Hinweise für den Rechtsanwender

1. Anfechtungsgegner

Bezüglich der Vollzugsmaßnahmen der Landesbehörden (hierzu Rn. 6ff.) 13 sind die landesrechtlichen Rahmenbedingungen zu beachten (BT-Drs. IV/430, 16). Der Gegner einer sich hiergegen richtenden **Anfechtungsklage** ist die zuständige Landesbehörde (BT-Drs. IV/430, 16). Hinsichtlich der sachlichen Zuständigkeit der Verwaltungsgerichte sind allein die Bestimmungen der VwGO zu beachten (BT-Drs. IV/430, 16). Sondervorschriften für Klagen gegen Vereinsverbote kommen nicht zur Anwendung (BT-Drs. IV/430, 16).

2. Klage des Teilvereins

Teilvereine können im Fall einer gegen eine Verbotsverfügung erhobenen 14 Anfechtungsklage der Verbotsverfügung nur noch mit dem Argument, dass sie keine Teilorganisation des Gesamtvereins sind, entgegentreten (*Groh* NomosOK VereinsG § 5 Rn. 3). Eine eigenständiger Angriff der auf den Teilverein bezogenen Verbotsgründe ist im Falle des rechtskräftig erfolgten Verbots des Gesamtvereins nicht mehr möglich (*Groh* NomosOK VereinsG § 5 Rn. 3). In einem solchen Fall sollte der eine Verbotsverfügung angreifende Teilverein die Hauptsache für erledigt erklären (*Scheidler* NVwZ 2011, 1497 [1499]). Geschieht dies nicht, wird die Klage wegen fehlenden Rechtsschutzbedürfnisses abgewiesen (*Scheidler* NVwZ 2011, 1497 [1499]).

Ein Teilverein bleibt zudem auch dann verboten, wenn er eine gegen ihn 15 gerichtete Verbotsverfügung bestandskräftig werden lässt und ein Verbot des ihn betreffenden Gesamtvereins später aufgehoben wird (*Wache* in Erbs/Kohlhaas VereinsG § 5 Rn. 4; *Groh* NomosOK VereinsG § 5 Rn. 3; *Scheidler* NVwZ 2011, 1497 [1499]). Mit der gerichtlichen Aufhebung des Verbots eines Gesamtvereins wird für den Fall eines noch laufenden Anfechtungsverfahrens eines Teilvereins allerdings auch die Rechtswidrigkeit der gegen den Teilverein gerichteten Verbotsverfügung festgestellt (*Scheidler* NVwZ 2011, 1497 [1499]).

§ 6 Anfechtung des Verbotsvollzugs

(1) **Wird eine Maßnahme zum Vollzug des Verbots angefochten und kommt es für die Entscheidung darauf an, ob das Verbot rechtmäßig ist, so hat das Verwaltungsgericht, wenn es die Rechtmäßigkeit des Verbots bezweifelt, das Verfahren auszusetzen, bis über das Verbot unanfechtbar entschieden ist, und dieses Ergebnis seiner Entscheidung zugrunde zu legen.**

(2) **Widerspruch und Anfechtungsklage gegen Maßnahmen zum Vollzug des Verbots haben keine aufschiebende Wirkung.**

I. Allgemeines

1 Die Vorschrift befasst sich lediglich mit der **Anfechtung einzelner Vollzugsmaßnahmen** und nicht mit den Klagen gegen Vereinsverbote (BT-Drs. IV/430, 17; zu den Klagen gegen Vereinsverbote § 3 Rn. 120 ff.). Zu den angreifbaren Vollzugsmaßnahmen gehört insbesondere die Sicherstellung des Vereinsvermögens gem. § 10 sowie von Verwaltungsakten, mittels derer eine bestimmte Betätigung des verbotenen Vereins untersagt werden soll (*Wache* in Erbs/Kohlhaas VereinsG § 6 Rn. 1).

2 Für die Anfechtung von Vollzugsmaßnahmen sind keine besonderen Zuständigkeitszuweisungen getroffen worden. Die **Zuständigkeit der Verwaltungsgerichte** folgt daher den allgemeinen Bestimmungen der VwGO (vgl. VGH Mannheim NVwZ-RR 2012, 198; BT-Drs. IV/430, 17; vertiefend *Schnorr* § 6 Rn. 1). Dies hat zur Folge, dass eine Anfechtungsklage bspw. vor dem nach §§ 45, 52 VwGO zuständigen Verwaltungsgericht zu erheben ist (vgl. *Groh* in NomosOK VereinsG § 3 Rn. 1; *Wache* in Erbs/Kohlhaas VereinsG § 6 Rn. 1).

II. Aussetzung bis zur Unanfechtbarkeit des Verbots (Abs. 1)

1. Sinn und Zweck der Vorschrift

3 Grundsätzlich wäre aufgrund der hinsichtlich der Überprüfung der Verbotsverfügung und der Überprüfung der Vollzugsmaßnahmen divergierenden Zuständigkeit der Verwaltungsgerichte denkbar, dass Entscheidungen getroffen werden, die sich aus unterschiedlichen Perspektiven mit dem Vereinsverbot auseinandersetzen und zu einer divergierenden Bewertung dessen Rechtmäßigkeit kommen. Mittels § 6 Abs. 1 soll daher verhindert werden, dass Inziden-

tentscheidungen im Vollzugsverfahren getroffen werden, die sich mit der Entscheidung im Verfahren hinsichtlich des Verbots nicht vertragen (BT-Drs. IV/430, 17; *Wache* in Erbs/Kohlhaas VereinsG § 6 Rn. 1). Mittels § 6 Abs. 1 wird die verwaltungsgerichtliche Entscheidung über die Rechtmäßigkeit eines Vereinsverbots bei den für die Entscheidung in der Hauptsache zuständigen Gericht konzentriert (BT-Drs. IV/430, 17). Die Regelung greift allerdings nur solange, wie das Vereinsverbot nicht unanfechtbar geworden ist. Ein unanfechtbares Verbot kann im verwaltungsgerichtlichen Verfahren hinsichtlich der Überprüfung von Vollzugsmaßnahmen nicht mehr in Frage gestellt werden (BT-Drs. IV/430, 17; *Wache* in Erbs/Kohlhaas VereinsG § 6 Rn. 2).

2. Amtspflicht zur Aussetzung

Die **Aussetzung des verwaltungsgerichtlichen Verfahrens** betreffend der Überprüfung von Vollzugsmaßnahmen hat gem. § 6 Abs. 1 von Amts wegen zu erfolgen. Ein Antrag eines der Beteiligten ist nicht erforderlich (*Schnorr* § 6 Rn. 3). Hierbei muss das Verwaltungsgericht zunächst prüfen, ob seine hinsichtlich der Vollzugsmaßnahme zu treffende Entscheidung überhaupt von der Rechtmäßigkeit des Vereinsverbots beeinflusst wird (*Groh* in NomosOK VereinsG § 3 Rn. 3; *Wache* in Erbs/Kohlhaas VereinsG § 6 Rn. 2). Es müssen entscheidungserhebliche Zweifel an der Rechtmäßigkeit des Verbots vorliegen (VG Minden BeckRS 2011, 53934; *Schnorr* § 6 Rn. 3). Das Gericht muss also nicht von der Rechtswidrigkeit der Verbotsverfügung überzeugt sein (*Schnorr* § 6 Rn. 3). 4

Eine Aufhebung der Vollzugsmaßnahme aus formellen Gründen oder aufgrund deren Unvereinbarkeit mit materiellen Vollzugsvoraussetzungen ist demnach immer möglich, weil in diesen Fällen die Rechtmäßigkeit des Vereinsverbots keine Rolle spielt (VG Augsburg Beschl. v. 21.12.2005 – Au 4 V 05 2005, Rn. 4; *Groh* in NomosOK VereinsG § 3 Rn. 3). 5

Umstritten ist, wie vorzugehen ist, wenn das mit der Kontrolle von Vollzugsmaßnahmen befasste Verwaltungsgericht das in diesem Zusammenhang entscheidungserhebliche Vereinsverbot nicht nur für rechtswidrig, sondern wegen besonders schwerwiegender Mängel für nichtig hält. *Wache* bezweifelt, dass in einem solchen Fall eine Entscheidung des Verwaltungsgerichts möglich ist, da dann divergierende Entscheidungen nicht ausgeschlossen werden können (*Wache* in Erbs/Kohlhaas VereinsG § 6 Rn. 3). Dies habe der Gesetzgeber aber gerade verhindern wollen (*Wache* in Erbs/Kohlhaas VereinsG § 6 Rn. 3). Diese Bedenken sind nicht zu teilen. Vielmehr verhält es sich so, dass nichtige Verwaltungsentscheidungen völlig unbeachtlich sind (*Schnorr* § 6 Rn. 8). Diese Unbeachtlichkeit ist von jeder Behörde inzident zu prüfen und ggf. zu berücksichtigen (*Schnorr* § 6 Rn. 8). Dem Verwaltungsgericht obliegt folglich die Aufhebung der Vollzugsmaßnahme und nicht die Verfahrensaussetzung, wenn es von der Nichtigkeit der Verbotsverfügung überzeugt ist (*Schnorr* § 6 Rn. 8). Hätte der Gesetzgeber eine Aussetzung auch im Falle der Nichtigkeit der Verbotsverfügung gewünscht, hätte er dies explizit erklären müssen, was nicht erfolgt ist (*Schnorr* § 6 Rn. 8). 6

Nach der rechtskräftigen Entscheidung über die Rechtmäßigkeit des Verbots ist das Verfahren von Amts wegen wieder aufzugreifen. Der Lauf der 7 gem. § 153 VwGO für die Wiederaufnahme des Verfahrens geltenden Fristen ist in diesem Zusammenhang außer Acht zu lassen (*Schnorr* § 6 Rn. 2). Die Bindungswirkung der rechtskräftigen Entscheidung der Obergerichte ist hierbei zu beachten.

3. Hinweispflichten

8   Das Verwaltungsgericht ist unter den Rahmenbedingungen des § 6 Abs. 1 zur Aussetzung des Verfahrens verpflichtet. Aus dieser Verpflichtung kann im Falle einer noch nicht eingeleiteten gerichtlichen Überprüfung der Verbotsverfügung aber keine Vorlagepflicht gegenüber einem OVG bzw. dem BVerwG erwachsen (*Schnorr* § 6 Rn. 4). Der verbotene Verein muss vielmehr eigenständig für eine Überprüfung der Verbotsverfügung sorgen (*Schnorr* § 6 Rn. 4). Gem. § 104 Abs. 1 VwGO ist der Vorsitzende Richter im Rahmen des Verfahrens zur Überprüfung einer Vollzugsanordnung allerdings verpflichtet, den Verein auf die Möglichkeit einer Verbotsanfechtung hinzuweisen (*Schnorr* § 6 Rn. 4).

III. Keine aufschiebende Wirkung (Abs. 2)

9   Die Durchführung von Maßnahmen zum Vollzug eines Vereinsverbots setzt voraus, dass das **Vereinsverbot selbst überhaupt vollzogen** werden darf. Dies ist erst dann der Fall, wenn die Verbotsverfügung zugestellt oder im Bundesanzeiger bekannt gemacht wurde (*Schnorr* § 6 Rn. 9). Verfrühte Vollzugsmaßnahmen sind kraft Gesetz unzulässig und damit nichtig (*Schnorr* § 6 Rn. 9).

10   § 6 Abs. 2 bestimmt, dass Widerspruch und Anfechtungsklage gegen Maßnahmen zum Vollzug des Verbots keine aufschiebende Wirkung haben. Es handelt sich hierbei um einen durch Gesetz ausdrücklich angeordneten Fall des § 80 Abs. 2 Nr. 3 VwGO. Dies hat zur Folge, dass gem. § 80 Abs. 5 VwGO Antrag auf Anordnung der aufschiebenden Wirkung gestellt werden kann. Ein solcher Eilantrag ist gem. § 80 Abs. 5 Satz 2 VwGO bereits vor Erhebung der Anfechtungsklage möglich (*Schnorr* § 6 Rn. 10).

11   Ein Einschreiten des Bundesverfassungsgerichts kann vor Ausschöpfung dieses Rechtsmittels nicht erreicht werden (BVerfG Beschl. v. 23.12.1992 – 1 BvQ 23/92, Rn. 1).

IV. Hinweise für den Rechtsanwender

1. Widerspruchsverfahren

12   Soweit die Vollzugsmaßnahmen nicht von den Verbotsbehörden, sondern von den gem. § 5 Abs. 1 bestimmten Vollzugsbehörden durchgeführt werden, ist zu prüfen, ob gegen diese nicht innerhalb eines Monats nach Bekanntgabe zunächst im Rahmen des Widerspruchsverfahrens vorzugehen ist (*Groh* in NomosOK VereinsG § 3 Rn. 1; *Schnorr* § 6 Rn. 1). Dies kann selbstverständlich nur dann der Fall sein, wenn in den Ausführungsgesetzen der Länder zur VwGO keine diesbezüglichen Ausschlusstatbestände geschaffen wurden (*Groh* in NomosOK VereinsG § 3 Rn. 1).

Ob auch im Rahmen des Widerspruchsverfahrens eine Anfechtung gem. **13** § 6 Abs. 1 zu erfolgen hat, ist bislang ungeklärt. Das Risiko von divergierenden Entscheidungen ist sicherlich auch im Widerspruchsverfahren gegeben, wenn seitens der Widerspruchsbehörde eine **Inzidentkontrolle der Verbotsverfügung** durchgeführt werden muss (vgl. *Schnorr* § 6 Rn. 1). Auch hierbei kann es zu unterschiedlichen Beurteilungen kommen, durch die die Einheitlichkeit des Verbotsvollzugs beeinträchtigt wird (*Schnorr* § 6 Rn. 1). *Schnorr* hält die Widerspruchsbehörde daher aus u. a. Gründen der Prozessökonomie für verpflichtet, „bereits *das Widerspruchsverfahren nach pflichtgemäßem Ermessen auszusetzen* und den Verein auf die Möglichkeit einer Anfechtungsklage gegen die Verbotsverfügung hinzuweisen" (*Schnorr* § 6 Rn. 6).

2. Aufschiebende Wirkung der Anfechtung des Verbots

§ 2 Abs. 2 befasst sich lediglich mit der aufschiebende Wirkung von Wider- **14** spruch und Anfechtungsklage, die gegen Vollzugsmaßnahmen gerichtet sind. Einem gegen das Verbot an sich gerichteten Rechtsbehelf ist gem. § 80 Abs. 1 Satz 1 VwGO **grundsätzlich aufschiebende Wirkung** beizumessen (*Wache* in Erbs/Kohlhaas VereinsG § 6 Rn. 6).

§ 7 Unanfechtbarkeit des Verbots, Eintragung in öffentliche Register

(1) **Ist das Verbot unanfechtbar geworden, so ist sein verfügender Teil nochmals unter Hinweis auf die Unanfechtbarkeit im Bundesanzeiger und in dem in § 3 Abs. 4 Satz 2 genannten Mitteilungsblatt zu veröffentlichen.**

(2) **Ist der Verein oder eine Teilorganisation in ein öffentliches Register eingetragen, so sind auf Anzeige der Verbotsbehörde einzutragen**
 die Beschlagnahme des Vereinsvermögens und ihre Aufhebung,
 die Bestellung und Abberufung von Verwaltern (§ 10 Abs. 3),
 die Auflösung des Vereins, nachdem das Verbot unanfechtbar geworden ist, und
 das Erlöschen des Vereins.

I. Allgemeines

Die unterschiedlichen Veröffentlichungs- und Eintragungspflichten sollen **1** für Rechtssicherheit und Rechtsklarheit sorgen (*Schnorr* § 7 Rn. 1). Die Durchführung des § 7 erfolgt **von Amts wegen** (*Schnorr* § 7 Rn. 1, 3). Abs. 1 der Vorschrift betrifft dabei jeden Verein und Abs. 2 richtet sich nur an diejenigen Vereine, die über Registereintragungen verfügen. Beiden Vorgaben ist grundsätzlich keine konstitutive Wirkung zuzusprechen (*Schnorr* § 7 Rn. 2).

II. Nochmalige Veröffentlichung des Verbots (Abs. 1)

1. Ausgestaltung der nochmaligen Veröffentlichung

2 § 3 Abs. 4 Satz 2 bestimmt, dass der verfügende Teil des Verbots im **Bundesanzeiger** und danach im **amtlichen Mitteilungsblatt des Landes** bekanntzumachen ist, in dem der Verein oder, sofern sich das Verbot hierauf beschränkt, der Teilverein seinen Sitz hat. Zudem sind Verbote nach § 15 allein im Bundesanzeiger bekanntzumachen. Diese Bekanntmachung hat gem. § 7 Abs. 1 nach Eintritt der Unanfechtbarkeit des Verbots nochmals zu erfolgen. Hierbei ist gesondert auf die zwischenzeitig eingetretene Unanfechtbarkeit hinzuweisen.

2. Zielsetzung der Norm

3 Die **erneute Bekanntmachung** des Verbots dient in erster Linie dem Informationsbedürfnis der Allgemeinheit (*Schnorr* § 7 Rn. 2). Sie zielt auf den **Schutz des Rechtsverkehrs** ab (BT-Drs. IV/430, 17; *Wache* in Erbs/Kohlhaas VereinsG § 7 Rn. 1; *Groh* NomosOK VereinsG § 7 Rn. 1). Zudem soll den Strafgerichten eine verlässliche Grundlage für die strafrechtliche Beurteilung einer etwaigen Fortführung des verbotenen Vereins an die Hand gegeben werden (BVerwG NJW 1978, 2164 [2165]). Dies ist insbesondere dann erforderlich, wenn in der Verbotsverfügung zunächst mehrere Verbotsgründe angenommen wurden, die einer anschließenden verwaltungsgerichtlichen Prüfung nicht allesamt Stand gehalten haben (BVerwG NJW 1978, 2164 [2165]). Gerade in solchen Fällen muss mittels einer abschließenden Bekanntmachung des verfügenden Teils des Vereinsverbots mit allseitiger Verbindlichkeit festgestellt werden, aus welchem Verbotsgrund oder welchen Verbotsgründen der Verein verboten ist (BVerwG NJW 1978, 2164 [2165]). Das gilt auch dann, wenn ein Ausländerverein nach § 14 oder ein ausländischer Verein nach § 15 nur oder auch aus einem oder mehreren der in Art. 9 Abs. 2 GG genannten Verbotsgründe verboten wird (BVerwG NJW 1978, 2164 [2165]).

III. Eintragungspflicht (Abs. 2)

4 Wenn der von dem Verbot betroffene und daher aufgelöste Verein oder eine seiner Teilorganisationen in ein öffentliches Register eingetragen sind, so sind auf Anzeige der Verbotsbehörde die in § 7 Abs. 2 bezeichnete Beschlagnahme, die gem. § 10 Abs. 3 erfolgte Bestellung und Abberufung von Verwaltern, die Auflösung des Vereins und sein Erlöschen in das betroffene Register einzutragen. Anwendungsfälle sind bspw. die Eintragung eines Vereins im Vereinsregister, die Eintragung einer dem Verein zuzurechnenden Kapitalgesellschaft im Handelsregister und die Eintragung einer Genossenschaft im Genossenschaftsregister (*Schnorr* § 7 Rn. 1; *Wache* in Erbs/Kohlhaas VereinsG § 7 Rn. 2; *Groh* NomosOK VereinsG § 7 Rn. 2).

IV. Hinweise für den Rechtsanwender

1. Allgemeines

Die Rechtwirkung der Verbotsverfügung tritt auch dann ein, wenn ihre 5
Veröffentlichung bzw. Registereintragung gem. § 7 nicht erfolgt (*Schnorr* § 7 Rn. 2). Zudem kann die Richtigkeit der Veröffentlichung und Registereintragung jederzeit widerlegt werden (*Schnorr* § 7 Rn. 2). Sie haben **keinen öffentlichen Glauben** (*Schnorr* § 7 Rn. 2).

Fraglich ist, ob aus einer Unterlassenen erneuten Veröffentlichung oder 6
Registereintragung Amtshaftungspflichten abgeleitet werden können. Dies muss bei einer vorsätzlichen und demnach pflichtwidrigen Unterlassung jedenfalls grundsätzlich der Fall sein (*Schnorr* § 7 Rn. 3). Zudem könnte hinsichtlich der vereinsrechtlichen Straftatbestände des § 20 VereinsG und § 85 StGB im Falle einer unterlassenen Veröffentlichung oder Eintragung ein die Strafbarkeit ausschließender Tatbestandsirrtum in Erwägung zu ziehen sein (*Schnorr* § 7 Rn. 2).

2. Nochmalige Veröffentlichung des Verbots (Abs. 1)

Die Bekanntmachung gem. § 7 Abs. 1 verfügt lediglich über deklaratori- 7
schen Charakter (*Wache* in Erbs/Kohlhaas VereinsG § 7 Rn. 1; *Groh* Nomos-OK VereinsG § 7 Rn. 1). Sie ist kein Verwaltungsakt und damit auch nicht anfechtbar (*Schnorr* § 7 Rn. 2; *Wache* in Erbs/Kohlhaas VereinsG § 7 Rn. 1). Allerdings besteht im Falle einer unrichtigen und sich gegen den falschen Betroffenen richtenden Eintrag die Möglichkeit der Feststellungsklage. In diesen Fällen ist der unzutreffend oder im falschen Umfang eingetragene Verein beschwert (zum Erfordernis der „Beschwer" *Groh* NomosOK VereinsG § 7 Rn. 1).

3. Registereintragung (Abs. 2)

Die Registereintragung gem. § 7 Abs. 2 hat lediglich rechtsbekundenden 8
Charakter (BT-Drs. IV/430, 17; *Wache* in Erbs/Kohlhaas VereinsG § 7 Rn. 2). Sie ist nach § 383 Abs. 3 FamFG nicht anfechtbar (*Groh* NomosOK VereinsG § 7 Rn. 2; veraltet insoweit *Wache* in Erbs/Kohlhaas VereinsG § 7 Rn. 2, der auf eine Anfechtbarkeit nach dem nicht mehr geltenden FGG Bezug nimmt).

Die Registereintragungen sind keine Akte des öffentlichen Beweises 9
(*Schnorr* § 7 Rn. 2). Ihre Richtigkeit kann jederzeit widerlegt werden (*Schnorr* § 7 Rn. 2).

4. Schadensersatzpflicht bei unrichtiger Veröffentlichung oder Eintragung

Die Veröffentlichung gem. § 7 hat richtig zu erfolgen (*Schnorr* § 7 Rn. 3). 10
Die Registereintragung ist richtig zu beantragen (*Schnorr* § 7 Rn. 3). Das Registergericht ist zudem verpflichtet, die richtig beantragte Eintragung in dem beantragten Umfang umzusetzen (*Schnorr* § 7 Rn. 3). Entsteht aufgrund fal-

scher oder **irreführender Veröffentlichungen** oder Bekanntmachungen dem Verein oder einem Dritten ein Vermögensschaden, so ist dieser nach den Regeln der Amtspflichtverletzung (§ 839 BGB i. V. m. Art. 34 GG) zu ersetzen (*Schnorr* § 7 Rn. 3). Vermögensschäden entstehen bspw. dann, wenn ein nicht verbotener oder zumindest nicht rechtskräftig verbotener Verein als unanfechtbar verboten bekanntgemacht wird und hierdurch eine Austrittswelle ausgelöst wird (vgl. *Schnorr* § 7 Rn. 3). In Zweifelsfällen kann der entstandene Schaden geschätzt werden (§ 287 Abs. 1 ZPO).

§ 8 Verbot der Bildung von Ersatzorganisationen

(1) Es ist verboten, Organisationen zu bilden, die verfassungswidrige Bestrebungen (Artikel 9 Abs. 2 des Grundgesetzes) eines nach § 3 dieses Gesetzes verbotenen Vereins an dessen Stelle weiterverfolgen (Ersatzorganisationen) oder bestehende Organisationen als Ersatzorganisationen fortzuführen.

(2) ¹Gegen eine Ersatzorganisation, die Verein im Sinne dieses Gesetzes ist, kann zur verwaltungsmäßigen Durchführung des in Absatz 1 enthaltenen Verbots nur auf Grund einer besonderen Verfügung vorgegangen werden, in der festgestellt wird, daß sie Ersatzorganisation des verbotenen Vereins ist. ²Die §§ 3 bis 7 und 10 bis 13 gelten entsprechend. ³Widerspruch und Anfechtungsklage gegen die Verfügung haben keine aufschiebende Wirkung. ⁴Die für die Wahrung der öffentlichen Sicherheit oder Ordnung zuständigen Behörden und Dienststellen sind bei Gefahr im Verzug zu vorläufigen Maßnahmen berechtigt, die außer Kraft treten, wenn die Verbotsbehörde nicht binnen zweier Wochen die in Satz 1 bestimmte Verfügung trifft.

Übersicht

	Rn.
I. Allgemeines	1
II. Verbot der Bildung von Ersatzorganisationen (Abs. 1)	4
1. Begriff der Ersatzorganisation	6
2. Weiterverfolgung verfassungswidriger Bestrebungen	10
3. Fortführung bestehender Organisationen	12
4. Willentliche Betätigung	13
III. Vorgehen gegen Ersatzorganisationen (Abs. 2)	14
1. Besondere Verfügung (Abs. 2 Satz 1)	15
2. Entsprechende Geltung von Verfahrensvorschriften (Abs. 2 Satz 2)	17
3. Keine Aufschiebende Wirkung von Widerspruch und Anfechtungsklage (Abs. 2 Satz 3)	19
4. Eilkompetenz der Gefahrenabwehrbehörden (Abs. 2 Satz 4)	21
IV. Hinweise für den Rechtsanwender	25
1. Verstoß gegen Strafvorschriften	25
2. Vollziehbares Verbot als Voraussetzung	26

I. Allgemeines

Die Vorschrift trägt dem Umstand Rechnung, dass verbotene Vereine oft- 1
mals nicht den Rechtsweg wählen, sondern vielmehr verdeckte Maßnahmen
ergreifen, um einem Vereinsverbot auszuweichen bzw. dieses zu umgehen
(BT-Drs. IV/430, 17). Hierzu gehört es, dass verbotene Vereinigungen durch
neue ersetzt oder bereits bestehende unterwandert werden (BT-Drs. IV/430,
17). Derartige Betätigungen unterfallen nicht dem Schutz des Art. 9 Abs. 2
GG (*von Feldmann*, Vereinigungsfreiheit und Vereinigungsverbot, 1972, S. 86;
Wache in Erbs/Kohlhaas VereinsG § 8 Rn. 1). § 8 trifft als „**administrative Sicherungsmaßnahme**" Vorkehrungen zur effizienten Durchsetzung eines
Vereinsverbots (vgl. *Groh* NomosOK VereinsG, § 8 Rn. 1).

Die Vorschrift wird auch auf Ersatzorganisationen verbotener **Auslän-** 2
dervereine angewandt (BVerwG NVwZ 1997, 68 [69]; *Groh* NomosOK
VereinsG § 8 Rn. 1). Hierdurch wird ein formeller Rahmen zum Schutz dieser
Ersatzorganisationen geschaffen und zugleich sichergestellt, dass „gerade Ausländervereine, die mangels verfassungsrechtlichen Schutzes nach Art. 9 GG im
Vereinsgesetz stärkeren Beschränkungen unterworfen sind, in Bezug auf das
Verbot von Ersatzorganisationen großzügiger behandelt werden als Vereinigungen von Deutschen" (BVerwG NVwZ 1997, 68 [69]).

§ 33 Abs. 1 PartG enthält eine § 8 Abs. 1 entsprechende Regelung hinsicht- 3
lich des Verbots von Ersatzorganisationen von politischen Parteien. Im **Parteiverbotsverfahren** wird auf Grundlage von § 46 Abs. 3 Satz 1 BVerfGG
(hierzu § 46 BVerfGG Rn. 9) durch das Bundesverfassungsgericht das Verbot,
eine Ersatzorganisation zu schaffen, mit der Verbotsfeststellung verbunden.

II. Verbot der Bildung von Ersatzorganisationen (Abs. 1)

In Abs. 1 der Vorschrift findet sich vor allem eine Bestimmung des Begriffs 4
der Ersatzorganisation (BT-Drs. IV/430, 17). Dieser soll nach dem Willen des
Gesetzgebers so interpretiert werden, dass der **Umgehungstaktik** verbotener
Vereine wirksam begegnet werden kann (BT-Drs. IV/430, 18). Zugleich soll
eine zu weitgehende Anwendung vor dem Hintergrund der hierin liegenden
Gefahren für die **Vereinsfreiheit** vermieden werden (BT-Drs. IV/430, 18).

Entscheidendes Kriterium für die Bewertung als Ersatzorganisation ist die 5
Übernahme von Funktionen eines verbotenen Vereins im weitesten
Sinne (BT-Drs. IV/430, 18). Es müssen Tatsachen vorliegen, die auf eine
„**sachliche Identität**" schließen lassen (*von Feldmann*, Vereinigungsfreiheit
und Vereinigungsverbot, 1972, S. 87). Ideologische Übereinstimmungen genügen nicht (*von Feldmann*, Vereinigungsfreiheit und Vereinigungsverbot,
1972, S. 88). Sonstigen Umständen ist lediglich eine indizielle Bedeutung beizumessen (BT-Drs. IV/430, 18). Zu den wichtigsten Indizien gehört die Zusammensetzung des Vereinsvorstandes, d. h. des Personenkreises, der innerhalb
der potentiellen Ersatzorganisation Einfluss ausüben kann (vgl. BVerwG NJW
1958, 1362 [1363]).

1. Begriff der Ersatzorganisation

6 Ersatzorganisation eines verbotenen Vereins kann nur eine Vereinigung sein, die selbst die Voraussetzungen des öffentlich-rechtlichen Vereinsbegriffs (vgl. § 2 Abs. 1 hierzu § 2 VereinsG Rn. 9 ff.) erfüllt (*von Feldmann,* Vereinigungsfreiheit und Vereinigungsverbot, 1972, S. 86; *Wache* in Erbs/Kohlhaas VereinsG § 8 Rn. 4; *Groh* NomosOK VereinsG, § 8 Rn. 3). Folglich ist nicht jeder Personenzusammenschluss mit verfassungswidriger Ausrichtung eine Ersatzorganisation (*von Feldmann,* Vereinigungsfreiheit und Vereinigungsverbot, 1972, S. 86). Ersatzorganisationen lassen sich in „Ersatzorganisationen im eigentlichen Sinne" und „Unterwanderungsorganisationen" unterscheiden (hierzu vertiefend *Schnorr* § 8 Rn. 2).

7 Nicht als Ersatzorganisation in Frage kommen „identische Ersatzorganisationen" (zu den Voraussetzung der Identität BGH NJW 1998, 1653 f.), also Vereine, mittels derer der bereits verbotene Verein vollumfänglich fortgesetzt wird (*Groh* NomosOK VereinsG § 8 Rn. 4). Solche **„Klone"** werden bereits von dem ursprünglichen Verbot erfasst (*Groh* NomosOK VereinsG § 8 Rn. 4). Zudem unterfallen dem Begriff **politische Parteien** selbst dann nicht, wenn diese tatsächlich an die Stelle eines verbotenen Vereins getreten sind (*Schnorr* § 8 Rn. 5; *von Feldmann,* Vereinigungsfreiheit und Vereinigungsverbot, 1972, S. 87).

8 Unter einer Ersatzorganisation versteht man einen Personenzusammenschluss, der an Stelle eines verbotenen Vereins dessen „Nah-, Teil- oder Endziele ganz oder teilweise, kürzere oder längere Zeit, örtlich oder überörtlich, offen oder verhüllt, weiterverfolgt oder weiterverfolgen will" (BVerfG NJW 1963, 2132 [2134]). Die Ersatzorganisation und der bereits verbotene Verein sind organisatorisch nicht „dasselbe", wollen **funktionell** aber „dasselbe" (BVerfG Urt. v. 21.03.1957 – 1 BvB 2/51, Rn. 18; BVerwG NVwZ 1997, 68 [70]). Hierbei ist nicht zu sehr auf die formalen Zwecke und Zielsetzung abzustellen (*Schnorr* § 8 Rn. 3). Entscheidend ist vielmehr der „**natürliche Zusammenhang** der Ziele des verbotenen Vereins einerseits und der Ersatzorganisation andererseits" (*Schnorr* § 8 Rn. 3). Auf die Verfolgung sämtlicher Ziele kommt es demnach nicht an. Vielmehr genügt es, dass die Ersatzorganisation eines der Ziele verfolgt, die zum Verbot des Vereins geführt haben, an dessen Stelle sie tritt (BVerfG NJW 1963, 2132 [2134]; vgl. BVerwG NJW 1058, 1362 [1363]).

9 Ob diese Voraussetzungen einer Ersatzorganisation gegeben sind, kann nur unter Berücksichtigung der Umstände des Einzelfalls im Rahmen einer Gesamtbeurteilung aller relevanten Umstände unter sorgfältiger Berücksichtigung sämtlicher Einzelheiten festgestellt werden (BVerfG NJW 1963, 2132 [2134]). Hierbei ist zu berücksichtigen, dass die **Willensbildung** von Ersatzorganisationen nicht zwingend im Bundesgebiet stattfinden muss. Es genügt, wenn sich die Leitung im Ausland befindet, dass die Ersatzorganisation im Bundesgebiet agiert (BGH NJW 1968, 1100 [1101]).

2. Weiterverfolgung verfassungswidriger Bestrebungen

§ 8 Abs. 1 verbietet die Weiterverfolgung der verfassungswidrigen Bestrebungen eines verbotenen Vereins. Aus dem besonderen Hinweis auf Art. 9 Abs. 2 GG in § 8 Abs. 1 folgt, dass „**verfassungswidrige Bestrebungen**" alle Aktivitäten sind, die einen Verbotstatbestand des Art. 9 Abs. 2 GG erfüllen. (BT-Drs. IV/430, 18; *Groh* NomosOK VereinsG § 8 Rn. 2). Dies schließt das Verbot strafgesetzwidriger und völkerverständigungswidriger Ersatzorganisationen ein (BVerwG NVwZ 1997 68 [69]). Hinsichtlich des Verbots von Ersatzorganisationen in Form von **Wirtschaftsvereinigungen** gem. § 17 gilt eine Sonderregelung. Diese sind nur dann verboten, wenn der bereits verbotene Verein einen der politischen Verbotstatbestände erfüllt (*Groh* NomosOK VereinsG, § 8 Rn. 2; *Wache* in Erbs/Kohlhaas VereinsG § 8 Rn. 3). 10

Ein **Weiterverfolgen** liegt vor, wenn der neu geschaffene Verein die Funktion des bereits verbotenen Vereins übernimmt (*Wache* in Erbs/Kohlhaas VereinsG § 8 Rn. 3 m.w.N.). Ob dies der Fall ist, muss häufig anhand von Indizien (vgl. Rn. 12) bestimmt werden. Diese sind bspw. der zeitliche Zusammenhang zwischen Verbot und Neugründung, die Art und Weise der Betätigung (*Wache* in Erbs/Kohlhaas VereinsG § 8 Rn. 3; zur Weiterverfolgung mittels entsprechender Propagandatätigkeit ergeben BVerwG NVwZ 1997, 68 [69]) sowie die „äußere Ähnlichkeit" zwischen dem bereits verbotenen und dem ihm nachfolgenden Verein (*Groh* NomosOK VereinsG § 8 Rn. 7). 11

3. Fortführung bestehender Organisationen

Die **Fortführung** einer bestehenden Organisation als Ersatzorganisation ist deren Bildung gleichgestellt und folglich ebenso verboten (BT-Drs. IV/430, 18). In der Praxis wird die Fortführung durch die **Unterwanderung** eines bereits bestehenden Vereins eingeleitet (vgl. BT-Drs. IV/430, 18). Eine Fortführung der bestehenden Organisation durch einen verbotenen Verein hat zur Voraussetzung, dass auf den als Ersatzorganisation verwendeten Verein durch den verbotenen Verein eingewirkt wurde (vgl. *Wache* in Erbs/Kohlhaas VereinsG § 8 Rn. 7). Diesbezügliche Indizien sind der Wechsel der Vorstandsmitglieder, der Eintritt neuer Mitglieder (vgl. *Wache* in Erbs/Kohlhaas VereinsG § 8 Rn. 7) und Veränderungen der Satzung. 12

4. Willentliche Betätigung

In subjektiver Hinsicht ist erforderlich, dass mittels der Ersatzorganisation willentlich ein Vereinsverbot umgangen werden soll (*Groh* in NomosOK VereinsG § 8 Rn. 5; *Schnorr* § 8 Rn. 3). Eine zufällige Identität zwischen den seitens eines verbotenen Vereins und einer möglichen Ersatzorganisation verfolgten Zielen genügt nicht (*Schnorr* § 8 Rn. 3). In solchen Fällen kann keine Feststellungsverfügung gem. § 8 Abs. 1 ergehen (*Schnorr* § 8 Rn. 3). Vielmehr bedarf es der Einleitung eines selbständigen Verbotsverfahrens gem. § 3 Abs. 1 (*Schnorr* § 8 Rn. 3). Ausreichend ist hingegen die **willentliche Fortführung** „nur eines Teils der verfassungswidrigen Zwecke einer verbotenen Vereinigung" (BGH NJW 1963, 2132 [2134]; *Groh* NomosOK VereinsG, § 8 Rn. 2). 13

III. Vorgehen gegen Ersatzorganisationen (Abs. 2)

14 Abs. 2 stellt klar, dass auch gegen Ersatzorganisationen nur im **förmlichen Verwaltungsverfahren** mittels einer Verbotsverfügung vorgegangen werden darf (vgl. *Albrecht* § 3 Rn. 12ff.; vgl. *Groh* NomosOK VereinsG § 8 Rn. 1). Über die Frage, ob ein Verein Ersatzorganisation eines verbotenen Vereins ist, kann aber auch in dem Verfahren, das den ursprünglich verbotenen Verein betrifft, entschieden werden (BT-Drs. IV/430, 18). Die Verbotsentscheidung steht im billigen Ermessen der Verbotsbehörde (vgl. *Henke,* DÖV 1974, 794 [797]).

1. Besondere Verfügung (Abs. 2 Satz 1)

15 Gegen eine Ersatzorganisation darf erst dann vorgegangen werden, wenn deren Zugehörigkeit zu einem verbotenen Verein mittels einer **behördlichen Verfügung** festgestellt wurde (OVG Bremen BeckRS 1998, 16696). Diese Feststellungsverfügung ist ein Verwaltungsakt (*Groh* NomosOK VereinsG § 8 Rn. 8) Sie muss sich lediglich mit der Frage auseinandersetzen, ob die betroffene Organisation die gesetzwidrigen Bestrebungen eines verbotenen Vereins weiterverfolgt (OVG Bremen BeckRS 1998, 16696). Einer Feststellung, dass deren eigene Bestrebungen gesetzwidrig sind, bedarf es nicht (BVerwG NVwZ 1997, 68 [70]; OVG Bremen BeckRS 1998, 16696).

16 Der **Verwaltungsakt** kann sich auf die Feststellung beschränken, dass die betroffene Vereinigung eine Ersatzorganisation des verbotenen Vereins ist und daher verboten und aufgelöst wird (*von Feldmann,* Vereinigungsfreiheit und Vereinigungsverbot, 1972, S. 89).

2. Entsprechende Geltung von Verfahrensvorschriften (Abs. 2 Satz 2)

17 Im Feststellungsverfahren nach Abs. 1 sind die in §§ 3 bis 7 und 10 bis 13 niedergelegten Vorschriften bezüglich der Durchführung des Verbotsverfahrens entsprechend anzuwenden. Im Schrifttum wird diesbezüglich vertreten, dass es sich um ein vereinfachtes Verfahren handelt (*Wache* in Erbs/Kohlhaas VereinsG § 8 Rn. 1; *Groh* NomosOK VereinsG § 8 Rn. 1).

18 Aufgrund der entsprechenden Anwendung sind die Besonderheiten des § 8 bei der Anwendung der §§ 3 bis 7 und 10 bis 13 zu berücksichtigen. Dies bedeutet vor allem, dass gegen die potentielle Ersatzorganisation ein eigenständiges Ermittlungsverfahren gem. § 4 eingeleitet werden muss. Wird eine Ersatzorganisation ohne eingehende Ermittlungen verboten, ist dieses Verbot rechtswidrig (*Schnorr* § 8 Rn. 7). Dieses **Ermittlungsverfahren** muss sich allerdings nicht mehr der Aufdeckung der Verbotsgründe gem. Art. 9 Abs. 2 GG widmen. Vielmehr reicht es aus, dass festgestellt wird, dass der betroffene Verein eine Ersatzorganisation ist (*Schnorr* § 8 Rn. 7).

3. Keine Aufschiebende Wirkung von Widerspruch und Anfechtungsklage (Abs. 2 Satz 3)

Dass Widerspruch und Anfechtungsklage gegen die Verbotsverfügung keine aufschiebende Wirkung haben, ist der Effizienz der Gefahrenabwehr geschuldet (BT-Drs. IV/430, 18). 19

Wurde hingegen im Antragsverfahren nach § 80 Abs. 5 VwGO die aufschiebende Wirkung angeordnet oder wiederhergestellt, ist die Verbindlichkeit einer Verbotsverfügung suspendiert. Der betroffene Verein ist als nicht verboten anzusehen. Maßnahmen, die ein Verbot eines Vereins voraussetzen, sind damit nicht zulässig. Dies betrifft auch die Feststellungsverfügung (OVG Münster NWVBl. 1995, 70 [71]). 20

4. Eilkompetenz der Gefahrenabwehrbehörden (Abs. 2 Satz 4)

Die **Eilkompetenz** steht den Polizei- und Ordnungsbehörden zu (*Schnorr* § 8 Rn. 9). Mittels der Befugnis sollen Eingriffe in die Vereinsfreiheit ermöglicht werden, die sicherstellen, dass der Verein die Dauer des Feststellungsverfahrens nicht ausnutzen kann, um seine verbotene Tätigkeit fortzusetzen (*Schnorr* § 8 Rn. 10). 21

Der vorläufige Charakter der Maßnahmen soll gewährleisten, dass den betroffenen Vereinen keine Schäden entstehen, die nicht wieder beseitigt bzw. ausgeglichen werden können (BT-Drs. IV/430, 18; *Schnorr* § 8 Rn. 10). Im Rahmen der Eilkompetenz dürfen einem Verein demnach lediglich Tätigkeitsbeschränkungen auferlegt, nicht aber in deren organisatorische Existenz eingegriffen werden (BT-Drs. IV/430, 18). Es muss sich um Maßnahmen handeln, deren Auswirkungen wieder rückgängig gemacht werden können, wenn keine Feststellungsverfügung erlassen wird (*Schnorr* § 8 Rn. 10). Eine Auflösung des Vereins oder die Liquidation seines Vermögens sind daher ausgeschlossen (*Schnorr* § 8 Rn. 10). 22

Jedes Tätigwerden der Gefahrenabwehrbehörden setzt im Bereich der Eilkompetenz **Gefahr in Verzug** voraus (*Schnorr* § 8 Rn. 11; *Wache* in Erbs/Kohlhaas VereinsG § 8 Rn. 11). 23

In diesem Zusammenhang ist zu berücksichtigen, dass die seitens der Gefahrenabwehrbehörden getroffenen vorläufigen Maßnahmen wieder **außer Kraft treten,** wenn sie nicht binnen zweier Wochen mittels einer Verfügung der Verbotsbehörde bestätigt werden. Diese Frist ist eine endgültige. Eine Wiederholung der bereits getroffenen Maßnahme ist grundsätzlich nicht möglich (*Schnorr* § 8 Rn. 12). 24

IV. Hinweise für den Rechtsanwender

1. Verstoß gegen Strafvorschriften

Wer sich einer Vereinigung, von der unanfechtbar festgestellt ist, dass sie Ersatzorganisation wegen Verstoßes gegen die verfassungsmäßige Ordnung oder gegen den Gedanken der Völkerverständigung ist, als Mitglied anschließt oder deren organisatorischen Zusammenhalt unterstützt, wird 25 nach § 85 Abs. 1 Nr. 2, Abs. 2 StGB mit Freiheitsstrafe bis zu drei Jahren oder mit Geldstrafe bestraft.

2. Vollziehbares Verbot als Voraussetzung

26 Das Verbot einer Ersatzorganisation ist nur dann möglich, wenn das **Verbot des Hauptvereins** bereits vollzogen werden darf (OVG NRW NWVBl. 1995, 70 f.). Der Rechtsanwender hat sich daher nach dem diesbezüglichen Verfahrensstand zu erkundigen und muss prüfen, ob der „Originalverein" seine Rechtsmittel bereits ausgeschöpft hat (*Groh* NomosOK VereinsG § 8 Rn. 8).

§ 9 Kennzeichenverbot

(1) ¹**Kennzeichen des verbotenen Vereins dürfen für die Dauer der Vollziehbarkeit des Verbots nicht mehr**
1. **öffentlich, in einer Versammlung oder**
2. **in Schriften, Ton- oder Bildträgern, Abbildungen oder Darstellungen, die verbreitet werden oder zur Verbreitung bestimmt sind,**

verwendet werden. ²Ausgenommen ist eine Verwendung von Kennzeichen im Rahmen der staatsbürgerlichen Aufklärung, der Abwehr verfassungswidriger Bestrebungen und ähnlicher Zwecke.

(2) ¹Kennzeichen im Sinne des Absatzes 1 sind insbesondere Fahnen, Abzeichen, Uniformstücke, Parolen und Grußformen. ²Den in Satz 1 genannten Kennzeichen stehen solche gleich, die ihnen zum Verwechseln ähnlich sind.

(3) **Absatz 1 gilt entsprechend für Kennzeichen eines verbotenen Vereins, die in im Wesentlichen gleicher Form von anderen nicht verbotenen Teilorganisationen oder von selbständigen, die Zielrichtung des verbotenen Vereins teilenden Vereinen verwendet werden.**

(4) **Diese Vorschriften gelten auch für die Verwendung von Kennzeichen einer Ersatzorganisation für die Dauer der Vollziehbarkeit einer Verfügung nach § 8 Abs. 2 Satz 1.**

Übersicht

	Rn.
I. Allgemeines	1
II. Verfassungsrechtliche Bezüge	2
III. Verwendungsverbot (Abs. 1 Satz 1)	3
1. Allgemeines	3
2. Verwendungsbegriff (Abs. 1 Satz 1)	5
3. Kennzeichenverbot in der Öffentlichkeit (Abs. 1 Satz 1 Nr. 1 Alt. 1)	6
4. Kennzeichenverbot in Versammlungen (Abs. 1 Satz 1 Nr. 1 Alt. 2)	8
5. Kennzeichenverbot unter Verwendung bestimmter Publikationsmittel (Abs. 1 Satz 1 Nr. 2)	9
IV. Ausnahmen vom Verwendungsverbot (Abs. 1 Satz 2)	11
1. Staatsbürgerliche Aufklärung	13

	Rn.
2. Abwehr verfassungswidriger Bestrebungen	14
3. Ähnliche Zwecke	15
V. Kennzeichen (Abs. 2)	16
1. Kennzeichenbegriff (Abs. 2 Satz 1)	16
2. Verwechslungsfähige Kennzeichen (Abs. 2 Satz 2)	19
VI. Entsprechende Anwendung bei Wesensgleichheit (Abs. 3)	21
VII. Kennzeichen einer Ersatzorganisation (Abs. 4)	22
VIII. Hinweise für den Rechtsanwender	23
1. Polizeiliches Einschreiten	23
2. Strafrechtliche Verfolgung	24
3. Zivilrechtliche Auswirkungen	25

I. Allgemeines

Wer gegen ein Vereinsverbot verstößt, in dem er eine verbotene Vereinigung fortführt, kann unter den Voraussetzung des § 85 StGB oder § 20 Abs. 1 Nr. 1 VereinsG bestraft werden (vgl. *Wache* in Erbs/Kohlhaas VereinsG § 9 Rn. 1). Unabhängig vom Nachweis der Fortsetzung eines verbotenen Vereins soll mittels der Vorschrift dessen öffentliches Inerscheinungtreten verhindert werden (BT-Drs. IV/430, 18). Das Zeigen von Kennzeichen eines verbotenen Vereins wird seitens des Gesetzgebers nämlich auch dann, wenn keine Fortführung eines verbotenen Vereins vorliegt, für eine „Provokation der öffentlichen Ordnung" gehalten, die einer unverzüglichen Reaktion des Staates bedarf (BT-Drs. IV/430, 18). Nach h. M. hat die Norm demnach **polizeilichen Charakter** (*Wache* in Erbs/Kohlhaas VereinsG § 9 Rn. 2; *Schnorr* § 9 Rn. 1). 1

II. Verfassungsrechtliche Bezüge

Nach Sinn und Zweck des Art. 9 Abs. 2 GG umfasst ein Vereinsverbot auch ein **Kennzeichenverbot** (*von Feldmann,* Vereinigungsfreiheit und Vereinigungsverbot, 1972, S, 84). Die Kennzeichen eines Vereins sind für die Dauer der Wirksamkeit und Vollziehbarkeit der Verbotsverfügung „gewissermaßen eingezogen" (*von Feldmann,* Vereinigungsfreiheit und Vereinigungsverbot, 1972, S. 84). Dass hinsichtlich des Kennzeichenverbots nicht auf die Bestandskraft der Verbotsverfügung abgestellt wird, ist unproblematisch, weil ein Verein seine Organisation auch unter Geltung eines Kennzeichenverbots in dem zur Rechtverfolgung erforderlichen Umfange aufrechterhalten kann (*von Feldmann,* Vereinigungsfreiheit und Vereinigungsverbot, 1972, S. 84). 2

III. Verwendungsverbot (Abs. 1 Satz 1)

1. Allgemeines

Das Kennzeichenverbot gilt ab dem Zeitpunkt der Zustellung bzw. der Bekanntmachung einer Verbotsverfügung (*Groh* in NomosOK VereinsG § 9 Rn. 1; BT-Drs. IV/430, 18 spricht hingegen vom Zeitpunkt des „Erlasses"). Dieses richtet sich an jedermann und damit auch an Mitglieder nicht verbote- 3 ner Vereine (BT-Drs. 14/7386 (neu), 48; *Wache* in Erbs/Kohlhaas VereinsG § 9 Rn. 4; *Schnorr* § 9 Rn. 1). Ab dem Zeitpunkt der Unanfechtbarkeit des Verbotes richtet sich das Kennzeichenverbot nach § 86a StGB (vertiefend zur Reichweite der Strafvorschrift *Wache* in Erbs/Kohlhaas VereinsG § 9 Rn. 2).

4 Unter Berufung auf § 9 Abs. 1 wurde in September 2012 bspw. Twitter aufgefordert, das Benutzerkonto eines verbotenen Vereins „umgehend und ersatzlos zu schließen" (http://www.chillingeffects.org/international/notice.cgi?NoticeID=643172). Nach Auskunft von Twitter wurde diese Maßnahme nur für den Bereich der Bundesrepublik Deutschland umgesetzt (http://www.nytimes.com/2012/10/19/world/europe/twitter-blocks-access-to-neo-nazi-group-in-germany.html?pagewanted=all&_r=0). Im Ausland hat diese in Deutschland kaum wahrgenommene Reaktion eine rege Diskussion um Meinungsfreiheit und Internetzensur ausgelöst. Twitter sieht in seiner Reaktion eine Maßnahme zur Begrenzung der staatlicher Zensur auf das angesichts von Strafandrohung und zu befürchtenden Zwangsmaßnahmen zwingend gebotene Minimum (http://www.nytimes.com/2012/10/19/world/europe/twitter-blocks-access-to-neo-nazi-group-in-germany.html?pagewanted=all&_r=0).

2. Verwendungsbegriff (Abs. 1 Satz 1)

5 Unter **Verwenden** ist der Gebrauch eines Kennzeichens zu verstehen, der es optisch oder akustisch und ggf. auch in anderer Weise wahrnehmbar macht (*Wache* in Erbs/Kohlhaas VereinsG § 9 Rn. 5; *Groh* NomosOK VereinsG § 9 Rn. 2). Eine **Verwendungsabsicht** ist nicht erforderlich (*Groh* NomosOK VereinsG, § 9 Rn. 2; *Wache* in Erbs/Kohlhaas VereinsG § 9 Rn. 5).

3. Kennzeichenverbot in der Öffentlichkeit (Abs. 1 Satz 1 Nr. 1 Alt. 1)

6 Das Kennzeichenverbot **in der Öffentlichkeit** betrifft Fälle, in denen Kennzeichen eines verbotenen Vereins seitens eines unbestimmten Publikums wahrgenommen werden können (*Schnorr* § 9 Rn. 2). Die erforderliche Öffentlichkeit weisen öffentliche Wege und Straßen, allgemein zugängliche Gasthäuser, öffentliche Gebäude und öffentliche Veranstaltungen auf (vgl. *Schnorr,* § 9 Rn. 2).

7 Das Kennzeichenverbot untersagt die Tätigkeit des Verwendens (hierzu Rn. 5). Dass das Kennzeichen auch tatsächlich von einer Person bemerkt und wahrgenommen wird, ist folglich nicht erforderlich (OLG Hamburg NJW 1957, 152). Personen, die das Kennzeichen wahrnehmen könnten, müssen sich nicht einmal vor Ort befinden (BGH NJW 1979, 2216 [2218]).

4. Kennzeichenverbot in Versammlungen (Abs. 1 Satz 1 Nr. 1 Alt. 2)

8 Das Kennzeichenverbot in **Versammlungen** steht in einem alternativen Verhältnis zum Kennzeichenverbot in der Öffentlichkeit (*Schnorr* § 9 Rn. 2). Es betrifft vor allem geschlossene Vereinsversammlungen, zu denen nur Mitglieder und ausgewählte Gäste Zugang erhalten (*Wache* in Erbs/Kohlhaas

VereinsG § 9 Rn. 7). Öffentliche Versammlungen unterfallen hingegen der Tatbestandsalternative des Abs. 1 Satz 1 Nr. 1 Alt. 1 (a. A. wohl *Schnorr* § 9 Rn. 2).

5. Kennzeichenverbot unter Verwendung bestimmter Publikationsmittel (Abs. 1 Satz 1 Nr. 2)

Die Verwendung von Kennzeichen verbotener Vereine ist zudem dann verboten, wenn sie in Schriften, Ton- oder Bildträgern, Abbildungen oder Darstellungen erfolgen soll, die verbreitet werden oder zur Verbreitung bestimmt sind. Nicht erfasst wird demnach die Herstellung, Vervielfältigung oder das Bevorraten entsprechender **Publikationsmittel** (*Schnorr* § 9 Rn. 2). Diese Handlungen sind noch nicht als Verwendung zu qualifizieren (*Schnorr* § 9 Rn. 2). 9

Ein **Verbreiten** liegt erst dann vor, wenn die Publikationsmittel weitergegeben werden und somit einem größeren Personenkreis zugänglich gemacht werden (*Schnorr* § 9 Rn. 2 m. w. N.). Dabei muss es sich nicht um einen unbestimmten Personenkreis im Sinne der Öffentlichkeit (vgl. hierzu Rn. 6) handeln. Vielmehr erfasst die Vorschrift bereits die Weitergabe an Vereinsmitglieder oder an Einzelpersonen, die das Publikationsmittel dann selbst einem größeren Adressatenkreis zugänglich machen (*Schnorr* § 9 Rn. 2). Entscheidend ist allerdings, dass die Publikationsmittel in ihrer Eigenschaft als Sachen weitergereicht werden (*Schnorr* § 9 Rn. 2). Ein Abspielen, Vorlesen oder Zeigen ist nicht tatbestandsmäßig (*Schnorr* § 9 Rn. 2). 10

IV. Ausnahmen vom Verwendungsverbot (Abs. 1 Satz 2)

Abs. 1 Satz 2 gestattet die Verwendung von Kennzeichen verbotener Vereine im Rahmen der **staatsbürgerlichen Aufklärung,** der Abwehr verfassungswidriger Bestrebungen und ähnlicher Zwecke. Es handelt sich damit um eine Sozialadäquanzklausel (*Groh* NomosOK VereinsG, § 9 Rn. 2; 5; *Wache* in Erbs/Kohlhaas VereinsG § 9 Rn. 15), die Ausnahmetatbestände anführt, welche keine provokative Zielsetzung aufweisen (vgl. *Schnorr* § 9 Rn. 3). 11

Ausnahmen vom Verwendungsverbot bestehen zudem dann, wenn die Voraussetzungen des Abs. 1 Satz 1 nicht gegeben sind. Dies ist bspw. bei der Verwendung von Kennzeichen in den eigenen Wohnräumen und damit im engsten familiären Umfeld der Fall (vgl. *Schnorr* § 9 Rn. 3). 12

1. Staatsbürgerliche Aufklärung

Der **staatsbürgerlichen Aufklärung** dienen alle Handlungen, die auf die Vermittlung von Wissen zur Anregung der politischen Willensbildung und Verantwortungsbereitschaft des Staatsbürgers abzielen und damit die politische Mündigkeit mittels der Weitergabe von Informationen fördern (BGH NJW 1970, 818). Erfasst werden damit bspw. Darstellungen in Schulbüchern, Aufklärungsfilme und Ausstellungen (*Schnorr* § 9 Rn. 3). Staatsbürgerliche Aufklärung darf zudem von Presse, Rundfunk und Fernsehen betrieben werden (*Wache* in Erbs/Kohlhaas VereinsG § 9 Rn. 17; *Groh* NomosOK VereinsG, § 9 13

Rn. 5). Der verbotenen Vereinigung selbst ist eine Betätigung im Rahmen der staatsbürgerlichen Aufklärung hingegen verwehrt (*Wache* in Erbs/Kohlhaas VereinsG § 9 Rn. 17; *Groh* NomosOK VereinsG, § 9 Rn. 5).

2. Abwehr verfassungswidriger Bestrebungen

14 Der Abwehr verfassungswidriger Bestrebungen dient die Kennzeichenverwendung vor allem dann, wenn die Kennzeichen seitens der Strafverfolgungs- und Gefahrenabwehrbehörden verwendet werden, um Straftaten zu verhindern oder aufzuklären (vgl. *Schnorr* § 9 Rn. 3). Der Ausnahmetatbestand richtet sich nur an Personen und Vereinigungen, die selbst verfassungstreu sind (vgl. *Wache* in Erbs/Kohlhaas VereinsG § 9 Rn. 18; vgl. *Greiser,* NJW 1969, 1156; vgl. *Greiser* NJW 1972, 1557).

3. Ähnliche Zwecke

15 Das Tatbestandsmerkmal der „ähnlichen Zwecke" ist sehr unbestimmt. Aus dem Zusammenhang ergibt sich jedoch, dass es sich um Zwecke handeln muss, denen ein allgemeines Interesse offensichtlich zuzubilligen ist. Dies ist beispielsweise bei wissenschaftlichen Veröffentlichungen der Fall (*Schnorr,* § 9 Rn. 3; vgl. *Groh* NomosOK VereinsG § 9 Rn. 5). Wirtschaftliche Motive wie sie bspw. den Verkauf von verbotenen Kennzeichen als Erinnerungsstücke oder ihre Verwendung im Rahmen von Werbekampagnen prägen, reichen indes nicht (vgl. *Schnorr,* § 9 Rn. 3; *Groh* NomosOK VereinsG § 9 Rn. 5; *Wache* in Erbs/Kohlhaas VereinsG § 9 Rn. 20).

V. Kennzeichen (Abs. 2)

1. Kennzeichenbegriff (Abs. 2 Satz 1)

16 Abs. 2 Satz 1 enthält lediglich eine beispielhafte Aufzählung der Arten von Kennzeichen, die unter das Verbot fallen (BT-Drs. IV/430, 18; *Schnorr,* § 9 Rn. 4). Ausdrücklich angeführt werden Fahnen, Abzeichen, Uniformstücke, Parolen und Grußformen. Das Kennzeichenverbot kann aber auch Lieder und Symbole (BT-Drs. IV/430, 18; *Schnorr,* § 9 Rn. 4) sowie Abkürzungen und Firmennamen (*Wache* in Erbs/Kohlhaas VereinsG § 9 Rn. 3) umfassen. Auf eine Widmung als Kennzeichen kommt es nicht an (*Groh* NomosOK VereinsG, § 9 Rn. 6). Vielmehr kann sich die Einordnung als Kennzeichen aus dem ständigen Gebrauch als Erkennungsmerkmal eines Vereins ergeben (*Groh* NomosOK VereinsG § 9 Rn. 6).

17 Entscheidend für die Bewertung als Kennzeichen ist, dass dem Gegenstand oder der Sinnesäußerung ein Symbolwert zuzusprechen ist, der den Zusammenhalt innerhalb des Vereins stärkt und diesen von anderen Vereinen **unterscheidbar** macht (*von Feldmann,* Vereinigungsfreiheit und Vereinigungsverbot, 1972, S, 84). Dies ist auch bei ursprünglich wertneutralen Kennzeichen der Fall, die aufgrund ihres historischen Kontexts ausschließlich oder zumindest weit überwiegend im Zusammenhang mit einer verbotenen Organisation gesehen werden müssen; bspw. Hakenkreuz und Siegrunen (*Schnorr,* § 9

Rn. 4). Auf die Verkörperung des Kennzeichens kommt es nicht an (*Wache* in Erbs/Kohlhaas VereinsG § 9 Rn. 3; *Groh* NomosOK VereinsG § 9 Rn. 7).

Keine Kennzeichen eines verbotenen Vereins sind Karikaturen und verzerrende Darstellungen (BGH NJW 1973, 768, [769]). **18**

2. Verwechslungsfähige Kennzeichen (Abs. 2 Satz 2)

Abs. 2 Satz 2 wurde durch Art. 8 des am 01.01.2002 in Kraft getretenen Terrorismusbekämpfungsgesetzes eingefügt. Mittels der Regelung sollen bundesweit einheitliche Maßstäbe gesetzt werden, damit Kennzeichen verbotener Vereine effektiv aus der Öffentlichkeit verbannt werden können (BT-Drs. 14/7386 (neu), 48). § 9 Abs. 2 Satz 2 überträgt die in § 86a Abs. 2 Satz 2 StGB enthaltene Formulierung in das VereinsG und vereinheitlicht damit die Reichweite der beiden Vorschriften (BT-Drs. 14/7386 (neu), 49). **19**

Verwechslungsfähige Kennzeichen sind Kennzeichen, die den verbotenen Kennzeichen im Wesentlichen gleichen (vgl. *Groh* NomosOK VereinsG § 9 Rn. 8). Dies ist der Fall, wenn die betroffenen Kennzeichen übereinstimmende Merkmale aufweisen, die den Symbolgehalt ausmachen und eine Zuordnung auf die verbotene Vereinigung ermöglichen (vgl. BGH NJW 2002, 3186, 3188; BayObLG, BeckRS 2003, 09557; *Groh* NomosOK VereinsG § 9 Rn. 8). Entscheidend ist, ob einem unbefangenen Betrachter der Eindruck vermittelt wird, dass es sich um das **Originalkennzeichen** handelt (BGH NJW 2002, 3186 [3188]; BayObLG BeckRS 2003, 09557). **20**

VI. Entsprechende Anwendung bei Wesensgleichheit (Abs. 3)

Die Regelung wurde ebenfalls mit dem Terrorismusbekämpfungsgesetz eingefügt. Sie dient der Klarstellung und führt nicht über § 9 Abs. 1 hinausgehend zu einer Einschränkung von Grundrechten (BT-Drs. 14/7386 (neu), 48). Die Reichweite des Kennzeichenverbots soll insbesondere für die Fälle präzisiert werden, in denen mehrere Vereine im Bundesgebiet das gleiche Erscheinungsbild aufweisen und übereinstimmende Ziele verfolgen, aber nur einer der Vereine verboten wurde (BT-Drs. 14/7386 (neu), 49). Ab Bestands- oder Rechtskraft der Verbotsverfügung sollen die Kennzeichen des verbotenen Vereins vollumfänglich unterdrückt werden (BT-Drs. 14/7386 (neu), 49). Der Gesetzgeber hält es insoweit für zumutbar, dass ein nicht verbotener Verein die von ihm verwendeten Kennzeichen aufgibt oder abändert, wenn sie von einem verbotenen Verein diskreditiert wurden (BT-Drs. 14/7386 (neu), 49). **21**

VII. Kennzeichen einer Ersatzorganisation (Abs. 4)

Abs. 4 stellt klar, dass das Verbot auch für die Verwendung von Kennzeichen einer Ersatzorganisation gilt, wenn die Feststellungsverfügung nach § 8 Abs. 2 Satz 1 (hierzu *Albrecht* § 8 VereinsG Rn. 6 ff.) ergangen und vollziehbar ist (BT-Drs. IV/430, 18). In zeitlicher Hinsicht gilt das Verbot seinem Sinn und Zweck als polizeiliche Vorschrift (vgl. Rn. 1) nach ab der Zustellung der Fest- **22** stellungsverfügung, spätestens mit deren Bekanntmachung im Bundesanzeiger (*Schnorr* § 9 Rn. 6).

VIII. Hinweise für den Rechtsanwender

1. Polizeiliches Einschreiten

23   Verstöße gegen § 9 VereinsG können auf Grundlage der polizeilichen Generalklausel geahndet werden (vgl. *Schnorr* § 9 Rn. 7). Entsprechende Anordnungen können im Wege des **unmittelbaren Zwanges** und der **Ersatzvornahme** durchgesetzt werden (vgl. *Schnorr* § 9 Rn. 7). Zudem besteht die Möglichkeit, die verwendeten Kennzeichen auf Grundlage polizeirechtlicher Befugnisnormen sicherzustellen (vgl. OVG Koblenz BeckRS 2005, 25672; *Groh* NomosOK VereinsG § 9 Rn. 1).

2. Strafrechtliche Verfolgung

24   Das Kennzeichenverbot ist in strafrechtlicher Hinsicht in § 20 Abs. 1 Nr. 5 VereinsG verankert. Kennzeichen eines verbotenen Vereines dürfen demnach während der Vollziehbarkeit des Verbots weder verbreitet oder öffentlich oder in einer Versammlung verwendet werden. § 9 Abs. 1 Satz 2, Abs. 2 gelten gem. § 20 Abs. 1 Satz 2 entsprechend.

3. Zivilrechtliche Auswirkungen

25   Zivilrechtliche Folgen zeitigt die Vorschrift nicht. **Gewerbliche Schutzrechte** an Vereinssymbolen, -namen usw. bleiben ungeachtet des Verwendungsverbots bestehen (vertiefend *Schnorr,* § 9 Rn. 7).

Dritter Abschnitt. Beschlagnahme und Einziehung des Vermögens verbotener Vereine

§ 10 Vermögensbeschlagnahme

(1) ¹Die Beschlagnahme (§ 3 Abs. 1 Satz 2) hat die Wirkung eines Veräußerungsverbots. ²Rechtsgeschäfte, die gegen das Veräußerungsverbot verstoßen, sind nichtig, es sei denn, daß der andere Teil weder wußte noch wissen mußte, daß der Gegenstand, auf den sich das Rechtsgeschäft bezieht, der Beschlagnahme unterliegt. ³Die Beschlagnahme erfaßt auch die Gegenstände, die der Verein einem Dritten zu treuen Händen übertragen hat oder die ein Dritter als Treuhänder für den Verein erworben hat. ⁴In den Fällen des Satzes 3 sind die Vorschriften zugunsten derjenigen, welche Rechte von einem Nichtberechtigten herleiten, entsprechend anzuwenden.

(2) ¹Auf Grund der Beschlagnahme können Sachen im Gewahrsam des Vereins und auf Grund besonderer Anordnung Sachen im Gewahrsam Dritter sichergestellt werden. ²Soweit es der Zweck der Sicherstellung erfordert, dürfen auch Räume betreten sowie verschlossene Türen und Behältnisse geöffnet werden. ³Die Anwendung unmittelbaren Zwanges ist ohne vorherige Androhung oder Fristsetzung zulässig, wenn sonst die Sicherstellung gefährdet wäre. ⁴Werden von der Beschlagnahme Gegenstände im Sinne des § 99 der Strafprozeßordnung erfaßt, gelten für die Sicherstellung die §§ 99, 100 und 101 Abs. 3 bis 8 der Strafprozeßordnung entsprechend. ⁵Maßnahmen nach Satz 4 und die Durchsuchung von Wohnungen ordnet nur das Verwaltungsgericht an, in dessen Bezirk die Handlungen vorzunehmen sind. ⁶Anordnungen nach Satz 5 trifft der Vorsitzende oder ein von ihm bestimmtes Mitglied des Gerichts.

(3) ¹Die Verbotsbehörde kann für das beschlagnahmte Vermögen Verwalter bestellen und abberufen. ²Die Verwalter unterliegen den Weisungen der Verbotsbehörde.

(4) ¹Die Vorstandsmitglieder sind verpflichtet, Auskunft über den Bestand und Verbleib des Vereinsvermögens zu geben. ²Auf Verlangen der Verbotsbehörde haben sie ein Verzeichnis des Bestandes vorzulegen und zu beeiden. ³Der Eid ist mit dem in § 260 Abs. 2 des Bürgerlichen Gesetzbuchs bezeichneten Inhalt auf Ersuchen der Verbotsbehörde vor dem für den Wohnsitz des Eidespflichtigen zuständigen Amtsgericht zu leisten.

(5) Die Aufhebung der Beschlagnahme sowie der Aufschub und die Wiederherstellung ihrer Vollziehbarkeit haben keine rückwirkende Kraft.

VereinsG § 10   Dritter Abschnitt. Beschlagnahme und Einziehung

Übersicht

	Rn.
I. Allgemeines	1
1. Inhalt	1
2. Entstehungsgeschichte	4
3. Verfassungs- und gemeinschaftsrechtliche Bezüge	5
II. Veräußerungsverbot (Abs. 1)	8
1. Voraussetzung und Wirksamwerden der Vermögensbeschlagnahme	8
2. Wirkung der Vermögensbeschlagnahme	10
3. Veräußerung von Gegenständen des Vereinsvermögens	12
4. Schutz des guten Glaubens	19
III. Sicherstellung (Abs. 2)	24
1. Sicherstellung (Abs. 2 Satz 1)	24
2. Sicherstellungsverfahren (Abs. 2 Sätze 2–6)	32
IV. Vermögensverwaltung (Abs. 3)	34
1. Bestellung und Abberufung von Vermögensverwaltern (Abs. 3 Satz 1)	34
2. Rechtsstellung des Vermögensverwalters (Abs. 3 Satz 2)	36
3. Haftung bei unterlassener oder fehlerhafter Vermögensverwaltung	41
V. Auskunftspflicht (Abs. 4)	42
VI. Aufhebung der Beschlagnahme (Abs. 5)	44
VII. Hinweise für den Rechtsanwender	46

I. Allgemeines

1. Inhalt

1 In den §§ 10–13 wird das Schicksal des Vermögens verbotener Vereine geregelt. § 10 normiert die erste Stufe des Vermögensverfahrens des Dritten Abschnitts des Vereinsgesetzes: die Beschlagnahme des Vereinsvermögens. In Vollzug der Vermögensbeschlagnahme erfolgen als zweite Stufe die Einziehung des Vereinsvermögens (§ 11) sowie die Einziehung von Gegenständen Dritter (§ 12) und als dritte Stufe schließlich die Abwicklung, d. h. die Befriedigung der Gläubiger des Vereins (§ 13) (*Schnorr* § 10 Rn. 1).

2 Unter der Beschlagnahme des Vereinsvermögens ist lediglich die Herbeiführung eines **Veräußerungsverbots** gegenüber dem Verein zu verstehen (§ 10 Abs. 1). Der Verein bleibt weiterhin Eigentümer der zum Vereinsvermögen gehörenden Gegenstände. Mit der Sicherstellung nach § 10 Abs. 2 soll verhindert werden, dass der verbotene Verein die Beschlagnahmeanordnung und das spätere Einziehungsverfahren umgeht, indem er Sachen heimlich beiseiteschafft (*Schnorr* § 10 Rn. 12).

3 § 10 regelt die Wirkungen und den Umfang der Beschlagnahme sowie die Sicherstellung. Ergänzend gelten die §§ 2–10 VereinsG-DVO.

2. Entstehungsgeschichte

4 Da die Vermögenseinziehung (§ 11) und die damit verbundene Abwicklung (§ 13) bei der oft verzweigten Organisation und den Bestrebungen verbotener Vereine, die Vermögenslage soweit wie möglich zu verschleiern, oft eine be-

Dritter Abschnitt. Beschlagnahme und Einziehung **§ 10 VereinsG**

trächtliche Zeit in Anspruch nimmt, sieht § 3 iVm § 10 die Möglichkeit einer Vermögensbeschlagnahme vor, um das Vereinsvermögen dem Zugriff der Verbotsbehörde zu erhalten (BT-Drs. IV/430, 19). Die Ergänzung um § 10 Abs. 2 Satz 4 erweiterte die Möglichkeit der Sicherstellung von Postsachen nach dem Erlass von Vereinsverboten (BT-Drs. 12/6853, 46). Zugleich wurde in § 10 Abs. 2 Satz 5 für die Sicherstellung von Postsachen und für Wohnungsdurchsuchungen beim Vollzug von Vereinsverboten ein Richtervorbehalt verankert. Durch die Änderungen in den Sätzen 5 und 6 war eine einheitliche Zuständigkeit der Verwaltungsgerichte gegenüber Maßnahmen beim Vollzug von Vereinsverboten beabsichtigt (BT-Drs. 12/6853, 46). § 10 Abs. 2 Satz 4 wurde aufgrund der Neuregelung der §§ 100f. StPO redaktionell angepasst. Dadurch wurden die umfassenden Regelungen der Benachrichtigungspflicht, der Zurückstellung der Benachrichtigung nebst gerichtlicher Überprüfung sowie der nachträgliche Rechtsschutz auf die Postbeschlagnahme nach § 10 ausgedehnt. Darüber hinaus wurde durch die Bezugnahme auf § 101 Abs. 3 und 10 StPO auch die Kennzeichnungs- und Löschungspflicht eingeführt (BT-Drs. 16/5846, 76).

3. Verfassungs- und gemeinschaftsrechtliche Bezüge

In der Literatur wird § 10 verschiedentlich für (teilweise) nichtig gehalten. So hält *von Feldmann* zwar nicht den Zweck, jedoch die Ausgestaltung der Vermögensbeschlagnahme für verfassungswidrig. Die umfassende Vermögensbeschlagnahme des § 10 führe dazu, dass dem Verein schon vor Bestandskraft des Verbots die Mittel entzogen würden, die zur Aufrechterhaltung der Vereinsorganisation erforderlich seien, aber vor allem dazu, dass der betroffene Verein – ohne Zustimmung der Vollzugsbehörde – nicht einmal die finanziellen Vorkehrungen für die Erhebung der Anfechtungsklage, für die Stellung eines Antrags nach § 80 Abs. 5 VwGO oder für die Einlegung von Rechtsmitteln gegen Einzelmaßnahmen des Vollzugs treffen könne. Dies verstoße gegen Art. 19 Abs. 4 GG. Auch eine verfassungskonforme Auslegung scheide aus (vgl. *von Feldmann,* Vereinigungsfreiheit und Vereinigungsverbot, 1972, S. 80f.; ebenso *Rudroff,* Das Vereinigungsverbot nach Art. 9 Abs. 2 GG, 1995, S. 122f.). 5

Die Rechtsprechung betrachtet § 10 hingegen als verfassungskonform ausgestaltet. Umstände, die es dem Verein unmöglich machen könnten, zur Wahrung seiner Rechte auf das beschlagnahmte Vermögen zuzugreifen, seien nicht ersichtlich. Die dem Verein nach dem Verbot durch die Inanspruchnahme von Rechtsbehelfen entstandenen Prozesskosten gelten für den Fall eines Insolvenzverfahrens nach § 13 Abs. 3 Satz 3 als Masseverbindlichkeiten, die gem. § 53 InsO aus der Insolvenzmasse vorweg zu berichtigen seien. Zudem folge aus einem Umkehrschluss zu § 13 Abs. 1 Satz 2, dass der verbotene Verein bereits vor einer endgültigen Vermögensaufstellung, die erst im Rahmen der Abwicklung erfolgt, verlangen könne, dass ihm die zur Rechtsverfolgung, namentlich für einen seinem Prozessbevollmächtigten zustehenden Vorschuss (§ 9 RVG), erforderlichen Beträge zur Verfügung gestellt werden (BVerwG Beschl. v. 25.08.2008 – 6 VR 2/08, Rn. 30; vgl. auch *Groh* in NomosOK VereinsG § 10 Rn. 2). 6

Zur Verfassungsmäßigkeit der Sicherstellung nach § 10 Abs. 2 von Eigentum Dritter, das sich im Gewahrsam des Vereins befindet, unter dem Gesichtspunkt des Eigentumsschutzes nach Art. 14 GG vgl. *Schnorr* § 10 Rn. 13. 7

Seidl

II. Veräußerungsverbot (Abs. 1)

1. Voraussetzung und Wirksamwerden der Vermögensbeschlagnahme

8 Voraussetzung für die Vermögensbeschlagnahme ist eine von der Verbotsbehörde (§ 3 Abs. 2) ausdrücklich erlassene Beschlagnahmeanordnung, die in der Regel bereits mit der Verbotsverfügung selbst verbunden werden soll, § 3 Abs. 1 Satz 2 (*Schnorr* § 10 Rn. 2).

9 Die Beschlagnahmeanordnung wird **im Zeitpunkt ihrer Vollziehbarkeit wirksam**. Dies ist gem. § 3 Abs. 4 Satz 3 entweder der Zeitpunkt ihrer Zustellung an den Verein oder, falls diese nicht möglich ist, ihre Bekanntgabe im Bundesanzeiger (*Schnorr* § 10 Rn. 3; *von Feldmann*, Vereinigungsfreiheit und Vereinigungsverbot, 1972, S. 79 f.). Die Zustellung oder Bekanntgabe der Verbotsverfügung allein (bei getrennten Anordnungen) ist nicht ausreichend, um die Beschlagnahme herbeizuführen. Es muss sich vielmehr um die Zustellung oder Bekanntgabe der Beschlagnahmeanordnung als solcher handeln (*Schnorr* § 10 Rn. 3). Abgesehen von den Besonderheiten des § 3 Abs. 4 richtet sich die Art und Weise der Zustellung nach den Verwaltungszustellungsgesetzen der Länder bzw. des Bundes (BT-Drs. IV/430, 16). Die Einlegung eines Rechtsmittels schiebt das Wirksamwerden der Beschlagnahmeanordnung gem. § 80 Abs. 1 VwGO hinaus, wenn nicht die sofortige Vollziehbarkeit nach § 80 Abs. 2 Nr. 4 VwGO angeordnet ist.

2. Wirkung der Vermögensbeschlagnahme

10 Die vollziehbare Beschlagnahmeanordnung hat die **Wirkung** eines **absoluten Veräußerungsverbots**, § 10 Abs. 1 Satz 1 und 2. Alle Rechtsgeschäfte zwischen dem Verein und Dritten, die eine Veräußerung des Vereinsvermögens bewirken, sind – vorbehaltlich des Gutglaubensschutzes – nichtig, § 10 Abs. 1 Satz 2 (*Schnorr* § 10 Rn. 5). Dieses Veräußerungsverbot tritt im Zeitpunkt des Wirksamwerdens der Beschlagnahmeanordnung unmittelbar kraft Gesetzes ein, einer besonderen Veräußerungsverbotsverfügung bedarf es nicht.

11 Um darüber hinausgehende Rechtsfolgen herbeizuführen, sind besondere behördliche Vollzugsmaßnahmen erforderlich, die an die erfolgte Beschlagnahme anknüpfen. So werden die Sicherstellung des beschlagnahmten Vereinsvermögens im Gewahrsam Dritter (§ 10 Abs. 2 Satz 1 Alt. 2), die Bestellung von Vermögensverwaltern (§ 10 Abs. 3) und die Auskunft über den Bestand und Verbleib des Vereinsvermögens (§ 10 Abs. 4) nicht durch die Beschlagnahmeanordnung unmittelbar erzeugt, sondern diese stellt nur die Grundlage dar, entsprechende Veraltungsakte zu erlassen bzw. derartige Vollzugsmaßnahmen vorzunehmen.

3. Veräußerung von Gegenständen des Vereinsvermögens

12 Mit der Beschlagnahme unterliegt das gesamte Vereinsvermögen einem **absoluten gesetzlichen Veräußerungsverbot** (vgl. BT-Drs. IV/2145, 3), da die Beschlagnahme nicht dem Schutz bestimmter Personen, sondern dem Allge-

Dritter Abschnitt. Beschlagnahme und Einziehung **§ 10 VereinsG**

meininteresse dient (BT-Drs. IV/430, 19). Kraft ausdrücklicher Anordnung in § 10 Abs. 1 Satz 2 sind – vorbehaltlich des Gutglaubensschutzes – alle Rechtsgeschäfte, durch die ein von der Beschlagnahme erfasster Vermögensgegenstand veräußert werden soll, nichtig (vgl. BT-Drs. IV/2145, 3).

Gegenstand der Beschlagnahme, die dem Veräußerungsverbot unterliegen, sind das Vereinsvermögen (§ 3 Abs. 1 Satz 2 Nr. 1), einschließlich der Gegenstände, die der Verein einem Dritten zu treuen Händen übertragen hat oder die ein Dritter als Treuhänder für den Verein erworben hat (§ 10 Abs. 1 Satz 3), sowie die Sachen Dritter, soweit die Berechtigte durch die Überlassung der Sachen an den Verein dessen verfassungswidrige Bestrebungen vorsätzlich gefördert hat oder die Sachen zur Förderung dieser Bestrebungen bestimmt sind (§ 3 Abs. 1 Satz 2 Nr. 3). 13

Zum **Vereinsvermögen** zählen im Einzelnen: (bewegliche und unbewegliche) Sachen, Forderungen (auch Forderungen auf Mitgliedsbeiträge) und Rechte (zum Anwartschaftsrecht vgl. *Schnorr* § 10 Rn. 7) im Eigentum rechtsfähiger Vereine, (bewegliche und unbewegliche) Sachen, Forderungen und Rechte, die den Mitgliedern nicht rechtsfähiger Vereine gem. §§ 54, 718 BGB zur gesamten Hand zustehen (vgl. BT-Drs. IV/430, 19), (bewegliche und unbewegliche) Sachen, die einem Treuhänder zu Eigentum übertragen sind oder die ein Dritter als Treuhänder für den Verein erworben hat sowie Vereinsforderungen, die einem Treuhänder zur Einziehung abgetreten sind und Forderungen, die ein Dritter als Treuhänder für den Verein erworben hat, § 10 Abs. 1 Satz 3 (vgl. *Schnorr* § 10 Rn. 7 f.; *Wache* in Erbs/Kohlhaas VereinsG § 10 Rn. 3). Auf die Art des Eigentumserwerbs kommt es nicht an. Dies hat zur Folge, dass mithin auch Gegenstände im Besitz Dritter, an denen der Verein mittels Besitzkonstitut gem. § 930 BGB bzw. mittels Vindikationszession gem. § 931 BGB Eigentum erworben hat, der Beschlagnahme unterfallen, auch wenn die Dritten nicht Treuhänder sind (*Schnorr* § 10 Rn. 7). 14

Zu Gegenständen mit ideeller Bedeutung (OVG Münster DÖV 1995, 338), zB Informations- oder Agitationsmaterial, und den „res sacrae" beim Verbot von Religionsgemeinschaften vgl. *Groh* in NomosOK VereinsG, § 10 Rn. 4. 15

Der Beschlagnahme unterliegt auch das Vermögen von Teilorganisationen und rechtlich selbstständigen Teilvereinen, die von dem Verbot ergriffen werden (*Groh* in NomosOK VereinsG § 10 Rn. 4). 16

Was unter dem Begriff der **Veräußerung iSd § 10 Abs. 1,** auf den sich das Verbot bezieht, zu verstehen ist, ist **umstritten.** Nach allgemeinem Sprachgebrauch des bürgerlichen Rechts ist darunter nur ein dinglicher Rechtsübergang zu verstehen. Dem folgend hält *Schnorr* nur dingliche Veräußerungsgeschäfte (Eigentumsübertragungen und Forderungsabtretungen) sowie alle Ersatzgeschäfte, zB Aufrechnung (§§ 387 ff. BGB), für nichtig (*Schnorr* § 10 Rn. 6, 9). Sonstige Verfügungsgeschäfte wie Rechtsbelastungen und Verzicht, soweit sie nicht als eine entgeltliche Veräußerung anzusehen sind, ebenso wie kausale Verpflichtungsgeschäfte, zB Kauf- und Schenkungsverträge – selbst wenn sie erst nach dem Eintritt der Vollziehbarkeit der Beschlagnahmeanordnung abgeschlossen wurden – bleiben von der Nichtigkeit unberührt (vgl. *Schnorr* § 10 Rn. 6; *Wache* in Erbs/Kohlhaas VereinsG § 10 Rn. 4). Nach Ansicht *Grohs* ist das Veräußerungsverbot des § 10 Abs. 1 als absolutes Verfügungs- 17

Seidl

verbot zu verstehen. Der Verein dürfe sein Vermögen nicht mehr „veräußern oder belasten" (*Groh* in NomosOK VereinsG § 10 Rn. 3). Nach der Auffassung *Hefermehls* sind bei absoluten Veräußerungsverboten sowohl die Übereignung als auch der Kaufvertrag nichtig (*Herfermehl* in Soergel BGB § 136 Rn. 6). Nach dem Wortlaut und dem Zweck der Vorschrift erscheint die Ansicht Schnorrs am überzeugendsten. Das Veräußerungsverbot will nur den effektiven Bestand des Vereinsvermögens erhalten, nicht aber jeden Rechtsverkehr schlechthin unmöglich machen (so auch *Schnorr* § 10 Rn. 6).

18 Ob die Vermögensveräußerung mit einer Gegenleistung des Gläubigers verbunden ist, ist irrelevant. Nicht erfasst von der Nichtigkeit sind aber Rechtsgeschäfte, durch die der Verein ausschließlich einen Vermögensvorteil erlangt, da in diesem Fall keine Veräußerung des Vereinsvermögens vorliegt. Dies gilt insbesondere für Schenkungen Dritter an den Verein. Eventuell damit verbundene öffentliche Lasten (zB Schenkungssteuer) sind insoweit unbeachtlich (vgl. *Schnorr* § 10 Rn. 5).

4. Schutz des guten Glaubens

19 § 10 Abs. 1 Satz 1 und 4 schützen gutgläubige Erwerber in beschränktem Umfang davor, Opfer des Veräußerungsverbots zu werden.

20 Eine entgegen dem Verbot des § 10 Abs. 1 vorgenommene Veräußerung ist wirksam, wenn der Erwerber weder wusste noch wissen musste, dass der veräußerte Gegenstand der Beschlagnahme unterliegt. Der Erwerber muss hinsichtlich der Beschlagnahme gutgläubig sein, dh dass sich der gute Glaube auf das **Fehlen der Beschlagnahmeanordnung** beziehen muss (BT-Drs. IV/2145, 3). Nur demjenigen Erwerber von Gegenständen des Vereinsvermögens gegenüber soll die Nichtigkeit des Veräußerungsgeschäfts nicht eintreten, der die Beschlagnahmeanordnung nicht kannte und auch nicht kennen musste. Nicht ausreichend ist hingegen der gute Glaube an das Nichtvorliegen des gesetzlichen Veräußerungsverbots, denn dieses ist nur die gesetzliche Rechtsfolge der Beschlagnahme (vgl. hierzu *Schnorr* § 10 Rn. 10).

21 Bei Sachen, die nicht im Eigentum des Vereins stehen, ist neben der Frage des guten Glaubens hinsichtlich der Beschlagnahme zusätzlich zu prüfen, ob der Erwerb hinsichtlich des Eigentums gutgläubig war. Dies beurteilt sich nach den Vorschriften des gutgläubigen Erwerbs vom Nichtberechtigten (vgl. *Schnorr* § 10 Rn. 11).

22 Die **Beweislastverteilung** ist bei **§ 10 Abs. 1 Satz 2** im Interesse eines zweckentsprechenden Vollzugs des Vereinsverbots so formuliert, dass der Erwerber, der sich auf den Schutz des guten Glaubens beruft, im Streitfall die Beweislast für seine Gutgläubigkeit hinsichtlich der Beschlagnahme zu tragen hat (BT-Drs. IV/2145, 3). Nach den allgemeinen Regeln der Beweislastverteilung ergibt sich aus der Formulierung „es sei denn" in § 10 Abs. 1 Satz 2 eine widerlegliche tatsächliche Vermutung dafür, dass der Erwerber bösgläubig war. Der Beweis der Gutgläubigkeit wird dem Erwerber nur in Ausnahmefällen gelingen. Regelmäßig wird anzunehmen sein, dass dem Erwerber die Beschlagnahmeanordnung bekannt ist, da sie gem. § 3 Abs. 4 Satz 2 im Bundesanzeiger und in den amtlichen Mitteilungsblättern der Länder bekanntgegeben wird. Der Gutglaubensschutz hinsichtlich der Beschlagnahmeanordnung versagt schon dann, wenn der Erwerber wissen musste, dass diese besteht. Aufgrund der Formulierung in § 10 Abs. 1 Satz 2 ist – anders als bei § 932 Abs. 2 BGB – das Veräußerungsgeschäft schon dann nichtig, wenn sie der Erwerber infolge einfacher Fahrlässigkeit nicht kannte. Dass die Unkenntnis grob fahrlässig verursacht wurde, ist für den Ausschluss des Gutglaubensschutzes gerade nicht erforderlich. Angesichts der öffentlichen Bekanntmachung der Beschlagnahmeanordnung ist das Rechtsgeschäft nur bei Vorliegen ganz besonderer Umstände wirksam, die es dem Erwerber auch bei ordnungsgemäßer Nachprüfung unmöglich gemacht haben, von der Beschlagnahme Kenntnis zu erlangen, zB wenn sich die Zustellung des Mitteilungsblattes verzögert hatte (vgl. *Schnorr* § 10 Rn. 10). Der gute Glaube versagt auch bei der Eintragung der Beschlagnahme nach § 7 Abs. 2 ins Register sowie bei der Eintragung ins Grundbuch, Schiffs- und Schiffsbauregister gem. § 2 VereinsG-DVO (*Groh* NomosOK VereinsG § 10 Rn. 3).

Hat der Dritte den Gegenstand von einem Treuhänder erworben (vgl. § 10 **23** Abs. 1 Satz 3), so verweist **§ 10 Abs. 1 Satz 4** auf eine entsprechende Anwendung der Vorschriften über den Erwerb vom Nichtberechtigten. Die Regelung des § 10 Abs. 1 Satz 4 schützt den guten Glauben des Erwerbers, dem die **innere Zweckbindung des Treuhandgegenstandes,** dh der innere Zweckzusammenhang zwischen Treuhandgegenstand und Vereinsvermögen, unbekannt war (vgl. BT-Drs. IV/430, 19; vertiefend hierzu vgl. *Schnorr* § 10 Rn. 11).

III. Sicherstellung (Abs. 2)

1. Sicherstellung (Abs. 2 Satz 1)

Die **Sicherstellung** stellt eine Ergänzung des Veräußerungsverbots nach **24** § 10 Abs. 1 dar. Während das Veräußerungsverbot nur die rechtsgeschäftliche Ebene betrifft und privatrechtliche Wirkung entfaltet, ist die Sicherstellung eine gegen tatsächliche Handlungen gerichtete öffentlich-rechtliche Maßnahme. Sie erfolgt durch Aufhebung des Gewahrsams des bisherigen Gewahrsamsinhabers und Begründung des Gewahrsams der mit dem Vollzug der Beschlagnahme betrauten Behörde (vgl. vertiefend *Schnorr* § 10 Rn. 12).

Zuständig für die Sicherstellung sind die Landesvollzugsbehörden nach § 5 **25** Abs. 1.

Für die Sicherstellung von **Sachen im Gewahrsam des Vereins** bildet die **26** Beschlagnahmeanordnung die ausreichende Rechtsgrundlage. Es bedarf keiner besonderen Sicherstellungsverfügung, sondern die Vollzugsbehörde kann aufgrund der Beschlagnahmeanordnung mit den Maßnahmen zur Sicherstellung beginnen (*Schnorr* § 10 Rn. 14). In Anlehnung an den strafrechtlichen Begriff des Gewahrsams ist darunter ein tatsächliches Herrschaftsverhältnis des Vereins über körperliche Dinge zu verstehen (*Schnorr* § 10 Rn. 13). Auf das rechtliche Verhältnis zu diesen Sachen (Eigentum, Besitz) kommt es nicht an. Somit unterliegen der Sicherstellung auch Sachen im Gewahrsam des Vereins, die im Eigentum Dritter stehen, zB vom Verein gemietete, gepachtete oder geliehene Sachen (BT-Drs. IV/430, 19). Für die Grenzziehung, ob sich Sachen im Gewahrsam des Vereins oder Dritter befinden, ist danach zu unterscheiden,

VereinsG § 10 Dritter Abschnitt. Beschlagnahme und Einziehung

ob der Gewahrsamsinhaber zum Zeitpunkt der beabsichtigten Durchsuchung Mitglied des Vorstands und damit des für den Verein handelnden Organs ist oder nicht (VG Aachen Beschl. v. 20.04.2012 – 6 L 165/12).

27 Anders verhält es sich bei der Sicherstellung von **Sachen, die sich im Gewahrsam Dritter befinden.** Seit der Änderung des VereinsG durch das Gesetz vom 28.10.1994 (BGBl. I 3186) werden von der Beschlagnahme und Einziehung auch solche Sachen erfasst, die nicht zum Vereinsvermögen, sondern zum Vermögen Dritter gehören. Letztere waren nach alter Rechtslage nur einziehbar, wenn sie beim Verein selbst vorgefunden wurden. Diese Rechtslage hat in der Praxis dazu geführt, dass Sachen, die dem Vereinszweck dienten und bei Dritten vorgefunden wurden, an diese wieder herauszugeben waren, weil der Nachweis der Zugehörigkeit zum Vereinsvermögen nicht gelang (BT-Drs. 12/6853, 45). Folgerichtig konnten vor der Anpassung des § 10 Abs. 2 Satz 1 nur Sachen im Gewahrsam Dritter sichergestellt werden, die zum Vereinsvermögen gehörten. Nunmehr kommt es auf die Zugehörigkeit zum Vereinsvermögen nicht mehr zwingend an. Vielmehr können auch Sachen eines Dritten, die sich in seinem Gewahrsam befinden, sichergestellt werden, wenn sie zur Förderung der verfassungswidrigen Bestrebungen des Vereins bestimmt sind. Für die Sicherstellung von Sachen, die sich im Gewahrsam Dritter befinden, bedarf es nach der ausdrücklichen Regelung des § 10 Abs. 2 Satz 1 Alt. 2 einer besonderen Anordnung (Sicherstellungsbescheid, vgl. § 4 Satz 1 VereinsG-DVO). Der Sicherstellungsbescheid wird von der Vollzugsbehörde erlassen. Der Sicherstellungsbescheid ist erforderlich, weil bei der Sicherstellung von Sachen im Gewahrsam Dritter zunächst entweder die Eigentumsverhältnisse (Zugehörigkeit zum Vereinsvermögen) oder die Bestimmung zur Förderung der verfassungswidrigen Vereinsbestrebungen geklärt werden müssen. Der schriftlich abzufassende, zu begründende und zuzustellende Sicherstellungsbescheid (§ 4 Satz 2 u. 3 VereinsG-DVO) konkretisiert die Duldungspflicht des Dritten (VGH Mannheim Beschl. v. 27.10.2011 – 1 S 1864/11) und ist selbst dann zu erlassen, wenn der Dritte zur Herausgabe bereit ist (*Groh* in NomosOK VereinsG § 10 Rn. 5). Nach der noch die alte Rechtslage repräsentierenden Formulierung des § 4 VereinsG-DVO ist in der schriftlichen Begründung darzulegen, dass die sichergestellte Sache zum Vereinsvermögen gehört. Dies gilt nach der Neufassung des Gesetzes nur noch für die Fälle, bei denen die sich im Gewahrsam Dritter befindlichen, beschlagnahmten Sachen tatsächlich zum Vereinsvermögen gehören. Dann sind im Sicherstellungsbescheid substantiiert diejenigen Umstände anzugeben, aus denen sich die Zuordnung der Sache zum Vereinsvermögen ergibt, um die Eigentumsvermutung des § 1006 BGB zugunsten des besitzenden Dritten zu widerlegen (OVG Münster DÖV 1995, 338, 339). Für die übrigen Fälle ist der Wortlaut des § 4 VereinsG-DVO überholt.

28 Nach § 3 Satz 1 VereinsG-DVO werden beschlagnahmte Sachen und Sachgesamtheiten dadurch sichergestellt, dass die Vollzugsbehörde sie in Gewahrsam nimmt oder, wenn die Eigenart der sicherzustellenden Sache dies nicht zulässt, die Sicherstellung durch Anbringung von Siegelmarken oder auf andere Weise kenntlich macht, § 3 Satz 2 VereinsG-DVO. Ferner soll gem. § 3 Satz 3 VereinsG-DVO die Sicherstellung dem Gewahrsamsinhaber angezeigt werden.

29 Die Entziehung der beschlagnahmten Sache aus der gesetzlichen Verstrickung durch Zerstörung, Beschädigung, Unbrauchbarmachung oder in ande-

Dritter Abschnitt. Beschlagnahme und Einziehung **§ 10 VereinsG**

rer Weise wird als Verstrickungsbruch (§ 136 Abs. 1 StGB), die Beschädigung, Entfernung oder Unkenntlichmachung der der Beschlagnahme dienenden Siegelmarken als Siegelbruch (§ 136 Abs. 2 StGB) **strafrechtlich** verfolgt.

Die Vorschrift über die Sicherstellung ist eine Kann-Vorschrift. Folglich 30 liegt es im **pflichtgemäßen Ermessen** der Vollzugsbehörde, ob sie die Sicherstellung durchführt. Die Sicherstellung ist im Allgemeinen schon der Ordnung halber erforderlich, weil die Organe des aufgelösten Vereins praktisch keinen Gewahrsam mehr ausüben können, sie dient darüber hinaus aber vor allem auch der Erfassung für eine etwaige spätere Sondereinziehung nach § 12 Abs. 2 (BT-Drs. IV/430, 19).

Die Aufhebung der Sicherstellung richtet sich nach § 5 VereinsG-DVO. 31

2. Sicherstellungsverfahren (Abs. 2 Sätze 2–6)

Der Vollzug der Sicherstellung erfolgt nach den Verwaltungsvollstreckungs- 32 gesetzen der Länder (BT-Drs. IV/2145, 3). Abweichend davon, um einen reibungslosen Vollzug zu ermöglichen, ermächtigt **§ 10 Abs. 2 Satz 2** dazu, dass Räume betreten sowie verschlossene Türen und Behältnisse geöffnet werden dürfen, soweit es der Zweck der Sicherstellung erfordert. Die Anwendung unmittelbaren Zwangs ist nach **§ 10 Abs. 2 Satz 3** ohne vorherige Androhung oder Fristsetzung zulässig, wenn sonst die Sicherstellung gefährdet wäre. Das Tatbestandsmerkmal der Gefährdung der Sicherstellung ist ähnlich auszulegen wie der Begriff „Gefahr in Verzug" (*Schnorr* § 10 Rn. 14).

§ 10 Abs. 2 Satz 4 eröffnet die Möglichkeit, nach dem Ausspruch des Ver- 33 einsverbots, die Sicherstellung auf Briefe und andere Postsendungen zu erstrecken, die sich im (Allein- oder Mit-) Gewahrsam des Postdienstleisters befinden (VGH Mannheim NVwZ-RR 1995, 274). Die Notwendigkeit für diese Erweiterung (siehe Rn. 4) ergab sich, weil Vereinigungen, die ihr Verbot erwarteten, dazu übergingen, belastendes Material in Postfächern zu deponieren (BT-Drs. 12/6853, 45). Aufgrund des Eingriffs in das Postgeheimnis kann es das Verhältnismäßigkeitsgebot jedoch erfordern, dass die gerichtliche Sicherstellungsanordnung zeitlich befristet und Postsendungen mit ausschließlich privatem Charakter auszunehmen sind (VGH Mannheim NVwZ-RR 1995, 274 [275]).

§ 10 Abs. 2 Satz 5 enthält für die Sicherstellung von Postsachen und die Durchsuchung von Wohnungen beim Vollzug von Vereinsverboten einen Richtervorbehalt. Zudem regelt dieser Satz, dass trotz des Verweises auf § 100 StPO, ausschließlich das Verwaltungsgericht (nach **§ 10 Abs. 2 Satz 6** der Einzelrichter), in dessen Bezirk die Handlungen vorzunehmen sind, zuständig ist, die Sicherstellung von Postsendungen und die Durchsuchung von Wohnungen anzuordnen. Eine Eilkompetenz für die Verbotsbehörde existiert nicht. Das Gericht ist im Vollstreckungsverfahren, zB bei der Anordnung von Durchsuchungen, nicht zur Nachprüfung des Inhalts des zu vollstreckenden Verwaltungsaktes berufen; dementsprechend hat das Gericht nur zu prüfen, ob bei dem geplanten Vorgehen der Behörden die formellen und materiellen Vollstreckungsvoraussetzungen erfüllt und der Grundsatz der Verhältnismäßigkeit gewahrt sind (VG Augsburg Beschl. v. 21.12.2005 – Au 4 V 05 2015). Die Durchsuchung einer Wohnung ist nur rechtmäßig, wenn spätestens im Zeitpunkt der Bekanntgabe der Durchsuchungsanordnung an den Betroffenen eine wirksame und vollzieh-

Seidl

bare Verbots- und Beschlagnahmeverfügung vorliegt und hinreichende Anhaltspunkte bestehen, dass die zu beschlagnahmenden Gegenstände in der Wohnung aufzufinden sind (VGH Mannheim Beschl. v. 27.10.2011 – 1 S 1864/11; VG Aachen Beschl. v. 03.12.2004 – 6 L 1107/04; für Postsendungen vgl. VGH München Beschl. v. 25.08.2008 – 4 C 08 1341).

IV. Vermögensverwaltung (Abs. 3)

1. Bestellung und Abberufung von Vermögensverwaltern (Abs. 3 Satz 1)

34 Die mit der Beschlagnahme einhergehenden Beschränkungen (Veräußerungsverbot, Sicherstellung) bewirken, dass der Verein sein Vermögen nicht mehr selbst verwalten kann. Insbesondere kann er die laufenden Verpflichtungen nicht mehr erfüllen (vgl. *Schnorr* § 10 Rn. 15). Mit der Beschlagnahme übernimmt die Behörde zugleich die Pflicht zur notwendigen Vermögenssorge (BT-Drs. IV/430, 19), folglich hat die Verbotsbehörde dafür Sorge zu tragen, dass durch die Beschlagnahme keine Vermögensverluste entstehen. Aus diesem Grunde wird sie von § 10 Abs. 3 Satz 1 ermächtigt, für das beschlagnahmte Vermögen Verwalter zu bestellen (und abzuberufen), die ihren Anweisungen unterliegen, § 10 Abs. 3 Satz 2.

35 § 10 Abs. 3 ist als Kann-Vorschrift konzipiert. Es steht also im **pflichtgemäßen Ermessen** der Verbotsbehörde, Verwalter zu bestellen und abzuberufen. Nach § 8 Abs. 1 Satz 1 VereinsG-DVO sind geschäftskundige, vom Verein unabhängige Personen zum Verwalter zu bestellen. Im Übrigen ist sie in der Auswahl der Person frei. Bestellt die Verbotsbehörde keinen Verwalter, hat nach § 12 Satz 1 VereinsG-DVO die Vollzugsbehörde das beschlagnahmte Vermögen zu verwalten. Letztere hat dann das beschlagnahmte Vermögen in Besitz zu nehmen und alle Handlungen vorzunehmen, die erforderlich sind, um den wirtschaftlichen Wert des Vereinsvermögens zu erhalten, § 12 Satz 2 VereinsG-DVO.

2. Rechtsstellung des Vermögensverwalters (Abs. 3 Satz 2)

36 § 10 Abs 3 Satz 2 stellt klar, dass die Verbotsbehörde auch bei Bestellung von einem oder mehreren Verwaltern Herrin des Verfahrens bleibt (BT-Drs. IV/430, 19). Der Verwalter handelt lediglich als Gehilfe der Verbotsbehörde (*Schnorr* § 10 Rn. 17). Er hat gem. § 9 Abs. 1 VereinsG-DVO das beschlagnahmte Vermögen in Besitz zu nehmen und unbeschadet der Weisungsbefugnis der Verbotsbehörde alle Handlungen vorzunehmen, die erforderlich sind, um den wirtschaftlichen Wert des Vereinsvermögens zu erhalten. Er ist befugt, über Gegenstände des Vereinsvermögens zu verfügen und Verbindlichkeiten für den Verein einzugehen. Die Weiterführung eines zum beschlagnahmten Vermögen gehörenden Geschäftsbetriebs, die Herausgabe und Veräußerung beschlagnahmter Gegenstände und die Anerkennung oder Erfüllung von Ansprüchen Dritter gegen den Verein darf der Verwalter jedoch nur mit Zustimmung der Verbotsbehörde vornehmen, § 9 Abs. 2 VereinsG-DVO.

Dritter Abschnitt. Beschlagnahme und Einziehung **§ 10 VereinsG**

Die **Aufgabe der Vermögensverwalter** beschränkt sich auf die Erhaltung 37
des Vereinsvermögens und auf die Erledigung der laufenden Geschäfte. Keinesfalls darf er über die Erledigung der laufenden Geschäfte hinaus selbständig über das Vereinsvermögen verfügen, weil im Beschlagnahmeverfahren noch nicht über das endgültige Schicksal des Vereinsvermögens entschieden wird (vertiefend vgl. *Schnorr* § 10 Rn. 17). Gem. § 9 Abs. 3 VereinsG-DVO hat der Verwalter unverzüglich nach Übernahme des Amtes ein Verzeichnis der beschlagnahmten Gegenstände bzw. eine Bilanz des beschlagnahmten Geschäftsbetriebs zu erstellen und der Verbotsbehörde vorzulegen.

In gerichtlichen Verfahren nimmt der Verwalter als Partei kraft Amtes die 38
Interessen des beschlagnahmten Vermögens wahr, § 9 Abs. 4 Satz 1 VereinsG-DVO.

Die Vergütung des Verwalters ist in § 10 VereinsG-DVO geregelt (siehe § 19 39
Rn. 14).

§ 9 Abs. 1 Satz 2, Abs. 3 und Abs. 4 VereinsG-DVO gelten für die Vollzugs- 40
behörde entsprechend, wenn die Verbotsbehörde keinen Verwalter bestellt und deshalb die Vollzugsbehörde das beschlagnahmte Vermögen verwaltet, § 12 Satz 3 VereinsG-DVO.

3. Haftung bei unterlassener oder fehlerhafter Vermögensverwaltung

Zur Haftung im Falle unterlassener oder fehlerhafter Vermögensverwaltung 41
vgl. *Schnorr* § 10 Rn. 18.

V. Auskunftspflicht (Abs. 4)

Die **Auskunftspflicht** gem. § 10 Abs. 4 soll eine ordnungsgemäße Durch- 42
führung der Sicherstellung und der Verwaltung gewährleisten. Sie ist erforderlich, weil die Vermögensverhältnisse eines Vereins von Außenstehenden, auch von Behörden, vielfach nur schwer zu durchschauen sind (BT-Drs. IV/430, 19).

Da sich die Auskunft sowohl auf den Bestand als auch auf den Verbleib des 43
Vereinsvermögens erstreckt, hat der Verein auch über Sachen des Vereinsvermögens im Gewahrsam Dritter und über die Namen und Anschriften der Gewahrsamsinhaber Auskunft zu erteilen (*Schnorr* § 10 Rn. 19). Nur die Vorstandsmitglieder des Vereins, nicht aber andere Vereinsmitglieder, sind – sowohl in ihrer Gesamtheit als auch einzeln – zur Auskunft verpflichtet. Bei der Auskunft nach § 10 Abs. 4 Satz 1 über den Bestand und Verbleib des Vereinsvermögens handelt es sich eher um eine summarische Angabe, die nicht jeden einzelnen Gegenstand aufführen muss (*Schnorr* § 10 Rn. 19). Die Pflicht zur Anfertigung und Vorlage eines Bestandsverzeichnisses nach § 10 Abs. 4 Satz 2 besteht nur auf Verlangen der Verbotsbehörde, wohingegen die Auskunft nach § 10 Abs. 4 Satz 1 von jeder am Verbotsverfahren beteiligten Behörde, aber auch dem Vermögensverwalter, verlangt werden kann. An die Stelle des in § 10 Abs. 4 Satz 2 und 3 erwähnten Offenbarungseides ist eine entsprechende eidesstattliche Versicherung getreten, vgl. Art. 2 § 15 Abs. 1 des Ges. v.

Seidl

VereinsG § 10 Dritter Abschnitt. Beschlagnahme und Einziehung

27.06.1970 (BGBl. I 911). Die Verweisung in § 10 Abs. 4 Satz 3 auf die Formel der eidesstattlichen Versicherung nach § 260 Abs. 2 BGB zeigt, dass sich die eidesstattliche Versicherung auf die Vollständigkeit des Bestandsverzeichnisses bezieht. Der Anspruch auf Abgabe der eidesstattlichen Versicherung dient dem Ziel, den Verpflichteten zu einer wahrheitsgemäßen und vollständigen Abfassung des Bestandsverzeichnisses zu veranlassen. Die falsche Abgabe einer Versicherung an Eides Statt ist nach § 156 StGB strafbar.

VI. Aufhebung der Beschlagnahme (Abs. 5)

44 Nach § 10 Abs. 5 haben die **Aufhebung der Beschlagnahme** sowie der Aufschub und die Wiederherstellung ihrer Vollziehbarkeit **keine rückwirkende Kraft**. Diese Regelung dient der Rechtssicherheit (BT-Drs. IV/430, 20). Sie soll verhindern, dass rechtsgeschäftliche Maßnahmen, die während der Beschlagnahme vom Vermögensverwalter oder der vermögensverwaltenden Vollzugsbehörde durchgeführt worden sind, erneut abgewickelt werden müssen. Sie bleiben vielmehr endgültig wirksam (vgl. *Schnorr* § 10 Rn. 20).

45 Gem. § 7 Abs. 1 VereinsG-DVO endet die Beschlagnahme des Vereinsvermögens, wenn sie nicht schon zuvor aufgehoben wird (§ 7 Abs. 2 VereinsG-DVO), mit dem Eintritt der Rechtskraft des das Vereinsverbot aufhebenden Urteils. Werden das Vereinsverbot und die Einziehungsanordnung hingegen bestandskräftig, so erledigt sich die Beschlagnahme, ohne dass es einer förmlichen Aufhebung bedarf (*Wache* in Erbs/Kohlhaas VereinsG § 10 Rn. 10).

VII. Hinweise für den Rechtsanwender

46 Wurde die Beschlagnahmeanordnung nicht – wie regelmäßig der Fall – mit der Verbotsverfügung verbunden und ist sie auch in der Folge – wenn auch versehentlich – unterblieben, treten zwar die sonstigen Wirkungen der Verbotsverfügung, wie Kennzeichen- und Betätigungsverbote, sowie die strafrechtlichen Konsequenzen ein, der Verein kann jedoch weiter frei über sein Vermögen verfügen, bis die Beschlagnahmeanordnung nachgeholt wird. Im Interesse des Rechtsverkehrs und des Gläubigerschutzes ist insoweit strenger Formalismus geboten (*Schnorr* § 10 Rn. 2).

47 Die aufgrund des Verstoßes gegen das Veräußerungsverbot eintretende Nichtigkeit gem. § 10 Abs. 1 Satz 2 ist im Rechtsstreit von Amts wegen zu beachten, weil es sich bei ihr um eine gesetzliche Rechtsfolge handelt. Einer gesonderten Geltendmachung durch die Parteien bedarf es nicht (so auch *Schnorr* § 10 Rn. 5).

48 Die Wiederherstellung der aufschiebenden Wirkung der Klage gegen das Verbot eines Vereins und die Beschlagnahme seines Vermögens wirkt ex tunc. Die einem Dritten gegenüber ergangene richterliche Anordnung der Durchsuchung der Wohnung wird deshalb auch dann nachträglich rechtswidrig, wenn der Beschluss über die Wiederherstellung der aufschiebenden Wirkung erst nach Abschluss der angeordneten Vollzugsmaßnahme ergangen ist. In einem gegen die Anordnung des Verwaltungsgerichts angestrengten Beschwerdever-

Dritter Abschnitt. Beschlagnahme und Einziehung § 11 VereinsG

fahren ist folglich festzustellen, dass die richterliche Anordnung rechtswidrig war (OVG Bremen NVwZ-RR 2006, 692). Zu einem möglichen Eingreifen von § 10 Abs. 5 in diesen Fällen vgl. *Groh* in NomosOK VereinsG § 10 Rn. 11.

§ 11 Vermögenseinziehung

(1) ¹**Die Einziehung (§ 3 Abs. 1 Satz 2) wird im Fall des § 3 Abs. 2 Nr. 1 zugunsten des Landes, im Fall des § 3 Abs. 2 Nr. 2 zugunsten des Bundes angeordnet.** ²**Die Einziehung erfaßt auch die Gegenstände, auf die sich nach § 10 Abs. 1 Satz 3 die Beschlagnahme erstreckt, mit Ausnahme der vom Verein einem Dritten zur Sicherung übertragenen Gegenstände.**

(2) ¹**Mit Eintritt der Unanfechtbarkeit des Verbots und der Einziehungsanordnung erwirbt der Einziehungsbegünstigte das Vereinsvermögen und die nach Absatz 1 Satz 2 eingezogenen Gegenstände als besondere Vermögensmasse.** ²**Gegenstände, die einer Teilorganisation in der Rechtsform eines Vereins, einer Gesellschaft oder einer Stiftung gehört haben, bilden eine eigene Vermögensmasse.** ³**Der Verein und die von der Einziehung betroffenen Teilorganisationen erlöschen.** ⁴**Ihre Rechtsverhältnisse sind im Einziehungsverfahren abzuwickeln.**

(3) ¹**Der Bundesminister des Innern als Verbotsbehörde kann mit der Durchführung der Einziehung und mit der Abwicklung (§ 13) das Bundesverwaltungsamt oder eine andere Bundesbehörde beauftragen (Einziehungsbehörde).** ²**§ 10 Abs. 3 gilt entsprechend.** ³**Die Beauftragung ist im Bundesanzeiger und in dem in § 3 Abs. 4 Satz 2 genannten Mitteilungsblatt zu veröffentlichen.**

(4) ¹**Die Verbotsbehörde kann von der Einziehung absehen, wenn keine Gefahr besteht, daß Vermögenswerte des Vereins von neuem zur Förderung von Handlungen oder Bestrebungen der in Artikel 9 Abs. 2 des Grundgesetzes genannten Art verwendet werden oder daß die Vermögensauseinandersetzung dazu mißbraucht wird, den organisatorischen Zusammenhalt des Vereins aufrechtzuerhalten, ferner, soweit es sich um Gegenstände von unerheblichem Wert handelt.** ²**Die Verbotsbehörde kann die Liquidatioren bestellen.** ³**§ 12 Abs. 1 Satz 1 gilt sinngemäß für den Anspruch auf den Liquidationserlös.**

Übersicht

	Rn.
I. Allgemeines	1
1. Inhalt	1
2. Entstehungsgeschichte	4
3. Verfassungs- und gemeinschaftsrechtliche Bezüge	7
II. Voraussetzung, Begünstigter und Umfang der Einziehung (Abs. 1)	8
1. Voraussetzung der Vermögenseinziehung	8
2. Begünstigter	9
3. Umfang der Einziehung	11
III. Wirksamwerden der Einziehung und Rechtsübergang (Abs. 2)	12

VereinsG § 11   Dritter Abschnitt. Beschlagnahme und Einziehung

	Rn.
1. Wirksamwerden der Einziehung	12
2. Rechtsübergang	13
3. Erlöschen des Vereins und Abwicklung (Abs. 2 Satz 3 und 4)	17
IV. Einziehungsbehörde (Abs. 3)	18
V. Verzicht auf die Einziehung (Abs. 4)	20

I. Allgemeines

1. Inhalt

1   Mit dem Vereinsverbot ist gem. § 3 Abs. 1 Satz 2 in der Regel neben der Beschlagnahme auch die Einziehung zu verbinden. Diese hat nach § 11 Abs. 2 Satz 1 mit dem Eintritt der Unanfechtbarkeit des Verbots und der Einziehungsanordnung den Übergang des Vermögens auf den Einziehungsberechtigten zur Folge.

2   Der Zweck der Vermögenseinziehung ist ein doppelter: Zum einen soll sie verhindern, dass das Vermögen von den Mitgliedern des verbotenen Vereins erneut verfassungswidrigen Zwecken nutzbar gemacht wird, indem sie als Sicherungsmaßnahme den verfassungsfeindlichen Kräften die materiellen Mittel entzieht (BT-Drs. IV/430, 19), zum anderen soll sie einen neuen Rechtsträger für das Vermögen des nicht mehr existierenden Vereins schaffen (vgl. *Schnorr* § 11 Rn. 1; *Rudroff*, Das Vereinigungsverbot nach Art. 9 Abs. 2, 1995, S. 124).

3   Die Regelungen zur Einziehung nach § 11 werden durch §§ 11, 13, 17 Abs. 2 und 18 VereinsG-DVO ergänzt.

2. Entstehungsgeschichte

4   Der Gesetzgeber erkannte die Gefahr, dass die in einem verbotenen Verein organisierten verfassungsfeindlichen Kräfte versuchen würden, entweder den Verein illegal fortzusetzen oder sich neu zu gruppieren und ihre Ziele in anderer Organisationsform und auf anderem Wege zu erreichen. Die Regelungen des bürgerlichen Rechts über die Abwicklung aufgelöster Vereine und Gesellschaften begünstigen derartige Bestrebungen, da zum einen aufgelöste Vereine nach diesen Vorschriften für die Zwecke der Abwicklung fortbestehen, wodurch es dem Verein erleichtert wird, den organisatorischen Zusammenhang der Mitglieder fortzusetzen. Zum anderen würden nach den Vorschriften des bürgerlichen Rechts bei der Auseinandersetzung in großem Umfang Vermögenswerte in die Hände von Personen fließen, die dem Verein angehört oder ihn unterstützt haben, und es bestünde deshalb die Gefahr, dass diese Vermögenswerte von Neuem zur Förderung von Handlungen oder Bestrebungen der in Art. 9 Abs. 2 GG genannten Art verwendet würden (vgl. BT-Drs. IV/430, 20).

5   Um dies zu verhindern, hatten schon die beiden Republikschutzgesetze von 1922 und 1930 und die Notverordnung vom 19.12.1932 die Möglichkeit der Einziehung des Vermögens verbotener Organisationen vorgesehen (BT-Drs. IV/430, 20).

6   In den Republikschutzgesetzen und Notverordnungen der Weimarer Zeit sowie in § 46 BVerfGG fehlten jedoch Bestimmungen über die Durchführung

Dritter Abschnitt. Beschlagnahme und Einziehung § 11 VereinsG

einer Vermögenseinziehung, obwohl sie zahlreiche Fragen aufwarf. Dies galt insbesondere im Hinblick auf die Vereinsgläubiger und die dinglichen Rechte an Gegenständen (BT-Drs. IV/430, 20). Aufgrund der bei der Einziehung des Vermögens verbotener Parteien gemachten Erfahrungen wollte der Gesetzgeber die Durchführung der Vermögenseinziehung im VereinsG aus rechtsstaatlichen Gründen wenigstens in den Grundzügen regeln (BT-Drs. IV/430, 20).

3. Verfassungs- und gemeinschaftsrechtliche Bezüge

Fraglich ist, ob der durch die Vermögenseinziehung bewirkte endgültige 7 und entschädigungslose Vermögensverlust des Vereins mit dem verfassungsrechtlichen Schutz des Eigentums gem. Art. 14 GG vereinbar ist. Im Grunde besteht Einigkeit darüber, dass es sich bei der Einziehung nach § 11 um keine gegen Art. 14 GG verstoßende entschädigungslose Enteignung handelt. Die dogmatische Begründung ist allerdings umstritten. Nach der Gesetzesbegründung liegt **keine Enteignung** vor, weil der Rechtsverlust aufgrund rechtswidrigen Verhaltens zur Verhütung weiteren Rechtsmissbrauchs eintrete. Diese schon in der Weimarer Zeit allgemein vertretene Auffassung sei auch durch die Rechtsprechung des BAG und des BGH anerkannt worden (BT-Drs. IV/430, 19). Nach anderer Ansicht bedürfe es zur Begründung der Verfassungsmäßigkeit der Einziehung nicht der Ausführungen des BGH und des BAG über die „Makelhaftigkeit" des Vereinsvermögens schon vor dem Verbotsausspruch. Vielmehr sei die Vernichtung der Vereinigung als Vermögensträger bereits in der Zulässigkeit ihrer Auslöschung als Rechtsperson nach Art. 9 Abs. 2 GG mitenthalten. Die einer Eigentumsverwirkung gleichende Regelung der Verbotsvorschrift des Art. 9 Abs. 2 GG sei insoweit Sondervorschrift gegenüber der Eigentumsgarantie des Art. 14 GG (vgl. *von Feldmann*, Vereinigungsfreiheit und Vereinigungsverbot, 1972, S. 77; *Wache* in Erbs/Kohlhaas VereinsG § 11 Rn. 2). *Schnorr* hingegen sieht in Art. 9 Abs. 2 GG ein „Gesetz", das Inhalt und Schranken des Eigentums, hier die erlaubte Verwendung des Vereinsvermögens, iSd Art. 14 Abs. 1 Satz 2 GG determiniert (*Schnorr* § 11 Rn. 2; so auch BVerwG Beschl. v. 29.01.2013 – 6 B 40.12; BVerwG NVwZ 2005, 1435, 1441). Zur Verfassungsmäßigkeit vgl. auch *Rudroff*, Das Vereinigungsverbot nach Art. 9 Abs. 2 GG, 1995, S. 130 ff.

II. Voraussetzung, Begünstigter und Umfang der Einziehung (Abs. 1)

1. Voraussetzung der Vermögenseinziehung

Voraussetzung der Vermögenseinziehung ist eine **besondere Einzie-** 8 **hungsanordnung** der Verbotsbehörde. Die Verbotsverfügung oder die Beschlagnahmeanordnung alleine reichen nicht aus, um die Einziehung zu bewirken. Nach § 3 Abs. 1 Satz 2 soll die Einziehungsanordnung in der Regel gleichzeitig mit der Verbotsverfügung erlassen werden, kann ihr aber auch nachfolgen (siehe § 3 VereinsG Rn. 17). Die Einziehungsanordnung ist ein selbständiger, aber akzessorischer Verwaltungsakt, folglich kann sie nur als Nebenmaßregel im Zusammenhang mit einem Vereinsverbot ausgesprochen

VereinsG § 11 Dritter Abschnitt. Beschlagnahme und Einziehung

werden (BT-Drs. IV/430, 20). Die Einziehungsanordnung ist in ihrer Wirksamkeit von der Wirksamkeit der Verbotsverfügung abhängig (vgl. BT-Drs. IV/430, 20). Daher ist eine Einziehungsanordnung ohne gleichzeitige oder vorausgehende Verbostverfügung unwirksam; mit der Aufhebung oder Zurücknahme des Verbots entfällt auch die Einziehung (vgl. *Wache* in Erbs/Kohlhaas VereinsG § 11 Rn. 3).

2. Begünstigter

9   Einziehungsbegünstigter ist nach § 11 Abs. 1 Satz 1 das Land, dessen Verbotsbehörde nach § 3 Abs. 2 Satz 1 Nr. 1 zuständig ist, oder der Bund, wenn nach § 3 Abs. 2 Satz 1 Nr. 2 der Bundesminister des Innern zuständige Verbotsbehörde ist.

10   Die Begriffe „Land" und „Bund" sind im staatsrechtlichen Sinne zu verstehen, weshalb die Einziehung nur zugunsten der unmittelbaren Staatsverwaltung, nicht aber zugunsten von Körperschaften, Anstalten oder Stiftungen des öffentlichen Rechs erfolgen kann (*Schnorr* § 11 Rn. 5).

3. Umfang der Einziehung

11   Von der Einziehung sind gem. § 11 Abs. 1 Satz 2 alle Forderungen und Sachen im Eigentum des Vereins (gesamtes Aktivvermögen) sowie das nach § 10 Abs. 1 Satz 3 treuhänderisch verwaltete Vereinsvermögen umfasst (BT-Drs. IV/430, 20). Von der Einziehung nicht erfasst werden hingegen die vom Verein einem Dritten zur Sicherung übertragenen Gegenstände, § 11 Abs. 1 Satz 2 letzter Hs. Zum Begriff des Vereinsvermögens vgl. § 10 Rn. 14 ff. Zur Einziehung von Gegenständen Dritter vgl. § 12 Rn. 12 ff. (Forderungen) und Rn. 21 ff. (Sachen). Zur Vermeidung unbilliger Härten kann die Verbots- oder die Einziehungsbehörde anordnen, dass ein nach § 11 Abs. 1 Satz 2 eintretender Rechtsverlust unterbleibt, § 13 Abs. 2 Alt. 1 (vgl. hierzu § 13 Rn. 15 ff.). Sie kann auch ganz von der Einziehung absehen, vgl. Rn. 20 f.

III. Wirksamwerden der Einziehung und Rechtsübergang (Abs. 2)

1. Wirksamwerden der Einziehung

12   Die Einziehung wird eigentumsübertragend erst wirksam, wenn sowohl die Verbotsverfügung als auch die Einziehungsanordnung unanfechtbar geworden sind, § 11 Abs. 2 Satz 1. Da die Verbotsverfügung und die Einziehungsanordnung in der Regel miteinander verbunden werden (§ 3 Abs. 1 Satz 2), fallen beide Zeitpunkte grundsätzlich zusammen. Zu Ausnahmen hiervon vgl. ausführlich *Schnorr* § 11 Rn. 7.

2. Rechtsübergang

13   Das Vereinsvermögen und die nach Abs. 1 Satz 2 eingezogenen Gegenstände gehen kraft Gesetzes auf den Einziehungsberechtigten über, sobald die Verbotsverfügung und die Einziehungsanordnung unanfechtbar geworden

Dritter Abschnitt. Beschlagnahme und Einziehung § 11 VereinsG

sind, § 11 Abs. 2 Satz 1. Eines weiteren bzw. nochmaligen rechtsgestaltenden Verwaltungsakts, um den Vermögensübergang zu vollziehen, bedarf es nicht (*Schnorr* § 11 Rn. 3).

§ 11 Abs. 2 statuiert zwar **keine gesetzliche Gesamtrechtsnachfolge** (so 14 auch *Wache* in Erbs/Kohlhaas VereinsG § 11 Rn. 5; a. A. *Schnorr* § 11 Rn. 1 u. 4). Im Gegensatz zu früheren Rechtsgrundsätzen über die Einziehung des Vermögens verbotener Organisationen (vgl. BAG NJW 1959, 1243 [1246]) sieht das VereinsG jedoch nicht nur einen Übergang des Aktivvermögens, sondern grundsätzlich auch eine auf das Vereinsvermögen beschränkte Haftung des Einziehungsbegünstigten für die Verbindlichkeiten (§ 13 Abs. 1) und den Fortbestand beschränkt dinglicher Rechte (§ 12 Abs. 3) vor (BT-Drs. IV/430, 20). Das eingezogene Vermögen wird als **eigene Vermögensmasse** der Befriedigung der Vereinsgläubiger zur Verfügung gestellt; zugleich wird damit die Haftung des Einziehungsbegünstigten für die Vereinsverbindlichkeiten auf das eingezogene Vermögen beschränkt (BT-Drs. IV/430, 20). Die Verwaltung des eingezogenen Vereinsvermögens hat gem. § 11 Abs. 2 Satz 1 folglich rechnerisch und kassenmäßig getrennt vom sonstigen Bundes- bzw. Landesvermögen zu erfolgen (*Schnorr* § 11 Rn. 8).

Wird eine Teilorganisation des Vereins, die eigene Rechtspersönlichkeit be- 15 sitzt oder deren Vermögen den Mitgliedern zur gesamten Hand zusteht, nach § 3 Abs. 3 von dem Verbot mit ergriffen, so erstreckt sich, wenn nichts Abweichendes bestimmt wird, die Beschlagnahme und Einziehung auch auf das Vermögen der Teilorganisation. Dieses muss aber hinsichtlich der Haftung selbständig bleiben und daher als eigene besondere Vermögensmasse getrennt abgewickelt werden, § 11 Abs. 2 Satz 2 (BT-Drs. IV/430, 20).

Nach § 13 VereinsG-DVO setzt die Verbots- oder die Einziehungsbehörde 16 die von der Einziehung Betroffenen von dem nach § 11 Abs. 2 Satz 1 erfolgten Rechtsübergang in Kenntnis.

3. Erlöschen des Vereins und Abwicklung (Abs. 2 Satz 3 und 4)

Sind das Verbot und die Vermögenseinziehung unanfechtbar geworden und 17 ist das Vermögen damit auf den Einziehungsbegünstigten übergegangen, so besteht kein Grund mehr, den Verein rechtlich weiterbestehen zu lassen. § 11 Abs. 2 Satz 3 sieht daher vor, dass der Verein erlischt. Nur in seltenen Fällen wird es vorkommen, dass dann noch unerledigte nichtvermögensrechtliche Angelegenheiten des Vereins ausstehen (BT-Drs. IV/430, 20). Deren Abwicklung muss dann die Verbotsbehörde im Rahmen des Einziehungsverfahrens mitübernehmen, § 11 Abs. 2 Satz 4 (vgl. BT-Drs. IV/430, 20). Nach *Schnorr* betrifft die Regelung des § 11 Abs. 2 Satz 3 nur das Erlöschen des Vereins in seiner Eigenschaft als Vermögenssubjekt. Für den Zeitpunkt des Erlöschens nichtvermögensrechtlicher Rechte und Pflichten sei das Unanfechtbarwerden der Verbotsverfügung als solcher entscheidend, auf den Eintritt der Unanfechtbarkeit der Einziehungsanordnung komme es insoweit nicht an (vgl. *Schnorr* § 11 Rn. 9).

Seidl

IV. Einziehungsbehörde (Abs. 3)

18 Die Einziehung obliegt grundsätzlich der nach § 3 Abs. 2 zuständigen Verbotsbehörde. Für den Fall, dass der Bundesminister des Innern zuständig ist, gibt ihm § 11 Abs. 3 Satz 1 zu seiner Entlastung von Verwaltungsaufgaben, die Möglichkeit mit der Durchführung der Einziehung und mit der Abwicklung (§ 13) das Bundesveraltungsamt oder eine andere Behörde als **Einziehungsbehörde** zu beauftragen. Die beauftragte Bundesbehörde ist an die Weisungen des Bundesministers des Innern gebunden, wie die Verweisung des § 11 Abs. 3 Satz 2 auf § 10 Abs. 3 zeigt (BT-Drs. IV/430, 20; *Schnorr* § 11 Rn. 8). Der Verweis dieser Vorschrift auf § 10 Abs. 3 bedeutet des Weiteren, dass die Einziehungsbehörde ihrerseits weisungsgebundene Verwalter bestellen kann (*Wache* in Erbs/Kohlhaas VereinsG § 11 Rn. 5; *Groh* NomosOK VereinsG, § 11 Rn. 5). Die Beauftragung einer Einziehungsbehörde ist öffentlich bekannt zu machen, § 11 Abs. 3 Satz 3. Durch die Bek. v. 25. 7. 1979 (BAnz. Nr. 150 v. 14. 8. 1979) hat der Bundesminister des Innern das Bundesverwaltungsamt allgemein mit der Durchführung der Einziehung und Abwicklung des Vermögens verbotener Vereine beauftragt.

19 Zur Aufgabenübertragung an untergeordnete Landesbehörden sind auch die Landesverbotsbehörden befugt, selbst wenn dies in § 11 Abs. 3 nicht erwähnt ist (*Schnorr* § 11 Rn. 8; *Groh* NomosOK VereinsG, § 11 Rn. 5).

V. Verzicht auf die Einziehung (Abs. 4)

20 Besteht keine Gefahr, dass mittels einer Vermögensauseinandersetzung nach bürgerlichem Recht der organisatorische Zusammenhalt der Mitglieder aufrecht erhalten oder Teile des Vereinsvermögens erneut verfassungswidrigen Bestrebungen dienstbar gemacht werden, oder handelt es sich ausschließlich um Gegenstände von unerheblichem Wert, bei denen die Kosten der Einziehung den Wert des Einziehungsobjekts wesentlich übersteigen, kann die Verbotsbehörde von der Einziehung absehen oder eine bereits getroffene Einziehungsanordnung wieder aufheben. Jedoch sind auch wirtschaftlich geringwertige Gegenstände einzuziehen, wenn sie bei einem eventuellen Versuch, die verfassungswidrige Tätigkeit des verbotenen Vereins fortzusetzen, für diesen von erheblichem Wert sind (BT-Drs. IV/2145, 3). Das Absehen von der Einziehung bzw. deren Aufhebung stehen im Entschließungsermessen der Verbotsbehörde (BVerwG NVwZ 2005, 1435 [1441]).

21 Hat die Verbotsbehörde von der Einziehung abgesehen, findet auch kein Abwicklungsverfahren nach § 13 statt. Vielmehr ist es in diesem Fall die Sache des Vereins, die Liquidation nach bürgerlichem Recht durchzuführen. § 11 Abs. 4 Satz 2 u. 3 räumt der Verbotsbehörde abweichend vom bürgerlichen Recht eine stärkere Stellung ein. Um zu verhindern, dass die Liquidation zu verfassungswidrigen Zwecken missbraucht wird, kann die Verbotsbehörde zum einen die Liquidatoren selbst bestimmen. Zum anderen besteht auch im Falle der Liquidation ein Bedürfnis dafür, dass den Vereinsmitgliedern, die die verfassungswidrigen Bestrebungen des Vereins erkannt haben, kein Zugriff auf

Dritter Abschnitt. Beschlagnahme und Einziehung § 12 VereinsG

den evtl. Liquidationserlös eröffnet wird. § 11 Abs. 4 Satz 3 sieht daher die Möglichkeit einer Einziehung des Anspruchs auf den Liquidationserlös nach Maßgabe des § 12 Abs. 1 Satz 1 vor.

§ 12 Einziehung von Gegenständen Dritter

(1) ¹Die Verbotsbehörde oder die Einziehungsbehörde zieht Forderungen Dritter gegen den Verein ein, wenn
1. sie aus Beziehungen entstanden sind, die sich nach Art, Umfang oder Zweck als eine vorsätzliche Förderung der verfassungswidrigen Bestrebungen des Vereins darstellen, oder
2. sie begründet wurden, um Vermögenswerte des Vereins dem behördlichen Zugriff zu entziehen oder den Wert des Vereinsvermögens zu mindern.

²Hat der Gläubiger eine solche Forderung durch Abtretung erworben, so kann sie nur eingezogen werden, wenn der Gläubiger die in Satz 1 bezeichneten Tatsachen bei dem Erwerb kannte.

(2) Sachen Dritter werden eingezogen, wenn der Berechtigte durch die Überlassung der Sachen an den Verein dessen verfassungswidrige Bestrebungen vorsätzlich gefördert hat oder die Sachen zur Förderung dieser Bestrebungen bestimmt sind.

(3) ¹Rechte Dritter an den nach § 11 Abs. 1 oder nach § 12 Abs. 1 oder 2 eingezogenen Gegenständen bleiben bestehen. ²Sie werden eingezogen, wenn sie unter den in Absatz 1 bezeichneten Voraussetzungen begründet oder erworben worden sind.

(4) ¹Die nach den Absätzen 1 bis 3 eingezogenen Gegenstände gehen mit Eintritt der Unanfechtbarkeit des Verbots und der Einziehungsverfügung auf den Einziehungsbegünstigten über. ²Nicht vererbliche Rechte erlöschen.

(5) ¹Verfügungen des Vereins, die in den letzten sechs Monaten vor Erlaß des Verbots in der dem anderen Teil bekannten Absicht vorgenommen wurden, Gegenstände des Vereinsvermögens beiseite zu schaffen, sind dem Einziehungsbegünstigten gegenüber unwirksam. ²Ist zugunsten eines Vereinsmitglieds oder einer Person, die ihm im Sinne des § 138 Abs. 1 der Insolvenzordnung nahesteht, verfügt worden, so wird vermutet, daß diesen die in Satz 1 bezeichnete Absicht bekannt war.

Übersicht

	Rn.
I. Allgemeines	1
1. Inhalt	1
2. Entstehungsgeschichte	5
3. Verfassungs- und gemeinschaftsrechtliche Bezüge	8
II. Voraussetzung der Einziehung nach § 12	10
III. Forderungen Dritter (Abs. 1)	12
1. Forderungen Dritter (Abs. 1 Satz 1)	12
a) Kollaborationsforderungen (Abs. 1 Satz 1 Nr. 1)	14

	Rn.
b) Umgehungsforderungen (Abs. 2 Satz 1 Nr. 2)	17
2. Schutz des Drittgläubigers (Abs. 1 Satz 2)	20
IV. Sachen Dritter (Abs. 2)	21
1. Sachen Dritter im Gewahrsam des Vereins	21
2. Sachen Dritter in deren Gewahrsam	23
V. Rechte Dritter (Abs. 3)	25
VI. Wirkung der Einziehung (Abs. 4)	27
1. Zeitpunkt und Wirkung (Abs. 4 Satz 1)	27
2. Sich anschließende verfahrensrechtliche Maßnahmen	28
3. Abs. 4 Satz 2	29
VII. Verfügungsbeschränkungen bei vorsorglichen Umgehungsgeschäften (Abs. 5)	30
1. Schutzzweck	30
2. Tatbestandsmerkmale der Verfügungsbeschränkung	32
3. Rechtswirkungen der Verfügungsbeschränkungen	35
VIII. Hinweise für den Rechtsanwender	36
1. Rechtsnatur der Einziehungsverfügung und Rechtsweg	36
2. Durchführung der Einziehung	37
a) Einziehung makelbehafteter Forderungen Dritter (Abs. 1)	37
b) Einziehung makelbehafteter Sachen Dritter (Abs. 2)	38
c) Einziehung makelbehafteter Rechte Dritter (Abs. 3)	40
d) Einziehung von Umgehungsverfügungen (Abs. 5)	41

I. Allgemeines

1. Inhalt

1 Die Vorschrift ermöglicht es, neben der nach § 11 zulässigen Einziehung des Vereinsvermögens, auch Forderungen Dritter gegen den Verein sowie Sachen und Rechte Dritter einzuziehen, wenn sie „**makelbehaftet**" sind.

2 Ein Makel haftet Forderungen Dritter gegen den Verein und Rechten Dritter an eingezogenen Gegenständen an, wenn sie aus Beziehungen entstanden sind, die sich nach Art, Umfang oder Zweck als vorsätzliche Förderung der verfassungswidrigen Bestrebungen des Vereins darstellen oder sie begründet wurden, um Vermögenswerte des Vereins dem behördlichen Zugriff zu entziehen oder den Wert des Vereinsvermögens zu mindern. Sachen Dritter sind mangelbehaftet, wenn der Berechtigte durch die Überlassung der Sache an den Verein dessen verfassungswidrige Bestrebungen vorsätzlich gefördert hat oder die Sachen zur Förderung dieser Bestrebungen bestimmt sind.

3 Diese makelbehafteten Gegenstände und Rechte Dritter, die nach § 12 Abs. 1–3 wie das Vereinsvermögen selbst der Einziehung unterliegen, werden nicht aus dem eingezogenen Sondervermögen befriedigt bzw. nicht herausgegeben (*Schnorr* § 12 Rn. 1).

4 § 12 enthält im Wesentlichen die materiell-rechtlichen Rechtsgrundsätze für die tatbestandsmäßige Erfassung der makelbehafteten Forderungen, Sachen und Rechte Dritter, setzt jedoch ein besonderes Einziehungsverfahren voraus. Ergänzt wird § 12 durch §§ 14, 17 Abs. 2 und 18 VereinsG-DVO.

Dritter Abschnitt. Beschlagnahme und Einziehung **§ 12 VereinsG**

2. Entstehungsgeschichte

Die Vorschrift des § 12 wurde als Ergänzung zu § 11 eingeführt, weil die **5** Vermögenseinziehung andernfalls ihren Sinn verlieren und leer laufen würde (vgl. BT-Drs. IV/430, 20). Dem Staat soll ermöglicht werden, alles an Vermögenswerten einzuziehen, was vom Verein und in seinem Umfeld zur Gefährdung der Schutzgüter des Vereinsgesetzes eingesetzt wurde, zudem soll er nicht gezwungen werden, dolose Forderungen von Vereinsgläubigern befriedigen zu müssen und schließlich soll verhindert werden, dass der Verein sein Vermögen durch die Begründung von Rechten Dritter dem Zugriff des Staates entzieht (vgl. *Groh* NomosOK VereinsG § 12 Rn. 1).

Die Neufassung des § 12 Abs. 2, als Folgeänderung zur Erweiterung des § 3 **6** Abs. 1 Satz 2, durch das G. v. 28.10.1994 (BGBl. I 3186) schließt eine Regelungslücke, die im Verlauf von Vereinsverbotsmaßnahmen vielfach dadurch aufgetreten war, dass verbotsrelevante Sachen, die nicht zum Vereinsvermögen gehörten, dem Vereinszweck aber dienten und die nicht beim Verein, sondern bei Dritten vorgefunden wurden, von der das Verbot vollziehenden Behörde an diese Dritten wieder herauszugeben waren, weil der Nachweis der Zugehörigkeit zum Vereinsvermögen nicht gelang. Diese Regelungslücke schließt nunmehr die Neufassung von § 12 Abs. 2, sofern die Sachen dem Verein oder dem Vereinszweck zuzuordnen sind (vgl. BT-Drs. 12/6853, 45).

Die Änderung in § 12 Abs. 5 Satz 2 durch G. v. 5.10.1994 (BGBl. I 2911) **7** ersetzt den in § 31 Nr. 2 KO genannten Kreis von Angehörigen des Vereinsmitglieds durch den Personenkreis, der auch im Rahmen der InsO, bei der Anfechtung von Rechtshandlungen wegen vorsätzlicher Benachteiligung, an die Stelle der in § 31 Nr. 2 KO genannten Personen tritt und zu dessen Lasten auch dort die Kenntnis von dem mit der Rechtshandlung verbundenen Zweck vermutet wird. Eine inhaltliche Änderung liegt insbes. darin, dass dem Ehegatten eines Vereinsmitglieds ein früherer Ehegatte gleichgestellt wird, wenn die Ehe im letzten Jahr aufgelöst worden ist, und dass auch Personen erfasst werden, die in häuslicher Gemeinschaft mit dem Vereinsmitglied leben (vgl. BT-Drs. 12/3803, 62).

3. Verfassungs- und gemeinschaftsrechtliche Bezüge

Von Teilen der Literatur wird § 12 für verfassungswidrig gehalten. So kriti- **8** siert *von Feldmann,* dass die Vorschrift des § 12 Abs. 5 gegen den Grundsatz der materiell-konstitutiven Wirkung des Vereinigungsverbots verstoße. Nach diesem Grundsatz könne eine Vereinigung in der Zeit vor dem gegen sie erlassenen Vereinigungsverbot über ihr Vermögen nach Belieben verfügen. Die Regelung des § 12 Abs. 5 beziehe jedoch demgegenüber in vermögensrechtlicher Hinsicht die Zeit vor dem Verbotsausspruch in die Regelung der Folgen des Vereinsverbots mit ein. Sie behandle rückwirkend bestimmte Rechtsbeziehungen der Vereinigung als illegal. Durch diese Regelung würden noch nicht verbotene Vereinigungen in ihrer Freiheit zur Teilnahme am Rechtsverkehr, insbes. zur Verfügung über ihr Vermögen, in verfassungswidriger Weise beeinträchtigt. Auch § 12 Abs. 1–4 verstoße gegen den Grundsatz, dass das Vereinsverbot vor seiner Unanfechtbarkeit keine Wirkungen hat, denn der rechtsgeschäftliche Verkehr mit der Vereinigung vor dem Verbot werde rückwirkend mit der Sanktion des Vermögensverlustes belegt. Zudem leitet *von Feldmann* aus dem Verstoß gegen Art. 3 Abs. 3 GG eine Eigentumsdiskriminierung durch § 12 Abs. 1–4 ab, die verfassungsrechtlich zulässig nur im Verwirkungsverfahren nach Art. 18 GG durch das BVerfG ausgesprochen werden könne. Zu weiteren Einzelheiten vgl. *von Feldmann,* Vereinigungsfreiheit und Vereinigungsverbot, 1972, S. 77 ff.; siehe auch *Rudroff,* Das Vereinigungsverbot nach Art. 9 Abs. 2 GG, 1995, S. 134 ff.

9 Nach der Rechtsprechung (VGH München Urt. v. 26.11.2007 – 4 B 07 104) begegnet die Vorschrift des § 12 trotz der Rechtsfolge eines – entschädigungslosen Eigentumsverlusts – keinen Bedenken im Hinblick auf die verfassungsrechtliche Eigentumsgarantie (Art. 14 GG). § 12 sei eine verfassungsgemäße Inhalts- und Schrankenbestimmung gem. Art. 14 Abs. 1 Satz 2 GG und keine Enteignung nach Art. 14 Abs. 3 GG. Mit ihr habe der Gesetzgeber bei der Abwägung zwischen dem Schutz des Eigentums mit dem Gemeinwohl dem Schutz der Allgemeinheit vor verfassungswidrigen Bestrebungen in nicht zu beanstandender Weise den Vorrang vor dem Eigentumsschutz eingeräumt. Dabei sei auch dem Grundsatz der Verhältnismäßigkeit in hinreichender Weise Rechnung getragen worden.

II. Voraussetzung der Einziehung nach § 12

10 Auch nach der Neufassung des § 3 Abs. 1 Satz 2 wird die Einziehung von Forderungen, Sachen und Rechten Dritter nicht schon automatisch durch die Einziehungsanordnung nach § 11 Abs. 2 Satz 1 erfasst, weil sie nur ausnahmsweise – im Falle ihrer Makelhaftigkeit – eingezogen werden. Bei Forderungen, Sachen und Rechten Dritter muss in jedem Einzelfall geprüft werden, ob sie aufgrund der in § 12 Abs. 1–3 geregelten Tatbestände einziehungsfähig sind. Ist dies der Fall, muss ihre Einziehung durch einen besonderen Verwaltungsakt (Einziehungsverfügung) angeordnet werden. Dies ergibt sich aus dem Wortlaut des § 12 Abs. 4 Satz 1, der im Unterschied zu § 11 Abs. 2 Satz 1 („Einziehungsanordnung") nach wie vor von einer „Einziehungsverfügung" spricht (hiervon gehen wohl auch *Wache* (*Wache* in Erbs/Kohlhaas VereinsG § 12 Rn. 1) und *Groh* (*Groh* in NomosOK VereinsG § 12 Rn. 1) aus, ohne jedoch die Wortlautänderung in § 3 Abs. 1 Satz 2 zu problematisieren).

11 Gem. § 14 VereinsG-DVO sind die Einziehungsverfügungen nach § 12 schriftlich abzufassen und dem Inhaber des eingezogenen Gegenstands zuzustellen. Sie müssen den Gegenstand der Einziehung und dessen Inhaber bezeichnen und in der schriftlichen Begründung auf das Vereinsverbot und den Grund der Einziehung hinweisen.

III. Forderungen Dritter (Abs. 1)

1. Forderungen Dritter (Abs. 1 Satz 1)

12 Der Einziehung unterliegen nach § 12 Abs. 1 Satz 1 zwei Arten von Forderungen Dritter: **Kollaborationsforderungen,** dh Forderungen, die aus Be-

Dritter Abschnitt. Beschlagnahme und Einziehung § 12 VereinsG

ziehungen entstanden sind, die sich nach Art, Umfang oder Zweck als vorsätzliche Förderung der verfassungswidrigen Bestrebungen des Vereins darstellen (Nr. 1), und **Umgehungsforderungen,** dh Forderungen, die begründet wurden, um Vermögenswerte des Vereins dem behördlichen Zugriff zu entziehen oder den Wert des Vereinsvermögens zu mindern (Nr. 2).

Inhaber derart makelbehafteter Forderungen können nicht nur außenstehende Dritte, sondern auch Vereinsmitglieder sein (*Groh* NomosOK VereinsG § 12 Rn. 3). Gemein ist beiden Arten von Forderungen, dass sie sich **gegen den Verein** richten müssen. Der Verein muss also Schuldner der Forderung sein (zu weiteren Einzelheiten vgl. *Schnorr* § 12 Rn. 2). 13

a) Kollaborationsforderungen (Abs. 1 Satz 1 Nr. 1). § 12 Abs. 1 Satz 1 Nr. 1 betrifft Forderungen, die aus „Kollaborationen" mit dem verbotenen Verein erwachsen sind (BT-Drs. IV/430, 21). 14

Erfasst werden nur solche Forderungen, die aus Beziehungen entstanden sind, durch die der Verein eine **Förderung** erfahren hat (BT-Drs. IV/430, 21). Ansprüche aus unerlaubter Handlung, aus Gefährdungshaftung etc. scheiden daher von vornherein aus (BT-Drs. IV/430, 21). Diese **Beziehungen** können sowohl rechtlicher Art (zB Vertrag), als auch tatsächlicher Natur (zB Aufwendungsersatz) sein (*Schnorr* § 12 Rn. 2). Sinn und Zweck des Gesetzes gebieten es, die kollaboratorischen Beziehungen weit auszulegen. Folglich ist es – im Gegensatz zur Forderung selbst – nicht erforderlich, dass die Beziehungen zum Verein bestehen. Kollaborationsforderungen können auch dann vorliegen, wenn sie auf Beziehungen zu Dritten, zB einzelnen Vereinsmitgliedern, beruhen (zur Vertiefung vgl. *Schnorr* § 12 Rn. 2). Aber auch im Rahmen der den Verein fördernden Beziehungen unterwirft § 12 Abs. 1 Satz 1 Nr. 1 nicht alle Ansprüche der Einziehung, sondern nur solche aus Beziehungen, die sich nach Art, Umfang oder Zweck als **vorsätzliche** Förderung des Vereins darstellen (BT-Drs. IV/430, 21). Der Vorsatz muss sich dabei auf die Förderung und auf die verfassungswidrigen Bestrebungen beziehen. Der Vorsatz ist also nur dann gegeben, wenn der Forderungsinhaber die verfassungswidrigen Bestrebungen des Vereins gekannt hat und sich bewusst war, dass er diese durch seine Beziehungen fördert (*Schnorr* § 12 Rn. 3). Absichtliches Handeln ist nicht erforderlich, dolus eventualis ist ausreichend (ebenso *Schnorr* § 12 Rn. 3). Bei jedem Rechtsgeschäft ist gesondert zu prüfen, ob es nach **Art, Umfang oder Zweck** eine vorsätzliche Förderung der verfassungswidrigen Bestrebungen des Vereins darstellt. Dies ist in der Regel nicht der Fall, wenn die Beziehungen über den allgemein üblichen Geschäftsverkehr nicht hinausgehen. Forderungen aus Rechtsgeschäften, die im Geschäftsverkehr routinemäßig ohne besondere Ansehung des Vertragspartners abgewickelt zu werden pflegen, sind daher keine einziehungsfähigen Kollaborationsforderungen, zB Forderungen für übliche handwerkliche Reparaturarbeiten (BT-Drs. IV/430, 21). Die vorsätzliche Förderung kann sich zum einen aus der **Art** der Beziehung ergeben. Dies ist bei allen Rechtsgeschäften der Fall, die in Ansehung gerade des verbotenen Vereins abgeschlossen wurden (*Schnorr* § 12 Rn. 4), zB Gehaltsansprüche von Funktionären, Auslagenerstattungsansprüche von Rednern. Auch aus dem **Umfang** der Beziehungen kann auf eine vorsätzliche Förderung zu schließen sein. Dies ist dann von Bedeutung, wenn der Dritte 15

Seidl 167

ausgedehnte, feste Geschäftsbeziehungen zum Verein unterhalten hat. Schließlich kann das vorsätzliche Fördern durch den besonderen **Geschäftszweck** offenbar werden, zB Entgeltforderung für das Drucken verfassungswidriger Schriften. Diese Grundsätze sind auch auf Forderungen aus Arbeitsverträgen mit dem Verein anwendbar (für nähere Einzelheiten vgl. *Schnorr* § 12 Rn. 5).

16 Keine Kollaborationsforderungen sind demnach insbes.: Steuerforderungen, Beitragsansprüche der Sozialversicherungsträger, Telefongebühren, Ansprüche aus Wasser-, Gas- und Elektrizitätsversorgung, Ansprüche auf Zahlung von Gerichtsgebühren, Forderungen für Lieferung von Waren des täglichen Bedarfs (zB Heizöl, Büromaterial, Lebensmittel), Beitragsansprüche aus üblichen Versicherungsverträgen.

17 **b) Umgehungsforderungen (Abs. 2 Satz 1 Nr. 2).** § 12 Abs. 1 Satz 1 Nr. 2 betrifft Forderungen, die zur Vereitelung der Vermögenseinziehung entstanden sind (BT-Drs. IV/430, 21).

18 § 12 Abs. 1 Satz 1 Nr. 2 verlangt zunächst die Absicht der Umgehung der Vermögenseinziehung (vgl. Wortlaut „um ... zu"), die bloße Kenntnis der Vertragsparteien hingegen, dass durch die Begründung der Forderung das Vereinsvermögen dem behördlichen Zugriff entzogen oder gemindert wird, reicht für eine Forderungseinziehung nicht aus (VG Köln Urt. v. 26.01.2006 – 20 K 4316/04; *Schnorr* § 12 Rn. 7). Die Formulierung „Forderung ... begründet" in § 12 Abs. 1 Satz 1 Nr. 2 stellt darüber hinaus klar, dass beide Vertragspartner diese Zwecksetzung gebilligt haben müssen (BT-Drs. IV/430, 21). Dazu ist erforderlich, dass auch dem Gläubiger im Zeitpunkt des Vertragsschlusses die Umgehungsabsicht bekannt war (*Schnorr* § 12 Rn. 7). Hierzu ist es seitens der Behörden erforderlich, objektive Umstände festzustellen, die einen sicheren Rückschluss auf die Umgehungsabsicht auch bei den Gläubigern belegen (VG Köln Urt. v. 14.02.2008 – 20 K 4396/06; VG Köln Urt. v. 26.01.2006 – 20 K 4316/04 unter Benennung etwaiger objektiver Umstände).

19 Die Art der Umgehungsforderung ist für die Einziehungsfähigkeit irrelevant. In der Praxis häufige Beispiele sind die nachträgliche Umwandlung von Spenden an den Verein in ein Darlehen des Spendenden oder die Zahlung von nicht geschuldetem Auslagenersatz (*Wache* in Erbs/Kohlhaas VereinsG § 12 Rn. 7).

2. Schutz des Drittgläubigers (Abs. 1 Satz 2)

20 § 12 Abs. 1 Satz 2 enthält eine Schutzvorschrift zugunsten gutgläubiger Dritter, die eine einziehungsfähige Forderung im Wege der Forderungsabtretung erworben haben. Die Einziehungsfähigkeit bleibt nur erhalten, wenn der Zessionar die Eigenschaft der Forderung als Kollaborationsforderung oder als Umgehungsforderung im Zeitpunkt ihres Erwerbs gekannt hat. Positive Kenntnis ist erforderlich, ein bloßes Kennenmüssen reicht für die Forderungseinziehung nicht aus (*Schnorr* § 12 Rn. 7). Die Beweislast der positiven Kenntnis liegt auf Seiten der Behörde (*Groh* NomosOK VereinsG § 12 Rn. 6).

IV. Sachen Dritter (Abs. 2)

1. Sachen Dritter im Gewahrsam des Vereins

Sachen Dritter im Gewahrsam des Vereins unterliegen der Einziehung, 21 wenn sie mangelbehaftet sind. Dies ist der Fall, wenn der Berechtigte durch die Überlassung der Sachen an den Verein dessen verfassungswidrige Bestrebungen vorsätzlich gefördert hat.

Für diese Fallgruppe ist zum einen entscheidend, dass die Sache im Eigentum 22 eines Dritten, also nicht des Vereins, stehen muss und der Verein an der Sache des Dritten Gewahrsam hat. Dritte können auch hier neben außenstehenden Personen die Vereinsmitglieder selbst sein (*Schnorr* § 12 Rn. 11; *Groh* Nomos-OK VereinsG § 12 Rn. 7). Zum Sicherungseigentum vgl. *Schnorr* § 12 Rn. 11. Die Art des Gewahrsams ist irrelevant; auch ein bloßes Besitzdienerverhältnis genügt (*Schnorr* § 12 Rn. 11). Zum anderen muss der Dritte die Sache dem Verein überlassen und dadurch die verfassungswidrigen Bestrebungen des Vereins vorsätzlich gefördert haben. Unter dem Überlassen ist ein bewusstes, rechtserhebliches Handeln des Eigentümers zu verstehen. Auf die Art der Überlassung kommt es nicht an. Mithin ist eine Sache dem Verein iSd Norm überlassen, wenn dem Verein durch zB Miet-, Pacht-, Leih- oder ähnlichem Vertrag der Gewahrsam an der Sache von dem Dritten eingeräumt wurde (*Wache* in Erbs/Kohlhaas VereinsG § 12 Rn. 9). Ein Überlassen liegt hingegen nicht vor, wenn die Sache bspw. durch verbotene Eigenmacht in den Gewahrsam des Vereins gelangt ist (*Schnorr* § 12 Rn. 11). Vorsatz iSd Vorschrift meint die Kenntnis der verfassungswidrigen Bestrebungen und das Bewusstsein ihrer Förderung; dolus eventualis ist ausreichend (VGH München Urt. v. 26.11.2007 – 4 B 07 104; *Schnorr* § 12 Rn. 11). Die vorsätzliche Förderung der verfassungswidrigen Bestrebungen kommt insbes. in Betracht bei der Überlassung von Sachen, durch die der Verein erst in die Lage versetzt wird, seine verfassungswidrigen Bestrebungen zu verfolgen (*Schnorr* § 12 Rn. 11), zB Waffen, Funkgeräte, Kraftfahrzeuge, Propagandaschrifttum, Vervielfältigungsapparate und Druckereieinrichtungen (BT-Drs. IV/430, 21). Aber auch vordergründig „neutrale" Sachen fallen hierunter, wie zB ein Grundstück, das an den Verein zum Betrieb seines Vereinsheims vermietet wird, in dem dann der Großteil der verfassungswidrigen Tätigkeiten des Vereins stattfindet (VGH München Urt. v. 26.11.2007 – 4 B 07 104; *Groh* in NomosOK VereinsG § 12 Rn. 7).

2. Sachen Dritter in deren Gewahrsam

Nach der Neufassung des § 12 Abs. 2 kommt es nicht mehr entscheidend 23 darauf an, dass sich die Sache im Gewahrsam des Vereins befindet (vgl. Rn. 6). Sachen Dritter in deren eigenen Gewahrsam unterliegen nunmehr ebenfalls der Einziehung, wenn sie mangelbehaftet sind. Dies ist der Fall, wenn die Sachen zur Förderung der verfassungswidrigen Bestrebungen des Vereins bestimmt sind.

Für diese Fallgruppe ist zum einen ebenfalls entscheidend, dass die Sache im 24 Eigentum eines Dritten, also nicht des Vereins, stehen muss. Vgl. hierzu Rn. 22.

Zum anderen muss die Sache zur Förderung der verfassungswidrigen Bestrebungen des Vereins bestimmt sein. Damit sind alle Sachen erfasst, die objektiv geeignet und subjektiv dazu bestimmt sind, die verfassungswidrigen Bestrebungen des Vereins zu fördern. In Betracht kommen insbes. Sachen, mit denen die verfassungswidrigen Bestrebungen des Vereins offensichtlich und unmittelbar unterstützt werden können, wie zB Propagandaschriften (vgl. BT-Drs. 12/6853, 46).

V. Rechte Dritter (Abs. 3)

25 Rechte Dritter an den Gegenständen des eingezogenen Vereinsvermögens oder an den eingezogenen Gegenständen Dritter bleiben dem Berechtigten grundsätzlich erhalten, § 12 Abs. 3 Satz 1. Sie werden jedoch eingezogen, wenn sie unter den Voraussetzungen des § 12 Abs. 1 begründet oder erworben wurden, wenn sie also der Kollaboration oder der Umgehung der Vermögenseinziehung dienten, vgl. § 12 Abs. 3 Satz 2. Zu den einzelnen Voraussetzungen vgl. Rn. 12 ff.

26 Als einziehungsfähige Rechte Dritter kommen nur **beschränkt dingliche Rechte** in Betracht (BT-Drs. IV/430, 21). Forderungsrechte Dritter scheiden aus, weil ihre Einziehung bereits in Abs. 1 geregelt ist, und Eigentumsrechte teilen bereits das Schicksal der eingezogenen Sache nach § 12 Abs. 2 (*Schnorr* § 12 Rn. 16). Einziehungsfähig nach § 12 Abs. 3 sind folglich Pfandrechte an beweglichen Sachen, Grundschulden, Hypotheken, Reallasten, Nießbrauch, und Grunddienstbarkeiten. Akzessorische beschränkt dingliche Rechte gelten auch ohne besondere Verfügung als eingezogen, wenn die ihnen zugrundeliegende Forderung eingezogen wird (BT-Drs. IV/430, 21; *Schnorr* § 12 Rn. 16). Zu den Besonderheiten bei nicht vererblichen beschränkt dinglichen Rechten vgl. Rn. 29.

VI. Wirkung der Einziehung (Abs. 4)

1. Zeitpunkt und Wirkung (Abs. 4 Satz 1)

27 Die Einziehung von Gegenständen Dritter entfaltet erst im Zeitpunkt des Eintritts der Unanfechtbarkeit des Verbots und der Einziehungsverfügung dingliche Rechtswirkung, § 12 Abs. 4 Satz 1. In diesem Zeitpunkt gehen die nach den § 12 Abs. 1–3 eingezogenen Gegenstände auf den Einziehungsbegünstigten (§ 11 Abs. 1 Satz 1) über, fallen aber nicht in die besondere Vermögensmasse des § 11 Abs. 1 Satz 2 (BT-Drs. IV/430, 21).

2. Sich anschließende verfahrensrechtliche Maßnahmen

28 Es ist zu beachten, dass mit Eintritt der Unanfechtbarkeit des Verbots und der Einziehungsverfügung das Verfahren noch nicht abgeschlossen ist. Es müssen sich uU weitere verfahrensrechtliche Maßnahmen, wie zB die Berichtigung des Grundbuchs hinsichtlich der eingezogenen Grundpfandrechte, die Löschung persönlicher Grunddienstbarkeiten oder die Rückforderung von Faustpfändern anschließen (*Schnorr* § 12 Rn. 1). Werden durch eine wirksam gewordene Einziehung Grundstücke oder Rechte erfasst, die für den Dritten im Grundbuch eingetragen sind, ersucht die Verbotsbehörde oder die Einziehungsbehörde das Grundbuchamt um Berichtigung des Grundbuchs, § 18 Abs. 1 VereinsG-DVO. Entsprechendes gilt gem. § 18 Abs. 3 VereinsG-DVO für das Schiffsregister und das Schiffsbauregister.

3. Abs. 4 Satz 2

Nießbrauch und persönlich beschränkte Dienstbarkeiten an eingezogenen Gegenständen gehen nicht auf den Einziehungsbegünstigten über, sondern erlöschen gem. § 12 Abs. 4 Satz 2 mit dem Eintritt der Unanfechtbarkeit des Verbots und der Einziehungsverfügung, da sie nicht vererblich sind (§§ 1061, 1090 Abs. 2 BGB). 29

VII. Verfügungsbeschränkungen bei vorsorglichen Umgehungsgeschäften (Abs. 5)

1. Schutzzweck

Vergleichbar mit § 129 InsO und § 3 AnfG soll mit dieser Regelung verhindert werden, dass das Vereinsvermögen vorsorglich wegen eines drohenden Vereinsverbots bewusst beiseite geschafft wird, indem Rechte Dritter an ihm begründet werden (vgl. *Groh* NomosOK VereinsG § 12 Rn. 10; *Wache* in Erbs/Kohlhaas VereinsG § 12 Rn. 13). § 12 Abs. 5 ergänzt die Bestimmungen des § 10 Abs. 1, § 12 Abs. 1 Satz 1 Nr. 2 und § 12 Abs. 3 Satz 2, die dazu dienen sollen, den Zugriff auf das Vereinsvermögen zu erhalten (vgl. BT-Drs. IV/430, 21; *Schnorr* § 12 Rn. 19). 30

Von § 10 Abs. 1 unterscheidet sich § 12 Abs. 5 inbes. darin, dass die erstgenannte Vorschrift ein absolutes, gegen alle wirkendes Veräußerungsverbot enthält, während Letztere sich auf eine relative Verfügungsbeschränkung beschränkt (*Schnorr* § 12 Rn. 19). Von § 12 Abs. 1 Satz 1 Nr. 2 unterscheidet sich § 12 Abs. 5 dadurch, dass jener nur Verpflichtungsgeschäfte, dieser dagegen unmittelbare Rechtsänderungen betrifft (*Schnorr* § 12 Rn. 19). § 12 Abs. 3 Satz 2 bezieht sich nur auf beschränkt dingliche Rechte, während § 12 Abs. 5 Verfügungen aller Art umfasst. 31

2. Tatbestandsmerkmale der Verfügungsbeschränkung

Von der Regelung des § 12 Abs. 5 sind nur Verfügungen des Vereins betroffen, die in den letzten **sechs Monaten** vor Erlass des Verbots vorgenommen wurden. Für den Beginn der Frist ist gem. § 3 Abs. 4 die Zustellung der Verbotsverfügung oder, falls sie nicht möglich ist, die Bekanntgabe im Bundesanzeiger anzunehmen (*Schnorr* § 12 Rn. 20). Die Sechsmonatsfrist wird gem. §§ 187 Abs. 1, 188 Abs. 2 BGB berechnet. 32

§ 12 Abs. 5 betrifft alle **Verfügungen** des Vereins, also Veräußerungen (Eigentumsübertragungen und Forderungsabtretungen), dingliche Belastungen (Grunddienstbarkeiten etc.) und den Verzicht auf dingliche Rechte (*Schnorr* § 12 Rn. 20). 33

34 Hinsichtlich der **subjektiven Tatbestandsvoraussetzungen** muss auf Seiten des Vereins die Absicht vorgelegen haben, Gegenstände des Vereinsvermögens beiseite zu schaffen, um sie einem eventuellen Einziehungsverfahren zu entziehen. Auf Seiten des Vertragspartners ist die Kenntnis von dieser Absicht erforderlich, dass er sie billigt ist nicht erforderlich. Nach den allgemeinen Beweislastregeln hat derjenige die Umgehungsabsicht und deren Kenntnis durch den Vertragspartner zu beweisen, der sich auf die Unwirksamkeit beruft. Eine Beweislastumkehr für Verfügungen zugunsten von Vereinsmitgliedern oder einer ihnen iSd § 138 InsO (vgl. Rn. 7) nahestehenden Person enthält § 12 Abs. 5 Satz 2. Bei Verfügungen zu ihren Gunsten wird widerlegbar vermutet, dass sie die Umgehungsabsicht gekannt haben (a. A. *Groh* NomosOK VereinsG § 12 Rn. 10: Absicht und Kenntnis werden vermutet). Sie haben daher ihre Unkenntnis zu beweisen.

3. Rechtswirkungen der Verfügungsbeschränkungen

35 Die Rechtsfolge des § 12 Abs. 5 ist die relative Unwirksamkeit der Verfügung dem Einziehungsberechtigten gegenüber (BT-Drs. IV/430, 22). Das Verfügungsgeschäft ist also grds. wirksam, aber die Verbots- oder Einziehungsbehörde kann es als ungültig behandeln (*Schnorr* § 12 Rn. 21).

VIII. Hinweise für den Rechtsanwender

1. Rechtsnatur der Einziehungsverfügung und Rechtsweg

36 Die besonderen Einziehungsverfügungen nach § 12 Abs. 1, 2, 3 und 5 jeweils iVm § 14 VereinsG-DVO sind Vollzugsverwaltungsakte iSd § 6, die im verwaltungsgerichtlichen Verfahren angefochten werden können (*Groh* NomosOK VereinsG § 12 Rn. 1).

2. Durchführung der Einziehung

37 **a) Einziehung makelbehafteter Forderungen Dritter (Abs. 1).** Die Einziehung makelbehafteter Forderungen Dritter gem. § 12 Abs. 1 wird in der Weise vollzogen, dass die Verbots- oder Einziehungsbehörde eine Einziehungsverfügung gegen den Forderungsinhaber erlässt und die Forderungen als Aktiva dem eingezogenen Sondervermögen zugeschrieben werden (vgl. *Schnorr* § 12 Rn. 10).

38 **b) Einziehung makelbehafteter Sachen Dritter (Abs. 2).** Die Durchführung der Einziehung gem. § 12 Abs. 2 erfolgt in der Weise, dass dem Eigentümer die Herausgabe der makelbehafteten Sache aufgrund einer rechtskräftigen Einziehungsverfügung verweigert wird (vgl. *Schnorr* § 12 Rn. 10).

39 Die Einziehung nach § 12 Abs. 2 der Sachen, die im Gewahrsam des Vereins standen, ihm aber nicht gehört haben, muss innerhalb von sechs Monaten nach der Beschlagnahme erfolgen, ansonsten ist deren Sicherstellung aufzuheben, § 5 Satz 2 VereinsG-DVO (missverständlich insoweit *Wache* (*Wache* in Erbs/Kohlhaas VereinsG § 12 Rn. 9) und *Groh* (*Groh* NomosOK VereinsG, § 12 Rn. 7), die von der Aufhebung der Beschlagnahme sprechen). Gem. § 5

Satz 3 VereinsG-DVO endet die Frist jedoch nicht vor Ablauf eines Monats nach Eintritt der Rechtskraft des Urteils in einem Rechtsstreit über das Eigentum. § 5 Satz 2 VereinsG-DVO dürfte analog auf die Sicherstellung von Sachen Dritter in deren Gewahrsam anzuwenden sein.

c) Einziehung makelbehafteter Rechte Dritter (Abs. 3). Die Durchführung der Einziehung erfolgt durch Erlass einer an den Berechtigten gerichteten Einziehungsverfügung. Diese stellt mit dem Eintritt ihrer Unanfechtbarkeit zugleich die Grundlage für eine Grundbuchberichtigung dar (vgl. *Schnorr* § 12 Rn. 17). 40

d) Einziehung von Umgehungsverfügungen (Abs. 5). Das Verfügungsgeschäft ist grds. wirksam, nur der Verbots- oder Einziehungsbehörde gegenüber ist es unwirksam. Will die Verbots- oder Einziehungsbehörde von der relativen Unwirksamkeit Gebrauch machen, zieht sie das anderen Personen übertragene Vereinseigentum und beschränkt dingliche Rechte ein und behandelt Vereinsforderungen als nicht abgetreten. Hierzu bedarf es ebenfalls einer besonderen Einziehungsverfügung (vgl. *Schnorr* § 12 Rn. 21). 41

§ 13 Abwicklung

(1) ¹**Die Gläubiger, die ihre Forderungen innerhalb der von der Verbotsbehörde oder Einziehungsbehörde gesetzten Ausschlußfrist angemeldet haben, sind aus der besonderen Vermögensmasse zu befriedigen. ²Die Befriedigung von Gläubigern, die im Falle des Insolvenzverfahrens Insolvenzgläubiger wären, ist, soweit nicht eine Rechtsverordnung etwas anderes bestimmt, erst zulässig, wenn die Verwertung des eingezogenen Vermögens (§ 11 Abs. 1) eine zur Befriedigung aller Gläubiger ausreichende bare Masse ergeben hat. ³Forderungen, die innerhalb der Ausschlußfrist nicht angemeldet werden, erlöschen.**

(2) **Zur Vermeidung unbilliger Härten kann die Verbotsbehörde oder die Einziehungsbehörde anordnen, daß ein nach § 11 Abs. 1 Satz 2 eintretender Rechtsverlust unterbleibt, oder von der Einziehung nach § 12 absehen.**

(3) ¹**Reicht das Vermögen nicht zur Befriedigung aller Ansprüche gegen die besondere Vermögensmasse aus, so findet auf Antrag der Verbotsbehörde oder der Einziehungsbehörde ein Insolvenzverfahren über die besondere Vermögensmasse statt. ²§ 12 bleibt unberührt. ³Die von der Beschlagnahme (§ 3 Abs. 1 Satz 2) ab entstandenen Verwaltungsaufwendungen und die dem Verein nach dem Verbot durch die Inanspruchnahme von Rechtsbehelfen entstandenen Prozeßkosten sowie die Verwaltungsschulden gelten als Masseverbindlichkeiten. ⁴Der Insolvenzverwalter wird auf Vorschlag der Verbotsbehörde oder der Einziehungsbehörde vom Insolvenzgericht bestellt und entlassen. ⁵Die §§ 57, 67 bis 73, 101 der Insolvenzordnung sind nicht anzuwenden.**

(4) **Das nach Befriedigung der gegen die besondere Vermögensmasse gerichteten Ansprüche verbleibende Vermögen und die nach**

§ 12 eingezogenen Gegenstände sind vom Einziehungsbegünstigten für gemeinnützige Zwecke zu verwenden.

Übersicht

	Rn.
I. Allgemeines	1
1. Inhalt	1
2. Entstehungsgeschichte	6
3. Verfassungs- und gemeinschaftsrechtliche Bezüge	7
II. Regelfall der Abwicklung (Abs. 1)	8
1. Voraussetzungen des Abwicklungsverfahrens nach Abs. 1	8
2. Anmeldung und Erlöschen von Forderungen; Ausschlussfrist (Abs. 1 Satz 1 u. 3)	10
3. Befriedigung der Gläubiger (Abs. 1 Satz 2)	13
III. Härtefälle (Abs. 2)	15
IV. Insolvenzverfahren (Abs. 3)	19
1. Allgemeines	19
2. Modifizierte Anwendung der InsO	22
V. Verwendung des Reinvermögens (Abs. 4)	23
VI. Hinweise für den Rechtsanwender	24

I. Allgemeines

1. Inhalt

1 Die Abwicklung ist die dritte und letzte Stufe des Vermögensverfahrens des Dritten Abschnitts des Vereinsgesetzes (siehe § 10 Rn. 1). Sie bereinigt die Vermögensverhältnisse des aufgelösten Vereins endgültig und setzt gewissermaßen einen Schlusspunkt hinter das gesamte Verbotsverfahren (vgl. *Schnorr* § 13 Rn. 1).

2 Kurz zusammengefasst werden bei der Abwicklung die Gläubiger des Vereins, deren Forderungen nicht nach § 12 eingezogen worden sind, aus der besonderen Vermögensmasse (§ 11 Abs. 2 Satz 1) befriedigt. Ist das Vereinsvermögen hierzu nicht ausreichend, findet ein Insolvenzverfahren über die besondere Vermögensmasse statt. Verbleibt nach der Befriedigung der Vereinsgläubiger ein Vermögensüberschuss, so fällt er an den Einziehungsberechtigten, der ihn für gemeinnützige Zwecke zu verwenden hat (vgl. BT-Drs. IV/430, 22).

3 Das Abwicklungsverfahren darf nur beginnen, wenn das Vereinsvermögen nach § 11 Abs. 2 auf den Einziehungsbegünstigten übergegangen ist (*Reichert* Rn. 6717).

4 Es sind mehrere Arten von Abwicklungsverfahren zu unterscheiden: zum einen das normale Verfahren, bei dem alle nicht eingezogenen Forderungen voll befriedigt werden (§ 13 Abs. 1), zum anderen das Insolvenzverfahren mangels ausreichender Masse, das von öffentlich bestellten Insolvenzverwaltern durchzuführen ist (§ 13 Abs. 3) und schließlich die – nicht von § 13 geregelte – freie Liquidation, wenn die Verbotsbehörde unter den Voraussetzungen des § 11 Abs. 4 auf die Einziehung des Vereinsvermögens verzichtet (siehe § 11 Rn. 20f).

5 § 13 wird durch §§ 15–17 VereinsG-DVO ergänzt.

2. Entstehungsgeschichte

Durch G. v. 5.10.1994 (BGBl. I 2866) wurde die KO durch die Insolvenzordnung ersetzt und § 13 vom Konkursrecht auf das Insolvenzrecht umgestellt. § 13 Abs. 1 Satz 2 und Abs. 3 Satz 1 u. 4 wurden redaktionell angepasst. Mit der Änderung von § 13 Abs. 3 Satz 3 wurde der Tatsache Rechnung getragen, dass die InsO nicht mehr zwischen „Massekosten" und „Masseschulden" unterscheidet (vgl. §§ 57–60 KO), sondern nur noch zwischen den „Kosten des Insolvenzverfahrens", die auf die Gerichtskosten und die Vergütung des Insolvenzverwalters und der Mitglieder des Gläubigerausschusses beschränkt sind, und den „sonstigen Masseverbindlichkeiten" (vgl. §§ 54f. InsO). Eine Unterscheidung zwischen Verwaltungsaufwendungen und Prozesskosten einerseits, die nach der KO als Massekosten galten, und Verwaltungsschulden andererseits, die den Masseschulden gleichgestellt waren, war damit nicht mehr möglich. Alle derartigen Verbindlichkeiten sind nunmehr als „sonstige Masseverbindlichkeiten" zu behandeln. In Abs. 3 Satz 5 wurden entsprechend der bisherigen Regelung in der KO die Vorschriften über die Wahl eines neuen Insolvenzverwalters durch die Gläubigerversammlung und über den Gläubigerausschuss für unanwendbar erklärt. An die Stelle des Ausschlusses des bisherigen §§ 101, 125 KO (Anwesenheitspflicht, Zwangsvorführung, eidesstattliche Versicherung des Gemeinschuldners) tritt der Ausschluss des § 101 InsO, aus dem sich – in Verbindung mit den §§ 97–99 – die Auskunfts- und Mitwirkungspflichten der Vorstandsmitglieder eines Vereins im Insolvenzverfahren über dessen Vermögen ergeben. Grund dafür ist, dass das Vereinsgesetz in § 10 Abs. 4 eine eigene Vorschrift über die Auskunftspflicht der Vorstandsmitglieder enthält, die den Besonderheiten des Vereinsverbotsverfahrens gerecht wird. Vgl. zur Umstellung von der KO auf die InsO BT-Drs. 12/3802, 62f.

3. Verfassungs- und gemeinschaftsrechtliche Bezüge

§ 13 ist verfassungsrechtlich unbedenklich. Nach *von Feldmann* (*von Feldmann,* Vereinigungsfreiheit und Vereinigungsverbot, 1972, S. 77) verstößt § 13 im Verhältnis zu den Gläubigern des Vereins schon deshalb nicht gegen Art. 14 GG, weil diese wie bei einem Insolvenz- oder sonstigen Liquidationsverfahren aus dem Vereinsvermögen befriedigt werden.

II. Regelfall der Abwicklung (Abs. 1)

1. Voraussetzungen des Abwicklungsverfahrens nach Abs. 1

Voraussetzung des normalen Abwicklungsverfahrens nach § 13 Abs. 1 ist, dass eine zur Befriedigung aller Ansprüche ausreichende bare Vermögensmasse vorhanden ist, sonst findet gem. § 13 Abs. 3 das Insolvenzverfahren über die besondere Vermögensmasse statt.

Wie sich aus der Systematik des § 13 Abs. 1 Satz 2 ergibt, ist die Befriedigung von Forderungen, die im Falle der Insolvenz Insolvenzforderungen wären, grundsätzlich erst zulässig, wenn die Verwertung des eingezogenen Vermögens eine zur Befriedigung aller Gläubiger ausreichende bare Masse ergeben hat. Daraus folgt, dass die Aussonderung von im Eigentum Dritter stehenden Sachen sowie die Befriedigung von Masseverbindlichkeiten schon vor der endgültigen Vermögensfeststellung erfolgen können. Die Erfüllung der gegen den verbotenen Verein begründeten sonstigen Forderungen setzt dagegen im Hinblick auf ein eventuelles Insolvenzverfahren die besondere Feststellung einer ausreichenden baren Masse voraus, dh erst nach der Aussonderung und nach Abzug der Masseverbindlichkeiten ist zu prüfen, ob das restliche Sondervermögen zur Erfüllung der Forderungen der übrigen Gläubiger ausreicht. Ist dies nicht der Fall, ist nach § 13 Abs. 3 das Insolvenzverfahren zu beantragen (vgl. *Schnorr* § 13 Rn. 4).

2. Anmeldung und Erlöschen von Forderungen; Ausschlussfrist (Abs. 1 Satz 1 u. 3)

10 Zur zweifelsfreien Ermittlung, ob das restliche Sondervermögen zur Erfüllung der Forderungen der übrigen Gläubiger ausreicht, müssen alle Gläubiger des Vereins ihre Forderungen, soweit sie nicht nach § 12 eingezogen worden sind, innerhalb einer von der Verbots- oder Einziehungsbehörde gesetzten Ausschlussfrist anmelden, vgl. § 13 Abs. 1 Satz 1. Dadurch soll – dem Ziel einer endgültigen Vermögensbereinigung entsprechend – erreicht werden, dass Forderungen, die gegen den Verein gerichtet waren, nach Abschluss der Abwicklung gegenüber der mit der Abwicklung befassten Behörde nicht mehr geltend gemacht werden können (BT-Drs. IV/430, 22). Hierfür setzt die Verbots- oder Einziehungsbehörde den Gläubigern durch öffentliche Bekanntmachung im Bundesanzeiger (§ 15 Abs. 1 VereinsG-DVO) eine mindestens dreiwöchige Frist, ihre Forderungen bis zum Ablauf eines bestimmten Tages schriftlich unter Angabe des Betrages und des Grundes bei der auffordernden Behörde anzumelden (§ 15 Abs. 1 Nr. 1, Abs. 3 Satz 1). Für weitere Details zur Anmeldung der Forderungen vgl. § 15 VereinsG-DVO. Da es sich bei dieser Frist um eine Ausschlussfrist (vgl. Wortlaut des § 13) handelt, ist eine Verlängerung im Einzelfall nicht zulässig, auch nicht bei unverschuldeter Fristversäumnis (*Schnorr* § 13 Rn. 3).

11 Der Begriff der anzumeldenden Forderungen ist hier im weiten Sinne aller Rechtsansprüche zu verstehen (*Schnorr* § 13 Rn. 3). Er umfasst somit auch Aussonderungsansprüche Dritter, deren Eigentum sich im Gewahrsam des ehemaligen Vereins befand; es sei nicht die Aufgabe der Verbots- oder Einziehungsbehörde, die Eigentumsverhältnisse von Amts wegen zu ermitteln (*Schnorr* § 13 Rn. 3).

12 Die innerhalb der Ausschlussfrist nicht angemeldeten Forderungen erlöschen, § 13 Abs. 1 Satz 3.

3. Befriedigung der Gläubiger (Abs. 1 Satz 2)

13 Wie bereits ausgeführt (siehe Rn. 9) ist die Befriedigung der Gläubiger, die im Falle des Insolvenzverfahrens Insolvenzgläubiger wären, grundsätzlich erst zulässig, wenn die Verwertung des eingezogenen Vermögens nach einer Aussonderung der Sachen Dritter (diese Sachen sind dem Eigentümer auszuhändigen und stehen einer Verwertung zwecks Schuldentilgung nicht zur Verfügung)

Dritter Abschnitt. Beschlagnahme und Einziehung § 13 VereinsG

und einem Vorwegabzug der Masseverbindlichkeiten (dh der Verbindlichkeiten, die nach der Beschlagnahme des Vereinsvermögens von der Verbots-, der Einziehungsbehörde, von den nach § 10 Abs. 3 bestellten Verwaltern oder mit deren Genehmigung eingegangenen wurden (Verwaltungsschulden), der von der Beschlagnahme ab entstandenen Verwaltungsaufwendungen und der dem Verein nach dem Verbot durch die Inanspruchnahme von Rechtsbehelfen entstandenen Prozesskosten, vgl. § 13 Abs. 3 Satz 3) eine zur Befriedigung der übrigen Gläubiger ausreichende bare Masse ergeben hat. § 13 Abs. 1 Satz 2 dient in gleicher Weise dem Schutz der Gläubiger wie dem der Behörde (vgl. BT-Drs. IV/430, 22).

Aufgrund des in § 13 Abs. 1 Satz 2 enthaltenen Vorbehalts war gem. § 16 **14** Abs. 1 VereinsG-DVO bisher eine vorzeitige Befriedigung für Lohn-, Gehalts- und gleichstehende Forderungen iSd § 61 Nr. 1 KO möglich, wenn gesichert erschien, dass alle derartigen Forderungen und alle Forderungen, die im Falle des Konkurses Massekosten (§ 58 KO) und Masseschulden (§ 59 KO) wären, in voller Höhe befriedigt werden könnten (*Wache* in Erbs/Kohlhaas VereinsG § 13 Rn. 4; unklar insoweit *Reichert* Rn. 6721 und *Groh* NomosOK VereinsG, § 13 Rn. 2). Andere Forderungen, die im Falle des Konkurses Konkursforderungen gewesen wären, konnten gem. § 16 Abs. 2 VereinsG-DVO auch dann vorzeitig befriedigt werden, wenn mit Sicherheit zu erwarten war, dass die Verwertung des eingezogenen Vermögens eine zur Befriedigung aller Gläubiger ausreichende bare Masse ergeben hätte. Nachdem die KO durch die InsO ersetzt worden ist (siehe Rn. 6), die InsO jedoch keine dem § 61 Nr. 1 KO entsprechende Vorschrift enthält und § 16 VereinsG-DVO auch im Übrigen nicht an die Vorschriften der InsO angepasst wurde, entfällt die Vorbehaltsregelung des § 16 VereinsG-DVO (vgl. *Wache* in Erbs/Kohlhaas VereinsG § 13 Rn. 4; a. A. wohl *Reichert* Rn. 6722). Es bleibt damit beim Grundsatz des § 13 Abs. 1 Satz 2.

III. Härtefälle (Abs. 2)

Neben der in § 11 Abs. 4 geregelten Möglichkeit, ausnahmsweise von der **15** Einziehung des Vereinsvermögens allgemein abzusehen, ist in § 13 Abs. 2 die Befugnis vorgesehen, Gegenstände Dritter, die der allgemeinen Einziehung nach § 11 Abs. 1 Satz 2 iVm § 10 Abs. 1 Satz 3 (dh auf die Einziehung von Treuhandeigentum) oder der besonderen Einziehung nach § 12 (dh auf die Einziehung von Forderungen, Sachen und Rechten Dritter) unterliegen, zur Vermeidung unbilliger Härten von der Einziehung absehen (vgl. BT-Drs. IV/430, 22).

Eine solche unbillige Härte iSd § 13 Abs. 2 liegt gem. § 17 Abs. 1 VereinsG- **16** DVO insbes. vor, wenn das Interesse des Betroffenen an der Aufrechterhaltung des bestehenden Zustands das öffentliche Interesse an der Einziehung erheblich übersteigt.

Die Anordnung, dass ein nach § 11 Abs. 1 Satz 2 eintretender Rechtsverlust **17** unterbleibt oder von der Einziehung nach § 12 abgesehen wird, muss durch schriftlichen Bescheid an den Betroffenen ergehen, § 17 Abs. 2 Satz 1 VereinsG-DVO.

Ergeht die Anordnung nach Eintritt des Rechtsverlustes oder nach erfolgter **18** Einziehung, so hebt sie diese auf, § 17 Abs. 2 Satz 2 VereinsG-DVO.

IV. Insolvenzverfahren (Abs. 3)

1. Allgemeines

19 Ist das Vermögen des aufgelösten Vereins im Zeitpunkt der Vermögenseinziehung überschuldet, so sieht § 13 Abs. 3 zur Abwicklung der besonderen Vermögensmasse ein Insolvenzverfahren vor (BT-Drs. IV/430, 22).

20 Das in § 13 Abs. 3 vorgesehene Insolvenzverfahren ist den besonderen Verhältnissen der durch die Vermögenseinziehung gegebenen Lage angepasst. Grundsätzlich sind die Vorschriften der InsO maßgebend, soweit sie nicht in § 13 Abs. 3 Satz 3–5 ersetzt oder für unanwendbar erklärt werden (siehe Rn. 22).

21 Die Verbots- oder Einziehungsbehörde hat gem. § 13 Abs. 3 Satz 1 bei Vermögensüberschuldung die Eröffnung des Insolvenzverfahrens zu beantragen (*Schnorr* § 13 Rn. 6 „gesetzlich verpflichtet"). Zuständiges Insolvenzgericht ist gem. §§ 2, 3 InsO iVm § 17 ZPO das Amtsgericht, in dessen Bezirk der verbotene Verein seinen Sitz hat (*Wache* in Erbs/Kohlhaas VereinsG § 13 Rn. 7; *Groh* NomosOK VereinsG § 13 Rn. 4; a. A. *Schnorr* § 13 Rn. 6).

2. Modifizierte Anwendung der InsO

22 § 13 Abs. 3 Satz 3–5 enthält einige von der InsO abweichende Vorschriften (siehe Rn. 6 u. 20). So regelt § 13 Abs. 3 Satz 3, dass die von der Beschlagnahme ab entstandenen Verwaltungsaufwendungen und die dem Verein nach dem Verbot durch die Inanspruchnahme von Rechtsbehelfen entstandenen Prozesskosten sowie die Verwaltungsschulden als Masseverbindlichkeiten iSd §§ 53, 55 InsO gelten. Durch § 13 Abs. 3 Satz 4 wird bestimmt, dass der Insolvenzverwalter von dem Insolvenzgericht, das dabei von dem Vorschlag der Behörde nicht abweichen darf, bestellt und entlassen wird (*Wache* in Erbs/Kohlhaas VereinsG § 13 Rn. 8). Das Wahlrecht der Gläubigerversammlung nach § 57 InsO ist ebenso ausgeschlossen, wie die Vorschriften über den Gläubigerausschuss (§§ 67–73 InsO) und über die organschaftliche Vertretung (§ 101 InsO).

V. Verwendung des Reinvermögens (Abs. 4)

23 Das nach der Schuldentilgung verbleibende Restvermögen einschließlich der nach § 12 eingezogenen Gegenstände Dritter unterliegt einer gesetzlichen Zweckbindung und darf durch den Einziehungsbegünstigten (§ 11 Abs. 1 Satz 1) nur für gemeinnützige Zwecke verwendet werden, § 13 Abs. 4. Das verbliebene Restvermögen darf folglich jedenfalls nicht dem allgemeinen Staatshaushalt zufließen (*Schnorr* § 13 Rn. 8). Zur Übertragung auf andere öffentliche Rechtsträger oder zur Errichtung besonderer Rechtsträger vgl. Rn. 24.

VI. Hinweise für den Rechtsanwender

24 Das verbliebene Restvermögen kann auf andere öffentliche Rechtsträger mit gemeinnützigen Zielen, zB auf Bildungseinrichtungen, übertragen werden. Ferner ist es zulässig, besondere Rechtsträger, zB Stiftungen des öffentlichen Rechts, mit gemeinnütziger Zweckrichtung zu errichten und ihnen das Vermögen zu diesen Zwecken zu übertragen (vgl. *Schnorr* § 13 Rn. 8).

Vierter Abschnitt. Sondervorschriften

§ 14 Ausländervereine

(1) ¹Vereine, deren Mitglieder oder Leiter sämtlich oder überwiegend Ausländer sind (Ausländervereine), können über die in Artikel 9 Abs. 2 des Grundgesetzes genannten Gründe hinaus unter den Voraussetzungen des Absatzes 2 verboten werden. ²Vereine, deren Mitglieder oder Leiter sämtlich oder überwiegend ausländische Staatsangehörige eines Mitgliedsstaates der Europäischen Union sind, gelten nicht als Ausländervereine. ³§ 3 Abs. 1 Satz 2 und § 12 Abs. 1 und 2 sind mit der Maßgabe anzuwenden, dass die Beschlagnahme und die Einziehung von Forderungen und Sachen Dritter auch im Falle des Absatzes 2 zulässig sind.

(2) Ausländervereine können verboten werden, soweit ihr Zweck oder ihre Tätigkeit
1. die politische Willensbildung in der Bundesrepublik Deutschland oder das friedliche Zusammenleben von Deutschen und Ausländern oder von verschiedenen Ausländergruppen im Bundesgebiet, die öffentliche Sicherheit oder Ordnung oder sonstige erhebliche Interessen der Bundesrepublik Deutschland beeinträchtigt oder gefährdet,
2. den völkerrechtlichen Verpflichtungen der Bundesrepublik Deutschland zuwiderläuft,
3. Bestrebungen außerhalb des Bundesgebiets fördert, deren Ziele oder Mittel mit den Grundwerten einer die Würde des Menschen achtenden staatlichen Ordnung unvereinbar sind,
4. Gewaltanwendung als Mittel zur Durchsetzung politischer, religiöser oder sonstiger Belange unterstützt, befürwortet oder hervorrufen soll oder
5. Vereinigungen innerhalb oder außerhalb des Bundesgebietes unterstützt, die Anschläge gegen Personen oder Sachen veranlassen, befürworten oder androhen.

(3) ¹Anstelle des Vereinsverbots kann die Verbotsbehörde gegenüber Ausländervereinen Betätigungsverbote erlassen, die sie auch auf bestimmte Handlungen oder bestimmte Personen beschränken kann. ²Im übrigen bleiben Ausländervereinen gegenüber die gesetzlichen Vorschriften zur Wahrung der öffentlichen Sicherheit oder Ordnung unberührt.

Übersicht

	Rn.
I. Allgemeines	1
1. Gesetzgebungsgeschichte	1
2. Verfassungsrechtlicher Hintergrund	2

Vierter Abschnitt. Sondervorschriften **§ 14 VereinsG**

Rn.

    3. Systematische Stellung und Bezüge zu anderen Vorschriften im Vereinsgesetz
- II. Abgrenzung Deutschenverein/Ausländerverein 12
  - 1. Allgemeine Regelung 12
  - 2. Besonderheiten bei Beteiligung von EU-Ausländern 19
- III. Grundvoraussetzungen für das Verbot eines Ausländervereins . . . 20
- IV. Spezielle Fragen der Anwendung der in Art. 9 Abs. 2 GG genannten Verbotsgründe auf Ausländervereine 24
- V. Die Verbotsgründe nach § 14 Abs. 2 28
  - 1. Zweck oder Tätigkeit 28
  - 2. § 14 Abs. 2 Ziffer 1 33
    - a) Systematik 33
    - b) Die politische Willensbildung in der Bundesrepublik Deutschland 34
    - c) Das friedliche Zusammenleben 35
    - d) Die öffentliche Sicherheit 36
    - e) Die öffentliche Ordnung 37
    - f) Sonstige erhebliche Interessen der Bundesrepublik Deutschland 38
    - g) Beeinträchtigung oder Gefährdung 39
  - 3. § 14 Abs. 2 Nr. 2 40
    - a) Die völkerrechtlichen Verpflichtungen der Bundesrepublik Deutschland 40
    - b) Zuwiderlaufen 41
  - 4. § 14 Abs. 2 Nr. 3 42
    - a) Mit einer die Würde des Menschen achtenden staatlichen Ordnung unvereinbare Ziele oder Mittel 42
    - b) Förderung von Bestrebungen 43
  - 5. § 14 Abs. 2 Nr. 4 44
    - a) Gewaltanwendung als Mittel zur Durchsetzung, politischer, religiöser oder sonstiger Belange 44
    - b) Unterstützung, Befürwortung oder Hervorrufung 45
  - 6. § 14 Abs. 2 Nr. 5 46
    - a) Vereinigungen 46
    - b) Anschläge gegen Personen oder Sachen 47
    - c) Veranlassung, Befürwortung oder Androhung 48
    - d) Unterstützung 49
- VI. Betätigungsverbot (Abs. 3 Satz 1) 50
- VII. Ergänzende Anwendung polizeirechtlicher Vorschriften (Abs. 3 Satz 2) 52
- VIII. Verfahren 53
- IX. Wirkungen des Vereinsverbots 55
- X. Rechtsschutz 58
- XI. Anmelde- und Auskunftspflichten für Ausländervereine 59

I. Allgemeines

1. Gesetzgebungsgeschichte

Die ursprüngliche Fassung von § 14 war die erste vereinsrechtliche Spezial- **1** regelung für Ausländervereine. Das Reichsvereinsgesetz von 1908 enthielt keine vergleichbare Vorschrift. Mit dem Gesetz zur Bekämpfung des internationalen Terrorismus vom 6.1.2002 (BGBl. I, 361) wurde § 14 weitgehend umgestaltet und insbesondere um eine im neuen Absatz 2 enthaltene Auflistung zusätzlicher Verbotsgründe ergänzt.

2. Verfassungsrechtlicher Hintergrund

2   Die für das Vereinsrecht maßgebliche **Vereinigungsfreiheit** gemäß Art. 9 Abs. 1 GG ist eines der wenigen Grundrechte, welches explizit Deutsche schützt. Gleiches gilt u. a. für die Versammlungsfreiheit (Art. 8 GG), die ebenso wie die Vereinigungsfreiheit aus der älteren Assoziationsfreiheit hervorgegangen ist. Angesichts der Beschränkung des personellen Schutzbereichs auf Deutsche können sich Ausländer und folglich auch Ausländervereine nicht auf Art. 9 Abs. 1 GG berufen (BVerfG NVwZ 2000, 1281). Das bedeutet zugleich, dass die in Art. 9 Abs. 2 GG recht eng gefassten Grenzen eines Vereinsverbotes für Ausländervereine keine Bedeutung haben. Umgekehrt ist damit allerdings das Verbot eines Ausländervereins aus den in Art. 9 Abs. 2 GG genannten Gründen nicht ausgeschlossen.

3   Geschützt sind Ausländer, die sich zu Vereinigungen zusammenschließen, indes durch das Auffanggrundrecht der **Allgemeinen Handlungsfreiheit**, Art. 2 Abs. 1 GG. Maßnahmen gegen Ausländervereine, insbesondere auch Vereinsverbote, sind daher an den in Art. 2 Abs. 1 GG normierten Schranken zu messen. Von Belang ist insofern nach der Rechtsprechung des Bundesverfassungsgerichts praktisch ausschließlich die Schranke der verfassungsmäßigen Ordnung, die einem einfachen Gesetzesvorbehalt gleichkommt. Somit lässt das Grundgesetz es zu, für Ausländervereine weiterreichend Verbotsgründe zu normieren als für Deutschenvereine. Der Grundsatz der Verhältnismäßigkeit muss aber auch bei Maßnahmen gegen Ausländervereine gewahrt bleiben.

4   Zudem kann bei Maßnahmen gegen Vereine auch die **Meinungsfreiheit** (Art. 5 Abs. 1 Satz 1 GG) einschlägig sein. Dieses Grundrecht ist ein Menschenrecht und dementsprechend für Ausländer wie für Deutsche gewährleistet. Die Meinungsfreiheit steht nicht nur Einzelpersonen, sondern gemäß Art. 19 Abs. 3 GG auch juristischen Personen mit Sitz im Inland unabhängig von ihrer Staatsbürgerschaft zu (BVerfG NVwZ 2000, 1281 [1282]). Sofern ein Vereinsverbot wegen Meinungsäußerungen erfolgt, liegt ein Eingriff in die Meinungsfreiheit vor (BVerfG NVwZ 2000, 1281 [1282]; vgl. auch BVerwG, Beschl. v. 16.7.2003 – 6 A 10/02, juris Rn. 36). Derartige Maßnahmen sind an den Schranken von Art. 5 Abs. 2 GG zu messen. In Betracht kommt insofern i. d. R. nur die Schranke der allgemeinen Gesetze. Das Bundesverfassungsgericht hat § 14 in der vor 2002 geltenden Fassung lapidar als allgemeines Gesetz eingestuft (BVerfG NVwZ 2000, 1281 [1282]). Ob diese Feststellung angesichts der neuen Fassung von § 14 und der inzwischen dezidierteren Rechtsprechung des BVerfG zum Begriff des allgemeinen Gesetzes (siehe v. a. BVerfGE 124, 300 [321 ff.]) noch umfassend Gültigkeit beanspruchen kann, ist zweifelhaft. Unter allgemeinen Gesetzen sind Gesetze zu verstehen, die sich nicht eine Meinung als solche richten, sondern dem Schutz eines schlechthin ohne Rücksicht auf eine bestimmte Meinung zu schützenden Rechtsguts dienen. Dieses Rechtsgut muss in der Rechtsordnung allgemein

Vierter Abschnitt. Sondervorschriften **§ 14 VereinsG**

und damit unabhängig davon geschützt sein, ob es durch Meinungsäußerungen oder auf andere Weise verletzt werden kann (BVerfGE 124, 300 [321 f.]). Knüpft ein Gesetz an den Inhalt von Äußerungen an, muss es in Neutralität zu den verschiedenen politischen Strömungen und Weltanschauungen stehen (BVerfGE 124, 300 [323]), d. h. standpunktneutral sein (Hong DVBl 2010, 1267). Mindestens hinsichtlich des in Abs. 2 Ziffer 3 normierten Verbotsgrundes lässt sich Standpunktneutralität kaum bejahen, richtet sich doch dieser Passus laut Gesetzesbegründung u. a. gezielt gegen islamistische Strömungen (BT-Drs 14/7386 S. 51). Jedenfalls ist bei der Auslegung und Anwendung von § 14 auf die verfassungsrechtlich geforderte Standpunktneutralität zu achten (weitergehend für Verfassungswidrigkeit des – überwiegend zu § 14 VereinsG parallel gestalteten – § 47 AufenthG *Möller* in Hofmann/Hoffmann AufenthG § 47 Rn. 5 ff).

Zur gerade im Zusammenhang mit Ausländervereinen besonders häufig relevanten Problematik des religiösen Vereins und des Schutzes durch das Grundrecht der Religionsfreiheit siehe oben, Art. 4 Rn. 3 ff. 5

Fraglich und noch nicht abschließend geklärt erscheint, inwiefern Art. 11 Abs. 1 EMRK Maßnahmen gegen Ausländervereine zusätzliche Grenzen setzt. Art. 11 Abs. 1 EMRK schützt die Vereinigungsfreiheit als Menschenrecht. Die **Europäische Menschenrechtskonvention** (EMRK) steht in Deutschland formell zwar nur im Range eines einfachen Gesetzes. Doch sind deutsche Gesetze – einschließlich der Grundrechte – im Lichte der EMRK auszulegen. Art. 11 Abs. 2 EMRK enthält einen Katalog von Schrankenzielen, von denen zumindest eines zutreffen muss, damit Maßnahmen gegen eine Vereinigung ergriffen werden können. Damit könnte ein von den Schrankenzielen nicht gedecktes Vorgehen gegen Ausländervereine in Deutschland unzulässig sein. Doch gestattet Art. 16 EMRK gegen die politische Betätigung von Ausländern weiterreichende Maßnahmen, so dass im Ergebnis Art. 11 EMRK als subjektives Recht in Deutschland lebender Ausländer nur eine vernachlässigenswerte Bedeutung hat (näher *Rütters,* Die strafrechtliche Absicherung des Verbots eines ausländischen Vereins, 2009, S. 22 ff.). 6

3. Systematische Stellung und Bezüge zu anderen Vorschriften im Vereinsgesetz

§ 14 ist „Sondervorschrift" vor allem gegenüber § 3, in dem die regelmäßigen, an Art. 9 Abs. 2 GG orientierten Verbotsgründe normiert sind. Befugnisnorm für das Verbot eines Ausländervereins ist § 14 (und nicht § 3) auch dann, wenn das Verbot auf die in ihrem Wortlaut nur in § 3 genannten Verbotsgründe gestützt wird (missverständlich insofern *Groh* NomosOK VereinsG § 14 Rn. 1). Denn § 14 ist systematisch als **Spezialnorm für das Verbot von Ausländervereinen** ausgestaltet und verweist unmittelbar auf den Text von Art. 9 Abs. 2 GG, so dass es für die Anwendung von § 14 auf § 3 überhaupt nicht ankommt. 7

In engem Zusammenhang mit § 14 steht § 15, der für ausländische Vereine gilt und auf § 14 verweist. 8

Einschränkungen erfährt § 14 durch §§ 16 und 17. **Gewerkschaften** und **Arbeitgeberverbände** können nur nach § 16 verboten werden. Dies gilt 9 auch, wenn sie aus Ausländern bestehen. § 16 verdrängt also in seinem Anwendungsbereich § 14 vollständig (*Groh* NomosOK VereinsG § 14 Rn. 2). Gleiches trifft zu für § 17, der das Verbot von **Kapitalgesellschaften** abschließend regelt (*Wache* in Erbs/Kohlhaas VereinsG § 14 Rn. 2; vgl. *Groh* NomosOK VereinsG § 14 Rn. 2).

10 Im Zusammenhang mit § 14 kann § 18 relevant sein, wenn es nämlich um sowohl in Deutschland als auch im Ausland tätige Vereine geht (näher unten Rn. 50).

11 Das Verbot von Ausländervereinen wird durch mehrere **Strafvorschriften** abgesichert. § 20 Abs. 1 Nr. 1 ist einschlägig bei Verstößen gegen das Verbot. § 20 Abs. 1 Nr. 3 kommt bei Unterstützungshandlungen in Betracht. Verstöße gegen ein Betätigungsverbot werden nach § 20 Abs. 1 Nr. 4 geahndet. Allerdings ist § 20 Abs. 1 subsidiär gegenüber den Strafvorschriften §§ 84, 85, 86a und 129 bis 129b StGB.

II. Abgrenzung Deutschenverein/Ausländerverein

1. Allgemeine Regelung

12 Die Legaldefinition in § 14 Abs. 1 Satz 1 beschreibt den Ausländerverein als einen Verein, dessen Mitglieder oder Leiter sämtlich oder überwiegend Ausländer sind. **Ausländer** ist (siehe § 2 Abs. 1 AufenthG), wer nicht Deutscher im Sinne von Art. 116 Abs. 1 GG ist (vgl. VGH Mannheim, Urt. v. 24.6.1997 – 1 S 1377/96, juris Rn. 20; *Reichert* Rn. 6745). Als Ausländer gelten auch Staatenlose (*Reichert* Rn. 6748). Personen, die sowohl die deutsche als auch eine andere Staatsangehörigkeit haben (Doppelstaatler), sind nicht Ausländer im Sinne von § 14.

13 Für die Einstufung als Ausländerverein genügt es, wenn entweder die **Mitglieder oder** die **Leiter** in ihrer Mehrzahl Ausländer sind. Ein sonst nur aus Deutschen bestehender Verein ist daher ein Ausländerverein, wenn der einzige Leiter Ausländer ist (*Wache* in Erbs/Kohlhaas VereinsG § 14 Rn. 5). Umgekehrt bleibt ein überwiegend aus Ausländern bestehender Verein Ausländerverein, wenn er einen aus Deutschen bestehenden Vorstand wählt (vgl. VGH Mannheim, Urt. v. 24.6.1997 – 1 S 1377/96, juris Rn. 20).

14 Für die Frage, ob die Mehrzahl (d. h. mehr als 50%) der **Mitglieder** Ausländer sind, ist auf die Mitgliedschaft laut Mitgliederlisten und auf die zahlenden Mitglieder abzustellen. Mit dem Wortlaut der Norm wäre es unvereinbar, nach Aktivität der Mitglieder zu gewichten (anders aber *Groh* in NomosOK VereinsG § 14 Rn. 5) oder einen Ausländerverein durch Einbeziehung von bloßen Anhängern oder Unterstützern mit überwiegend ausländischer Staatsangehörigkeit zu konstruieren.

15 Als **Leiter** sind in der Regel – wenn es einen Vorstand gibt – die Vorstandsmitglieder anzusehen, doch ist hier eine Gewichtung nach materiellen Kriterien vorzunehmen (BVerwG NVwZ 1997, 68; gebilligt von BVerfG NVwZ 2000, 1281): Leiter ist, wer maßgeblich die Tätigkeit des Vereins beeinflusst (BVerwG, Beschl. v. 16.7.2003 – 6 A 10/02, juris Rn. 7). Insofern kann sogar trotz Vorhandenseins eines Vorstandes Nicht-Vorstandsmitgliedern die Leiter-

Eigenschaft beigemessen werden. Das Vorschieben eines „Strohmanns" mit deutscher Staatsangehörigkeit als Vorstand bewahrt den Verein nicht vor der Behandlung als Ausländerverein, wenn die tatsächliche Leitung des Vereins überwiegend von Ausländern wahrgenommen wird (*Groh* NomosOK VereinsG § 14 Rn. 5). Als Indiz hierfür kann herangezogen werden, dass der Brief- und Presseverkehr des Vereins über Ausländer statt über die deutschen Vorstandsmitglieder abgewickelt wird (BVerwG NVwZ 1997, 68 [70]). Auch wenn üblicherweise die Versammlungen des Vereins durch Mitglieder mit ausländischer Staatsangehörigkeit geleitet werden, spricht dies für eine faktische Leitung des Vereins durch Ausländer.

Lassen sich zur Frage des Zahlenverhältnisses zwischen deutschen und aus- **16** ländischen Mitgliedern oder Leitern keine verlässlichen Feststellungen treffen, kann als Hilfskriterium für die Einstufung als Ausländerverein berücksichtigt werden, dass die Ziele des Vereins sich ausschließlich auf die Probleme von Ausländern im Ausland beschränken (BVerfG NVwZ 2000, 1281).

Ein Vereinsverband, dem überwiegend Ausländervereine angehören, gilt **17** selbst als Ausländerverein (BVerwG NVwZ 1995, 587).

Das **Vorhandensein deutscher Mitglieder** in dem Ausländerverein än- **18** dert an der Anwendbarkeit von § 14 nichts. Insofern können sich auch die deutschen Mitglieder nicht auf Art. 9 Abs. 1 GG berufen (h. M., siehe u. a. *Bauer* in Dreier GG Art. 9 Rn. 33; *Kemper* in MKS GG Art. 9 Rn. 66; a. A. etwa *Sachs* in Stern § 107 S. 1322 ff.).

2. Besonderheiten bei Beteiligung von EU-Ausländern

Kein Ausländerverein ist gemäß § 14 Abs. 1 Satz 2 ein Verein, dessen Leiter **19** oder Mitglieder überwiegend ausländische Staatsangehörige eines EU-Mitgliedsstaates sind. Der nicht ganz geglückte (vgl. *Sachs* in Stern § 107 S. 1321, Fn. 784) Wortlaut dieser im Jahr 2002 eingefügten Bestimmung (BGBl. I 361) bringt nur unzureichend zum Ausdruck, was eigentlich mit der Vorschrift gesagt werden soll: **EU-Ausländer** werden vereinsrechtlich **wie Deutsche behandelt**. Denn EU-Ausländer genießen zwar nicht den Schutz von Art. 9 Abs. 1 GG. Doch ist den Diskriminierungsverboten der Art. 18 und 28 ff. AEUV Rechnung zu tragen. Im Ergebnis müssen daher EU-Ausländer ebenso geschützt sein wie Deutsche (*Ziekow* in Merten/Papier, Handbuch der Grundrechte, § 107, Rn. 8; *Rixen* in Stern/Becker GG Art. 9 Rn. 58). Dementsprechend ist ein Verein – über den Wortlaut von § 14 Abs. 1 Satz 2 hinaus – auch dann nicht als Ausländerverein einzustufen, wenn zwar EU-Ausländer nur einen kleineren Teil ausmachen und insgesamt Ausländer dominieren, bei genauerer Differenzierung aber Deutsche und EU-Ausländer zusammen aber gegenüber Nicht-EU-Ausländern das Übergewicht haben.

III. Grundvoraussetzungen für das Verbot eines Ausländervereins

Die Tätigkeit, deretwegen ein Ausländerverein verboten werden darf, muss **20** noch **nicht** zu einer **konkreten Gefährdung** der durch § 14 geschützten

Rechtsgüter geführt haben. Allein erforderlich, aber auch ausreichend ist, dass die politische Tätigkeit des Vereins Ausdruck einer situationsunabhängigen, generell und permanent gefährlichen Zielsetzung und Organisation ist (BVerwGE 55, 175 [182f]).

21 Insofern bestehen gegenüber Ausländervereinen erweiterte Verbotsmöglichkeiten als gegenüber Deutschenvereinen: Ausländervereine können vorbeugend verboten werden, wogegen bei Deutschenvereinen eine Rechtsgutsverletzung eingetreten sein muss (*Schnorr* §§ 14, 15 Rn. 14).

22 Es genügt nicht, wenn das Verhalten einzelner Funktionäre oder Mitglieder die in Art. 9 Abs. 2 GG und in § 14 Abs. 2 beschriebenen Schutzgüter gefährdet. Vielmehr muss die Gefährdung von der – überindividuellen – Zielsetzung und Organisation der Vereinigung als solcher ausgehen (BVerwGE 55, 175 [182]).

23 Ein schuldhaftes Handeln des Vereins wird nicht vorausgesetzt (*Wache* in Erbs/Kohlhaas VereinsG § 14 VereinsG Rn. 6).

IV. Spezielle Fragen der Anwendung der in Art. 9 Abs. 2 GG genannten Verbotsgründe auf Ausländervereine

24 Wenn die in Art. 9 Abs. 2 GG genannten Verbotsgründe vorliegen, kann ein Ausländerverein gemäß § 14 Abs. 1 Satz 1 verboten werden. Das Verbot eines Ausländervereins kann also darauf gestützt werden, dass dessen Zweck oder Tätigkeit den Strafgesetzen zuwiderläuft oder dass er sich gegen die verfassungsmäßige Ordnung oder den Gedanken der Völkerverständigung richtet. Die dort – und in wortgleicher Wiederholung in § 3 Abs. 1 – aufgeführten Verbotsgründe sind grundsätzlich ebenso zu interpretieren wie beim Verbot eines Deutschenvereins nach § 3. Hinsichtlich dieser Verbotsgründe genügt eine bloße Schutzgutsgefährdung nicht; ein Verbot kann vielmehr – wie bei einem Deutschenverein – nur bei bereits eingetretener Verletzung erfolgen.

25 Als maßgebliche **Strafgesetze,** denen der Ausländerverein zuwiderläuft, kommen ausschließlich die deutschen Strafgesetze in Betracht. Denn Art. 9 Abs. 2 GG verfolgt nicht die Zielrichtung, andere Staaten vor nach deutschem Recht nicht zu missbilligenden Aktivitäten ihrer Staatsangehörigen zu schützen. Sind Zweck oder Tätigkeit eines Vereins zwar nach ausländischem Recht strafbar, nach deutschem Recht aber straflos, so besteht kein Verbotsgrund. Umgekehrt kann sich ein Ausländerverein aber auch nicht auf das für ihn günstigere Strafrecht des Herkunftslandes von Mitgliedern berufen. Denn auch Ausländer müssen in Deutschland Konformität zu den deutschen Gesetzen wahren.

26 **Verfassungsmäßige Ordnung** im Sinne der vereinsrechtlichen Vorschriften (und von Art. 9 Abs. 2 GG) ist ebenfalls ausschließlich die für Deutschland geltende Ordnung des Grundgesetzes, nicht aber ausländische Verfassungen. Wenn ein Ausländerverein politische Vorstellungen vertritt, die nach deutschem Verständnis extremistisch sind, deren Verwirklichung aber nur in der Herkunftsregion der Mitglieder und nicht in Deutschland anstrebt, richtet er sich nicht gegen die verfassungsmäßige Ordnung. In Betracht kommt aber möglicherweise ein auf § 14 Abs. 2 Ziffer 3 gestütztes Verbot (s. u. Rn. 42).

Vierter Abschnitt. Sondervorschriften **§ 14 VereinsG**

Beim Gedanken der **Völkerverständigung** hingegen muss es nicht um 27 eine Verständigung gehen, an der das deutsche Volk beteiligt ist. Gegen den Gedanken der Völkerverständigung richtet sich vielmehr auch ein Ausländerverein, der die Verständigung zwischen zwei außerhalb Deutschlands lebenden Völkern bekämpft, also z. B. zwischen Israelis und Palästinensern.

V. Die Verbotsgründe nach § 14 Abs. 2

1. Zweck oder Tätigkeit

Den in den Ziffern 1–5 aufgeführten alternativen Verbots-Tatbestands- 28 merkmalen ist das gemeinsame Tatbestandsmerkmal „Zweck oder Tätigkeit" vorangestellt. Insofern handelt es sich ebenfalls um **Alternativen:** Es muss entweder der Zweck oder die Tätigkeit des Vereins eine der fünf Alternativen nach Ziffern 1–5 erfüllen.

Die Begriffe „Zweck" und „Tätigkeit" sind ebenso zu verstehen wie in § 3 29 Abs. 1 und in Art. 9 Abs. 2 GG siehe hierzu Art. 9 Rn. 29 f.).

Den möglicherweise nicht zu beanstandenden **satzungsmäßigen Zielen** 30 des Vereins und auch einer etwaigen Anerkennung als gemeinnütziger Verein kommt keine entscheidende Bedeutung zu. Maßgeblich sind vielmehr die von ihm **tatsächlich verfolgten Zwecke,** wie sie sich nach den dem Verein zuzurechnenden Äußerungen darstellen, und seine Tätigkeit (BVerwG, Beschl. v. 16.7.2003 – 6 A 10/02, juris Rn. 23).

Sich beispielsweise aus ihren Veröffentlichungen oder ihrer internen Ein- 31 wirkung auf Mitglieder ergebende Ziele des Vereins müssen nicht auf die Einstellung oder das Verhalten der einzelnen Mitglieder durchschlagen (BVerwG, Urt. v. 28.2.1978 – 1 A 9.72, juris Rn. 56).

Unerheblich ist, ob der Verbotsgrund den Hauptzweck oder die Haupttä- 32 tigkeit des Vereins ausmacht (BVerwG NVwZ 1995, 587 [589]; BVerwGE 80, 299 [307]).

2. § 14 Abs. 2 Ziffer 1

a) Systematik. Die Ziffer 1 normiert insgesamt fünf verschiedene Schutz- 33 güter, von denen alternativ eines betroffen sein muss, und verlangt als Voraussetzung für ein Verbot jeweils deren Beeinträchtigung oder Gefährdung. Soweit in der Literatur von lediglich vier (statt fünf) Tatbeständen die Rede ist (*Groh* NomosOK VereinsG § 14 Rn. 8; *Wache* in Erbs/Kohlhaas VereinsG § 14 Rn. 7), so beruht dies auf einer Zusammenfassung der öffentlichen Sicherheit und der öffentlichen Ordnung zu einem Begriffspaar; öffentliche Sicherheit und öffentliche Ordnung sind jedoch voneinander zu unterscheiden und im Gesetzeswortlaut dementsprechend auch durch ein „oder" als Alternativen nebeneinandergestellt. Hierin liegt übrigens der einzige Unterschied zur ansonsten wortgleichen Bestimmung des § 47 Abs. 1 Ziffer 1 AufenthG; diese Bestimmung war – damals noch als § 37 Abs. 1 Nr. 1 AuslG – Vorbild für den 2002 in § 14 VereinsG eingefügten § 14 Abs. 2 Ziffer 1 (BT-Drs 14/7386 S. 50). Überschneidungen der Schutzgüter untereinander und mit weiteren

Verbotsgründen nach Art. 9 Abs. 2 GG oder nach § 14 Abs. 2 sind möglich und in der Praxis häufig zu erwarten.

34 **b) Die politische Willensbildung in der Bundesrepublik Deutschland.** Bei der politischen Willensbildung hat der Gesetzgeber „insbesondere" an die politischen *„Parteien, politische Wahlen oder Abstimmungen, Parlamente, Regierungen oder andere berufene staatliche oder kommunale Organe oder die in solchen Organen mitwirkenden Personen oder Gruppen"* gedacht (BT-Drs 14/7386 S. 51). Die Einbeziehung der auf der gesellschaftlichen Ebene anzusiedelnden Parteien und das „insbesondere" machen deutlich, dass nicht nur der **staatliche,** sondern auch der **gesellschaftliche Willensbildungsprozess** geschützt sein soll (vgl. *Möller* in Hofmann/Hoffmann AufenthG § 47 Rn. 17). Dementsprechend kommt auch eine Einwirkung des Ausländervereins auf die politische Willensbildung von Einzelpersonen als Anknüpfungspunkt für Maßnahmen in Betracht. Es genügt andererseits eine nicht auf bestimmte Personen oder Institutionen gerichtete Beeinflussung der Öffentlichkeit (vgl. *Dienelt* in BDR AufenthG § 47 Rn. 9). Die Einwirkung muss mit Mitteln oder in Formen geschehen, die nach allgemeiner Auffassung zur Verfolgung politischer Ziele unangemessen sind (BT-Drs 14/7386 S. 51). Damit sind nicht nur strafbare Handlungen gemeint, denn ansonsten wäre die Hervorhebung der politischen Willensbildung neben der öffentlichen Sicherheit überflüssig. Auch nichtstrafbarer Zwang, Drohungen, Einschüchterung, Bestechung, insbesondere aber auch die Behinderung, Störung oder Sprengung von Versammlungen sind eine **unangemessene Einwirkung** auf die politische Willensbildung (*Groh* in NomosOK VereinsG § 14 Rn. 9; *Wache* in Erbs/Kohlhaas VereinsG § 14 Rn. 8). Dagegen können bloße Meinungsäußerungen in diesem Zusammenhang keine Rolle spielen (vgl. *Möller* in Hofmann/Hoffmann AufenthG § 47 Rn. 17).

35 **c) Das friedliche Zusammenleben.** Schutzgut ist nach dem Gesetzeswortlaut sowohl das friedliche Zusammenleben von Deutschen und Ausländern als auch das friedliche Zusammenleben verschiedener Ausländergruppen. Indem der Gesetzgeber als Beispiel für eine Störung – wohl des friedlichen Zusammenlebens von Deutschen und Ausländern – die Ablehnung von Integration nennt (BT-Drs 14/7386 S. 51), macht er sein Verständnis des friedlichen Zusammenlebens als eines Zustandes des positiven Aufeinander-Zugehens deutlich. Ein bloßes gewaltfreies Nebeneinander stellt nach der gesetzgeberischen Vorstellung kein friedliches Zusammenleben dar. Hier bedarf es indes einer korrigierenden verfassungskonformen Auslegung, denn mit der Meinungsfreiheit wäre es nicht vereinbar, eine ein friedliches Nebeneinander von Deutschen und Ausländern befürwortende Position des Ausländervereins zum Anknüpfungspunkt von Eingriffsmaßnahmen zu machen. Mit Recht wird daher in der ausländerrechtlichen Literatur konkreter der **öffentliche Friede** als Schutzgut genannt (*Möller* in Hofmann/Hoffmann AufenthG § 47 Rn. 18; ähnlich – „innerer Friede" – *Dienelt* in BDR § 47 AufenthG Rn. 9), der wiederum als Gewährleistung der Friedlichkeit (im Sinne von Art. 8 GG) interpretiert werden muss (BVerfGE 124, 300 [335]). Es kommen daher nur Äußerungen und Handlungen in Betracht, die Gewalttätigkeiten zumindest schüren. Darin können zugleich Straftaten liegen; dann kommt es zu einer

Vierter Abschnitt. Sondervorschriften § 14 VereinsG

Überschneidung mit dem Verbotsgrund des strafrechtswidrigen Vereins gemäß Art. 9 Abs. 2 GG, vor allem wenn man der zutreffenden Ansicht folgt, dass Volksverhetzung (§ 130 StGB) auch von Ausländern gegen Deutsche begangen werden kann (*Mitsch* JR 2011, 380).

d) Die öffentliche Sicherheit. Die öffentliche Sicherheit ist ebenso zu 36 interpretieren wie im allgemeinen Gefahrenabwehrrecht. Öffentliche Sicherheit meint dementsprechend *„die Unverletzlichkeit der Rechtsordnung, der subjektiven Rechte und Rechtsgüter des Einzelnen sowie der Einrichtungen und Veranstaltungen des Staates und sonstiger Träger der Hoheitsgewalt"* (§ 2 Nr. 2 HBPolG).

e) Die öffentliche Ordnung. Unter öffentlicher Ordnung ist nach h. M. 37 zu verstehen die Gesamtheit der ungeschriebenen Regeln, deren Befolgung nach den jeweils herrschenden und mit dem Wertgehalt des Grundgesetzes zu vereinbarenden sozialen und ethischen Anschauungen als unerlässliche Voraussetzung eines geordneten menschlichen Zusammenlebens innerhalb eines bestimmten Gebiets anzusehen ist (BVerfG DVBl 2001, 1054 [1055]). Mit dem umstrittenen und verfassungsrechtlich nicht unbedenklichen Begriff (hierzu etwa *Hebeler* JA 2002, 521; *Kaltenborn* DÖV 2001, 55 [61 f.]) hat bislang – soweit ersichtlich – noch kein Gericht die Aufrechterhaltung eines Vereinsverbotes begründet (ausdrücklich offengelassen in VGH München, Urt. v. 10.11.1995 – 4 A 95 1167, juris Rn. 49). Bei der Bestimmung der öffentlichen Ordnung im konkreten Fall könnte gerade im Zusammenhang mit Ausländervereinen die bislang in der Literatur noch weitgehend unbeachtet gebliebene Frage eine Rolle spielen, ob es auf die Mehrheitsanschauung der Deutschen oder auf eine – hiervon möglicherweise abweichende – Mehrheitsanschauung der Bevölkerung unter Einbeziehung der Ausländer ankommt. Im Hinblick darauf, dass über die Konstruktion öffentliche Ordnung eine Mehrheitsanschauung einem Gesetz gleichgestellt wird, ist insoweit in der Demokratie auf die Wahlberechtigten abzustellen.

f) Sonstige erhebliche Interessen der Bundesrepublik Deutschland. 38 Bei den sonstigen erheblichen Interessen der Bundesrepublik Deutschland handelt es sich um einen Auffangtatbestand zu den ersten vier Alternativen von Abs. 2 Ziffer 1. Es muss sich um objektive staatliche Belange von nicht nur untergeordneter Bedeutung handeln (*Wache* in Erbs/Kohlhaas VereinsG § 14 Rn. 11; *Schnorr* §§ 14, 15 Rn. 13). Da Probleme der inneren Sicherheit durch die ersten vier Alternativen bereits weitestgehend abgedeckt sind, kommen als sonstige erhebliche Interessen im Wesentlichen **außenpolitische Ziele** in Betracht. Hierzu gehören insbesondere das Bestreben, mit anderen Staaten gute diplomatische, politische und wirtschaftliche Beziehungen zu pflegen, sowie das internationale Ansehen der Bundesrepublik Deutschland (vgl. *Häußer/Häußer/Halle/Majer* in KCH AufenthG § 47 Rn. 21). Wenn Ausländervereine ihren Kampf gegen fremde Staaten oder deren Regierung auf deutschem Boden austragen, kommt dementsprechend ein Einschreiten in Betracht (*Groh* in NomosOK VereinsG § 14 Rn. 11). Dabei ist dem Erfordernis der Erheblichkeit dadurch Rechnung zu tragen, dass eine bloße Trübung oder Verunsicherung auswärtiger Beziehungen nicht als ausreichender Grund für Maßnahmen eingestuft wird (vgl. *Dienelt* in BDR AufenthG § 47 Rn. 11).

39 g) Beeinträchtigung oder Gefährdung. Eine Beeinträchtigung liegt vor, wenn bereits ein Schaden für eines der Schutzgüter eingetreten ist. Bereits weit im Vorfeld eines derartigen Schadenseintritts setzt die Gefährdung an. Es bedarf keiner konkreten Gefahr im Sinne des Polizeirechts (s. o. Rn. 20). Ausreichend ist es vielmehr, wenn Zweck und Tätigkeit des Ausländervereins zur Verursachung solcher Gefahren geeignet sind (vgl. *Dienelt* in BDR AufenthG § 47 Rn. 7).

3. § 14 Abs. 2 Nr. 2

40 a) Die völkerrechtlichen Verpflichtungen der Bundesrepublik Deutschland. Völkerrechtliche Verpflichtungen können sich aus internationalen Übereinkommen (z. B. zur Bekämpfung des internationalen Terrorismus) ergeben (BT-Drs 14/7386 S. 51), aber auch aus bilateralen Abkommen mit anderen Staaten (vgl. *Häußer/Häußer/Halle/Majer* in KCH AufenthG § 47 Rn. 25).

41 b) Zuwiderlaufen. Als einer völkerrechtlichen Verpflichtung zuwiderlaufend sind Tätigkeit oder Zweck eines Ausländervereins anzusehen, wenn der Verein gerade das tut, was zu bekämpfen Deutschland sich vertraglich verpflichtet hat. Meinungsäußerungen, die sich gegen die völkerrechtliche Verpflichtung richten, stellen kein Zuwiderlaufen dar (vgl. *Möller* in Hofmann/Hoffmann AufenthG § 47 Rn. 21). Da der Gesetzeswortlaut (anders als der Text der Parallelvorschrift § 47 Abs. 1 Ziffer 2 AufenthG) nicht von „zuwiderlaufen kann", sondern enger von „zuwiderlaufen" spricht, genügt hier eine bloße Eignung zur Schutzgutgefährdung nicht.

4. § 14 Abs. 2 Nr. 3

42 a) Mit einer die Würde des Menschen achtenden staatlichen Ordnung unvereinbare Ziele oder Mittel. Die Gesetzesbegründung nennt als Hauptbeispiel „diktatorische oder theokratische, z. B. islamistische, Staatsformen" (BT-Drs 14/7386 S. 51). Derart pauschal Diktaturen und islamistische Staatsordnungen als nicht die Menschenwürde achtend zu klassifizieren, bedeutet allerdings eine dem Grundrecht der Menschenwürde kaum entsprechende Politisierung, auch wenn in der Praxis unter derartigen Herrschaftsformen häufig die Menschenwürde missachtet wird. Zudem dürfen Deutsche nicht zur Werteloyalität und Verfassungstreue verpflichtet werden (vgl. BVerfG, NJW 2009, 908 [909]; BVerfG, DVBl 2001, 897 [899]); ebensowenig ist es mit der Meinungsfreiheit vereinbar, Ausländer mit Blick auf deren Heimatländer zu einer grundgesetzkonformen politischen Haltung zu zwingen. Die Vorschrift ist daher nur insoweit verfassungskonform, als sie auf die „Mittel" abstellt. Relevant sind vor allem Folter und Terrorakte.

43 b) Förderung von Bestrebungen. Bestrebungen im Ausland können sowohl von dortigen Oppositionsgruppen als auch von verfassungsgemäßen Regierungen ausgehen (*Dienelt* in BDR AufenthG § 47 Rn. 14). Die Förderung kann mit beliebigen – auch mit legalen – Mitteln erfolgen; insbesondere verlangt die Vorschrift keine Bereitschaft zur Gewaltanwendung (BT-Drs 14/7386 S. 51).

5. § 14 Abs. 2 Nr. 4

a) Gewaltanwendung als Mittel zur Durchsetzung, politischer, religiöser oder sonstiger Belange. Gewaltanwendung ist die Ausübung von Gewalt im strafrechtlichen Sinne; die bloße Androhung von Gewalt genügt nicht (*Möller* in Hofmann/Hoffmann AufenthG § 47 Rn. 22f). Es muss um Belange außerhalb Deutschlands gehen (*Groh* NomosOK VereinsG § 14 Rn. 15). Gleichgültig ist hingegen, ob die Gewalt in Deutschland oder im Ausland angewendet wird. 44

b) Unterstützung, Befürwortung oder Hervorrufung. Alle Tatbestandsalternativen setzen eine eigene **positive Stellungnahme des Vereins zur Anwendung von Gewalt** voraus (BT-Drs 14/7386 S. 51). Diese muss nicht öffentlich erfolgen; eine entsprechende vereinsinterne Positionierung genügt (*Groh* NomosOK VereinsG § 14 Rn. 15). Unter **Unterstützung** ist ein tatsächliches Handeln zu verstehen, das – für den Verein erkennbar – der Gewaltanwendung förderlich ist (vgl. BVerwGE 123, 114; VG Freiburg, Urt. v. 5.12.2007 – 1 K 1851/06, juris Rn. 20); in Betracht kommen etwa das Spendensammeln für Terrorgruppen oder das Rekrutieren von Kämpfern (BT-Drs 14/7386 S. 51). **Befürwortung** meint eine wertende Aussage. Schwerer zu fassen ist die **Hervorrufung.** Diese dürfte zu verstehen sein als ein Tun, das mit einer gewissen Zwangsläufigkeit Ursachen für die Gewaltanwendung setzt, ohne die Gewaltanwendung als solche zu fördern. Wenn der Verein etwa den Boden für eine Radikalisierung bereitet (z. B. durch entsprechende ideologische Schulungen) und es daraufhin zur Gewaltanwendung kommt, ist Hervorrufung zu bejahen. 45

6. § 14 Abs. 2 Nr. 5

a) Vereinigungen. Der Begriff der Vereinigung, zu dem die Gesetzesbegründung keine Hinweise liefert, ist im Grundsatz ebenso zu verstehen wie in §§ 129 ff. StGB. Es geht also um den auf eine gewisse Dauer berechneten organisatorischen Zusammenschluss von mindestens drei Personen, die bei Unterordnung des Willens des Einzelnen unter den Willen der Gesamtheit gemeinsame Zwecke verfolgen und unter sich derart in Beziehung stehen, dass sie sich untereinander als einheitlicher Verband fühlen (st. Rspr., zuletzt etwa BGH StV 2012, 339 [340]; BGH NJW 2012, 325 [326]; BGH NJW 2010, 3042 [3043]; näher unten *Albrecht* § 129 StGB Rn. 12 ff.). Da Nr. 5 hauptsächlich der Terrorismusbekämpfung dient, Terroristen ihre Strukturen meist geheimhalten und es hier nicht um strafrechtliche Sanktionen, sondern lediglich um Präventivmaßnahmen geht, dürfen an die Feststellung des Vorliegens einer Vereinigung im Verbotsverfahren keine allzu hohen Anforderungen gestellt werden. 46

b) Anschläge gegen Personen oder Sachen. Unter Anschlägen gegen Personen oder Sachen sind nicht nur die in § 129a StGB aufgeführten Terrorakte zu rechnen. Da der Gesetzgeber auf eine Bezugnahme zu § 129a StGB und auf eine enumerierende Verengung der unter „Anschlag" zu verstehenden Handlungen verzichtet hat, ist vielmehr vom allgemeinen Sprachgebrauch 47 auszugehen. Anschläge in diesem Sinne sind auch einfache Sachbeschädigungen wie z. B. Farbanschläge und Buttersäureattentate. Auf die – völkerrechtlich möglicherweise legitime – Zielsetzung der Anschläge kommt es nicht an (vgl. BVerwG NVwZ 1995, 587).

48 **c) Veranlassung, Befürwortung oder Androhung.** Die Veranlassung, Befürwortung oder Androhung von Anschlägen kann innerhalb oder außerhalb Deutschlands erfolgen. Die Vereinigung **veranlasst** Anschläge dann, wenn sie sie entweder selbst verübt oder – entsprechend dem gefahrenabwehrrechtlichen Begriff des Zweckveranlassers – ihre Tätigkeit dazu führen soll und mit einer gewissen Zwangsläufigkeit auch dazu führt, dass dann andere Personen (nicht etwa Gegner der Vereinigung) Anschläge verüben. Die **Androhung** kann im Sinne des strafrechtlichen Bedrohungs-Tatbestandes (§ 241 StGB) interpretiert werden, muss sich allerdings nicht gegen eine bestimmte Person richten. **Befürwortung** ist eine bloß verbale positive Stellungnahme zu den Anschlägen; aus der Befürwortung der Ziele einer Terrorgruppe darf nicht ohne weiteres auf eine Befürwortung der angewendeten Mittel geschlossen werden.

49 **d) Unterstützung.** Die Unterstützung (siehe zum Begriff oben Rn. 45) durch den in Deutschland tätigen Ausländerverein kann durch gesetzwidrige, aber auch durch legale Handlungen erfolgen, etwa durch karikative Tätigkeit zugunsten von „Märtyrern" und deren Hinterbliebenen in einem ausländischen „Befreiungskampf" (BT-Drs 14/7386 S. 51 f.). Der Ausländerverein muss seine Unterstützung in dem Bewusstsein erbringen, mit ihr einen gezielten Beitrag zur Gewaltanwendung zu leisten (BVerwG, Beschl. v. 16.7.2003 – 6 A 10/02, juris Rn. 33). Ob die Unterstützung den angestrebten Erfolg hat, ist unerheblich (*Wache* in Erbs/Kohlhaas VereinsG Rn. 15).

VI. Betätigungsverbot (Abs. 3 Satz 1)

50 Die Möglichkeit des Betätigungsverbotes wurde durch das Verbrechensbekämpfungsgesetz vom 28.10.1994 geschaffen (BGBl. I S. 3186). Wie die politische Betätigung eines einzelnen Ausländers gemäß § 47 Abs. 1 Satz 2 AufenthG untersagt werden kann, ist eine entsprechende Maßnahme gegen einen Ausländerverein in § 14 Abs. 3 Satz 1 vorgesehen. Die Voraussetzungen sind grundsätzlich mit den Voraussetzungen des Verbots eines Ausländervereins identisch (Ausnahme s. u. Rn. 51). Da es sich bei dem kollektiven Betätigungsverbot im Vergleich zum Vereinsverbot um das mildere Mittel handelt, kann ein Betätigungsverbot rechtmäßig sein, wo ein Vereinsverbot aus Gründen der Verhältnismäßigkeit scheitern würde. Indem das Betätigungsverbot auf bestimmte Handlungen oder bestimmte Personen (z. B. den Vereinsvorstand) beschränkt werden kann, bietet es der Behörde zugleich eine höhere Flexibilität. Bei der Beschränkung auf einzelne Personen ist allerdings darauf zu achten, dass hierdurch nicht die – z. T. engeren – Voraussetzungen von § 47 Abs. 1 Satz 2 AufenthG umgangen werden dürfen; nur wenn die Gefahr gerade in der Betätigung des Ausländers in dem Verein liegt, kann auf vereinsrechtlicher Grundlage gegen einen einzelnen Ausländer ein Betätigungsverbot ausgesprochen werden.

Vierter Abschnitt. Sondervorschriften **§ 14 VereinsG**

Kein Vereinsverbot, wohl aber ein Tätigkeitsverbot kommt gemäß § 18 51
Satz 2 in Betracht, wenn ein Verein mit Sitz im Ausland keine Organisation in
Deutschland unterhält (*Reichert* Rn. 6801).

VII. Ergänzende Anwendung polizeirechtlicher Vorschriften (Abs. 3 Satz 2)

Die Vorschrift stellt klar, dass § 14 **keine abschließende Regelung** für 52
Maßnahmen gegen Ausländervereine ist. Ausländervereine sollen gegenüber
anderen Rechtssubjekten nicht privilegiert werden. Sowohl Vorschriften des
allgemeinen Gefahrenabwehrrechts (einschließlich der polizeilichen Generalklausel; vgl. *Wache* in Erbs/Kohlhaas VereinsG § 14 Rn. 18) als auch des besonderen Gefahrenabwehrrechts (z. B. versammlungsgesetzliche Normen) finden
Anwendung. Gegen einzelne (ausländische) Mitglieder des Ausländervereins
kann auch auf der Grundlage von ausländerrechtlichen Vorschriften (insbesondere des AufenthaltsG) eingeschritten werden. § 14 stellt der Verwaltung aber
eine spezielle Ermächtigungsnorm für Maßnahmen gegen Ausländervereine
zur Verfügung. Soweit gerade die Ausländervereins-Eigenschaft des betroffenen Rechtssubjekts Anknüpfungspunkt des Verwaltungshandelns ist, kommt
daher ausschließlich § 14 als Rechtsgrundlage in Betracht.

VIII. Verfahren

Für das Verbotsverfahren gelten die allgemeinen vereinsrechtlichen Vor- 53
schriften §§ 3–13 (*Reichert* Rn. 6777; vgl. auch *Wache* in Erbs/Kohlhaas
VereinsG § 14 Rn. 16).
Wird das Vereinsverbot auf einen der in Art. 9 Abs. 2 GG genannten 54
Gründe gestützt, so muss (entsprechend § 3 Abs. 1) der Grund im verfügenden
Teil des Verbots explizit festgestellt werden; hinsichtlich der in § 14 Abs. 2 genannten Verbotsgründe bedarf es hingegen keiner ausdrücklichen Feststellung
(vgl. BVerwG, Urt. v. 28.2.1978 – 1 A 9.72, juris Rn. 49).

IX. Wirkungen des Vereinsverbots

Das Verbot eines Ausländervereins hat grundsätzlich die gleichen Wirkun- 55
gen wie das Verbot eines aus Deutschen bestehenden Vereins (s. o. Rn. 3 zu
§ 3 ff.). Gemäß Abs. 1 Satz 3 gilt dies hinsichtlich der Beschlagnahme und Einziehung von Forderungen und Sachen Dritter auch dann, wenn das Verbot auf
Abs. 2 gestützt wird.
Auch **Ersatzorganisationen** des Vereins werden von dem Verbot erfasst, 56
soweit es sich dabei wiederum um Ausländervereine handelt. Setzt hingegen
ein mehrheitlich aus Deutschen oder EU-Staatsangehörigen bestehender Verein die Bestrebungen des verbotenen Ausländervereins fort, so gilt das Verbot
von Ersatzorganisationen nicht (BVerwG NVwZ 1997, 68 [69]).
Bei einem über Staatsgrenzen hinweg operierenden Ausländerverein kann 57
das Verbot sich nicht auf Teilorganisationen im Ausland beziehen; es kann in-

des mit einem für Deutschland geltenden Tätigkeitsverbot für die ausländische Teilorganisation verbunden werden (*Reichert* Rn. 6800).

X. Rechtsschutz

58 Grundsätzlich stehen einem Ausländerverein die gleichen Rechtsschutzmöglichkeiten zu wie einem aus Deutschen bestehenden Verein (siehe § 3 VereinsG Rn. 120 ff.). Die tatbestandlichen Voraussetzungen für das Verbot eines Ausländervereins sind im Verfahren vollständig festzustellen (BVerwG, Beschl. v. 16.7.2003 – 6 A 10/02, juris Rn. 13 ff.).

XI. Anmelde- und Auskunftspflichten für Ausländervereine

Die Anmelde- und Auskunftspflichten für Ausländervereine richten sich nach § 19 ff. der Verordnung zur Durchführung des Gesetzes zur Regelung des öffentlichen Vereinsrechts (Vereinsgesetz) [VereinsG-DVO] vom 18.6.1966 (BGBl. I S. 457, zuletzt geändert durch Art. 6 Abs. 1 ÄndG vom 22.8.2002 [BGBl. I, S. 3390]).

§ 19 Anmeldepflicht für Ausländervereine
(1) Ausländervereine, die ihren Sitz im Geltungsbereich des Vereinsgesetzes haben, sind innerhalb von zwei Wochen nach ihrer Gründung bei der für ihren Sitz zuständigen Behörde anzumelden. Zur Anmeldung verpflichtet sind der Vorstand oder, wenn der Verein keinen Vorstand hat, die zur Vertretung berechtigten Mitglieder. Ausländervereine, die bei Inkrafttreten dieser Verordnung bereits bestehen, haben die Anmeldung innerhalb eines Monats nach Inkrafttreten dieser Verordnung vorzunehmen.
(2) Die Anmeldung hat zu enthalten
1. die Satzung oder, wenn der Verein keine Satzung hat, Angaben über Name, Sitz und Zweck des Vereins,
2. Namen und Anschriften der Vorstandsmitglieder oder der zur Vertretung berechtigten Personen,
3. Angaben, in welchen Ländern der Verein Teilorganisationen hat.
Die zur Anmeldung verpflichteten Personen haben der zuständigen Behörde jede Änderung der in Satz 1 genannten Angaben sowie die Auflösung des Vereins innerhalb von zwei Wochen mitzuteilen.
(3) Ausländervereine, deren Zweck auf einen wirtschaftlichen Geschäftsbetrieb gerichtet ist, sind zur Anmeldung nur verpflichtet, wenn sie von der nach Absatz 1 Satz 1 zuständigen Behörde dazu aufgefordert werden.
(4) Anmeldungen und Mitteilungen nach den Absätzen 1 bis 3 sind in deutscher Sprache zu erstatten. Die Behörde erteilt hierüber eine Bescheinigung, für die keine Gebühren und Auslagen erhoben werden.

§ 20 Auskunftspflicht für Ausländervereine
(1) Ausländervereine mit Sitz im Geltungsbereich des Vereinsgesetzes haben der nach § 19 Abs. 1 Satz 1 zuständigen Behörde auf Verlangen Auskunft zu geben
1. über ihre Tätigkeit
2. wenn sie sich politisch betätigen,
    a) über Namen und Anschrift ihrer Mitglieder,
    b) über Herkunft und Verwendung ihrer Mittel.
(2) Die Auskunftspflicht obliegt den in § 19 Abs. 1 Satz 2 bezeichneten Personen.

Vierter Abschnitt. Sondervorschriften § 14 VereinsG

§ 22 Mitteilung an das Bundesverwaltungsamt
Die zuständigen Behörden teilen die Angaben, die sich auf Grund der §§ 19 bis 21 erhalten, dem Bundesverwaltungsamt mit.

§ 23 Zuwiderhandlungen gegen Anmelde- und Auskunftspflichten
Ordnungswidrig im Sinne des § 21 des Vereinsgesetzes handelt, wer den Anmelde- und Auskunftspflichten nach den §§ 19 bis 21 zuwiderhandelt.

Während die Anmeldepflicht nach § 19 VereinsDVO kaum mehr verlangt **59** als das, was von einem aus Deutschen bestehender eingetragener Verein erwartet wird (vgl. §§ 59 ff BGB), knüpft die spezielle Gefahrenabwehr hinsichtlich der Ausländervereine in § 20 VereinsDVO an das Vorliegen von politischer Betätigung an.

Politische Betätigung bedeutet jedes Tun und Handeln, das auf die Er- **60** ringung, Änderung oder Bewahrung von Macht und Einfluss auf die Gestaltung staatlicher oder gesellschaftlicher Einrichtungen und Daseinsformen gerichtet ist (*Dienelt* in BDR AufenthG § 47 Rn. 6).

Die Behörde ist bei einem sich politisch betätigenden Ausländerverein auch **61** dann berechtigt, Auskunft zu verlangen, wenn durch die politische Betätigung **keine konkrete Gefahr** ausgelöst wird (BVerwG, Beschl. v. 14.11.1986 – 1 CB 80/86, juris Rn. 12; *Reichert* Rn. 6756). Ebenso ist die Erfüllung der Verbotsgründe nach § 14 VereinsG keine Voraussetzung für das Auskunftsverlangen (OVG Berlin, Beschl. v. 10.9.1980 – 5 S 1.80, juris Rn. 5). Ob die Behörde Auskunft verlangt, steht in ihrem pflichtgemäßen Ermessen (BVerwG, Beschl. v. 14.11.1986 – 1 CB 80/86, juris Rn. 13; OVG Berlin, Beschl. v. 10.9.1980 – 5 S 1.80, juris Rn. 4). Bei der Ausübung ihres Ermessens hat die Behörde etwaige Nachteile, die sich aus der Auskunftserteilung für den Verein und seine Mitglieder ergeben, zu berücksichtigen und gegen das öffentliche Interesse an der Auskunftserteilung abzuwägen; das Allgemeininteresse lässt sich i. d. R. aus der besonderen Gefahr herleiten, dass Deutschland in politische Auseinandersetzungen, die andere Staaten betreffen, verstrickt wird und dass hierdurch innen- wie außenpolitische Belange der Bundesrepublik oder ihrer Länder verletzt werden (BVerwG, Beschl. v. 14.11.1986 – 1 CB 80/86, juris Rn. 13 f). Der Ausländerverein muss die **Auskunft auch hinsichtlich etwaiger deutscher Mitglieder** erteilen. Die deutschen Mitglieder können nicht verlangen, für ihre Person so gestellt zu werden, als genösse der Verein den Schutz von Art. 9 Abs. 1 GG (BVerwG, Beschl. v. 14.11.1986 – 1 CB 80/86, juris Rn. 17; *Reichert* Rn. 6756). Das Auskunftsverlangen ist nicht etwa nach § 16 VereinsG ausgeschlossen, wenn es sich bei dem sich politisch betätigenden Ausländerverein um eine Gewerkschaft oder einen Arbeitgeberverband handelt (BVerwG, Beschl. v. 14.11.1986 – 1 CB 80/86, juris Rn. 7).

Verletzungen der Anmelde- und Auskunftspflichten nach den §§ 19, 20 **62** DVO sind gemäß § 21 VereinsG i. V. m. § 23 VereinsG-DVO mit Geldbuße bedroht.

§ 15 Ausländische Vereine

(1) ¹Für Vereine mit Sitz im Ausland (ausländische Vereine), deren Organisation oder Tätigkeit sich auf den räumlichen Geltungsbereich dieses Gesetzes erstreckt, gilt § 14 entsprechend. ²Zuständig für das Verbot ist der Bundesminister des Innern.

(2) Ausländische Vereine und die einem ausländischen Verein eingegliederten Teilvereine, deren Mitglieder und Leiter sämtlich oder überwiegend Deutsche oder ausländische Unionsbürger sind, können nur aus den in Artikel 9 Abs. 2 des Grundgesetzes genannten Gründen verboten oder in ein Verbot einbezogen werden.

I. Allgemeines

1   Die Norm knüpft an § 14 an und erklärt weitgehend die hinsichtlich der Ausländervereine geltende Regelung auf ausländische Vereine für anwendbar. Sie gilt – abgesehen von der Ergänzung um die Unionsbürger in Abs. 2 – seit Inkrafttreten des Vereinsgesetzes 1964 unverändert. Als Spezialregelung ist § 15 anwendbar, wenn ein Verein sowohl Ausländerverein im Sinne von § 14 als auch ausländischer Verein ist. Im systematischen Zusammenhang mit § 15 ist besonders § 18 zu beachten, der die räumliche Reichweite des Vereinsverbotes und das Betätigungsverbot für ausländische Vereine ohne Teilorganisation in Deutschland regelt (siehe § 18 VereinsG Rn. 9 ff.).

II. Begriff des ausländischen Vereins

2   Ausländischer Verein ist nach der Legaldefinition in Abs. 1 Satz 1 jeder Verein mit Sitz im Ausland; insofern passt auch der Begriff Auslandsverein.

3   Als **Ausland** müssen alle Gebiete angesehen werden, in denen nicht die deutsche, sondern die Staatsgewalt eines anderen Staates gegeben ist. Die von staats- und völkerrechtlichen Überlegungen inspirierte (und zudem möglicherweise heute auch unter solchen Aspekten kaum noch haltbare) Auffassung von *Reichert*, „Ausland" sei nach den Grenzen des Deutschen Reiches vom 31.12.1937 zu bestimmen (*Reichert* Rn. 6753; siehe auch noch § 21 Abs. 2 VereinsG-DVO), wird dem gefahrenabwehrrechtlichen Charakter des Vereinsgesetzes nicht gerecht. Auch ein z. B. in Schlesien angesiedelter Verein ist dementsprechend ausländischer Verein.

4   **Sitz** ist der Ort, von dem aus die Verwaltungsgeschäfte des Vereins tatsächlich geführt werden, nicht etwa ein hiervon möglicherweise abweichender nomineller Verwaltungssitz (*Wache* in Erbs/Kohlhaas VereinsG § 15 Rn. 1; *Schnorr* §§ 14, 15 Rn. 6).

5   Darauf, ob die Mitglieder Deutsche oder Ausländer sind, kommt es – vorbehaltlich der Sonderregelung in Abs. 2 – nicht an.

III. Organisation oder Tätigkeit in Deutschland

Der ausländische Verein muss zumindest entweder über eine Organisation 6
im Inland verfügen oder in Deutschland tätig sein.

Organisation im Inland ist eine Teilorganisation, die in Deutschland einen 7
Verwaltungssitz hat und einen Verein im Sinne von § 2 VereinsG darstellt (*Reichert* Rn. 6785). Als Teilorganisation gilt ein derartiger Verein, wenn er fest in den ausländischen Gesamtverein eingegliedert ist und sich an dessen Willensbildung orientiert. Ein nur lose in einen ausländischen Dachverband eingegliederter Verein mit eigener Willensbildung ist demgegenüber keine Teilorganisation (vgl. *Wache* in Erbs/Kohlhaas § 15 VereinsG Rn. 3).

Die **Tätigkeit** in Deutschland muss eine von organisatorischen Einrichtun- 8
gen (z. B. Büro) getragene oder zumindest regelmäßige sein (BT-Drs 4/430
S. 23). Tätigkeiten im Ausland, die ins Inland hineinwirken (z. B. Ausstrahlung von Fernsehsendungen über Satellit) genügen nicht (vgl. BVerwG, Beschl. v. 24. 2. 2010 – 6 A 7/08, juris Rn. 30 ff.).

IV. Entsprechende Anwendung von § 14

Hinsichtlich der **Voraussetzungen,** auf die das Vereinsverbot gestützt wer- 9
den kann, verweist Abs. 1 Satz 1 auf § 14. Dementsprechend kann sowohl
beim Vorliegen der in § 14 Abs. 2 genannten Gründe als auch in Fällen der in
§ 14 Abs. 1 Satz 1 in Bezug genommenen Verbotsgründe des Art. 9 Abs. 2 GG
ein ausländischer Verein verboten werden.

Hinsichtlich der **Rechtsfolgen** sind hingegen für den ausländischen Verein 10
nicht uneingeschränkt die für den Ausländerverein geltenden Regeln anwendbar. Insofern ist nämlich § 18 zu beachten. Hiernach ist zu differenzieren zwischen einem ausländischen Verein mit (Teil-)Organisation in Deutschland und einem ohne solche Organisation bloß in Deutschland tätigen ausländischen Verein (s. o. Rn. 7 f.). Beim Vorliegen einer Organisation ergeht ein Organisationsverbot im Sinne von § 14, das sich freilich nur auf die inländische Teilorganisation bezieht; fehlt es an einer Organisation, so hat das Verbot nur die Wirkung eines Betätigungsverbots (siehe näher unten § 18 VereinsG Rn. 9 ff.).

V. Aus Deutschen oder Unionsbürgern bestehende Auslandsvereine bzw. Teilvereine in Deutschland

Ein ausländischer Verein kann überwiegend aus Deutschen (bzw. Angehö- 11
rigen von EU-Staaten) bestehen (s. o. Rn. 5). Für diesen Fall reduziert Abs. 2
den Katalog der möglichen Verbotsgründe auf die in Art. 9 Abs. 2 GG aufgeführten. Die in § 14 Abs. 2 genannten Voraussetzungen kommen also nicht in
Betracht.

Für die Konstellation, dass zwar der ausländische Verein an sich überwiegend 12
aus Nicht-EU-Ausländern, die deutsche Teilorganisation hingegen überwiegend
aus Deutschen (und EU-Ausländern) besteht, ergibt sich folgende Rechtslage:

Ullrich

Wird der ausländische Hauptverein aus den in Art. 9 Abs. 2 GG normierten Gründen verboten, so erstreckt sich das Verbot auch auf die Teilorganisation in Deutschland. Gegen den ausländischen Hauptverein kann auch ein auf die Gründe des § 14 Abs. 2 gestütztes Verbot ergehen, doch hat dieses nur die Wirkung eines Betätigungsverbotes für den ausländischen Hauptverein und erfasst die deutsche Teilorganisation nicht (*Wache* in Erbs/Kohlhaas VereinsG § 15 Rn. 6).

13 Zu beachten ist, dass § 15 hinsichtlich des Überwiegens von Deutschen oder von Ausländern anders abgrenzt als § 14 (zur Abgrenzung nach § 14 siehe dort Rn. 12 ff.): Damit der Verein in den Genuss der Privilegierung durch § 15 Abs. 2 kommt, müssen kumulativ sowohl die Mitglieder als auch die Leiter überwiegend Deutsche sein (*Groh* NomosOK VereinsG § 15 Rn. 4).

VI. Rechtsschutz

14 Hinsichtlich des Rechtsschutzes vor den Verwaltungsgerichten gelten im Vergleich zu inländischen Vereinen keine Besonderheiten.

15 Anders ist die Rechtslage allerdings im Hinblick auf **Verfassungsbeschwerden**. Ausländische juristische Personen können – anders als einzelne Ausländer und auch anders als inländische juristische Personen (Art. 19 Abs. 3 GG) – nicht Träger von Grundrechten sein. Die Erhebung einer Verfassungsbeschwerde ist ihnen daher nicht möglich. Insbesondere bezüglich des Grundrechts der Religionsfreiheit, das bei ausländischen Vereinen nicht selten in Betracht kommt, sind ausländische juristische Personen weder für sich noch für ihre Mitglieder im Verfassungsbeschwerdeverfahren beschwerdebefugt (BVerfG NVwZ 2008, 670).

VII. Anmelde- und Auskunftspflicht

Die Anmelde- und Auskunftspflicht für ausländische Vereine richtet sich nach § 21 VereinsG-DVO.

§ 21 Anmelde- und Auskunftspflicht ausländischer Vereine
(1) Für ausländische Vereine, die im Geltungsbereich des Vereinsgesetzes organisatorische Einrichtungen gründen oder unterhalten, gelten die §§ 19, 20 entsprechend. Die Anmelde- und Auskunftspflicht obliegt auch den Personen, die diese organisatorischen Einrichtungen leiten. Zuständig sind die Behörden der Länder, in denen sich organisatorische Einrichtungen des Vereins befinden. Besteht in einem Land der organisatorische Schwerpunkt, ist nur die Behörde dieses Landes zuständig.
(2) Absatz 1 gilt entsprechend für Ausländervereine, die ihren Sitz in Deutschland, jedoch außerhalb des Geltungsbereichs des Vereinsgesetzes haben.

16 Die Anmelde- und Auskunftspflicht trifft nicht jeden in Deutschland tätigen ausländischen Verein, sondern setzt organisatorische Einrichtungen in Deutschland (z. B. Büro; vgl. Rn. 8) voraus. Unterhält der Verein mehrere organisatorisch auf einer Stufe stehende Büros in verschiedenen Bundesländern, so können nach Abs. 1 Satz 3 die Behörden jedes dieser Bundesländer die in § 20 VereinsG-DVO vorgesehene Auskunft über den gesamten Verein verlangen, nicht nur bezogen auf das jeweilige Bundesland; andernfalls könnte sich nämlich der Verein hinsichtlich jener Bundesländer, in denen kein Büro be-

Vierter Abschnitt. Sondervorschriften **§ 16 VereinsG**

steht, der Kontrolle entziehen. Abs. 1 Satz 2 erweitert den Kreis der anmelde- und auskunftspflichtigen Personen: Diese müssen (anders als nach § 19 Abs. 1 Satz 2 VereinsG-DVO) keine Vertretungsberechtigung haben.

§ 16 Arbeitnehmer- und Arbeitgebervereinigungen

(1) ¹Verbote nach § 3 Abs. 1 oder Verfügungen nach § 8 Abs. 2 Satz 1 gegen Vereinigungen, die den Schutz des Übereinkommens Nr. 87 der Internationalen Arbeitsorganisation vom 9. Juli 1948 über die Vereingungsfreiheit und den Schutz des Vereinigungsrechts (Bundesgesetzbl. 1956 II S. 2072) genießen, werden erst wirksam, wenn das Gericht ihre Rechtmäßigkeit bestätigt hat. ² § 3 Abs. 4 und § 8 Abs. 2 Satz 3 und 4 sind nicht anzuwenden.

(2) ¹Die Verbotsbehörde legt den nach § 48 Abs. 2 und 3, § 50 Abs. 1 Nr. 2 der Verwaltungsgerichtsordnung zuständigen Gericht ihre schriftlich oder elektronisch mit einer dauerhaft überprüfbaren Signatur nach § 37 Abs. 4 des Verwaltungsverfahrensgesetzes abgefaßte und begründete Entscheidung vor. ²Das Gericht stellt sie der Vereinigung und ihren darin benannten nichtgebietlichen Teilorganisationen mit eigener Rechtspersönlichkeit (§ 3 Abs. 3 Satz 2) zu. ³Beteiligt am Verfahren sind die Verbotsbehörde, die Vereinigung und ihre in der Entscheidung benannten nichtgebietlichen Teilorganisationen mit eigener Rechtspersönlichkeit sowie die nach § 63 Nr. 3 und 4 der Verwaltungsgerichtsordnung Beteiligten.

(3) Versagt das Gericht die Bestätigung, so hebt es in dem Urteil zugleich das Verbot oder die Verfügung auf.

(4) ¹Auf Antrag der Verbotsbehörde kann das Gericht die nötigen einstweiligen Anordnungen treffen, insbesondere die Beschlagnahme des Vereinsvermögens verfügen. ²Betätigungsverbote und Beschlagnahmeanordnungen hat das Gericht entsprechend § 3 Abs. 4 Satz 2 bekanntzumachen.

Übersicht

	Rn.
I. Allgemeines	1
1. Inhalt	1
2. Entstehungsgeschichte	2
3. Verfassungs- und gemeinschaftsrechtliche Bezüge	4
II. Übereinkommen 87 (Convention No. 87) der ILO	6
1. Allgemeines	6
2. Schutzzweck der Übereinkunft	8
3. „Organisationen der Arbeitnehmer und Arbeitgeber"	9
a) Insbesondere Gewerkschaften	10
b) Insbesondere Arbeitgeberverbände	11
4. Schutzbereich	12
5. Bestätigung durch Gericht	14
a) Zuständiges Gericht	15

	Rn.
b) Form der Bestätigung	16
c) Ausnahmeregelungen	18
III. Das Verfahren	19
1. Form	20
a) Schriftform	20
b) Elektronische Signatur	21
c) Vorlage	22
2. Beteiligte	23
a) Verbotsbehörde	24
b) Vereinigung	25
c) Nichtgebietliche Teilorganisationen	26
d) Beigeladene	27
e) Vertreter des öffentlichen Interesses	28
IV. Das Versagen der Bestätigung	29
1. Urteilstenor	29
2. Urteilsform	30
3. Rechtsfolgen und Vollstreckung	31
V. Einstweilige Anordnungen	32
1. Allgemeines	32
2. Insbesondere Beschlagnahme des Vereinsvermögens	33
3. Betätigungsverbote	34
4. Form der Bekanntmachung	35
VI. Arbeitsrechtliche Wirkungen des Koalitionsverbotes	36

I. Allgemeines

1. Inhalt

1 Mit der Vorschrift wird ein besonderes und erschwertes Verfahren für das Verbot gewerkschaftlicher und gewerkschaftsähnlicher Vereine (Arbeitnehmervereine) vorgeschrieben. Das eigentliche Verbotsverfahren verlangt nach seinem positiven Abschluss zur Wirksamkeit eine weitere Voraussetzung, nämlich die gerichtliche Bestätigung der Verbotsverfügung. Insoweit kann von einer Privilegierung dieser Vereine gesprochen werden. Das entspricht auch dem Aufbau des Grundgesetzes; Artikel 9 Abs. 3 GG normiert die Koalitionsfreiheit als besondere Form der allgemeinen Vereinigungsfreiheit (Art. 9 Abs. 1 GG). Die Koalitionsfreiheit ist abweichend von der als Deutschengrundrecht ausgestalteten allgemeinen Vereinigungsfreiheit Jedermannsgrundrecht (Menschenrecht); auch ausländische Arbeitnehmer können somit Grundrechtsträger sein. Rechtsprobleme des personalen Geltungsbereichs, die sich im Vereinsrecht aus dem Verhältnis zwischen dem Grundgesetz, dem europäischen Gemeinschaftsrecht und völkerrechtlichen Abkommen ergeben können, stellen sich in der Koalitionsfreiheit nicht. Der **besondere Schutz der Arbeitnehmervereine** gegen ein mögliches Vereinsverbot ergibt sich aber auch aus höherrangigem Völkerrecht, insbesondere dem in Absatz 1 zitierten ILO-Übereinkommen Nr. 87 vom 9. Juli 1948. Dessen Artikel 4 untersagt das Verbot von Arbeitgeber- und Arbeitnehmervereinigungen um Verwaltungswege ausdrücklich. Der Verweis auf das Abkommen erschwert das Verständnis der Vorschrift. Zweck des ILO-Überkommens ist keinesfalls, die genannten Organisationen jedem Verbot zu entziehen (*Wache* in Erbs/Kohlhaas VereinsG § 16 Rn. 1). Das Abkommen verbietet allein das endgültige Verbot einer Arbeitnehmer- oder Arbeitgeberorganisation im Verwaltungswege; die Organisationen sollen vor Behördenwillkür geschützt werden. Das gerichtliche Verfahren ersetzt nicht das Verbotsverfahren, es dienst vielmehr der erneuten Überprüfung des Verfahrens. Das richterliche Prüfungsrecht ist materiell und formell; eine Prüfung der Zweckmäßigkeit des Verbotes wird aber nicht durchgeführt.

2. Entstehungsgeschichte

Die Vorschrift wurde seit ihrem Inkrafttreten nur zweimal geändert. Die Änderungen waren lediglich akzessorisch zu Änderungen der VwGO (§ 16 Absatz 2 Satz 1 durch Gesetz vom 16. Dezember 1991), letztmals durch die Einführung der elektronischen Signatur im Verwaltungsverfahren durch Gesetz vom 21. August 2002 (§ 16 Absatz 2). Für ein umfassendes Verständnis der Vorschrift sind Kenntnisse der Rechtslage vor Inkrafttreten des Grundgesetzes notwendig. Die in § 16 beschriebenen Vereine haben ihren frühesten Vorläufer in den Gesellenverbänden des späten Mittelalters; ursprünglich als reine Versorgungskörperschaften begründet, setzten sie sich zunehmend als Gegenspieler der Zünfte für eine Verbesserung der Arbeitsbedingungen ein, auch bereits mit arbeitsrechtlichen Mitteln (*Giesen* Evangelisches Staatslexikon S. 1269). Zunehmend wurden Koalitionsverbote und Strafandrohungen für Arbeitskämpfe durch Polizeiordnungen verhängt (Reichspolizeiordnung 1530, Reichszunftordnung 1730). Politische Reformen in Folge der Französischen Revolution bekämpften ebenfalls alle Formen des Zünftewesens, darunter auch Gesellenvereine. Von Arbeitnehmervereinigungen im eigentlichen Sinne kann allerdings erst mit Einsetzen der Industriellen Revolution gesprochen werden. Auch mit der schrittweisen Aufnahme der Vereinigungsfreiheit in die Grundrechtskataloge des Konstitutionalismus (Paulskirchenverfassung 1848) (*Müller,* Korporation und Assoziation, 1965) war keineswegs eine rechtliche Sanktionierung der Koalitionen verbunden (*Michael* in Evangelisches Staatslexikon S. 1988). Nur schrittweise und von Großbritannien (1824 Aufhebung des Combination Acts von 1799) ausgehend wurde das Koalitionsverbot, letztlich aus pragmatischen Motiven, gelockert. Von den deutschen Staaten lockerten zunächst Sachsen (1861) und Sachsen-Weimar (1863) die Verbote, nachdem noch die Preußische Gewerbeordnung von 1845 die Bildung von Koalitionen unter Strafe gestellt hatte. Mit der Gewerbeordnung des Norddeutschen Bundes von 1869, die ab 1872 im gesamten Deutschen Reich galt, wurden „alle Verbote und Strafbestimmungen gegen Gewerbetreibende, gewerbliche Gehilfen, Gesellen oder Fabrikarbeiter wegen Verabredungen und Vereinigungen zum Behufe der Erlangung günstiger Lohn- und Arbeitsbedingungen, insbesondere mittels Einstellung der Arbeit" aufgehoben (§ 152 GewO a. F.); die gleiche Rechtslage galt für die Arbeiter des Bergbaus. Insbesondere für die landwirtschaftlichen Arbeiter sowie die häuslichen Angestellten („Gesinde") bestand weiter das Koalitionsverbot. (*Hueck* in Evangelisches Staatslexikon S. 1800) Von einer Koalitionsfreiheit im modernen Sinne, etwa mit Einklagbarkeit der Koalitionsabreden, konnte aber nicht die Rede sein. Bis zum Inkrafttreten des Vereinsgesetzes als Reichsgesetz 1908 bestanden in zahlreichen deut-

VereinsG § 16 Vierter Abschnitt. Sondervorschriften

schen Staaten Verbote von Vereinen mit politischer Zielsetzung. Im Rahmen des Kulturkampfes waren zudem katholische Koalitionen, unter der Geltung des Sozialistengesetzes sozialdemokratische Koalitionen repressiven staatlichen Maßnahmen ausgesetzt. All dies verdeutlicht, dass ein grundsätzliches staatliches Misstrauen gegenüber Koalitionen der Arbeitnehmerseite bestand, das auch im Reichsvereinsgesetz seinen Niederschlag gefunden hatte; auch dieses Gesetz bezweckte zunächst eine bessere Kontrolle des Vereinswesens. Bis heute verzichten als Folge davon die meisten deutschen Gewerkschaften auf die Eintragung als eingetragener Verein, obwohl sie die Voraussetzungen dafür durchaus erfüllen. Einen grundsätzlichen Richtungswechsel bedeutete erst der Erste Weltkrieg. Während des auch von der SPD mitgetragenen „Burgfriedens" ging der Staat auf die organisierte Arbeitnehmerschaft zu; das Hilfsdienstgesetz von 1916 kannte die Koalitionen im heutigen Verständnis, nämlich als berufene Vertreter der Arbeitnehmer- und Arbeitgeberinteressen. Nach dem Ende des Kaiserreichs wurde durch den „Aufruf des Rates der Volksbeauftragten an das deutsche Volk" vom 12. November 1918 neben anderen Maßnahmen „mit Gesetzeskraft" verkündet: „Das Vereins- und Versammlungsrecht unterliegt keiner Beschränkung, auch nicht für Beamte und Staatsdiener." Die Weimarer Reichsverfassung vom 11. August 1919 gewährleistete in ihrem Artikel 159 schließlich ausdrücklich „die Vereinigungsfreiheit zur Förderung der Arbeits- und Wirtschaftsbedingungen [...] für jedermann und für alle Berufe". Aufgehoben wurde die Koalitionsfreiheit wiederum im Nationalsozialismus zugunsten der „Deutschen Arbeitsfront" als Zwangskörperschaft der Arbeitnehmer- und Arbeitgeber. Nach 1945 wurde die Koalitionsfreiheit wiederhergestellt, zuletzt 1949 durch Artikel 9 Absatz 3 Grundgesetz; in der DDR kann erst unmittelbar vor ihrem Beitritt zur Bundesrepublik von einer Koalitionsfreiheit gesprochen werden (*Giesen* in Evangelisches Staatslexikon S. 1269), obwohl sie etwa auch zu den Mitgliedsstaaten der ILO gehörte. § 16 VereinsG ist keineswegs durch Artikel 9 Absatz 3 GG geboten. Allerdings wurde in den Jahren unmittelbar nach Inkrafttreten des VereinsG ein möglicher Verstoß gegen Art. 9 Absatz 3 GG diskutiert (*Hamann/Lenz* Art. 9 B 7). Der Meinungsstreit kann heute als gegenstandslos bezeichnet werden.

3   Bereits unter der Weimarer Reichsverfassung waren die Beschränkungen für Arbeitervereine weitgehend entfallen. Das Grundgesetz gestattet freie gewerkschaftliche Vereinsbildung nicht nur, sondern setzt diese für seine Wirtschaftsordnung als Tarifpartei ausdrücklich voraus. Im internationalen Rahmen sichern internationale Abkommen die Freiheit der Bildung von Gewerkschaften; die Schranken für das Verbot einer Gewerkschaft sind dabei hoch anzusetzen. Eine Differenzierung zwischen der Ausrichtung oder besonderen Form der Gewerkschaften (Einheitsgewerkschaft, Verhältnis zu Arbeitskämpfen o. ä.) ist unzulässig; der Gewerkschaftsbegriff ist weit zu fassen.

3. Verfassungs- und gemeinschaftsrechtliche Bezüge

4   Die Vorschrift ergibt sich zunächst aus der durch Art. 9 Abs. 3 GG geschützten Koalitionsfreiheit und konkretisiert diese. Bezüglich der Verbotsgründe rekurriert sie zudem auf Artikel 9 Absatz 2 GG. Durch die zusätzliche Hürde einer gerichtlichen Bestätigung soll gewährleistet werden, dass keine misslie-

bige Vereinigung von Arbeitnehmern verboten und damit von Tarifverhandlungen ausgeschlossen wird. Insofern dient diese Vorschrift auch der Gewährleistung der Tarifautonomie und dem Schutz der Tarifparteien der Arbeitnehmer. Eine wichtige nationale Konkretisierung erfuhr die Koalitionsfreiheit im Artikel 17 des Staatsvertrags zur Schaffung einer Währungs-, Wirtschafts- und Sozialunion zwischen der Bundesrepublik Deutschland und der DDR vom 18. Mai 1990 und dem gemeinsamen Protokoll zu den Leitsätzen zur Sozialunion (A III 1) (*Farthmann/Coen* in BMV Art. 19 Rn. 16). Im Gemeinschaftsrecht zu erwähnen ist die (zunächst nicht normative) Gemeinschaftscharta der sozialen Grundrechte der Arbeitnehmer von 1989 (Grundsätze 1998 in den Vertrag von Amsterdam übernommen); ihre Bestimmungen wurden in den Vertrag von Lissabon (Artikel 151) und die Charta der Grundrechte der EU vom 7. Dezember 2000 (hier insbesondere einschlägig: Artikel 12 – Versammlungs- und Vereinigungsfreiheit) aufgenommen. Der Vorrang des Gemeinschaftsrechts gegenüber dem nationalen Recht, also auch gegenüber den Grundrechten des GG, ist mittlerweile unbestritten. Im Bereich der Vereinigungsfreiheit kann dies zu Einwirkungen auf das nationale Verfassungsrecht führen, die aufgrund der tatbestandlichen Beschränkung von Art. 9 I GG auf Deutsche prekär erscheinen können (*Bauer* in Dreier GG Art. 9 Rn. 17). Für die Koalitionsfreiheit ist diese Problematik jedoch wesentlich entschärft, da Artikel 9 Absatz 3 GG bereits als Jedermannsrecht ausgestaltet ist. Weitere Rückwirkungen des Gemeinschaftsrechts auf die Koalitionsfreiheit sind dadurch jedoch nicht ausgeschlossen (*Bauer* in Dreier GG Art. 9 Rn. 17).

Daneben ist die Koalitionsfreiheit Gegenstand zahlreicher internationaler **5** Abkommen geworden, die jeweils auch die Koalitionsfreiheit gewährleisten. Zu nennen ist insbesondere der Internationale Pakt über wirtschaftliche, soziale und kulturelle Grundrechte der UNO vom 19. Dezember 1966 (insbesondere Artikel 8), der von der Bundesrepublik anlässlich ihres UNO-Beitritts 1973 durch Bundesgesetz ratifiziert wurde (BGBl. II, 1569), Die Europäische Sozialcharta vom 18. Oktober 1961 (deutsches Zustimmungsgesetz 1964, BGBl. II, 1261) normiert ebenfalls ein Recht auf koalitionsmäßige Betätigung; ihre revidierte Fassung von 1996 wurde von der Bundesrepublik noch nicht ratifiziert. Weiterhin schützen Artikel 23 der Menschenrechtserklärung der UNO von 1973 ebenso das Recht, Berufsvereinigungen beizutreten wie Artikel 11 der Europäischen Menschenrechtskonvention. Maßgeblich für das praktische Verbotsverfahren wären jedoch allein die Bestimmungen des VereinsG. Für die gegenwärtige Praxis unerheblich, zum Verständnis der Umsetzung der völkerrechtlichen Abkommen aber nicht unwichtig ist schließlich die Tatsache, dass die meisten völkerrechtlichen Abkommen einschließlich der ILO-Übereinkommen auch von der DDR unterzeichnet wurden (Beitritt zur ILO zum 1. Januar 1974; Ende der Mitgliedschaft erst durch Beitritt zur Bundesrepublik Deutschland zum 3. Oktober 1990) und somit auch verpflichten. Von einer Verwirklichung der Koalitions- und Vereinigungsfreiheit wie auch anderer Grundrechte konnte aber in der DDR und zahlreichen anderen ILO-Mitgliedsstaaten über lange Jahre nicht die Rede sein.

II. Übereinkommen 87 (Convention No. 87) der ILO

1. Allgemeines

6   Die „International Labour Organization" (französisch: Organisation internationale du travail/spanisch: Organisación internacional de Trabajo, deutsch: Internationale Arbeitsorganisation), amtliche Abkürzung ILO, ist eine Sonderorganisation der Vereinten Nationen mit Sitz in Genf. Ihr Sekretariat ist das Internationale Arbeitsamt (International Labour Office). Die Organisation wurde 1919 in Zusammenhang mit den Versailler Friedensverhandlungen gegründet, zunächst als eine Organisation des Völkerbundes (zu den historischen Grundlagen: *Jacobi,* Grundlehren des Arbeitsrechts, 1927, S. 450f.). Ihr Ziel ist die Förderung der sozialen Gerechtigkeit und der Arbeitnehmerrechte (Friedensnobelpreis 1969). Gegenwärtig gehören der ILO 185 Staaten an (letzter Beitritt: Südsudan am 29. April 2012; Zahl der UNO-Mitglieder: 193; ursprünglich arbeiteten auch viele Nicht-UN-Mitglieder wie die Schweiz in der ILO mit). Das Deutsche Reich wurde 1919 Mitglied (Austritt 1935), die Bundesrepublik Deutschland am 12. Juni 1951. Von 1974 bis 1990 war daneben die DDR Mitglied der ILO.

7   Das „Übereinkommen über die Vereinigungsfreiheit und den Schutz des Vereinigungsrechts" (verbindlicher englischer Titel: „Freedom of Association and Protection of the Right to Organise Convention") wurde am 9. Juli 1948 auf der 31. Tagung der „International Labour Organization" (ILO) in San Francisco beschlossen. Darin haben sich alle Mitgliedsstaaten der ILO verpflichtet, dieses Übereinkommen „zur Anwendung zu bringen" („to give effect"), also in nationales Recht umzusetzen. Maßgebend ist der englische und französische Wortlaut des Abkommens. Die Bundesrepublik Deutschland ist dem Übereinkommen durch Zustimmungsgesetz vom 20. Dezember 1956 beigetreten (BGBl. II, 2072), in Kraft seit dem 20. März 1958 laut Bekanntmachung vom 2. Mai 1958 (BGBl. II, 11); das Abkommen ist seitdem (einfaches) nationales Recht. Eine wichtige Ergänzung der Konvention ist das ILO-Übereinkommen Nr. 135 vom über „Schutz und Erleichterungen für Arbeitnehmervertreter im Betrieb" („Worker's Representatives Convention") vom 23. Juni 1971, die 1973 auch in nationales Recht umgesetzt wurde (BGBl. II, 953).

2. Schutzzweck der Übereinkunft

8   Zweck des Abkommens ist die Gewährleistung der Koalitionsfreiheit im internationalen Rahmen. Relevant ist hier insbesondere Artikel 4, nach dessen Wortlaut die „Organisationen der Arbeitnehmer und Arbeitgeber" („workers and employers organisations") nicht „im Verwaltungswege" („by administrative authority") weder „aufgelöst noch zeitweilig eingestellt werden" („shall not be liable to be dissolved or suspended") dürfen. Eine unmittelbare Wirkung der Übereinkunft besteht nicht; verpflichtet sind die jeweiligen Mitgliedsstaaten der ILO, eine der Übereinkunft entsprechende Regelung für ihre Rechtsordnung einzuführen. Eine besondere Rechtsform (formales Gesetz o. ä.) ist nicht vorgeschrieben; mit § 16 VereinsG liegt eine formalgesetzliche Konkretisierung vor.

Vierter Abschnitt. Sondervorschriften **§ 16 VereinsG**

3. „Organisationen der Arbeitnehmer und Arbeitgeber"

Grundsätzlich sind die durch das ILO-Übereinkommen geschützten Organisationen identisch mit den Trägern der Koalitionsfreiheit des Artikels 9 Absatz 3 GG identisch. Die Begrifflichkeiten „Koalition" auf der einen Seite und „Gewerkschaft" und „Arbeitgebervereinigung" auf der anderen Seite sind jedoch keineswegs identisch. Alle Arbeitgeberverbände und Gewerkschaften sind Koalitionen, nicht aber handelt es sich bei allen Koalitionen um Arbeitgeberverbände und Gewerkschaften. Die Anforderungen an Gruppierungen, die den Schutz des Artikels 9 GG genießen, sind geringer als die an Gewerkschaften (wie hier: *Hromadka/Maschmann* Arbeitsrecht S. 14). 9

a) Insbesondere Gewerkschaften. Artikel 2 des Übereinkommens 87 räumt Arbeitgebern und Arbeitnehmern („workes and employers") „ohne jeden Unterschied" („without distinction whatsoever") das Recht ein, „ohne vorherige Genehmigung Organisationen nach eigener Wahl zu bilden" („to join organisations of their own choosing without previous authorization"). Dabei sind sie lediglich verpflichtet, deren Satzungen einzuhalten („subject only to the rules oft the organisation concerned"). Dies ist denkbar weit gefaßt, entspricht aber noch dem Schutzbereich von Artikel 9 GG und geht dem Wortlaut nach wohl über Art. 9 Absatz 3 GG hinaus. Die meisten völkerrechtlichen Abkommen, denen die Bundesrepublik beigetreten ist, verweisen auf die Koalitionsbegriffe des nationalen Rechts, in diesem Fall also Art. 9 GG. Der Koalitionsbegriff des Übereinkommens 87 ist jedenfalls weit zu fassen und geht über die „Einheitsgewerkschaften" hinaus. Tariffähigkeit ist keine Voraussetzung (hM). Zwingende Voraussetzung ist auch nicht das Bejahen von Arbeitskämpfen u. dgl., vielmehr genügt die arbeitsrechtliche Zielsetzung (*Schnorr* § 16 Rn. 2), die sich etwa durch Beteiligung an der Tarifordnung (Teilnahme an Tarifverhandlungen) ausdrücken kann. Eine ältere Auffassung, die Arbeitnehmer- und Arbeitgeberverbänden, die den Arbeitskampf ablehnen, die Tariffähigkeit und die Vereinseigenschaft nach § 16 VereinsG abspricht (*Nipperdey* RdA 1964, 361), ist abzulehnen und wird nicht mehr vertreten. Von Bedeutung für die Tariffähigkeit nach deutschem Recht ist die Mächtigkeitstheorie. Sie ist hier, auch angesichts der Schwere des möglichen Grundrechteingriffs und der fehlenden Begriffsschärfe der „Tarifmächtigkeit" weit zu fassen; grundsätzlich ist jede Arbeitnehmervereinigung, die ernsthaft Tarifverträge abschließen möchte oder abschließt (Christliche Gewerkschaften u. ä.) unter § 16 VereinsG zu subsumieren. Insbesondere kann so auch verhindert werden, daß eine Arbeitnehmervereinigung durch ein schwebendes Verbotsverfahren nicht die zur Tariffähigkeit erforderliche Mächtigkeit erlangen kann. Auch Organisationen von Beamten, Soldaten oder Richtern können Organisationen gemäß Artikel 2 sein, ebenso wie Verbände freier Berufe wie Ärzte, Journalisten oder Künstler, sofern diese auch Tarifpartei sind. Nicht mehr darunter fallen allerdings Organisationen, die Interessen anderer öffentlich-rechtlicher Verhältnisse vertreten (Schüler, Studenten, Strafgefangene) oder lediglich die (nicht geschützte) Bezeichnung „Gewerkschaft" führen. Auch nationale Vereinigungen von Beamten, Referendaren außerhalb eines Beamtenverhältnis, Soldaten und Richtern sind keine Vereinigungen im Sinne dieser Vorschrift, da auf diese Berufs- 10 gruppen die Koalitionsfreiheit keine Anwendung findet (öffentlich-rechtliche Dienstverhältnisse). Grundsätzlich gilt das auch für vergleichbare Dienstverhältnisse in Religionsgemeinschaften, sofern diese Körperschaften des öffentlichen Rechts sind (Kirchenbeamte). Die Eigenschaft einer Organisation im Sinne von Artikel 2 wird verneint, wenn es an der arbeitsrechtlichen Zielsetzung ganz oder überwiegend fehlt, etwa bei Arbeitnehmergenossenschaften, da diese die wirtschaftlichen Interessen ihrer Mitglieder nur allgemein, nicht aber als Tarifpartei gegenüber den Arbeitnehmern wahrnehmen (*Hueck/Nipperdey* Grundriß des Arbeitsrechts, 5. Auflage 1970, S. 228).

11 **b) Insbesondere Arbeitgeberverbände.** Auch hier gilt der Rekurs auf Artikel 9 Absatz 3 GG. Geschützt wird nicht jeder Zusammenschluss von Arbeitgebern, sondern allein solche mit arbeitsrechtlicher Zielsetzung. Verneint wird dies bei reinen Unternehmervereinigungen (z. B.), Kartellen und Syndikaten. Auch Berufsstandesorganisationen oder öffentlich-rechtliche Körperschaften wie Innungen oder Kammern zählen hier nicht zu.

4. Schutzbereich

12 Der Schutzbereich des ILO-Übereinkommens 87 ist die Gründung und der Bestand von Vereinigungen der Arbeitnehmer und Arbeitgeber mit arbeitsrechtlicher Ausrichtung. Die Organisationen müssen auch in ihrer Selbstorganisation frei sein (Art. 3 Übereinkommen). Das Abkommen gewährleistet die Koalitionsfreiheit jedoch nur in ganz allgemeiner Form und geht keineswegs über die Grundsätze hinaus, die in Artikel 9 Absatz 3 GG verfassungsrechtlich gewährleistet (BVerfGE 58, 233 – Deutscher Arbeitnehmerverband); Tariffähigkeit und Gewerkschaftseigenschaft werden dort nicht unmittelbar angesprochen. Auch eine Zwangsmitgliedschaft in der Vereinigung („closed shop") ist ausgeschlossen (negative Koalitionsfreiheit). Besonderer Schutzbereich des § 16 VereinsG ist der aktuelle Bestand einer Organisation; die Vorschrift schützt also nicht Vereine in der Gründungsphase (Vorverein), sofern diese nicht bereits als nichtrechtsfähiger Verein geschützt sind, was in der Regel der Fall sein wird. Artikel 9 Absatz 3 GG enthält anders als Artikel 9 Absatz 1 GG ein Jedermannsrecht, so daß auch Organisationen mit lediglich ausländischen (keine Unionsbürger) Mitgliedern geschützt sind (Ausländervereine, Ausländergewerkschaften; so bereits *Hueck/Nipperdey* Grundriß des Arbeitsrechts, 5. Auflage 1970, S. 172). Dies bedeutet aber nicht, daß Ausländergewerkschaften nicht den Sondervorschriften des Vereinsrechts unterliegen (BVerwG, Beschluß vom 14. November 1986 – 1 CB 80/86). Die Koalitionsfreiheit des Artikels 9 ist nicht schrankenlos gewährleistet. Insbesondere der „wilde" Streik sowie „politische Streiks" unterfallen nach wohl herrschender Meinung nicht dem Schutzbereich.

13 Unberührt von dem Verbotsverfahren ist die Möglichkeit der zivilrechtlichen Löschung einer Koalition, etwa wenn diese in der Form eines eingetragenen Vereins organisiert ist, gemäß der §§ 41 bis 43 BGB. In diesen Fällen dürften im Regelfall arbeitsrechtlich relevante Handlungen der Koalition bereits seit längerem nicht mehr vorliegen. Im Einzelfall ist eine Abwägung zwischen den Interessen der Gläubiger der Koalition und der Tarifautonomie vorzunehmen.

5. Bestätigung durch Gericht

Die gerichtliche Bestätigung ist zwingende Voraussetzung für die Rechtswirksamkeit der Verbotsverfügung. Insoweit liegt eine Durchbrechung der Gewaltenteilung vor; verfassungsrechtlich stellt sich dies aber problemlos dar (hM; aA noch *Seifert* DÖV 1964, 689). Das eigentliche Verbotsverfahren bis zum Erlass der Verfügung bedarf wegen fehlender Außenwirkung keiner gerichtlichen Überprüfung. Einleitung des Verbotsverfahrens, die gemäß § 4 VereinsG erforderlichen Ermittlungen, die eigentliche Verbotsverfügung und eine Feststellungsverfügung gemäß § 8 Absatz 2 VereinsG benötigen keine gerichtliche Ermächtigung (*Wache* in Erbs/Kohlhaas VereinsG § 16, Rn. 3). Auch die Vorlage der Verbotsverfügung an das zuständige Gericht ist reines Verwaltungsinternum (*Schnorr* § 16 Rn. 18). Unabhängig davon fehlt der Verbotsverfügung ohne gerichtliche Bestätigung die Außenwirkung und dem Adressaten der nicht bestätigten Verfügung die Beschwer. Auch eine Bekanntmachung der unbestätigten Verbotsverfügung ist nicht vorgesehen. 14

a) Zuständiges Gericht. Zuständig ist das Verwaltungsgericht, das auch für die Anfechtungsklage gegen die Verbotsverfügung zuständige wäre, also das für den Sitz der Vereinigung zuständige Oberverwaltungsgericht (Verwaltungsgerichtshof), bei Verbotsverfügungen des Bundesminister des Innern das Bundesverwaltungsgericht. 15

b) Form der Bestätigung. Das zuständige Gericht führt ein Verwaltungsstreitverfahren (§§ 81 ff. VwGO) durch. Die Bestätigung erfolgt durch Urteil (§ 117 VwGO). Der Tenor ist die Bestätigung der Verbotsverfügung, nicht der auf ihrer Grundlage ergehenden Maßnahmen. Wirksamkeit tritt mit Verkündung des Urteils (oder deren Zustellung) durch das Gericht ein (§ 116 VwGO). Bei Urteilen der Oberverwaltungsgerichte (Verwaltungsgerichtshöfe) besteht die Möglichkeit der Zulassung der Revision mit entsprechenden Folgen für die Wirksamkeit des Urteils. Die Bestätigung eines OVG oder VGH wird mit Ablauf der Revisionsfrist wirksam. Zum Zeitpunkt einer Entscheidung durch das Bundesverwaltungsgericht ist die Verbotsverfügung unanfechtbar und vollstreckbar geworden. Die Verbotsbestätigung ist gemäß § 3 Absatz 4 Satz 2 VereinsG im Bundesanzeiger und den entsprechenden Verordnungsblättern der Länder bekannt zu machen. Der Vollzug des Verbotes erfolgt dann durch die jeweilige Verbotsbehörde, keinesfalls durch die Gerichte. 16

Es besteht die Möglichkeit vorläufiger Anordnungen (Betätigungsverbote, Beschlagnahmen). Im Falle der Nichtbestätigung tenoriert das erkennende Verwaltungsgericht die Aufhebung der Verbotsverfügung, auch wenn diese noch nicht rechtskräftig geworden war; die Aufhebung dient allein der Rechtssicherheit (*Groh* NomosOK VereinsG § 16 Rn. 4). 17

c) Ausnahmeregelungen. Der hohe verfassungsrechtliche Stellenwert der Koalitionsfreiheit bedingt zwar kein besonderes Verfahren für das Verbot von Koalitionen. Gleichwohl gebietet er wichtige Ausnahmeregelungen. So finden einzelne Maßnahmen des Gefahrenabwehrrechts keine Anwendung. 18

III. Das Verfahren

19 Das Verfahren ist zu großen Teilen dem Verwaltungsstreitverfahren (§§ 81–112 VwGO) nachgebildet. Das erkennende Verwaltungsgericht prüft allein die Rechtmäßigkeit der Verbotsverfügung, nicht deren Zweckmäßigkeit (*Groh* NomosOK VereinsG § 16 Rn. 4).

1. Form

20 **a) Schriftform.** Für die Verbotsverfügung besteht das zwingende Erfordernis der Schriftform. Die Verfügung ist dem Adressaten zuzustellen; dieser ist zu der mündlichen Verhandlung zu laden.

21 **b) Elektronische Signatur.** Gemäß § 126a BGB kann die elektronische Signatur die gesetzlich vorgeschriebene Schriftform ersetzen. Näheres regelt § 2 Nr. 3 SigG. Die ausdrückliche Geltung dieser Bestimmungen auch für ein Vereinsverbotsverfahren wird damit ausdrücklich klargestellt.

22 **c) Vorlage.** Die Vorlage des § 16 unterscheidet sich insoweit von der gerichtlichen Vorlage, da es sich bei dem zuständigen Gericht hier nicht um ein der Verbotsbehörde übergeordnetes Gericht handelt. Weiter ist zu beachten, dass es sich bei der Vorlage des Koalitionsverbots um ein reines „Verwaltungsinternum" (*Schnorr* § 16 Rn. 18) handelt. Eine Benachrichtigung des Adressaten der Verbotsverfügung ist demnach nicht erforderlich.

2. Beteiligte

23 Die Vorschrift entspricht weitgehend § 63 VwGO.

24 **a) Verbotsbehörde.** Zwingender Verfahrensbeteiligte ist die antragstellende Verbotsbehörde.

25 **b) Vereinigung.** Die Vereinigung als Adressat der Verbotsverfügung ist ebenfalls Verfahrensbeteiligter.

26 **c) Nichtgebietliche Teilorganisationen.** Sofern der Adressat der Verbotsverfügung über nichtgebietliche, also sich nicht auf die Organisation aller Mitglieder in einem geographisch abgeschlossenen Gebiet beschränkende Teilorganisationen mit eigener Rechtspersönlichkeit verfügt und diese ebenfalls Adressaten der Verbotsverfügung sind (ausdrückliche Nennung in der Verfügung), sind diese ebenfalls Verfahrensbeteiligte. Andere Teilorganisationen ohne eigene Rechtspersönlichkeit sind ohnehin Gegenstand der Verfügung. Es besteht allerdings die Möglichkeit der Beiladung (siehe unter d)).

27 **d) Beigeladene.** Weitere Teilorganisationen des Adressaten der Verbotsverfügung, sofern diese nicht unter c) fallen, können ebenfalls beigeladen werden (fakultative Beiladung, § 65 VwGO).

Vierter Abschnitt. Sondervorschriften **§ 16 VereinsG**

e) Vertreter des öffentlichen Interesses. Die Vertreter des öffentlichen 28
Interesses, also die Vertreter des öffentlichen Interesses nach Landesrecht, sofern einzelne Bundesländer von der Ermächtigung des § 36 VwGO Gebrauch gemacht haben (2013: Bayern, Rheinland-Pfalz, Thüringen), sowie der Vertreter des Bundesinteresses beim Bundesverwaltungsgericht können ebenfalls fakultativ beigeladen werden.

IV. Das Versagen der Bestätigung

1. Urteilstenor

Kommt das erkennende Verwaltungsgericht zu dem Ergebnis, dass die Ver- 29
botsverfügung rechtmäßig ergangen ist, versagt es der Verbotsverfügung seine Bestätigung. Die Versagung ergeht in Urteilsform und ergeht somit „Im Namen des Volkes". Tenoriert wird, dass die Verbotsverfügung der jeweiligen Verbotsbehörde (nach Möglichkeit unter Angabe des Aktenzeichens und Datums) aufgehoben wird. Die alternative Tenorierung des Zurückweisens der Verbotsverfügung (nach Möglichkeit unter Angabe des Aktenzeichens und Datums) ist unschädlich, doch ist aus Gründen der Rechtssicherheit die erste Form der Tenorierung zu bevorzugen.

2. Urteilsform

Bezüglich der Form des Urteils ist insbesondere auf § 117 VwGO zu ver- 30
weisen, der hier Anwendung findet.

3. Rechtsfolgen und Vollstreckung

Mit der Rechtskraft des versagenden Urteils gilt der Adressat der Verbots- 31
verfügung als nicht verboten. Aufgrund § 121 VwGO bindet die Entscheidung sämtliche Verfahrensbeteiligten. Eine erneute Verbotsverfügung mit gleichen Verbotsgründen ist folglich nicht möglich.

V. Einstweilige Anordnungen

1. Allgemeines

Das verwaltungsgerichtliche Bestätigungsverfahren kann sich grundsätzlich 32
über einen längeren Zeitraum erstrecken. Dies kann den Erlass von einstweiligen Anordnungen durch das Verwaltungsgericht erforderlich machen. Das erkennende Verwaltungsgericht wird dabei nur auf Antrag der Verbotsbehörde tätig. Die einstweilige Anordnung darf nicht den Ausgang des Bestätigungsverfahrens vorwegnehmen. Irreversible Maßnahmen kommen nicht in Frage. Ein Betätigungsverbot ist keine irreversible Maßnahme. Die einstweilige Anordnung des öffentlichen Vereinsrechts ist § 123 VwGO weitgehend nachgebildet. Entsprechend besteht für den Adressaten der Verbotsverfügung die Möglichkeit des Rechtsschutzes gegen einstweilige Anordnungen in Form des

Widerspruchs mit dem Antrag auf mündliche Verhandlung (§§ 924, 925 ZPO analog).

2. Insbesondere Beschlagnahme des Vereinsvermögens

33   Wichtigste Maßnahme einer einstweiligen Anordnung ist die auch ausdrücklich genannte Vermögensbeschlagnahme, die weitgehend dem zivilprozessualen Arrest (§§ 916 ff. ZPO) nachgebildet ist. Die Beschlagnahme soll die womöglich verfassungsfeindliche Koalition an der Fortsetzung ihrer womöglich verfassungsfeindlichen Tätigkeit hindern. Einer endgültigen Entscheidung kann und soll jedoch nicht vorweggegriffen werden. Endgültige Maßnahmen wie Vermögenseinziehung liegen somit außerhalb der Ermächtigung des Absatz 4.

3. Betätigungsverbote

34   Die Grenzen der Betätigung werden von der Rechtsprechung weit gezogen; bereits die Teilnahme an (erlaubten) Demonstrationen oder anderen Veranstaltungen kann einen Verstoß gegen das vereinsrechtliche Betätigungsverbot darstellen (BVerwG, Urteil I C 26/03 vom 15. März 2005).

4. Form der Bekanntmachung

35   Die Maßnahmen der einstweiligen Anordnungen sind bei Anordnungen des Bundesministers des Innern im Bundesanzeiger, bei Anordnungen der Länder in den jeweiligen amtlichen Mitteilungsblättern bekannt zu machen.

VI. Arbeitsrechtliche Wirkungen des Koalitionsverbotes

36   Das Verbot einer Koalition wirft die Frage nach den Auswirkungen auf die von dieser Koalition abgeschlossenen Tarifverträge auf. Die wohl herrschende Meinung beantwortet diese mit der analogen Anwendung von § 4 Absatz 5 TVG, also dem Fortbestehen der Rechtsnormen des bisherigen Tarifvertrages bis zu einer neuen Abmachung (etwa: *Schnorr* § 16 Rn. 24). Zu einem ähnlichen Ergebnis käme die analoge Anwendung von § 3 Absatz 3 TVG (Fortbestehen der Tarifgebundenheit). Der Meinungsstreit ist weitgehend theoretischer Natur und nur von untergeordneter praktischer Relevanz; bislang gehörten auch die Koalitionen, deren Verbot auch nur in Erwägung gezogen wurde, nicht zu den tatsächlichen Parteien eines Tarifvertrages. Ebenso theoretischer Natur ist die Frage, welche Auswirkungen ein Verbot für Betriebsräte der verbotenen Koalition hätte. Aufgrund des freien Mandates der Betriebsräte wäre eine Fortdauer der Mitgliedschaft bis zum regulären Ende der Wahlperiode vertretbar; grundsätzlich ist auch auf den Wortlaut der konkreten Verbotsverfügung abzustellen. Die gerichtliche Bestätigung des Vereinsverbots bindet auch die Arbeitsgerichte.

Vierter Abschnitt. Sondervorschriften § 17 VereinsG

§ 17 Wirtschaftsvereinigungen

Die Vorschriften dieses Gesetzes sind auf Aktiengesellschaften, Kommanditgesellschaften auf Aktien, Gesellschaften mit beschränkter Haftung, konzessionierte Wirtschaftsvereine nach § 22 des Bürgerlichen Gesetzbuches, Europäische Gesellschaften, Genossenschaften, Europäische Genossenschaften und Versicherungsvereine auf Gegenseitigkeit nur anzuwenden,
1. wenn sie sich gegen die verfassungsmäßige Ordnung oder gegen den Gedanken der Völkerverständigung richten oder
2. wenn ihre Zwecke oder ihre Tätigkeit den in § 74a Abs. 1 oder § 120 Abs. 1 und 2 des Gerichtsverfassungsgesetzes genannten Strafgesetzen oder dem § 130 des Strafgesetzbuches zuwiderlaufen oder
3. wenn sie von einem Verbot, das aus einem der in Nummer 1 oder 2 genannten Gründe erlassen wurde, nach § 3 Abs. 3 als Teilorganisation erfaßt werden, oder
4. wenn sie Ersatzorganisation eines Vereins sind, der aus einem der in Nummer 1 oder 2 genannten Gründe verboten wurde.

Übersicht

	Rn.
I. Allgemeines	1
1. Inhalt	1
2. Entstehungsgeschichte	2
3. Verfassungs- und gemeinschaftsrechtliche Bezüge	3
II. Privilegierte Wirtschaftsvereinigungen	4
1. Aktiengesellschaften	5
2. Kommanditgesellschaft auf Aktien	6
3. Gesellschaft mit beschränkter Haftung	7
a) Allgemeines	7
b) Limited und andere europäische Gesellschaftsformen	8
c) Haftungsbeschränkte Unternehmergesellschaft (UG)	9
4. Europäische Gesellschaft (SE)	10
5. Genossenschaft	11
6. Europäische Genossenschaft	12
7. Versicherungsvereine auf Gegenseitigkeit	13
8. Konzerne und Holdings	14
III. Besondere Verbotsvoraussetzungen	15
1. Verfolgen verfassungswidriger Ziele	16
a) Gegen die verfassungsmäßige Ordnung	16
b) Gegen den Gedanken der Völkerverständigung	17
2. Verstoß von Vereinszweck oder Tätigkeit gegen besondere Strafvorschriften	18
a) Straftaten in erstinstanzlicher Zuständigkeit der Landgerichte	19
b) Straftaten in erstinstanzlicher Zuständigkeit der Oberlandesgerichte	26
3. Teilorganisation	36
4. Ersatzorganisation	37
IV. Besondere Verfahrensvorschriften beim Verbot wirtschaftlicher Vereine	38

I. Allgemeines

1. Inhalt

1 Die Vorschrift **privilegiert die Wirtschaftsvereinigungen**, die nur bei dem zusätzlichen Vorliegen eines Tatbestandes aus einem abschließenden Katalog von Straftaten verboten werden können. Ein Verstoß gegen das Strafrecht (vgl. § 3 Absatz 1 VereinsG) genügt bei den Wirtschaftsvereinigungen also nicht für ein Verbot. Die Vorschrift verdeutlicht zudem, dass der Vereinsbegriff des Gefahrenabwehrrechts über den engen Vereinsbegriff des BGB hinausgeht. Der Sprachgebrauch folgt dem Grundgesetz; der Begriff „Wirtschaftsvereinigung" kommt in der deutschen Rechtssprache abgesehen von Art. 9 Absatz 3 GG (und Art. 25 SächsVerf) in dieser konkreten Form nur im Vereinsgesetz vor. Bei den „Wirtschaftsvereinigungen" des Kartellrechts (etwa § 24 GWB) handelt es sich um Kartelle; bei den Werbegemeinschaften und Gütezeichengemeinschaften handelt es sich um Gesellschaften des bürgerlichen Rechts. Sie unterfallen damit dem § 17 VereinsG, dessen Begriff der Wirtschaftsvereinigung jedoch erheblich weiter ist. Er geht insbesondere über den (weiten) Begriff des konzessionierten „wirtschaftlichen Vereins" (§ 22 BGB) hinaus; er umfasst die abschließend aufgeführten Personen- und Kapitalgesellschaften, die auch als Kapitalgesellschaft auf der körperschaftlichen Vereinsstruktur aufbauen. Die Privilegierung der Wirtschaftsvereinigung hat auch historische Gründe.

2. Entstehungsgeschichte

2 Die Vorschrift wurde seit ihrem Inkrafttreten einmal geändert. Die Änderung erfolgte durch Art. 7a Terrorismusbekämpfungsergänzungsgesetz vom 5. Januar 2007 (BGBl. I, 2). In der ursprünglichen Fassung fehlte der Verweis auf die durch das Gemeinschaftsrecht neu eingeführten Personengesellschaften (Europäische Genossenschaft, Europäische Gesellschaft). Neu eingefügt wurde der neue Abschnitt 2 mit einem Katalog von Straftaten. In ihrer ursprünglichen Fassung hatte die Vorschrift lediglich auf „Strafgesetze, die aus Gründen des Staatsschutzes erlassen worden sind" verwiesen. Da eine Legaldefinition oder eine befriedigende Definition dieser Delikte fehlte („soziologischer Begriff", *Schnorr* § 17 Rn. 2; umfassend *Blei* Evangelisches Staatslexikon S. 3453 ff.), hat der Gesetzgeber insoweit für eine Klarstellung gesorgt. Bis dahin bestand die Gefahr, dass der Gesetzgeber durch einen „ausufernde Auslegung des Begriffs der Staatsschutzbestimmungen" die Privilegierung der Wirtschaftsvereinigungen leerlaufen zu lassen drohte (zuletzt: BVerwG, Beschluss vom 18. Oktober 2005 – 6 VR 5/05; dazu *Bier,* jurisPR-BVerwG 3/2006, Anm. 5). Das öffentliche Vereinsrecht zielte in seiner ursprünglichen Form auf die Vereine mit politischer oder gewerkschaftlicher Zielsetzung. Gewerbepolizeiliche Zielsetzungen waren dagegen nicht beabsichtigt. Das gilt auch für das geltende Recht. Zweck der Vorschrift ist insbesondere, das Ausweichen eines verbotenen Vereins auf die Rechtsform einer der genannten Wirtschaftsvereinigungen zu verhindern, auch wenn diese sich nicht als Vereine bezeichnen. Andererseits geht

Vierter Abschnitt. Sondervorschriften **§ 17 VereinsG**

auch der Vereinsbegriff des BGB weit über die Regelung der §§ 21–79 BGB hinaus. Nach einem älteren juristischen Sprachgebrauch wurde Verein auf sämtliche Rechtssubjekte des Privatrechts mit körperschaftlicher Struktur bezogen. Sämtliche Personengesellschaften und Genossenschaften waren demnach Vereine. Für die germanistische Richtung der deutschen Zivilrechtswissenschaft (Georg Beseler, Otto von Gierke) war die Genossenschaft die Grundform aller Personenverbände, also auch der Vereine. In dem romanistisch geprägten Handelsrecht wurden verschiedene Personengesellschaften als Grundform der Personengesellschaften angesehen; das zeitgleich entstandene BGB geht von dem Verein als Grundform der zivilrechtlichen Körperschaften aus, also auch derjenigen des Handelsrechts.

3. Verfassungs- und gemeinschaftsrechtliche Bezüge

Auch Kapitalgesellschaften sind zweifelsfrei Grundrechtsträger der Vereinigungsfreiheit (statt vieler: BayObLG MDR 1983, 407 f.). Die Vorschrift ist nicht nur Schranke der Vereinigungsfreiheit, sondern kann auch weitere Grundrechte beschränken. Insbesondere zu nennen sind Artikel 14 GG (Eigentum, eingerichtete Gewerbebetrieb), in besonders gelagerten Fällen kommt auch Artikel 12 GG in Frage (Berufsfreiheit). Bei Presse- und Medienunternehmen kommt die Meinungs- und Pressefreiheit hinzu. Diese hat jedoch zurückzustehen, soweit sie ausschließlich der Verwirklichung verbotswidriger Vereinszwecke dient (BVerwG NVwZ 1995, 595). Die Anwendbarkeit der Grundrechte auf die „Wirtschaftsvereinigungen" ergibt sich aus Artikel 19 Absatz 3 GG (Grundrechtsfähigkeit inländischer juristischer Personen). 3

II. Privilegierte Wirtschaftsvereinigungen

Grundsätzlich kommt es für den Begriff der „Vereinigung" nicht auf die Rechtsform an. Vereinigung im Sinne des Art. 9 Absatz 2 GG ist jeder Verband, in dem sich eine Mehrheit natürlicher oder juristischer Personen für längere Zeit zur Verfolgung eines gemeinschaftlichen Ziels unter einer Leitung zusammengeschlossen hat. Dies kann auch auf ein kaufmännisches Unternehmen zutreffen, wenn sich sein Inhaber und sein Personal zusammengeschlossen haben, um sich gegen die Strafgesetzes, die verfassungsmäßige Ordnung oder den Gedanken der Völkerverständigung zu betätigen (BVerwGE 37, 344, insb. 346 – Verlag „Hohe Warte"). 4

1. Aktiengesellschaften

Das Vereinsgesetz folgt der Legaldefinition des § 1 AktG. Dazu rechnen auch sämtliche inländischen Sonderformen der Aktiengesellschaft, nämlich die gemeinnützige Aktiengesellschaft und die Investmentkapitalaktiengesellschaft. Gelegentlich in den Wirtschaftswissenschaften gebrauchte Differenzierungen (Mini-AG usw.) sind für die Vorschrift unerheblich, da es sich hier auch um Aktiengesellschaften im Sinne des AktG handelt. Unerheblich ist auch, ob die betroffene Aktiengesellschaft zum Zeitpunkt der Notierung an einer deut- 5 schen Wertpapierbörse gehandelt wird. Maßgeblich ist allein die Registrierung in einem deutschen Handelsregister.

2. Kommanditgesellschaft auf Aktien

6 Die Kommanditgesellschaft auf Aktien ist eine Kapitalgesellschaft mit stärkeren personengesellschaftlichen Elementen. Sie ist eine häufige Gesellschaftsform für Familienunternehmen. Die Vorschrift folgt der Definition des § 278 AktG. Auch sonst sind die handelsrechtlichen Vorschriften maßgeblich.

3. Gesellschaft mit beschränkter Haftung

7 **a) Allgemeines.** Die Gesellschaft mit beschränkter Haftung (GmbH), eingeführt mit dem GmbH-Gesetz von 1892, ist eine Kapitalgesellschaft, die zugleich juristische Person ist. Sie ist die häufige Gesellschaftsform mittelständischer Unternehmen. Eng verwandt sind zwei weitere in Deutschland verbreitete Unternehmensformen.

8 **b) Limited und andere europäische Gesellschaftsformen.** Im englischen Recht entspricht der deutschen GmbH die „private company limited by shares", abgekürzt „Ltd." Im angelsächsischen Rechtssprachgebrauch kann sich die Abkürzung auch auf andere Kapitalgesellschaften beziehen. Für die „private companies limited by shares" besteht mit dem Companies House in Cardiff (Wales) eine zentrale Registerbehörde. Ein Stammkapital ist nicht erforderlich. Seit 1999 ist durch die Rechtsprechung des EuGH gemeinschaftsrechtlich judiziert worden, dass es jedem Unionsbürger möglich sein muss, auch die Gesellschaftsform eines anderen Mitgliedsstaates der EU zu wählen. Wegen der fehlenden Erfordernis eines Stammkapitals ist diese Gesellschaftsform auch in Deutschland beliebt; die Rechtsfähigkeit wurde durch den BGH durch das Urteil vom 1. Juli 2002 zumindest nach der Sitzverlegung in das Inland judiziert (BGHZ 151, 204). Auch wenn für die Gründung weiterhin ausländisches Recht maßgeblich ist, so unterliegt die „Limited" mit ihren inländischen Zweigniederlassungen sowie erst recht nach ihrer Sitzverlagerung deutschem Recht; auf die „deutsche Limited" ist § 17 ist also dem Grundsatz nach anwendbar. Das Gleiche gilt für der GmbH entsprechende Kapitalgesellschaften anderer EU-Mitgliedsländer mit Zweigniederlassung oder Hauptsitz in Deutschland. Die Anwendung des § 17 auf Wirtschaftsvereinigungen mit alleinigem Sitz im Unionsausland ist umstritten (BVerwG, Urteil vom 24. Februar 2010 – 6 A 6/08 – Roy TV). Von der höchstrichterlichen Rechtsprechung wurde dies bislang offen gelassen, doch erscheint dies zweifelhaft (*Groh* in NomosOK VereinsG § 17 Rn. 1). Die Anwendbarkeit auf inländische, nach deutschem Recht gegründete Wirtschaftsvereinigungen von Ausländern steht jedoch außer Zweifel (noch offen gelassen bei BVerwG NVwZ 1995, 595).

9 **c) Haftungsbeschränkte Unternehmergesellschaft (UG).** Die haftungsbeschränkte Unternehmergesellschaft (UG) wurde zum 1. November 2008 durch das Gesetz zur Modernisierung des GmbH-Rechts und zur Bekämpfung von Missbräuchen (BGBl. I, 2026) eingeführt. Ihre Besonderheiten richten sich nach § 5a GmbHG. Trotz ihrer von der GmbH abweichenden Bezeichnung handelt es sich doch um eine GmbH; lediglich das Stammkapital

Vierter Abschnitt. Sondervorschriften **§ 17 VereinsG**

ist geringer als in § 5 Absatz 1 GmbHG vorgeschrieben. Entsprechend ist § 17 VereinsG auch auf die UG anwendbar.

4. Europäische Gesellschaft (SE)

Die Europäische Gesellschaft (lateinisch: Societas Europaea, offizielle Abkürzung SE), auch (nichtamtlich) „Europäische Aktiengesellschaft" oder „Europa-AG", ist eine Kapitalgesellschaft europäischen Rechts, die durch die Verordnung des europäischen Rates Nr. 2157/2001 vom 8. Oktober 2001 eingeführt wurde. Daran schließt sich der Sprachgebrauch des VereinsG an. Gemäß Titel I, Artikel 10 dieser Verordnung wird die Europäische Gesellschaft in jedem Mitgliedsstaat wie eine Aktiengesellschaft behandelt nach dem Recht des Sitzstaates der SE. Unabhängig von dieser Vorschrift stellt der Wortlaut von § 17 VereinsG klar, dass auch eine europäische Gesellschaft mit Sitz in Deutschland unter den Anwendungsbereich dieser Vorschrift fällt. **10**

5. Genossenschaft

Die Genossenschaft ist eine Personengesellschaft von nicht geschlossener Mitgliederzahl, einem in § 1 GenG beschriebenen Zweck und gemeinschaftlichem Geschäftsbetrieb. Das Gesetz folgt dem Genossenschaftsbegriff (Erwerbs- und Wirtschaftsgenossenschaften), wie er sich aus § 1 GenG ergibt. **11**

6. Europäische Genossenschaft

Die Europäische Genossenschaft (lateinisch: Societas Cooperativa, offizielle Abkürzung: SCE) ist eine Personengesellschaft europäischen Rechts, die mit der Verordnung des Europäischen Rates Nr. 1435/2003 vom 22. Juli 2003 eingeführt wurde. Diese entspricht dem Sprachgebrauch des VereinsG. Gemäß Kapitel I Artikel 8c) II dieser Vorschrift unterliegt die SCE den Rechtsvorschriften der Mitgliedsstaaten, die auf eine nach dem Recht des Sitzstaates der SCE gegründete Genossenschaft Anwendung finden würde. Unabhängig von dieser Vorschrift gilt aufgrund des eindeutigen Wortlautes § 17 VereinsG auch für Europäische Genossenschaften mit einem Sitz in Deutschland. **12**

7. Versicherungsvereine auf Gegenseitigkeit

Versicherungsvereine auf Gegenseitigkeit (VVaG) sind neben der Aktiengesellschaft die einzige privatrechtliche Organisationsform des Versicherungswesens in Deutschland. § 15 VAG definiert sie als „Verein, der die Versicherung seiner Mitglieder nach dem Grundsatz der Gegenseitigkeit betreiben will." Aus der Vorschrift geht bereits hervor, dass es sich grundsätzlich um einen Verein des bürgerlichen Rechts auf Grundlage besonderer Vorschriften (§§ 15–53b VAG) handelt. Insofern ist eine Anwendbarkeit des VereinsG bereits gegeben. Die ausdrückliche Erwähnung dient der Klarstellung. **13**

8. Konzerne und Holdings

Grundsätzlich ist es auch möglich, ein Verbot auf Konzerne und Holdings der einzeln aufgeführten Wirtschaftsvereinigungen auszudehnen. Vorausset- **14** zung ist, dass unbeschadet der Bezeichnung die Merkmale eines Vereins (organisierte Willensbildung) vorliegen (*Schnorr* § 17 Rn. 26). Im Zweifel ist die Verbotsvereinigung aber auf alle betroffenen Vereinigungen auszudehnen. Mehrdeutige Formulierungen gehen zu Lasten der Verbotsbehörde.

III. Besondere Verbotsvoraussetzungen

15 Die Vorschrift wiederholt im Wesentlichen den Wortlaut des Artikels 9 Absatz 2 Grundgesetz.

1. Verfolgen verfassungswidriger Ziele

16 **a) Gegen die verfassungsmäßige Ordnung.** Die Vorschrift gibt eine der zwingenden Voraussetzungen für ein Vereinsverbot wieder. Die „verfassungsmäßige Ordnung" der Vorschrift ist nicht eindeutig bestimmt und wird von der herrschenden Meinung als weitgehend identisch mit der „freiheitlich-demokratischen Grundordnung" des Art. 18 GG angesehen (BVerwGE 47, 330; ablehnend: *von Münch* in DKWG GG Art. 9 Rn. 68). Nach älterer Rechtsprechung des Bundesverfassungsgerichts beschränkt sich der Begriff in Art. 9 Absatz 2 GG „auf gewisse elementare Grundsätze der Verfassung" (BVerfGE 6, 32 – Elfes). Der Begriff entspricht der „verfassungsgemäßen Ordnung" des Art. 20 Absatz 3 GG, ist also weniger als die Summe aller verfassungsmäßigen Rechtsnormen (*Jarass/Pieroth* GG Art. 9 Rn. 19). Ein auch dauerhafter Verstoß gegen das Strafrecht ist noch kein Verstoß gegen die verfassungsmäßige Ordnung (dafür womöglich § 17 Nr. 2 einschlägig), ebenso die bloße Beobachtung durch den Verfassungsschutz des Bundes oder eines Landes (Erwähnung im Verfassungsschutzbericht). Ungeschriebenes Tatbestandsmerkmal ist, daß sich die Vereinigung aktiv und aggressiv-kämpferisch oder fortlaufend gegen die verfassungsmäßige Ordnung richtet (BVerwGE 37, 344 – Bund für Deutsche Gotterkenntnis).

17 **b) Gegen den Gedanken der Völkerverständigung.** Es handelt sich um die zweite Alternative für ein Vereinsverbot (Art. 9 Abs. 2 2. Alt. GG). Der Gedanke der Völkerverständigung ergibt sich aus dem in Artikel 26 GG konkretisierten Friedensgebot des Grundgesetzes (friedliches Zusammenleben der Völker). Der Verstoß muss sich nicht zwingend aus dem Vereinszweck ergeben (eher selten), sondern kann sich ebenso aus dem faktischen Handeln des Vereins ergeben. Das Ausüben von Kritik an einem fremden Staat oder die Ablehnung politischer oder völkerrechtlicher Kontakte mit einem Staat ist nicht ausreichend für eine Verbotsverfügung (*Pieroth/Schlink* Rn. 813). Die Schwelle ist hoch anzusetzen. Bei einem Fernsehsender, der in seinem Programm verherrlichende Beiträge über den Einsatz von Guerillaeinheiten und das Verüben von Anschlägen verbreitet, ist diese sicher überschritten (BVerwG 6 A 7/08, Rn. 43). Weder der erlaubte Verkauf von Kriegswaffen noch der erlaubte Verkauf von kriegsverherrlichender Literatur stellt allein genommen einen Verbotstatbestand im Sinne der Vorschrift da. Teilweise vertreten wird im Schrifttum der Verstoß bereits bei einer Interessenvereinigung von behaupteten Vermögensansprüchen deutscher Heimatvertriebener („Preußische Treuhand

Vierter Abschnitt. Sondervorschriften **§ 17 VereinsG**

GmbH & Co. KGaA.") wegen der Beeinträchtigung des nachbarschaftlichen Verhältnisses zu Polen (*Putzke/Morber* NVwBl. 2007, 211). Dies ist aber wegen der zu weiten Auslegung von Völkerverständigung abzulehnen (so zutreffend: *Penski* NVwBl. 2008, 256). Ohnehin fehlt es an umfassender Rechtspraxis. Im Zweifel dürfte ein Verstoß gegen Strafbestimmungen einfacher zu beweisen sein.

2. Verstoß von Vereinszweck oder Tätigkeit gegen besondere Strafvorschriften

Grundsätzlich sind Verbote von Wirtschaftsvereinigungen in der Praxis eher **18** selten. Die zweite Alternative ist in der Verwaltungspraxis die häufiger anzutreffende und auch die aus Sicht der Ordnungsbehörden praktikablere. Die Akten der Strafverfolgungsbehörden können im Verfahren hinzugezogen werden. Bei der Anwendung des § 17 Nr. 2 VereinsG kommt es lediglich darauf an, aus welchen Gründen ein Vereinsverbot, von dem eine Wirtschaftsvereinigung als Teilorganisation erfaßt wird, erlassen wurde, nicht aber, ob die Gründe vorliegen und das Verbot rechtfertigen (BVerwG NVwZ 1998, 174). Die strafrechtswidrige Tätigkeit reicht als Verbotsgrund nur aus, wenn sie kraft inneren Zusammenhangs mit der Vereinstätigkeit deren Charakter prägt (*Scholz* in Maunz/Dürig GG Art. 9 Rn. 124).

a) Straftaten in erstinstanzlicher Zuständigkeit der Landgerichte. 19 Gemäß § 74a GVG, auf den verwiesen wird, werden bei den Landgerichten, die am Ort eines Oberlandesgerichtes ihren Sitz haben Strafkammern mit erstinstanzlicher Zuständigkeit für einen abschließenden Katalog von gegen den inneren Frieden und Bestand der Bundesrepublik Deutschland oder ihrer Länder gerichteter Straftaten gebildet („Staatsschutzsachen"); die häufige Bezeichnung dieser Straftaten als „Staatsschutzsachen" ist jedoch keine amtliche Bezeichnung. Erfüllt die Vereinigung die Tatbestandsmerkmale dieser Vereinigung (Feststellung durch Urteil), so ist die Vereinigung zu verbieten. Bei der Verweisung handelt es sich um eine dynamische Blankettverweisung; Änderungen des GVG fänden also Niederschlag in dieser Vorschrift. Im Einzelnen handelt es sich um die folgenden Straftaten.

aa) Friedensverrat. Die Vorschrift bezieht sich allein auf den Tatbestand **20** des § 80a StGB, Aufstacheln zum Angriffskrieg, also die intellektuelle Vorbereitung eines Angriffskrieges.

bb) Gefährdung des demokratischen Rechtsstaates. Die Vorschrift **21** bezieht sich auf einzelne Tatbestände des Hochverrats, nämlich die §§ 84 (Fortführung einer für verfassungswidrig erklärten Partei), 85 (Verstoß gegen ein Vereinigungsverbot), 86 (Verbreiten von Propagandamitteln verfassungswidriger Organisationen), 87 (Agententätigkeit zu Sabotagezwecken), 88 (Verfassungsfeindliche Sabotage), 89 (Verfassungsfeindliche Einwirkung auf Bundeswehr und öffentliche Sicherheitsorgane), 90 (Verunglimpfung des Bundespräsidenten), 90a in der Qualifikation des Absatzes 3 (Verunglimpfung des Staates und seiner Symbole, die sich absichtlich gegen den Bestand der Bundesrepublik Deutschland oder Verfassungsgrundsätze richtet) sowie

VereinsG § 17 Vierter Abschnitt. Sondervorschriften

90b StGB (Verfassungsfeindliche Verunglimpfung von Verfassungsorganen). Insgesamt handelt es sich also um ein ausgesprochen heterogenes Bündel möglicher Straftatbestände und Begehungsweisen, die allein durch das geschützte Rechtsgut, der Bestand der Bundesrepublik Deutschland, systematisch zusammengehalten werden. Die Vorschrift zeigt hier besonders deutlich die Qualität des VereinsG als Nebenstrafrecht, hier als Sonderstrafrecht der Personenvereinigungen.

22 **cc) Gefährdung der Landesverteidigung.** Die Vorschrift bezieht sich auf die Tatbestände einzelner Straftaten gegen die Landesverteidigung, als deren Täterkreis auch eine Vereinigung in Frage kommt, nämlich die §§ 109d (Störpropaganda gegen die Bundeswehr), 109e (Sabotagehandlungen an Verteidigungsmitteln), 109f (Sicherheitsgefährdender Nachrichtendienst) und 109g StGB (Sicherheitsgefährdendes Abbilden). Erneut handelt es sich um einen Katalog höchst heterogener Tatbestände und Begehensweisen.

23 **dd) Zuwiderhandlung gegen Vereinigungsverbot.** Die Vorschrift bezieht sich auf § 129 StGB (Bildung krimineller Vereinigungen), insbesondere in Verbindung mit § 129b StGB (Kriminelle und terroristische Vereinigung im Ausland) und § 20 Absatz 1 Nr. 1–4 VereinsG (Zuwiderhandlungen gegen Vereinsverbote). Gemäß § 74a Absatz 1 Nr. 4 GVG gilt dies nicht, wenn Tateinheit mit einem Straftatbestand des BtmG vorliegt. Die Vorschrift ist im wesentlichen Auffangvorschrift; ihre rechtspolitische Intention richtet sich gegen verbotene ausländische Vereinigungen, die sich auch gegen die Bundesrepublik Deutschland richten.

24 **ee) Verschleppung.** Die Vorschrift bezieht sich auf den Tatbestand des § 234a StGB (Verschleppung) und gibt insbesondere eine Handhabe zum Verbot von Vereinigungen, die gewerbsmäßigen Menschenhandel betreiben.

25 **ff) Politische Verdächtigung.** Die Vorschrift bezieht sich auf den Tatbestand des § 241a StGB (politische Verdächtigung).

26 **b) Straftaten in erstinstanzlicher Zuständigkeit der Oberlandesgerichte.** Entsprechend bestehen bei den Oberlandesgerichten (in Rheinland-Pfalz: nur am OLG Koblenz, seit 2010 „Gemeinsamer Staatsschutzsenat" der Länder Berlin, Sachsen-Anhalt und Brandenburg beim Kammergericht, seit 2012 „Gemeinsamer Staatsschutzsenat" der Länder Hamburg, Mecklenburg-Vorpommern und Schleswig-Holstein beim Hanseatischen OLG Hamburg) gemäß § 120 GVG „Staatsschutzsenate" mit den folgenden erstinstanzlichen Zuständigkeiten. Es liegt eine dynamische Blankettverweisung auf das GVG vor.

27 **aa) Friedensverrat.** Die Vorschrift verweist auf den Tatbestand des § 80 StGB (Vorbereitung eines Angriffskrieges).

28 **bb) Hochverrat.** Die Vorschrift bezieht sich auf sämtliche Tatbestände des Hochverrats, also die §§ 81 (Hochverrat gegen den Bund), 82 (Hochverrat gegen ein Land) und 83 StGB (Vorbereitung eines hochverräterischen Unternehmens).

Vierter Abschnitt. Sondervorschriften § 17 VereinsG

cc) Landesverrat und Gefährdung der äußeren Sicherheit. Die Vorschrift bezieht sich auf die Tatbestände des Landesverrats und der Gefährdung der äußeren Sicherheit, also die §§ 94 (Landesverrat), 95 (Offenbaren von Staatsgeheimnissen), 96 (Landesverräterische Ausspähung), 97 (Preisgabe von Staatsgeheimnissen), 97a (Verrat illegaler Geheimnisse), 97b (Verrat in irriger Annahme eines illegalen Geheimnisses), 98 (Landesverräterische Agententätigkeit), 99 (Geheimdienstliche Agententätigkeit), 100 (Friedensgefährdende Beziehungen) und 100a (Landesverräterische Fälschung) StGB. Ferner umfaßt die Zuständigkeit der Staatsschutzsenate auch einzelne Tatbestände des Nebenstrafrechts insbesondere des Rechts des Geistigen Eigentums, nämlich § 52 Absatz 2 PatG (Patentanmeldung Staatsgeheimnis), § 9 Absatz 2 GebrMG (Gebrauchsmusteranmeldung Staatsgeheimnis) und § 4 Absatz 4 HalblSchG (Anmeldung Staatsgeheimnis Halbleiterstelle). Zu dem heterogenen Regelungsbereich der Vorschriften wird auf die obenstehenden Ausführungen verwiesen.   29

dd) Angriff gegen Organe und Vertreter ausländischer Staaten. Die Vorschrift bezieht sich auf den Tatbestand des § 102 StGB (Angriff gegen Organe und Vertreter ausländischer Staaten).   30

ee) Straftat gegen Verfassungsorgane. Die Vorschrift bezieht sich auf die Tatbestände der §§ 105 (Nötigung von Verfassungsorganen) und 106 (Nötigung des Bundespräsidenten und von Mitgliedern eines Verfassungsorgans) StGB.   31

ff) Zuwiderhandlung gegen das Vereinigungsverbot. Die Vorschrift bezieht sich auf den Tatbestand des § 129a StGB (Bildung terroristischer Vereinigungen), auch wenn diese im Ausland gebildet werden (§ 129b Absatz 1 StGB).   32

gg) Nichtanzeige von Straftaten. Die Vorschrift betrifft den Tatbestand des § 138 StGB (Nichtanzeige geplanter Straftaten), sofern diese unter die Zuständigkeit der Staatsschutzsenate fallen.   33

hh) Völkerstrafgesetzbuch. Die Vorschrift bezieht sich auf das gesamte Völkerstrafgesetzbuch vom 26. Juni 2002 (BGBl. I, 2254).   34

ii) Besondere Bedeutung des Falles. Gemäß § 120 Absatz 2 GVG besteht ferner eine Zuständigkeit der Staatsschutzsenate bei dem OLG, wenn bei im Einzelnen aufgeführten Straftaten der Generalbundesanwalt wegen der besonderen Bedeutung des Falles die Verfolgung übernimmt. Im Rahmen des VereinsG von Bedeutung ist hier insbesondere die Bestimmung des § 120 Absatz 2 Nr. 2 GVG, die sich auf Mord (§ 211 StGB), Totschlag (§ 212 StGB) sowie die Straftaten des §§ 129a Abs. 1 und 2 StGB, wenn ein Zusammenhang mit einer nicht oder nicht nur im Inland bestehenden Vereinigung besteht, deren Zweck oder Tätigkeit die Begehung von Straftaten dieser Art zum Gegenstand hat.   35

3. Teilorganisation

36 Die Vorschrift verweist bereits auf § 3 Absatz 3 VereinsG. Bei einer Wirtschaftsvereinigung kann es sich um die nichtgebietliche Teilorganisation einer zu verbietenden Vereinigung handeln. Praktischer Anwendungsfall ist ein Verlagsunternehmen oder ein vergleichbarer Wirtschaftsbetrieb einer politischen Partei in der Rechtsform der GmbH. Liegen bei dieser Vereinigung die Voraussetzungen der Nummern 1 oder 2 dieser Vorschrift vor, kann die Teilorganisation nach § 3 Absatz 3 VereinsG verboten werden. Dabei greift aber erneut die Privilegierung der Wirtschaftsvereinigungen. Ist die ursprünglich Verbotsverfügung lediglich auf „unpolitische Straftatbestände" (*Schnorr* § 17 Rn. 3) gestützt, erstreckt sie sich nicht auf die Teilorganisationen, wenn es sich bei dieser um eine Wirtschaftsvereinigungen im Sinne des § 17 handelt. Die Erstreckung der ursprünglichen Verbotsverfügung ist nur zulässig, wenn sie auf einen der auch in § 17 Nr. 1 oder 2 aufgeführten Gründe gestützt wurde (*Wache* in Erbs/Kohlhaas VereinsG § 17 Rn. 4). Im Falle eines Widerspruchsverfahrens trifft den Adressaten der Verbotsverfügung die Darlegungslast, keine Teilorganisation zu sein. Die Klagebefugnis der als Teilorganisation einbezogenen Adressatin liegt vor, sobald sie bestreitet, Teilorganisation der verbotenen Vereinigung zu sein (BVerwG NVwZ-RR 2010, 562). Die Teilorganisation hat gegenüber dem sie einschließenden Verbot des Gesamtvereins keine weitergehenden Rechtsschutzmöglichkeiten als andere Teilorganisationen (BVerwG NVwZ 1998, 174).

4. Ersatzorganisation

37 Bei der Wirtschaftsvereinigung kann es sich um die Ersatzorganisation eines nach § 3 VereinsG verbotenen Vereins handeln. Für Ersatzorganisationen gilt das besondere Feststellungsverfahren des § 8 Absatz 2 VereinsG. Im Falle der Wirtschaftsorganisation als Ersatzorganisation darf das Feststellungsverfahren nur durchgeführt werden, wenn bei dem Gesamtverein die Verbotsgründe der Nummern 1 und 2 dieser Vorschrift vorlagen und die Verbotsverfügung darauf gestützt wurde. Liegen die Voraussetzungen auch bei der Ersatzorganisation vor, kann ein selbständiges Verbotsverfahren durchgeführt werden. War die Verbotsverfügung des verbotenen Vereins auf „unpolitische" Straftatbestände (nicht in § 17 Nr. 1 und 2 aufgeführt) gestützt worden, ist ein Feststellungsverfahren gegen Ersatzorganisationen in Form einer Wirtschaftsvereinigung nicht zulässig. In diesen Fällen muß die Ersatzorganisation durch ein selbständiges Verbotsverfahren verboten werden (*Wache* in Erbs/Kohlhaas VereinsG § 17 Rn. 5).

IV. Besondere Verfahrensvorschriften beim Verbot wirtschaftlicher Vereine

38 Unbeschadet von den beschriebenen Verbotsverfahren besteht die Möglichkeit der gerichtlichen Auflösung einer Wirtschaftsvereinigung. Dies wird durch § 30 Absatz 2 Nr. 3 VereinsG ausdrücklich klargestellt. Wegen der unterschiedlichen Zielsetzungen des Gesellschaftsrechts (Gläubigerinteresse) und

Vierter Abschnitt. Sondervorschriften **§ 18 VereinsG**

des öffentlichen Vereinsrechts (Gefahrenabwehr) ist jedoch dem Verbotsverfahren Priorität einzuräumen. Die Anforderungen an die Formulierung der Verbotsverfügung sind hoch anzusetzen. Eine Verbotsverfügung an einen Einzelkaufmann (Verleger), die diesem „jede Tätigkeit, insbesondere die Herstellung und den Vertrieb von Druckerzeugnissen" untersagt, ist nicht hinreichend bestimmt, wenn weder der kaufmännische Verlagsbetrieb noch der Bestand an Angestellten und Arbeitern aufgeführt werden und auch nicht geltend gemacht wird, daß sich Inhaber und Personal des Betriebes zu verfassungsfeindlicher Betätigung zusammengeschlossen haben (BVerwGE 37, 344, insb. 348f. – Verlag „Hohe Warte").

§ 18 Räumlicher Geltungsbereich von Vereinsverboten

¹**Verbote von Vereinen, die ihren Sitz außerhalb des räumlichen Geltungsbereichs dieses Gesetzes, aber Teilorganisationen innerhalb dieses Bereichs haben, erstrecken sich nur auf die Teilorganisationen innerhalb dieses Bereichs.** ²**Hat der Verein im räumlichen Geltungsbereich dieses Gesetzes keine Organisation, so richtet sich das Verbot (§ 3 Abs. 1) gegen seine Tätigkeit in diesem Bereich.**

I. Allgemeines

Die Vorschrift wurde durch den Bundestagsausschuss für Inneres im Rahmen des Gesetzgebungsverfahrens neu in das VereinsG eingefügt (BT-Drs. IV/2145 (neu), 4). Mit Satz 1 wird klargestellt, dass ein Vereinsverbot nur inländische Teilorganisationen eines Vereins betrifft, wenn dieser selbst über keinen **Sitz im Geltungsbereich des Gesetzes** verfügt (BT-Drs. IV/2145 (neu), 4). Hierdurch wird dem Umstand Rechnung getragen, dass sich die Ausübung hoheitlicher Befugnisse durch Stellen der Bundesrepublik Deutschland gem. den Regeln des internationalen Verwaltungsrechts (Territorialprinzip) auf deren Hoheitsgebiet beschränken muss (vgl. *Schnorr* § 18 Erläuterung; *Wache* in Erbs/Kohlhaas VereinsG § 18 Rn. 1; *Groh* NomosOK VereinsG § 18 Rn. 1). 1

Selbst dann, wenn ein Verein über keinen Sitz und keine Organisation innerhalb dieses Bereichs verfügt, kann ein Verbot dennoch erforderlich werden, wenn sich seine bei einem inländischen Verein verbotswidrige Tätigkeit auch oder ausschließlich im Geltungsbereich des Gesetzes entfaltet (BT-Drs. IV/2145 (neu), 4). Für diesen Fall bestimmt Satz 2, dass dem Verein mittels eines Verbots die gesamte Tätigkeit innerhalb dieses Bereichs untersagt wird (BT-Drs. IV/2145 (neu), 4). Verfassungsrechtliche Bedenken hinsichtlich der Vorschrift bestehen nicht (BVerfG NVwZ 2002, 709 [710f.]). Vereine, deren Sitz und Organisation den Geltungsbereich des Gesetzes nicht betreffen, dürfen hingegen nicht verboten werden (BGH NJW 1965, 53 [54]). 2

Die Unterscheidung zwischen Vereinen im räumlichen Geltungsbereich und Vereinen außerhalb dieses Bereichs gilt auch für Ersatzorganisationen verbotener Vereine gem. § 8 (BGH NJW 1965, 53 [54]). Die Regelung ist sinn- 3 gemäß auf Ersatzorganisationen von politischen Parteien anzuwenden (BGH NJW 1965, 53 [54]).

II. Verfassungs- und europarechtliche Bezüge

4 Hinsichtlich der Anwendung des § 18 ist auf die Gewährleistung des verfassungsrechtlich abgesicherten Grundsatzes der **Verhältnismäßigkeit** zu achten. Ein Betätigungsverbot gem. § 18 Satz 2 soll daher nur dann ausgesprochen werden, wenn die Tätigkeit des ausländischen Vereins eine gewisse Dauer und Intensität aufweist (*Groh* NomosOK VereinsG § 18 Rn. 3; *Reichert* Rn. 6547).

5 Die weite Fassung des § 18 Satz 2 ist angesichts ihrer ausreichenden Konkretisierung durch die Rechtsprechung des Bundesgerichtshofs mit den Vorgaben der EMRK vereinbar (vgl. EGMR NVwZ 2011, 1185).

III. Verbot von Teilorganisationen (Satz 1)

6 Vereine mit Sitz im Ausland können gem. § 15 Abs. 1 Satz 1 in entsprechender Anwendung des § 14 verboten werden, wenn sich ihre Organisation oder Tätigkeit (hierzu § 3 VereinsG Rn. 30) auf den räumlichen Geltungsbereich dieses Gesetzes erstreckt. Mit Satz 1 wird klargestellt, dass von einem solchen Verbot lediglich die Teilorganisationen eines ausländischen Vereins erfasst werden, die innerhalb der Bundesrepublik Deutschland tätig werden (vgl. *Wache* in Erbs/Kohlhaas VereinsG § 18 Rn. 2).

7 Mit der Verbotsmöglichkeit, sollte ein möglichst **weitreichendes Mittel zur Beschränkung verbotsrelevanter Aktivitäten** geschaffen werden. Die Vorschrift richtet sich daher auch an Teilorganisationen, die nicht sämtliche Merkmale eines Vereins nach § 2 Abs. 1 (hierzu § 2 VereinsG Rn. 9ff.) aufweisen (BGH NJW 1965, 53 [55]). Der Begriff „Organisation" reicht weiter als der des „Vereins" (BGH NJW 1965, 53 [55]). Er umfasst **alle denkbar möglichen Organisationsstrukturen** (vgl. *Groh* in NomosOK VereinsG § 18 Rn. 2). Hierzu gehören Gremien, lokale Abteilungen, Redaktionen (BVerwG NJW 1978, 2164 [2165]), sowie sonstige Büros und Niederlassungen (vgl. *Groh* in NomosOK VereinsG, § 18 Rn. 2).

8 Ein Umkehrschluss, der besagt, dass sich das Verbot eines Vereins mit Sitz oder Organisation im Inland auch auf dessen im Ausland befindliche Teilorganisation auswirken würde, kann aus der Vorschrift nicht abgeleitet werden (*Wache* in Erbs/Kohlhaas VereinsG § 18 Rn. 3). Die Aufsichts- und Regelungsbefugnis der Verbotsbehörde beschränkt sich nämlich auf den Bereich der Gebietshoheit der Bundesrepublik Deutschland (BVerwG NJW 1978, 2164 [2164]). Den im Ausland befindlichen Teilorganisationen eines inländischen Vereins kann allerdings ein Betätigungsverbot gem. Satz 2 auferlegt werden (*Wache* in Erbs/Kohlhaas VereinsG § 18 Rn. 3; *Willms* JZ 1965, 88 Fn. 21).

IV. Betätigungsverbot (Satz 2)

Ein Verein, der im räumlichen Geltungsbereich dieses Gesetzes keine Orga- 9
nisation aufweist, kann für diesen Bereich mit einem **Betätigungsverbot** belegt werden. Obgleich es sich bei der Handlungsbeschränkung um kein Verbot im eigentlichen Sinne handelt, finden diesbezüglich die gleichen Grundsätze (§§ 14, 15) und Verfahrensbestimmungen Anwendung, die auch im Verbotsverfahren gelten (*Wache* in Erbs/Kohlhaas VereinsG § 18 Rn. 4). Insoweit steht der Verbotsbehörde das vollständige Maßnahmenspektrum zur Verfügung (*Groh* NomosOK VereinsG § 18 Rn. 2).

Die Anwendung des § 3 Abs. 3 wird durch § 18 nicht ausgeschlossen 10
(BVerwG NVwZ 1998, 174 [175]). Das gilt auch dann, wenn die Gesamtvereinigung zwar eine mit einem Teil ihrer Gesamttätigkeit befasste Teilorganisation im Inland hat, das Verbot der Vereinigung aber auch in Form eines Betätigungsverbots ergeht, weil die Vereinigung sich darüber hinaus, also nicht nur durch ihre inländische Teilorganisation, im Geltungsbereich des Gesetzes betätigt. Ein solches Betätigungsverbot ist ein Verbot i. S. des § 3 Abs. 1 und damit auch Grundlage für eine Erstreckung auf Teilorganisationen gem. § 3 Abs. 3 (BVerwG NVwZ 1998, 174 [175]).

Die **Zustellung der Verbotsverfügung** hat hierbei unter Berücksichti- 11
gung internationaler Zustellungsabkommen bzw. des § 9 VwZG zu erfolgen (vertiefend *U. Stelkens* in SBS § 41 Rn. 218ff.). Alternativ kommt eine Bekanntmachung der Verfügung im Bundesanzeiger nach § 3 Abs. 4 Satz 2 in Frage (*Wache* in Erbs/Kohlhaas VereinsG § 18 Rn. 4). Vollziehbar wird das Betätigungsverbot erst mit seiner Bekanntmachung (*Wache* in Erbs/Kohlhaas VereinsG § 18 Rn. 4).

V. Rechtsfolgen

Verstöße gegen ein gem. § 18 Satz 2 ausgesprochenes Betätigungsverbot 12
sind gem. § 20 Abs. 1 Nr. 4 Alt. 2 (hierzu § 20 VereinsG Rn. 21 ff.) strafbar.

Gegen ein Betätigungsverbot gem. § 18 Satz 2 stehen dem betroffenen Verein 13
und seinen Mitgliedern sowohl die Anfechtungsklage und ggf. auch der einstweilige Rechtsschutz gem. § 80 Abs. 5 VwGO zur Verfügung (vgl. BVerwG NVwZ 2010, 459).

Fünfter Abschnitt. Schlußbestimmungen

§ 19 Rechtsverordnungen

Die Bundesregierung kann durch Rechtsverordnung mit Zustimmung des Bundesrates
1. Bestimmungen über den Vollzug des Verbotes, insbesondere die Durchführung der Auflösung eines Vereins, die Durchführung und Aufhebung der Beschlagnahme sowie die Verwaltung des Vereinsvermögens während der Beschlagnahme erlassen,
2. Bestimmungen über das Verfahren der Einziehung, die Ausschlußfrist (§ 13 Abs. 1 Satz 1), die vorzeitige Befriedigung von Gläubigern (§ 13 Abs. 1 Satz 2), die Anwendung des § 13 Abs. 2 oder die Berichtigung des Grundbuchs treffen und das Insolvenzverfahren über die besondere Vermögensmasse in Anpassung an die besonderen Gegebenheiten bei der Einziehung näher regeln,
3. nähere Vorschriften über die Verwendung des eingezogenen Vermögens treffen,
4. Ausländervereine und ausländische Vereine einer Anmelde- und Auskunftspflicht unterwerfen, Vorschriften über Inhalt, Form und Verfahren der Anmeldung erlassen und die Auskunftspflicht näher regeln.

Übersicht

	Rn.
I. Allgemeines	1
1. Inhalt	1
2. Entstehungsgeschichte	2
II. VereinsG-DurchführungsVO	4
1. Inhalt	4
2. Entstehungsgeschichte	5
III. Einzelanmerkungen zur VereinsG-DurchführungsVO	6
1. § 1 Bekanntgabe des Verbots an Teilorganisationen	6
2. § 2 Registereintragung	7
3. § 3 Sicherstellung von Sachen	8
4. § 4 Sicherstellung von Sachen im Gewahrsam Dritter	9
5. § 5 Aufhebung der Sicherstellung	10
6. § 6 Beschlagnahme von Rechten	11
7. § 7 Beendigung der Beschlagnahme	11
8. § 8 Bestellung und Abberufung von Verwaltern	12
9. § 9 Rechte und Pflichten des Verwalters	13
10. § 10 Vergütung des Verwalters	14
11. § 11 Von der Einziehungsbehörde bestellte Verwalter	15
12. § 12 Verwaltung durch die Vollzugsbehörde	16
13. § 13 Mitteilung des Rechtsübergangs	17
14. § 14 Einziehungsverfügung	18
15. § 15 Anmeldung von Forderungen	19
16. § 16 Vorzeitige Befriedigung von Forderungen	21

Fünfter Abschnitt. Schlußbestimmungen § 19 VereinsG

	Rn.
17. § 17 Härtefälle	23
18. § 18 Berichtigung des Grundbuchs, des Schiffsregisters und des Schiffsbauregisters	24
19. § 19 Anmeldepflicht für Ausländervereine	25
20. § 20 Auskunftspflicht für Ausländervereine	27
21. § 21 Anmelde- und Auskunftspflicht ausländischer Vereine	29
22. § 22 Mitteilung an das Bundesverwaltungsamt	29
23. § 23 Zuwiderhandlungen gegen Anmelde- und Auskunftspflichten	29
24. § 24 Geltung im Land Berlin	29
25. § 25 Inkrafttreten	29

I. Allgemeines

1. Inhalt

§ 19 enthält eine Ermächtigung der Bundesregierung zum Erlass von 1 Rechtsverordnungen mit Zustimmung des Bundesrates, durch die ua der Vollzug des Verbots und das Einziehungsverfahren näher geregelt werden können. Ferner kann bspw. für Ausländervereine und ausländische Vereine eine Anmelde- und Auskunftspflicht eingeführt werden (*Fröhlich* DVBl. 1964, 799 [802]).

2. Entstehungsgeschichte

Die im Vereinsgesetz enthaltenen Regelungen sind in einigen Punkten 2 nicht erschöpfend. Dies gilt va für die Durchführung der Vermögensbeschlagnahme und der Vermögenseinziehung, aber auch für die Ausländervereine und die ausländischen Vereine. Der Gesetzgeber befürchtete, dass die Aufnahme umfangreicher technischer Einzelregelungen über Fragen, die nicht ausgesprochen im Mittelpunkt des Verbotsverfahrens stehen, den systematischen Aufbau und die Übersichtlichkeit des Gesetzes beeinträchtigen könnte. Zudem gewähre die Regelung durch Rechtsverordnung die Möglichkeit, die Rechtsvorschriften der jeweiligen Lage anzupassen und sie, sobald es die Verhältnissen gestatten, auch wieder zu lockern (vgl. BT-Drs. IV/430, 25).

In § 19 Abs. 2 Nr. 2 wurden durch das EGInsO als redaktionelle Änderung 3 die Worte „den Konkurs" durch „das Insolvenzverfahren" ersetzt (BT-Drs. 12/3803, 15).

II. VereinsG-DurchführungsVO

1. Inhalt

Aufgrund der Ermächtigung in § 19 ist die Verordnung zur Durchführung 4 des Gesetzes zur Regelung des öffentlichen Vereinsrechts (Vereinsgesetz) [VereinsG-DVO] vom 28.06.1966 (BGBl. I S. 457), zuletzt geändert durch Art. 6 Abs. 1 ÄndG vom 22.8.2002 (BGBl. I S. 3390), erlassen worden.

2. Entstehungsgeschichte

5   Durch Art. 19 des Dritten Gesetzes zur Änderung verwaltungsverfahrensrechtlicher Vorschriften v. 21.08.2001 (BGBl. I 3322) wurde mWv 01.02.2003 § 8 Abs. 2 Satz 2 VereinsG-DVO eingeführt und der bisherige Satz 2 zu Satz 3. In Satz 2 ist nunmehr geregelt, dass eine Verwalterbestellung in elektronischer Form ausgeschlossen ist. Der Verwalter müsse bei der Ausübung seines Amtes in der Lage sein, die Urkunde zum Nachweis seiner Bestellung vorzuweisen (BR-Drs. 343/02, 93). Zudem wurde durch das Vierunddreißigste Strafrechtsänderungsgesetz – § 129b StGB (34. StrÄndG) v. 22.08.2002 (BGBl. I 3390) mWv 22.08.2002 in § 1 VereinsG-DVO der Verweis auf §§ 128 und 129 StGB durch den Verweis auf §§ 129 bis 129b StGB als Folgeänderung der Aufnahme des § 129b StGB ins Strafgesetzbuch ersetzt.

III. Einzelanmerkungen zur VereinsG-DurchführungsVO

1. § 1 Bekanntgabe des Verbots an Teilorganisationen

§ 1 Bekanntgabe des Verbots an Teilorganisationen
(1) Nach Erlaß eines Vereinsverbots geben die für seinen Vollzug zuständigen Landesbehörden (Vollzugsbehörden) das Verbot sämtlichen im Bereich des Landes bestehenden Teilorganisationen des verbotenen Vereins bekannt.
(2) Bei der Bekanntgabe ist darauf hinzuweisen, daß
1. das Verbot dem Verein zugestellt und im Bundesanzeiger sowie im amtlichen Mitteilungsblatt des Landes veröffentlicht worden oder nach § 16 des Vereinsgesetzes wirksam geworden ist,
2. eine Zuwiderhandlung gegen das Verbot nach § 20 des Vereinsgesetzes mit Gefängnis bis zu einem Jahr oder mit Geldstrafe bestraft wird, sofern die Tat nicht nach den §§ 49b, 90a, 90b, 96a oder den §§ 129 bis 129b des Strafgesetzbuches, jeweils allein oder in Verbindung mit § 94 des Strafgesetzbuchs mit schwererer Strafe bedroht ist.

6   Der Wortlaut des § 1 Abs. 2 Nr. 2 VereinsG-DVO ist veraltet. Ein Verstoß gegen § 20 Abs. 1 VereinsG ist mit einer Strafdrohung von Freiheitsstrafe bis zu einem Jahr oder Geldstrafe sanktioniert. Die Subsidiaritätsklausel des § 1 Abs. 2 Nr. 2 VereinsG-DVO lautet nunmehr „wenn die Tat nicht in den §§ 84, 85, 86a oder den §§ 129 bis 129b des Strafgesetzbuches mit Strafe bedroht ist."

2. § 2 Registereintragung

§ 2 Registereintragung
(1) Nach Eintritt der Vollziehbarkeit ist die Beschlagnahme in das Grundbuch, das Schiffsregister und das Schiffsbauregister einzutragen
1. bei den Grundstücken, eingetragenen Schiffen und Schiffsbauwerken, als deren Eigentümer der Verein oder eine Teilorganisation eingetragen ist,
2. bei den für den Verein oder eine Teilorganisation eingetragenen Rechten an Grundstücken, eingetragenen Schiffen oder Schiffsbauwerken oder an eingetragenen Rechten,
3. bei den nach § 10 Abs. 1 Satz 3 des Vereinsgesetzes von der Beschlagnahme erfaßten Grundstücken, eingetragenen Schiffen oder Schiffsbauwerken sowie eingetragenen Rechten Dritter.
(2) ¹Die Eintragung erfolgt auf Ersuchen der Verbotsbehörde, der Vollzugsbehörde oder der Einziehungsbehörde. ²Sie erfolgt ferner auf Antrag des Verwalters (§ 10 Abs. 3 des Ver-

Fünfter Abschnitt. Schlußbestimmungen **§ 19 VereinsG**

einsgesetzes); einer Bewilligung des von der Eintragung Betroffenen bedarf es nicht. ³Die Eintragung ist gebührenfrei.
(3) Für die Löschung der Eintragung gilt Absatz 2 entsprechend.
(4) Zu einer Eintragung nach den Absätzen 1 bis 3 bei einer Hypothek, Grundschuld oder Rentenschuld, über die ein Brief erteilt ist, braucht der Brief nicht vorgelegt zu werden.

Die Regelungen des § 2 VereinsG-DVO dienen der Durchführung des § 10 **7** VereinsG, soweit das Grundbuch, das Schiffsregister oder das Schiffsbauregister berührt werden. Die Eintragung der Beschlagnahme soll einen gutgläubigen Erwerb durch Dritte verhindern. Um die Eintragungen zu ermöglichen sind in § 10 Abs. 2 und 4 Ausnahmen von den Anforderungen des Grundbuchrechts vorgesehen (*Wache* in Erbs/Kohlhaas, § 2 VereinsG-DVO). Zur Eintragung in sonstige öffentliche Register, in die der Verein eingetragen ist, zB das Vereins-, Handels- oder Genossenschaftsregister, vgl. § 7 Abs. 2 VereinsG.

3. § 3 Sicherstellung von Sachen

§ 3 Sicherstellung von Sachen
¹Sachen und Sachgesamtheiten werden dadurch sichergestellt, daß die Vollzugsbehörde sie in Gewahrsam nimmt. ²Läßt die Eigenart der sicherzustellenden Sachen dies nicht zu, ist die Sicherstellung durch Anbringung von Siegelmarken oder auf andere Weise kenntlich zu machen. ³Die Sicherstellung soll dem Gewahrsamsinhaber angezeigt werden.

Vgl. § 10 VereinsG Rn. 28. **8**

4. § 4 Sicherstellung von Sachen im Gewahrsam Dritter

§ 4 Sicherstellung von Sachen im Gewahrsam Dritter
¹Von der Beschlagnahme erfaßte Sachen des Vereinsvermögens im Gewahrsam Dritter können nur auf Grund einer besonderen Anordnung der Vollzugsbehörde nach § 10 Abs. 2 Satz 1 des Vereinsgesetzes (Sicherstellungsbescheid) sichergestellt werden. ²Der Sicherstellungsbescheid ist schriftlich abzufassen und dem Gewahrsamsinhaber zuzustellen. ³In der schriftlichen Begründung ist auf das Vereinsverbot und auf die Beschlagnahme des Vereinsvermögens hinzuweisen sowie darzulegen, daß die sichergestellte Sache zum Vereinsvermögen gehört.

Für die Sicherstellung von beschlagnahmten Sachen, die sich im Gewahrsam **9** Dritter befinden, ist nach § 10 Abs. 2 Satz 1 VereinsG eine besondere Anordnung erforderlich, die von § 4 Satz 1 VereinsG-DVO als Sicherstellungsbescheid definiert wird. Nach der Änderung des § 10 Abs. 2 Satz 1 VereinsG müssen die Sachen nicht mehr zwingend zum Vereinsvermögen gehören. Der Wortlaut des § 4 VereinsG-DVO ist insoweit überholt. § 4 Satz 2 u. 3 VereinsG-DVO enthalten Form und Verfahrensvorschriften. Vgl. § 10 VereinsG Rn. 27.

5. § 5 Aufhebung der Sicherstellung

§ 5 Aufhebung der Sicherstellung
¹Die Sicherstellung ist aufzuheben, wenn ihre Voraussetzungen weggefallen sind. ²Die Sicherstellung von Sachen, die im Gewahrsam des Vereins gestanden, ihm aber nicht gehört haben, ist aufzuheben, wenn die Sachen nicht innerhalb von sechs Monaten seit der Beschlagnahme nach § 12 Abs. 2 des Vereinsgesetzes eingezogen wurden. ³Die Frist en-

det nicht vor Ablauf eines Monats nach Eintritt der Rechtskraft des Urteils in einem Rechtsstreit über das Eigentum.

10 Vgl. § 10 VereinsG Rn. 31 und § 12 Vereins Rn. 39.

6. § 6 Beschlagnahme von Rechten

§ 6 Beschlagnahme von Rechten
(1) ¹Die Vollzugsbehörde setzt die Schuldner des Vereins sowie die Gläubiger und Schuldner der nach § 10 Abs. 1 Satz 3 des Vereinsgesetzes von der Beschlagnahme erfaßten Forderungen von der Beschlagnahme in Kenntnis. ²Gleichzeitig verbietet sie den Schuldnern, an den Verein oder an den Gläubiger zu leisten, und den Gläubigern, über die Forderung zu verfügen.
(2) Für die Beschlagnahme anderer Vermögensrechte gilt Absatz 1 entsprechend.

7. § 7 Beendigung der Beschlagnahme

§ 7 Beendigung der Beschlagnahme
(1) Mit dem Eintritt der Rechtskraft des das Vereinsverbot aufhebenden Urteils endet auch die Beschlagnahme des Vereinsvermögens.
(2) Die Verbotsbehörde hat die Beschlagnahme aufzuheben, wenn von einer Einziehung des Vereinsvermögens endgültig abgesehen worden ist oder wenn seit der Beschlagnahme sechs Monate vergangen sind, ohne daß die Einziehung des Vereinsvermögens angeordnet wurde.
(3) Die Verbotsbehörde hat einzelne Gegenstände von der Beschlagnahme auszunehmen, auf die § 12 Abs. 2 des Vereinsgesetzes angewandt wurde.

11 Vgl. § 10 VereinsG Rn. 45 und § 13 Vereins Rn. 15 ff.

8. § 8 Bestellung und Abberufung von Verwaltern

§ 8 Bestellung und Abberufung von Verwaltern
(1) ¹Zum Verwalter ist eine geschäftskundige, vom Verein unabhängige Person zu bestellen. ²Für Teile des Vereinsvermögens, die eigene Vermögensmassen bilden, kann die Verbotsbehörde besondere Verwalter bestellen; jeder Verwalter ist in seiner Geschäftsführung selbständig.
(2) ¹Dem Verwalter ist eine Bestellungsurkunde auszuhändigen, die er bei Beendigung seines Amtes der Verbotsbehörde zurückzugeben hat. ²Eine Bestellung in elektronischer Form ist ausgeschlossen. ³Wird der Verwalter nur für einen Teil des Vereinsvermögens bestellt, ist dieser in der Urkunde zu bezeichnen.
(3) ¹Das Amt des Verwalters erlischt mit der Beendigung der Beschlagnahme des Vereinsvermögens, mit dem Erwerb des Vereinsvermögens durch den Einziehungsbegünstigten (§ 11 Abs. 2 Satz 1 des Vereinsgesetzes) oder mit der Abberufung durch die Verbotsbehörde. ²Die Abberufung kann jederzeit ohne Angabe von Gründen erfolgen.

12 Vgl. Rn. 5 und § 10 VereinsG Rn. 34 ff.

9. § 9 Rechte und Pflichten des Verwalters

§ 9 Rechte und Pflichten des Verwalters
(1) ¹Der Verwalter hat das beschlagnahmte Vermögen in Besitz zu nehmen und unbeschadet der Weisungsbefugnis der Verbotsbehörde alle Handlungen vorzunehmen, die erforderlich sind, um den wirtschaftlichen Wert des Vereinsvermögens zu erhalten. ²Er is be-

Fünfter Abschnitt. Schlußbestimmungen **§ 19 VereinsG**

fugt, über Gegenstände des Vereinsvermögens zu verfügen und Verbindlichkeiten für den Verein einzugehen.
(2) Der Verwalter ist der Verbotsbehörde gegenüber verpflichtet, folgende Handlungen nur mit ihrer Zustimmung vorzunehmen:
1. Weiterführung eines zum beschlagnahmten Vermögen gehörenden Geschäftsbetriebs,
2. Herausgabe und Veräußerung beschlagnahmter Gegenstände,
3. Anerkennung oder Erfüllung von Ansprüchen Dritter gegen den Verein.

(3) Der Verwalter hat nach der Übernahme seines Amtes unverzüglich ein Verzeichnis der von der Beschlagnahme betroffenen Gegenstände und, wenn zu dem beschlagnahmten Vermögen ein Geschäftsbetrieb gehört, eine Bilanz aufzustellen und der Verbotsbehörde vorzulegen.

(4) [1]Der Verwalter nimmt als Partei kraft Amtes die Interessen des beschlagnahmten Vermögens in gerichtlichen Verfahren wahr. [2]In anhängigen gerichtlichen Verfahren geht die Befugnis zur Prozeßführung mit der Beschlagnahme auf den Verwalter über. [3]Die §§ 241, 246 der Zivilprozeßordnung gelten entsprechend.

Vgl. § 10 VereinsG Rn. 36 ff. **13**

10. § 10 Vergütung des Verwalters

§ 10 Vergütung des Verwalters

(1) Der Verwalter kann für seine Tätigkeit eine angemessene Vergütung beanspruchen.
(2) Für die Berechnung der Höhe der Vergütung ist § 3 der *Verordnung über die Vergütung des Konkursverwalters, des Vergleichsverwalters, der Mitglieder des Gläubigerausschusses und der Mitglieder des Gläubigerbeirats vom 25. Mai 1960 (Bundesgesetzbl. I S. 329)* anzuwenden mit der Maßgabe, daß an die Stelle der Teilungsmasse des beschlagnahme, dem Verwalter unterstellte Aktivvermögen tritt, die Vomhundertsätze jeweils um zwei Drittel vermindert werden und der Mindestsatz 150 Deutsche Mark beträgt.
(3) Von den Sätzen des Absatzes 2 kann die Verbotsbehörde im Einzelfall nach oben oder unten abweichen, wenn die Vergütung nach den Regelsätzen wegen der Besonderheit des Falls, insbesondere wegen der Dauer oder des Umfangs der Tätigkeit des Verwalters, nicht angemessen erscheint.
(4) [1]Mit der Vergütung sind die allgemeinen Geschäftsunkosten des Verwalters abgegolten. [2]Daneben kann der Verwalter den Ersatz notwendiger Auslagen verlangen.
(5) [1]Vergütung und Auslagen werden auf Antrag des Verwalters von der Verbotsbehörde festgesetzt. [2]Die Festsetzung erfolgt für Vergütung und Auslagen gesondert. [3]In dem Antrag sind die Auslagen einzeln anzuführen und zu belegen. [4]Der Verwalter kann die Zahlung eines angemessenen Vorschusses verlangen, wenn seine Tätigkeit zwei Monate gedauert hat und nicht zu erwarten ist, daß sie innerhalb eines weiteren Monats beendet sein wird.
(6) Vermag der Verwalter die Vergütung oder den Ersatz der Auslagen nicht aus dem beschlagnahmten Vermögen zu erlangen, richtet sich sein Anspruch im Falle des § 3 Abs. 2 Nr. 1 des Vereinsgesetzes gegen das Land, im Falle des § 3 Abs. 2 Nr. 2 des Vereinsgesetzes gegen den Bund.

Die in § 10 Abs. 2 angeführte Verordnung über die Vergütung des Konkurs- **14** verwalters, des Vergleichsverwalters, der Mitglieder des Gläubigerausschusses und der Mitglieder des Gläubigerbeirats vom 25. Mai 1960 (BGBl. I 329) wurde durch Art. 2 Nr. 5 des Einführungsgesetzes zur Insolvenzordnung (EGInsO) v. 05.10.1994 (BGBl. I 2911) mWv 01.01.1999 außer Kraft gesetzt und durch die Insolvenzrechtliche Vergütungsverordnung (InsVV) vom 19.08.1998 (BGBl. I 2205) ersetzt. Die Vorschriften der InsVV sind entsprechend anzuwenden (*Wache* in Erbs/Kohlhaas, § 10 VereinsG-DVO).

VereinsG § 19 Fünfter Abschnitt. Schlußbestimmungen

11. § 11 Von der Einziehungsbehörde bestellte Verwalter

§ 11 Von der Einziehungsbehörde bestellte Verwalter
Ein von der Einziehungsbehörde bestellter Verwalter (§ 11 Abs. 3 Satz 2 des Vereinsgesetzes) ist unbeschadet der Weisungsbefugnis der Einziehungsbehörde berechtigt, alle zur Durchführung der Einziehung und Abwicklung notwendigen Handlungen vorzunehmen, soweit diese nicht nach den §§ 11 bis 13 des Vereinsgesetzes der Verbotsbehörde oder der Einziehungsbehörde vorbehalten sind. Die §§ 8, 9 Abs. 1, 3, 4 und § 10 gelten entsprechend.

15 Vgl. § 11 VereinsG Rn. 18.

12. § 12 Verwaltung durch die Vollzugsbehörde

§ 12 Verwaltung durch die Vollzugsbehörde
Ist kein Verwalter bestellt, hat die Vollzugsbehörde das beschlagnahmte Vermögen zu verwalten. Sie hat das beschlagnahmte Vermögen in Besitz zu nehmen und alle Handlungen vorzunehmen, die erforderlich sind, um den wirtschaftlichen Wert des Vereinsvermögens zu erhalten. § 9 Abs. 1 Satz 2, Abs. 3 und 4 gilt entsprechend.

16 Vgl. § 10 VereinsG Rn. 35.

13. § 13 Mitteilung des Rechtsübergangs

§ 13 Mitteilung des Rechtsübergangs
Die Verbotsbehörde oder die Einziehungsbehörde setzt von dem nach § 11 Abs. 2 Satz 1 des Vereinsgesetzes erfolgten Rechtsübergang in Kenntnis
1. die Schuldner des Vereins,
2. die Eigentümer von Sachen, die nach § 11 Abs. 2 des Vereinsgesetzes von der Einziehung erfaßt werden,
3. die Gläubiger und die Schuldner von Forderungen, die nach § 11 Abs. 2 des Vereinsgesetzes von der Einziehung erfaßt werden,
4. die Inhaber sonstiger Rechte, die nach § 11 Abs. 2 des Vereinsgesetzes von der Einziehung erfaßt werden.

17 Vgl. § 11 VereinsG Rn. 16.

14. § 14 Einziehungsverfügung

§ 14 Einziehungsverfügung
Einziehungsverfügungen nach § 12 des Vereinsgesetzes sind schriftlich abzufassen und dem Inhaber des eingezogenen Gegenstands zuzustellen. Sie müssen den Gegenstand der Einziehung und dessen Inhaber bezeichnen. In der schriftlichen Begründung ist auf das Vereinsverbot und den Grund der Einziehung hinzuweisen.

18 § 14 VereinsG-DVO regelt Form- und Verfahrensvorschriften hinsichtlich der Einziehungsverfügungen nach § 12 VereinsG. Vgl. § 12 VereinsG Rn. 11.

15. § 15 Anmeldung von Forderungen

§ 15 Anmeldung von Forderungen
(1) Sind das Verbot und die Einziehung (§ 3 Abs. 1 Satz 2 des Vereinsgesetzes) unanfechtbar geworden, fordert die Verbotsbehörde oder die Einziehungsbehörde die Gläubiger des Vereins durch Veröffentlichung im Bundesanzeiger auf,

Fünfter Abschnitt. Schlußbestimmungen § 19 VereinsG

1. ihre Forderungen bis zum Ablauf eines bestimmten Tages schriftlich unter Angabe des Betrages und des Grundes bei der auffordernden Behörde anzumelden,
2. ein im Falle des Konkurses beanspruchtes Vorrecht anzugeben, soweit dieses Voraussetzung für eine vorzeitige Befriedigung nach § 16 Abs. 1 ist,
3. nach Möglichkeit urkundliche Beweisstücke oder Abschriften hiervon beizufügen.

(2) In der Aufforderung weist die Behörde darauf hin, daß Forderungen, die innerhalb der Ausschlußfrist nach Absatz 1 Nr. 1 nicht angemeldet werden, nach § 13 Abs. 1 Satz 3 des Vereinsgesetzes erlöschen.

(3) ¹Die Ausschlußfrist nach Absatz 1 Nr. 1 muß mindestens drei Wochen betragen. ²Die Behörde soll die Aufforderung rechtzeitig vor dem Ablauf der Ausschlußfrist in den amtlichen Mitteilungsblättern der Länder nachrichtlich veröffentlichen.

Vgl. § 13 VereinsG Rn. 10. **19**

Die bis zum Inkrafttreten der Insolvenzordnung (InsO) am 01.01.1999 in **20** der Konkursordnung (KO) geltenden Vorrechte für bestimmte Gläubigergruppen (vgl. § 61 KO) wurden mit der Schaffung der InsO aufgegeben (*Nachmann/Quick* in Kindler/Nachmann, 2. Teil: Länderberichte, Deutschland, Rn. 409). § 15 Abs. 1 Nr. 2 VereinsG-DVO ist folglich obsolet.

16. § 16 Vorzeitige Befriedigung von Forderungen

§ 16 Vorzeitige Befriedigung von Forderungen

(1) Forderungen, für die ein Vorrecht nach § 61 Nr. 1 der Konkursordnung bestehen würde, wenn im Zeitpunkt der Beschlagnahme des Vereinsvermögens der Konkurs über das Vermögen eröffnet worden wäre, können bei der Abwicklung nach § 13 Abs. 1 des Vereinsgesetzes vorzeitig befriedigt werden, wenn gesichert erscheint, daß alle derartigen Forderungen und alle Forderungen, die im Falle des Konkurses Massenansprüche im Sinne der §§ 58, 59 der Konkursordnung wären, in voller Höhe befriedigt werden können.

(2) Andere Forderungen, die im Falle des Konkurses Konkursforderungen wären, können abweichend von § 13 Abs. 1 Satz 2 des Vereinsgesetzes auch dann vorzeitig befriedigt werden, wenn mit Sicherheit zu erwarten ist, daß die Verwertung des eingezogenen Vermögens eine zur Befriedigung aller Gläubiger ausreichende bare Masse ergeben wird.

Vgl. § 13 VereinsG Rn. 14. **21**

§ 16 Abs. 1 VereinsG-DVO ist obsolet, weil die bis zum Inkrafttreten der In- **22** solvenzordnung (InsO) am 01.01.1999 in der Konkursordnung (KO) geltenden Vorrechte für bestimmte Gläubigergruppen (vgl. § 61 KO) mit der Schaffung der InsO aufgegeben wurden (*Nachmann/Quick* in Kindler/Nachmann, 2. Teil: Länderberichte, Deutschland, Rn. 409).

17. § 17 Härtefälle

§ 17 Härtefälle

(1) Eine unbillige Härte im Sinne des § 13 Abs. 2 des Vereinsgesetzes liegt insbesondere vor, wenn das Interesse des Betroffenen an der Aufrechterhaltung des bestehenden Zustands das öffentliche Interesse an der Einziehung erheblich übersteigt.

(2) ¹Die Anordnung, daß ein nach § 11 Abs. 1 Satz 2 des Vereinsgesetzes eintretender Rechtsverlust unterbleibt oder von der Einziehung nach § 12 des Vereinsgesetzes abgesehen wird, ergeht durch schriftlichen Bescheid an den Betroffenen. ²Ergeht die Anordnung nach Eintritt des Rechtsverlustes oder nach erfolgter Einziehung, so hebt sie diese auf.

Vgl. § 13 VereinsG Rn. 15 ff. **23**

VereinsG § 19 Fünfter Abschnitt. Schlußbestimmungen

18. § 18 Berichtigung des Grundbuchs, des Schiffsregisters und des Schiffsbauregisters

§ 18 Berichtigung des Grundbuchs, des Schiffsregisters und des Schiffsbauregisters

(1) ¹Werden durch eine wirksam gewordene Einziehung nach § 11 oder § 12 des Vereinsgesetzes Grundstücke oder Rechte erfaßt, die für den Verein, eine vom Verbot erfaßte Teilorganisation desselben oder den in § 12 des Vereinsgesetzes bezeichneten Dritten im Grundbuch eingetragen sind, ersucht die Verbotsbehörde oder die Einziehungsbehörde das Grundbuchamt um Berichtigung des Grundbuchs. ²Der Eintragung für den Verein, die Teilorganisation oder den Dritten steht es gleich, wenn ein Fall des § 39 Abs. 2 oder des § 40 Abs. 1 der Grundbuchordnung vorliegt. ³Die §§ 41 bis 43 der Grundbuchordnung bleiben unberührt.

(2) ¹Bei einer Hypothek, Grundschuld oder Rentenschuld, über die ein Brief erteilt ist, kann die Verbotsbehörde oder die Einziehungsbehörde, solange die Berichtigung des Grundbuchs nach Absatz 1 nicht erfolgt ist, das Grundbuchamt um die Eintragung eines Widerspruchs gegen die Richtigkeit des Grundbuchs ersuchen; der Widerspruch hat die Wirkung eines nach § 899 des Bürgerlichen Gesetzbuchs eingetragenen Widerspruchs. ²Der Brief braucht nicht vorgelegt zu werden. ³Für die Löschung des Widerspruchs gelten diese Vorschriften entsprechend.

(3) Absatz 1 gilt für die Berichtigung des Schiffsregisters und des Schiffsbauregisters entsprechend mit der Maßgabe, daß an die Stelle des § 39 Abs. 2 und des § 40 Abs. 1 der Grundbuchordnung § 46 der Schiffsregisterordnung in der Fassung vom 26. Mai 1951 (Bundesgesetzbl. I S. 359) tritt.

24 Vgl. § 12 VereinsG Rn. 28.

19. § 19 Anmeldepflicht für Ausländervereine

§ 19 Anmeldpflicht für Ausländervereine

(1) ¹Ausländervereine, die ihren Sitz im Geltungsbereich des Vereinsgesetzes haben, sind innerhalb von zwei Wochen nach ihrer Gründung bei der für ihren Sitz zuständigen Behörde anzumelden. ²Zur Anmeldung verpflichtet sind der Vorstand oder, wenn der Verein keinen Vorstand hat, die zur Vertretung berechtigten Mitglieder. ³Ausländervereine, die bei Inkrafttreten dieser Verordnung bereits bestehen, haben die Anmeldung innerhalb eines Monats nach Inkrafttreten dieser Verordnung vorzunehmen.

(2) ¹Die Anmeldung hat zu enthalten
1. die Satzung oder, wenn der Verein keine Satzung hat, Angaben über Name, Sitz und Zweck des Vereins,
2. Namen und Anschriften der Vorstandsmitglieder oder der zur Vertretung berechtigten Personen,
3. Angaben, in welchen Ländern der Verein Teilorganisationen hat.

²Die zur Anmeldung verpflichteten Personen haben der zuständigen Behörde jede Änderung der in Satz 1 genannten Angaben sowie die Auflösung des Vereins innerhalb von zwei Wochen mitzuteilen.

(3) Ausländervereine, deren Zweck auf einen wirtschaftlichen Geschäftsbetrieb gerichtet ist, sind zur Anmeldung nur verpflichtet, wenn sie von der nach Absatz 1 Satz 1 zuständigen Behörde dazu aufgefordert werden.

(4) ¹Anmeldungen und Mitteilungen nach den Absätzen 1 bis 3 sind in deutscher Sprache zu erstatten. ²Die Behörde erteilt hierüber eine Bescheinigung, für die keine Gebühren und Auslagen erhoben werden.

25 Vgl. § 14 VereinsG Rn. 39 ff.

26 Ein Verstoß gegen § 19 VereinsG-DVO stellt eine Ordnungswidrigkeit iSd § 21 VereinsG iVm § 23 VereinsG-DVO dar.

Fünfter Abschnitt. Schlußbestimmungen § 19 VereinsG

20. § 20 Auskunftspflicht für Ausländervereine

§ 20 Auskunftspflicht für Ausländervereine
(1) Ausländervereine mit Sitz im Geltungsbereich des Vereinsgesetzes haben der nach § 19 Abs. 1 Satz 1 zuständigen Behörde auf Verlangen Auskunft zu geben
1. über ihre Tätigkeit;
2. wenn sie sich politisch betätigen,
   a) über Namen und Anschrift ihrer Mitglieder,
   b) über Herkunft und Verwendung ihrer Mittel.
(2) Die Auskunftspflicht obliegt den in § 19 Abs. 1 Satz 2 bezeichneten Personen.

Vgl. § 14 VereinsG Rn. 59 ff. 27
Ein Verstoß gegen § 20 VereinsG-DVO stellt eine Ordnungswidrigkeit iSd 28
§ 21 VereinsG iVm § 23 VereinsG-DVO dar.

21. § 21 Anmelde- und Auskunftspflicht ausländischer Vereine

§ 21 Anmelde- und Auskunftspflicht ausländischer Vereine
(1) ¹Für ausländische Vereine, die im Geltungsbereich des Vereinsgesetzes organisatorische Einrichtungen gründen oder unterhalten, gelten die §§ 19, 20 entsprechend. ²Die Anmelde- und Auskunftspflicht obliegt auch den Personen, die diese organisatorischen Einrichtungen leiten. ³Zuständig sind die Behörden der Länder, in denen sich organisatorische Einrichtungen des Vereins befinden. ⁴Besteht in einem Land der organisatorische Schwerpunkt, ist nur die Behörde dieses Landes zuständig.
(2) Absatz 1 gilt entsprechend für Ausländervereine, die ihren Sitz in Deutschland, jedoch außerhalb des Geltungsbereichs des Vereinsgesetzes haben.

Vgl. § 15 VereinsG Rn. 21. 29
Ein Verstoß gegen § 21 VereinsG-DVO stellt eine Ordnungswidrigkeit iSd 30
§ 21 VereinsG iVm § 23 VereinsG-DVO dar.

22. § 22 Mitteilung an das Bundesverwaltungsamt

§ 22 Mitteilung an das Bundesverwaltungsamt
Die zuständigen Behörden teilen die Angaben, die sie auf Grund der §§ 19 bis 21 erhalten, dem Bundesverwaltungsamt mit.

23. § 23 Zuwiderhandlungen gegen Anmelde- und Auskunftspflichten

§ 23 Zuwiderhandlungen gegen Anmelde- und Auskunftspflichten
Ordnungswidrig im Sinne des § 21 des Vereinsgesetzes handelt, wer den Anmelde- oder Auskunftspflichten nach den §§ 19 bis 21 zuwiderhandelt.

24. § 24 Geltung im Land Berlin

§ 24 Geltung im Land Berlin
Diese Verordnung gilt nach § 14 des Dritten Überleitungsgesetzes vom 4. Januar 1952 (Bundesgesetzblatt I S. 1) in Verbindung mit § 33 Abs. 2 des Vereinsgesetzes auch im Land Berlin.

25. § 25 Inkrafttreten

§ 25 Inkrafttreten
Diese Verordnung tritt am 1. August 1966 in Kraft.

VereinsG § 20 Fünfter Abschnitt. Schlußbestimmungen

§ 20 Zuwiderhandlungen gegen Verbote

(1) ¹Wer im räumlichen Geltungsbereich dieses Gesetzes durch eine darin ausgeübte Tätigkeit
1. den organisatorischen Zusammenhalt eines Vereins entgegen einem vollziehbaren Verbot oder entgegen einer vollziehbaren Feststellung, daß er Ersatzorganisation eines verbotenen Vereins ist, aufrechterhält oder sich in einem solchen Verein als Mitglied betätigt,
2. den organisatorischen Zusammenhalt einer Partei oder eines Vereins entgegen einer vollziehbaren Feststellung, daß sie Ersatzorganisation einer verbotenen Partei sind (§ 33 Abs. 3 des Parteiengesetzes), aufrechterhält, oder sich in einer solchen Partei oder in einem solchen Verein als Mitglied betätigt,
3. den organisatorischen Zusammenhalt eines Vereins oder einer Partei der in den Nummern 1 und 2 bezeichneten Art unterstützt,
4. einem vollziehbaren Verbot nach § 14 Abs. 3 Satz 1 oder § 18 Satz 2 zuwiderhandelt oder
5. Kennzeichen einer der in den Nummern 1 und 2 bezeichneten Vereine oder Parteien oder eines von einem Betätigungsverbot nach § 15 Abs. 1 in Verbindung mit § 14 Abs. 3 Satz 1 betroffenen Vereins während der Vollziehbarkeit des Verbots oder der Feststellung verbreitet oder öffentlich oder in einer Versammlung verwendet,

wird mit Freiheitsstrafe bis zu einem Jahr oder mit Geldstrafe bestraft, wenn die Tat nicht in den §§ 84, 85, 86a oder den §§ 129 bis 129b des Strafgesetzbuches mit Strafe bedroht ist. ²In den Fällen der Nummer 5 gilt § 9 Abs. 1 Satz 2, Abs. 2 entsprechend.

(2) Das Gericht kann von einer Bestrafung nach Absatz 1 absehen, wenn
1. bei Beteiligten die Schuld gering oder deren Mitwirkung von untergeordneter Bedeutung ist oder
2. der Täter sich freiwillig und ernsthaft bemüht, das Fortbestehen der Partei oder des Vereins zu verhindern; erreicht er dieses Ziel oder wird es ohne sein Bemühen erreicht, so wird der Täter nicht bestraft.

(3) Kennzeichen, auf die sich eine Straftat nach Absatz 1 Nr. 5 bezieht, können eingezogen werden.

Übersicht

	Rn.
I. Allgemeines	1
1. Inhalt	1
2. Entstehungsgeschichte	3
3. Verfassungs- und gemeinschaftsrechtliche Bezüge	5
II. Beschränkung auf räumlichen Geltungsbereich	7
III. Vereinsfortführung (Abs. 1 Satz 1 Nr. 1)	10

Fünfter Abschnitt. Schlußbestimmungen § 20 VereinsG

	Rn.
1. Allgemeines	10
2. Täterkreis; Teilnahme	11
3. Tathandlung	12
IV. Parteifortführung (Abs. 1 Satz 1 Nr. 2)	16
1. Allgemeines	16
2. Täterkreis; Teilnahme; Tathandlung	17
V. Unterstützung von Verein oder Partei (Abs. 1 Satz 1 Nr. 3)	18
1. Allgemeines	18
2. Täterkreis; Teilnahme	19
3. Tathandlung	20
VI. Betätigungsverbote von Ausländervereinen und ausländischen Vereinen (Abs. 1 Satz 1 Nr. 4)	21
1. Allgemeines	21
2. Täterkreis; Teilnahme	24
3. Tathandlung	25
VII. Verbreiten oder Verwenden von Kennzeichen (Abs. 1 Satz 1 Nr. 5)	27
1. Allgemeines	27
2. Täterkreis	28
3. Tathandlung	29
VIII. Subjektiver Tatbestand	31
IX. Teilnahme	33
X. Rechtsfolge	34
XI. Absehen von Strafe (Abs. 2)	35
XII. Einziehung von Kennzeichen (Abs. 3)	36
XIII. Konkurrenzen	37
XIV. Hinweise für den Rechtsanwender	38

I. Allgemeines

1. Inhalt

Das VereinsG enthält in seinem Dritten Abschnitt (Schlussbestimmun- 1 gen) in § 20 Abs. 1 Satz 1 Nr. 1–5 einen Katalog von **Straftatbeständen** sowie in § 21 einen Bußgeldtatbestand (vgl. hierzu § 21 Rn. 1). § 20 enthält zur Sicherung des Vereinsverbots **Vereinigungsstrafrecht**, das § 84 StGB (Fortführung einer für verfassungswidrig erklärten Partei), § 85 StGB (Verstoß gegen ein Vereinigungsverbot), § 86a StGB (Verwendung von Kennzeichen verfassungswidriger Organisationen) und §§ 129 bis 129b StGB (Bildung krimineller und terroristischer Vereinigungen) ergänzt (*Groh* in NomosOK VereinsG § 20 Rn. 1). Aufgrund der in § 20 Abs. 1 Satz 1 aE ausdrücklich angeordneten Subsidiarität zu den eben angeführten Strafnormen des Strafgesetzbuches verbleibt für § 20 jedoch nur ein verhältnismäßig kleiner Anwendungsbereich (*Heinrich* in Joecks/Miebach Vorb. VereinsG Rn. 8).

Infolge des Anknüpfens an ein vorausgegangenes Verbot stellen die §§ 84, 2 85 und 86a StGB ebenso wie § 20 sog. **Ungehorsamsdelikte** dar (*Schnorr* Vorb. §§ 20–22 Rn. 1). Eine Strafbarkeit kommt frühestens dann in Betracht, wenn die Vereinigung oder Partei durch eine behördliche Verfügung oder ein Gerichtsurteil verboten wurde. Der Unwert der Tat liegt nicht im Charakter oder Zweck der Vereinigung selbst, sondern in der Missachtung eines staatlichen Hoheitsaktes (idR des Vereinsverbotes) (vgl. *Heinrich* in Joecks/Miebach VereinsG § 20 Rn. 3). Folglich tritt auch bei einer nachträglichen behördlichen oder gerichtlichen Aufhebung des Vereinsverbots keine rückwirkende Strafbefreiung ein (*Groh* NomosOK VereinsG § 20 Rn. 2; *Seifert* DÖV 1964, 685 [690]), vgl. aber Rn. 41. Im Gegensatz zu § 20 sind die §§ 129–129b StGB Organisationsdelikte, setzen also kein vorheriges Verbot der Vereinigung voraus, sondern knüpfen allein an die verbotene Tätigkeit als solche an (*Heinrich* in Joecks/Miebach VereinsG § 20 Rn. 3).

2. Entstehungsgeschichte

3   Schon in der Weimarer Zeit hat sich die Notwendigkeit gezeigt, die Auflösung verfassungsfeindlicher Vereinigungen durch Strafbestimmungen zu gewährleisten (BT-Drs. IV/430, 25). Zu einer Vorgängernorm des heutigen § 20 führte die Gesetzesbegründung aus, dass vor allem bei geheimer oder getarnter Fortsetzung des verbotenen Vereins die Möglichkeit des Verwaltungszwangs nicht ausreicht, da die Behörden von solchen Zuwiderhandlungen in der Regel nicht erfahren. Es könne infolgedessen nicht davon abgesehen werden, den Ungehorsam gegen ein Vereinsverbot in gewissem Umfang schon vor Eintritt der Unanfechtbarkeit mit einer Kriminalstrafe zu bedrohen (vgl. BT-Drs. IV/430, 26).

4   § 20 wurde durch Gesetz vom 25.6.1968 (BGBl. I 741) neu gefasst. Die Neufassung beruht auf der Einführung des sog. Feststellungsprinzips (BT-Drs. V/2860, 5). Dadurch wird gewährleistet, dass Strafvorschriften, durch die der Gehorsam gegenüber einem Vereinsverbot für die Zukunft sichergestellt wird, erst zur Anwendung gelangen, wenn die Exekutive ein solches Verbot ausgesprochen hat. Diesem Prinzip war hinsichtlich der Ersatzorganisationen in der Vorgängerregelung noch nicht hinreichend Rechnung getragen worden. Strafrichter müssen nach der Neufassung nun nicht mehr selbst feststellen, ob im Einzelfall eine Ersatzorganisation einer verbotenen Partei oder Vereinigung vorliegt, was in der Vergangenheit erhebliche Schwierigkeiten bereitete und zu fragwürdigen Entscheidungen führte (vgl. BT-Drs. V/2860, 5). In der Folge wurde Abs. 2 erneut neu gefasst (Gesetz vom 2.3.1974 – BGBl. I 469) und Abs. 1 Satz 1 mehrmals geändert.

3. Verfassungs- und gemeinschaftsrechtliche Bezüge

5   § 20 erfasst aufgrund seiner Subsidiarität im Wesentlichen die Verhaltensweisen in der Zeit zwischen der Vollziehbarkeit und der Unanfechtbarkeit des Vereinsverbots. Einer Bestrafung von Verhaltensweisen in diesem Zeitraum wurden **verfassungsrechtliche Bedenken** entgegengehalten. Die Kritiker sind der Auffassung, § 20 Abs. 1 Satz 1 Nr. 1 verletze Art. 19 Abs. 4 und Art. 9 GG, soweit er auch solche Handlungen mit Strafe bedroht, die gegen ein noch nicht unanfechtbares Verbot verstoßen. Zum einen gewähre Art. 19 Abs. 4 GG der Vereinigung das Recht, die Verbotsverfügung anzufechten. Dies setze jedoch voraus, dass sie die Möglichkeit haben muss, den organisatorischen Zusammenhalt zumindest in eingeschränktem Umfang aufrechtzuerhalten, um all das zu tun, was zur Führung des Anfechtungsprozesses erforderlich sei.

Zum anderen erlaube Art. 9 GG keine Regelung, die auf die sofortige und gänzliche Beseitigung einer Vereinigung abziele, noch ehe über die Rechtmäßigkeit ihres Verbots abschließend befunden sei (vgl. LG Hamburg Vorlagebeschl. v. 26.2.1987 – (93) 1/87 KLs; *Wilms* JZ 1965, 86 [90]; *Schnorr* § 20 Rn. 2; *Heinrich* in Joecks/Miebach VereinsG § 20 Rn. 49).

Das **BVerfG** hat diese verfassungsrechtlichen Zweifel beseitigt (BVerfG 6 NJW 1990, 37). Es stellte zunächst fest, dass § 20 Abs. 1 Satz 1 Nr. 1 solche Tätigkeiten nicht erfasst, die erforderlich sind, um einer vom Verbot betroffenen Vereinigung das Beschreiten des Rechtswegs zu ermöglichen. In dieser Auslegung verstoße § 20 weder gegen Art. 19 Abs. 4 noch Art. 9 GG. Die verfassungsrechtliche Begrenzung der Vereinigungsfreiheit durch Art. 9 Abs. 2 GG verlange, drohenden Gefährdungen des Staates, seines Bestandes und seiner Grundordnung, die aus kollektiven strafbaren oder verfassungswidrigen Bestrebungen erwachsen können, rechtzeitig und wirksam entgegenzutreten. Auch die § 20 Abs. 1 Satz 1 Nr. 1 zugrunde liegende Wertung, bereits Verstöße gegen noch nicht unanfechtbare Vereinsverbote seien strafwürdig und strafbedürftig, begegne keinen verfassungsrechtlichen Bedenken – weder im Hinblick auf den Schuldgrundsatz noch aufgrund des Verhältnismäßigkeitsprinzips.

II. Beschränkung auf räumlichen Geltungsbereich

§ 20 Abs. 1 beschränkt die Strafbarkeit der in den einzelnen Nummern auf- 7 gezählten Handlungen auf den **räumlichen Geltungsbereich** des Vereinsgesetzes und damit auf das Bundesgebiet. Distanztaten, bei denen der Handlungsort im Ausland und der Erfolgsort im Inland räumlich auseinanderfallen, werden von der Strafnorm nicht erfasst (*Groh* in NomosOK VereinsG § 20 Rn. 5; BT-Drs. V/2860, 6). Derjenige, der ausschließlich vom Ausland aus agiert, ist auch dann straflos, wenn er seine gesamte Lebensgrundlage im Inland hat (*Wache* in Erbs/Kohlhaas VereinsG § 20 Rn. 2) oder sich seine Handlungen – im Gegensatz zum allgemeinen Grundsatz des § 9 StGB – (ausschließlich) im Inland auswirken (*Heinrich* in Joecks/Miebach VereinsG § 20 Rn. 1). Bei Unterlassungstaten ist darauf abzustellen, wo der Täter hätte handeln müssen, denn sonst könnte er sich dadurch, dass er sich vorübergehend ins Ausland begibt, seiner Handlungspflichten entziehen (*Heinrich* in Joecks/Miebach VereinsG § 20 Rn. 1).

Die Beschränkung auf Handlungen im Inland gilt auch für **Teilnehmer** 8 (Anstifter oder Gehilfe), soweit eine Teilnahme überhaupt möglich ist (vgl. hierzu Rn. 33). Entgegen der Regelung in § 9 Abs. 2 StGB ist somit derjenige Teilnehmer straflos, der seinen Teilnahmebeitrag ausschließlich im Ausland erbringt, selbst wenn die Haupttat im Inland stattfindet (vgl. *Heinrich* in Joecks/Miebach, VereinsG § 20 Rn. 2 auch zum umgekehrten Fall).

Zur Auswirkung der Strafbarkeitsbegrenzung auf den **grenzüberschrei-** 9 **tenden Rundfunk** vgl. *Groh* NomosOK VereinsG, § 20 Rn. 2.

VereinsG § 20　　　Fünfter Abschnitt. Schlußbestimmungen

III. Vereinsfortführung (Abs. 1 Satz 1 Nr. 1)

1. Allgemeines

10 　§ 20 Abs. 1 Satz 1 Nr. 1 muss im Zusammenhang mit der – aufgrund der Subsidiarität des § 20 vorrangig anzuwendenden – Vorschrift des § 85 Abs. 1 Satz 1 Nr. 2 und Abs. 2 Alt. 1 StGB betrachtet werden. Trotz des teilweise abweichenden Wortlauts sind ihre Anwendungsbereiche weitgehend deckungsgleich, so dass für die Anwendbarkeit von § 20 Abs. 1 Satz 1 Nr. 1 lediglich folgende drei Fallkonstellationen verbleiben:
- Verstöße gegen Vereinsverbote oder gegen die Feststellung der Ersatzorganisation nach § 8 Abs. 2, wenn das Verbot oder die Feststellung noch nicht unanfechtbar, aber nach § 3 Abs. 4 Satz 3 bereits vollziehbar ist;
- Verstöße gegen Vereinsverbote oder gegen die Feststellung der Ersatzorganisation nach § 8 Abs. 2, wenn das Verbot oder die Feststellung zwar schon unanfechtbar ist, aber von § 85 StGB nicht erfasst wird. Da § 85 StGB den Straftatbestand auf Vereinigungen beschränkt, die sich entweder gegen die verfassungsmäßige Ordnung oder den Gedanken der Völkerverständigung gerichtet haben, erfasst § 20 Abs. 1 Satz 1 Nr. 1 gerade die Verstöße gegen unanfechtbare Verbote von Vereinigungen, die ausschließlich wegen ihrer Strafgesetzwidrigkeit oder aus den Gründen des § 14 Abs. 2 nach § 14 Abs. 1 (Ausländervereine) oder § 15 Abs. 1 (ausländische Vereine) verboten wurden, oder als deren Ersatzorganisation unanfechtbar festgestellt wurden;
- Verstöße gegen Vereinsverbote oder gegen die Feststellung der Ersatzorganisation nach § 8 Abs. 2, wenn das Verbot oder die Feststellung zwar schon unanfechtbar ist, der Täter aber irrtümlich glaubt, es bzw. sie sei zwar schon vollziehbar, aber noch nicht unanfechtbar (in diesen Fällen fehlt – im Hinblick auf eine Strafbarkeit nach § 85 StGB – der Vorsatz (Tatbestandsirrtum) (*Laufhütte/Kuschel* in LRT StGB § 86 Rn. 14)).

2. Täterkreis; Teilnahme

11 　§ 85 StGB beschränkt den **Täterkreis** auf den Rädelsführer oder den Hintermann, während hingegen bei § 20 keine Einschränkung vorgesehen ist. Somit kann jeder, der dazu beiträgt, den organisatorischen Zusammenhalt des verbotenen Vereins aufrechtzuerhalten, als Täter angesehen werden. Zur Teilnahme vgl. Rn. 33.

3. Tathandlung

12 　Tathandlung des § 20 Abs. 1 Satz 1 Nr. 1 ist das „Aufrechterhalten des organisatorischen Zusammenhalts" des verbotenen Vereins oder der Ersatzorganisation oder die Betätigung als Mitglied in einem solchen Verein.

13 　Beide Tathandlungen setzen voraus, dass sie nur von Vereinsmitgliedern selbst begangen werden können. Die bloße Unterstützung durch Außenstehende ist in § 20 Abs. 1 Satz 1 Nr. 3 geregelt (*Heinrich* in Joecks/Miebach VereinsG § 20 Rn. 53; *Groh* NomosOK VereinsG § 20 Rn. 9).

Den **organisatorischen Zusammenhalt einer Vereinigung hält auf-** 14
recht (Alt. 1), wer darauf hinwirkt, dass sie trotz des Verbots bestehen bleibt. Der **organisatorische Zusammenhalt** ist die Verbundenheit, die durch die Vereinigung geschaffen worden ist, dh die zwischen den früheren oder den neu geworbenen Mitgliedern untereinander oder zwischen ihnen und den Leitern der Organisation infolge der gemeinschaftlichen Förderung der verfolgten Ziele und der bewussten Unterordnung unter die Führung oder den Gesamtwillen entstandene Verbundenheit. Geht der Zusammenhalt ehemaliger Mitglieder zwar auf ihre frühere Zugehörigkeit zu der Vereinigung zurück, beruht er aber nicht mehr auf ihrem Willen, Ziele zu verfolgen, die zum Verbot geführt haben, sondern auf persönlichen Beziehungen (Freundschaften, geselliger Verkehr usw.), so fehlt es am „organisatorischen" Zusammenhalt. Die früheren Mitglieder sind auch nicht gehindert, sich zu einer neuen Vereinigung zusammenzuschließen, die nicht die verbotenen Ziele weiterverfolgt. Haben sie jedoch ihre früheren politischen Ziele nicht ernsthaft aufgegeben, halten sie vielmehr den Organisationsapparat jedenfalls in seinem Kern aufrecht, um zu einem ihnen geeignet erscheinenden Zeitpunkt ihre früheren Ziele ganz oder teilweise aktiv und nach außen erkennbar, wenn auch nicht unbedingt öffentlich, weiterzuverfolgen, so halten sie den organisatorischen Zusammenhalt aufrecht. Nicht so sehr die Tätigkeit nach außen kennzeichnet die Aufrechterhaltung des Zusammenhalts, sondern die Pflege und die Wiederanknüpfung der Verbindungen der Mitglieder untereinander und mit ihren Führern um der bisherigen politischen Ziele willen. Danach **hält** nur derjenige die Vereinigung **aufrecht,** der sich – auch weiterhin dem Gesamtwillen unterordnend, eingegliedert in die Organisation und mit deren Mitteln und Methoden – „organisiert" für das Fortbestehen der Vereinigung einsetzt (vgl. zum Ganzen BGH NJW 1966, 61; vertiefend, insbesondere zu einzelnen Tätigkeiten des Aufrechthaltens, vgl. *Heinrich* in Joecks/Miebach VereinsG § 20 Rn. 56; *Groh* NomosOK VereinsG § 20 Rn. 7).

Die Tathandlung der **mitgliedschaftlichen Betätigung (Alt. 2)** ist nicht 15
schon bei der bloßen (passiven) Mitgliedschaft in einem verbotenen Verein als solcher erfüllt. Vielmehr ist eine mitgliedschaftliche Betätigung im Sinne einer aktiven Tätigkeit zur Förderung der Ziele des Vereins erforderlich. Die Tätigkeit muss dabei auf Dauer angelegt sein, jedoch kann bei einer auf Dauer gerichteten Tätigkeit bereits die erstmalige aktive Beteiligung am Verbandsleben genügen (BGH NJW 1980, 462 [464]; *Wache* in Erbs/Kohlhaas VereinsG § 20 Rn. 12). Eine Betätigung als Mitglied erfordert zwar keine förmliche Mitgliedschaft oder Beitrittserklärung, es muss jedoch eine Willensübereinstimmung zwischen der Vereinigung bzw. dem zur Vertretung berufenen Organ und dem Täter geben, die darauf gerichtet ist, dass der Täter dem Kreis der Vereinigung angehört und in dieser Eigenschaft tätig wird. Nicht ausreichend ist es, wenn der Handelnde aufgrund eines nur einseitigen Willensentschlusses für den Verein tätig wird. Eine mitgliedschaftliche Betätigung wurde bspw. bejaht bei der Abfassung von Druckschriften, der Verbreitung von Schriften, Flugblättern, Plakaten oder dem Kassieren von Mitgliedsbeiträgen. Die bloße Bezahlung der Mitgliedsbeiträge oder der Bezug einer Vereinszeitschrift reichen hingegen nicht aus. Vgl. zu weiteren mitgliedschaftlichen Betätigungsformen *Heinrich* in Joecks/Miebach VereinsG § 20 Rn. 63.

IV. Parteifortführung (Abs. 1 Satz 1 Nr. 2)

1. Allgemeines

16 Der Anwendungsbereich von § 20 Abs. 1 Satz 1 Nr. 2 erschließt sich erst, wenn man ihn in Zusammenhang mit § 85 Abs. 1 Satz 1 Nr. 1, Abs. 2 StGB betrachtet, zu dem er subsidiär ist. Zur Abgrenzung im Hinblick auf § 84 StGB vgl. *Heinrich* in Joecks/Miebach VereinsG § 20 Rn. 64. § 20 Abs. 1 Satz 1 Nr. 2 findet in § 85 Abs. 1 Satz 1 Nr. 1, Abs. 2 StGB eine weitgehende Entsprechung, die Anwendungsbereiche decken sich größtenteils. Nach § 85 Abs. 1 Satz 1 Nr. 1 StGB macht sich strafbar, wer als Rädelsführer oder Hintermann den organisatorischen Zusammenhalt einer Partei oder Vereinigung, von der im Verfahren nach § 33 Abs. 3 ParteiG unanfechtbar festgestellt ist, dass sie Ersatzorganisation einer verbotenen Partei ist, aufrechterhält. Die Betätigung als Mitglied in einer solchen Partei oder Vereinigung bedroht § 85 Abs. 2 Alt. 1 StGB mit Strafe. Eigenständige Bedeutung erlangt § 20 Abs. 1 Satz 1 Nr. 2 folglich nur, wenn die Feststellung, dass die Partei oder Vereinigung Ersatzorganisation einer verbotenen Partei ist, zwar schon vollziehbar, aber noch nicht unanfechtbar ist (*Heinrich* in Joecks/Miebach VereinsG § 20 Rn. 65; *Groh* NomosOK VereinsG § 20 Rn. 11; *Wache* in Erbs/Kohlhaas VereinsG § 20 Rn. 13).

2. Täterkreis; Teilnahme; Tathandlung

17 Zum Täterkreis vgl. Rn. 11; zur Teilnahme vgl. Rn. 33; zu den Tathandlungen vgl. Rn. 12 ff.

V. Unterstützung von Verein oder Partei (Abs. 1 Satz 1 Nr. 3)

1. Allgemeines

18 § 20 Abs. 1 Satz 1 Nr. 3 ist ebenfalls im Zusammenhang mit der aufgrund der angeordneten Subsidiarität vorrangig anzuwendenden Norm des § 85 Abs. 2 StGB zu sehen. Nach § 85 Abs. 2 Alt. 2 StGB macht sich strafbar, wer den organisatorischen Zusammenhalt einer Partei oder Vereinigung, von der im Verfahren nach § 33 Abs. 3 ParteiG unanfechtbar festgestellt ist, dass sie Ersatzorganisation einer verbotenen Partei ist (Nr. 1), oder einer Vereinigung, die unanfechtbar verboten ist, weil sie sich gegen die verfassungsmäßige Ordnung oder gegen den Gedanken der Völkerverständigung richtet, oder von der unanfechtbar festgestellt ist, dass sie Ersatzorganisation einer solchen verbotenen Vereinigung ist (Nr. 2), **unterstützt.** Auch hier sind die Anwendungsbereiche von § 20 Abs. 1 Satz 1 Nr. 3 und § 85 Abs. 2 StGB weitgehend deckungsgleich. Für eine Strafbarkeit verbleiben nur die unter Rn. 10 angeführten Bereiche.

2. Täterkreis; Teilnahme

19 § 20 Abs. 1 Satz 1 Nr. 3 stellt eine **zur Täterschaft verselbstständigte Teilnahmehandlung** unter Strafe (vgl. hierzu Rn. 33), die im Gegensatz zu § 20 Abs. 1 Satz 1 Nr. 1 und Nr. 2, die als Sonderdelikte nur von Mitgliedern

des Vereins begangen werden können, die Tätigkeit von Außenstehenden erfasst, die den Verein oder die Partei unterstützen, ohne selbst Mitglied zu sein. Anstiftung und Beihilfe zu einer Unterstützungshandlung sind zwar begrifflich nicht ausgeschlossen, werden aber in der Regel selbst täterschaftliche Unterstützungshandlung sein (*Heinrich* in Joecks/Miebach VereinsG § 20 Rn. 65).

3. Tathandlung

Die **Unterstützung des organisatorischen Zusammenhalts** iSd § 20 Abs. 1 Satz 1 Nr. 3 setzt voraus, dass das Handeln des Täters auf die Aufrechterhaltung des organisatorischen Zusammenhalts abzielt und geeignet ist, eine für den organisatorischen Zusammenhalt vorteilhafte Wirkung hervorzurufen (BGH NJW 2005, 2164 [2165]). Bloße Unterstützungshandlungen, die nicht unmittelbar die Aufrechterhaltung des organisatorischen Zusammenhalts zum Ziel haben oder ihn allenfalls reflexartig fördern, genügen nicht. Nicht ausreichend ist deshalb auch eine die verbotene Organisation nur allgemein unterstützende Handlung. Die Tathandlung im Fall des § 20 Abs. 1 Satz 1 Nr. 3 muss auf den organisatorischen Zusammenhalt bezogen sein und der Täter mit ihr auf einen organisationsbezogenen Erfolg abzielen (BGH NJW 2005, 2164 [2165]). Indes wird – der Deliktsnatur eines abstrakten Gefährdungsdelikts entsprechend – nicht vorausgesetzt, dass der Täter durch seine Unterstützung im konkreten Fall tatsächlich einen Erfolg erzielt (BGH NJW 2005, 2164 [2165]). Ebenfalls nicht ausreichend sind Unterstützungshandlungen von nur untergeordneter Bedeutung (BGH NJW 2006, 709). Zu weiteren Einzelheiten und Beispielen für typische Unterstützungshandlungen vgl. *Heinrich* in Joecks/Miebach VereinsG § 20 Rn. 75f. Zur Zurechnung einer Versammlung zur Tätigkeit eines verbotenen Vereins vgl. OVG Münster Beschl. v. 29.04.2013 – 5 B 467/13.

20

VI. Betätigungsverbote von Ausländervereinen und ausländischen Vereinen (Abs. 1 Satz 1 Nr. 4)

1. Allgemeines

§ 20 Abs. 1 Satz 1 Nr. 4 stellt Zuwiderhandlungen gegen **vollziehbare Betätigungsverbote,** die gegen Ausländervereine oder ausländische Vereine anstelle eines Organisationsverbots ergangen sind, unter Strafe (*Groh* NomosOK VereinsG § 20 Rn. 16).

21

Statt eines (Total-)Verbots von **Ausländervereinen (§ 14)** nach § 14 Abs. 1 kann die Behörde – aus Verhältnismäßigkeitsgründen – ein bloßes Betätigungsverbot nach § 14 Abs. 3 erlassen. Auch **ausländische Vereine (§ 15)** können nach § 3 verboten werden, wenn sich ihre Organisation oder Tätigkeit auf das Inland erstreckt (*Heinrich* in Joecks/Miebach VereinsG § 20 Rn. 92). Darüber hinaus gilt auch für sie der besondere Verbotsgrund des § 14, vgl. § 15 Abs. 1 Satz 1. Nach § 18 Satz 1 kann sich das Verbot jedoch nur auf Teilorganisationen im Inland erstrecken. Für ausländische Vereine ohne Organisation im Inland wirkt das Verbot nach § 18 Satz 2 als Betätigungsverbot im Hinblick auf Tätigkeiten, die nach § 14 Abs. 2 als gefährdend anzusehen sind

22

VereinsG § 20

(*Heinrich* in Joecks/Miebach VereinsG § 20 Rn. 92; *Wache* in Erbs/Kohlhaas VereinsG § 20 Rn. 18).

23 § 20 Abs. 1 Satz 1 Nr. 4 findet keine Entsprechung im StGB, weshalb diese Vorschrift – mangels Subsidiarität – auch bei unanfechtbaren Betätigungsverboten eingreift (*Groh* NomosOK VereinsG § 20 Rn. 16).

2. Täterkreis; Teilnahme

24 Als **Täter** des § 20 Abs. 1 Satz 1 Nr. 4 kommen sowohl Vereinsmitglieder (oder sonst organisatorisch in die Vereinigung eingebundene Personen) als auch außenstehende Dritte in Betracht (BGH NJW 1996, 1906 [1907]). Zur Teilnahme siehe Rn. 33.

3. Tathandlung

25 Tathandlung ist die **Zuwiderhandlung gegen das vollziehbare Betätigungsverbot**. Von § 20 Abs. 1 Satz 1 Nr. 4 wird folglich jedes unter dem Gesichtspunkt der Verbotsgründe potenziell erhebliche Verhalten erfasst, das auf die verbotene inländische Tätigkeit des betroffenen Vereins bezogen und konkret geeignet ist, eine für die verbotene Vereinstätigkeit vorteilhafte Wirkung zu erzielen (BVerfG NJW 2000, 3637). Da die Vorschrift reines Ungehorsams- und kein Erfolgsdelikt ist, kommt es aber nicht auf die Feststellung eines tatsächlich eingetretenen messbaren Nutzens an (*Heinrich* in Joecks/Miebach VereinsG § 20 Rn. 81). Mangels Überschreitung einer sich aus der gebotenen restriktiven Auslegung des Tatbestandes ergebenden Erheblichkeitsschwelle scheiden Bagatellfälle, die lediglich eine Beihilfe zu den Förderungshandlungen darstellen, aus dem Tatbestand – jedenfalls was die täterschaftliche Begehung angeht – aus (*Heinrich* in Joecks/Miebach VereinsG § 20 Rn. 82). Bei mitgliedschaftlich oder sonst organisatorisch in die Vereinigung eingebundenen Personen ist grundsätzlich jede Handlung, die vom Verbot erfasst wird und in Zusammenhang mit dem Verein steht, als Zuwiderhandlung anzusehen, selbst wenn sie keine Außenwirkung entfaltet. Bei einem außenstehenden Dritten hingegen setzt ein Verstoß gegen § 20 Abs. 1 Satz 1 Nr. 4 voraus, dass sein Handeln eine Außenwirkung zugunsten des mit einem Betätigungsverbot belegten Vereins entfaltet (*Wache* in Erbs/Kohlhaas VereinsG § 20 Rn. 31). Bei einer Zuwiderhandlung gegen das angeordnete Betätigungsverbot nach § 18 Satz 2 ist zu beachten, dass sich in dieser Tatvariante die Handlung auf eine Förderung der Tätigkeit des verbotenen Vereins gerade im Inland beziehen muss.

26 Zu den Besonderheiten bei **Presse- und Rundfunkerzeugnissen** vgl. BVerwG NVwZ 2010, 1372; BVerwG NVwZ 2010, 459; *Heinrich* in Joecks/Miebach VereinsG § 20 Rn. 86; *Groh* NomosOK VereinsG, § 20 Rn. 21.

VII. Verbreiten oder Verwenden von Kennzeichen (Abs. 1 Satz 1 Nr. 5)

1. Allgemeines

Nach § 20 Abs. 1 Satz 1 Nr. 5 ist strafbar, wer Kennzeichen eines Vereins, der 27 vollziehbar verboten wurde oder von dem vollziehbar festgestellt wurde, dass er Ersatzorganisation eines verbotenen Vereins ist, oder Kennzeichen einer Partei oder eines Vereins, von denen vollziehbar festgestellt wurde, dass sie Ersatzorganisation einer verbotenen Partei sind, oder Kennzeichen eines von einem Betätigungsverbot nach § 15 Abs. 1 in Verbindung mit § 14 Abs. 3 Satz 1 betroffenen Vereins während der Vollziehbarkeit des Verbots oder der Feststellung verbreitet oder öffentlich oder in einer Versammlung verwendet. Die Norm ist dabei in Zusammenhang mit § 86a StGB zu betrachten, zu dem sie subsidiär ist.

2. Täterkreis

Auch hier kommen als **Täter** sowohl die Vereinsmitglieder (oder sonst or- 28 ganisatorisch in die Vereinigung eingebundene Personen) als auch außenstehende Dritte in Betracht (*Heinrich* in Joecks/Miebach VereinsG § 20 Rn. 100).

3. Tathandlung

§ 20 Abs. 1 Satz 1 Nr. 5 führt drei verschiedene Tathandlungen an: die **Verbreitung,** die **öffentliche Verwendung** und die **Verwendung in einer Versammlung.** Zu Einzelheiten vgl. *Heinrich* in Joecks/Miebach VereinsG § 20 Rn. 103 ff. Der **Kennzeichenbegriff** ist mit dem des § 9 identisch (*Groh* in NomosOK VereinsG § 20 Rn. 25). Durch die Inbezugnahme des § 9 Abs. 1 Satz 2 in § 20 Abs. 1 Satz 2 wird die sozialadäquate Verwendung von Kennzeichen von der Strafbarkeit ausgenommen (vgl. § 9 Rn. 11 ff.). Ferner wird durch den Verweis auf § 9 Abs. 2 das Verwenden und Verbreiten verwechselbarer Kennzeichen ab Vollziehbarkeit des Vereinsverbots oder der Feststellung unter Strafe gestellt (*Groh* in NomosOK VereinsG § 20 Rn. 25). 29

Zur Strafbarkeit des Tragens sog. Kutten durch Mitglieder verbotener Mo- 30 torradclubs vgl. *Bock* HRRS 2012, 83; *Rau/Zschieschack,* NStZ 2008, 131.

VIII. Subjektiver Tatbestand

Die Strafbarkeit nach § 20 erfordert in allen Varianten ein **vorsätzliches** 31 Verhalten (§ 15 StGB). Ausreichend ist jedoch dolus eventualis. Der Vorsatz muss sich zum einen darauf richten, dass es sich um eine verbotene Vereinigung bzw. Ersatzorganisation handelt oder dass ein Betätigungsverbot besteht und dass die jeweilige Maßnahme vollziehbar ist. Zum anderen muss sich der Vorsatz auf die jeweilige Tathandlung beziehen. Der Täter muss also wissen, dass er den organisatorischen Zusammenhalt aufrechterhält oder unterstützt etc.

VereinsG § 20

32 Ein Irrtum über das Vereinsverbot bzw. dessen Vollziehbarkeit führt zu einem vorsatzausschließenden Tatbestandsirrtum gem. § 16 Abs. 1 Satz 1 StGB (*Heinrich* in Joecks/Miebach VereinsG § 20 Rn. 48).

IX. Teilnahme

33 Aus der Systematik des § 20 Abs. 1 folgt, dass jedenfalls eine Beihilfe im Hinblick auf sämtliche Tatvarianten des § 20 Abs. 1 Satz 1 Nr. 1–3 regelmäßig ausscheidet (*Heinrich* in Joecks/Miebach VereinsG § 20 Rn. 51). Durch die Tathandlung der „Unterstützung" in § 20 Abs. 1 Satz 1 Nr. 3 werden Teilnahmehandlungen als täterschaftliche Delikte verselbstständigt. Für eine eigene Teilnehmerstrafbarkeit verbleibt daher in § 20 Abs. 1 Satz 1 Nr. 1 und 2 kein Platz. Für die Beihilfe ist dies beinahe unstreitig, da eine „Unterstützung" iSd § 20 Abs. 1 Satz 1 Nr. 3 in der Regel eine „Hilfeleistung" iSd § 27 StGB darstellt. Nach *Heinrich* lassen sich diese Gedanken weitgehend auch auf die Anstiftung übertragen, da auch die Bestimmung eines anderen zur Aufrechterhaltung des organisatorischen Zusammenhalts einer verbotenen Vereinigung eine Unterstützung dieser Vereinigung darstellen kann (*Heinrich* in Joecks/Miebach VereinsG § 20 Rn. 51). Liegen die Voraussetzungen des § 20 Abs. 3 Satz 1 Nr. 3 nicht vor, so kann nicht auf eine Teilnahmestrafbarkeit nach § 20 Abs. 1 Satz 1 Nr. 1 oder 2 zurückgegriffen werden. Obwohl auch im Rahmen des § 20 Abs. 1 Satz 1 Nr. 4 eine Unterstützungshandlung außenstehender Dritter im Hinblick auf die Aufrechterhaltung des organisatorischen Zusammenhalts der Vereinigung letztlich eine zur Täterschaft verselbstständigte Beihilfehandlung darstellt, ist es im Gegensatz zu § 20 Abs. 1 Satz 1 Nr. 1–3 anerkannt, dass iRd Nr. 4 daneben eine Bestrafung wegen Anstiftung und Beihilfe rechtlich möglich ist, bspw. durch Veröffentlichung fremder Textbeiträge in Presseerzeugnissen (BGH NJW 1997, 2248 [2251]; *Heinrich* in Joecks/Miebach VereinsG § 20 Rn. 78; *Wache* in Erbs/Kohlhaas VereinsG § 20 Rn. 31).

X. Rechtsfolge

34 Die Strafe ist Freiheitsstrafe von einem Monat (§ 38 Abs. 2 StGB) bis zu einem Jahr oder Geldstrafe (§ 40 StGB).

XI. Absehen von Strafe (Abs. 2)

35 § 20 Abs. 2 normiert mit der „Geringfügigkeitsklausel" (Nr. 1) und der „Tätigen Reue" (Nr. 2) zwei Fälle, bei deren Vorliegen das Gericht von einer Bestrafung absehen kann. Das **Absehen von der Strafe** steht dabei grundsätzlich im Ermessen des Gerichts („kann"), bei § 20 Abs. 2 Nr. 2 Hs. 2 ist das Absehen jedoch obligatorisch. Zu Einzelheiten vgl. *Heinrich* in Joecks/Miebach VereinsG § 20 Rn. 115 ff.

XII. Einziehung von Kennzeichen (Abs. 3)

Nach § 20 Abs. 3 können Kennzeichen, auf die sich eine Straftat nach § 20 36
Abs. 1 Satz 1 Nr. 5 bezieht, **eingezogen** werden. Zu beachten sind jedoch die
Beschränkungen des § 74 Abs. 2 und 3 StGB, die gem. § 74 Abs. 4 StGB auch
dann anzuwenden sind, wenn die Einziehung – wie hier – durch eine Spezialvorschrift zugelassen wird. Die Einziehung steht im Ermessen des Gerichts.

XIII. Konkurrenzen

§ 20 ist subsidiär zu §§ 84, 85, 86a und §§ 129 bis 129b StGB. Die Vor- 37
schrift tritt auch zurück, wenn eine Straftat nach § 20 Abs. 1 Satz 1 Nr. 1–3 andauert bis das Verbot oder die Feststellung unanfechtbar geworden ist und dadurch in eine Straftat nach §§ 84, 85 StGB übergeht (*Hartmann* in DDR
§ 129b StGB Rn. 23). Wird ein Verstoß gegen § 20 Abs. 1 Satz 1 Nr. 1–3 von
einem einheitlichen Vorsatz getragen und über eine längere Zeit hinweg fortgesetzt, so liegt nur eine Tat im Rechtssinne vor.

XIV. Hinweise für den Rechtsanwender

Zuständiges Gericht für die Straftaten nach § 20 Abs. 1 Satz 1 Nr. 1–4 ist 38
nach § 74 Abs. 1 Nr. 4 GVG die Staatsschutzstrafkammer am Landgericht, in
dessen Bezirk das Oberlandesgericht seinen Sitz hat. Für Straftaten nach § 20
Abs. 1 Satz 1 Nr. 5 verbleibt es bei der Zuständigkeitsregelung des § 24 GVG,
wonach grundsätzlich das Amtsgericht zuständig ist.

Die **Verjährungsfrist** für Straftaten nach § 20 beträgt 3 Jahre, § 78 Abs. 3 39
Nr. 5 StGB.

Die verbotene Vereinigung kann versuchen, im Verfahren nach § 80 VwGO 40
die Aufschiebung der Vollziehbarkeit des Vereinsverbots zu erreichen, und damit zugleich die **Strafbarkeit** nach § 20 Abs. 1 Satz 1 Nr. 1 – jedenfalls für die
Dauer der Aufschiebung – **suspendieren** (BVerfG NJW 1990, 37 [39]).

Bei einer nachträglichen behördlichen oder gerichtlichen Aufhebung der 41
Verbotsverfügung tritt zwar – da es sich um ein Ungehorsamsdelikt handelt
(vgl. Rn. 2) – keine rückwirkende Strafbefreiung ein, das Gericht kann dies jedoch ggf. bei der **Strafzumessung** berücksichtigen (*Groh* in NomosOK
VereinsG § 20 Rn. 2; *Seifert* DÖV 1965, 35).

§ 21 Zuwiderhandlungen gegen Rechtsverordnungen

(1) **Ordnungswidrig handelt, wer vorsätzlich oder fahrlässig einer
Vorschrift einer nach § 19 Nr. 4 erlassenen Rechtsverordnung zuwiderhandelt, wenn die Rechtsverordnung für einen bestimmten Tatbestand auf diese Bußgeldvorschrift verweist.**

(2) **Die Ordnungswidrigkeit kann mit einer Geldbuße bis zu zweitausend Deutsche Mark geahndet werden.**

VereinsG § 21   Fünfter Abschnitt. Schlußbestimmungen

I. Allgemeines

1. Inhalt

1 § 21 enthält einen Bußgeldtatbestand. § 21 ist dabei als sog. Blankettvorschrift ausgestaltet, die erst zusammen mit den ausfüllenden Normen, dh den jeweiligen Vorschriften der nach § 19 Nr. 4 erlassenen Rechtsverordnung, den Ordnungswidrigkeitentatbestand iSd § 1 OWiG begründet.

2 Nach § 19 Nr. 4 kann die Bundesregierung durch Rechtsverordnung mit Zustimmung des Bundesrates Ausländervereine (§ 14) und ausländische Vereine (§ 15) einer Anmelde- und Auskunftspflicht unterwerfen. In der VereinsG-DVO finden sich hierzu Regelungen in den §§ 19–23. Dabei regeln §§ 19–21 VereinsG-DVO die unterschiedlichen Anmelde- und Auskunftspflichten. In § 23 VereinsG-DVO wird bestimmt, dass ein Verstoß gegen diese Anmelde- und Auskunftspflichten ordnungswidrig iSd § 21 ist.

2. Entstehungsgeschichte

3 Aufgrund der Ermächtigung in § 19 ist die Verordnung zur Durchführung des Gesetzes zur Regelung des öffentlichen Vereinsrechts (Vereinsgesetz) [VereinsG-DVO] vom 28.06.1966 erlassen worden.

4 Die frühere Differenzierung in § 21 Abs. 2 nach vorsätzlicher und fahrlässiger Begehungsweise bei der Höhe des Bußgeldes wurde mit der Einführung einer allgemeinen Regelung in § 17 Abs. 2 OWiG überflüssig und aufgehoben (BT-Drs. V/1319, 100).

3. Verfassungs- und gemeinschaftsrechtliche Bezüge

5 Zu Verfassungsmäßigkeitsvoraussetzungen bei Blankettvorschriften vgl. *Rogall* in KK-OWiG § 3 Rn. 16.

II. Ordnungswidriges Verhalten (Abs. 1)

1. Voraussetzung für Ordnungswidrigkeit

6 Voraussetzung für die Ahndung als Ordnungswidrigkeit ist, dass die Rechtsverordnung für einen bestimmten Tatbestand auf § 21 verweist. Eine derartige Verweisung ist in § 23 VereinsG-DVO enthalten.

2. Tathandlung

7 Tathandlung ist der Verstoß gegen die Anmelde- oder Auskunftspflichten nach den §§ 19–21 VereinsG-DVO.

3. Schuldform

8 Der Verstoß kann vorsätzlich oder fahrlässig begangen werden.

III. Ahndung durch Geldbuße (Abs. 2)

Die Geldbuße beträgt mindestens 5 Euro (§ 17 Abs. 1 OWiG) und höchstens 2000 DM (§ 21 Abs. 2). Da eine Anpassung des Höchstbetrags an die Umstellung auf den Euro bislang noch nicht erfolgt ist, ist er nach dem amtlichen Kurs (1 Euro = 1,95583 DM) umzurechnen. Gem. § 17 Abs. 2 OWiG ermäßigt sich der Höchstbetrag bei fahrlässiger Tatbegehung auf 1000 DM. **9**

IV. Hinweise für den Rechtsanwender

Grundlage für die Bemessung der Geldbuße sind gem. § 17 Abs. 3 Satz 1 OWiG die Bedeutung der Ordnungswidrigkeit und der Vorwurf, der den Täter trifft. Die Bußgeldbemessung liegt danach im Ermessen des Tatrichters, der sich aufgrund der Hauptverhandlung ein umfassendes Bild von dem Gewicht der Tat und dem den Täter treffenden Vorwurf zu bilden vermag. Die Überprüfung der Bußgeldbemessung durch das Rechtsbeschwerdegericht hat sich demgemäß darauf zu beschränken, ob der Tatrichter von rechtlich zutreffenden Erwägungen ausgegangen ist und von seinem Ermessen rechtsfehlerfrei Gebrauch gemacht hat (vgl. OLG Düsseldorf NStZ 1986, 35). Nicht zu berücksichtigen ist bei der Bemessung die Bedeutung des geschützten Rechtsguts. Diese Bewertung bestimmt bereits den Bußgeldrahmen (vgl. *Bohnert* § 17 Rn. 10). **10**

§ 22 bis 29 [nicht wiedergegebene Änderungsvorschriften]

§ 30 Aufhebung und Fortgeltung von Rechtsvorschriften

(1) **Es werden aufgehoben**
1. **das Vereinsgesetz vom 19. April 1908 (Reichsgesetzbl. S. 151)[1] in der Fassung des Gesetzes vom 26. Juni 1916 (Reichsgesetzbl. S. 635),**
2. **das Gesetz betreffend das Vereinswesen vom 11. Dezember 1899 (Reichsgesetzbl. S. 699)[2],**
3. **die Verordnung des Reichspräsidenten zur Erhaltung des inneren Friedens vom 19. Dezember 1932 (Reichsgesetzbl. I S. 548)[3],**
4. **Artikel 10 des Einführungsgesetzes zum Bürgerlichen Gesetzbuch[4],**
5. **die Abschnitte I und III des saarländischen Gesetzes Nr. 458 über das Vereinswesen (Vereinsgesetz) vom 8. Juli 1955 (Amtsblatt des Saarlandes S. 1030), soweit sie sich nicht auf politische Parteien im Sinne des Artikels 21 des Grundgesetzes beziehen.**

(2) **Unberührt bleiben**
1. **§ 39 Abs. 2 des Gesetzes über das Bundesverfassungsgericht,**
2. **die §§ 43 und 44 des Bürgerlichen Gesetzbuches,**
3. **§ 62 des Gesetzes betreffend die Gesellschaften mit beschränkter Haftung, §§ 288 bis 293 des Aktiengesetzes, § 81 des Gesetzes betreffend die Erwerbs- und Wirtschaftsgenossenschaften, § 87 des**

VereinsG § 31

Versicherungsaufsichtsgesetzes und § 38 Abs. 1 des Gesetzes über das Kreditwesen,
4. § 13 des Gesetzes über die Rechtsstellung heimatloser Ausländer im Bundesgebiet vom 25. April 1951 (Bundesgesetzbl. I S. 269) und
5. die in zwischenstaatlichen Vereinbarungen getroffenen Sonderregelungen über Ausländervereine und ausländische Vereine.

[1] **[Amtl. Anm.:]** Bundesgesetzbl. III 2180-2

[2] **[Amtl. Anm.:]** Bundesgesetzbl. III 2180-1

[3] **[Amtl. Anm.:]** Bundesgesetzbl. III 2180-3

[4] **[Amtl. Anm.:]** Bundesgesetzbl. III 400-1

Kommentierung

1   Mittels des ersten Abschnitts der Norm werden die Vorschriften des Vor- und unmittelbaren Nachkriegsrechts beseitigt (*Groh* NomosOK VereinsG § 30) und so der Weg für eine kollisionsfreie Anwendung des VereinsG frei gemacht.

2   Im zweiten Absatz werden Vorschriften bezeichnet, die ausdrücklich auch neben den Regelungen des VereinsG zur Anwendung kommen sollen (*Groh* NomosOK VereinsG § 30). Die Vorschrift hat klarstellende Funktion. Nr. 1 der Vorschrift betrifft das in § 39 Abs. 2 BVerfGG geregelte Verfahren zur Auflösung einer juristischen Person, die gem. § 13 Nr. 1 BVerfGG nach den Feststellungen des Bundesverfassungsgerichts ihre Grundrechte verwirkt hat. Mittels Nr. 2 wird gewährleistet, dass einem Verein, dessen Rechtsfähigkeit auf Verleihung beruht, die Rechtsfähigkeit entzogen wird, wenn er einen anderen als den in der Satzung bestimmten Zweck verfolgt (§§ 43, 44 BGB). Nr. 3 betrifft die Auflösung von Wirtschaftsvereinen bspw. gem. § 62 GmbHG und mit Nr. 4 wird darauf hingewiesen, dass heimatlose Ausländer hinsichtlich des Rechts, sich in Vereinigungen für kulturelle, soziale, Wohlfahrts-, Selbsthilfe- und ähnliche Zwecke zusammenzuschließen, deutschen Staatsangehörigen gleichgestellt sind. Zwischenstaatliche Vereinbarungen hinsichtlich des Umgangs mit ausländischen oder Ausländervereinen werden durch das VereinsG nicht angetastet.

3   Die sich aus § 30 ergebende Rechtslage wurde bereits im Rahmen der Kommentierung der betroffenen Vorschriften berücksichtigt.

§ 31 Übergangsregelungen

(1) **Auf vereinsrechtliche Entscheidungen, die vor Inkrafttreten dieses Gesetzes ergangen sind, sind die bisher geltenden Vorschriften anzuwenden.**

(2) **Die §§ 8, 9 und 20 dieses Gesetzes sowie § 90 b des Strafgesetzbuches in der Fassung des § 22 Nr. 3 dieses Gesetzes sind auch anzuwenden, wenn ein Verein vor Inkrafttreten dieses Gesetzes verboten worden ist.**

(3) **Unanfechtbar verboten im Sinne des § 90 b des Strafgesetzbuches in der Fassung des § 22 Nr. 3 dieses Gesetzes ist ein Verein auch dann, wenn das Bundesverwaltungsgericht oder das oberste Verwal-**

tungsgericht eines Landes unanfechtbar festgestellt hat, daß er nach Artikel 9 Abs. 2 des Grundgesetzes verboten ist.

(4) ¹Rechtshängige Verfahren nach § 129a Abs. 3 des Strafgesetzbuches in der Fassung des Strafrechtsänderungsgesetzes vom 30. August 1951 (Bundesgesetzbl. I S. 739) sind mit Inkrafttreten dieses Gesetzes beendet. ²Gerichtskosten werden nicht erhoben; jede Partei trägt ihre außergerichtlichen Kosten.

Kommentierung

Die Vorschrift hat kaum praktische Relevanz und verfügt in erster Linie über historischen Charakter. Im Mittelpunkt der Norm stehen vor allem Zweckmäßigkeitsüberlegungen. Abs 1 ordnet an, dass die vor Inkrafttreten des VereinsG ergangenen Entscheidungen nach der bisher gültigen Rechtslage abgewickelt werden sollten (BT-Drs. IV/430, 27). Das gegen Ersatzorganisationen gerichtete Verfahren, das Kennzeichenverbot und die Strafbarkeit von Zuwiderhandlungen gegen Verbotsverfügungen sollte sich gem. Abs. 2 ab dem 12.09.1964 auch dann nach dem neuen VereinsG richten, wenn die Verbotsverfügung noch vor dem Inkrafttreten des VereinsG erlassen wurde (vgl. *Schnorr* § 31 Erläuterungen). Mit Abs. 3 wurde zudem festgelegt, dass ein Verein dann im Einklang mit den geänderten gesetzlichen Vorgaben unanfechtbar verboten ist, wenn das Bundesverwaltungsgericht oder das oberste Verwaltungsgericht eines Landes unanfechtbar festgestellt hat, dass er nach Artikel 9 Abs. 2 des Grundgesetzes verboten ist. 1

Die ursprünglich angedachte Fortführung der nach § 129a Abs. 3 StGB gestellten Anträge wurde aufgrund verfassungsrechtlicher Bedenken im Rahmen des Gesetzgebungsverfahrens aufgegeben (BT-Drs. IV/2145 (neu)). Rechtshängige Verfahren nach § 129a Abs. 3 StGB waren gem. Abs. 4 mit Inkrafttreten dieses Gesetzes beendet. Auf einen insoweit erforderlichen Einstellungsbeschluss kam es nicht mehr an (*Schnorr* § 31 Erläuterungen). Gleichwohl blieb die Einleitung eines erneuten Verbotsverfahrens möglich (*Schnorr* § 31 Erläuterungen). 2

§ 32 Einschränkung von Grundrechten

Die Grundrechte des Brief- und Postgeheimnisses (Artikel 10 des Grundgesetzes) und der Unverletzlichkeit der Wohnung (Artikel 13 des Grundgesetzes) werden nach Maßgabe dieses Gesetzes eingeschränkt.

Kommentierung

Mit der Vorschrift wird dem in Art. 19 Abs. 1 Satz 2 GG verankerten Zitiergebot entsprochen. Dieses Zitiergebot besagt, dass das Gesetz, welches ein Grundrecht beschränkt, das betroffene Grundrecht ausdrücklich benennen muss. Dem Gesetzgeber sollen im Gesetzgebungsverfahren die grundrechtlichen Konsequenzen des Vorhabens vor Auge geführt werden, damit er sie berücksichtigen kann (vgl. BVerfG NJW 1983, 2869; BVerfG NJW 2005, 2603). 1

VereinsG § 33 Fünfter Abschnitt. Schlußbestimmungen

Das Zitiergebot nimmt damit eine Warn- und Besinnungsfunktion wahr (*Enders* in BeckOK GG Art. 19 Rn. 15). Das Bundesverfassungsgericht folgt hinsichtlich des Zitiergebots allerdings einer recht engen Auslegung, damit es nicht zu einer „leeren Förmlichkeit erstarrt" und den „in die verfassungsmäßige Ordnung konkretisierenden Gesetzgeber in seiner Arbeit unnötig behinder[t]" (BVerfG NJW 1970, 1268f.; a. A. wohl *Sachs* in Sachs GG Art. 19 Rn. 27).

2 Der Regierungsentwurf des VereinsG enthielt ursprünglich nur in § 4 Abs. 6 einen Hinweis zur Einschränkung von Grundrechten (BT-Drs. IV/439, 3). Im Rahmen des Gesetzgebungsverfahrens wurde allerdings festgestellt, dass auch die Vorschriften des § 10 Abs. 2 Satz 2 und Satz 3 Bestimmungen enthalten, aufgrund derer Grundrechte beschränkt werden können (BT-Drs. IV/2145 (neu), 9). Die Entwurfsfassung des § 4 Abs. 6 wurde daher gestrichen und durch eine ausdrückliche Benennung der eingeschränkten Grundrechte an zentraler Stelle (kritisch *Sachs* in Sachs GG Art. 19 Rn. 31) in § 32 ersetzt und zugleich erweitert (vgl. BT-Drs. IV/2145 (neu), 9).

3 Die Regelung weist ausdrücklich darauf hin, dass durch die Bestimmungen des VereinsG das in Art. 10 GG verankerte Brief- und Postgeheimnis sowie die durch Art. 13 GG angeordnete Unverletzlichkeit der Wohnung eingeschränkt werden. Hinsichtlich der auf Grundlage von § 4 ermöglichten Ermittlungen der Verbots- und Hilfsbehörden besteht die Möglichkeit eines Eingriffs in das Brief- und Postgeheimnis bspw. dann, wenn Brief und Postsendungen, die sich auf dem Transportweg oder in einem Postfach befinden, beschlagnahmt werden (zum Schutzbereich *Baldus* in BeckOK GG Art. 9 Rn. 5ff.). Eine Einschränkung der Unverletzlichkeit der Wohnung ist dann gegeben, wenn gem. § 10 Abs. 2 Satz 2 Räume betreten werden, in denen sich Teile des zu beschlagnahmenden Vereinsvermögens befinden.

§ 33 Inkrafttreten

Dieses Gesetz tritt einen Monat nach seiner Verkündung in Kraft.

Das VereinsG wurde am 12.08.1964 verkündet und ist folglich am 12.09.1964 in Kraft getreten.

C. Gesetz über die politischen Parteien (Parteiengesetz)

In der Fassung der Bekanntmachung vom 31. Januar 1994 (BGBl. I S. 149), zuletzt geändert durch Art. 1 G zur Änd. des ParteienG und des AbgeordnetenG vom 23.8.2011 (BGBl. I S. 1748, ber. S. 3141)

– Auszug –

Siebenter Abschnitt. Vollzug des Verbots verfassungswidriger Parteien

§ 32 Vollstreckung

(1) ¹Wird eine Partei oder eine Teilorganisation einer Partei nach Artikel 21 Abs. 2 des Grundgesetzes für verfassungswidrig erklärt, so treffen die von den Landesregierungen bestimmten Behörden im Rahmen der Gesetze alle Maßnahmen, die zur Vollstreckung des Urteils und etwaiger zusätzlicher Vollstreckungsregelungen des Bundesverfassungsgerichts erforderlich sind. ²Die obersten Landesbehörden haben zu diesem Zweck unbeschränktes Weisungsrecht gegenüber den Behörden und Dienststellen des Landes, die für die Wahrung der öffentlichen Sicherheit oder Ordnung zuständig sind.

(2) Erstreckt sich die Organisation oder die Tätigkeit der Partei oder des für verfassungswidrig erklärten Teils der Partei über das Gebiet eines Landes hinaus, so trifft der Bundesminister des Innern die für eine einheitliche Vollstreckung erforderlichen Anordnungen.

(3) Das Bundesverfassungsgericht kann die Vollstreckung nach § 35 des Gesetzes über das Bundesverfassungsgericht abweichend von den Vorschriften der Absätze 1 und 2 regeln.

(4) ¹Widerspruch und Anfechtungsklage gegen Vollstreckungsmaßnahmen haben keine aufschiebende Wirkung. ²Betrifft ein verwaltungsgerichtliches Verfahren eine Frage, die für die Vollstreckung des Urteils von grundsätzlicher Bedeutung ist, so ist das Verfahren auszusetzen und die Entscheidung des Bundesverfassungsgerichts einzuholen. ³Das Bundesverfassungsgericht entscheidet auch über Einwendungen gegen die Art und Weise der Durchführung der von ihm angeordneten besonderen Vollstreckungsmaßnahmen.

(5) ¹Im Falle der Vermögenseinziehung werden die §§ 10 bis 13 des Vereinsgesetzes vom 5. August 1964 (BGBl. I S. 593) entsprechend angewendet. ²Verbotsbehörde ist die oberste Landesbehörde, im Fall des Absatzes 2 der Bundesminister des Innern.

PartG § 32 7. Abschn. Vollzug des Verbots verfassungswidriger Parteien

I. Vorbemerkung

1 Für den Fall, dass eine Partei durch das BVerfG unter den Voraussetzungen des Art. 21 Abs. 2 GG i. V. m. §§ 13 Nr. 2, 43 ff. BVerfGG verboten wurde, regeln die §§ 32 und 33 PartG die Durchführung des Verbots. § 32 bestimmt dabei die näheren Voraussetzungen der Vollstreckung des Parteiverbots. Da die bisherigen Parteiverbote vor dem Inkrafttreten des PartG im Jahre 1976 lagen, gab es für diese Vollzugsregelungen bislang noch keinen Anwendungsfall. In den bisherigen zwei Verbotsverfahren enthielten vielmehr die Entscheidungen des BVerfG zugleich die auf den Vollzug des Verbots gerichteten Anweisungen (vgl. BVerfGE 2, 1 ff.; BVerfGE 5, 85 ff.). § 32 betrifft keine materiellen Regelungsaspekte des Parteiverbots sondern ist vielmehr Generalklausel bezüglich der zur Durchsetzung des Parteiverbots bestehenden Mittel (vgl. *Lenski* PartG § 32 Rn. 1).

II. Zuständigkeit und Ermächtigung zu flankierenden Ordnungsmaßnahmen (Abs. 1)

2 Gemäß § 32 Abs. 1 Satz 1 bestimmen die Landesregierungen die zur Durchführung des Parteiverbots befugten Behörden. Diese treffen ausweislich der Vorschrift im Rahmen der Gesetze alle Maßnahmen, die zur Vollstreckung des Urteils und etwaiger zusätzlicher Vollstreckungsregelungen des Bundesverfassungsgerichts erforderlich sind. Soweit nichts anderes geregelt wird, handelt es sich dabei auch mit Blick auf § 32 Abs. 1 Satz 2 üblicherweise um die obersten Landesbehörden, mithin für den Bereich der öffentlichen Sicherheit und Ordnung die Innenministerien in den einzelnen Ländern.

3 Teilweise wird in der Zuständigkeitszuweisung im Rahmen des § 31 Abs. 1 Satz 1 eine **verfassungsrechtliche Problematik** erblickt, da die Einordnung des Vollzuges der bundesverfassungsgerichtlichen Entscheidung als Akt der Exekutive oder Judikative wesentlich für die Frage eines möglichen Verstoßes gegen die grundgesetzliche Kompetenzverteilung ist. Soweit man die Vollzugshandlungen als Akte der Judikative einordnen würde, stellte sich die Frage, ob Verwaltungsbehörden zu dergleichen Maßnahmen überhaupt berechtigt sein könnten, insbesondere als ein Behelf über das Instrument der Organleihe nur innerhalb derselben Gewalt, nicht aber zwischen Exekutive und Judikative mit dem Grundsatz der Gewaltenteilung vereinbar sein dürfte (vgl. dazu *Lenski* PartG § 32 Rn. 3 ff.). Teilweise wird der Schwerpunkt der Vollzugsmaßnahmen in der Ausführung von Bundesrecht im Sinne einer Ausführung des Grundgesetzes und der entsprechenden Vorschriften des PartG und BVerfGG gesehen und daher eine Einordnung als Maßnahme der Exekutive angenommen (vgl. *Stein* in Ipsen PartG § 32 Rn. 14; teilw. kritisch dazu *Lenski* PartG § 32 Rn. 5), zum Teil wird auch eine Einordnung als selbstständige Exekutivmaßnahme abgelehnt, da die Abwicklung der Partei im Rahmen des Verbotsausspruchs nur gesetzlich angeordnete Folge des verfassungsgerichtlichen Urteils sei (vgl. *Morlok* PartG § 32 Rn. 2).

4 Die Feststellung der Verfassungswidrigkeit einer Partei (vgl. § 46 Abs. 1 BVerfGG) ebenso wie deren damit verbundene Auflösung (vgl. § 46 Abs. 3

7. Abschn. Vollzug des Verbots verfassungswidriger Parteien § 32 PartG

BVerfGG) bedürfen jeweils keiner Vollstreckung, so dass es bei § 32 grundsätzlich nur um die **aus der Auflösungsverfügung folgenden tatsächlichen Konsequenzen** geht, die im Rahmen der in § 32 Abs. 1 Satz 1 vorgesehenen Maßnahmen zur Vollstreckung des Urteils und etwaiger zusätzlicher Vollstreckungsregelungen des Bundesverfassungsgerichts erforderlich sind. Insoweit enthält die Vorschrift nicht nur eine bloße Zuständigkeitsregelung, sondern eine Ermächtigung zum Erlass der die Auflösungsverfügung flankierenden Ordnungsverfügungen (vgl. auch *Lenski* PartG § 32 Rn. 9). Dies betrifft allerdings nur solche Maßnahmen, die nicht als Vermögenseinziehung zu qualifizieren sind, also z. B. Versammlungsverbote oder die Schließung von Geschäftsstellen. Maßnahmen der Vermögenseinziehung, die vom Bundesverfassungsgericht gemäß § 46 Abs. 3 Satz 2 angeordnet wurden, werden vielmehr durch § 32 Abs. 5 i. V. m. §§ 10 ff. VereinsG geregelt.

Da dem Tenor des Verbotsurteils mit den Vollstreckungsanordnungen gemäß § 31 Abs. 1 Satz BVerfGG Bindungswirkung zukommt, ist das vollzugsbehördliche Ermessen bezüglich Störerauswahl und „Ob" des Einschreitens auf Null reduziert (vgl. *Morlok* PartG § 32 Rn. 2). Zugleich müssen die Maßnahmen „im Rahmen der Gesetze" verbleiben und „erforderlich" sein. Der Rahmen der Gesetze ist dabei ein Rechtsgrundverweis, der nur rechtsstaatlich vorgesehenen Maßnahmen erlaubt (vgl. *Morlok* PartG § 32 Rn. 2). Die **Erforderlichkeit der Maßnahmen** bestimmt sich nach dem Ziel eines Parteienverbotes, verfassungswidrige Parteien von der Mitwirkung an der Willensbildung des Volkes auszuschließen unter Beachtung des Verhältnismäßigkeitsgrundsatzes mit Blick auf die allgemeinen staatsbürgerlichen Freiheiten (vgl. näher *Morlok* PartG § 32 Rn. 2). § 32 Abs. 1 Satz 2 gibt den obersten Landesbehörden für die Vollzugsmaßnahmen ein unbeschränktes Weisungsrecht gegenüber den Behörden und Dienststellen des Landes, die für die Wahrung der öffentlichen Sicherheit und Ordnung zuständig sind. 5

III. Anordnungskompetenz des Bundesinnenministers (Abs. 2)

Gemäß Abs. 2 der Vorschrift trifft der Bundesinnenminister die für eine einheitliche Vollstreckung erforderlichen Anordnungen, wenn sich die Organisation oder Tätigkeit der Partei oder des für verfassungswidrig erklärten Teils der Partei über das Gebiet eines Landes hinaus erstreckt. Auch wenn der Wortlaut insoweit keinen unzweifelhaften Aufschluss gibt, ob hiermit eine Anordnungsbefugnis bezüglich der nach außen gerichteten Ordnungsverfügungen oder vielmehr ein Weisungsrecht gegenüber den Landesbehörden normiert wurde, dürfte es sich wohl um letzteres handeln (vgl. auch *Stein* in Ipsen, PartG § 32 Rn. 15), wobei sich diese **Anordnungskompetenz** auf die „unumgänglichen" Anordnungen und Entscheidungen beschränken dürfte (vgl. *Morlok* PartG § 32 Rn. 4). Teilweise wird die Vorschrift in dieser Form allerdings als verfassungswidrig angesehen, da für eine einfachgesetzliche Normierung der Kompetenz eines einzelnen Bundesministers zum Erlass derartiger Weisungen eine verfassungsrechtliche Grundlage fehle (vgl. näher *Lenski* PartG § 32 Rn. 16). 6

IV. Abweichende Regelungen zu Abs. 1 und 2 durch das BVerfG (Abs. 3)

7 § 32 Abs. 3 bestimmt, dass das Bundesverfassungsgericht die Vollstreckung nach § 35 BVerfGG abweichend von den Vorschriften der Absätze 1 und 2 regeln kann. Diese **Ersetzungsbefugnis des Bundesverfassungsgerichts** bezieht sich sowohl auf die Art und Weise der Vollstreckung als auch auf die in Abs. 1 und 2 geregelten Zuständigkeits- und Weisungsvorschriften. Das Gericht ist hierbei an Verfassung und Gesetz und damit auch an die rechtsstaatliche Behörden- und Zuständigkeitsordnung gebunden (vgl. *Morlok* PartG § 32 Rn. 5). Teilweise wird der Vorschrift ein gegenüber § 35 BVerfGG eigenständiger normativer Gehalt abgesprochen (vgl. dazu *Lenski* PartG § 32 Rn. 17 f.).

V. Rechtsschutz (Abs. 4)

8 Gemäß § 32 Abs. 4 Satz 1 haben Widerspruch und Anfechtungsklage gegen Vollstreckungsmaßnahmen keine aufschiebende Wirkung. Vollstreckungsmaßnahmen in diesem Sinne sind alle flankierenden Maßnahmen nach § 32 Abs. 1 Satz 1, die der effektiven Durchführung des Parteiverbotes dienen und insoweit als Verwaltungsakte zu qualifizieren sind (vgl. *Lenski* PartG § 32 Rn. 20). Nach Satz 2 der Vorschrift besteht eine **Vorlagepflicht zum Bundesverfassungsgericht** in verwaltungsgerichtlichen Verfahren, welche eine Frage zum Gegenstand haben, die für die Vollstreckung des Verbotsurteils von grundsätzlicher Bedeutung ist. Grundsätzliche Bedeutung kommt einer Rechts- oder Tatsachenfrage dann zu, wenn sie für das konkrete Verfahren vor dem Verwaltungsgericht entscheidungserheblich ist und die Frage „eine präzisierende Auslegung des Verbotsausspruchs nahelegt" sowie im konkreten Fall durch ihre Beantwortung die Vollstreckung des Parteiverbots zügig und dauerhaft erleichtert wird (vgl. *Lenski* PartG § 32 Rn. 22). Nach Satz 3 der Vorschrift entscheidet das Bundesverfassungsgericht zudem über Einwendungen gegen die Art und Weise der Durchführung der von ihm angeordneten Vollstreckungsmaßnahmen (vgl. dazu näher *Lenski* PartG § 32 Rn. 24). Bei der Vorschrift handelt es sich um eine abdrängende Sonderzuweisung i. S. d. § 40 Abs. 1 VwGO (*Morlok* PartG § 32 Rn. 6).

VI. Vermögenseinziehung (Abs. 5)

9 Ordnet das Bundesverfassungsgericht gemäß § 46 Abs. 3 Satz 2 BVerfGG die Einziehung des Vermögens an, so werden nach § 32 Abs. 5 Satz 1 die §§ 10 bis 13 VereinsG entsprechend angewendet. Satz 2 bestimmt, dass Verbotsbehörde die oberste Landesbehörde, oder, im Falle des § 32 Abs. 2, der Bundesinnenminister des Innern ist. Berücksichtigt werden muss dabei die im VereinsG getroffene Unterscheidung zwischen Beschlagnahme und Vermögeneinziehung, so dass bei der entsprechenden Anwendung des § 10 VereinsG die Beschlagnahme im Sinne dieser Vorschrift als Einziehungsentscheidung

des Bundesverfassungsgerichts (vgl. § 46 BVerfGG) zu verstehen ist (vgl. *Lenski* PartG § 32 Rn. 27).

§ 33 Verbot von Ersatzorganisationen

(1) **Es ist verboten, Organisationen zu bilden, die verfassungswidrige Bestrebungen einer nach Artikel 21 Abs. 2 des Grundgesetzes in Verbindung mit § 46 des Gesetzes über das Bundesverfassungsgericht verbotenen Partei an deren Stelle weiter verfolgen (Ersatzorganisation) oder bestehende Organisationen als Ersatzorganisationen fortzuführen.**

(2) **Ist die Ersatzorganisation eine Partei, die bereits vor dem Verbot der ursprünglichen Partei bestanden hat oder im Bundestag oder in einem Landtag vertreten ist, so stellt das Bundesverfassungsgericht fest, daß es sich um eine verbotene Ersatzorganisation handelt; die §§ 38, 41, 43, 44 und 46 Abs. 3 des Gesetzes über das Bundesverfassungsgericht und § 32 dieses Gesetzes gelten entsprechend.**

(3) **Auf andere Parteien und auf Vereine im Sinne des § 2 des Vereinsgesetzes, die Ersatzorganisationen einer verbotenen Partei sind, wird § 8 Abs. 2 des Vereinsgesetzes entsprechend angewandt.**

I. Verbot von Ersatzorganisationen (Abs. 1)

Gemäß § 33 Abs. 1 ist es verboten, Organisationen zu bilden, die verfassungswidrige Bestrebungen einer nach Art. 21 Abs. 2 GG i. V. m. § 46 BVerfGG verbotenen Partei an deren Stelle weiter verfolgen oder bestehende Organisationen als Ersatzorganisationen fortführen. Mit der Normierung des Verbots der Bildung von Ersatzorganisationen konkretisiert § 33 die Parteiverbotsregelung des Art. 21 Abs. 2 GG. Hat das Bundesverfassungsgericht nach § 46 Abs. 3 Satz 1 BVerfGG mit dem Parteiverbot auch den Ausspruch des Verbots der Bildung von Ersatzorganisationen zu verbinden, so hat dieser aufgrund der gesetzlichen Regelung nur deklaratorische Bedeutung (vgl. *Lenski* PartG § 33 Rn. 2). 1

Die Qualifizierung als Ersatzorganisation i. S. d. § 33 Abs. 1 setzt **„Deckungsgleichheit"** mit der Partei im Sinne eines subjektiven und eines objektiven Elements voraus. In **subjektiver Hinsicht** bedarf es einer Deckungsgleichheit in dem Sinne, dass die Ersatzorganisation im Wesentlichen die gleichen Ziele wie die verbotene Partei verfolgt, wobei zwingend die vom Bundesverfassungsgericht als verfassungswidrig eingestuften Elemente der Zielsetzung hiervon umfasst sein müssen (vgl. auch *Stein* in Ipsen, PartG § 33 Rn. 11). **Objektiv** wird eine sogenannte „funktionale Deckungsgleichheit" dergestalt gefordert, dass die betroffene Organisation die Partei als die auf die Mitwirkung an der politischen Willensbildung gerichtete „Aktionsbasis" ersetzt, sie mithin also als organisierter Aktionszusammenhang die verbotene Partei substituiert. Insoweit genügt es, dass die Organisation das Ziel einer solchen funktionalen Deckungsgleichheit anstrebt, da bereits die Gründung von Ersatzorganisationen verboten ist und eine derartige Deckungsgleichheit zum Zeitpunkt der Gründung freilich erst als sub- 2 jektive Zielvorstellung, nicht als objektive Begebenheit vorliegen kann (vgl. *Lenski* PartG § 33 Rn. 4). Das Bestehen bzw. das Anstreben einer funktionalen Deckungsgleichheit ist im Einzelnen schwer zu bestimmen und hängt letztlich von einer Indizienbewertung ab (dazu im Einzelnen kritisch *Lenski* PartG § 33 Rn. 5).

3 Abs. 1 verbietet sowohl die Gründung von Ersatzorganisationen als auch die **Umgestaltung bestehender Organisationen,** die als Ersatzorganisation der Partei fortgeführt werden. Auch bei letzterem ist wiederum das subjektive Element im Sinne einer Zieländerung hin zu den Zielsetzungen der verbotenen Partei als auch die funktionale Deckungsgleichheit mit der verbotenen Partei erforderlich (vgl. auch *Stein* in Ipsen PartG § 33 Rn. 11).

4 Die Rechtsform der Ersatzorganisation ist grundsätzlich unerheblich, es kann sich mithin also sowohl um sonstige Vereinigungen als auch um politische Parteien handeln (vgl. § 33 Abs. 2 und 3). Aufgrund des systematischen Zusammenhangs mit § 46 BVerfGG wird zudem zutreffend angenommen, dass sich § 33 Abs. 1 auch auf Ersatzorganisationen für verbotenen Teilorganisationen von Parteien bezieht (vgl. *Lenski* PartG § 33 Rn. 8, m. w. N.).

II. Parteien als verbotenen Ersatzorganisationen (Abs. 2 und 3)

5 Soweit es sich bei den fraglichen Ersatzorganisationen um Parteien im Sinne des § 2 PartG handelt, enthalten die Absätze 2 und 3 der Vorschrift differenzierte Regelungen zur Durchsetzung eines Verbots. Nach Abs. 2 obliegt die Feststellung, dass es sich bei einer Partei um eine verbotene Ersatzorganisation handelt dem Bundesverfassungsgericht, wenn die fragliche Partei bereits vor dem Verbot der ursprünglichen Partei bestanden hat oder in einem Bundestag oder Landtag vertreten ist. Abs. 2 der Vorschrift privilegiert diese Parteien also, indem er ein dem Parteiverbotsverfahren angenähertes Verfahren vor dem Bundesverfassungsgericht vorsieht (vgl. *Lenski* PartG § 33 Rn. 9, 16). Dagegen wird auf **Vereine** im Sinne des § 2 VereinsG und auf andere Parteien, die Ersatzorganisationen einer verbotenen Partei sind, also solche Parteien, die nicht die Voraussetzungen des § 33 Abs. 2 erfüllen, § 8 Abs. 2 VereinsG entsprechend angewendet. Insbesondere Abs. 3 der Vorschrift wird zum Teil als eine verfassungsrechtlich nicht zu rechtfertigende Verkürzung des Gewährleistungsgehalts des Art. 21 Abs. 2 GG scharf kritisiert (vgl. dazu eingehend *Lenski* PartG § 33 Rn. 10 ff.).

D. Strafgesetzbuch (StGB)

In der Fassung der Bekanntmachung vom 13. November 1998
(BGBl. I S. 3322)
zuletzt geändert durch Art. 1 Achtundvierzigstes StrafrechtsänderungsG vom 23.4.2014
(BGBl. I S. 410)

– Auszug –

§ 85 Verstoß gegen ein Vereinigungsverbot

(1) ¹Wer als Rädelsführer oder Hintermann im räumlichen Geltungsbereich dieses Gesetzes den organisatorischen Zusammenhalt
1. einer Partei oder Vereinigung, von der im Verfahren nach § 33 Abs. 3 des Parteiengesetzes unanfechtbar festgestellt ist, daß sie Ersatzorganisation einer verbotenen Partei ist, oder
2. einer Vereinigung, die unanfechtbar verboten ist, weil sie sich gegen die verfassungsmäßige Ordnung oder gegen den Gedanken der Völkerverständigung richtet, oder von der unanfechtbar festgestellt ist, daß sie Ersatzorganisation einer solchen verbotenen Vereinigung ist,

aufrechterhält, wird mit Freiheitsstrafe bis zu fünf Jahren oder mit Geldstrafe bestraft. ²Der Versuch ist strafbar.

(2) Wer sich in einer Partei oder Vereinigung der in Absatz 1 bezeichneten Art als Mitglied betätigt oder wer ihren organisatorischen Zusammenhalt unterstützt, wird mit Freiheitsstrafe bis zu drei Jahren oder mit Geldstrafe bestraft.

(3) § 84 Abs. 4 und 5 gilt entsprechend.

Übersicht

	Rn.
I. Allgemeines	1
II. Räumlicher Geltungsbereich	7
III. Aufrechterhalten des organisatorischen Zusammenhalts einer Ersatzorganisation einer verbotenen Partei nach § 85 Abs. 1 Nr. 1 StGB	8
IV. Aufrechterhalten des organisatorischen Zusammenhalts einer verbotenen Partei nach § 85 Abs. 1 Nr. 2 StGB	15
V. Strafbarer Versuch, § 85 Abs. 1 Satz 2 StGB	18
VI. Mitgliedschaft oder Unterstützung einer verbotenen Vereinigung nach § 85 Abs. 2 StGB	19
VII. Subjektiver Tatbestand	25
VIII. Teilnahme	26
IX. Tätige Reue, § 85 Abs. 3 i.V. m. § 84 Abs. 5 StGB	27
X. Konkurrenzen	28

I. Allgemeines

1 § 85 StGB ist abstraktes Gefährdungsdelikt zum Schutz der freiheitlich demokratischen Grundordnung (BGH NStZ 2006, 356 [357]). Speziell bezweckt das **Organisationsdelikt** den Schutz der „verfassungsmäßigen Ordnung" und des „Gedanken der Völkerverständigung" (i. S. d. Art. 9 Abs. 2 GG, siehe hierzu *Braun* Art. 9 GG Rn. 31 ff.; § 3 VereinsG Rn. 38 ff.).

2 Nach § 74a Abs. 1 Nr. 2 GVG ist die Staatsschutzkammer des Landgerichts im ersten Rechtszug zuständig. § 85 StGB ist als Katalogtat in § 100a Abs. 2 Nr. 1a) StPO aufgeführt; bei Verdacht einer Straftat nach § 85 StGB kann also auch eine Telekommunikationsüberwachung zulässige Ermittlungsmaßnahme sein. Die Strafverfolgungsverjährung bemisst sich nach der Frist des § 78 Abs. 3 Nr. 4 StGB (5 Jahre). Aufgrund der Möglichkeit von Strafe abzusehen, § 85 Abs. 3 i. V. m. § 84 Abs. 4, 5 StGB) kann in solchen Fällen das Verfahren nach § 153b Abs. 1, 2 StPO eingestellt werden, dazu *Steinmetz* in Joecks/Miebach StGB § 84 Rn. 35.

3 Soweit das Schutzgut des Gedankens der Völkerverständigung (§ 85 Abs. 1 Satz 1 Nr. 2 StGB) zur Geltung kommt, besteht **Zielkongruenz** zum Rahmenbeschluss der EU zur strafrechtlichen Bekämpfung bestimmter Formen und Ausdrucksweisen von Rassismus und Fremdenhass (Rahmenbeschluss 2008/913/JI v. 28. 11. 2008, Abl. EG Nr. L 328 v. 6. 12. 2008 S. 55 ff.; dazu kritisch *F. Zimmermann* ZIS 2009, 1 [6 ff.]).

4 § 85 StGB knüpft an Parteien und andere Vereinigungen an, von denen verwaltungsbehördlich unanfechtbar festgestellt ist, dass sie verboten sind („**Feststellungsprinzip**"). Der Strafrichter hat diesbezüglich keine eigene Feststellungskompetenz. Ist das Vereinigungsverbot noch nicht bestandskräftig, sondern bloß vollziehbar angeordnet, kommt eine Strafbarkeit nach § 20 VereinsG in Betracht (hierzu § 20 VereinsG Rn. 10).

5 Anders als die strukturell entsprechend gefasste Norm des § 84 StGB erfasst § 85 Abs. 1 Nr. 1 StGB keine Parteien, die vom BVerfG für verfassungswidrig erklärt wurden oder von diesem als Ersatzorganisation einer verbotenen Partei erkannt wurden, sondern ausschließlich Parteien, die als Ersatzorganisation einer verbotenen Partei gem. § 33 Abs. 3 PartG i. V. m. § 8 Abs. 2 VereinsG von der zuständigen Verwaltungsbehörde verboten wurden. Die Verbotskompetenz der Verwaltungsbehörden besteht nach § 33 Abs. 2 PartG nur für solche Ersatzorganisationen einer vom BVerfG verbotenen Partei, die nach dem **Parteiverbot** des BVerfG gegründet wurden und nicht im Bundestag oder in einem Landtag vertreten sind (§ 33 Abs. 2 PartG).

6 Gegen § 85 Abs. 1 Nr. 1 StGB werden teils **verfassungsrechtliche Bedenken** erhoben: Das Parteienprivileg des Art. 21 Abs. 2 GG stehe der Bestrafung eines Verstoßes gegen das Vereinigungsverbot entgegen, sofern es gem. § 85 Abs. 1 Nr. 1 StGB im Zusammenhang mit einer Partei erfolgt, die unter „Aushöhlung der Parteienverbotskompetenz" des BVerfG lediglich verwaltungsbehördlich als Ersatzorganisation einer bereits vom BVerfG verbotenen Partei verboten wurde (so *Sternberg-Lieben* in Schönke/Schröder vor §§ 80 ff. Rn. 7 m. w. N.; *Ellbogen* in BeckOK StGB § 85 Rn. 2; dagegen *Wilms* JZ 1993, 830).

Verstoß gegen ein Vereinigungsverbot § 85 StGB

II. Räumlicher Geltungsbereich

§ 85 StGB i. V. m. § 91a StGB stellt ausschließlich Handlungsformen unter 7
Strafe, die im räumlichen **Geltungsbereich** dieses Gesetzes ausgeübt wurden;
damit ist das Gebiet gemeint, in dem die Gesetzgebungsgewalt des Bundes besteht, *Sternberg-Lieben* in Schönke/Schröder vor §§ 80ff. Rn. 13. Distanztaten,
bei denen Handlungsort im Ausland und Erfolgsort im Inland ist, werden von
der Strafnorm nicht erfasst; allein maßgeblich ist der Handlungsort („ausgeübt", § 91a StGB). Vgl. im Übrigen § 20 Rn. 7).

III. Aufrechterhalten des organisatorischen Zusammenhalts einer Ersatzorganisation einer verbotenen Partei nach § 85 Abs. 1 Nr. 1 StGB

§ 85 Abs. 1 Nr. 1 StGB knüpft an Parteien oder Vereinigungen an, von de- 8
nen unanfechtbar verwaltungsbehördlich nach § 33 Abs. 3 PartG bzw. § 8
Abs. 2 VereinsG festgestellt ist, dass sie **Ersatzorganisation** einer vom BVerfG
verbotenen Partei sind (zu etwaigen verfassungsrechtlichen Bedenken vgl.
Rn. 5, 6). Zur Feststellungskompetenz siehe Rn. 4.

Tathandlung ist das Aufrechterhalten des organisatorischen Zusammenhalts 9
solcher Vereinigungen als **Rädelsführer** oder **Hintermann.** Mit den Begriffen Rädelsführer und Hintermann sollen die „Drahtzieher" der verbotenen
Vereinigung erfasst werden, also die Führungskräfte und diejenigen, die an
der Führung mitwirken (BGH NJW 1964, 210). Eine solche Führungsrolle
ist gegeben, wenn der Täter auf eine nicht ganz unwesentliche Anzahl von
Angehörigen oder Freunden der Vereinigung einen bestimmenden Einfluss
ausübt oder sich sonst in besonders maßgebender Weise für sie betätigt. Erforderlich ist eine „führende Stellung mit beträchtlichem Einfluss" bzw. eine
„maßgebliche Rolle" (OLG München Beschl. v. 18.05.2006 6 St 1/06 –
BeckRS 2006, 06567 m. w. N.). Ein Fördern, dem nur untergeordnete Bedeutung zukommt, genügt nicht (BGH NJW 1954, 1253; BGH NJW 1964, 210);
ein „Mitläufer" kann kein Rädelsführer oder Hintermann sein. Die Begriffe
Rädelsführer und Hintermann sind eng auszulegen (BGH NJW 1964, 210).
Denn Beihilfe zu den Tatmodalitäten des § 85 Abs. 1 StGB ist nicht strafbar
(Rn. 26). Dies darf mit einer weiten Auslegung der Begriffe Rädelsführer und
Hintermann nicht unterlaufen werden; zudem ist eine trennscharfe Abgrenzung zu bloßen Unterstützungshandlungen nach § 85 Abs. 2 StGB erforderlich (BGH NJW 1965, 451).

Ein **Rädelsführer** muss maßgeblichen Einfluss auf die Vereinigung gehabt 10
und deren Bestrebungen tatsächlich gefördert haben (*Sternberg-Lieben* in
Schönke/Schröder § 84 Rn. 10). Entscheidend ist dabei nicht der Umfang,
sondern das Gewicht, das der geleistete Beitrag für die Vereinigung hat (BGH
NJW 1964, 210); auch eine nur vorübergehende Führungsrolle kann eine
Strafbarkeit begründen.

Ein **mittelbares Mitwirken** an der Führung der Vereinigung kann eben- 11
falls ausreichen, etwa wenn wichtige Aufgaben wirtschaftlicher oder techni-

scher Art ausgeübt oder der Vereinigung zur Erfüllung ihrer Vorhaben bedeutende Geldbeträge zur Verfügung gestellt werden (BGH NJW 1964, 210); die Lieferung von Lebensmitteln u. Ä. ist dagegen nicht geeignet, den organisatorischen Zusammenhalt aufrechtzuerhalten (OLG München Beschl. v. 18.05.2006 6 St 1/06 – BeckRS 2006, 06567; dort auch zur gebotenen Konkretisierung des Tatvorwurfs).

12 Rädelsführer und der in § 85 Abs. 1 StGB gleichgestellte **Hintermann** unterscheiden sich im Wesentlichen durch ihre Mitgliedschaft in der Organisation (zum geltenden materiellen Mitgliedsbegriff siehe Rn. 20); nur der Vereinigung außenstehende können „Hintermann" sein, „Rädelsführer" nur Mitglieder (BGH NJW 1964, 451; NJW 1963, 1315). Kennzeichen eines Hintermanns ist, dass er zwar nicht Mitglied ist, sein Einfluss daher nicht auf Weisungsbefugnissen beruht, dass er aber dennoch geistig oder wirtschaftlich **maßgebenden Einfluss** auf die Führung der Vereinigung hat. Das Gesetz stellt also nicht darauf ab, welche Tätigkeit der Hintermann versieht, sondern darauf, welchen Einfluss er ausübt (BGH NJW 1964, 451).

13 Den **organisatorischen Zusammenhalt einer verbotenen Vereinigung hält aufrecht,** wer darauf hinwirkt, dass sie trotz des Verbots bestehen bleibt. Der **organisatorische Zusammenhalt** ist die Verbundenheit, die durch die Vereinigung geschaffen worden ist, also die zwischen den früheren oder den neu geworbenen Mitgliedern untereinander oder zwischen ihnen und den Leitern der Organisation infolge der gemeinschaftlichen Förderung der verfolgten Ziele und der bewussten Unterordnung unter die Führung oder den Gesamtwillen entstandene Verbundenheit (BGH NJW 1966, 61). Organisationsidentität wird nicht dadurch beseitigt, dass die Vereinigung einen neuen Namen annimmt; erforderlich ist stets, dass die organisatorische Verbundenheit des verbotenen Vereins fortbesteht und dass der organisatorische Apparat und seine Träger im Wesentlichen dieselben geblieben sind (BGH NJW 1998, 1653). Allerdings muss diese organisatorische Verbundenheit auch sachlich begründet sein, d. h. auf die **Fortführung der bisherigen verbotenen Ziele** gerichtet. Denn den früheren Mitgliedern steht es frei, sich zu einer neuen Vereinigung zusammenzuschließen, die nicht verbotene Ziele verfolgt oder lediglich auf persönlichen Beziehungen (Freundschaften, geselliger Verkehr) der früheren Mitglieder der verbotenen Vereinigung beruht (BGH NJW 1966, 61 [62]).

14 Dabei kennzeichnet nicht so sehr die Tätigkeit nach außen die **Aufrechterhaltung** des organisatorischen Zusammenhalts, sondern die Pflege und die Wiederanknüpfung der Verbindungen der Mitglieder untereinander und mit ihren Führern um der bisherigen verbotenen Ziele willen (BGH NJW 1966, 61 [62]). Beispiele für ein solches Aufrechterhalten sind etwa das Vereinnahmen von Mitgliedsbeiträgen oder Spenden, die Information und Instruktion der Mitglieder, das Innehaben von Ämtern (BGH NJW 1966, 61; *Sternberg-Lieben* in Schönke/Schröder StGB § 84 Rn. 12) oder ein öffentliches Eintreten für die Vereinigung, wobei allerdings stets im Einzelfall zu prüfen ist, ob diese Tätigkeiten auch von einigem Gewicht sind und eine gewisse Bedeutungsschwelle erreichen (*Steinmetz* in Joecks/Miebach § 84 Rn. 13). Nicht erfasst sind bloß „werbende oder unterstützende" Tätigkeiten, wie das Verteilen einer Vereinszeitschrift; diese fallen regelmäßig unter § 85 Abs. 2 StGB (vgl.

Verstoß gegen ein Vereinigungsverbot   § 85 StGB

BGH NJW 1966, 61; *Sternberg-Lieben* in Schönke/Schröder StGB § 84 Rn. 12).

IV. Aufrechterhalten des organisatorischen Zusammenhalts einer verbotenen Partei nach § 85 Abs. 1 Nr. 2 StGB

Zum Begriff der **Vereinigung** siehe VereinsG § 2 Rn. 9 ff.; zum **Vereins-** 15
verbot, insbesondere den Schutzgütern „**verfassungsmäßige Ordnung**" und „**Gedanke der Völkerverständigung**" VereinsG § 3 Rn. 38 ff. sowie GG Art. 9 Rn. 31 ff. Zum Verbot der Bildung von **Ersatzorganisationen,** VereinsG § 8 Rn. 4 ff. Zu den Tathandlungen **Aufrechterhalten des organisatorischen Zusammenhalts** einer Vereinigung nach § 85 Abs. 1 Nr. 2 StGB sowie zu den Begriffen **Rädelsführer** und **Hintermann** siehe Rn. 6 ff.

Es gilt das Feststellungsprinzip (siehe Rn. 1); der Strafrichter ist an die 16
Feststellungen der Verwaltungsbehörde, die das unanfechtbare Vereinigungsverbot erlassen hat, gebunden und hat keine eigene Prüfungskompetenz. Allerdings hat der Strafrichter zu prüfen, ob das Verbot der Verwaltungsbehörde, wie von § 85 Abs. 1 Satz 1 Nr. 2 StGB gefordert, darauf beruht, dass sich die Vereinigung gegen die verfassungsmäßige Ordnung oder den Gedanken der Völkerverständigung richtet. Soweit das Verbot aus anderen Gründen erging, etwa weil Vereinigungszweck oder Tätigkeiten den Strafgesetzen zuwiderlaufen (siehe *Albrecht* § 3 VereinsG Rn. 20 ff.), ist § 85 Abs. 1 Satz 1 Nr. 2 StGB nicht einschlägig; es greift dann aber regelmäßig § 20 VereinsG.

Von § 85 StGB erfasst sind auch **Ausländervereine** (VereinsG § 14) und 17
ausländische Vereine (dazu VereinsG §§ 15, 18), wenn das Verbot auf den in § 85 Abs. 1 Satz 1 Nr. 2 StGB genannten Gründen beruht (*Sternberg-Lieben* in Schönke/Schröder StGB § 85 Rn. 9); bei Verbot aus anderen Gründen greift wieder § 20 VereinsG.

V. Strafbarer Versuch, § 85 Abs. 1 Satz 2 StGB

Der Versuch ist nur bei Taten nach § 85 Abs. 1 StGB strafbar, z. B. bei Ein- 18
wirkung auf andere zwecks Neuorganisation (*Sternberg-Lieben* in Schönke/Schröder StGB § 84 Rn. 23). Allerdings begegnet, die (in der Praxis bedeutungslose) Versuchsstrafbarkeit aufgrund der weitgehenden Vorverlagerung der Norm Bedenken (vgl. *Paeffgen* in KNP § 84 Rn. 23 m. w. N.). Im Übrigen wäre im Falle eines strafbaren Versuchs § 85 Abs. 3 i. V. m. § 84 Abs. 4 StGB zu prüfen, der die Möglichkeit vorsieht, die Strafe gem. § 49 Abs. 2 Abs. StGB zu mildern oder von einer Bestrafung abzusehen.

VI. Mitgliedschaft oder Unterstützung einer verbotenen Vereinigung nach § 85 Abs. 2 StGB

19 Abgeschwächt im Vergleich zu § 85 Abs. 1 StGB macht sich strafbar, wer sich in einer Vereinigungen i. S. d. § 85 Abs. 1 StGB als Mitglied betätigt oder ihren organisatorischen Zusammenhalt unterstützt.

20 Der Begriff „**Mitglied**" ist nicht formal zu verstehen, sondern materiell. Es ist keine formelle oder gar rechtlich wirksame Mitgliedschaft gefordert (BGH NJW 2005, 2164 [2166]; NJW 1966, 310 [312]; NJW 1980, 464). Es kommt allein darauf an, dass der Täter seinen Willen mit der Organisation mit deren Einverständnis unterordnet und fortdauernd für sie tätig sein soll oder will (BGH NJW 1966, 61; NJW 2005, 2164 [2166]); eine bestimmte Mindestdauer einer solchen Zugehörigkeit zu einer inkriminierten Vereinigung ist dabei nicht vorausgesetzt.

21 Als Mitglied **betätigen** setzt zumindest voraus, dass fördernde Handlungen zugunsten der Vereinigung vorgenommen werden (BGH NJW 1960, 1772; NJW 63, 1315), ohne dass dabei tatsächlich ein Nutzen eintreten muss (BGH NJW 1996, 1906 [1907]). Gefordert ist eine aktive Handlung um die Verwirklichung der Vereinigungsziele zu fördern (BT-Drs. V/2860 S. 6; BGH NJW 2006, 709 [710]); eine „passive" Mitgliedschaft, die sich z. B. in der Bezahlung eines Beitrags erschöpft, reicht jedenfalls nicht aus, wie auch der bloße Bezug von Zeitschriften einer verbotenen Vereinigung (BGH NJW 2006, 709 [710]). Beispiele für ein Betätigen als Mitglied: massenweiser Druck des Parteiprogramms auf eigene Kosten (BGHSt 26, 258 [260]); Übernahme von Administratoraufgaben bzw. sonstige Pflege von Internetseiten der Vereinigung; ggf. auch der Besuch einer Versammlung der Vereinigung (*Steinmetz* in Joecks/Miebach § 84 Rn. 17). Soweit *Päffgen* in KNP § 85 Rn. 14f. im Wege teleologischer Reduktion als „Betätigung" nur aggressiv agitatorische Handlungsweisen erkennen will, ist dies mit dem weiten Wortlaut der Vorschrift nicht mehr zu vereinbaren (vgl. *Steinmetz* in Joecks/Miebach § 84 Rn. 17). Nicht-Mitglieder im vorgenannten Sinne können sich nach § 85 Abs. 2 StGB wegen Unterstützung des organisatorischen Zusammenhalts einer verbotenen Vereinigung strafbar machen. Zum Begriff des **organisatorischen Zusammenhalts** siehe Rn. 10.

22 Der Begriff „**unterstützen**" ist restriktiv auszulegen (BT-Drs. V/2860 S. 6; näher *Sternberg-Lieben* in Schönke/Schröder § 84 Rn. 15). Die Unterstützung des organisatorischen Zusammenhalts setzt voraus, dass das Handeln des Täters auf die Aufrechterhaltung des organisatorischen Zusammenhalts gerichtet und geeignet ist, eine für diesen vorteilhafte Wirkung hervorzurufen (BGH NJW 2005, 2164; NJW 2006, 709 [710]). Bloße Unterstützungshandlungen, die nicht unmittelbar die Aufrechterhaltung des organisatorischen Zusammenhalts zum Ziel haben (wie z. B. das bloße Abonnement einer Zeitschrift der Vereinigung, BGH NJW 2006, 709 [710]) oder das Unterstützen der verbotenen Vereinigungszwecke „auf eigene Faust" (vgl. *Sternberg-Lieben* in Schönke/Schröder StGB § 84 Rn. 16) oder ihn allenfalls reflexartig fördern, genügen dabei ebenso wenig wie Unterstützungshandlungen, die von nur untergeordneter Bedeutung sind; so z. B. das Zurverfügungstellen einer Schreibmaschine,

Verstoß gegen ein Vereinigungsverbot § 85 StGB

eines Rechners oder von Webspace, damit die Vereinigung Inhalte verbreiten kann (BGH NJW 2006, 709 [710]; NJW 1976, 575).

Einen konkreten, messbaren Erfolg braucht die Unterstützung des organi- 23
satorischen Zusammenhalts indes nicht zu haben. Es reicht aus, wenn die Tathandlung auf die Aufrechterhaltung des organisatorischen Zusammenhalts abzielt und geeignet ist, eine für diesen **vorteilhafte Wirkung** hervorzurufen (*Paeffgen* in KNP § 85 Rn. 9). Eine tatbestandsmäßige Unterstützung wird regelmäßig durch einen Beitrag zur Unterhaltung des konspirativen Apparates der Vereinigung geschehen (*Steinmetz* in Joecks/Miebach StGB § 84 Rn. 18). **Beispiele** für eine tatbestandsmäßige Unterstützungshandlung: Verteilen der Zeitschrift einer verbotenen Vereinigung sowie die Ausübung anderer Funktionen innerhalb der Verteilerorganisation (BGH NJW 2006, 709 [710]), Unterkunftsgewährung für Kuriere und Verbindungsleute, Tätigkeit als Nachrichtenmittler, Bereitstellen geheimer Verhandlungsräume, Lieferung von Propagandamaterial (*Steinmetz* in Joecks/Miebach StGB § 84 Rn. 18. m. w. N.).

Für Taten nach § 85 Abs. 2 StGB gilt die sog. **Mitläuferklausel** des § 85 24
Abs. 3 i. V. m. § 84 Abs. 4 StGB, wonach die Strafe gemildert oder von einer Bestrafung abgesehen werden kann, wenn die Schuld des Täters gering ist und seine Mitwirkung nur von untergeordneter Bedeutung war.

VII. Subjektiver Tatbestand

Bedingter Vorsatz reicht aus. Dieser muss sich auf die Verbotsentschei- 25
dung und deren Unanfechtbarkeit sowie die Verbotsgründe beziehen (*Ellbogen* in BeckOK StGB § 85 Rn. 7); es ist dabei eine **„Parallelwertung in der Laiensphäre"** anzustellen. Im Falle eines Irrtums darüber entfällt die Strafbarkeit, § 16 Abs. 1 StGB. Bei einem Irrtum über die Anfechtbarkeit des Verbots kommt aber eine Strafbarkeit nach § 20 VereinsG in Betracht.

VIII. Teilnahme

Zu den Taten nach § 85 Abs. 1 StGB kann **angestiftet** werden. So ist nach 26
§§ 85 Abs. 1, 26 StGB strafbar, wer einen Rädelsführer zu dessen Tat bestimmt (*Ellbogen* in BeckOK StGB § 84 Rn. 8). Allerdings ist nach der h. M. (vgl. BGH NJW 1997, 2248 [2251] sowie die Nw. bei *Sternberg-Lieben* in Schönke/Schröder StGB § 84 Rn. 17), die an den Willen des Gesetzgebers (BT-Drs. V/2860 S. 6) anknüpft, neben den zur Täterschaft verselbständigten Beihilfehandlungen der Unterstützung einer verbotenen Vereinigung nach § 85 Abs. 2 StGB die Möglichkeit einer strafbaren **Beihilfe** ausgeschlossen (BGH NJW 1965, 260; NJW 1976, 575; offen gelassen aber von BGH NJW 1997, 2248 [2251]; dezidiert für die Möglichkeit einer Beihilfe aber *Sternberg-Lieben* in Schönke/Schröder StGB § 84 Rn. 17; ebenso *Steinmetz* in Joecks/Miebach § 84 Rn. 25 mit Hinweis auf die Anerkennung der Kettenbeihilfe).

StGB § 129

IX. Tätige Reue, § 85 Abs. 3 i. V. m. § 84 Abs. 5 StGB

27 § 85 Abs. 3 i. V. m. § 84 Abs. 5 StGB berücksichtigt tätige Reue als Rücktritt vom vollendeten Delikt. Bleibt eine Tat nach § 85 Abs. 1 StGB im Versuch stecken, gilt § 24 StGB. § 85 Abs. 3 i. V. m. § 84 Abs. 5 StGB gilt aber dann, wenn der Rücktritt vom beendeten Versuch misslungen und § 24 StGB somit nicht anwendbar ist (*Sternberg-Lieben* in Schönke/Schröder StGB § 84 Rn. 26). Wenn der Täter sich freiwillig und ernsthaft (i. S. d. § 24 StGB) bemüht, das Fortbestehen der verbotenen Vereinigung zu verhindern und dies mit oder ohne sein Zutun erreicht wird, bleibt er straflos; ist letzteres nicht der Fall, kommt eine Strafmilderung nach § 49 Abs. 2 StGB oder ein Absehen von Strafe in Betracht.

X. Konkurrenzen

28 § 85 StGB wird von § 84 StGB verdrängt. § 85 StGB verdrängt wiederum § 20 Abs. 1 Nr. 1 – 3 StGB. Tateinheit kann mit §§ 80 – 83, 86–89, 129, 129a StGB bestehen.

§ 129 Bildung krimineller Vereinigungen

(1) **Wer eine Vereinigung gründet, deren Zwecke oder deren Tätigkeit darauf gerichtet sind, Straftaten zu begehen, oder wer sich an einer solchen Vereinigung als Mitglied beteiligt, für sie um Mitglieder oder Unterstützer wirbt oder sie unterstützt, wird mit Freiheitsstrafe bis zu fünf Jahren oder mit Geldstrafe bestraft.**

(2) **Absatz 1 ist nicht anzuwenden,**
1. **wenn die Vereinigung eine politische Partei ist, die das Bundesverfassungsgericht nicht für verfassungswidrig erklärt hat,**
2. **wenn die Begehung von Straftaten nur ein Zweck oder eine Tätigkeit von untergeordneter Bedeutung ist oder**
3. **soweit die Zwecke oder die Tätigkeit der Vereinigung Straftaten nach den §§ 84 bis 87 betreffen.**

(3) **Der Versuch, eine in Absatz 1 bezeichnete Vereinigung zu gründen, ist strafbar.**

(4) **Gehört der Täter zu den Rädelsführern oder Hintermännern oder liegt sonst ein besonders schwerer Fall vor, so ist auf Freiheitsstrafe von sechs Monaten bis zu fünf Jahren zu erkennen; auf Freiheitsstrafe von sechs Monaten bis zu zehn Jahren ist zu erkennen, wenn der Zweck oder die Tätigkeit der kriminellen Vereinigung darauf gerichtet ist, in § 100c Abs. 2 Nr. 1 Buchstabe a, c, d, e und g mit Ausnahme von Straftaten nach § 239a oder § 239b, Buchstabe h bis m, Nr. 2 bis 5 und 7 der Strafprozessordnung genannte Straftaten zu begehen.**

(5) **Das Gericht kann bei Beteiligten, deren Schuld gering und deren Mitwirkung von untergeordneter Bedeutung ist, von einer Bestrafung nach den Absätzen 1 und 3 absehen.**

Bildung krimineller Vereinigungen   § 129 StGB

(6) **Das Gericht kann die Strafe nach seinem Ermessen mildern (§ 49 Abs. 2) oder von einer Bestrafung nach diesen Vorschriften absehen, wenn der Täter**
1. **sich freiwillig und ernsthaft bemüht, das Fortbestehen der Vereinigung oder die Begehung einer ihren Zielen entsprechenden Straftat zu verhindern, oder**
2. **freiwillig sein Wissen so rechtzeitig einer Dienststelle offenbart, daß Straftaten, deren Planung er kennt, noch verhindert werden können;**

erreicht der Täter sein Ziel, das Fortbestehen der Vereinigung zu verhindern, oder wird es ohne sein Bemühen erreicht, so wird er nicht bestraft.

Übersicht

	Rn.
I. Allgemeines	1
1. Vorbemerkungen	1
2. Geschütztes Rechtsgut	3
3. Deliktsnatur	5
4. Praktische Bedeutung	8
II. Objektiver Tatbestand	11
1. Vereinigung	12
a) Personelles Element	13
b) Organisatorisches Element	14
c) Subjektives Element	17
d) Zeitliches Element	18
2. Strafrechtswidrige Zwecke oder Tätigkeit	19
a) Straftaten	20
b) Zwecke oder Tätigkeit	22
c) Begehung von Straftaten	23
3. Tathandlungen	24
a) Gründung	25
b) Mitgliedschaftliche Beteiligung	27
c) Werbende Tätigkeit	30
d) Sonstige Unterstützungshandlungen	34
III. Tatbestandliche Ausnahmen (Abs. 2)	37
1. Parteienprivileg (Nr. 1)	37
2. Untergeordnete Zwecke und Tätigkeiten (Nr. 2)	38
3. Organisationsdelikte (Nr. 3)	39
IV. Subjektiver Tatbestand	40
V. Rechtswidrigkeit	43
VI. Versuch und Vollendung (Abs. 3)	45
1. Versuch	45
2. Vollendung	46
VII. Täterschaft und Teilnahme	48
VIII. Rechtsfolgen	50
1. Allgemeiner Strafrahmen (Abs. 1)	50
2. Besonders schwere Fälle (Abs. 4)	52
a) Rädelsführer	53
b) Hintermänner	55
c) Sonstige besonders schwere Fälle	56
d) Besonders schwere Straftaten	57
3. Mitläuferklausel (Abs. 5)	58

		Rn.
	a) Mitwirkung von untergeordneter Bedeutung	59
	b) Geringe Schuld	60
IX.	Tätige Reue (Abs. 6)	61
	1. Allgemeines	61
	2. Strafmilderung gem. § 49 Abs. 2	63
	a) Verhindern des Fortbestands der Vereinigung (Abs. 6 Nr. 1 Alt. 1)	63
	b) Verhindern von Straftaten (Abs. 6 Nr. 1 Alt. 2)	64
	c) Offenbarung gegenüber einer Dienststelle (Abs. 6 Nr. 2)	65
	3. Strafbefreiung bei Erfolgseintritt	67
X.	Konkurrenzen	68
	1. Norminterne Konkurrenzen	68
	2. Verhältnis zu anderen Strafvorschriften	71

I. Allgemeines

1. Vorbemerkungen

1 § 129 StGB ist Gegenstand mitunter heftig geführter Auseinandersetzungen, die grundsätzliche Fragen der Ausgestaltung eines rechtsstaatlichen Strafrechts betreffen. So wird etwa in Frage gestellt, dass die Vorschrift sich mit den aus Art. 2 Abs. 1 GG folgenden Anforderungen an ein Schuld- und Tatstrafrecht vereinbaren lassen (*Cobler* KritJ 1984, 407 [410]). Mit der in § 129 StGB normierten Entfernung von jeglichem konkreten Deliktserfolg wird der Weg hin zu einer täterorientierten Betrachtung und mithin zu einem **Gesinnungsstrafrecht** bereitet (*Cobler* KritJ 1984, 407 [411]).

2 Kritisch ist zudem anzumerken, dass die Entstehungszusammenhänge und Funktionsweisen der auf kriminelle Zwecke abzielenden Personenzusammenschlüsse bislang weitgehend unerforscht sind. Diesbezügliche Kenntnisse wären jedoch für eine **wirksame Kriminalprävention** und damit angemessene Reaktion des Strafgesetzgebers dringend notwendig (vgl. *Eisenberg* NJW 1993, 1033, [1034]). § 129 StGB zeigt folglich, dass sich der Gesetzgeber nur zu gerne der Diskussion hinsichtlich der Ursachen von Kriminalität entzieht und stattdessen auf eine Ausweitung des Strafrechts setzt, die sich mit der verfassungsrechtlich gebotenen freiheitsorientierten Ausgestaltung des Rechtsrahmens nur schwer vereinbaren lässt (vgl. *Albrecht,* Der Weg in die Sicherheitsgesellschaft, 2010, S. 600).

2. Geschütztes Rechtsgut

3 Die Frage, welches Rechtsgut mit der Vorschrift geschützt wird, ist im Schrifttum umstritten. So wird einerseits darauf hingewiesen, dass die Norm zuvorderst auf den Schutz der in den einzelnen Straftatbeständen geschützten Rechtsgüter abzielt (etwa *Fischer* StGB § 129 Rn. 2). Mit der Vorschrift werde der Strafrechtsschutz über das unter Anwendung von § 30 StGB übliche Maß hinaus in das Vorbereitungsstadium vorverlagert (*Patzak* in SSW StGB § 129 Rn. 2). Der Bedarf einer Vorverlagerung des Rechtsgüterschutzes wird andererseits aber auch im Zusammenhang mit dem Schutzgut der öffentlichen Si-

Bildung krimineller Vereinigungen § 129 StGB

cherheit geltend gemacht (BGH NJW 1995, 2117: vgl. BGH NStZ 1982, 198). Nach dieser in Rechtsprechung und Literatur überwiegend vertretenen Auffassung soll die Vorschrift auf den **Schutz der öffentlichen Sicherheit und der staatlichen Ordnung** abzielen (BGH NJW 1984, 2956 [2957]; *Heintschel-Heinegg* in BeckOK StGB § 129 Rn. 1). Hierbei soll die öffentliche Sicherheit den öffentlichen Frieden mitumfassen (BGH NJW 1995, 2117 [2118]; nach a. A. soll hingegen der öffentliche Frieden die öffentliche Sicherheit und Ordnung beinhalten; so *Lenckner/Sternberg-Lieben* in Schönke/Schröder § 129 Rn. 1).

Für die Lösung des für die Praxis weitgehend bedeutungslosen (vgl. *Gazeas* 4 in LTZ StGB § 129 Rn. 2) Streitstands (vertiefend *Schäfer* in Joecks/Miebach § 129 Rn. 1 f.) ist der Strafgrund des § 129 maßgeblich. Dieser liegt in der erhöhten kriminellen Intensität, die in der Gründung oder Fortführung einer festgefügten Organisation ihren Ausdruck findet und die aufgrund der ihr innewohnenden Eigendynamik eine erhöhte Gefährlichkeit für wichtige **Rechtsgüter der Gemeinschaft** mit sich bringt (BGH NJW 2010, 3042 [3044]; BGH NJW 1983, 1334 [1335]). Entscheidend ist in diesem Zusammenhang der über den Schutz von Individualrechtsgütern hinausgehende Gemeinschaftsbezug (*Schäfer* in Joecks/Miebach StGB § 129 Rn. 2). Dieser kommt allein im Schutz der Rechtsgüter der öffentlichen Sicherheit und der staatlichen Ordnung zum Ausdruck.

3. Deliktsnatur

Die Bildung einer kriminellen Vereinigung ist ein **abstraktes Gefähr-** 5 **dungsdelikt** (vgl. BGH NJW 1984, 2956 [2957]; vgl. BGH NJW 1983, 1334 [1335]; *Heintschel-Heinegg* in BeckOK StGB § 129 Rn. 1). Entscheidend ist für die Tatbestandsmäßigkeit einer Handlung also nicht die Verletzung eines Rechtsguts, sondern vielmehr die Schaffung einer Gefahr. Kriminelle Vereinigungen werden in diesem Zusammenhang vor allem wegen ihrer Organisationsstruktur und der ihnen innwohnenden Eigendynamik für besonders gefährlich gehalten.

Die **organisationsbezogene Ausgestaltung** der Strafnorm hat zur Folge, 6 dass als tatbestandsmäßig nur Tätigkeiten erfasst werden, die sich auf die Vereinigung als Organisation beziehen und mit dieser in einem Zusammenhang stehen (BGH NJW 1984, 2956 [2957]; *Schäfer* in Joecks/Miebach StGB § 129 Rn. 5; *Heintschel-Heinegg* in BeckOK StGB § 129 Rn. 2).

Die Beteiligung als Mitglied wird in der Regel als **Dauerdelikt** qualifiziert 7 (BVerfG NJW 1978, 414; *Schäfer* in Joecks/Miebach StGB § 129 Rn. 5; *Heintschel-Heinegg* in BeckOK StGB § 129 Rn. 2). Diese Einstufung ist dogmatisch ungenau (*Schäfer* in Joecks/Miebach § 129 Rn. 5). Im Gegensatz zu anderen Dauerdelikten handelt es sich bei § 129 nämlich um ein **Organisationsdelikt**, das „weder eine ununterbrochene deliktische Tätigkeit noch einen in deliktischer Weise geschaffenen Zustand" voraussetzt (*Schäfer* in Joecks/Miebach StGB § 129 Rn. 5). Unter der Tatbestandsalternative werden vielmehr auch ganz unterschiedliche Verhaltensweisen zu einer rechtlichen Einheit zusammengefasst (BGH NJW 1980, 2718 [2719]; vgl. BGH NJW 1961, 227 [228]; vgl. *Schäfer* in Joecks/Miebach StGB § 129 Rn. 5).

4. Praktische Bedeutung

8 Die praktische Bedeutung der Norm ist angesichts der geringen Anzahl an Verurteilungen eher gering (*Schäfer* in Joecks/Miebach StGB § 129 Rn. 6; *Maletz* Kriminalistik 2010, 428 [429]). Gleichwohl ist in diesem Zusammenhang darauf hinzuweisen, dass die wenigen Fälle, in denen es unter Berufung auf § 129 zu einer Anklage kommt, ein besonders hohes Maß an öffentlichem und medialen Interesse nach sich ziehen (vgl. *Schäfer* in Joecks/Miebach StGB § 129 Rn. 6)

9 Fraglich ist, worauf der gravierende Unterschied zwischen eingeleiteten Ermittlungsverfahren und erzielten Verurteilungen im Anwendungsbereich des § 129 StGB zurückzuführen ist. Einerseits könnte die polizeiliche Praxis durch **Überbewertungstendenzen** geprägt sein. Die Inbezugnahme des § 129 wäre dann ein einfaches Mittel, um missbräuchlich Zugang zu einschneidenden strafprozessualen Ermittlungsmaßnahmen zu erhalten (so *Walischewski* StV 2000, 583 ff., der die Vorschrift daher auch als „blankettartige Wunderwaffe des Ermittlungsverfahrens" bezeichnet). Mit der Rechtsprechung, die eine Anwendung der Vorschrift nur dann zulässt, wenn seitens der betroffenen Vereinigung Straftaten begünstigt werden, die eine erhebliche Gefahr für die öffentliche Sicherheit bedeuten und somit ein gewisses Gewicht aufweisen müssen, ließe sich das wohl nur schwer vereinbaren (BGH NJW 1995, 2117). Andererseits könnte es sich aber auch so verhalten, dass die geringe Zahl der Verurteilungen der **komplexen Beweisführung** und den hohen Anforderungen an den Nachweis der Organisationsstruktur einer kriminellen Vereinigung geschuldet ist (*Schäfer* in Joecks/Miebach StGB § 129 Rn. 6).

10 Als **Katalogtat** wird die Vorschrift in § 98a Abs. 1 Nr. 2 StPO, § 119a Abs. 1 Nr. 2 StPO i. V. m. § 74a Abs. 1 Nr. 4 GVG; § 100a Abs. 2 Nr. 1 lit. d StPO; § 100c Abs. 2 Nr. 1 lit. b StPO angeführt.

II. Objektiver Tatbestand

11 Der objektive Tatbestand des § 129 Abs. 1 StGB ist dann verwirklicht, wenn ein Täter eine Vereinigung gründet, deren Zweck oder deren Tätigkeit darauf gerichtet ist, Straftaten zu begehen oder wenn er sich an einer solchen Vereinigung als Mitglied beteiligt, für sie um Mitglieder oder Unterstützer wirbt oder sie unterstützt. Insgesamt werden mit der Vorschrift also **vier alternative Tathandlungen** festgelegt, die alle auf den Begriff der Vereinigung Bezug nehmen (*Schäfer* in Joecks/Miebach StGB § 129 Rn. 13).

1. Vereinigung

12 Eine Vereinigung im Sinne des § 129 Abs. 1 StGB ist hinsichtlich ihrer Definition eng an den Begriff des Vereins nach § 2 Abs. 1 VereinsG angelehnt (ähnlich auch § 2 VereinsG Rn. 9 ff.). Insgesamt ist das Vorliegen von **vier Elementen** erforderlich.

13 **a) Personelles Element.** In personeller Hinsicht setzt die Vereinigung einen auf eine gewisse Dauer angelegten, freiwilligen organisatorischen Zusammenschluss von **mindestens drei Personen** voraus (BGH NJW 2009, 3448 [3459]; BGH NStZ 2008, 146 [148]; BGH NJW 2006, 1603).

b) Organisatorisches Element. Die Vereinigung setzt in organisatorischer Hinsicht ein Mindestmaß an fester Organisation (BGH NJW 1983, 1334) mit einer gegenseitigen Verpflichtung der Mitglieder voraus (NJW 2009, 3448 [3459]). Die gewählte Organisationsform ist unerheblich (vgl. BGH BeckRS 1961, 30373187). 14

Grundsätzlich verhält es sich so, dass die Straftaten nicht immer von denselben Mitgliedern der Vereinigung ausgeübt werden müssen. Eine Begehung durch sich abwechselnde oder austauschende Mitglieder ist unschädlich (*Schäfer* in Joecks/Miebach StGB § 129 Rn. 27 m.w.N.). 15

Die Zurechnung von Taten zu einer bestimmten Vereinigung kann durch strukturelle Veränderungen unterbrochen werden (BGH NStZ 2007, 401 [402]). Dies ist bspw. dann möglich, wenn eine auf einem entsprechenden Entschluss der Mitglieder beruhende Änderung der Zweckrichtung der Vereinigung festzustellen ist (BGH NStZ 2007, 401 [402]; zu den sich hieraus ergebenden Konkurrenzfragen *Heintschel-Heinegg* in BeckOK-StGB § 129 Rn. 5). 16

c) Subjektives Element. Als subjektives Element setzt die Vereinigung voraus, dass die einzelnen Mitglieder bei **Unterordnung des Willens des Einzelnen** unter den Willen der Gesamtheit einen gemeinsamen Zweck verfolgen und untereinander derart in Beziehung stehen, dass sie sich als einheitlicher Verband fühlen (BGH NJW 2009, 3448 [3459]; BGH NStZ 2008, 146 [148]; BGH NJW 2006, 1603) 17

d) Zeitliches Element. Eine kriminelle Vereinigung liegt noch nicht vor, wenn sich mehr als zwei Täter für die Durchführung einer einzelnen Straftat zusammenschließen. In zeitlicher Hinsicht ist vielmehr zu fordern, dass der Zusammenschluss durch eine gewisse **Dauerhaftigkeit** geprägt wird (*Schäfer* in Joecks/Miebach StGB § 129 Rn. 27). 18

2. Strafrechtswidrige Zwecke oder Tätigkeit

Die Vorschrift erfasst Vereinigungen, deren Zwecke oder Tätigkeit sich auf Straftaten beziehen, die dem organisatorischen Zusammenschluss in zeitlicher Hinsicht nachfolgen (*Leckner/Sternberg-Lieben* in Schönke/Schröder StGB § 129 Rn. 5). 19

a) Straftaten. Zu den Straftaten, auf deren Begehung Zweck oder Tätigkeit der von § 129 Abs. 1 StGB erfassten Vereinigungen gerichtet sind, gehören grundsätzlich alle nicht bereits mit dem organisatorischen Zusammenschluss und dessen Aufrechterhaltung begangenen, sondern ihm zeitlich und logisch nachfolgenden Delikte (BGH NJW 1995, 2117). Gleichwohl ergeben sich aus dem Schutzzweck der Norm Einschränkungen (BGH NJW 1995, 2117). Straftaten im Sinne der Norm können nur solche Taten sein, deren Begehung eine erhebliche Gefahr für die öffentliche Sicherheit bedeuten würde (BGH NJW 1995, 2117 [2118]). Die Straftaten müssen also von einigem Gewicht sein (BGH NJW 1995, 2117 [2118]). Dies ist offenkundig bei **Bagatellstraftaten** nicht der Fall (*Leckner/Sternberg-Lieben* in Schönke/Schröder StGB § 129 Rn. 6). 20

21 In Frage kommen sollen folglich nur solche Straftaten, die sich gegen das Leben, die körperliche Unversehrtheit oder die persönliche Freiheit richten (*Walischeski* StV 2000, 583 [585]). **Wirtschaftsstraftaten** unterliegen dem Anwendungsbereich der Norm damit regelmäßig nicht (*Walischeski* StV 2000, 583 [585]).

22 **b) Zwecke oder Tätigkeit.** Die dem Anwendungsbereich des § 129 StGB zugeordnete Vereinigung muss so konzipiert sein, dass der Zweck der gemeinschaftlichen Begehung von Straftaten im Mittelpunkt der gemeinschaftlichen Betätigung steht (vgl. BGH NJW 2005, 80). Dies setzt voraus, dass die Begehung der Straftaten der verbindlich festgelegte Zweck der Vereinigung ist, zu dessen Erreichung sich die Mitglieder **verpflichtet** haben (BGH NJW 2005, 80). Der auf die Begehung von Straftaten gerichtete Wille der Mitglieder der Vereinigung muss ein hohes Maß an Entschlusskraft aufweisen und darf nicht nur als vage Zielvereinbarung oder mögliches Ergebnis weiterer Willensbildungsprozesse möglich scheinen (BGH NJW 2005, 80).

23 **c) Begehung von Straftaten.** Eine Vereinigung ist dann auf die Begehung von Straftaten gerichtet, wenn eigene Straftaten begangen werden sollen (vgl. BGH NJW 1978, 433). Dies setzt voraus, dass nicht nur Taten anderer gebilligt oder zu solchen aufgerufen wird (BGH NJW 1978, 433).

3. Tathandlungen

24 Die in Frage kommenden Tathandlungen sind das Gründen einer kriminellen Vereinigung, die mitgliedschaftliche Beteiligung, das Werben um Mitglieder oder Unterstützer sowie die Unterstützung.

25 **a) Gründung.** Die Gründung einer kriminellen Vereinigung setzt voraus, dass an deren Zustandekommen führend und richtungsweisend mitgewirkt wurde (BGH NStZ-RR 2006, 267 [269]; vgl. BGH NJW 1954, 1254; *Schäfer* in Joecks/Miebach § 129 Rn. 77). Auch in der Umwandlung einer Vereinigung, die legalen Zwecken dient, in eine solche, deren Zwecke oder Tätigkeit darauf gerichtet sind, Straftaten zu begehen, liegt somit die Gründung einer kriminellen Vereinigung (BGH NJW 1978, 433).

26 Das Tatbestandsmerkmal erfasst nicht nur die Gründungsaktivitäten führender Personen, sondern vielmehr jede wesentliche Förderung der Gründung (BGH NStZ-RR 2006, 267 [269]). Entscheidend ist also, dass ein für das Zustandekommen der Vereinigung weiterführender und richtungsweisender Beitrag geleistet wurde (BGH NStZ-RR 2006, 267 [269]). So verstanden kann ein **Tatbeitrag** durchaus eine weiterführende Wirkung für die Gründung entfalten, auch wenn er im Verhältnis zu den Beiträgen anderer Gründer von lediglich untergeordneter Bedeutung ist (BGH NStZ-RR 2006, 267 [269]).

27 **b) Mitgliedschaftliche Beteiligung.** Die mitgliedschaftliche Beteiligung erfordert, dass der Täter im Rahmen einer auf beiderseitiger Zustimmung beruhenden Eingliederung in die Organisation sich deren **Willen unterordnet** und eine aktive Tätigkeit zur Förderung der Ziele derselben entfaltet (BGH NJW 2010, 3042 [3044]; vgl. BGH NJW 2001, 1734 [1735]). Notwendig ist eine auf Dauer oder zumindest längere Zeit angelegte Teilnahme am „Verbandsleben" (BGH NJW 2009, 3448 [3460]; BGH NJW 1963, 1315; BGH NStZ 1993, 37 [38]). Eine lediglich passive und für das Wirken der Vereinigung bedeutungslose Mitgliedschaft genügt diesen Anforderungen nicht (BGH NJW 2001, 1734 [1735]).

Die Strafbarkeit wegen mitgliedschaftlicher Beteiligung in einer kriminellen Vereinigung setzt nicht voraus, dass es aus dieser heraus bereits zu konkreten Tatplanungen oder zu vorbereitenden Aktivitäten für Straftaten gekommen ist (BGH NJW 2005, 80 [81]). 28

Die mitgliedschaftliche Beteiligung ist in der Regel ein **Dauerdelikt** (vgl. BGH NJW 2001, 1734 [1735]; *Heintschel-Heinegg* in BeckOK StGB § 129 Rn. 11). 29

c) Werbende Tätigkeit. Die werbende Tätigkeit muss sich nach der mit dem 34. Strafrechtsänderungsgesetz neu gefassten Tatbestandsalternative auf die Gewinnung von Mitgliedern oder Unterstützern beziehen. Die weitergehende Werbung um Sympathisanten (vgl. noch BGH NJW 1978, 1536) ist damit aus dem Tatbestand ausgeschieden (BGH NJW 2007, 2782 [2783]; *Schäfer* in Joecks/Miebach StGB § 129 Rn. 95). 30

Um Mitglieder einer kriminellen Vereinigung wirbt, wer sich um die Gewinnung von Personen bemüht, die sich mitgliedschaftlich in die Organisation einfügen (vgl. BGH NJW 2007, 2782 [2784f.]). Um Unterstützer wirbt, wer bei anderen die Bereitschaft wecken will, die Tätigkeit oder die Bestrebungen einer solchen Vereinigung direkt oder über eines ihrer Mitglieder zu fördern, ohne sich selbst als Mitglied in die Organisation einzugliedern (vgl. BGH NJW 2007, 2782 [2785]). 31

Zu beachten ist in diesem Zusammenhang, das sich die Werbung in beiden Tatbestandsalternativen sowohl an eine konkrete Person als auch an eine unbestimmte Vielzahl von Adressaten richten kann (vgl. BGH NJW 2007, 2782 [2785]). Ein Erfolg der Werbung wird nicht vorausgesetzt; auch der erfolglose Versuch, andere als Mitglied einer Vereinigung oder zu gewinnen, wird von der Strafbarkeit erfasst (vgl. BGH NJW 2007, 2782 [2785]). 32

Unerheblich ist, in welcher Form die werbende Tätigkeit erfolgt (*Schäfer* in Joecks/Miebach StGB § 129 Rn. 101). Tatbestandsvoraussetzung ist allerdings das Vorliegen eines **konkreten Organisationsbezugs** (BGH NStZ-RR 2005, 73 [74]). Die werbende Tätigkeit muss erkennen lassen, welcher Organisation der Angesprochene beitreten oder Unterstützung leisten soll (BGH NStZ-RR 2005, 73 [74]). 33

d) Sonstige Unterstützungshandlungen. Eine kriminelle Vereinigung unterstützt, wer, ohne selbst Mitglied zu sein, deren Tätigkeit und kriminelle Bestrebungen direkt oder über eines ihrer Mitglieder **fördert** (vgl. BGH NJW 2009, 3448 [3462]). Dabei kann sich die Förderung auf die innere Organisation der Vereinigung und deren Zusammenhalt, auf die Erleichterung einzelner geplanter Straftaten, aber auch allgemein auf die Erhöhung ihrer Aktionsmöglichkeiten oder die Stärkung ihrer kriminellen Zielsetzung beziehen (vgl. BGH NJW 2009, 3448 [3462]). Durch die Unterstützungshandlung wird die potentielle Gefährlichkeit der Vereinigung gefestigt und ihr Gefährdungspotenzial gestärkt (vgl. VGH Mannheim NVwZ-RR 2011, 298). Nicht erforderlich ist, dass die Tathandlung gegenüber dem Täter subjektiv vorwerf- 34 bar ist (vgl. VGH Mannheim NVwZ-RR 2011, 298) oder in beweis- oder messbarer Weise einen Nutzen für die Vereinigung nach sich zieht (vgl. BGH NJW 2009, 3448 [3462]; vgl. BGH NJW 2007, 2782; vgl. BGH NJW 1965, 260 [261]; vgl. VGH Mannheim NVwZ-RR 2011, 298). Vielmehr ist es ausreichend, dass die Förderungshandlung an sich wirksam ist und der Vereinigung irgendeinen Vorteil bringt (vgl. BGH NJW 2009, 3448 [3462]; vgl. BGH NJW 1965, 260 [261]).

35 Ein tatbestandsmäßiges Unterstützen ist dann nicht gegeben, wenn die Handlung der Vereinigung von vornherein nicht nützlich war und sein konnte (vgl. BGH NJW 2009, 3448 [3462]). Als nicht tatbestandsmäßig scheidet zudem eine Handlung des Täters aus, die sich der Sache nach als Werben für die Vereinigung darstellt (BGH NJW 2009, 3448 [3462]).

36 Die Unterstützung ist einer zur Täterschaft verselbständigte Beihilfe durch ein Nichtmitglied einer Vereinigung (BGH NJW 1965, 260 [261]).

III. Tatbestandliche Ausnahmen (Abs. 2)

1. Parteienprivileg (Nr. 1)

37 Abs. 2 Nr. 1 bestimmt, dass die Strafvorschrift dann nicht zur Anwendung kommt, wenn die Vereinigung eine politische Partei ist, die das Bundesverfassungsgericht nicht für verfassungswidrig erklärt hat. Die Reichweite des Ausschlussgrundes ist bislang weitgehend ungeklärt. Grundsätzlich wird es sich wohl so verhalten, dass sich das **Parteienprivileg** nur auf die Tätigkeiten beziehen kann, die eine politische Komponente aufweisen. Schließen sich innerhalb einer Partei hingegen Mitglieder allein zur Begehung von Straftaten zusammen, so greift der Schutz der Vorschrift nicht (*Lenckner/Sternberg-Liebe* in Schönke/Schröder StGB§ 129 Rn. 9; *Fischer* § 129 Rn. 18).

2. Untergeordnete Zwecke und Tätigkeiten (Nr. 2)

38 Zudem ist eine Anwendbarkeit des Abs. 1 gem. Abs. 2 Nr. 2 ausgeschlossen, wenn die Begehung von Straftaten nur ein Zweck oder eine Tätigkeit der Vereinigung von untergeordneter Bedeutung ist. Der BGH stellt insoweit fest, dass die Begehung von Straftaten dann nicht von untergeordneter Bedeutung ist, „wenn sie zwar nur einen von mehreren Zwecken (oder eine von mehreren Tätigkeiten) der Vereinigung darstellt, dieser Zweck (diese Tätigkeit) aber wenigstens in dem Sinne wesentlich und damit gleichgeordnet mit den anderen ist, dass durch das strafrechtswidrige Verhalten das Erscheinungsbild der Vereinigung aus der Sicht informierter Dritter **mitgeprägt** wird" (BGH NJW 2005, 80 [83]; BGH NJW 1995, 2117). Hiernach sind gelegentliche und eher beiläufige kriminelle Handlungen aus dem Anwendungsbereich des § 129 StGB ebenso auszuscheiden wie solche kriminelle Aktivitäten, die im Vergleich zum Gesamtzweck und der Gesamttätigkeit der Vereinigung nebensächlich sind (BGH NJW 2005, 80 [83]).

3. Organisationsdelikte (Nr. 3)

Schließlich scheidet eine Bestrafung nach Abs. 1 auch dann aus, wenn die 39
Zwecke oder die Tätigkeit der Vereinigung Straftaten nach den §§ 84 bis 87
StGB betreffen. Mittels der Vorschrift soll eine Doppelbestrafung verhindert
werden (*Lenckner/Sternberg-Liebe* in Schönke/Schröder StGB § 129 Rn. 11)

IV. Subjektiver Tatbestand

In subjektiver Hinsicht ist ein **vorsätzliches Handeln** zu fordern. Ein be- 40
dingter Vorsatz genügt (BGH NJW 1980, 64).

Hinsichtlich des Vorwurfs der mitgliedschaftlichen Beteiligung ist zudem 41
ein zwischen Vereinigung und Täter bestehender einvernehmlicher Wille zur
fortlaufenden Teilnahme am Verbandsleben erforderlich (BGH NStZ 1993, 37
(38). Dem Täter muss dabei bewusst sein, dass er mit Einverständnis der Vereinigung tätig wird (*Schäfer* in Joecks/Miebach StGB § 129 Rn. 124).

Das Werben für eine kriminelle Vereinigung setzt in subjektiver Hinsicht 42
voraus, dass der Täter in propagandistischer Weise auf eine Stärkung und Unterstützung der Vereinigung hinzielt (vgl. BGH NJW 1988, 1679; vgl. BGH
NJW 1978, 1536 [1537]). Insoweit ist also **direkter Vorsatz** erforderlich (*Patzak* in SSW StGB § 129 Rn. 29).

V. Rechtswidrigkeit

Der Frage nach der Rechtswidrigkeit ist jedenfalls dann eingehend nachzu- 43
gehen, wenn Unterstützungshandlungen eines möglichen Täters in Frage stehen. Prozessual erlaubte Verteidigerhandlungen sind oftmals schon nicht tatbestandsmäßig (*Heintschel-Heinegg* in BeckOK StGB § 129 Rn. 20), ansonsten
aber gerechtfertigt (vgl. BGH NJW 1984, 1049 [1050].

Das Handeln eines von Sicherheitsbehörden angeworbenen und verpflich- 44
teten Insiders kann in entsprechender Anwendung der für verdeckte Ermittler
i. S. d. § 110a StPO und verdeckt operierende Polizeibeamte geltenden
Grundsäte unter den engen Voraussetzungen des rechtfertigenden Notstands
nach § 34 StGB gerechtfertigt sein (vgl. BGH NStZ-RR 2010, 369). Die behördliche Einflussnahme ist dann, wenn Anhaltspunkte für eine solche Rechtfertigung nicht gegeben sind, zumindest strafmildernd im Rahmen der Strafzumessung zu berücksichtigen (vgl. BGH NStZ-RR 2010, 369 [370]).

VI. Versuch und Vollendung (Abs. 3)

1. Versuch

Der Versuch wird gem. Abs. 3 nur für Tathandlung des Gründens einer kri- 45
minellen Vereinigung unter Strafe gestellt. Ein Rücktritt vom Versuch des
Gründens ist unter den Voraussetzungen der allgemeinen Bestimmungen des
§ 24 StGB möglich (*Fischer* StGB § 129 Rn. 36).

2. Vollendung

46 Die Tatbestandsvarianten der mitgliedschaftlichen Beteiligung, des Werbens und des Unterstützens sind jeweils mit Vornahme der entsprechenden Handlung vollendet (*Heintschel-Heinegg* in BeckOK StGB § 129 Rn. 22; *Krauß* in LRT § 129 Rn. 166). Auf den Erfolg der jeweiligen Handlung kommt es dabei nicht an (*Fischer* § 129 Rn. 35).

47 Die Gründung einer kriminellen Vereinigung ist erst dann vollendet, wenn die Vereinigung zustande gekommen ist (*Fischer* § 129 Rn. 35; *Krauß* in LRT StGB § 129 Rn. 167). Dies ist dann der Fall, wenn eine Organisationsstruktur mit Weisungsbefugnissen errichtet wurde und der Zweck der Vereinigung festgelegt wurde (*Fischer* § 129 Rn. 35; vgl. *Krauß* in LRT StGB § 129 Rn. 167).

VII. Täterschaft und Teilnahme

48 Wenn sich mehrere Täter zu einer kriminellen Vereinigung zusammenschließen, hat dies nicht zur Folge, dass jede von einem Vereinigungsmitglied begangene Tat den anderen Mitgliedern ohne weiteres als gemeinschaftlich begangene Straftat i. S. d. § 25 Abs. 2 StGB zugerechnet werden kann (BGH NStZ 2011, 577 [578]). Vielmehr ist für jede einzelne Tat nach den allgemeinen Kriterien festzustellen, ob sich die anderen Mitglieder hieran als Mittäter, Anstifter oder Gehilfen beteiligt haben oder ob sie gegebenenfalls überhaupt keinen strafbaren Tatbeitrag geleistet haben (BGH NStZ 2011, 577 [578]).

49 Hinsichtlich der Tatbestandsvariante des Gründens ist eine Anstiftung oder Beihilfeleistung nach h. M. möglich (*Fischer* § 129 Rn. 38; vgl. *Krauß* in LRT StGB § 129 Rn. 162; *Heintschel-Heinegg* in BeckOK StGB § 129 Rn. 21a). Gleiches gilt für die Tatbestandsvariante des Werbens um Mitglieder und Unterstützer (*Fischer* StGB § 129 Rn. 38; vgl. *Krauß* in LRT StGB § 129 Rn. 165; *Heintschel-Heinegg* in BeckOK StGB § 129 Rn. 21a). Die Anstiftung zur mitgliedschaftlichen Beteiligung wird bereits von der Tatbestandsvariante des Werbens erfasst (*Fischer* § 129 Rn. 38; vgl. *Krauß* in LRT StGB § 129 Rn. 163; *Heintschel-Heinegg* in BeckOK StGB § 129 Rn. 21a). Beihilfe zur mitgliedschaftlichen Beteiligung ist wie auch die Anstiftung und Beihilfe zum Unterstützen täterschaftliches Unterstützen (*Fischer* § 129 Rn. 38; vgl. *Krauß* in LRT StGB § 129 Rn. 163; *Heintschel-Heinegg* in BeckOK StGB § 129 Rn. 21a).

VIII. Rechtsfolgen

1. Allgemeiner Strafrahmen (Abs. 1)

50 Nach dem allgemeine Strafrahmen des Abs. 1 ist im Falle einer Verurteilung eine Freiheitsstrafe bis zu fünf Jahren oder Geldstrafe möglich.

51 Hinsichtlich der Strafzumessung sind der Grad der Gefährlichkeit der jeweiligen kriminellen Vereinigung, die Art und Schwere der ggf. begangenen Straftetaten (*Fischer* StGB § 129 Rn. 40) und das Ausmaß des verursachten Schadens zu berücksichtigen.

2. Besonders schwere Fälle (Abs. 4)

Abs. 4 bestimmt, dass Täter, die zu den Rädelsführern oder Hintermännern 52 gehören, mit einer erhöhten Freiheitsstrafe von sechs Monaten bis zu fünf Jahren zu bestrafen sind. Zudem werden weitere besonders schwere Fälle bezeichnet, in denen auf Freiheitsstrafen von sechs Monaten bis zu zehn Jahren zurückzugreifen ist.

a) Rädelsführer. Rädelsführer ist, wer in der Vereinigung maßgeblichen 53 Einfluss besitzt und an deren Führung mitwirkt (vgl. BGH NJW 1965, 451 [452]). Dabei kommt es nicht darauf an, dass der Betroffene selbst zu den offiziellen Führungskräften der Vereinigung gehört (vgl. BGH NJW 1965, 451 [452]). Es genügt vielmehr, dass er durch sein Tun einen sowohl hinsichtlich der Größe der von ihm geführten Vereinigung als auch der Sache nach **beträchtlichen Einfluss** ausübt (vgl. BGH NJW 1965, 451 [452]).

Weniger wichtige Entscheidungen, die keinen Spielraum zu eigenverant- 54 wortlichen Entscheidungen erkennen lassen, scheiden damit als nicht tatbestandsmäßig aus (vgl. BGH NJW 1965, 451 [452]). Ebenso wenig genügt für die Feststellung der Rädelsführerschaft eine rein formelle Bestellung als Führungsperson (*Schäfer* in Joecks/Miebach StGB § 129 Rn. 148).

b) Hintermänner. Hintermann ist, wer als Außenstehender in geistiger 55 oder wirtschaftlicher Art und Weise maßgebenden Einfluss auf die Führung einer Vereinigung hat (vgl. BGH NJW 1965, 451 [452]; *Schäfer* in Joecks/Miebach StGB § 129 Rn. 149). Sein Einfluss beruht dabei nicht auf einer formellen Weisungsbefugnis (vgl. BGH NJW 1965, 451 [452]).

c) Sonstige besonders schwere Fälle. Sonstige besonders schwere Fälle 56 können bspw. dann gegeben sein, wenn die Ziele der kriminellen Vereinigung auf einen besonders gravierenden Schaden gerichtet sind oder wenn der Umfang der kriminellen Aktivitäten von besonderem Gewicht ist (vgl. *Schäfer* in Joecks/Miebach StGB § 129 Rn. 151; *Krauß* in LRT StGB § 129 Rn. 176).

d) Besonders schwere Straftaten. Auf Freiheitsstrafe von sechs Monaten 57 bis zu zehn Jahren ist zu erkennen, wenn der Zweck oder die Tätigkeit der kriminellen Vereinigung darauf gerichtet ist, in § 100c Abs. 2 Nr. 1 Buchstabe a, c, d, e und g mit Ausnahme von Straftaten nach § 239a oder § 239b, Buchstabe h bis m, Nr. 2 bis 5 und 7 StPO genannte Straftaten zu begehen.

3. Mitläuferklausel (Abs. 5)

Bei Beteiligten, deren Schuld gering und deren Mitwirkung von unterge- 58 ordneter Bedeutung ist, kann gem. Abs. 5 von einer Bestrafung abgesehen werden.

a) Mitwirkung von untergeordneter Bedeutung. Ein Mitwirkungs- 59 handlung ist dann von untergeordneter Bedeutung, wenn sie aus objektiver Sichtweise als geringfügiger Tatbeitrag einzustufen ist (*Krauß* in LRT StGB § 129 Rn. 177; *Schäfer* in Joecks/Miebach StGB § 129 Rn. 153). Dies ist insbesondere dann der Fall, wenn der Tatbeitrag nicht erheblich ins Gewicht fällt (vgl. BGH BeckRS 1983, 05581).

60 **b) Geringe Schuld.** Das Tatbestandsmerkmal der geringen Schuld weist darauf hin, dass ein Absehen von der Bestrafung nur dann möglich ist, wenn die Tat in subjektiver Hinsicht eine geringe Verantwortlichkeit aufweist (*Krauß* in LRT StGB § 129 Rn. 177; *Schäfer* in Joecks/Miebach StGB § 129 Rn. 153).

IX. Tätige Reue (Abs. 6)

1. Allgemeines

61 Über die allgemeinen Regelungen des § 24 StGB hinausgehend sind in § 129 Abs. 6 StGB Möglichkeiten zur Strafmilderung und Strafbefreiung vorgesehen, die auch dann greifen können, wenn das Delikt bereits vollendet wurde (*Schäfer* in Joecks/Miebach § 129 Rn. 156). Mittels dieser Regelungen soll die Bereitschaft des Täters zur Mitwirkung an der Abwehr und Minderung der von kriminellen Vereinigungen ausgehenden Gefahren geweckt werden (*Schäfer* in Joecks/Miebach StGB § 129 Rn. 157). Im Schrifttum wird die Regelung daher auch als **„Denunziantenprivileg"** und Relikt eines nationalsozialistisch geprägten Strafrechts bezeichnet (*Cobler* KritJ 1984, 407 [412]).

62 Zudem dürfte der mit der Vorschrift gesetzte Anreiz begrenzt sein, weil ein sich Strafmilderung oder Strafbefreiung erhoffender Täter gleichwohl mit einer Bestrafung wegen der im Zusammenhang mit der Tat nach § 129 StGB stehenden Begleitdelikte rechnen muss (*Schäfer* in Joecks/Miebach § 129 Rn. 157; *Hilger* NJW 1987, 2377 [2378]).

2. Strafmilderung gem. § 49 Abs. 2

63 **a) Verhindern des Fortbestands der Vereinigung (Abs. 6 Nr. 1 Alt. 1).** Eine Strafmilderung ist möglich, wenn sich der Täter freiwillig und ernsthaft bemüht, das Fortbestehen der Vereinigung zu verhindern. Die Norm setzt zunächst einmal voraus, dass die kriminelle Vereinigung zum Zeitpunkt des Bemühens des Täters noch bestanden hat (*Heintschel-Heinegg* in BeckOK StGB § 129 Rn. 27). Zudem darf es nach der Vorstellung des Täters noch nicht durch andersartige Entwicklungen zu einer Auflösung der kriminellen Vereinigung kommen. Nach seinen **subjektiven Vorstellungen** muss sein Tätigwerden vielmehr **kausal** für die Verhinderung des Fortbestands werden (vgl. BGH NStZ-RR 2006, 232 [233 f.]).

64 **b) Verhindern von Straftaten (Abs. 6 Nr. 1 Alt. 2).** Des Weiteren kommt eine Strafmilderung in Betracht, wenn sich der Täter freiwillig und ernsthaft bemüht, die Begehung einer den Zielen der Vereinigung entsprechenden Straftat zu verhindern. Auf den Eintritt des Verhinderungserfolgs kommt es hierbei nicht an. Entscheidend ist vielmehr, dass der Täter mit nicht ganz unbedeutenden Aktivitäten auf die Verhinderung zumindest eine einzelnen Tat abzielt. Das Unterlassen steht einer aktiven Bemühung um die Verhinderung einer Straftat gleich, wenn der Täter davon ausgehen kann, dass die Tat ohne seinen Beitrag nicht begangen werden kann (*Schäfer* in Joecks/Miebach StGB § 129 Rn. 162; *Lenckner/Sternberg-Lieben* in Schönke/Schröder StGB § 129 Rn. 20).

Bildung krimineller Vereinigungen　　　　　　　　　　§ 129 StGB

c) **Offenbarung gegenüber einer Dienststelle (Abs. 6 Nr. 2).** Gem. 65
Abs. 6 Nr. 2 ist eine Strafmilderung schließlich auch dann möglich, wenn der
Täter sein Wissen freiwillig so rechtzeitig einer Dienststelle offenbart, dass Straftaten, deren Planung er kennt, noch verhindert werden können. Grundsätzlich
genügt es auch in diesem Zusammenhang, dass der Täter seine Offenbarung lediglich auf eine einzelne geplante Tat bezieht. Hierbei kommt es darauf an, dass
die Dienststelle **aus Sicht des Täters** noch keine sichere Kenntnis von den ihr
gegenüber offenbarten Informationen hat (vgl. BGH NJW 1977, 769). Zudem
muss der Täter sein diesbezügliches und für die Verhinderung der Tat relevantes
gesamtes Wissen vollumfänglich offenlegen (vgl. BGH NJW 1977, 769).

Die sachgerechte Verwendung des vom Täter offenbarten Wissens durch 66
die von ihm angesprochene Dienststelle liegt außerhalb seiner Einflusssphäre.
Auf den Verhinderungserfolg kann es damit folglich nicht ankommen. Es genügt vielmehr, dass eine zur Gefahrenabwehr befähigte Dienststelle rechtzeitig
und umfassend durch den Täter unterrichtet wurde (vgl. *Schäfer* in Joecks/
Miebach StGB § 129 Rn. 165 f.).

3. Strafbefreiung bei Erfolgseintritt

Straflosigkeit erreicht der Täter immer dann, wenn er entsprechend § 129 67
Abs. 6 Nr. 1 oder Nr. 2 StGB tätig wurde und das Fortbestehen der Vereinigung verhindert wurde. Eine Kausalität zwischen dem Bemühen des Täters
und dem Verhinderungserfolg ist nicht erforderlich (*Schäfer* in Joecks/Miebach
StGB § 129 Rn. 167).

X. Konkurrenzen

1. Norminterne Konkurrenzen

Die Gründung einer kriminellen Vereinigung und die anschließende Beteili- 68
gung an derselben werden wie auch mehrere mitgliedschaftliche Beteiligungshandlungen zu einer tatbestandlichen Handlungseinheit verbunden (BGH
NStZ 2004, 385; *Heintschel-Heinegg* in BeckOK StGB § 129 Rn. 28; *Krauß* in
LRT StGB § 129 Rn. 189). Die Handlungen bilden auch dann eine Tat, wenn
sie unterschiedlich ausgestaltet sind und mit erheblichen zeitlichen Abständen
ausgeführt werden (BVerfG NJW 1981, 1433 (1435); *Krauß* in LRT StGB
§ 129 Rn. 189).

Tatmehrheit liegt hingegen dann vor, wenn sich der Täter mittels unter- 69
schiedlicher Handlungen in verschiedenen Vereinigungen betätigt oder wenn
er seine Mitgliedschaft in einer kriminellen Vereinigung aussetzt und später
wieder aufnimmt (vgl. BGH NStZ 2007, 401; vgl. BGH NJW 2001, 1734
[1735]).

Eine tatbestandliche Handlungseinheit ist auch dann abzulehnen, wenn der 70
Täter die Tatbestandsalternativen des Werbens oder Unterstützens mehrfach
verwirklicht (vgl. BGH NJW 2007, 2782, [2785]). In diesen Fällen wird regelmäßig Tatmehrheit gegeben sein (*Krauß* in LRT StGB § 129 Rn. 193). Ausnahmsweise wird man von Handlungseinheit aber dann auszugehen haben,
wenn die Aktivitäten des Täters auf ein und denselben Werbungs- oder Unter-

stützungserfolg abzielen und miteinander in einem engen räumlichen, zeitlichen und bezugsmäßigen Handlungszusammenhang stehen (*Krauß* in LRT StGB § 129 Rn. 193).

2. Verhältnis zu anderen Strafvorschriften

71 Grundsätzlich gilt, dass die mitgliedschaftliche Betätigung in einer kriminellen Vereinigung in Tateinheit zu den Straftaten steht, die der Täter als Mitglied der Vereinigung begeht (BGH NStZ-RR 2006, 232 [233]; BGH NJW 1980, 2718 § 129 StGB). Mehrere solcher Straftaten, die untereinander in Tatmehrheit stehen würden, können jedoch nur dann durch die Klammerwirkung des Organisationsdelikts des § 129 StGB zu einer Handlung zusammengefasst werden, wenn sie im Verhältnis zu ihm leichter oder annähernd gleichwertig sind (BGH NStZ-RR 2006, 232 [233]; BGH NJW 1980, 2718). Ist dies nicht der Fall, so liegt Handlungsmehrheit vor. Die einzelnen, verwirklichten Straftatbestände stehen zueinander in Realkonkurrenz (BGH NJW 1980, 2718).

E. Gesetz über das Bundesverfassungsgericht (Bundesverfassungsgerichtsgesetz – BVerfGG)

In der Fassung der Bekanntmachung vom 11. August 1993 (BGBl. I S. 1473)
zuletzt geändert durch Art. 1 ÄndG vom 29.8.2013 (BGBl. I S. 3463)

– Auszug –

Zweiter Abschnitt. Verfahren in den Fällen des § 13 Nr. 2 [Parteiverbot]

§ 43 [Antragsberechtigte]

(1) **Der Antrag auf Entscheidung, ob eine Partei verfassungswidrig ist (Artikel 21 Abs. 2 des Grundgesetzes), kann von dem Bundestag, dem Bundesrat oder von der Bundesregierung gestellt werden.**

(2) **Eine Landesregierung kann den Antrag nur gegen eine Partei stellen, deren Organisation sich auf das Gebiet ihres Landes beschränkt.**

I. Allgemeines

§ 43 bis 47 BVerfGG regeln die mit Art. 21 Abs. 2 Satz 2 GG angesprochenen Modalitäten hinsichtlich der seitens des Bundesverfassungsgerichts zu treffenden Feststellung der Verfassungswidrigkeit einer politischen Partei. Der Schritt zum Parteiverbot sollte mit Hinblick auf die verfassungsrechtlich zu gewährleistende **Verhältnismäßigkeit** immer das **letzte Mittel** sein, wenn eine mit politischen Argumenten geführte Auseinandersetzung gescheitert ist (vgl. *Burkhart* in UCD BVerfGG § 43 Rn. 7)   1

II. Antragsberechtigte Bundesorgane (Abs. 1)

Von sich aus wird das Bundesverfassungsgericht nicht tätig. Der Bundestag, der Bundesrat und die Bundesregierung können jederzeit den Antrag auf Feststellung der Verfassungswidrigkeit einer Partei stellen (zu den erforderlichen Mehrheitsverhältnissen *Lechner/Zuck* BVerfGG § 43 Rn. 1: zur Beschlussfassung (*Lenz/Hansel* BVerfGG § 43 Rn. 15). Im Gegensatz zur **Antragsberechtigung** der Landesregierungen kommt es dabei nicht darauf an, in welchem Land die betroffene Partei organisiert ist (*Lechner/Zuck* BVerfGG § 43 Rn. 1). Die Entscheidung hinsichtlich der Antragstellung ist eine rein politische (*Lechner/Zuck* BVerfGG § 43 Rn. 1; *Lenz/Hansel* BVerfGG § 43 Rn. 12; *Burkhart* in UCD BVerfGG § 43 Rn. 7). Das Bundesverfassungsgericht soll seine Entscheidung ungeachtet deren politischer Relevanz nur von der rechtlichen Bewertung abhängig machen (*Lechner/Zuck* BVerfGG § 43 Rn. 1).   2

BVerfGG § 43 Zweiter Abschnitt. Verfahren in den Fällen des § 13 Nr. 2

1. Ermessensentscheidung der Antragsberechtigten

3   Die Entscheidung über die Stellung eines Antrags nach Art. 21 Abs. 2 GG trifft der jeweils Antragsberechtigte nach **pflichtgemäßem Ermessen** (BVerfG NJW 1956, 1393 [1394]; *Lechner/Zuck* BVerfGG § 43 Rn. 2; *Lenz/Hansel* BVerfGG § 43 Rn. 12). Die dem entgegenstehende Auffassung, die sich für eine Verpflichtung der Antragsberechtigten ausspricht, sofern diese von der Verfassungswidrigkeit einer Partei überzeugt sind, ist mangels der Erzwingbarkeit einer Antragstellung weitgehend irrelevant (vgl. *Lechner/Zuck* BVerfGG § 43 Rn. 2). Bedeutsam wird der Streitstand allerdings hinsichtlich der Frage, ob ein bereits gestellter Antrag wieder zurückgenommen werden kann. Dies ist wohl nur im Falle der Entscheidung für einen Ermessensspielraum möglich (*Lechner/Zuck* BVerfGG § 43 Rn. 2).

2. Formelle Voraussetzungen der Antragstellung

4   Der Antrag nach Art. 21 Abs. 2 GG ist an **keine Frist** gebunden (*Lechner/Zuck* BVerfGG § 43 Rn. 6). Die inhaltlichen Anforderungen an den Antrag ergeben sich aus § 23 BVerfGG (*Lechner/Zuck* BVerfGG § 43 Rn. 2). In inhaltlicher Hinsicht kann er nicht auf die Feststellung der Verfassungswidrigkeit einer Teilorganisation einer politischen Partei beschränkt werden (*Lechner/Zuck* BVerfGG § 46 Rn. 3).

III. Antragsberechtigte Landesregierungen (Abs. 2)

5   Landesregierungen sind nur dann antragsberechtigt, wenn sich der Antrag gegen eine Partei richtet, deren Organisation auf das Gebiet des jeweiligen Landes beschränkt ist. Ob sich die Organisation einer Partei auf ein Landesgebiet beschränkt, ist anhand der Organisationsstruktur zu entscheiden (*Lenz/Hansel* BVerfGG § 43 Rn. 17). Der politische Einfluss einer Partei, der auch über das Landesgebiet hinweg reichen kann, ist insoweit unbeachtlich (*Lenz/Hansel* BVerfGG § 43 Rn. 17).

IV. Rechte des Antragsgegners

6   Die Feststellung deren Verfassungswidrigkeit kann allein das Bundesverfassungsgericht treffen (sog. Parteienprivileg, BVerfG NJW 2003, 1577 [1579]). Bas Parteiverbotsverfahren ist ein **kontradiktorisches Verfahren** (*Lenz/Hansel* BVerfGG § 43 Rn. 13). Der **Antragsgegner** ist die jeweils vom Verbotsantrag betroffene politische Partei. Diese kann im Verfahren alle denkbaren Anträge stellen, ohne dass es hierzu der Mitwirkung eines weiteren Beteiligten bedarf (*Lenz/Hansel* BVerfGG § 43 Rn. 13).

7   Die Partei hat als Antragsgegner Anspruch auf ein **faires Verfahren** (BVerfG NJW 2003, 1577 [1584]). Das Bundesverfassungsgericht nimmt eine Garantenstellung hinsichtlich der Wahrung der rechtsstaatlichen Anforderungen an das Entscheidungsverfahren und die Entscheidungsfindung ein. „Kommt es im Verfahren zu gravierenden Verstößen gegen objektives Verfassungsrecht oder gegen subjektive Rechte [...], so hat das Gericht zu prüfen, ob das staatliche In-

teresse an der weiteren Durchführung des Verfahrens überwiegt oder ob die Fortsetzung des Verfahrens den verfassungsrechtlichen Anforderungen an die Rechtsstaatlichkeit dieses Verfahrens und dem verfassungsrechtlich gebotenen Schutz der Rechte [des Antragsgegners] widerspräche." (BVerfG NJW 2003, 1577 [1579f.])

Ein eigenständiges Recht auf Veranlassung der Durchführung eines Verbotsverfahrens mit der Zielsetzung, dass die Verfassungswidrigkeit gerade nicht festgestellt wird, ist Parteien nicht zuzubilligen (BVerfG BeckRS 2013, 47707; *Klein* in MSKB BVerfGG § 43 Rn. 3; *Windoffer* DÖV 2013, 151). 8

Ein Recht auf Aufhebung des Parteiverbots oder ein Anspruch auf **Wiederzulassung** einer bereits verbotenen Partei steht dem Antragsgegner ebenfalls nicht zu (*Burkhart* in UCD BVerfGG § 43 Rn. 9). 9

§ 44 [Vertretung der Partei]

¹Die Vertretung der Partei bestimmt sich nach den gesetzlichen Vorschriften, hilfsweise nach ihrer Satzung. ²Sind die Vertretungsberechtigten nicht feststellbar oder nicht vorhanden oder haben sie nach Eingang des Antrags beim Bundesverfassungsgericht gewechselt, so gelten als vertretungsberechtigt diejenigen Personen, die die Geschäfte der Partei während der Tätigkeit, die den Antrag veranlaßt hat, zuletzt tatsächlich geführt haben.

I. Allgemeines

Das gegen politische Parteien gerichtete Verbotsverfahren soll nicht durch Streitigkeiten über die **Vertretungsberechtigung** verzögert oder verhindert werden (vgl. *Lechner/Zuck* BVerfGG § 44 Rn. 1; *Lenz/Hansel* BVerfGG § 44 Rn. 1). Die Regelung des § 44 BVerfGG soll insoweit für klare und nachvollziehbare Verhältnisse sorgen. Zudem wird mittels der Bestimmung gewährleistet, dass der betroffenen Partei rechtliches Gehör gewährt werden kann (*Burkhart* in UCD BVerfGG § 44 Rn. 1). 1

Die Vorschrift bestimmt daher ergänzend zu den zivil- und öffentlich-rechtlichen Vorschriften Regelungen hinsichtlich der Vertretung einer Partei im Verfahren vor dem Bundesverfassungsgericht (vgl. *Lechner/Zuck* BVerfGG § 44 Rn. 1). In anderen Verfahren kommt die Norm nicht zur Anwendung (*Lechner/Zuck* BVerfGG § 44 Rn. 1). Zudem ist zu berücksichtigen, dass sich auch Parteien in der mündlichen Verhandlung vor dem Bundesverfassungsgericht durch einen **Rechtsanwalt oder Rechtslehrer** (vgl. § 22 Abs. 1 Satz 1 BVerfGG) vertreten lassen müssen (vgl. *Lechner/Zuck* BVerfGG § 44 Rn. 1). 2

Durch andere als die in § 44 BVerfGG genannten Personen wird eine Partei vor dem Bundesverfassungsgericht nicht gesetzlich vertreten (*Lechner/Zuck* BVerfGG § 44 Rn. 4). Die Möglichkeit der Beiordnung eines Beistandes gem. § 22 Abs. 2 Satz 4 BVerfGG bleibt hiervon unberührt. 3

Einer **Vollmacht** bedürfen die nach § 44 BVerfG zur Vertretung einer Partei bestimmten Personen nicht (*Klein* in MSKB § 44 Rn. 7). 4

II. Vertretung nach den gesetzlichen Vorschriften (Satz 1)

5   Die Vertretung der Partei bestimmt sich nach den gesetzlichen Vorschriften, hilfsweise nach ihrer Satzung. Mittels des Vorranges der gesetzlichen Bestimmungen vor der Satzung sollte ein missbräuchlicher Gebrauch der **Satzungsautonomie** verhindert werden (*Lenz/Hansel* BVerfGG § 44 Rn. 2). Die praktische Relevanz dieser Vorgabe darf bezweifelt werden (vgl. *Lenz/Hansel* BVerfGG § 44 Rn. 2). Grundsätzlich legen die gesetzlichen Bestimmungen des § 11 Abs. 3 Satz 2 PartG fest, dass der Vorstand nach § 26 Abs. 1 Satz 2 und 3 BGB die Partei vertritt, soweit dies nicht anderweitig durch die Satzung geregelt wurde. Entgegen dem Wortlaut von Satz 1 ist also vor allem die Satzung hinsichtlich der Feststellung des Vertretungsbefugten maßgeblich (vgl. *Burkhart* in UCD BVerfGG § 44 Rn. 3).

III. Vertretungsfiktion (Satz 2)

6   Für die Fälle, dass die Vertretungsberechtigten einer Partei nicht feststellbar oder nicht vorhanden sind oder seit Beginn des Verfahrens vor dem Bundesverfassungsgericht gewechselt haben, folgt aus § 44 Satz 2 BVerfGG eine gesetzliche **Fiktion der Vertretungsbefugnis**. In diesen Fällen hat das Bundesverfassungsgericht im Wege der Amtsermittlung festzustellen, wer die Geschäfte der Partei, die ihre politische Haltung und Betätigung prägen, geführt hat (vgl. *Lechner/Zuck* BVerfGG § 44 Rn. 3). Diese Person ist dann vertretungsbefugt. Vertretungsbefugt können auch mehrere Personen gemeinsam sein (vgl. *Lechner/Zuck* BVerfGG § 44 Rn. 3).

§ 45 [Vorverfahren]

Das Bundesverfassungsgericht gibt dem Vertretungsberechtigten (§ 44) Gelegenheit zur Äußerung binnen einer zu bestimmenden Frist und beschließt dann, ob der Antrag als unzulässig oder als nicht hinreichend begründet zurückzuweisen oder ob die Verhandlung durchzuführen ist.

I. Allgemeines

1   Die Durchführung eines Hauptverfahrens vor dem Bundesverfassungsgericht beeinträchtigt die betroffene Partei in ihrer Rechtsstellung, weil diese seitens der Öffentlichkeit als „verdächtig" wahrgenommen wird (vgl. *Burkhart* in UCD BVerfGG § 45 Rn. 3). Damit die politischen Parteien vor willkürlichen Verbotsverfahren und den damit einhergehenden Auswirkungen geschützt sind, ist der Durchführung des Hauptverfahrens eine **Vorprüfung durch das Bundesverfassungsgericht** vorgeschaltet (*Burkhart* in UCD BVerfGG § 45 Rn. 1). Mittels der Vorprüfung soll das Bundesverfassungsgericht zudem entlastet werden (*Burkhart* in UCD BVerfGG § 45 Rn. 1).

II. Zurückweisung des Verbotsantrags

Ein unzulässiger oder nicht hinreichend begründeter Verbotsantrag ist 2
durch Beschluss ohne mündliche Verhandlung zurückzuweisen. Die gerichtliche Vorprüfung hat sich mit der Frage zu befassen, ob der gestellte Antrag zulässig ist. Zudem ist zu prüfen, ob mit hinreichender Wahrscheinlichkeit von dessen Begründetheit ausgegangen werden kann. Das Bundesverfassungsgericht nimmt zu diesem Zwecke eine vorläufige Bewertung der Aktenlage vor, die auf einer **summarischen Prüfung der vorgelegten Beweismittel** beruht (vgl. *Burkhart* in UCD BVerfGG § 45 Rn. 2).

Bevor das Bundesverfassungsgericht entscheidet, setzt es den Vertretungsberechtigten der betroffenen Partei die Gelegenheit, sich binnen einer mit Hinblick auf die Komplexität des Verbotsverfahrens angemessenen Frist (ca. 6 Monate dürften angemessen sein), zu dem Vorwurf der Verfassungswidrigkeit zu äußern (vertiefend zur Fristsetzung *Lenz/Hansel* BVerfGG § 45 Rn. 4). 3

Die Entscheidung des Bundesverfassungsgerichts über die **Zurückweisung des Verbotsantrags** ergeht wie auch die Entscheidung über die Durchführung der Verhandlung durch Beschluss, der von einer Mehrheit von zwei Dritteln der Senatsmitglieder getragen werden muss (vgl. § 15 Abs. 4 Satz 1 BVerfGG). 4

III. Durchführung des Hauptverfahrens

Sofern die **Durchführung des Verfahrens** angeordnet wird, richtet sich 5
das Verfahren nach den allgemeinen Verfahrensvorschriften (*Burkhart* in UCD BVerfGG § 45 Rn. 5). Das heißt, dass gem. § 25 Abs. 1 BVerfGG grundsätzlich eine mündliche Verhandlung stattzufinden hat (vertiefend zum Verfahren *Burkhart* in UCD BVerfGG § 45 Rn. 5).

Das Bundesverfassungsgericht kann zu jedem Zeitpunkt des Verbotsverfahrens **einstweilige Anordnungen** erlassen und **Beschlagnahmen** und **Durchsuchungen** anordnen (*Lechner/Zuck* BVerfGG § 45 Rn. 2 m.w.N.). 6

§ 46 [Entscheidung über Verfassungswidrigkeit einer Partei]

(1) **Erweist sich der Antrag als begründet, so stellt das Bundesverfassungsgericht fest, daß die politische Partei verfassungswidrig ist.**

(2) **Die Feststellung kann auf einen rechtlich oder organisatorisch selbständigen Teil einer Partei beschränkt werden.**

(3) **¹Mit der Feststellung ist die Auflösung der Partei oder des selbständigen Teiles der Partei und das Verbot, eine Ersatzorganisation zu schaffen, zu verbinden. ²Das Bundesverfassungsgericht kann in diesem Fall außerdem die Einziehung des Vermögens der Partei oder des selbständigen Teiles der Partei zugunsten des Bundes oder des Landes zu gemeinnützigen Zwecken aussprechen.**

BVerfGG § 46 Zweiter Abschnitt. Verfahren in den Fällen des § 13 Nr. 2

Übersicht

	Rn.
I. Allgemeines	1
II. Voraussetzungen des Parteiverbots	2
III. Feststellung der Verfassungswidrigkeit (Abs. 1)	3
IV. Beschränkung der Feststellung auf Teile einer Partei (Abs. 2)	6
V. Nebenentscheidungen (Abs. 3)	9
1. Anordnung der Auflösung einer Partei	10
2. Verbot von Ersatzorganisationen	12
3. Einziehung des Parteivermögens	14
4. Mandatsverlust	17
VI. Vollzug der Entscheidung	20

I. Allgemeines

1 Die Vorschrift legt den **Inhalt der Entscheidung** des Bundesverfassungsgerichts über die Verfassungswidrigkeit einer politischen Partei fest. Abs. 1 kommt dann zur Anwendung, wenn sich der diesbezüglich zu prüfende Antrag vollständig als begründet erweist. Ist der Antrag hingegen nur teilweise begründet, kommt hingegen Abs. 2 zur Anwendung (*Lenz/Hasel* BVerfGG § 46 Rn. 1). Wenn sich der Antrag als vollständig unbegründet erweist, wird er zurückgewiesen (*Lenz/Hasel* BVerfGG § 46 Rn. 1).

II. Voraussetzungen des Parteiverbots

2 Die Entscheidung nach § 46 BVerfGG setzt voraus, dass sich ein gegen eine politische Partei gerichteter Verbotsantrag als begründet erweist. Dies ist dann der Fall, wenn die Voraussetzungen des Art. 21 Abs. 2 Satz 1 GG (hierzu *Knabe* Art. 21 GG Rn. 31 ff.; siehe auch *Klein* in MSKB § 46 Rn. 1 ff. und *Burkhard* in UCD § 46 Rn. 1 ff.) gegeben sind.

III. Feststellung der Verfassungswidrigkeit (Abs. 1)

3 Wenn sich der gegen eine politische Partei gerichtete Verbotsantrag als begründet erweist, stellt das Bundesverfassungsgericht in Ziffer 1 des Entscheidungstenors die Verfassungswidrigkeit der Partei fest (*Lenz/Hasel* BVerfGG § 46 Rn. 1). Die dogmatische Einordnung der Feststellung ist wie bei der Aussprache eines Vereinsverbots (hierzu *Albrecht* § 3 VereinsG Rn. 12) umstritten. Aus dem Wortlaut des Art. 21 Abs. 2 Satz 1 GG kann etwa gefolgert werden, dass die Verfassungswidrigkeit einer Partei mit der Verwirklichung des Tatbestandes der Verfassungsnorm kraft Gesetzes eintritt (*Lechner/Zuck* BVerfGG § 46 Rn. 1). **Rechtsfolgen** darf die Verfassungswidrigkeit jedoch nur dann nach sich ziehen, wenn sie durch einen formellen Akt des Bundesverfassungsgerichts festgestellt wurde (*Lechner/Zuck* BVerfGG § 46 Rn. 1). Die Entscheidung des Bundesverfassungsgerichts nach § 46 Abs. 1 bzw. Abs. 2 ist folglich hinsichtlich der Feststellung der Verfassungswidrigkeit **deklaratorisch** (*Lechner/Zuck* BVerfGG § 46 Rn. 1; *Burkhard* in UCD BVerfGG § 46 Rn. 13). Bezüglich der

Ermöglichung von Rechtsfolgen, die auf der Feststellung der materiellen Voraussetzungen der Verfassungswidrigkeit beruhen, ist die Entscheidung hingegen **konstitutiv** (*Lechner/Zuck* BVerfGG § 46 Rn. 1; *Lenz/Hasel* BVerfGG § 46 Rn. 2; *Burkhard* in UCD BVerfGG § 46 Rn. 13).

In diesem Zusammenhang ist zu beachten, dass mögliche Rechtsfolgen ihre 4 Wirkung erst ab dem Zeitpunkt der Entscheidung des Bundesverfassungsgerichts entfalten dürfen (BVerfG NJW 1961, 723; *Lechner/Zuck* BVerfGG § 46 Rn. 2). Eine Rückwirkung bspw. auf den Zeitpunkt, ab dem nach den Feststellungen des Bundesverfassungsgerichts die Verbotsvoraussetzungen gegeben waren, ist nicht möglich (*Lechner/Zuck* BVerfGG § 46 Rn. 2). Auf der Grundlage des Parteienprivilegs werden die Handlungen einer verfassungswidrigen Partei folglich bis zur Verbotsentscheidung des Bundesverfassungsgerichts legalisiert (*Lechner/Zuck* BVerfGG § 46 Rn. 2).

Die Feststellung der Verfassungswidrigkeit einer politischen Partei bindet 5 gem. § 31 Abs. 1 BVerfGG die Verfassungsorgane des Bundes und der Länder sowie alle Gerichte und Behörden.

IV. Beschränkung der Feststellung auf Teile einer Partei (Abs. 2)

Im Umkehrschluss aus Abs. 2 ergibt sich, dass sich die Entscheidung über ein 6 Parteiverbot regelmäßig gegen die **Gesamtpartei** richtet, die als politische und rechtliche Einheit anzusehen ist (vgl. *Lechner/Zuck* BVerfGG § 46 Rn. 3). Das Verbot schließt damit einerseits alle **Teil- und Unterorganisationen** ein, die auf Grundlage der Satzung der betroffenen Partei errichtet wurden (BVerfG NJW 1956, 1393). Hierzu gehören etwa Gebietsverbände (Landes-, Kreis- und Ortsverbände) und Jugendorganisationen (*Lenz/Hansel* BVerfGG § 46 Rn. 3) sowie Fachausschüsse, Arbeitsgemeinschaften und Parteiinstitute (*Lechner/Zuck* BVerfGG § 46 Rn. 3). Anderseits werden von der Feststellung der Verfassungswidrigkeit grundsätzlich aber auch all jene Teile einer Partei erfasst, die rechtlich oder organisatorisch verselbständigt sind. Insoweit gilt, dass sich diese im Rahmen einer Gesamtbetrachtung als Teil der Partei erweisen müssen (vgl. *Lechner/Zuck* BVerfGG § 46 Rn. 3; vgl. *Seifert* DÖV 1961, 87). Maßgeblich sind in diesem Zusammenhang der handelnde Personenkreis, Zweck und Zielsetzung, die Art und Weise der Willensbildung sowie die festzustellende Tätigkeit einer Organisation (vgl. *Burkhard* in UCD BVerfGG § 46 Rn. 16).

Der eher weite Anwendungsbereich des Parteienprivilegs (vgl. *Lenz/Hansel* 7 BVerfGG § 46 Rn. 3) führt auch zu einer Begünstigung der rechtlich oder organisatorisch selbständigen Teile einer Partei. Diese dürfen nicht einfach nach den Bestimmungen des vereinsrechtlichen Verbotsverfahrens (siehe hierzu *Albrecht* § 3 VereinsG Rn. 12ff.) verboten werden, sondern müssen durch das Bundesverfassungsgericht für verfassungswidrig erklärt werden (vgl. *Lenz/Hansel* BVerfGG § 46 Rn. 3). Nicht zur Partei gehörende Organisationen werden allerdings auch dann von der Entscheidung des Bundesverfassungsgerichts nicht erfasst, wenn sie von dieser abhängig sind. Diese Organisationen können vom Parteienprivileg nicht profitieren (BVerfG NJW 1956, 1393; *Lechner/Zuck* BVerfGG § 46 Rn. 3). Sie sind ggf. nach den Bestimmungen des

Vereinsverbotsverfahrens zu verbieten (BVerfG NJW 1956, 1393; *Lechner/ Zuck* BVerfGG § 46 Rn. 3).

8 Die Entscheidung nach Abs. 2 setzt demnach voraus, dass es sich um rechtlich oder organisatorisch selbständige Teil- und Unterorganisationen einer Partei handelt, die in diese eingegliedert sind (*Lechner/Zuck* BVerfGG § 46 Rn. 3). Stellt sich im Rahmen des Verbotsverfahrens heraus, dass lediglich ein solcher Teil einer politischen Partei die Verbotsvoraussetzungen des Art. 21 Abs. 2 Satz 1 GG erfüllt, so ist zwingend auch nur dieser zu verbieten (*Lechner/Zuck* BVerfGG § 46 Rn. 3; *Lenz/Hansel* § 46 Rn. 4). Mit Hinblick auf § 43 Abs. 1 BVerfGG wird eine Antragstellung, die sich von vornherein nur auf einen Teil einer Partei beschränkt, für unzulässig gehalten (*Lechner/Zuck* BVerfGG § 46 Rn. 3).

V. Nebenentscheidungen (Abs. 3)

9 Abs. 3 bestimmt, dass mit der Feststellung der Verfassungswidrigkeit die **Auflösung der Partei** oder des selbständigen Teiles der Partei und das Verbot, eine Ersatzorganisation zu schaffen, zu verbinden sind. Zudem kann das Bundesverfassungsgericht in diesem Fall die Einziehung des Vermögens der Partei oder des selbständigen Teiles der Partei zugunsten des Bundes oder des Landes zu gemeinnützigen Zwecken aussprechen. Als nicht ausdrückliche geregelte Folge zieht die Feststellung der Verfassungswidrigkeit zudem den Verlust der auf die Partei entfallenden Mandate nach sich.

1. Anordnung der Auflösung einer Partei

10 Das eigentliche Parteiverbot ist die **Auflösung einer Partei** (*Lenz/Hansel* BVerfGG § 46 Rn. 5). Mit ihr **erlöscht die rechtliche Existenz** einer Partei (*Burkhard* in UCD BVerfGG § 46 Rn. 17). Bei der Auflösung handelt sich nicht um eine selbständige Exekutivmaßnahme, sondern vielmehr um eine gesetzlich angeordnete normale, typische und adäquate Folge der Feststellung der Verfassungswidrigkeit (BVerfG NJW 1956, 1393). „Wenn mit dieser Feststellung die gegenüber anderen Organisationen bevorzugte Rechtsstellung der Partei entfällt, ist es nur sachgerecht, dass daran die gleiche Rechtsfolge geknüpft wird, die im Falle des Art. 9 GG für die Verfassungswidrigkeit einer Vereinigung vorgesehen ist. Die den Exekutivbehörden verbleibende Abwicklung der Organisation der Partei ist nicht Inhalt, sondern Folge des Urteils des Bundesverfassungsgerichts" (BVerfG NJW 1956, 1393).

11 Die Übertragung der Zuständigkeit für den Auflösungsausspruch auf das Bundesverfassungsgericht ist mit dem Rechtsstaatsprinzip und den Grundsätzen der Gewaltenteilung vereinbar. Der Übertragung der Zuständigkeit für den Auflösungsausspruch auf das Bundesverfassungsgericht stehen das Prinzip des Rechtsstaats und der Gewaltenteilung nicht entgegen (BVerfG NJW 1969, 738; *Lechner/Zuck* BVerfGG § 46 Rn. 4).

2. Verbot von Ersatzorganisationen

Mit der Feststellung der Verfassungswidrigkeit einer Partei ist das **Verbot** 12
der Bildung von Ersatzorganisationen auszusprechen. Ersatzorganisationen treten an die Stelle einer nicht mehr existenten Organisation (*Lenz/Hansel* BVerfGG § 46 Rn. 9; zum Begriff der Ersatzorganisation siehe auch *Albrecht* § 4 VereinsG Rn. 4 ff.). Sie unterscheiden sich von der ursprünglichen Organisation in organisatorischer Hinsicht, teilen aber deren Ziele (vgl. *Lenz/Hansel* BVerfGG § 46 Rn. 9; vgl. *Lechner/Zuck* BVerfGG § 46 Rn. 9).

Das Verbot der Ersatzorganisationen ist in § 33 PartG einfachgesetzlich ge- 13
regelt.

3. Einziehung des Parteivermögens

Die Entscheidung über die **Einziehung des Parteivermögens** steht im 14
pflichtgemäßen Ermessen des Bundesverfassungsgerichts (BVerfG NJW 1956, 1393). Grundsätzlich ist von der Einziehung des Vermögens aber nur dann abzusehen, wenn keine nennenswerten Vermögenswerte vorhanden sind, auf die sich die Einziehung erstrecken könnte oder wenn die Vermögensverhältnisse so klar sind, dass eine Vermögensauseinandersetzung in kürzester Zeit möglich ist (BVerfG NJW 1956, 1393; *Lenz/Hansel* BVerfGG § 46 Rn. 7; *Lechner/Zuck* BVerfGG § 46 Rn. 7). Ein Absehen von der Einziehung des Parteivermögens darf jedenfalls nicht dazu führen, dass der Parteibetrieb unter dem Vorwand der Vermögensauseinandersetzung aufrecht erhalten bleibt (*Lenz/Hansel* BVerfGG § 46 Rn. 7; *Burkhard* in UCD BVerfGG § 46 Rn. 25).

Wird das Vereinsvermögen nicht eingezogen oder löst sich eine Partei frei- 15
willig auf, etwa um einem Verbotsverfahren zuvor zu kommen, findet ein **Liquidationsverfahren** unter Beachtung der vereinsrechtlichen Grundsätze statt (*Lenz/Hansel* BVerfGG § 46 Rn. 6).

Die Einziehung des Parteivermögens hat jeweils zu **gemeinnützigen** 16
Zwecken zu erfolgen. Der Bund ist Begünstigter, wenn eine Partei verboten wurde, die sich länderübergreifend betätigt hat. Beschränkt sich der Tätigkeitsbereich hingegen auf ein Land und wurde der Verbotsantrag von einer Landesregierung gestellt, ist das jeweilige Land zu begünstigen (vgl. *Lenz/Hansel* BVerfGG § 46 Rn. 8).

4. Mandatsverlust

Aus der Feststellung der Verfassungswidrigkeit einer politischen Partei folgt 17
zwingend das Wegfallen der ihr zugesprochenen Mandate (BVerfG NJW 1952, 1407 [1409]). Der **Mandatsverlust** ist dabei eine unmittelbare gesetzliche Folge der Feststellung der Verfassungswidrigkeit, die einer ausdrücklichen Ermächtigung des Gesetzgebers zu einem entsprechenden rechtsgestaltenden Ausspruch nicht bedarf (BVerfG NJW 1952, 1407 [1409]; zur Kritik an der Anordnung des Mandatsverlust etwa *Burkhard* in UCD BVerfGG § 46 Rn. 29).

Eine einfachgesetzliche Regelung des Mandatsverlustes findet sich bspw. 18
aber auch in § 45 Abs. 1 Nr. 5, Abs. 4 BWG. Im Übrigen sind die Wahlgesetze der Länder heranzuziehen.

19 Der von einem Mandatsverlust bedrohte Abgeordnete kann sich der Verbotsfolge dadurch entziehen, dass er vor der Feststellung der Verfassungswidrigkeit seiner Partei aus dieser austritt (*Lechner/Zuck* BVerfGG § 46 Rn. 11).

VI. Vollzug der Entscheidung

20 Die Entscheidung des Bundesverfassungsgerichts ist umzusetzen. Der **Vollzug** obliegt dabei den gem. § 35 BVerfGG durch das Bundesverfassungsgericht hierzu berufenen Behörden des Bundes und der Länder (*Lechner/Zuck* BVerfGG § 46 Rn. 9). Regelmäßig dürfte sich insoweit eine Kompetenzansiedelung bei den Innenministern anbieten.

21 Die **Vollstreckung** der Entscheidung ist nunmehr in § 32 PartG geregelt (hierzu *Knabe* § 32 PartG Rn. 2 ff.).

§ 47 Beschlagnahme, Durchsuchung

Die Vorschriften der §§ 38 und 41 gelten entsprechend.

I. Allgemeines

1 Aus § 47 BVerfGG folgt die Befugnis des Bundesverfassungsgerichts, ab Eingang des Verbotsantrags zur Aufklärung des Sachverhalts eigene **Beschlagnahmen und Durchsuchungen** durchzuführen (vgl. *Lenz/Hansel* BVerfGG § 47 Rn. 2). Zudem enthält die Norm Vorgaben für die erneute Durchführung eines bereits sachlich beschiedenen Verbotsantrags.

II. Beschlagnahme und Durchsuchungen

2 Die Vorschrift verweist auf § 38 BVerfGG, der Beschlagnahmen und Durchsuchungen nach den **Vorschriften der StPO** ermöglicht. Gemeint sind damit die §§ 94 bis 111 StPO. Adressat der Beschlagnahmen und Durchsuchungen können nicht nur die politischen Parteien als Antragsgegner, sondern auch deren organisatorisch oder rechtlich selbständige Teile und deren Organe sein (*Lechner/Zuck* BVerfGG § 47 Rn. 1). Diese besondere eingreifenden Maßnahmen setzen allerdings einen zulässigen und hinreichend begründeten Verbotsantrag voraus (*Burkhart* in UCD BVerfGG § 47 Rn. 2).

III. Wiederholung des Verbotsantrags

3 Die entsprechende Anwendung des § 41 BVerfG hat zur Folge, dass ein Verbotsantrag, über den bereits sachlich entschieden wurde, nur dann erneut beschieden werden kann, wenn er auf neue Tatsachen gestützt wird. Die Einstellung des Verfahrens wegen nicht zu bereinigender Verfahrenshindernisse ist keine sachliche Entscheidung (*Lenz/Hansel* BVerfGG § 47 Rn. 4 m. w. N.).

Anhang: Entscheidungen

A. Bundesverfassungsgericht und Europäischer Gerichtshof für Menschenrechte

I. BVerfG-Entscheidungen

Lfd.-Nr.	Datum der Entscheidung	Aktenzeichen	Quellenangaben	Stichworte
1	20.2.2013	2 BvE 11/12	NVwZ 2013, 568 = BayVBl. 2013, 433 = VR 2013, 211	• Zur verfassungsrechtlichen Ausgestaltung des Parteiverbots. • Das Recht politischer Parteien auf Chancengleichheit verbietet es staatlichen Stellen, eine nicht verbotene politische Partei in der Öffentlichkeit nachhaltig verfassungswidriger Zielsetzung und Betätigung zu verdächtigen, wenn ein solches Vorgehen nicht mehr verständlich ist und sich daher der Schluss aufdrängt, dass es auf sachfremden Erwägungen beruht. • Staatliche Stellen sind jedoch nicht gehindert, das Für und Wider der Einleitung eines Parteiverbotsverfahrens mit der gebotenen Sachlichkeit zur Debatte zu stellen. Eine Verletzung der Rechte der betroffenen Partei aus Art. 21 Abs 1 GG kommt erst dann in Betracht, wenn erkennbar wird, dass diese Debatte mit dem Ziel der Benachteiligung der betroffenen Partei geführt wird.
2	31.8.2012	1 BvR 1840/12	BayVBl. 2013, 83	• Zum Verbot von eventuell als Zuwiderhandlungen gegen ein Vereinsverbot strafbaren Versammlungen.

Anhang: Entscheidungen

Lfd.-Nr.	Datum der Entscheidung	Aktenzeichen	Quellenangaben	Stichworte
3	2.10.2003	1 BvR 536/03	NJW 2004, 47	• Der schwerwiegende Eingriff des Verbots einer religiösen Vereinigung ist nur nach Maßgabe des Verhältnismäßigkeitsgrundsatzes gerechtfertigt.
4	15.11.2001	1 BvR 98/97	NVwZ 2002, 709 = DVBl 2002, 469 = NStZ-RR 2002, 120	• Mit der zu gewährleistenden Meinungsfreiheit ist eine strafrechtliche Verfolgung derjenigen unvereinbar, die allein deswegen erfolgt, weil sich jemand für Ziele einsetzt, die ebenfalls von einer verbotenen Organisation verfolgt werden.
5	19.12.2000	2 BvR 1500/97	NJW 2001, 429 = JuS 2001, 496	• Eine Religionsgemeinschaft, die Körperschaft des öffentlichen Rechts werden will, muss rechtstreu sein. Eine darüber hinausgehende Loyalität zum Staat verlangt das Grundgesetz nicht.
6	5.2.1991	2 BvR 263/86	NJW 1991, 2623 = JZ 1992, 248 = BayVBl. 1992, 174	• Zur Berücksichtigung der Eigenart religiöser Vereinigungen bei der Auslegung und Anwendung vereinsrechtlicher Vorschriften.
7	16.10.1968	1 BvR 241/66	NJW 1969, 31 = DÖV 1968, 873 = DVBl. 1969, 29	• Zum Umfang der Religionsfreiheit. • Das Grundrecht aus Art 4 Abs. 1 und Abs. 2 GG steht nicht nur Kirchen, Religions- und Weltanschauungsgemeinschaften zu.
8	21.3.1957	1 BvB 2/51	NJW 1957, 785	• Ersatzorganisationen sind dazu bestimmt, an die Stelle einer nicht mehr vorhandenen oder nicht mehr funktionierenden Organisation zu treten. Beide sind organisatorisch nicht „dasselbe", wollen aber funktionell „dasselbe". • Auf die Form und auf die räumliche Ausdehnung der neuen Organisation kommt es dabei nicht entscheidend an. Ent-

Anhang: Entscheidungen

Lfd.-Nr.	Datum der Entscheidung	Aktenzeichen	Quellenangaben	Stichworte
				scheidend ist vielmehr, dass sie in der Art ihrer Betätigung, in der Verfolgung politischer Ziele, nach den in ihr wirkenden politischen Kräften usw. dazu bestimmt ist, eine verbotene Partei zu ersetzen.

II. EGMR-Entscheidungen

Lfd.-Nr.	Datum der Entscheidung	Aktenzeichen	Quellenangaben	Stichworte
1	11.10.2011	48848/07	ZVR-Online Dok. Nr. 25/2013	• Zur Vereinbarkeit eines Vereinsverbotes mit Art. 11 EMRK. • Das Vorhandensein einer Maßnahme, die mit einer weniger schwerwiegenden Beeinträchtigung der Vereinigungsfreiheit einhergeht und welche dasselbe Ziel zu erreichen ermöglicht, muss ausgeschlossen sein, damit ein Vereinsverbot als verhältnismäßig und notwendig in einer demokratischen Gesellschaft angesehen werden kann. • Zur Beweislastverteilung im Rahmen vereinsrechtlicher Verbotsverfahren.

Albrecht

Anhang: Entscheidungen

B. Verwaltungsgerichtsbarkeit

I. BVerwG-Entscheidungen

Lfd.-Nr.	Datum der Entscheidung	Aktenzeichen	Quellenangaben	Stichworte
1	29.1.2013	6 B 40.12	NVwZ 2013, 521	• Die verwaltungsgerichtliche Ermittlung von Daten im Rahmen der Überprüfung eines Vereinsverbots hat dem Recht auf informationelle Selbstbestimmung genügende gesetzliche Grundlagen in den allgemeinen verwaltungsprozessualen Bestimmungen der § 86 Abs. 1, § 99 Abs. 1 VwGO und in speziellen Ermächtigungen wie § 474 Abs. 1 StPO.
2	19.12.2012	6 A 6/11	NVwZ 2013, 870	• Im Sinne der Art. 9 Abs. 2 GG, § 3 Abs. 1 Satz 1 VereinsG laufen Zwecke und Tätigkeiten einer Vereinigung nicht nur dann den Strafgesetzen zuwider, wenn unmittelbar gegen Strafgesetze verstoßen wird, sondern auch dann, wenn Straftaten hervorgerufen, ermöglicht oder erleichtert werden. • Mit der Gewährleistung der Vereinigungsfreiheit in Art. 11 EMRK ist das Verbot einer Vereinigung vereinbar, die nach Programmatik, Vorstellungswelt und Gesamtstil eine Wesensverwandtschaft mit dem Nationalsozialismus aufweist und deshalb den Verbotstatbestand des Art. 9 Abs. 2 GG erfüllt.
3	18.4.2012	6 A 2/10	NVwZ-RR 2012, 648	• Vereinsverbot wegen Unterstützung der HAMAS.

Anhang: Entscheidungen

Lfd.-Nr.	Datum der Entscheidung	Aktenzeichen	Quellenangaben	Stichworte
4	1.9.2010	6 A 4/09	NVwZ-RR 2011, 14	• Texte und Äußerungen, die von leitenden Mitgliedern eines Vereins stammen oder deren Inhalt von diesen Mitgliedern erkennbar befürwortet wird, sind dem Verein auch dann zuzurechnen, wenn sie als solche nicht für die Vereinstätigkeit erstellt oder in ihr verwandt worden sind, jedoch den ideologischen Hintergrund kennzeichnen, vor dem die Verantwortlichen des Vereins handeln.
5	24.2.2010	6 A 7/08	NVwZ 2010, 1372	• Ein Fernsehsender, der in seinem Programm verherrlichende Beiträge über den Einsatz von Guerillaeinheiten und das Verüben von Anschlägen verbreitet, erfüllt den vereinsrechtlichen Verbotsgrund der Völkerverständigungswidrigkeit.
6	24.2.2010	6 A 5/08	NVwZ-RR 2010, 562	• Eine in ein Vereinsverbot als Teilorganisation einbezogene Vereinigung ist klagebefugt, soweit sie bestreitet, Teilorganisation des verbotenen Vereins zu sein.
7	24.2.2010	6 A 6.08, 6 A 6/08	BeckRS 2010, 49197	• Zur Gemeinschaftsrechtskonformität des vereinsrechtlichen Verbotsgrunds der Völkerverständigungswidrigkeit.
8	5.8.2009	6 A 3/08	NVwZ 2010, 446	• Ein Verein richtet sich gegen die verfassungsmäßige Ordnung und ist deshalb gemäß § 3 Abs. 1 Satz 1 Alt. 2 VereinsG i. V. m. Art. 9 Abs. 2 Alt. 2 GG verboten, wenn er in Programm, Vorstellungswelt und Gesamtstil eine Wesensverwandtschaft mit dem Nationalsozialismus aufweist.
9	5.8.2009	6 A 2/08	NVwZ 2010, 455	• Eine Teilorganisation eines verbotenen Gesamtvereins wird unter den Voraussetzungen des § 3 Abs. 3 VereinsG

Anhang: Entscheidungen

Lfd.-Nr.	Datum der Entscheidung	Aktenzeichen	Quellenangaben	Stichworte
				ohne Weiteres von dem Verbot des Gesamtvereins erfasst, ohne dass sie selbst einen Verbotsgrund erfüllen müsste.
10	14.5.2009	6 VR 3/08	NVwZ 2010, 459 = ZUM 2009, 686	• Zur Förderung der verbotenen Tätigkeit eines Vereins durch die Ausstrahlung von Fernsehsendungen.
11	27.11.2002	6 A 1/02	NVwZ 2003, 990	• Für die Beurteilung, ob eine religiöse Gemeinschaft Teilorganisation einer verbotenen Religionsgemeinschaft ist, gelten grundsätzlich keine anderen Maßstäbe als bei anderen Organisationen.
12	27.11.2002	6 A 4/02	NVwZ 2003, 986 = DVBl 2003, 873	• Eine Religionsgemeinschaft kann nach dem Vereinsgesetz verboten werden, wenn sie sich in kämpferisch-aggressiver Weise gegen die Prinzipien von Demokratie und Rechtsstaat oder den in Art. 1 Abs. 1 GG verankerten Grundsatz der Menschenwürde richtet.
13	9.2.2001	6 B 3/01	NJW 2001, 1663 = DÖV 2011, 643 = DVBl 2001, 834	• Auch nach der Verfügung eines Vereinsverbots sind gemäß § 4 VereinsG Ermittlungen der Verbotsbehörde mit dem Ziel zulässig, Beweismittel für einen etwaigen Anfechtungsprozess zu gewinnen. • Das Beschlagnahmeverbot gemäß § 4 Abs. 4 Satz 1 VereinsG i.V.m. § 97 Abs. 1 Nr. 1 und 2, § 53 Abs. 1 Nr. 2 StPO findet keine Anwendung auf Gegenstände im Gewahrsam eines Vereinsvorstandes, der den Verein zugleich als Rechtsanwalt vertritt.
14	26.6.1997	7 C 11/96	NJW 1997, 2396 = DVBl 1997,	• Eine Religionsgemeinschaft, die dem demokratisch verfassten Staat nicht die für eine dauerhafte Zusammenarbeit un-

Anhang: Entscheidungen

Lfd.-Nr.	Datum der Entscheidung	Aktenzeichen	Quellenangaben	Stichworte
				erlässliche Loyalität entgegenbringt, hat keinen Anspruch auf Anerkennung als Körperschaft des öffentlichen Rechts.
15	28.1.1997	1 A 13/93	NVwZ 1998, 174	• Mitverbotene Teilorganisationen eines verbotenen Vereins können das Verbot nur insoweit anfechten, als sie bestreiten, Teilorganisation zu sein. • Zur Erstreckung des Verbots einer nichtgebietlichen Teilorganisation mit eigener Rechtspersönlichkeit. • Zur Unterscheidung von Teil- und Nebenorganisationen eines verbotenen Vereins.
16	6.9.1995	1 VR 2/95	NVwZ 1997, 68	• Gegen Ersatzorganisationen von verbotenen Ausländervereinen kann nur auf Grundlage einer eigenständigen Verbotsverfügung vorgegangen werden. • Das grundsätzliche Verbot von Ersatzorganisationen eines verbotenen Ausländervereins kann dann nicht gelten, wenn es sich bei der Ersatzorganisation um eine Vereinigung von Deutschen handelt.
17	6.7.1994	1 VR 20/93	NVwZ 1995, 590	• Die Teilorganisation eines Gesamtvereins kann mangels Rechtsbetroffenheit zwar nicht das Verbot eines Gesamtvereins, dem sie zugeordnet wird, anfechten. Sie ist aber insoweit klagebefugt, als sie bestreitet, Teilorganisation des Gesamtvereins zu sein.
18	14.11.1986	1 CB 80/86	BeckRS 1986, 31274653	• Zur Geltung der Sondervorschriften des Vereinsgesetzes für Ausländervereine und für Gewerkschaften und Arbeitgeberverbände von Ausländern.

Anhang: Entscheidungen

Lfd.-Nr.	Datum der Entscheidung	Aktenzeichen	Quellenangaben	Stichworte
19	25.1.1978	1 A 3/76	NJW 1978, 2164 = DÖV 1978, 566 = DVBl 1978, 602	• Zu Inhalt und Bekanntmachung des verfügenden Teils einer Verbotsverfügung.
20	23.3.1971	I C 54.66	DÖV 1971, 777 = DVBl 1971, 616	• Zu Begriff, Verbot und Auflösung einer verfassungsfeindlichen Vereinigung.
21	16.5.1958	VII C 3/58	NJW 1958, 1362 = DÖV 1958, 626 = DVBl 1958, 626	• Ersatzorganisationen aufgelöster politischer Parteien brauchen nicht selbst politische Parteien sein. • Wesentliches Erkenntnismerkmal für die Feststellung einer Ersatzorganisation ist einer verbotenen politischen Partei ist die Zusammensetzung des Kreises der Wahlbewerber.

II. OVG-Entscheidungen, VGH-Entscheidungen

Lfd.-Nr.	Datum der Entscheidung	Aktenzeichen	Quellenangaben	Stichworte
1	21.2.2013	8 C 2118/11.T (VGH Kassel)	DVBl 2013, 933 = LKRZ 2013, 304	• Zur Zurechnung strafbarer Verhaltensweisen der Mitglieder einer verbotenen Vereinigung.
2	21.2.2013	8 C 2134/11.T (VGH Kassel)	BeckRS 2013, 48800	• Zur Zurechnung strafbarer Verhaltensweisen der Mitglieder einer verbotenen Vereinigung.
3	21.12.2012	1 L 82.12 (OVG Berlin-Brandenburg)	NVwZ-RR 2013, 410	• Vordergründig fehlende Organisationsstrukturen einer Vereinigung können durch den Einsatz moderner Informations- und Kommunikationsmedien ausgeglichen werden, wenn diese fester Bestandteil der Vereinsarbeit und der Kommunikation mit Mitgliedern und Sympathisanten sind.

Anhang: Entscheidungen

Lfd.-Nr.	Datum der Entscheidung	Aktenzeichen	Quellenangaben	Stichworte
4	9.1.2013	1 S 2823/11 (VGH Mannheim)	BeckRS 2012, 45891 = VBlBW. 2012, 218	• Zweck und Tätigkeit eines der „Hells Angels"-Bewegung zugehörigen Vereins laufen den Strafgesetzen zuwider, wenn die dem Verein zurechenbaren Straftaten seiner Mitglieder belegen, dass der Verein auch eine Gebiets- und Machtentfaltung auf dem kriminellen Sektor erstrebt und hierbei vor illegalen Mitteln und insbesondere der Anwendung von Gewalt nicht zurückschreckt.
5	27.10.2011	1 S 1864/11 (VGH Mannheim)	NVwZ-RR 2012, 198 = VBlBW. 2012, 103 = DVBl 2011, 1561	• Zur Durchsuchung der Räume eines Vereins sowie der Räume, der Sachen und der Person eines Mitglieds oder Hintermanns eines Vereins zum Zweck der Beschlagnahme beweisrelevanter Unterlagen für ein Vereinsverbot. • Sachen des Vereinsvermögens im Gewahrsam Dritter können nur auf Grund eines gesonderten Sicherstellungsbescheides sichergestellt werden.
6	9.2.2009	11 OB 417/08 (OVG Lüneburg)	NVwZ-RR 2009, 517 = NdsVBl. 2009, 207	• Nach § 4 Abs. 5 VereinsG trifft das Verwaltungsgericht eine originäre Beschlagnahmeanordnung. Das Anordnungsverfahren dient nicht der Überprüfung der Rechtmäßigkeit der Beschlagnahme durch die Ermittlungsbehörde. Insoweit kommt vielmehr die Feststellungsklage bzw. Fortsetzungsfeststellungsklage in Betracht.
7	6.12.2005	1 S 332/05 (OVG Bremen)	NVwZ-RR 2006, 692 = NordÖR 2006, 77	• Zur Durchsuchung und Beschlagnahme des im Gewahrsam Dritter befindlichen Vereinsvermögens.

Anhang: Entscheidungen

Lfd.-Nr.	Datum der Entscheidung	Aktenzeichen	Quellenangaben	Stichworte
8	25.10.2005	1 A 144/05 (OVG Bremen)	BeckRS 2006, 24299 = NordÖR 2006, 165	• Zu den Voraussetzungen der Ausnahmeregelung vom verwendungsverbot nach §§ 20 Abs. 1 Satz 2, 9 Abs. 1 Satz 2 VereinsG.
9	22.3.2005	12 A 12101/04	BeckRS 2005, 25672	• Zum vereinsrechtlichen Verwendungsverbot für Kennzeichen der Hells Angels.
10	14.5.2002	1 S 10/02	NVwZ 2003, 368 = DÖV 2002, 784 = VBlBW. 2002, 426	• Die zulässigen Rechtsmittel gegen eine im vereinsrechtlichen Ermittlungsverfahren ergangene richterliche Durchsuchungs- und Beschlagnahmeanordnung bestimmen sich in Ermangelung spezieller vereinsrechtlicher Regelungen nach der Verwaltungsgerichtsordnung. • Das Rechtsschutzinteresse für eine Beschwerde gegen eine solche Durchsuchungs- und Beschlagnahmeanordnung ist mit dem Vollzug der Durchsuchung und der Rückgabe der beschlagnahmten Gegenstände nicht entfallen.
11	3.2.1998	1 S 34/97, 1 T 6/96 (OVG Bremen)	BeckRS 1998, 16696	• Zu den Voraussetzungen, unter denen die Eigenschaft einer Ersatzorganisation eines verbotenen Vereins festgestellt werden kann.
12	25.8.1994	5 E 59/94 (OVG Münster)	NWVBl. 1995, 69 = DVBl 1995, 376 = DÖV 1995, 340	• Zur Beschlagnahme von Beweismitteln im Rahmen eines vereinsrechtlichen Verbotsverfahrens.
13	24.8.1994	5 B 583/94.AK (OVG Münster)	NWVBl. 1995, 70 = DÖV 1995, 341	• Ersatzorganisationen können nur dann verboten werden, wenn das Verbot des Hauptvereins nicht im Wege des gerichtlichen Vorgehens gegen ein Vereinsverbot suspendiert wurde.

Anhang: Entscheidungen

Lfd.-Nr.	Datum der Entscheidung	Aktenzeichen	Quellenangaben	Stichworte
14	16.2.1993	11 TJ 185, 186/93 (VGH Kassel)	NJW 1993, 2826	• Zur Durchführung von Ermittlungsmaßnahmen nach § 4 Abs. 2 und Abs. 4 VereinsG • Zur Zulässigkeit von Ermittlungsmaßnahmen, die sich gegen einen Hintermann eines Vereins richten.
15	22.12.1992	4 C 92 3877	NVwZ 1993, 1213	• Zur Beschlagname von Postsendungen zur Ermittlung der Voraussetzungen eines Vereinsverbots.
16	16.1.1992	1 S 3626/88	NVwZ-RR 1993, 25	• Zur Zurechnung strafbarer Verhaltensweisen der Mitglieder einer verbotenen Vereinigung. • Zur Erschütterung der im Rahmen des vereinsrechtlichen Verbotsverfahrens zu berücksichtigten Feststellung in Strafurteilen mittels geeigneter Beweisanträge.

III. VG-Entscheidungen

Lfd.-Nr.	Datum der Entscheidung	Aktenzeichen	Quellenangaben	Stichworte
1	18.10.2004	3 K 4069/03.KO (VG Koblenz)	JurionRS 2004, 43262	• Zum Verwendungsverbot für Kennzeichen der Hells Angels und dessen polizeirechtlicher Durchsetzung.
2	9.9.2004	2 K 2757/98 (VG Minden)	BeckRS 2011, 53934	• Aussetzung des Verfahrens hinsichtlich der Anfechtung von Maßnahmen zum Vollzug eines Vereinsverbots bei entscheidungserheblichen Zweifeln über die Rechtmäßigkeit des Verbots.

Anhang: Entscheidungen

C. Zivilgerichtsbarkeit

I. BGH-Entscheidungen

Lfd.-Nr.	Datum der Entscheidung	Aktenzeichen	Quellenangaben	Stichworte
1	19.4.2011	3 StR 230/10	NStZ 2011, 577	• Schließen sich mehrere Täter zu einer kriminellen Vereinigung zusammen, hat dies nicht zur Folge, dass jede von einem Vereinigungsmitglied begangene Tat den anderen Mitgliedern ohne weiteres als gemeinschaftlich begangene Straftat zugerechnet werden kann.
2	20.12.2007	StB 12, 13, 47/07	NStZ 2008, 146 = StV 2008, 351	• Zu den Anforderungen einer terroristischen Vereinigung.
3	16.5.2007	AK 6/07, StB 3/07	NJW 2007, 2782 = NStZ 2007, 635	• Zur Unterstützung einer terroristischen Vereinigung.
4	21.10.2004	3 StR 94/04	NJW 2005, 80 = NStZ-RR 2005, 30	• Zum Begriff der kriminellen Vereinigung.
5	31.7.2002	3 StR 495/01	NJW 2002, 3186 = NStZ 2003, 31 = NJ 2002, 605	• Ein Kennzeichen ist dem Originalkennzeichen einer verfassungswidrigen Organisation „zum Verwechseln ähnlich" wenn es aus der Sicht eines nicht besonders sachkundigen und nicht genau prüfenden Beobachters die typischen Merkmale aufweist, welche das äußere Erscheinungsbild des Kennzeichens der Organisation prägen, und dadurch dessen Symbolgehalt vermittelt.

Anhang: Entscheidungen

Lfd.-Nr.	Datum der Entscheidung	Aktenzeichen	Quellenangaben	Stichworte
6	7.10.1998	3 StR 370–98	NStZ 1999, 87 = NJW 1999, 435 = 7StraFo 1999, 63	• Zur geringfügigen Veränderung der Kennzeichen einer verbotenen Vereinigung.
7	4.2.1998	3 StR 390–97	NJW 1998, 1653 = NStZ 1998, 304 = StV 1998, 548	• Zur Fortführung eines verbotenen Vereins nach dessen Spaltung in zwei konkurrierende „Flügel".
8	9.2.1968	3 StR 24/66	NJW 1968, 1100	• Die Willensbildung der Ersatzorganisation einer verbotenen Partei muss nicht notwendig im Bundesgebiet erfolgen. Ihre Leitung kann sich auch außerhalb Deutschlands befinden.
9	9.8.1965	1 StE 1/65	BeckRS 1965, 31349042 = MDR 1965, 923	• Zu den Kennzeichen ehemaliger nationalsozialistischer Organisationen.
10	9.10.1964	3 StR 34/64	NJW 1965, 53	• Zur Ersatzorganisation einer verbotenen Vereinigung.
11	25.7.1963	3 StR 64/62	NJW 1963, 2132	• Zur Betätigung einer ausländischen Kommunistischen Partei in Deutschland. • Ersatzorganisation ist ein Personenzusammenschluss, der an Stelle der aufgelösten Partei deren verfassungsfeindliche Nah-, Teil- oder Endziele ganz oder teilweise, kürzere oder längere Zeit, örtlich oder überörtlich, offen oder verhüllt, weiterverfolgt oder weiterverfolgen will.

Anhang: Entscheidungen

II. OLG-Entscheidungen

Lfd.-Nr.	Datum der Entscheidung	Aktenzeichen	Quellenangaben	Stichworte
1	19.3.2007	32 Ss 4/07 (OLG Celle)	NStZ 2008, 159	• Zum Begriff des Kennzeichens i. S. d. § 20 Abs. 1 Satz 1 Nr. 5 VereinsG.
2	8.3.2004	4St RR 207/04 (BayObLG)	BeckRS 2005, 02716	• Sind von einer welt- oder bundesweit agierenden Vereinigung nur einige lokale Gruppierungen in Deutschland verboten, so kann die Ortsbezeichnung im Vereinsnahmen trotz einer Identität des restlichen Emblems ein wesentliches Unterscheidungsmerkmal sein.
3	23.9.2003	4 St RR 104/03 (BayObLG)	BeckRS 2003, 09557	• Zu den inhaltlichen Anforderungen eines Urteils, mit dem ein Betroffener wegen Tragens eins Kennzeichens, das einem verbotenen Kennzeichen zum Verwechseln ähnlich sieht, verurteilt wird.
4	19.7.1962	RReg. 4 St 171/62 (BayObLG)	NJW 1962, 1878	• Ein Kennzeichen einer verbotenen Organisation verwendet, wer es sichtbar oder hörbar macht. • Zur scherzhaften Verwendung der Kennzeichen einer verbotenen Organisation.

III. LG-Entscheidungen

Lfd.-Nr.	Datum der Entscheidung	Aktenzeichen	Quellenangaben	Stichworte
1	2.10.2002	537 Qs 104/02 (LG Berlin)	StraFo 2003, 30	• Das Kennzeichenverbot des § 9 Abs. 3 VereinsG gilt auch für die Mitglieder nicht verbotener regionaler Ableger einer überregional tätigen Gruppierung. Die Strafvorschrift des

Anhang: Entscheidungen

Lfd.-Nr.	Datum der Entscheidung	Aktenzeichen	Quellenangaben	Stichworte
2	28.2.2002	26 Qs 464/01 (LG Cottbus)	StraFo 2002, 407	§ 20 Abs. 1 Satz 2 VereinsG verweist jedoch gerade nicht auf § 9 Abs. 3 VereinsG. • Die „Colours" nicht verbotener regionaler Ableger einer Rockergruppierung sind den Kennzeichen verbotener regionaler Ableger derselben Gruppierung nicht zum Verwechseln ähnlich.

Sachverzeichnis

Die fett gedruckten Zahlen verweisen auf die Paragraphen des VerinsG, die mageren Zahlen auf die Randnummern. Mit „GG", „PartG" bzw. „StGB" bezeichnete Zahlen verweisen auf Artikel des Grundgesetzes bzw. Paragraphen des PartG bzw. des StGB.

Abwicklungsverfahren 13 8
- Anmeldung von Forderungen **13** 10
- Befriedigung der Gläubiger **13** 13
- Härtefälle **13** 15

Aktivlegitimation 3 121
- Vereinsmitglieder **3** 122

Anfechtungsklage 3 120
- Aufschiebende Wirkung **3** 125

Äquidistanz E 16
Arbeitgeberverbände 14 9
Arbeitnehmervereine 16 1
Ausländervereine 3 19, **14** 2, **15** 1
- Allgemeine Handlungsfreiheit **14** 3
- Begriff **15** 2
- Betätigungsverbot **14** 50
- Deutsche Teilorganisation **15** 12
- Deutscher Mitglieder **14** 18
- EU-Ausländer **14** 19
- Europäische Menschenrechtskonvention **14** 6
- Meinungsfreiheit **14** 4
- Organisation **15** 7
- Tätigkeit **15** 8
- Vereinsverbot **14** 20
- Verfassungsbeschwerde **15** 15

Behördenzeugnisse 3 134
Berufsvereinigungen 16 5
Beschlagnahme
- Bei Berufsgeheimnisträgern **4** 46
- Eilkompetenzen **4** 67 ff.
- Gegenstände **4** 45
- Grundsatz der Verhältnismäßigkeit **4** 49
- Kommunikationsmittel **4** 47
- Post **4** 68
- Vereinsvermögen **4** 45, **10** 1

Beschlagnahmeanordnung
- Fehlerfolgen **10** 20

Beschlagnahmebeschluss 4 51
- Bestimmtheitsgrundsatz **4** 52

Betätigungsfreiheit 9 GG 18
Betätigungsverbot 18 9
- Bekanntmachung **18** 11

Beweislast 4 76
Beweisverwertungsverbote 4 71

Demokratieprinzip E 1
- Streitbare Demokratie **E** 4

Diskriminierung 10
Durchführungsverordnung 19 4
Durchsuchung 4 54
- Bei Dritten **4** 61
- Bei Hintermännern **4** 56
- Durchsuchungsbeschluss **4** 63
- Eilkompetenzen **4** 67
- Richterliche Anordnung **4** 54
- Vereinsräume **4** 57

Ermittlungsbefugnissen
- Befugnisse der Verbotsbehörde **4** 3

Ermittlungsverfahren 4 1
- Abschluss **4** 25
- Beginn **4** 13
- Beschlagnahme **4** 44
- Beweisverwertungsverbot **4** 24
- Datenverarbeitung **4** 21
- Duldungspflichten **4** 73
- Durchsuchung **4** 28, 44
- Eigenständige Ermittlungen **4** 18
- Eingriffe **4** 12
- Ergebnisoffene Ermittlungstätigkeit **4** 9
- Ermittlungsbehörde **4** 5
- Hilfsbehörde **4** 6
- Informationshilfe **4** 21
- Mitwirkungspflichten **4** 73
- Nachweisführung **4** 19
- Rechtsschutz **4** 77
- Rechtsstaatsprinzip **4** 4
- Richtervorbehalt **4** 28
- Zeugenvernehmung **4** 31, 37
- Zeugnisverweigerungsrecht **4** 40

Ersatzorganisation
- Begriff **8** 4
- Eilkompetenz **8** 21
- Ermittlungsverfahren **8** 18
- Fortführung **8** 12
- Politischen Parteien **8** 7
- Rechtsschutz **8** 19
- Unterwanderung **8** 12
- Verbotsverfügung **8** 14
- Verbotsvoraussetzung **8** 26
- Vorsatz **8** 13

305

Sachverzeichnis

- Weiterverfolgen **8** 11
- Willensbildung **8** 9

**Europäischen Menschenrechts-
konvention E** 24
Extremismus E 7

Gesinnungsstrafrecht 9 GG 28
Gewerkschaften 14 9, **16** 3

Insolvenzverfahren 13 20
Islamismus E 17

Kapitalgesellschaften 14 9
Kennzeichenverbot 9 1
- Ausnahmen **9** 11
- Begriff des Kennzeichens **9** 17
- Begriff des Verbreitens **9** 10
- Durchsetzung **9** 23
- Gewerbliche Schutzrechte **9** 25
- Versammlungen **9** 8
- Verwendungsbegriff **9** 5
- Wahrnehmungsmöglichkeit **9** 7

Koalitionsfreiheit 9 GG 3, **16** 4, 8
Koalitionsverbot
- Arbeitsrechtliche Folgen **16** 36

**Kommunistische Partei Deutschlands
E** 22
Kriminalität E 7
Kriminelle Vereinigung
- Abstraktes Gefährdungsdelikt **129
StGB** 5
- Bagatellstraftaten **129 StGB** 20
- Geschütztes Rechtsgut **129 StGB** 3
- Gesinnungsstrafrecht **129 StGB** 1
- Gründung **129 StGB** 25
- Hintermann **129 StGB** 55
- Parteienprivileg **129 StGB** 37
- Rädelsführer **129 StGB** 53
- Rechtswidrigkeit **129 StGB** 43
- Täterschaft und Teilnahme **129
StGB** 48
- Tathandlung **129 StGB** 11
- Tätige Reue **129 StGB** 61
- Unterstützungshandlungen **129
StGB** 34
- Versuch **129 StGB** 45
- Vollendung **129 StGB** 46
- Vorsatz **129 StGB** 40
- Werbende Tätigkeit **129 StGB** 30
- Wirtschaftsstraftaten **129 StGB** 21

Linksextremismus E 14

Meinungsfreiheit 9 GG 1, 5
**Menschenrechtskonvention
14** 6

Mitgliederverhalten
- Duldung **3** 108
- Zurechnung **3** 102

Motorradclubs E 18

Nachkriegsrecht 30 1
NPD-Verbotsverfahren E 39

Öffentlichkeitsgrundsatz 21 GG 18
Organisierte Kriminalität 9 2

Parteien
- Beobachtung durch den Verfassungs-
schutz **21 GG** 37
- Finanzierung **21 GG** 28
- Gebietsverbände **21 GG** 26
- Mitgliederrechte **21 GG** 22
- Parteitage **21 GG** 20
- Pflicht zur Öffentlichkeit **21 GG** 18
- Publizitätspflichten **21 GG** 20
- Quotenregelungen **21 GG** 25
- Rechenschaftspflichten **21 GG** 18

Parteienfinanzierung 21 GG 28
Parteienfreiheit
- Ausländer **21 GG** 9
- Betätigungsfreiheit **21 GG** 11
- Chancengleichheit **21 GG** 15
- Deutschen-Grundrecht **21 GG** 10
- Erwerbswirtschaftliche Betätigung
21 GG 14
- Finanzierungsfreiheit **21 GG** 12
- Gewährleistungselemente **21 GG** 8
- Gleichbehandlung **21 GG** 16
- Gründungsfreiheit **21 GG** 9
- Organisationsfreiheit **21 GG** 11
- Programmfreiheit **21 GG** 11
- Tendenzschutz **21 GG** 11
- Wahlwerbung **21 GG** 16

Parteienprivileg 21 GG 32
Parteiverbot 21 GG 31
- Anordnungskompetenz des Bundes-
innenministers **32 PartG** 6
- Ersatzorganisationen **8** 3, **33 PartG** 1
- Ersetzungsbefugnis des BVerfG **32
PartG** 7
- Mandatsverlust **21 GG** 39
- Vermögenseinziehung **32 PartG** 9
- Vollstreckung **32 PartG** 1
- Vollstreckungsanordnungen **32 PartG** 5
- Vorlagepflicht zum BVerfG **32 PartG** 8
- Wirkung **21 GG** 39

Parteiverbotsverfahren E 31
- Antragsfrist **43 BVerfGG** 4
- Antragsgegner **43 BVerfGG** 6

Sachverzeichnis

- Antragstellung **43 BVerfGG** 2
- Anwaltszwang **44 BVerfGG** 2
- Auflösung einer Partei **46 BVerfGG** 10
- Beschlagnahme **47 BVerfGG** 1
- Beschlagnahmen **45 BVerfGG** 6
- Durchführung des Verfahrens **45 BVerfGG** 5
- Durchsuchung **47 BVerfGG** 1
- Durchsuchungen **45 BVerfGG** 6
- Einstweilige Anordnungen **45 BVerfGG** 6
- Einziehung des Parteivermögens **46 BVerfGG** 14
- Entscheidung durch Beschluss **45 BVerfGG** 2
- Entscheidungsinhalt **46 BVerfGG** 1
- Ermessensentscheidung **43 BVerfGG** 3
- Fiktion der Vertretungsbefugnis **44 BVerfGG** 1
- Konkrete Gefahr für Schutzgüter **E** 32
- Mandatsverlust **46 BVerfGG** 17
- Rechtsfolgen **46 BVerfGG** 3, 6
- Reichweite der Eintscheidung **46 BVerfGG** 6
- Verbot von Ersatzorganisation **46 BVerfGG** 12
- Vertretungsberechtigung **44 BVerfGG** 1
- Vollmacht **44 BVerfGG** 4
- Vollstreckung **46 BVerfGG** 21
- Vollzug **46 BVerfGG** 20
- Voraussetzungen **21 GG** 33
- Vorprüfung **45 BVerfGG** 1
- Zurückweisung des Antrags **45 BVerfGG** 4

Politische Parteien
- Funktion **21 GG** 2
- Legaldefinition **21 GG** 4
- Mittlerfunktion **21 GG** 5
- Rechtsfähigkeit **21 GG** 7

Privates Vereinsrecht E 44

Radikalisierung E 15

Rechtsextremismus E 9

Rechtsverordnung
- Zuwiderhandeln **21** 2

Rechtsverordnungen 19 1

Religionsfreiheit 4 GG 1
- Christlichen Kirchen **4 GG** 6
- Islam **4 GG** 4
- Kollidierende Verfassungsrecht **4 GG** 19
- Menschenwürdegehalt **4 GG** 13
- Sekten **4 GG** 4

Religionsgemeinschaft
- Ausländergemeinden **4 GG** 10
- Körperschaft des öffentlichen Rechts **4 GG** 15
- Zeugen Jehovas **4 GG** 22

Religionsgemeinschaften
- Religionsparodien **4 GG** 9

Religionsprivileg 4 GG 3, 17, 25, 30

Rocker E 18

Rocker-Kriminalität 9 2

Sachurteilsvoraussetzung 3 133
Sicherstellung 10 24
- Ermessen **10** 30
- Verfahren **10** 32

Solidarisierungseffekte E 35
Sozialistische Rechtspartei E 22
Staatsbürgerliche Aufklärung 9 13
Staatsvolk 21 GG 1
Sterbehilfevereinigungen 9 GG 28
Strafrechtswidrigkeit
- Zurechnung von Straftaten **3** 22

Strafgesetzwidrigkeit 9 GG 28
Strafrechtswidrigkeit 3 20
- Dauer **3** 34
- Nebenzweck **3** 28
- Prägender Charakter **3** 22, 33, 36
- Tätigkeit **3** 30
- Zwecke **3** 27

Straftaten 20 1
- Ausländervereine **20** 22
- Einziehung von Kennzeichen **20** 36
- Kennzeichenverbreitung **20** 27
- Kennzeichenverwendung **20** 27
- Parteifortführung **20** 16
- Ungehorsamsdelikte **20** 2
- Unterstützungshandlungen **20** 18
- Vereinsfortführung **20** 2
- Verfassungsrechtliche Bedenken **20** 5

Subkulturen E 36

V-Leute E 21
Verbot von Religionsgemeinschaften
- Rechtsschutz **4 GG** 28

Verbotsbehörde 3 63
- Abstimmungsverfahren **3** 73
- Beweislast **3** 9
- Bundesministerium des Innern **3** 67
- Ermessen **3** 6
- Grundsatz der effizienten Verfahrensdurchführung **3** 64
- Hilfsbehörde **4** 6
- Oberste Landesbehörde **3** 67

Verbotsverfügung
- Anforderungen **3** 84
- Internationale Zustellung **18** 11
- Kennzeichenverbot **9** 3
- Vordrucke und Muster **4** 20

307

Sachverzeichnis

Verbotsvollzug
- Anfechtung von Maßnahmen **6** 1
- Rechtsweg bei Anfechtung **6** 2
- Voraussetzungen **6** 9

Verbotsvollzugsmaßnahme 3 18

Verein
- Bestehen **1** 16
- Dauerhaftigkeit **2** 15
- Entstehen **1** 14
- Gemeinsamen Zweck **2** 19
- Legaldefinition **1** 9, **2** 2
- Mindestzahl an Mitgliedern **2** 12
- Organisationsstruktur **2** 25, **3** 71
- Rechtsform **2** 9, 26
- Tätigkeit **1** 23
- Vorverein **E** 45

Vereinigung 9 GG 7
- Bestehen **9 GG** 17
- Betätigen **9 GG** 19
- Entstehen **9 GG** 15

Vereinigungsfreiheit 9 GG 1, 4
- Ausländer **9 GG** 11
- Negative **9 GG** 22
- Schranken **9 GG** 23
- Schutzbereich **9 GG** 14
- Sitztheorie **9 GG** 13

Vereinigungsstrafrecht 20 1

Vereinigungsverbot
- Verstoß als Straftat **85 StGB** 1

Vereinsbegriff
- Bürgerlich-rechtlicher Verein **E** 44

Vereinsfortführung 20 10
- Tathandlung **20** 12

Vereinsfreiheit E 1, **1** 1
- Arbeitnehmervereine **16** 1
- Ausländervereine **1** 7
- Betätigung **1** 17
- Kommunikationsgrundrecht **1** 12
- Missbrauch **1** 2
- Negative Vereinsfreiheit **1** 19
- Religionsprivileg **2** 38
- Religiöse **4** 1
- Schutzbereich **1** 13
- Zwangsmitgliedschaften **1** 19

Vereinsgesetzdurchführungsverordnung 3 62

Vereinsgründung 3 25

Vereinsrecht
- Sonderrecht **1** 25

Vereinsverbot
- Amtspflichten **7** 1
- Ausländervereine **14** 11
- Bekanntgabe **19** 5
- Bekanntmachung **7** 2
- Eintragungspflichten **7** 4
- Erneute Bekanntmachung **7** 3
- Ersatzorganisationen **8** 1, **18** 3
- Gerichtliche Überprüfung **3** 131
- Grundsatz der Verhältnismäßigkeit **1** 22, **18** 4
- Medieneinfluss **E** 8
- Räumlicher Geltungsbereich **18** 1
- Registereintragung **19** 6
- Religionsgemeinschaften **3** 58
- Religionsprivileg **3** 58
- Verbot von Teilorganisationen **3** 77
- Verbotsbehörde **3** 63
- Verbotsgründe **3** 19
- Vermögensbeschlagnahme **3** 61
- Vermögenseinziehung **3** 61
- Vollzug **5** 1
- Weltanschauungsgemeinschaften **3** 58
- Wirkung **9 GG** 25

Vereinsverbote
- Kriminalisierung **E** 38
- Stigmatisierung **E** 38

Vereinsverbotsgründe
- Zurechnung **3** 102

Vereinsverbotsverfahren 3 2
- Akteneinsicht **3** 129
- Anhörungspflicht **3** 85
- Arbeitnehmervereine **16** 1
- Beweislastverteilung **E** 23
- Durchführung **3** 2
- Ermittlungsverfahren **4** 1
- Grundsatz der Verhältnismäßigkeit **E** 28, **3** 5, 26
- Strafgesetzwidrigkeit **E** 25
- Unionsrechtliche Bezüge **3** 11
- Vollzugsakte **3** 18

Vereinsverbotsverfügung 3 12
- Anfechtungsklage **3** 120
- Begründung **3** 93
- Bekanntmachung **3** 97
- Beschlagnahmeanordnung **3** 17
- Bestandteile **3** 15
- Distanzierungspflicht **3** 113
- Elektronische Form **3** 90
- Rechtsschutz **3** 110
- Schriftform **3** 88
- Zustellung **3** 95

Vereinsvermögen 10 1, 14
- Abwicklungsverfahren **13** 1

Vereinszeitschrift 3 115

Verfassungswidrige Bestrebungen 8 10

Verfassungswidrigkeit 3 38
- Gesamteindruck **3** 48
- Gottesstaates **3** 44
- Meinungsfreiheit **3** 49

Sachverzeichnis

- Objektives Element **3** 40
- Subjektives Element **3** 45
- Wehrsportgruppe **3** 42

Vermögensbeschlagnahme
- Aufhebung **10** 44
- Beschlagnahmeanordnung **10** 10
- Beweislastverteilung **10** 22
- Rechtsschutz **10** 46
- Veräußerungsverbot **10** 9
- Vermögensverwaltung **10** 34

Vermögenseinziehung
- Drittgläubiger **12** 20
- Einziehungsanordnung **11** 1, 8
- Einziehungsbegünstigter **11** 9
- Einziehungsbehörde **11** 18
- Einziehungsverfügung **12** 36
- Enteignung **11** 7
- Forderungen Dritter **12** 12
- Gegenstände Dritter **12** 1
- Kollaborationsforderungen **12** 14
- Rechte Dritter **12** 26
- Umfang **11** 11
- Umgehungsforderungen **12** 18
- Verzicht **11** 20

Vermögensverwalter 10 37
- Haftung **10** 41

Vermögensverwaltung
- Auskunftspflicht **10** 42

Versammlungsfreiheit 9 1

Verstoß gegen Vereinigungsverbot
- Konkurrenzen **85 StGB** 28
- Objektiver Tatbestand **85 StGB** 8
- Räumlicher Geltungsbereich **85 StGB** 6
- Tätige Reue **85 StGB** 27
- Teilnahme **85 StGB** 26
- Verfassungsrechtliche Bedenken **85 StGB** 6
- Versuch **85 StGB** 18
- Vorsatz **85 StGB** 25

Verwendungsverbot
- Vorsatz **9** 5

Völkerrechtswidrigkeit
- Aggressives Handeln **3** 56
- Finanzielle Zuwendungen **3** 57
- Objektives Element **3** 53
- Religionsgemeinschaften **3** 55
- Subjektives Element **3** 56

Völkerverständigung 3 51

Vollzug eines Vereinsverbots
- Amtshilfe **5** 8
- Beauftragte Stellen **5** 4
- Rechtsschutz **5** 13
- Teilverein **5** 11
- Vollzugsmaßnahmen **5** 10
- Zuständigkeit **5** 2

Weltanschauungsgemeinschaft 4 GG 8
Weltanschauungsgemeinschaften 2 39
Wirtschaftsunternehmen 9 GG 35
Wirtschaftsvereinigung 8 10
Wirtschaftsvereinigungen 17 1
- Aktiengesellschaften **17** 5
- Begriff **17** 1
- Ersatzorganisationen **17** 37
- Europäische Genossenschaft **17** 12
- Europäische Gesellschaftsformen **17** 8
- Genossenschaft **17** 11
- GmbH **17** 7
- Grundrechte **17** 3
- Konzerne und Holdings **17** 14
- Rechtsform **17** 4
- Societas Europaea **17** 10
- Strafrechtswidrigkeit **17** 18
- Teilorganisationen **17** 36
- Unternehmergesellschaft **17** 9
- Verbot **17** 38
- Verfassungswidriger Ziele **17** 16
- Verfassungswidrigkeit **17** 16
- Versicherungsvereine auf Gegenseitigkeit **17** 13
- Vökerrechtswidrigkeit **17** 16

Zitiergebot 32 1
Zurechnungszusammenhang 3 102
Zwangsmitgliedschaft 9 7